王建华 主编

中国产学研合作促进会
CIUR China Industry-University-Research Institute Collaboration Association

创新 使命 担当
——中国产学研合作百佳示范企业

企业管理出版社
EMPH ENTERPRISE MANAGEMENT PUBLISHING HOUSE

图书在版编目（CIP）数据

创新 使命 担当：中国产学研合作百佳示范企业 / 王建华主编. —北京：企业管理出版社，2021.7

ISBN 978-7-5164-2404-9

Ⅰ. ①创… Ⅱ. ①王… Ⅲ. ①企业 - 产学研一体化 - 研究 - 中国 Ⅳ. ① F279.23

中国版本图书馆 CIP 数据核字（2021）第 101879 号

书　　名：	创新 使命 担当：中国产学研合作百佳示范企业
主　　编：	王建华
责任编辑：	尤　颖　徐金凤
书　　号：	ISBN 978-7-5164-2404-9
出版发行：	企业管理出版社
地　　址：	北京市海淀区紫竹院南路 17 号　　邮编：100048
网　　址：	http://www.emph.cn
电　　话：	编辑部（010）68701638　发行部（010）68701816
电子信箱：	emph001@163.com
印　　刷：	河北宝昌佳彩印刷有限公司
经　　销：	新华书店
规　　格：	185 毫米 ×260 毫米　16 开本　32 印张　625 千字
版　　次：	2021 年 7 月第 1 版　2021 年 9 月第 2 次印刷
定　　价：	268.00 元

版权所有　翻印必究　·　印装有误　负责调换

《创新 使命 担当——中国产学研合作百佳示范企业》

编 委 会

主 编　王建华

编 委　（按姓氏笔画排序）

　　　　丁玉贤　公培佳　卢思锋　杨伊静

　　　　徐华西　植万禄　鲁　刚

编委办公室

主 任　周　詹

成 员　（按姓氏笔画排序）

　　　　冯翔慧　许　恬　闫永蒙　肖桂华

　　　　周　烨　韩　羽　蒋向利　翟万江

序 言

产学研合作创新是国家科技创新的重要方式,是国家综合实力和竞争力的重要体现。政产学研金用协同创新事关我国创新制度优势的充分发挥和大国科技与产业竞争整体优势和格局。

1978年,党的十一届三中全会开启了改革开放的历史新篇章。此后,不同模式、不同领域、不同层次的产学研合作如雨后春笋般在中国大地上生根发芽,迅速发展。40多年来,在经历了起步探索、试点推广、战略转型及重点突破之后,我国产学研合作实现了从产学研结合、产学研合作发展到产学研协同创新、深度融合的转变,基本形成了中国特色的产学研合作创新体系,为落实科学技术是第一生产力、实施科教兴国战略和创新驱动发展战略做出了贡献,为中国特色自主创新之路提供了新的思路和方式。

习近平总书记在党的十九大报告中提出,建设创新型国家,必须坚持深化科技体制改革,建立以企业为主体、市场为导向、产学研深度融合的技术创新体系,实现科技成果转移、转化。这为新时代中国产学研合作创新指明了方向。

企业是产业创新的主体,在推进产学研用一体化的进程中,一大批优秀的企业,以项目为依托、以市场为导向,联合高校、科研院所开展科学研究、技术攻关,充分发挥各方资源互补优势,加速了科技创新、科技成果转化和高技术产业化的进程,为全要素、多领域、高效益的产学研深度融合新发展做出了重要的贡献。

中国产学研合作促进会围绕国家创新发展的需求,坚持市场导向、促进要素集聚,在整合创新资源、搭建创新平台、探索创新机制等方面,促进了科技难题攻坚和成果转化,搭建了政产学研用深度融合的桥梁,为推动经济提质增效、增强我国经济的创新力和竞争力做出了贡献。

为更好地总结企业在科技创新和产学研深度融合中的成功经验,中国产学研合作促进会组织遴选出在产学研深度融合中具有示范引领性和代表性的创新企业一百家,沉淀提炼其创新思想和实践精髓,编撰出版《创新 使命 担当——中国产学研合作百佳示范企业》一书,以飨产学研各界。

本书以习近平新时代中国特色社会主义思想为指导,聚焦企业为主体的产学研用深度融合典型案例和成功做法。书中所汇集的产学研协同创新百佳企业,既是中国产学研界在党和政府的领导下艰难探索、敢于尝试、勇于实践、求真务实、攻坚克难的成果，也是中国企业家、科学家携手合作践行新时代中国特色社会主义思想理论、加强产学研合作、推动我国经济高质量发展的成功实践。

创新没有终点，产学研合作也需要不断攀登、不断超越。2020年7月，习近平总书记在企业家座谈会上指出："企业家作为企业的领航者，要勇于创新、敢为天下先，这是战胜风险挑战、实现高质量发展特别需要弘扬的品质。"他勉励企业家，要勇于创新，做创新发展的探索者、组织者、引领者，勇于推动生产组织创新、技术创新、市场创新，重视技术研发和人力资本投入，有效调动员工创造力，努力把企业打造成为强大的创新主体。这是习近平总书记对企业家创新和新时代产学研合作提出的新要求。

新形势需要新担当，新时代呼唤新作为。迎来党的百年华诞之际的中国产学研合作需要中国产学研界继续高举中国特色社会主义伟大旗帜，坚持问题导向、需求导向、目标导向，健全新型产学研一体化联动机制，从国家大局出发，落实新发展理念，推动高质量发展，努力构建高效协同、开放创新、融合顺畅、机制灵活、保障有力的企业家、科学家、教育家、金融家协同创新平台，在更高起点上开创中国产学研合作的新局面。

看似寻常最奇崛，成如容易却艰辛。让我们紧密团结在以习近平同志为核心的党中央周围，继续以一往无前的奋斗精神，立足自主创新、立志攀登世界尖端科技高峰，打好新时代科技攻坚战，共同谱写中国产学研深度融合发展新篇章！

谨以此书向中国共产党成立100周年献礼。

是为序。

二零二一年七月

编者的话

创新是引领发展的第一动力，产学研合作是创新发展的重要引擎。2020年9月11日，习近平总书记在科学家座谈会上强调，要发挥企业技术创新主体作用，推动创新要素向企业集聚，促进产学研深度融合。2021年5月28日，习近平总书记在中国科学院第二十次院士大会、中国工程院第十五次院士大会和中国科协第十次全国代表大会上又特别强调，创新链产业链融合，关键是要确立企业创新主体地位。要增强企业创新动力，正向激励企业创新，反向倒逼企业创新。科技领军企业要发挥市场需求、集成创新、组织平台的优势，打通从科技强到企业强、产业强、经济强的通道。这为新时代产学研合作创新指明了方向。

改革开放以来，在中国共产党的坚强领导下，中国的创新创业和营商环境不断优化，企业在创新创业持续发展的进程中不断成长、成熟，形成了具有示范和推广意义的产学研合作新模式、好案例，产生了可喜的经济效益和社会效益。他们以实现国家复兴伟业为使命与责任，满怀完成国家创新大业的光荣与梦想，砥砺奋进，破浪前行。他们赓续产学研融合的基因密码，不断探索产学研合作的新模式、新机制、新方法。他们中有涉及国民经济命脉的国有大型企业，有为国民经济建设做出重要贡献的民营科技企业，还有在创新创业过程中成长起来的中小型企业……他们以产学研深度融合为突破口，奋发有为，努力实现创新链、产业链、价值链、服务链的全链覆盖和有效对接，为建设创新型国家做出了贡献。

为庆祝中国共产党百年华诞，开启全面建设社会主义现代化国家新征程，助力"科创中国"行动计划的实施，更好地总结、宣传、弘扬在构建以企业为主体、市场为导向、产学研深度融合的创新体系的进程中做出重要贡献的创新型企业，进一步发挥企业在创新引领和产学研示范中的作用，我们从"中国产学研合作促进会产学研合作创新与促进奖"获奖企业和"产学研合作创新示范企业"及有关部门推荐的创新型企业中，遴选出一百家在产学研合作方面有突出业绩的不同类型的企业，选编其典型案例和成功经验编撰成《创新 使命 担当——中国产学研合作百佳示范企业》一书。第十、十一届全国人大常委会副委员长、中国科学院院士、中国工程院院士、中国产学研合作促进会会长路甬祥同志特为本书作序，以此勉励产学研界，特别是企业，要以服务国家和人民为初心，勇于创新、奋力拼搏、自立自强，同心协力使中国产学研合作之花结出更加丰硕的果实。

在编辑出版过程中，本书得到了国务院国有资产监督管理委员会、中国科学技术协会、中华全国工商业联合会、中国企业联合会、中国产学研合作促进会、中关村科技园区管委会、《中国科技产业》杂志社、各产学研协同创新平台及有关部门的高度重视；编委丁玉贤、徐华西、植万禄、鲁刚、公培佳、卢思锋、杨伊静在编撰中做了大量工作；入选企业以高度的责任感，积极配合提供了鲜活的案例和素材；周詹、肖桂华、冯翔慧、周烨、翟万江、韩羽、蒋向利、许恬、闫永蒙在编撰中做了大量的联络工作；企业管理出版社以高效、负责的态度，保证了本书的出版发行，在此特表谢忱。对于未入选此书的创新示范企业和成功案例，中国产学研合作促进会将通过其他方式予以宣传展示。

由于编辑出版过程时间紧、任务重，疏漏和不当之处在所难免，望广大读者不吝指正。

二零二一年七月

目 录

以新一代信息技术为核心　建设世界级软件名城核心区
北京中关村软件园发展有限责任公司　/ 1

中国创造　产业报国　建设全球化海洋科技装备集团
沪东中华造船（集团）有限公司　/ 6

协同创新　为企业插上腾飞的翅膀
紫金矿业集团股份有限公司　/ 12

提升中国装备制造水平　赋能制造业数字化智能化升级
机械科学研究总院集团有限公司　/ 17

创新关键核心技术　助力现代中医药奠基立业
天士力控股集团有限公司　/ 21

创时代先河　做物联网时代智慧家庭的引领者
海尔智家股份有限公司　/ 27

打造绿色新能源　角逐全球"核动力"
山东能源集团有限公司　/ 33

产学研绘就"科技机电"新篇章
浙江省机电集团有限公司　/ 38

打造全产业链创新平台　做高质量发展标杆企业
南京钢铁集团有限公司　/ 43

产学研合作之"火"点亮企业发展之"芯"
国网天津市电力公司　/ 49

管理之花 科技之花 人才之花 逐梦碳中和世界
三花控股集团有限公司 / 54

科创基金"三个引导"让科技创新更有价值
北京科技创新投资管理有限公司 / 59

咬定"创新"不放松 争做国际一流网络安全企业
奇安信科技集团股份有限公司 / 66

构建全球产学研用创新体系 为消费者创造美好未来生活
广东美的制冷设备有限公司 / 71

红色基因 历史沉淀 彰显中国制造品质与魅力
徐工集团工程机械有限公司 / 76

"四个创新"打造有色行业"三个千亿"集团
洛阳栾川钼业集团股份有限公司 / 81

突破新型绿色肥料关键技术 打造中国农业产业领军企业
史丹利农业集团股份有限公司 / 86

打造矿山输送装备行业 "力博样本"
力博重工科技股份有限公司 / 91

做"专精特新"企业 谱产业发展新篇
北京理工华创电动车技术有限公司 / 96

追求卓越 迈向国际 开辟玻璃新材料行业新纪元
中国建材国际工程集团有限公司 / 101

传承精华 守正创新 引领大湾区生物医药产业转型升级
广州医药集团有限公司 / 106

打造同福健康品牌 引领乡村振兴新业态
同福集团有限公司 / 111

洽洽"新鲜质造"密码
洽洽食品股份有限公司 / 115

目录

自立自强　走高端医疗设备国产化之路
深圳市贝斯达医疗股份有限公司　/　**120**

打造高端智能制造产业新格局
歌尔股份有限公司　/　**125**

安于育人　恒于树德
杭州安恒信息技术股份有限公司　/　**130**

瞄准世界医疗器械前沿市场　"智"造中国高端自主创新品牌
威高集团有限公司　/　**135**

解码碧水源膜法水处理的"魔法"
北京碧水源科技股份有限公司　/　**140**

百年学府树建筑设计典范　融合创新铸数字转型先锋
同济大学建筑设计研究院（集团）有限公司　/　**145**

传承创新基因　做无机氟化工产业领头羊
多氟多化工股份有限公司　/　**151**

面向新航海　着眼产学研　致力新发展
哈尔滨哈船导航技术有限公司　/　**156**

一叶红船映初心　乘势而上开新局
东软医疗系统股份有限公司　/　**160**

中国"智"造创新之路
珠海天威飞马打印耗材有限公司　/　**165**

探索浩瀚太空　星途逐梦苍穹
北京星途探索科技有限公司　/　**170**

中国绿色矿山的旗帜
金徽矿业股份有限公司　/　**175**

破解节能环保的"产学研"密码
江苏南大环保科技有限公司　/　**180**

凭技术变革未来
和利时科技集团有限公司 / **185**

追逐"蓝天白云 繁星闪烁"的环保梦想
山东国舜建设集团有限公司 / **190**

质量安全铸就儿童食品品牌
贝因美股份有限公司 / **195**

数字医生让医疗更精准 更便捷 更普惠
数坤（北京）网络科技有限公司 / **200**

科技创新推动百年矿山再创辉煌
安徽马钢矿业资源集团姑山矿业有限公司 / **205**

质量铸魂 信誉立业 构筑全产业链食品加工生态圈
荣成泰祥食品股份有限公司 / **209**

打造高端陶瓷新材料领域的新高地
山东国瓷功能材料股份有限公司 / **213**

预制桩技术行业领衔者
浙江兆弟控股有限公司 / **218**

昂首挺进"深蓝" 擘画海油蓝图
中海油安全技术服务有限公司 / **223**

创意光影 精彩出圈
良业科技集团股份有限公司 / **227**

产学研用紧密结合 新疆天山矿业成果遍地开花
徐州矿务（集团）新疆天山矿业有限责任公司 / **231**

创显赋能产教融合 科技支撑智慧生活
广州创显科教股份有限公司 / **236**

做中国建筑空气安全领域开拓者
重庆海润节能技术股份有限公司 / **241**

产教融合　创领未来
中教未来国际教育科技（北京）有限公司　/　**246**

争做节能环保领域排头兵
北京华源泰盟节能设备有限公司　/　**251**

艰苦奋斗　铸就不锈久立
浙江久立特材科技股份有限公司　/　**256**

智慧强弱电一体化　助力"碳达峰、碳中和"
盛隆电气集团有限公司　/　**261**

冲上高空机械吊篮行业之巅
申锡机械集团有限公司　/　**266**

协同创新　填补大型潜水电泵研发制造空白
合肥恒大江海泵业股份有限公司　/　**271**

多产业协同推动交通强国建设
北京万集科技股份有限公司　/　**276**

产学研发力　让中国核电"走出去"
上海电气核电设备有限公司　/　**281**

做创新链枢纽　破"卡脖子"难题
上海化工研究院有限公司　/　**286**

填补国内空白　走现代化产学研之路
上海阿波罗机械股份有限公司　/　**291**

"微纳光制造"领域开拓者
苏州苏大维格科技集团股份有限公司　/　**296**

面向新基建　构筑"三有一体"产学研体系
中亿丰建设集团股份有限公司　/　**301**

定义 Mini/Micro LED　助推"视听"领域产业化进程
利亚德光电股份有限公司　/　**306**

践行大科研运作模式　做高端环保装备领军企业
青岛达能环保设备股份有限公司　/ **311**

践行绿色发展新理念　争当行业科技创新领头雁
中煤地质集团有限公司　/ **315**

产学研医协同创新　引领医疗AI前行
上海联影智能医疗科技有限公司　/ **320**

创造智慧育人新境界
讯飞幻境（北京）科技有限公司　/ **325**

冶金高温运输领域的"独角兽"
长沙凯瑞重工机械有限公司　/ **330**

逐梦前行盘龙人　合作共赢促发展
陕西盘龙药业集团股份有限公司　/ **335**

在虚拟现实技术创新中畅游数字世界
北京众绘虚拟现实技术研究院有限公司　/ **340**

打造中国生物"芯"　为人民生命健康保驾护航
北京博奥晶典生物技术有限公司　/ **344**

探索现代产业学院校企合作新模式
北京金蓝无忧国际教育科技有限公司　/ **349**

铸就工业互联网"根"技术　实现工业智能进化的关键跨越
北京东土科技股份有限公司　/ **354**

做中国电子测绘仪器的开创者
广州南方测绘科技股份有限公司　/ **360**

从大西北走出的创新环保明星
甘肃一德新能源设备有限公司　/ **365**

科技改变养猪业
广西扬翔股份有限公司　/ **371**

目录

"高端智造"振兴民族工业
江苏银环精密钢管有限公司 / 375

让建筑生命延展
科顺防水科技股份有限公司 / 379

科技自立自强　提升我国潜水电泵核心竞争力
亚太泵阀有限公司 / 383

"润滑"中国制造
郑州奥特科技有限公司 / 388

源头创新　变废为宝　做行业领跑者
鑫联环保科技股份有限公司 / 393

产教融合　打造产学研模具创新中心
宁波华宝智能科技股份有限公司 / 399

创新创未来　酷开酷生活
深圳市酷开网络科技股份有限公司 / 404

动物疫苗界的领跑者
普莱柯生物工程股份有限公司 / 409

合作成林　赢在单丝
南通新帝克单丝科技股份有限公司 / 414

构筑全球矿产能源法律服务"网"
北京市雨仁律师事务所 / 419

共研低碳综合能源服务　共建能源物联网生态圈
北京京东方能源科技有限公司 / 424

探索生命能源银行　为人民健康保驾护航
圣释（北京）生物工程有限公司 / 429

传承千年藏医文化　引领现代藏药航标
石家庄藏诺药业股份有限公司 / 434

标准引领中国绿色包装产业创新与发展
深圳兴旺环保代塑材料开发有限公司 / **439**

科技赋能智慧医疗 智能服务机器人落地应用
深圳中智卫安机器人技术有限公司 / **444**

用科技保护生态
武汉中科瑞华生态科技股份有限公司 / **448**

数据改变世界 算力驱动未来
成都勤智云集团有限公司 / **453**

集聚创新势能 做中国装备走出去的"航母"
中国能源建设集团广东省电力设计研究院有限公司 / **458**

深耕产学研合作 抢占检测设备行业制高点
武汉精测电子集团股份有限公司 / **463**

数字化解决方案领导者
新华三集团有限公司 / **468**

推动数字化转型 助力低碳可持续发展
施耐德电气（中国）有限公司 / **473**

科技创新 赋能电力系统领域综合发展
河南四达电力设备股份有限公司 / **477**

引领技术进步 促进生活美好
南京玻璃纤维研究设计院有限公司 / **481**

细分市场的隐形冠军
杭州之江有机硅化工有限公司 / **486**

产学研铸就工业装备新军
大连东方亿鹏设备制造有限公司 / **491**

以新一代信息技术为核心
建设世界级软件名城核心区

北京中关村软件园发展有限责任公司

北京中关村软件园发展有限责任公司（以下简称中关村软件园）是一家面向大信息产业的科技园区服务商，是中关村发展集团推动园区发展、实施产业投资和科技金融创新的重要平台，提供从专业化科技园区的开发建设到园区运营管理、产业服务等全环节的优质服务。

中关村软件园位于北京市海淀东北旺，两期面积2.6平方公里，是中关村国家自主创新示范区中的新一代信息技术产业高端专业化园区，是北京建设世界级软件名城核心区，是我国创新驱动战略体系成果的展示窗口、国际合作与技术转移的关键节点、科技惠及民生的重要源头。历经20余年建设发展，中关村软件园已形成了专业化、特色化、国际化、品牌化和创新性的园区服务体系，致力于推动国家软件与信息服务产业的专业化发展，是以新一代信息技术为核心的战略性新兴产业高端集聚区。

产学研合作是中关村软件园的重要工作组成部分，也是软件园得以成长为大信息产业高端园区的重要推动因素。经过20年的发展，中关村软件园与全国近百所高校开展专业共建、院校共建等合作，从创新源头解决园区企业的发展需求。2019年8月，与教育部合作共建中国国际"互联网+"大学生创新创业大赛展示交流中心，为高校、企业和政府搭建产学研合作和科技成果转化的新通道。2018年，中关村软件园承办教育部"产学合作、协同育人"大会，广泛汇聚了高校和产业资源，促进了产教融合、协同创新。

共建中国国际"互联网+"大学生创新创业大赛展示交流中心

2019年，中关村软件园与教育部"互联网+"大赛组委会达成合作，共同建设成立中国国际"互联网+"大学生创新创业大赛展示交流中心（以下简称大赛中心）。依托在高校合作、人才服务、科技金融、产业服务等方面的资源优势和服务体系，以大赛中心平台汇聚全国高校最顶尖的科技成果转化项目和创新创业成果，实现产学研深化运营，全方位构建产学研创新生态。

整合全国资源助力优质项目落地北京

六届大赛产生了百万量级的优质项目和优秀人才，中关村软件园积极整合大赛项目及人才资源，结合中关村软件园在产业服务、人才服务和投融资方面服务体系，筛选符合北京产业方向的优质项目，开展孵化培育、投融资对接、人才对接、产业对接等形式丰富的活动，促进符合北京产业方向的大赛优质项目落地北京。

为进一步促进高校科技成果转化和产学研合作，大赛中心联合中关村软件园人力资源联盟，面向全国高校开展创新创业教育活动，与吉林大学、宁波大学、平顶山学院、浙江工业大学等高校合作，组织高校创业项目团队走进中关村，与中关村企业开展产业对接和项目合作对接，一方面帮助优质项目获得发展资源，另一方面也帮助了中关村企业获得全国高校优质项目资源和技术合作资源，实现以全国产学研资源助力中关村、助力北京的高质量发展。

以大赛成果推动区域产学研协同发展

作为全国性双创赛事，大赛涌现出了大量优质创业项目和科技转化成果，基于本地项目孵化培育需求，中关村软件园与全国地方政府合作共建大赛分中心、大赛成果转化基地，构建了"本地项目、本地孵化"的项目落地和科技成果转化新模式。通过创新要素集聚，既帮助大赛优质项目落地发展和快速成长，也推动了区域转型发展和产业升级。

2020年，中关村软件园与江苏溧阳合作，策划"溧阳青年创业者峰会"，帮助大赛项目获得溧阳政府的政策和资金支持，促进了大赛项目的快速成长、实现产业化落地。与山西省教育厅共建中国国际"互联网+"大赛山西成果转化基地，通过持续不断运营，促进山西本地项目加速成长，帮助16支山西省大赛获奖项目落地山西成果转化基地，实现了本地项目的孵化培育。2020年山西省双创周期间，山西省领导同志视察"互联网＋"大赛山西成果转化基地，给予高度评价。

"双创带动就业"活动促使大批人才就业

2020年，"稳就业"是六稳之首，中关村软件园积极响应国家号召，积极开展"双创带动就业"系列活动。通过搭建大赛创新创业人才交互平台，构建了创新创业人才交流通道，带动了一大批创新创业人才顺利就业。第六届大赛总决赛期间，中关村软件园承接了大赛同期活动"双创带动就业"展区，以精彩纷呈的形式，展示中关村软件园在"双创带动就业"方面的丰硕成果。

2020年11月19日，中央政治局委员、国务院副总理孙春兰，中央政治局委员、广东省委书记李希以及国务院、教育部等有关领导同志视察了中关村软件园"双创带动就业"展区，在听取中关村软件园董事长杨楠的汇报后，对园区"双创带动就业"工作成果以及服务生态予以高度赞赏。

基于大赛同期活动的成果，中关村软件园将继续围绕"互联网＋"大赛，深化产学研合作和创新服务，继续提升产学研创新服务水平，实现创新引领发展。

实施中关村创新领航者计划

除了面向全国大学生开展创新创业工作，中关村软件园致力于面向范围更广、规模更大的社会创业者和创业项目进行培育，搭建针对不同发展阶段企业的政策支持体系，打造独具中关村特色的产学研加速营。

2020年11月，在中关村管委会、中关村发展集团指导下，在中关村企业家顾问委员会、中关村创业生态发展促进会鼎力支持下，中关村软件园正式启动了"中关村创新领航者计划"，针对不同发展阶段的企业提供产学研合作等全方位支持服务体系。中关村软件园从1596家中关村金种子企业中遴选优秀创业项目产学研优秀人才，围绕学员真实需求量身定制独具中关村特色的产学研加速营。

中关村软件园园区一角

本期实训营的 40 多位学员创业背景丰富、创业领域多元，有海外留学生、归国科学家、多次获奖的大学生创业者、从高校走出来的研究员、拥有丰富实业背景的企业高管和获得红点设计大奖的设计师，他们的企业涉及了新一代信息技术、智能制造、生命科学及新材料等多个领域。

运营北京高校大学生创业园

为积极响应北京市教委提出的"加大改革创新力度，经过 5 年的建设，实现北京高校大学生高质量就业创业"的目标任务，2015 年，中关村软件园与北京市教委合作，运营北京高校大学生创业园。经过五年发展，已逐步形成了以"一街三园"集聚引领，分园多点支撑联动，布局合理、政策协同、市校两级互动互补的创业园孵化体系。北京高校大学生创业园（软件园）建筑面积 3000 平米，位于北京市中关村软件园核心区域，于 2016 年 8 月正式启用，主要孵化软件及信息技术服务、通信等 IT 行业和"互联网+"类的创业项目，目前在园团队 24 支，团队成员 406 人。北京高校大学生创业园（理工园）建筑面积 13500 平米，主要孵化科技创新、文化创意等类型项目，目前在园创业团队 208 支，团队成员 1648 人。

中关村软件园运营北京高校大学生创业园是强化创新创业实践、推动产学研合作和人才培育的重要举措。通过空间运营和中关村软件园科技服务体系，为产学研合作项目和人才提供优良的孵化空间和服务，从而有效推动产学研合作和科技成果的快速落地转化。

成立中关村智酷为培养双创人才服务

中关村软件园以建设在 IT 和信息服务领域具有全球影响力的创新中心为目标，以高端聚集、创新引领、带动辐射为使命，依托园区人才基地培训中心，紧密把握产业发展脉搏，加快构建多层次人才培训体系，促进高技术人才集聚，为园区企业发展注入不竭动力。

随着我国软件行业的飞速迅速，中关村软件园作为高新产业集聚区，园区企业有着大量的 IT 人才需求。但多数企业在人才培训体系和内训导师队伍方面比较薄弱，如何招到人才、培养人才、留住人才，成为各企业管理中亟待解决的症结和痛点。2018 年由中关村软件园发起成立中关村智酷，以"产教融合、协同创新"为使命，打造专业化的双创人才服务平台。

中关村智酷积极帮助高校打造专业共建、产业学院、双创教育等领域的课程资源和实践体系。在课程资源方面，帮助高校构建中关村特色化的理论主体与创新案例；在实践体系方面，帮助高校解决双创师资及实施紧张、时效滞后等问题；在双创教育方面，积极推动高校教师来中关村及体系企业开展双创培训，增强高校教师向"双师型"教师迈进。截至目前，中关村智酷与安顺学院、西南民族大学、广西师范大学、广西电力职业技术学院等全国多所院校开展大信息产业人才培养合作，累计在校生达6000余名。与东北财经大学数据科学与人工智能学院、云南大学旅游文化学院等一批高水平院校共建现代产业学院。通过校企合作，进一步完善了"政产学研用"为特色的中关村人才培养新模式。

联合园区企业积极开展政产学研合作

中关村软件园联合园区企业，加速推进科创人才培养，引导并协助企业融入北京科技创新战略布局。通过系统整合产学研协同创新资源，着力打造人工智能、大数据和工业互联网等多个人才培养平台。

2021年3月，中关村软件园联合百度正式启动"中关村软件园×百度飞桨AI人才培养计划"，致力于为企业创造AI产业技术交流平台、搭建AI应用人才培养机制，重点培育一批具备AI技术能力并能将其应用于行业的高素质人才，推动产业实现智能化升级。

此次活动计划2021年在全国范围内组织各类培训和活动，包括面向一线算法工程师解析行业典型案例与实用技术方案，指导企业快速开发的"AI快车道"；面向已经建立算法工程师团队的企业，提供AI落地深度问题交流分享机会的"AI私享会"等。

一直以来，中关村软件园在科技人才培养与成果转化方面积极布局，通过广泛联动高校与企业，形成了长短结合的人才培养输送模式，并高度整合产学研资源，建立起针对人工智能（深度学习）、工业互联网方向的集训体系。

面向未来，中关村软件园将一如既往地提供更高质量科技创新服务，积极参与教育部产学合作协同育人项目、"互联网+大赛"，通过产学合作资源对接，促进中关村各类创新资源要素与高校展开全方位合作，特别是在科技人才培养、科技成果转化、科技服务创新等方面发挥积极引领示范作用。

中国创造　产业报国
建设全球化海洋科技装备集团

沪东中华造船（集团）有限公司

　　沪东中华造船（集团）有限公司（以下简称沪东中华）是中国船舶集团有限公司旗下核心造船企业，公司围绕全球视野下海运装备需求，依托两大总装造船基地及强大的自主研发和先进制造能力，形成完善的品控体系和服务网络，致力于向全球客户提供一流的产品与优质服务。公司年造船能力超过200万吨，资产总额400亿元，年销售收入190亿元。

　　沪东中华是中国综合实力最强的民用船舶制造企业之一，秉承"为客户创造最大价值"的理念，矢志服务国家战略，成功摘取世界造船"皇冠上的明珠"，成为中国唯一的大型LNG运输船建造企业，已经交付和在建的大型LNG船超过30艘，实现了国家重大能源运输装备的自主可靠生产。8000箱位以上超大型集装箱船建造业绩超过50艘。

　　公司拥有国家级企业技术中心，国家能源LNG海上储运装备重点实验室，在国内船厂中唯一设有LNG技术研究所，建立了企业博士后科研工作站和船体、轮机、信息化博士工作室。先后承担了国家一系列装备研制、技术创新、能力建设等重大科研项目，拥有50余项国家级科技进步奖项和300余项发明专利。

　　立足新时代，公司深入贯彻习近平新时代中国特色社会主义思想和坚持海陆统筹，建设海洋强国的重大战略部署，坚持科技创新引领市场需求；坚持高端制造支撑发展战略；坚持中国创造，实现产业报国，努力建设卓越的全球化海洋科技装备产业集团。

企业特色和亮点

公司是国内综合实力最强的民用船舶制造企业之一，国内唯一的大型 LNG 海上储运装备制造商。秉承"为客户创造最大价值"的理念，公司严格按照世界最高标准建造船舶产品，建立了经 ABS 船级社认证的 ISO9001 质量管理体系，与世界各大船级社建立长期友好合作关系，为全球各大航运公司、世界能源巨头提供完善的运输装备解决方案。公司矢志服务国家战略，成功摘取世界造船"皇冠上的明珠"，成为中国唯一的大型 LNG 运输船建造企业，实现了国家重大能源运输装备的自主可靠生产。公司建造的 LNG 船每年为中国运送超过 2500 万吨的液化天然气，为中国能源结构转变和气候环境改善带来源源不断的清洁高效能源。

公司在全球集装箱船建造领域声誉卓著。8000 箱位以上超大型集装箱船建造业绩超过 50 艘，建造的 22000 箱集装箱船是全球首个应用 LNG 为主要动力燃料的"超级工程"。38000 吨、49000 吨双相不锈钢化学品船，45000 吨集装箱滚装船，3000 吨海洋渔业资源调查船，31.9 万吨 VLCC 船等每一型产品都体现了公司精益求精、创新超越的企业品格。

公司在船舶领域科研创新实力雄厚。公司是船舶行业唯一获得中国工业大奖的企业，拥有国家级企业技术中心、国家能源 LNG 海上储运装备重点实验室，在国内船厂中唯一设有 LNG 技术研究所，建立了企业博士后科研工作站和船体、轮机、信息化博士工作室。先后承担了国家一系列技术创新、能力建设等重大科研项目，拥有 50 余项国家级科技进步奖项和 300 余项发明专利。公司自主研发的全球第四代 17.4 万立方米低蒸发率双燃料低速机直推型 LNG 船，满足最新最严格排放标准，是当今世界上推进效率最高，环保性能最优异的 LNG 船。已经成功接单的 17.4 万立方米 LNG-FSRU、18600 立方米 LNG 加注船以及最新向市场推出的 20 万～27 万立方米 LNG 船、极地破冰型 LNG 船、LNG 发电船等一系列新型 LNG 产业链装备，展现了公司在 LNG 全产业链领域的强大创新能力。

公司在做精造船主业同时，积极拓展相关多元产业。承接了 LNG 船改装 LNG-FSRU、大型集装箱船改装 LNG 动力系统等一系列创新性项目，并向薄膜型 LNG 岸站储罐制造、LNG 船维修和改装、豪华邮轮维修、高端成套机电装备制造等领域拓展，不断提升综合竞争能力，推动公司由造船为主，向产业多元的综合性装备产业集团转型。

产学研合作深入开展

公司高度重视产学研合作，积极鼓励研发部门充分利用国内外创新资源开展高层次、多形式、宽领域的产学研合作,并取得显著的成果转化推广效果。

在成功经验和做法方面,一是强强联合,公司与708所、604院、中国船级社、上海交通大学、哈尔滨工程大学、上海船舶工艺研究所等优质研究机构合作,先后在国家各部委及上海市获得多项重点科研项目支持,开展破冰LNG船、LNG发电船、MARK III型液货围护系统专用材料及工艺装备国产化研发;二是以我为主,搭建自己的对外科技合作平台,利用公司拥有的国家能源LNG海上储运装备重点实验室等研发资质和平台,邀请了国内10余家知名大学及研究所共同开展LNG海上储运装备研发工作;三是借力外智,公司持续推进与法国GTT公司合作,完成了1.86万方LNG加注船、17.4万方LNG FSRU船、23000双燃料集装箱船、7.99万方LNG船、200MW LNG发电船、17.4万方LNG船、3.2万方陆用储罐等方案开发。

在产学研成效和业绩方面,研制的LNG船、LNG燃料加注船、超大型集装箱船(双燃料动力系统)实现了经营接单、实船建造及交付;突破了总段建造、单元组装、预舾装和模块化等专利技术,已用于LNG-FSRU、LNG船、22000TEU集装箱船等船舶建造,有效提高建造效率、缩短建造周期、提升质量稳定性;拥有完全自主知识产权的超低温截止阀和超低温止回阀已实现销售;拥有完全自主知识产权的船舶三维设计平台(SPD系统)填补了国内船舶设计领域的技术空白,已在多家船厂、设计院所、大专院校得到广泛实际应用,取得了显著的经济效益和社会效益。

根据实际情况,公司建立了丰富多样的产学研合作模式。一是具体的产学研合作项目,如和相关研究所及大学共同申请国家部委及上海市科研项目等,以签订目标责任书的方式明确合作双方在具体项目上的责权利。二是和国内知名大学、研究所签订战略合作协议或者全面合作协议。通过该种方式充分发挥研究院所及大学在高端人才及高精尖实验装备方面的优势,为公司高新技术船舶产品研发及建造工作保驾护航。三是搭建自己的产学研合作平台。公司拥有国家能源LNG海上储运装备重点实验室等研发资质和平台,拥有健全的科技创新组织结构和运行机制。在重点实验室平台基础上,公司采用理事会管理的方式,邀请了国内10余家知名大学及研究所共同参与重点实验室建设,共同开展LNG海上储运装备研发工作,正引领中国LNG海上储运装备产业发展。

公司制定了较完善的产学研创新激励机制。在公司《科研项目管理办法》《技术创新和技术进步奖评审办法》《科技创新奖励管理办法》《科学技术委员会工作章程》等文件中明确了相关管理制度及奖励办法,产学研合作工作中取得的科技创新成果、专利、论文等均制定了明确的奖励制度及激励措施,通过奖励措施促进技术人员积极通过产学研合作途径开展科技创新工作。

以党建工作塑造企业家精神、企业文化和工匠精神

公司坚持把党的建设放在首位,以习近平新时代中国特色社会主义思想为指导,深入贯彻落实习近平总书记重要指示精神,大力弘扬企业家精神,立足新发展阶段、贯彻新发展理念、构建新发展格局,不断增强"四个意识",坚定"四个自信",做到"两个维护",为推动企业高质量发展提供了坚强的政治、思想和组织保证。

坚持同频共振,党建深度融入发挥巨大作用。公司不断强化党委"把方向、管大局、促落实"的独特作用,紧紧围绕新时代党的建设总要求,深入贯彻落实国有企业党建工作会议要求,不忘初心、牢记使命,坚持党的领导,加强党的建设,强化党建引领,围绕"生态重塑、两厂融合、产品转型、创新发展"四大任务,稳步提升"党建引领力、科技驱动力、成本竞争力、管理协同力、发展持续力"五大能力,确保企业健康稳定发展。

紧扣中心工作、积极推进党建"四创"工程。公司以党建任务、生产经营、科技创新、制造技术等重点,把难题作为攻关点,成为推动工作助推器。围绕重点产品开展项目制党建,LNG船建造周期不断缩短屡破纪录。在重要工程上组建跨行业临时党委,有力保障各项节点任务圆满完成。

优化培育体系,高端核心队伍不断壮大。依托重大项目和重点工程,培养高级专家197人,青年英才40人,科技精英20人。2020年度获评"有突出贡献中青年专家"、上海市人才发展资金资助、中央企业"百名杰出工匠"、上海领军人才称号各一位;两人次获得上海市崇明区领军人才称号等。成立博士船体工作室、博士轮机工作室和博士数字化设计工作室,促进各专业的均衡发展。完善骨干库管理,优化骨干人才选拔、培养、保留及薪酬倾斜制度,骨干稳定率保持在98%以上。

弘扬工匠精神,精益求精支撑高端发展。深化"劳模、技师创新工作室"创建,制定《公司工匠培养选树办法》,加大劳模选树和工匠培养力度,积极培育匠人文化。1人次获评全国劳动模范,1人次获全国五一劳动奖章,4人获评上海市劳动模范,1人次获中央企业劳动模范称号。成功培养上海工匠6名、船舶工匠8名;创建"劳模、技师创新工作室"12个,完成攻关课题15项;1个QC小组荣获"国际质量管理小组铂金奖",8个QC小组荣获"全国优秀质量管理小组",10个班组荣获"全国质量信得过班组",有效支撑公司高端产品战略。沪东中华的能工巧匠在各级技能比赛中摘金夺银屡获佳绩,"工匠进校园"活动深入开展,影响和激励"明日工匠"加快成长,工匠精神得到很好传承。

全方位深化企业文化建设。不断深化企业文化核心内涵,在"固根""铸魂"上狠下功夫,强化全员"精益求精、创新超越"意识。建立摄影摄像工作室,与企业

报、微信公众号、广播台、官网等形成企业自媒体强大矩阵，扩大企业品牌社会影响力。仅 2020 年，在各类媒体上反映公司高质量发展的新闻稿件近 80 篇，省部级以上媒体刊发新闻 70 余篇，亮相《新闻联播》3 次。沪东中华建造世界一流舰船的故事，一次次"飞"进千家万户。

产学研合作成功案例

23000TEU 双燃料动力集装箱船

23000TEU 双燃料动力集装箱船是沪东中华联合中国船舶集团有限公司第 708 研究所、江南造船（集团）有限公司、上海交通大学、中国船级社等产学研单位自主研发设计、联合打造的一项"超级工程"。

该项目突破了双燃料推进系统风险识别分析与应对措施、LNG 燃料舱结构强度及次屏壁设计、双燃料供给系统配置和控制系统设计、大容量 LNG 燃料舱设计技术等多项关键技术，形成了适用于 20000 箱级以上集装箱船双燃料系统的设计方案，掌握了大型集装箱船上应用双燃料系统满足国际气体燃料安全规则（IGF CODE）的共性技术，为建造大型双燃料集装箱船提供了技术解决方案。

23000TEU 双燃料集装箱船

该船是全球首条采用 LNG 作为主要燃料的超大型集装箱船，配备 18600 立方米的 LNG 燃料舱，是全球最大舱容的薄膜型 LNG 燃料舱，可以提供超过 19500 海里的续航力，覆盖从远东到欧洲的往返航程。拥有齐全的绿色动力系统配置，不论是远海航行还是靠港作业，均能在燃气模式下运行，满足全球最严格的排放要求。装载能力超强，最大载重吨可达 22 万吨，可以携带的重箱数达 14800TEU，可搭载的冷藏集装箱多达 2200TEU，揽货能力非常灵活。船型设计采用多目标优化设计，在较大吃水区间（11～16 米）和较宽的航速范围（12～22 节）均能获得较高的效率，经济性好，节能效果突出。

18600 立方米 LNG 燃料加注船

18600 立方米 LNG 燃料加注船是沪东中华自主研发设计，并联合上海船舶研究设计院、中国船级社、上海交通大学、昆仑能源投资、新奥（舟山）液化天然气有限公司等产学研金用单位共同打造的 LNG 加注船，相继突破了总体设计与稳性计算、加注系统设计与试验、双燃料电力推进系统设计、安全控制系统设计、高效优质焊接方法集成及焊接质量控制、液货围护系统建造技术等 7 项关键技术，成功实现了 GTT 公司 MARK III FLEX 薄膜型液货围护系统在 LNG 加注船上的突破和应用，填补了我国 LNG 燃料加注船设计空白，引领了船舶行业 LNG 产业链技术的发展。

18600 立方米 LNG 燃料加注船

该船货舱容积高达 18600 立方米，加注速率高达 2000 立方米 / 小时，是目前世界上加注量最大、加注速率最高的此类船舶。该船以 LNG 作为推进燃料，并能零损耗处理、利用蒸发气。可以为超大型 LNG 动力 23000TEU 集装箱船提供冷舱、惰化、加注、升温、驱气等全流程的 LNG 燃料系统全流程专业化服务，一次加注可供其航行 19500 海里，覆盖从欧洲到远东的往返航程。同时，该型船也能为其他各型 LNG 动力的货船提供 LNG 加注服务。

协同创新　为企业插上腾飞的翅膀

紫金矿业集团股份有限公司

紫金矿业集团股份有限公司（以下简称紫金矿业）是一家以金铜等金属矿产资源勘查和开发为主的大型矿业集团，是中国矿业行业效益最好、控制金属矿产资源储量最多、最具竞争力的大型矿业公司之一。公司位居2020年《福布斯》全球上市公司2000强中国有色金属和黄金企业第1位、全球黄金企业第3位、全球有色金属企业第7位，位居2020年《财富》"中国500强"第77位。

紫金矿业通过重大科研任务合作、学术交流、协作办企（校）等方式，与中国工程院、有研科技集团有限公司、矿冶科技集团有限公司、中国恩菲工程技术公司、中国瑞林工程技术公司、中南大学、福州大学、江西理工大学、华东理工大学、中国科学院过程工程研究所等有关研究单位，建立了长期稳定的战略合作机制，成为引进高端人才和充分利用国内顶层智库资源的重要平台。积极参与中国有色金属工业协会、中国黄金协会等行业协会和国内外多家知名院校的技术交流活动，开展行业共性问题研究，形成了联合开发、优势互补、利益共享、风险共担的技术创新合作组织。

其中，在经济矿业和系统工程思想指导下，以矿石流为走向，将地勘、采矿、选矿、冶炼和环保五个环节进行统筹研究和全流程控制，形成了以经济社会效益最大化为总目标的"矿石流五环归一"工程管理创新模式。公司在国内、外推广应用"矿石流五环归一"工程管理创新模式，取得显著成果。

目前，紫金矿业已建成了国家重点实验室、国家级企业技术中心、博士后工作站等一批高层次的科研平台。聘请了一批院士专家技术顾问，并与高校科研院所建立了协作关系，研发了一批适用性强、产业化水平高、经济效益显著的自主知识产权和科研成果，拥有授权专利148项，其中发明专利93项，84项成果获得国家、省部级科技进步奖，16家权属企业被评为高新技术企业。

校企联合培养地矿人才

紫金矿业学院是福州大学与紫金矿业集团股份有限公司于2007年联合创建的新型矿业学院，拥有资源勘查工程、采矿工程和矿物加工工程三个本科专业，构建了"地、采、选"一体化的地矿专业群。通过紫金矿业集团矿山实践平台的支持和企业科技工程人才参与办学过程，不断提升地矿毕业生的综合工程实践能力。

紫金矿业学院经过10多年校企协同育人教育改革探索与研究，逐步构建了全面深入贯彻以学生培养为中心，以不断提升学生工程实践能力为目标，以校企协同育人为手段，以卓越工程师教育培养计划为蓝本和以产出为导向的人才培养体系——"紫金模式"，其核心内涵为：企业支持办学建设，企业参与办学过程，企业检验办学成效。"紫金模式"是对福州大学"开放式"办学发展战略和大力推进"政、产、学、研"协同育人办学理念的完美诠释，是卓越工程师计划扎实推进，并取得圆满成功的校企联合地矿专业人才培养模式。

福州大学紫金矿业学院上杭教学基地

通过10年校企联合办学，紫金矿业学院人才培养的效果与优势逐渐得到彰显，一大批就业于企业一线的毕业生快速成长为企业技术骨干和中层技术管理人才，专业人才成长速度快、后劲十足。继续深造的学子在地矿科学研究领域亦崭露头角，一批获博士学位的毕业生被高校和地方政府以高层次人才引进。学院建设了优质的上杭国家级工程实践教育中心、省级实验教学示范中心和专业实习教学基地等实践教学平台，打造了高层次校企融合的师资队伍，构建了融合的满足工程专业教育认证要求，充分体现以产出为导向教育理念的"矿业+"校企联合人才培养体系。2015年《校企联合"紫金模式"地矿人才培养创新与实践》获第四届全国教育改革创新优秀奖。2017年《理论与实践深度融合培养应用型地矿人才创新与实践》获福建省高等教育教学成果奖特等奖和中国高等教育学会高校教学改革优秀案例，福州大学紫金矿业学院获批为福建省示范性产业学院。

依托科研平台拓展成果转化

紫金矿业拥有国内黄金行业唯一企业国家重点实验室、国家企业技术中心、博士工作站和院士专家工作站等高水平研发平台，专职研发人员102人，其中，博士13人，硕士59人；高级工程师以上52人。强大的自主创新能力，为高水平产学研协同创新提供了坚实的人、财、物基础。

团队中1人入选国家"万人计划"领军人才，1人入选海外高层次引进人才，1人入选国家"百千万工程"人才，1人入选福建省"百人创新团队"，5人入选福建省高层次引进人才，4人获得福建省自然科学基金杰出青年项目支持。公司每年设立开放基金课题、博士后课题和其他创新资金，为中南大学等17家高校、科研院所提供研究经费，涉及经费数千万元。截至2020年，公司共完成各种类型科技项目600余项，承担了国家科技支撑计划、863计划、973计划、国家重点研发计划、创新能力建设等15项国家级和32项省部级科技计划项目。形成了具有自主知识产权的科研成果100多项，获得省部级以上科技奖励84项；拥有发明专利94项。拥有中国驰名商标1项、注册商标269项。

紫金矿业在国内14个省（区）和海外12个国家拥有重要矿业投资项目，黄金权益资源储量2300吨，黄金资源量超过国家央行黄金储备量（截至2021年2月末，央行黄金储备约1948.3吨）；铜权益资源储量6200万吨，铜资源量约为国内总量的一半，是中国在海外控制黄金和有色金属资源量、矿产品产量最多的企业之一。巨大的矿产资源优势，为产学研高水平产学研协同创新提供了广阔的共性技术凝练、联合攻关和成果转化空间。企业凭借巨大资源优势，产学研协同创新技术攻关对象更具矿业行业共性；企业与高校、科研院所联合攻关，成果转化更以技术需求和市场为导向，可推广性高；企业旗下矿山为行业关键技术的产业化推广提供便捷的生产试验，为全行业推广提供可靠生产运行依据，具有得天独厚的技术辐射能力。

此外，紫金矿业通过搭建产学研重要平台，联合推动金铜产业快速发展。建立了福建省协同创新院金铜产业分院，为福州大学、厦门理工学院、昆明理工大学、赣州好朋友科技有限公司、中铜东南铜业有限公司、厦门兑泰环保科技有限公司等五十多家高校、院所、科技服务公司、矿山/冶炼企业提供项目合作、成果发布、成果对接平台。同时定期举办行业培训、成果对接等，促进周边金铜产业创新发展。

以项目为抓手促进产学研融合

紫金矿业联合高水平高校，作为研发成果中试、工业试验实施单位，共同承担国家级科技计划项目，共同提升应用基础研究能力，分别与矿冶科技集团有限公司等联合申报了国家科技支撑项目、863项目。与清华大学、中南大学成功申报2项"国家重点研发计划专项"。其中"低品位硫化铜矿生物提铜大规模产业化应用关键技术"项目合作研究历经7年，取得巨大经济和社会效益。

该项目由紫金矿业集团股份有限公司、北京有色金属研究总院和中国有色金属工业技术开发交流中心合作完成。项目历经7年，从小型试验、扩大试验、工业试验（300tCu/a到改扩建至1000tCu/a）、万吨级矿山投产到大规模产业化，项目的每个产业化进程均是在密切的产学研合作中完成的，并先后受"十五"攻关计划《生物冶金技术及工程化研究》（2001BA609A-17）、"973"计划课题《选择性浸出及酸铁平衡技术》（2004CB619205/06）经费资助。

紫金山铜矿为低品位次生硫化矿，在前期"十五"攻关计划支持的300吨/a中试和1000吨/a中试研究过程中发现，由于矿石中黄铁矿含量高，矿石硫铜比高，浸出过程酸过剩，铁积累，影响浸出、萃取、电积效率，并导致中和成本大幅上升。经过持续攻关，解决了低品位、高S/Cu比铜矿浸出效率与酸铁平衡等技术难题，形成了具有国际先进水平的低品位硫化铜矿大规模产业化应用关键技术。紫金山铜矿2006年至2008年三年合计新增利税9.796亿元，经济效益显著。项目获发明专利11项，实用新型专利1项；获"福建省科技进步一等奖""有色金属协会科学技术一等奖"；发表论文59篇，其中SCI/EI收录28篇。

自主创新迈向产业国际化

靠着紫金山开发的巨大成功，紫金矿业借力资本市场，走出紫金山，先后在新疆维吾尔自治区、内蒙古自治区、吉林省、贵州省等18个省（区）收购和开发建设了一批骨干矿山，并且开始海外并购之路，成为中国企业"一带一路"先行者。

自主创新是紫金矿业"走出去"的第一驱动力。

俄罗斯图瓦克孜尔-塔什特克铜铅锌多金属矿,矿物种类和伴生元素多、矿石性质复杂多变。紫金矿业进入后,组织研发团队从优化选矿流程、改进选矿设备和研发选矿药剂入手,开展伴生金综合回收技术和铜铅锌高效浮选分离技术研究,取得了锌品位47%、回收率85%的锌精矿,每年可增加产值2亿元,新增效益超过1亿元。

刚果(金)卡莫阿铜矿收购时铜资源量仅为2400万吨,通过地质勘察理论和技术创新,发现了高品位、厚度较大的富矿体,资源量不到三年增长至4249万吨,约为我国铜资源储量的40%,成为非洲大陆迄今为止发现的规模最大的铜矿、世界上最大的未开发高品位铜矿、全球第四大铜矿,一举奠定了紫金矿业在铜资源储量居全国第1、全球第9的席位。

紫金矿业成立于2013年的中国黄金行业首家、福建首批企业国家重点实验室——"低品位难处理黄金资源综合利用国家重点实验室",通过近2年的技术攻关,掌握了长期被西方垄断的"加压预氧化"难选冶金矿核心技术,并于2017年在贵州紫金水银洞金矿成功实现产业化和达标达产,这是该技术在我国黄金行业的首次运用,可开发利用水银洞金矿区原来不能利用的金资源,新增经济价值数百亿元,开辟了低品位难处理金矿提取的新途径。

经过20多年的积淀,紫金矿业已形成了以"低品位、难处理矿产资源综合回收利用及大规模工程化开发""湿法冶金"以及"地质勘查"为代表的三大行业领先的核心技术,强大的科研力量和研发投入,让紫金矿业有了"点石成金"的绝技,成为公司国际化道路原动力。2020年紫金矿业科技研发投入将占总销售收入的2%~2.5%以上、母公司销售收入的3%~5%以上,总额达到6.5亿元。

依靠创新,紫金矿业已经成为一艘驶向全球的"巨轮",截至目前,公司共有9座海外矿山。公司境外资源储量、矿产品产量在公司比重均超过三分之一,境外实现利润总额超过20亿元,占公司利润总额的30%。紫金矿业将通过持续的科技创新,打造成以高技术、效益型为重要特征的特大型国际矿业集团,成为国际一流矿业公司。

提升中国装备制造水平
赋能制造业数字化智能化升级

机械科学研究总院集团有限公司

  机械科学研究总院集团有限公司（以下简称机械总院集团），1956年由全国人大二次会议批准成立，是我国装备制造领域成立最早、专业最全、研究体系最完整的综合性科研院所之一。1999年机械总院整体转制为中央直属企业，2003年成为国务院国资委监管的中央直属科技型企业集团。集团拥有18家全资及控股子公司和机械工业档案馆，拥有1个国家级制造业创新中心、4个国家重点实验室、4个国家工程研究中心，是国家创新体系的重要组成部分。机械总院集团拥有4位院士、300余位国务院特殊津贴专家、超过7000人的国内建制最完整、规模最大的装备制造业制造技术（基础共性技术）研究开发团队，在2016—2018年获国务院国资委颁发的"科技创新突出贡献企业"奖。作为中国装备制造业基础共性技术研究领域"国家队"，能够为客户提供从战略咨询、规划编制、科研开发、装备制造到技术服务的系统解决方案的全链条服务。集团累计取得各类科研成果7000余项，广泛服务于航天航空、能源化工、船舶汽车、机械制造等国民经济重要领域。

机械总院集团坚决贯彻习近平总书记重要讲话、重要指示精神和党中央决策部署，按照国资委工作要求，充分发挥创新优势，全力打造原创技术策源地，奋力成为先进制造、智能制造领域的原始创新和核心技术需求提出者、创新组织者、技术供给者、市场应用者，协同各方资源，着力推进产学研用一体化，着力推动制造业数字化、智能化转型升级，努力做到为创新驱动争光、为制造业高质量发展全域添彩。

产学研协同创新，提升装备制造业创新力

习近平总书记高度关注产学研协同创新，在党的十九届五中全会上明确提出，"推进产学研深度融合，支持企业牵头组建创新联合体，承担国家重大科技项目。"习近平总书记明确指出产学研主体深度融合、形成合力、协同创新的重要性，为中央企业推进产学研协同创新提供科学指引与根本遵循。

筒子纱数字化染色生产车间

机械总院集团以先进制造工艺技术为依托，以体现信息技术与制造技术深度融合的数字化、网络化、智能化为指向，开展制造技术创新、产品创新、商业模式创新，牵头山东康平纳集团有限公司、鲁泰纺织股份有限公司组建产学研用新型创新联合体，针对纺织印染行业用工密集生产效率低、染色质量稳定性差、能耗高废水排放量大等问题，主要从数字化染色工艺技术、数控染色关键装备、染色全过程中央控制系统三方面进行系统攻关，创新研发出筒子纱数字化自动染色工艺、生产流程自动化成套装备、生产全过程自动控制技术，建立起筒子纱数字化自动染色车间和筒子纱智能染色工厂。相关成果荣获"2014年度国家科学技术进步一等奖"，入选《中国制造2025》2017年度重大标志性项目、2018年度中国智能制造十大科技进展。在山东泰安及新泰、新疆库尔勒、江苏盐城等建立起筒子纱智能染色工厂，实现了筒子纱染色从手工机械化、单机自动化到全流程数字化、系统自动化的跨越，染色一次合格率由80%提高到98%以上，吨纱平均节水70%，节约用工80%以上，减少污水排放68%。是我国纺织印染行业数字化、智能化制造的重大突破，是纺织印染行业产学研深度融合的成功典范，推动纺织工业"两化"融合、转型升级，助推纺织大国向纺织强国转变。

产学研协同发展，提升服务型产业引领力

习近平总书记高度重视产学研协同发展，指出："要建立促进产学研有效衔接、跨区域通力合作的体制机制。"习近平总书记重要论述为中央企业推进产学研协同发展、创新服务引领提供成功秘钥，让产学研协同发展这个"关键变量"成为科技创新的"最大增量"。

机械总院集团依托行业协会、学会、标委会及期刊、认证、检测等平台，结合政、产、学、研、用、金六方联盟积累的行业资源，整合国内外装备制造业标准、检测、认证及基础工艺与材料等共性资源，运用互联网、大数据、云计算等先进技术，构建"互联网+装备制造"平台，围绕产品全生命周期内全生产要素，打造装备制造业云服务创新平台，在山东、江苏、广东、浙江、安徽、河南、黑龙江、辽宁、福建地区开展工程机械、建材、汽车、家电、电子信息、能源装备行业平台功能的上线运营与推广，为30000余家中小微企业、500家大中型企业、10家龙头企业、5个产业集群的转型升级和效益提升，提供"双创"服务、典型智能装备大数据分析与运维服务、制造装备及网络交易等云服务，实现服务、资源、能力、设备等要素全球一体化交易服务，引导制造业企业发展网络化协同研发制造、个性化定制等增值服务，完善共生共赢的产业生态。

产学研协同升级，提升制造强国支撑力

习近平总书记多次强调要把做实做强做优实体经济作为主攻方向，进一步指出："建立以企业为主体、市场为导向、产学研深度融合的技术创新体系，加强对中小企业创新的支持，促进科技成果转化。"习近平总书记重要指示为中央企业产学研协同升级、产业链赋能共享提供根本范式。

机械总院集团以国家级研发平台为依托，加快发展先进制造业与数字产业，拓展智能制造业务，提

化纤生产智能物流系统

供集成化、一体化的行业整体解决方案。机械总院集团北京机械工业自动化研究所和江苏盛虹科技股份有限公司联合攻关智能制造装备发展专项项目"化纤生产智能物流系统研制"，开发丝卷信息绑定与校验、堆垛机高速运行和高精度定位、机器人柔性化、丝卷和纸箱智能分道、智能跟踪调度软件、物流系统综合集成等关键技术，

实现从丝车上线、落筒、输送、储存、检验分类、包装到码垛的全程自动化和智能化。该系统的成功自主研制，有效解决用工密集、生产效率低、产品质量稳定性差、车间生产管理水平低等制约我国化纤企业可持续发展的瓶颈问题，打破国外厂商在我国化纤高端制造装备领域的垄断地位，对我国化纤行业的装备创新和转型升级起到积极的示范和引领作用。项目相关产品已覆盖全国10余家化纤龙头企业，目前可提供集自动化、信息化、智能化于一体，涵盖加工、搬运、包装、仓储、配送等一系列环节的全面解决方案，已在纤维制造业、食品、医药、家居、冷链等多行业领域成功应用实施，产业链涵盖从生产型物流、配送型物流到大型物流配送中心的全物流行业，帮助众多企业突破智能制造瓶颈，并促进企业向价值链高端延伸。

产学研协同交流，提升行业组织凝聚力

习近平总书记强调要运用新型举国体制、集中力量办大事推动核心科技不断迈上新水平，指出："我国社会主义制度能够集中力量办大事是我们成就事业的重要法宝。""加强统筹协调，大力开展协同创新，集中力量办大事。"习近平总书记的重要讲话是中央企业围绕产业链布局创新链的科学指南，全面明确产学研协同交流必须抓实、抓好、抓细的重点任务。

机械总院集团与行业龙头企业、高校、科研院所等积极交流合作，通过联盟构建信息渠道，以重点产业领域用户需求带动创新，以系统集成带动产业链完善，以示范应用推进产业升级，为政府提供政策建议，为科研机构提供科技支撑，为产业界提供技术服务，发挥桥梁纽带作用，促进我国制造业组织机构的凝聚力提升，共圆制造强国梦。机械总院集团先后成立中国智能制造产业技术创新战略联盟、京津冀智能制造产业技术创新联盟、中国轻量化联盟、中国机械基础零部件联盟等机构，定期组织召开专家委员会发展研讨会和高端论坛，积极承担国家重大工程任务。机械总院集团联合中国航天科工集团公司、中国船舶重工集团公司、中国铝业公司、中国兵器工业集团、钢铁研究总院、上海交通大学等49家单位共同发起成立中国轻量化材料成形工艺与装备产业技术创新联盟，联盟成员达到109家。通过与联盟单位共同建设"国家轻量化材料成形技术及装备创新中心"、共同成立北京机科国创轻量化科学研究院有限公司、共同筛选基金项目等方式，创新合作模式，共同助力制造业高质量发展。

开启新征程，创新正当时。站在两个"一百年"的历史交汇点，机械科学研究总院集团有限公司再次出发，不忘初心，牢记使命，积极应对百年未有之大变局，拥抱新一轮技术革命和产业变革，继续以"提升中国装备制造水平"为己任，发挥创新优势，产学研深度融合，以更高水平、更高频次、更长链条的创新，推动中国制造业数字化智能化发展，提升产业链供应链现代化水平，支撑中国制造业的高质量发展。

创新关键核心技术
助力现代中医药奠基立业

天士力控股集团有限公司

天士力控股集团有限公司（以下简称天士力）创建于1994年，是一家以大健康产业为主线，以全面国际化为引领，以大生物医药与生物医学工程产业为核心，以健康保健、医疗康复、健康养生、健康管理服务业为协同的高科技企业，秉承"追求天人合一，提高生命质量"的企业价值理念和"创造健康，人人共享"的企业使命。公司曾连续四次被评为"天津市优秀企业"，连续三届被评为"全国精神文明建设先进单位"，并获得"全国脱贫攻坚先进集体""全国'万企帮万村'精准扶贫行动先进民营企业""全国创建学习型组织先进单位""全国构建和谐劳动关系企业"等荣誉称号。位列2020中国制造业企业500强、2020中国民营企业500强。下属核心企业天士力医药集团股份有限公司于2002年上市。

产学研助力现代中药奠基立业

天士力自成立以来，始终坚持创新驱动，将企业发展战略和创新成果融入国家力量之中。在国家中药现代化、国际化战略引导下，集团主打产品——复方丹参滴丸成为世界上首例完成美国 FDA 全球多国、多临床中心、大样本、随机双盲Ⅲ期临床试验的现代复方中药，是我国中药现代化、国际化的标志性成果，具有里程碑意义。

在国际化发展牵引下，公司通过自主创新，创造了世界领先的高速微滴丸生产线和中药材数字化智能提取生产线，获得国家工信委"两化"融合管理体系认定，入选国家工信部"2016 年智能制造试点示范"项目。国家科技部在天士力研究院设立"创新中药关键技术国家重点实验室"，国家发改委在天士力设立"中药先进制造技术国家地方联合工程实验室（天津）"。2016 年 12 月，荣膺第四届"中国工业大奖"。

天士力在创新现代中药的基础上，做特做优化学药、做新做高生物药，形成涵盖心脑血管、肿瘤免疫、消化代谢等疾病领域的大生物医药产品集群。同时，天士力以制药的技术和标准，围绕消费者对健康品质生活需求，在资源性产地建起了茶、酒、水等大健康产品产销基地。目前，天士力在贵州茅台镇建成了以"国台"为品牌的现代白酒产销体系，在云南普洱、吉林白山建成了以"帝泊洱"为品牌的生物普洱茶、健康饮用水产品产销体系，在湖南长沙稳步发展以湘雅博爱康复医院为启航的医疗康复、健康养生与健康管理体系，逐步探索建立"防—治—养—管"一体化的大健康管理新模式，帮助人们构筑"生得优、育得好、活得长、病得少、走得安"的幸福人生。

随着企业的高速发展，天士力在行业中创造了突出的业绩。2002 年认证为国家级企业技术中心，2006 年认证为国家级研发中心，2007 年认证为国家级企业专利工作交流站，2013 年首家获批国家级创新药物国际联合研发中心，2014 年获国家级技术创新示范企业，2015 年荣获国家级工业企业质量标杆，2016 年获国家工信部"智能制造试点示范"称号。累计布局建设国家级创新平台 8 个、省部级创新平台 7 个、联合研究中心 10 个；荣获国家及省部级科技奖项 44 项，其中国家科技进步奖 4 项；获得政府课题资助项目 122 项，其中重大新药创制专项 16 项。

产学研促进科技创新结硕果

天士力围绕大健康产业的战略定位，按照"没有围墙研究院"的发展理念和"不求所在，但求所用，成果所有，利益共享"的合作理念，积极与地方政府、科研院所、高等院校、金融机构开展多角度、深层次的政产学研金协同合作，推动我国大健康产业发展，助力"健康中国"战略实施。公司先后与北京大学、中国药科大学、天津中医药大学、浙江理工大学、西北农林科技大学、浙江大学、海军军医大学、天津大学、上海曙光医院、上海华山医院等组建产学研联合实验室，与法国 Pharnext、法国 Transgene、韩国 Genexine 等组建合资公司，不断完善产学研相结合的产品研发技术链，形成紧密合作、优势互补的合作模式。

公司与浙江理工大学共建中药资源开发关键技术研究中心，开展丹参等四个品种航天育种研究，以筛选优质、高产、抗逆性强的药用植物新品种为目标，提升种源一致性，保障药材质量的稳定，充分发挥产学研联动，助力中医药产业智能化和国际化。

公司与北京大学共建微循环研究中心，以血瘀、痰瘀、活血化瘀化痰理论的科学内涵为研究方向，研究各种因素所引起血瘀和痰瘀的机理，阐明其科学内涵的同时，明确复方中药改善血瘀和痰瘀的物质基础和作用机理，并进行候选新药的设计和筛选。

公司与复旦大学附属华山医院共建分子病理实验室，旨在建设全球脑疾病研究中心，为脑疾病的研究和药物开发提供集成式解决方案。

公司与上海中医药大学附属曙光医院共建创新药物临床研究中心，在创新中药研究、高水平Ⅰ期临床研究、优势临床专业学科临床研究（Ⅱ、Ⅲ期临床）、中医药技术标准研究等方面开展战略协作，对中药创新药的产学研合作具有示范效应。

公司与天津大学共建中药资源研究中心，致力于对中药新药、上市大品种、经典名方和配方颗粒涉及的药材进行资源研究工作，对推进实验室中药资源研究创新能力起到重要的作用。

公司与安国市政府、中药质量研究国家重点实验室、组分中药国家重点实验室、中药鉴定与安全性检测评估北京市重点实验室以及河北省中药质量研究院开展国家科技创新基地合作，共同发布科研联动方案，通过优势互补、协作攻关，聚焦实际需求，协助解决中药材行业痛点、难点、热点问题，体现了以政产学研机制创新来引领行业技术升级的前瞻视野，对我国中药材产业健康发展起到重要的引领作用。

通过积极推动产学研合作，公司在心脑血管、抗肿瘤、精神免疫、消化代谢等疾病领域联合开发新品百余项；累计获得新药证书/生产批件35项、临床批件96项、通过一致性评价7项；培育了复方丹参滴丸、养血清脑颗粒、芪参益气滴丸、注射用益气复脉冻干粉针、注射用丹参多酚酸等系列现代中药，蒂清、文飞等特色化学药，普佑克等创新生物制剂，造福亿万患者。

产学研合作协同育人见成效

在产学研合作过程中，公司高度重视创新人才培养，与国内众多高校联合建立人才培养基地，先后建设中国药科大学国家生命科学与技术人才培养基地、沈阳药科大学专业学位硕士研究生实践基地、天津中医药大学研究生联合培养基地和天津医科大学专业教学基地等，以合作研究方向和行业前沿开展研究生课题研究和本科生的实践学习，为行业培养专业人才。

为建立良好的企业自主创新和产学研合作机制，带动医药产业优化升级和集群发展，公司于2016年成立"中药先进制造技术国家地方联合工程实验室"，实验室设备总值达1.6亿元，占地面积35000平方米。公司与中国药科大学、天津中医药大学等高校展开了广泛而紧密的产学研合作，攻克了如"国际化产品生物评价技术""配方颗粒工艺技术、先进制造技术"等多个重点项目的技术难题，实现了产学研的深度融合。同年，公司成立"创新中药关键技术国家重点实验室"，该实验室牵头创新项目合作，聚焦中药质量可控性研究，并与国内外高校、科研院所和企业开展广泛的合作，涵盖药材资源、药学、药理毒理、作用机理、临床研究等领域。建设期内，累计开展产学研合作135项，合作经费达11078万元，形成了优质的产学研合作和人才培养平台。

如今，公司重点合作院校27所，累计联合培养学生318人，硕士及以上学历学生占比61%（其中博士16人，硕士178人）。联合培养出的学生具有扎实的专业知识和丰富的实践经验，研究领域涉及药学、分析化学、中药资源与开发、食品工程、药物代谢动力学、生物医学工程等多个专业，得到了社会的充分认可，学生毕业后就业率高达100%，留任本企业的学生累计54人。其余学生择业方向主要在：国内外知名药企、高校及研究院所、政府部门等，为社会培养了一批优质人才。

公司坚持使知识经济时代中的复合型人才成为创新的主体，先后建立起多项创新激励机制。

（1）持股机制——建立有突出贡献的科研人员持股制度，允许科研人员以创新成果和尖端技术入股。

（2）合伙人机制——条件成熟的项目和团队可以以多种形式发展成为研发合伙人公司。

（3）创业机制——建立人才创业机制，以机制引人才、以人才带项目、以项目促发展。

（4）激励机制——通过重奖有突出贡献者，建立起适合人才成长的环境和机制。

产学研合作成功案例精选

案例一

与浙江理工大学合作申报国家中药标准化项目——复方丹参滴丸标准化项目，按照国家中药标准化项目专家组的指导思想要求，开展丹参、三七种子种苗、药材生产规范化管理及丹参、三七生产规范化基地建设研究。

为保证丹参基地建设生产规范，公司与浙江理工大学梁宗锁教授团队合作开展丹参基地建设、种苗质量标准、栽培管理、病虫害防治、加工与运输等一系列规范与标准研究，并以此为基础完成了复方丹参滴丸标准化国家课题申报。

在种子种苗与药材方面，对丹参药材田间管理、质量控制等关键技术进行系统研究，升级30份相关技术规范，整合建立了复方丹参滴丸《优质丹参药材生产技术规范》，涵盖基地建设、育种育苗、采收加工、包装贮存等生产全过程。在丹参基地建设方面，按照技术规范要求，建成以商洛为中心的丹参基地网络，形成了自建加合建的药材基地管理方式，2018年生产基地面积共计15000亩。

在三七药材方面，重点研究优质种苗培育、病虫害生态防治、水肥一体化灌溉等关键技术，升级建立标准化技术规范31份，建立了涵盖全程的《优质三七药材生产技术规范》。三七基地应用水肥一体化等种植技术成果，在项目初期100亩新技术种苗繁育基地和200亩新技术生产基地基础上，3年间扩大建成繁育基地600亩，生产基地1700亩，已实现了复方丹参滴丸使用优质三七药材的供应保障。

文山州丘北县三七育苗田

曲靖市师宗县三七药材基地

项目期间突破了移栽、除草、采收环节的装备关键技术，实现了丹参药材种植全过程机械化集成。三七药材方面，实现了《红籽点播机》等4种农机装备改良升级，完成机械化验证投产，显著降低人工成本。在饮片加工方面，也实现了生产流水线作业，产效提高25%。

案例二

与中国载人航天工程办公室等合作开展航天育种研究。民以食为天，农以种为先。具有农业属性的中药材优良品种选育，是提高中药材质量的决定性因素。为选育出优质、高产的药用植物良种，生产出优质药材，保障和促进中医药事业发展，从 2008 年开始，公司与中国载人航天工程办公室、浙江理工大学、甘肃农业大学等科研院所合作，持续推动丹参、决明子、穿心莲、当归等七种药材的育种工作，将航天科技与传统育种技术相结合，其对加快育种步伐、提高育种科技含量与质量、助力科研成果转化及其产业化进程具有重要意义。主要成果如下。

（1）与浙江理工大学梁宗锁教授合作项目。

- 选育并获得"天丹 1 号""天丹 2 号"两个丹参新品种登记证书。
- 2008 搭载"神州七号"通过航天诱变选育，筛选出"天丹 3 号"优良品系。该品系株型紧凑，种植密度可由原来的一万提高至一万八，单株干重增加 20% 以上；其丹酚酸平均含量为 7.3%，是药典标准的 2.4 倍，丹参酮 ⅡA 含量符合国家标准。目前正在开展丹参植物新品种申报工作。
- 穿心莲筛选出三叶轮生、多分支等多个优良品系。决明子选育出高产、优质决明新品系 4 个。这两个品种目前正在进行 DUS 测试及新品种申报工作。
- 完成夏枯草优良品系筛选，同时开展夏枯草 DUS 测试指南研制工作，为其新品种申报奠定基础；开展柴胡优良品系筛选，目前已筛选出抗寒、抗旱性能优异的株系，有望培育出优良新品种。

（2）与甘肃农业大学陈垣、郭凤霞教授合作项目。

开展当归、黄芪新品种选育工作，目前正处在优良性状筛选期，各品种在其在株高、叶型、花色、花期及成分含量等方面出现多种变异，为后期优良品种筛选提供丰富的基因类型。

创时代先河
做物联网时代智慧家庭的引领者

海尔智家股份有限公司

海尔智家股份有限公司（以下简称海尔智家）成立于20世纪80年代，并于1993年在上海证券交易所上市。先后收购重组日本三洋白电业务、通用电气家电业务（GEA）、新西兰家电品牌斐雪派克（FPA）、意大利Candy，在全球构建了研发、制造、营销三位一体的竞争力，实现世界级品牌的布局与全球化运营，满足全球100多个国家的用户个性化需求。

作为海尔集团旗下子公司之一，海尔智家是海尔集团旗下最大战略业务集团，承接集团旗下全球家电业务。目前，"海尔系"家电品牌包括海尔、卡萨帝、统帅、GE Appliances、AQUA、Fisher&Paykel、Candy七大品牌。在拥有全球范围最大家电品牌集群的同时，海尔智家同步建立覆盖全球资源网络的"10+N"创新生态体系。

作为行业引领者，海尔智家为高校和科研机构提供科技创新的趋势和方向，通过产业创新和科研创新的互相促进、协同发展、深度融合，加速智慧家庭战略的全球落地，为用户创物联网时代的美好生活。

作为物联网时代家庭全场景专业解决方案引领者，海尔智家顺应时代发展趋势，引领行业升级变革，创时代先河从产品品牌转型为生态平台品牌，致力于为全球消费者提供智慧全场景解决方案，定制美好生活。

从第一个做出智慧家庭战略布局，到建成用户衣食住娱的最大场景生态，海尔智家全面展示了在智慧家庭领域的领先性，并通过提供最全面的场景生态方案，为用户定义了"新居住"智慧生活。

与目前智能家居领域只能通过"连接家电"实现被动控制所带来的便捷不同，"新居住"是家电家居的完美融合，通过"连接家庭生活"满足了用户衣食住娱的高品质需求。通过连接海量头部生态品牌，实现对"家庭生活"的场景定制，变行业的被动智能为海尔智家的主动服务。"新居住"现已覆盖了新厨房、新卧室、新浴室、新阳台等全部家庭空间，标志着海尔智家逐步从"智慧家电"升级到"智慧家庭场景生态"，全面提速生态品牌战略。

探索&实践

"10+N"创新生态体系

自成立以来，海尔智家始终以创新为核心价值观，依托在全球的10大研发中心，以及根据用户痛点随时并联的N个研发触点，海尔智家形成了"10+N"创新生态体系，并搭建了HOPE开放创新平台，真正实现"用户需求、创新资源在哪里研发就在哪里"。

衣食住娱一体化生态平台打造"新居住"概念

10是指海尔在欧洲、美国、日本、韩国、新西兰、墨西哥、印度建立的10大研发中心。每个研发中心都有自己核心的研发能力，拥有不同的地域性技术优势，并作为海尔智家与当地的连接点，负责建设当地的资源网络；N是指海尔智家在全球设立的创新中心以及创新合伙人社群。"10+N"通过集合全球资源，深度协同共创，为满足用户需求提供最佳技术解决方案。

在过去20多年，海尔智家通过原创科技，引导行业高质量发展，给用户带来高品质的生活。据统计，海尔智家的178项原创技术，大部分变成中国乃至全球的标杆，并进而被对手所模仿。

"十三五"期间，中国家电行业评选出十大原创科技，海尔独占6席，另外2个与行业伙伴共同创造。中国家电行业80%的国际标准专家、80%的国际标准提案均来自海尔；在2020年"全球智慧家庭发明专利排行榜"中，海尔智家以2034件排名榜首，连续四次排名全球第一；"国家科技进步奖"作为我国科技界最高荣誉，海尔智家已累计获得15项，是获得该奖项最多的家电企业，获奖总量占行业2/3。海尔智家为我国家电领域重大科技项目攻关，行业共性关键技术的突破，以及智慧家庭行业发展做出了巨大贡献，社会效益显著。

差异化产学研合作模式

海尔智家还打造了"一机四能"的产学研合作模式。其中"一机"指链群合约、增值分享机制，解决了过去产学研合作"一锤子买卖"的问题，可以长期、深入、持续合作，通过合作不断迭代分享增值。"四能"包括需求转化、产品转化、市场转化和产业转化四项能力，是海尔智家多年来持续培养并不断发力的四个方向。

需求转化能力。产学研合作一直深受社会各界重视，但在实际过程中却困难重重，最常见的难点就是"语言不通"：科研界不懂产业界要什么，研究成果难转化；产业界有需求却苦于找不到合适的方案。海尔智家通过搭建HOPE开放式创新平台，建立了12个专业技术委员会、70多个专家社群，将用户需求拆解成技术需求，集合产业界的技术人员和科研领域的专家学者一起迅速交互、发酵，形成解决方案。

产品转化能力，是海尔智慧家庭研究院依托"10+N"体系，全球协同24小时不间断地进行从产品创意到原理验证到产品开发的庞大链群组织，该链群通过与市场体验链群的链接不断推出满足用户需求的产品并进行产品的迭代升级。除了能快速满足用户需求，海尔还为产学研创新成果提供更好的转化。

海尔智慧家庭研究院拥有以"2室1站"为代表的众多国家级研发实验室和平台，形成国内外首屈一指的家电产业研发集群，为科技成果从高校、科研机构走出来进入企业实现转化应用提供了有效渠道。

2007年，海尔就组建了数字化家电国家重点实验室；2009年，海尔数字家庭网络国家工程实验室成立。海尔数字化家电国家重点实验室自成立以来，一直致力于跟踪行业前沿技术，突破共性关键技术，促进技术创新联盟，引领行业转型升级。截至2020年，共累计完成数字化家电领域共性技术、核心技术研究近300项，在推动产品迭代升级、更好满足用户需求的同时，显示出强大的研发集群效应，极大地支撑了产业发展。

市场转化能力。在全球化之路上，海尔智家实行本土化设计、本土化制造、本土化营销的"三位一体"战略，成为当地人眼中的"本土品牌"，哪里有需要，就在哪里生产、销售，甚至在当地研发。同时，海尔旗下有海尔、卡萨帝、统帅、GE Appliances、AQUA、斐雪派克、Candy 七大品牌，满足不同地域、不同消费群体的需求。这使产品开发成果转化为市场规模的速度大大提高，也使产学研科技成果的推广速度大大加快。

产业转化能力。好的技术和产品不光在一个领域上用，还会将它孵化成一个全新的产业。这要得益于海尔搭建的两个平台：海创汇（创业孵化平台）和卡奥斯COSMOPlat（工业互联网平台）。

海创汇作为全国首批双创示范基地，是海尔集团打造的面向全球创业者开放的创业平台，通过大企业产业资源为创业企业赋能，加速项目成长、提高创业成功率。依托海尔生态产业资源及开放的社会资源，海创汇为创客提供包含投融资、供应链、技术研发、销售渠道、办公空间、人才支持、行业政策等一站式加速服务。

卡奥斯是在海尔"人单合一"模式指引下产生的不断孕育新物种的生态品牌平台、全球首家引入用户全流程参与体验的工业互联网平台。卡奥斯已经孕育出化工、农业、应急物资、能源、石材、模具、装备等15个行业生态，覆盖全国12大区域，并在20个国家复制推广。

产学研融合创新案例

融合篇

党的十九大报告提出"坚定实施创新驱动发展战略"，山东省率先响应并推出《新旧动能转换重大实施总体方案》。强化产学研深度融合是推动新旧动能转换的重要途径之一。

海尔智家通过与高校、科研院所、地方政府等建立战略合作伙伴关系，建立并保持高层长效合作交流机制，通过多层次、全方位对接交流拓展新的合作领域，积极争取合作项目，为科研成果转化落地、产学研合作提供重要支撑。

智慧家庭是海尔智家物联网时代发展的核心战略。基于对智慧家庭的领先探索和行业影响力，近年来，海尔智家牵头联合中国海洋大学、中国石油大学、中科院软件所、西安交通大学、DCCI 互联网数据中心等单位共建青岛市智慧生活科技创新中心，在智慧生活物联网操作系统安全内核、人工智能等 5 大领域开展共性关键技术研发，搭建 3 大创新服务平台，强化智慧生活众包众创平台、高端研发机构引进、科研人才引进培育、国际学术交流 4 大开放式创新聚智平台作用，实现智慧生活产业应用示范，优化智慧生活产业链生态体系，打造青岛市智慧生活千亿级产业集群，撬动传统制造业向智慧生活经济的新旧动能转换，实现产业的转型升级。

当下，人工智能依托互联网、大数据技术，逐渐发展成为国际竞争的新焦点、经济发展的新引擎。2019 年 11 月，海尔智家联合阿里云、浙江大学、中科院软件所等 16 家产学研单位，牵头组建山东省家庭人工智能产业创新中心，围绕人机交互、智能通讯等关键技术打造 5 个技术实验室、5 个应用研究所以及 2 大生态基地，通过搭建家庭人工智能产业生态圈，转化一批人工智能、物联网、大数据等前沿科技，实现人工智能技术跨领域应用，通过打造具有国际竞争力的生态产业集群，为当地经济增长提供新动力。

应用篇

海尔智家通过 HOPE 开放式创新平台激活各个技术领域科研院所及行业专家，实现"线上＋线下"双向交互、共创共赢的高效产学研合作渠道，形成以技术、专家、人才为依托的多层次合作体系。

同时，创造性地建立产学研节点人网络，作为搭建企业与科研院所有效沟通的桥梁，提升供需双方对接的效率，撬动产业与更多的科研资源进行交互。国内外科研高校的专家学者都可以以创新合伙人的身份加入海尔智家的创新生态圈，甚至在某些核心技术或模块的研发过程中担任基础研究、专项技术攻关、产品试制等重要角色，获得自身价值的同时，一起推动科技成果的商品化、产业化。

为高效激活生态圈里的创新资源，海尔智家构建起增值分享、共创共赢的创新生态体系。合作伙伴不再像过去仅仅获得少量的固定收益，而是根据市场效果获得更高的回报。通过打造高效率、高产出的协同共创的创新生态，吸引众多重点高校、科研机构进入，形成产学研的强大创新合力，更好地满足用户需求，为海尔智家全球智慧家庭战略的落地引领提供了科技支撑，加速实现物联网生态品牌的全球引领。

例如搭载"MSA 控氧保鲜技术"的海尔卡萨帝 F+ 冰箱，可使保鲜效果延长 8 倍，具有国际保鲜水准，更获得了德国检测机构 VDE 的保鲜证书。卡萨帝 F+ 冰箱实现了储藏室内氮气、氧气比例的自主调节，延缓了食材细胞新陈代谢，从根源上有效延缓食材被氧化的速度，具有细胞级养鲜效果。从 2017 年中上市起，海尔卡萨帝 F+ 冰箱在 1.5 万元以上价位段连续 6 个月销量第一，行业市场占有率达到 40% 以上。

其核心技术"MSA 控氧保鲜技术"正是 HOPE 开放创新平台坚持"以用户为中心"的理念，通过产学研融合、专家社群进行技术拆解与咨询论证，面向全球征集解决方案，跨领域交互产出的颠覆性成果。

通过与用户的交互海尔发现，有高达 80% 左右的用户对现有冰箱的保鲜效果不满意，果蔬保鲜区，由于风冷冰箱的特点，果蔬室的果蔬存放几天之后就会失水失鲜，而很大一部分用户对果蔬保鲜的需求天数甚至要超过 1 周，现有的保鲜手段很明显是无法满足的，尤其是高端用户，会购买一些高档食材，如三文鱼等，短时间内吃不完，很快就不再新鲜了，很明显用户需要保鲜效果更好的技术解决方案。

HOPE 平台与产业技术人员共同探讨，从食品保鲜的核心机理进行深度分析和研究，发现食材保鲜几个关键的环境条件：温度、湿度、洁净度和气体氛围，前三个参数是冰箱厂家最近几年都在开发的几个技术方向，另外一个非常关键的气体氛围还是空白点；而且通过大量的文献查询和专家咨询发现，气体氛围调节在商用冷藏食品保鲜是非常成熟的方案，而且保鲜效果极佳，好的环境甚至能够将食品保鲜周期延长至半年甚至一年有余。

HOPE 平台通过技术拆解确定了通过控制氮氧比例来实现保鲜的效果。通过拆解发现至少有 10 种以上方法可以达到调节氮氧比例的目的，但是由于结合冰箱产品的特点和成本限制，至少有 70% 的技术是无法在冰箱产品上应用的。

为了满足用户需求，HOPE 平台发起冰箱控氧保鲜全球技术排查工作，并迅速联动全球专家社群组建包含食品、保鲜、气调、新材料在内的交叉领域资源网络。联合高校、科研机构、研发型企业共同推动技术验证、项目开发与产品落地。围绕专家社群的丰富资源，HOPE 邀请大量专家参与产品开发预研阶段的课题拟定、技术拆解、需求交互、方案推介等环节。通过广征求、多交互、深沟通后，锁定落地性强的技术实施方案。

高效率、轻量化、大范围的专家问答与咨询交互后，HOPE 迅速锁定 MSA 控氧保鲜技术方向，并邀请科研专家与产业专家协同，针对既定技术方向形成更为深入的专题报告并多次组织线上、线下专家交互活动，如专家讲座与专题论坛，深入探讨技术方案的开发计划。

通过专家社群的共创，MSA 控氧保鲜技术方向共做技术专利布局 127 项，其中中国发明专利 91 项，国际发明专利 36 项。卡萨帝 MSA 细胞级养鲜系列冰箱产品自 2019 年 1 月至 12 月，通过家族化系列化拓展，销量达到 11.8 万台，市场销售额达到 18.8 亿；新品上市后迅速占领中高端市场，在行业下滑环境下，卡萨帝逆市实现收入增幅 30%，成高端冰箱 TOP1 品牌。

打造绿色新能源　角逐全球"核动力"

山东能源集团有限公司

　　山东能源集团有限公司（以下简称山东能源集团）由原山东兖矿集团和原山东能源集团联合重组成立的特大型能源集团，是山东首家资产总额、营业收入"双6000亿元"企业，是全国唯一一家拥有境内外四地上市平台的大型能源企业。

　　截至目前，山东能源集团累计承担国家"863""973"等重点课题100余项，获得国家科技奖25项，其中特等奖1项，一等奖3项；省部级科学技术奖800余项。先后获得"国家创新型企业""国家技术创新示范企业""中国产学研合作创新示范企业"等重大荣誉。

　　近年来，山东能源集团聚焦培育企业核心技术优势，持续强化研发平台建设、重大科技专项攻关和示范项目建设，构建特色科技创新体系，突破了一批重大关键核心技术，为保障全省能源安全、推动煤炭行业转型升级和企业高质量发展注入了强劲的科技动能。

战略创新，抢占科技驱动"高地"

平台聚智汇能。山东能源集团以提升企业自主创新能力、加快发展高新技术产业为主线，加强"高层次研发＋内部专业技术＋产学研联合"三层面平台建设，集团公司、专业公司及各基层生产经营单位建立了涵盖煤炭、煤化工、煤机装备制造、高端铝型材等产业的6个国家级、56个省部级、6家博士后工作站，6家省级博士后实践基地，7家省级院士工作站，共81个研发平台，逐步建成以市场需求为导向，层次分明、分工明确的技术创新体系。

引智于外。产学研联合平台建设，与中科院、清华大学、中国石油大学、中国矿业大学、山东科技大学等科研院所合作，共建联合创新平台7个，牵头或参与组建产业技术联盟9个，产学研合作层次水平持续提升。新能源技术研发方面，与3家省属企业联合发起设立山东氢能源与燃料电池产业联盟，与中国石油大学联合组建石大兖矿新能源学院。参与筹建山东能源研究院，成为全省新建三大研发平台之一。成立冲击地压防治中心、地质灾害防治中心，一矿一策开展重大灾害防治。建成行业首家煤矿智能开采工程研究中心，加快煤炭智能开采技术研发和标准体系构建，在国内首次引进澳联邦科学院以惯性导航系统为核心的采煤工作面智能化开采技术，形成一整套集工作面自动找直、通讯、视频、检测、控制于一体的国产综采成套装备，该中心还发布了全球首套矿用高可靠5G专网系统。

优选培育机制。面对提速换挡、结构调整的经济新常态，山东能源集团以大力发展高新技术产业为突破口，倾力打造新旧动能转换新引擎。为此，山东能源集团在内部筛选优势企业进行重点培育储备，结合机械制造、电子信息等重点产业及传统优势产业的转型升级，加强技术创新，实现高新技术产业化发展。2014年以来，新风光电子科技股份有限公司、上海兖矿能源科技研发有限公司、西安兖矿科技研发设计有限公司等47家高新技术企业如雨后春笋，快速崛起，成为山东能源集团新旧动能转换的生力军。

强化产权保护。在实施"技术专利化、专利标准化、标准国际化"战略中，建立专利保护管理系统平台，形成责权明晰的专利战略运行机制。

推进技术标准战略。坚持技术创新、产品研发和技术改造等与技术标准紧密结合，提高企业技术标准质量。建立完善品牌管理控制体系，通过知识产权管理体系认证，成为煤炭行业第一家通过认证的国家级知识产权示范企业。获中国专利银奖1项，获中国专利优秀奖5项。

管理创新，激活发展"造血"动力

引智"输血"重要，自我"造血"更重要。

在提高"造血"能力、激活企业发展内生动力上，山东能源集团坚持"机制＋人才""双引擎"驱动，大胆探索科技创新体制。按照权责清晰、决策精准、管理规范、执行高效的原则，对科技创新体系涉及的研发机构、创新团队、考核激励等诸多要素进行顶层设计和流程再造，推动了集团创新体系的高效运行。

荣信化工中央控制室

推行科技创新重大专项制度，探索科技项目分级管理模式。自2015年起，从年度科技创新重大项目中，筛选能够解决集团公司产业发展的重大技术难题，设立重大专项课题，由产业领军人才亲自挂帅，执行课题目标责任负责制，集中力量突破一批具有行业引领、技术先进、效益突出、产业示范效应的关键技术，为企业培植新的经济增长点和未来竞争新优势。

项目分级管理模式下，年度科技计划项目分成重大、重点与一般项目后，各层级创新主体地位和主体责任更加明晰，大幅提升了创新管理和资源配置效率。"十三五"期间，在攻克日处理煤3000吨级大型高效煤气化关键技术的基础上，牵头实施国家重点研发计划"4000吨级超大型水煤浆气化技术示范装置"项目，在内蒙古荣信化工建成世界最大"单炉日处理煤4000吨级多喷嘴对置式水煤浆气化装置"，一次投料成功，达到世界领先水平。此后，持续开展大型、超大型水煤浆气化技术成果转化，截至2020年11月，已推广应用61家企业，合计185台（套）气化炉，日投用煤量达到 20 万吨 / 天，装置规模、系统性能指标、稳定性、可靠性等，均达到世界领先水平，市场占有率保持国内领先地位。完成向韩国、美国等技术输出，在国际煤气化市场份额位列第三位。

人才资源体系建设结构优化、配置合理。以创造优秀经营业绩为尺度，以重大科技研发项目为载体，以职业培训和岗位技能训练为手段，积极培育高素质经营管理人才、科技人才和技能人才。建设人才库，实行统筹规划、动态管理，通过定规则、搭平台、建机制，人才选拔由"伯乐相马"转向"赛场选马"、人才储备由"应急选拔"转向"超前储备"、人才使用由"求全责备"转向"才尽其用"。

攥指成拳。创新团队建设以重点培育掌握核心技术、德才兼备、具有组织协调能力的高层次复合型人才为目标，根据各单位主导产业技术需求，吸纳现场经验丰富的高学历人才充实团队骨干成员，打造形成"煤机装备制造""煤液化及煤化工""水煤浆气化及煤化工""煤炭清洁高效利用""高端型材研发"等独具特色的核心研发团队。加强对创新团队的绩效考核，将创新团队的研发成果、知识产权、人才培养等作为主要考核目标，形成了一批行业内具有一定学术影响的技术带头人。建成泰山产业领军人才团队 2 支，"泰山学者"创新团队 2 支，劳模（技能大师）创新工作室 76 个。集团现有国家"千人计划"专家 1 人，享受国务院颁发政府特殊津贴专家 25 人，获得省部级以上荣誉的创新人才 8 人。

双入双创，党建引燃"红色动力"

党组织嵌入公司治理各环节，党建工作融入生产经营全过程，促进党建工作创新创效。近年来，山东能源集团探索实践出的"双入双创"党建工作模式，已成为企业发展的品牌竞争力。

形势任务教育、基层党建"评星定级"、人才库建设、"五位一体"监督、暖心志愿服务"五大品牌"成为党建工作"最亮的名片"。名片的背后，写满了干部职工"忠诚＋担当""智慧＋汗水""公平＋清正"的山能故事。

形势任务教育，凝聚干事创业正能量。坚持从政治、思想建设入手，采取"中心组"定期学习、"到一线"巡回宣讲、"走出去"参观考察、"请进来"专题辅导、"进校门"脱产培训多种形式，强化形势任务教育，着力解决领导干部站位不高、观念落后、思维固化、素质能力不够的问题。举办学习党的十九大代表专题报告会、专题培训班 7 期，深入基层单位巡回宣讲 70 余场次，统一思想，凝聚力量；选派 354 余人赴清华大学、北京大学、复旦大学等知名院校接受脱产培训，提升素质，拓宽视野。

基层党建"评星定级"，发挥党员先锋模范作用。突出党员主体地位，加强党员教育管理，开展"量化记分、评星定级"。强化日常动态量化考核，通过党员个人自评"荐星"、党员互评"评星"、群众测评"推星"、组织考评"议星"、分析汇总"找星"、结果反馈"亮星"、党委年度审核"定星"7个步骤，对党员进行评定星级，着力解决党员队伍中存在的党性意识不强、作用发挥不够、管理监督不严等问题。以提升基层党组织的组织力为目标，开展过硬党支部建设，省属企业过硬党支部示范点数量稳居第一方阵。

人才库建设，解决传统选拔方式弊端。创新开展人才库建设，打破以往人才选拔的传统做法，通过确定初步人选、业务素质考核、专家评审、综合能力测试、组织考察、研究公示六个关键程序，变"伯乐相马"为"赛场选马"，建成煤矿主体、化工主体、党群、财会、经营管理、项目管理等20个专业高、中、初级人才库，入库738人，提拔重用172人。人才库建设入选山东省20件人才工作创新优秀案例。

"五位一体"监督体系，全面从严治党。结合企业改革发展实际，积极创新实践，建立具有山东能源特色的纪检监察、内部巡察、民主评价、内部审计和组织监督"五位一体"监督体系。尤其是紧跟深化国企改革步伐，创新推行职工代表民主评价机制，将企业内部物资采购、设备招标、项目建设等敏感问题，置于职工代表民主监督之下，由职工代表公开监督评判。通过"敲开核桃""解剖麻雀"，倒逼企业强化管理、堵塞漏洞。五年来，累计组织公司层面民主评价11次，评价项目92个，63个项目未获通过，未通过率68.48%；基层单位开展民主评价350多次，106名责任人被追究问责。职工代表民主评价做法在山东省省属企业进行推广。

暖心志愿服务，实现共创共建共享。随着外部开发建设步伐加快，驻外员工已达1.6万人，留守家庭也随之越来越多。"前后兼顾"的新课题下，山东能源集团党委积极开展暖心志愿服务，构建形成党组织倡导、团组织发动、党团员带头、群众自愿参与的暖心志愿服务工作体系，先后建立暖心团队266个，开展各类帮扶活动4000余次，做到党旗引领示范化、志愿服务常态化、组织管理网络化、帮扶项目立体化、志愿队伍多元化、服务阵地标准化，职工家属幸福感、获得感显著增强。暖心志愿服务项目先后荣获山东省第三届和中国第四届青年志愿服务项目大赛金奖。

产学研绘就"科技机电"新篇章

浙江省机电集团有限公司

浙江省机电集团有限公司外景

浙江省机电集团有限公司（浙江省职业教育集团）（以下简称集团）于2000年8月由浙江省机械工业厅成建制转体设立，是省级国有资产授权经营公司。集团位居中国大企业集团竞争力500强、中国机械工业百强第27位和省政府确定的"三名"培育企业、"雄鹰行动"培育企业。集团下属各级成员单位71家，其中"创业板"上市企业1家，"新三板"挂牌企业1家，教育单位5家，业务涵盖现代装备制造（包括风电设备制造、航空复合材料制造、军品装备制造、零部件制造、民爆器材制造等）、现代制造服务（包括工程咨询、设计、施工、检验检测、爆破工程、商贸、金融服务等）、现代教育等领域，形成集大中小微型制造企业于一体，产学研、科工贸融合的特色产业发展格局。

集团拥有1个国家地方联合工程实验室，8个省级重点实验室；1家国家创新型试点企业，14家高新技术企业；4个博士后科研工作站，3个院士工作站，7支省部级创新团队。近年来，集团获得"省部级科技进步一等奖"以上奖项12项，专利授权3000余项，自主研发产品获"浙江制造精品"6项，"浙江省装备制造业重点领域首台（套）"产品7项。

以"科技机电"为核心，构建产学研合作平台

集团以"科技机电"建设为集团发展战略，以产学研创新合作为"科技机电"建设的重要抓手，通过对成员单位开展综合指导、统筹协调、创新服务、考核评价等，多角度、全方位促进集团成员单位间以及与外部单位间开展产学研创新合作，构建起"以企业为主体、市场为导向、产学研相结合"的科技创新体系。

为充分发挥人才在科技创新和产学研合作中的积极作用，集团出台《集团科技创新发展基金管理办法》，对高层次人才、科技项目、创新载体平台和创新成果予以优先立项支持，促进新技术、新产品的研发与成果转移转化；出台《浙江省机电集团有限公司优秀科技工作者评选表彰办法》，组织开展科技工作者日活动，进一步激发广大科技工作者的创新热情。

集团积极构建产学研合作互动交流平台，定期组织召开产学研合作交流会，全面提升产学研合作交流意识，营造产学研合作交流氛围，为学科建设和专有特有技术的培育寻找"跨界"机遇，探寻产学研合作机会。为此，集团建立了创新型人才定期交流机制，举办集团"中青年学术论坛"，召开创新型人才座谈会，还建立了包括专家人才、科技成果、载体平台、检测认证、资质业绩、设备信息、产品信息、教育资源等子系统的基础能力数据库，为集团成员单位及行业企业提供便捷的资源合作通道。

此外，集团依托自身丰富的教育资源和产业资源组建浙江省职教集团。职教集团以服务产业转型升级为导向，以校企合作培养产业适用人才为目标，以建立健全校企合作常态化机制为着力点，办学领域涵盖学历教育、职业培训、科研开发、技术服务、成果转移转化、创业孵化等方面。职教集团成立后，积极发挥集团化办学的资源集聚优势，努力开拓"以行业企业为主体、职业院校为基础、政府推动和社会支持相结合"的产学研校企合作新模式，在服务企业全产业链发展、助推区域性产业发展以及强化企业主体作用等方面发挥了积极作用。

创新解决行业共性技术难题，引领风电行业精益化发展

"冀北草原，万物更新；天高云淡，风动佳音。一切美好如期而至"。

2020年3月15日，由浙江省机电集团子公司浙江运达风电股份有限公司研制开发的4.5MW样机在中国电力科学研究院张北试验基地调试完成顺利并网发电。4.5MW机型是运达公司应对平价上网政策和大基地建设需求而倾力打造的全球首台4.5MW级三电平1140V鼠笼全功率风电机组，试机成功将使机组输出波形更接近正弦波，并使得谐波含量降低至3%，从而降低谐波对电网的污染，减小机组损耗，大

幅降低度电成本。凛冬的张北，风雪不断，又逢新冠肺炎疫情施虐，但4.5MW样机项目组所有成员克服各种困难，成功解决了施工中遇到的各种难题，保证了机组在计划时间内顺利并网。

这已经不是近年来运达公司第一次引领新一轮风力发电机组技术路线的变革。通过深入的产学研合作，运达公司实现了数次重大技术创新和优化升级。

运达公司是国内较早从事大型风力发电机组研究与制造的企业，坚持科技创新是第一生产力，在新能源领域已经走过了40多年的征程。公司以"献人类清洁绿电，还自然碧水蓝天"为使命，以诚信、创新、合作、共赢为经营理念，致力于成为中国风电行业技术领军企业，打造民族风电品牌。

运达风电

近10年来，浙江运达风电股份有限公司与浙江大学开展了多项产学研合作，共同创立了浙江省风电产业技术创新战略联盟，共同承担了多项国家（省级）重大研发计划项目，取得了一系列科研成果。近年来，在"基于大数据的风电机组智能控制技术开发及产业化"项目研究方面，成功突破了基于数据的自适应控制技术、智能偏航误差校正技术以及整机疲劳寿命在线预测等关键核心技术，形成了持续的自主开发能力。该项目整体技术达到国际先进水平，项目成果获得"浙江省科学技术进步奖（一等奖）"。

2020年9月10日，2019年度北京市科技奖励大会在北京会议中心召开，运达公司参与研发的"轻量化超大叶轮风电机组与柔性高塔一体化关键技术"和"电网友好型风电高效安全主动支撑关键技术"两项核心成果双双荣获"2019年度北京市科学技术奖（科学技术进步奖）一等奖"。

随着我国风电进入平价上网时代，传统的风电机组设计方法已无法满足市场需求。轻量化大叶轮、高塔架风电机组能有效提高风能资源的利用效率，是理想的风电平价上网解决方案，但其关键技术一直受到叶轮动态载荷精确控制、柔性高塔谐振点穿越及整机疲劳寿命在线预测等难题的制约。针对上述难题，运达公司经过10余年的自主创新和攻关，先后完成"智能控制""载荷优化""在线辨识""柔性塔架"等多项技术成果的积累与沉淀，并以追求"最优平准化度电成本（LCOE）"为目的，开发形成了新一代2.X MW、3.X MW、4.X MW系列风电机组。产品风轮直径范围140～170m、塔架高度达120～160m，大大提高了风电场的开发空间，为客户创造了更多的发电量及投资收益。运达公司联合沈阳工大等单位申报项目并获得一等奖，表明公司在"轻量化超大叶轮风电机组与柔性高塔一体化关键技术"方向上处于国内领先水平，为实现公司发展战略提供了有力支撑。

此外，运达公司与中国电科院长期保持紧密的科研合作关系，在风电并网技术方面始终处于领先地位，相关技术与成果曾创造了多个行业第一。近年来，大规模电网互联技术的迅猛发展，远距离交直流混联输电的出现，大规模风电的集中并网，部分地区已成为风电高渗透率电网。风电的波动性以及缺乏主动支撑的能力，对电力系统的安全稳定运行提出挑战。为此，运达公司联合中国电科院、合肥工大等单位，共同对风电机组调频/调压控制等主动支撑技术进行攻关，突破了电网友好型风电机组关键技术，研制了首台具备主动支撑能力的电网友好型双馈风电机组及相关产品，解决了高渗透率风电并网安全及消纳的当务之急，为风电顺利完成由"辅助电源"向"主力电源"转变提供了技术支撑。

近日，运达公司与中国电科院、合肥工业大学、阳光电源共同研制的世界首台电压源型风电机组成功并网稳定运行。故障电压穿越、一次调频等一系列有代表性的技术成果，标志着运达公司在风电机组控制技术、风电并网技术方面已经占据国际领先地位。

作为中国风电发展史的拓荒者和创新者，运达公司通过解决行业共性技术难题并实现创新技术的规模化应用，运达公司在实现自身高质量发展的同时，有力推动了我国风电产业朝着精益化方向发展，对构建我国清洁低碳、安全高效的现代能源体系做出重要贡献。

参建浙江省首条智慧高速公路，打造"云上高速"的机电样板

2020年7月5日24时，浙江省机电集团子公司浙江省机电设计研究院有限公司参建的浙江省首条智慧高速公路"杭绍台"先行段（鉴湖枢纽至镜岭互通段）正式通车。

这条如"扁担"一般连接浙江海洋经济发展示范区南北两翼的高速公路，因"智能、快速、绿色、安全"赋能，成为国内在建数据类型最多、产品范围最广、支撑技术最新的首条全架构智慧高速。机电院公司负责全线智慧高速的总体统筹、实施和云控平台的设计、开发、上线、试运行及全线外场道路监控系统施工。

面对杭绍台项目隧道占比高、沿线易产生团雾和凝冰等难题，机电院公司始终不忘"让交通更智能、管理更智慧、服务更智全"的创业使命。公司将党建工作与加快推进项目建设有机融合，坚持把党旗插到项目上，将党小组建设在一线，充分发挥党组织的战斗堡垒作用和党员先锋模范作用。项目组成员在党员同志的带领下，拧成一股绳，铆足一股劲，投入"两手抓、两战赢"，投入"百日攻坚战"。

云上高速

凭借多年深耕高速公路交通机电工程的建设经验，如何抢抓"新基建"战略机遇，运用新一代信息技术，推动数字产业与服务型制造业的深入融合，让高速公路更智慧、更高效，这支年轻的项目团队很快找到了实践路径——着眼以数据驱动为核心的高速公路协同管控与创新体系，探索交通机电工程"新机电"建设和运营模式。

机电院公司与阿里云深度合作，共同打造了集合视觉智能、融合感知、决策分析、服务触达、控制执行等前沿技术于一体的全息感知云控平台，提出了以智慧隧道、智慧服务区、准全天候通行为重点的整体解决方案。杭绍台项目也是云控平台在国内高速公路行业首次应用的成功范例，被誉为"云上高速"。

作为高速路的"大脑中枢"，云控平台汇聚、处理和分析杭绍台高速全线的数据，通过高精度地图和定位、视觉AI、交通优化算法、交通仿真模型等先进技术，提供"感知、分析、决策、控制、服务"全链路支持。"大脑中枢"可对恶劣天气进行分析预警，全天候自动识别交通事件、预测交通态势，并第一时间通过诱导屏和导航APP等方式告知驾驶员，最大程度保证恶劣天气下的通行安全。在处理突发事件时能做到秒级预警，真正实现从被动人工决策，到主动人工智能决策的管理方式升级。

基于杭绍台智慧高速建设经验，公司将进一步推进全息感知智慧高速云控平台向数字孪生、伴随服务延伸，推动智慧高速稳步向车路协同、自动驾驶方向发展，最终实现路基自动驾驶，打造一套可推广、可复制的智慧高速实施方案，以技术跑出项目建设的"加速度"，以高质量、高水平的成果展现践行"团结、务实、创新、自强"的机电精神，为"数字浙江"建设提供机电力量。

打造全产业链创新平台
做高质量发展标杆企业

南京钢铁集团有限公司

因钢铁报国而落成，由钢铁强国而发展。南京钢铁集团有限公司（以下简称南钢）始建于1958年，是江苏钢铁工业摇篮，中国大型钢铁联合企业、国家级高新技术企业，智能制造示范企业，并入选新华社民族品牌工程。先后荣获"全国文明单位""全国质量奖""中国最佳诚信企业""十大卓越品牌钢铁企业""钢铁行业竞争力极强（A+）企业""国家级绿色工厂""国家知识产权示范企业""钢铁行业改革开放40周年功勋企业""行业绿色发展标杆企业""全国钢铁行业抗疫英雄企业"等重要荣誉。

经过多年的改革与发展，南钢工艺装备已实现了大型化、现代化，拥有3条板材及8条特钢生产线。南钢产品已形成宽中厚板（卷）、棒材、高速线材、钢带、异型钢五大类，近300个钢种、一万余个品种规格的产品系列，通过国内外170多家知名企业认证，出口130个国家和地区。

企业特色和亮点

南钢积极贯彻新发展理念，坚持高质量党建引领企业高质量发展，勇立潮头、锐意改革，深耕制造业高质量发展之路，持续提升运营、创新、产业链、裂变、组织、全球化六个能级，致力打造创新驱动、数字化转型及新产业裂变三条成长曲线，构建钢铁+新产业"双主业"相互赋能的复合产业链生态系统。在钢铁产业重点打造世界一流的中厚板精品基地和国内一流的特钢精品基地、复合材料基地等；新产业重点围绕智能制造、产业互联网、新材料、能源环保、钢铁产业链五大产业方向，打造具有钢铁基因的产业集群，让双主业发展战略支撑起南钢的转型升级和基业长青，实现指数级增长，推进企业从"高原"向"高峰"攀登。

2020年南钢取得抗疫经营双胜利，实现营收1572亿元、利润总额48亿元、利税62亿元。在中钢协重点会员企业年产钢500万吨以上企业排名中，经济效益综合指数、全员劳动生产率位列第1名，人均利税、人均利润位列第2名。在中国企业500强榜单中，位列中国企业第148名、中国制造业第55名、江苏省第7名、南京市企业第2名，制造业第1名。在钢铁企业综合竞争力评级中，南钢连续四年被评为最高等级"A+级竞争力极强"企业。

南钢92项产品达到国际领先、国际先进水平；镍系钢、高强钢、核电钢、模台钢、轧制复合板、窄公差邮轮板、非调质钢等九大战略品种市场占有率保持全国第一；9%Ni钢被认定为制造业单项冠军产品；管线钢获得工信部颁发的国家级绿色设

南钢生态湿地园

计产品；低温压力容器用镍合金钢板荣登江苏省首批"江苏精品"认证企业和产品榜。100mm厚止裂钢板通过多国船级社认证，达到国际领先水平，成功获得了江南造船24000TEU集装箱整船止裂钢订单，为国内首单；成功开发超宽薄规格碳锰低温钢、高技术船舶用低温型钢，产品质量达到国际最先进水平；国内率先研发出高锰低温钢Mn25及配套焊材，打破国外技术壁垒；成功开发直接车削用非调质钢系列产品，在注塑机、液压油缸等领域迅速放量；独家供货中国首艘大型豪华邮轮船板，且南钢邮轮用宽薄板入选省重点推广新技术新产品目录；高端螺纹钢助建国家核电示范工程——防城港核电二期，这是被誉为"走出去"的国家名片、我国自主三代核电技术"华龙一号"又一示范项目；南钢高强船用钢板助建"蓝鲸2号"，续写"蓝鲸"姊妹篇；助建世界最大最先进光热发电站——迪拜950MW光热光伏混合发电项目，是目前全球最大的太阳能光热发电项目，也是"一带一路"建设的典型工程；南京长江五桥通车，这是世界跨径最大的钢混组合索塔斜拉桥，南钢为其提供整桥钢板；罐板成功中标英力士的全球最大VLEC（超大型乙烷运输船）船用X12Ni5订单，2艘98000立方米整船所用1.45万吨罐板全部由南钢独家供货；南钢为合资公司南钢日邦成功轧制世界最宽的Fe-36Ni（K93600）因瓦合金，打破国外少数公司的垄断，替代进口。

开创产学研用一体化机制，构建创新战略联盟，推进融合发展

南钢是国内最早推行产学研用一体化的企业之一，以满足用户需求为导向，以精益研发体系为主体，凝聚一批行业技术精英、用户、高校、设计院所、国内外知名咨询机构等多方力量，构建"产学研用""产销研用"战略联盟，围绕产业链部署创新链，挖掘价值链，打造C2M产业生态形成了由吸引创新要素向原创性重大关键技术集聚的创新联盟新模式。

近年来，公司与北京科技大学、东北大学、清华大学、南京大学、东南大学、浙江大学、重庆大学、中南大学、同济大学、钢铁研究总院、合肥通用机械研究院、洛阳耐火材料研究院、哈尔滨焊接研究院、洛阳轴承研究所等国内50余所高校院所开展了360余项产学研项目的研究开发工作，形成一系列的核心产品和成果，科研成果硕果累累，累计

神州第一挖

获得国家科技进步奖3项，省部级科学技术奖44项。为打造建筑业上下游产业链相互协作的"研发—生产—评价—设计—建造"全产业链创新平台，进一步推动建筑业高质量创新发展。

南钢与同济大学、华东设计总院、钢研总院、上海宝冶、精工钢构、南通智能建造院、南京达钢等建筑行业研发、生产、设计、建造、服役评价代表性单位，联合成立"高性能建筑结构用钢研发及应用联合创新中心"，并在南钢挂牌。南钢通过多年"产、销、研、用"一体化实施，总结出了"三大理念"与"两大方式"。"三大理念"之一为研发过程以实验定参数，在掌握国内外现状基础上，通过联合高校、院所中试试验，定出关键控制参数，根据成功试验细化工艺参数；之二为产业过程咬定青山不放松，基于炼钢现状，找出主要方向针对性突破，面对造成的损失毫不退缩，成功后继续开创出高质量的生产技术；之三为营销过程多部门协同，从政策、经济、社会和技术方面分析，理出核心问题，提出解决措施，研发、销售等多部门协同作用，共同完成目标。

"两大方式"之一为设定两年突破壁垒的管理方式，评估内外部资源与平台，充分利用研发、生产和检验等平台，确定关键流程实施渠道，设置个人与企业命运共同体的激励政策；之二用产销研+服务"五位一体"的研发方式，即以客户需求为导向，整合上游、下游、内部等各类资源，逐步形成系统全面、开放吸收、动态科学的技术创新体系升级产品，健全国内外销售网络，拓宽高端产品的销售渠道，并跟踪用户使用，做到售前、售中、售后360°全方位服务。

构建精益研发体系，打造高端研发平台，完善运行管理机制

公司构建了研究院、事业部、生产厂三级精益研发体系。研究院牵头开展全局性、基础性、前瞻性工艺技术研究，开展转型战略、新材料、新领域的探索性研究，开展新装备的研究及应用推广；事业部是用产销研一体化实施主体，负责市场化产品的研发、生产工艺维护及优化、合金工艺降本，牵头解决非共性的产品及生产技术问题；生产厂负责设备操作、维护及检修技术研究，现场操作、技术诀窍创新，工具设计及制造。

南钢通过融合国内外高端科技创新团队资源，打造高端研发平台，开展原创性、颠覆性技术研究。建成10个高端研发平台：2个国际级（南钢英国研究院、与日本冶金合作成立南钢日邦）、3个国家级（检测中心、材料环境腐蚀平台、博士后科研工作站）、5个省级（江苏省企业院士研究院、江苏省企业院士工作站、江苏省高端钢铁材料重点实验室、江苏省船舶用钢工程技术研究中心、省级企业技术中心）。

在管理制度、激励机制建设方面，南钢建立健全一套科学高效的运行管理机制，

制定了《产学研合作管理规定》《创新管理奖励办法》《南钢技术合伙人制激励办法》《技术秘密管理办法》等制度文件，同时建设了基于全生命周期"项目化"管理的研发管理体系，规范产学研合作过程管理，实现科研成果的收集、分享和传承。

坚持党建引领，助推企业"从高原向高峰攀登"

南钢作为较早改制的混合所有制企业，始终坚持党的领导不动摇，推进党建工作与公司生产经营深度融合，创新开展党建领航、组织领先、党员领跑"三领"工程，创新打造"智慧党建"线上线下一体化平台，构建高质量党建引领企业高质量发展新格局，涌现出了创新带头人、全国模范张欢，南钢工业机器人研创人、行业工匠孙敬忠等一大批先进人物。

南钢不断完善创新机制，大力倡导敢于创新、勇于竞争和宽容失败的精神，努力营造鼓励、支持科技人员创新的有利条件。为表彰在企业生产经营中做出突出贡献的年度创新人物，南钢每年进行"十佳创新生产能手""十佳智能制造建设者"和"十佳科技工作者"等先进人物的评选表彰。为弘扬工匠精神，每两年评选一次"南钢工匠"，已连续开展两届评选活动并表彰了18名"南钢工匠"，创建了以工匠、创新人物领衔的113个职工（劳模）创新工作室，有20个工作室获得市级以上命名。

产学研合作成功案例

案例一

与北京科技大学产学研合作

北京科技大学腐蚀与防护中心由联合国开发计划署和中国政府联合建立，是世界三大腐蚀中心之一。2017年12月南钢与北科大联合共建了国家级的科研平台——国家材料环境腐蚀平台南京大气腐蚀站，并于2019年3月份成立了"南钢—北科大耐蚀钢联合实验室"，构建研发、生产和应用一体化平台，助力南钢打造国际一流的耐蚀钢研发和生产基地。

近年来，南钢与北科大保持密切的产学研合作并取得显著成效。联合开展了《滨海地区免涂装耐腐蚀结构钢板的研制与开发》《新型海洋环境涂装用耐蚀钢的研制与开发》《基于南钢耐候材料钢的全国腐蚀地图研究及应用》等80项产学研合作课题，研发了原油船耐蚀钢、滨海耐大气腐蚀钢等新产品，达到国际领先水平。国内率先开发了行业领先的智能化在线腐蚀监测技术和高效腐蚀性评价技术，绘制了全国腐蚀地图，这些关键技术已在免涂装耐候钢、不锈钢复合板和铁路用耐腐蚀转向架等耐腐蚀产品的性能优化和用户技术服务中取得应用。首次开展川藏线腐蚀环境调研，提前对川藏线拟用耐候桥梁钢桥位进行布局，为国家重大工程建设做出贡献。联合制订并发布了 CSTM 环境腐蚀试验系列标准和低合金钢腐蚀试验系列标准 19 项。联合申报的"新型系列耐腐蚀结构钢开发关键技术创新及产业化"获 2018 年"江苏省科技进步一等奖"，"高性能低合金耐蚀钢系列钢种研制及应用成套技术"获得了 2019 年"北京市科技发明一等奖"。

案例二

与东北大学产学研合作

多年来，南钢与东北大学王国栋院士团队合作开展了 70 余项新产品开发、新工艺技术研究，并取得丰硕成果。在新产品方面，联合开发的 NM360-NM600 全系列低成本超级耐磨钢、高韧性耐磨钢等，达到国际最高级别水平，解决了传统耐磨钢因添加大量稀缺合金导致的成型、焊接性能恶化难题。联合开发的系列高韧性型、耐高温磨损型特种耐磨钢板，成型性和耐高温性能较传统耐磨钢提高 1 倍以上，突破了国际上 SSAB 等公司只提供 90° 冷弯和最高 250℃使用温度极限，首次实现 NM360-NM450 钢板 180° 冷弯成型和 500℃高温极端条件应用。联合开发的 Q960、Q1100 在钢板板形、冷弯成型性、焊接性能等方面获得徐州重型机械有限公司的高度认可，在 80 吨~1200 吨起重机械方面实现全面国产化替代。在新工艺技术方面，攻克了极限规格高级别耐磨钢板核心生产技术难题，成功实现系列耐磨钢板批量、稳定生产，解决了大宽厚比钢板板形、性能均匀性等控制难题，实现批量出口，其技术成果"高品质系列低合金耐磨钢板研制开发与工业化应用"获得 2017 年"冶金科学技术一等奖"。

为提升合作成效，南钢还投资 1.59 亿元开展东北大学科研成果的产业化应用。通过不断研究优化 5000mm 宽厚板控制冷却和 5000mm 宽厚板辊式淬火机工艺，使钢材强度提高 100 兆帕~200 兆帕，满足高性能桥梁钢、高等级管线钢、船板、高强工程机械用钢、水电钢、海洋工程用钢等对高强度和高韧性的需求，促进了我国钢材由"中低端"向"中高端"升级换代，其技术成果"热轧板带钢新一代控轧控冷技术及应用"获得 2017 年"国家科技进步二等奖"。采用该技术生产的钢材已应用于全球最先进超深水双钻塔半潜式钻井平台"蓝鲸一号"、中国自主三代核电全球首堆示范工程"华龙一号"、全球最大北极 LNG 项目（亚马尔项目）等多项国家战略工程。

产学研合作之"火" 点亮企业发展之"芯"

国网天津市电力公司

国网天津市电力公司是国家电网有限公司的子公司，负责天津电网规划、建设和运营，致力于为天津经济社会发展提供清洁低碳、安全高效的电力能源供应。供电面积1.19万平方公里，供电服务人口超过1562万人。截至2020年年底，拥有职工1.1万余人，资产总额841.03亿元。2020年售电量759.01亿千瓦时，营业收入447.45亿元。

截至2020年年底，天津电网并网运行电厂共112座，装机总容量1937.55万千瓦；在运1000千伏变电站1座，500千伏变电站10座，220千伏变电站85座，形成500千伏日字型环网和6个220千伏分区，连续15年没有拉路限电，电网保持安全稳定运行。

国网天津电力

国网天津市电力公司以习近平新时代中国特色社会主义思想为指导，深入贯彻习近平总书记来津视察指示精神，落实国家电网有限公司党组和天津市委市政府决策部署，坚持干在实处、走在前列，各项工作不断取得新突破，立足当先锋、做表率，优化升级发展思路、目标和举措，全力推动国家电网有限公司战略率先在津落地，全面服务"五个现代化天津"建设。提前一年完成"煤改电"、农网改造升级，配网带电作业机器人实现产业化，智慧能源小镇等示范工程快速突破，国内首个省级综合能源服务中心、城市能源大数据中心等一批标志性项目落地，电力营商环境持续走在全国前列。员工张黎明获评"时代楷模""改革先锋""第七届全国道德模范""最美奋斗者"，退休员工王娅获评"中国好人""最美国网人"等荣誉称号。

产学研合作开展情况

2020年，国网天津市电力公司成立由分管副市长挂帅、院士专家参与的高规格专家咨询委员会，充分发挥"高端智囊"作用，强化对重要政策、重大问题的咨询服务和决策支持，提升公司科技工作的战略高度和技术深度。公司与中国电科院签订战略合作协议，与天津大学深化合作，在重大项目申报、成果培育、科技示范等方面，形成产学研合作新典范。

强化企业创新实力。国网天津市电力公司高度重视创新工作，系统内首家建成职工创新基地，广泛开展产学研合作、职工创新技术攻关和创新成果孵化转化活动。被认定为中国产学研合作创新示范基地的职工创新基地坐落在国网天津电科院，总体建设面积约为480平方米，按照功能区域划分为主题门厅、产品交流区、共享办公区、创意讨论区及会议洽谈区五个功能区，其中共享办公区为创新工作者提供信息查询、想法实操、样品实验试制等设备和工器具，创意讨论区为创新工作者组织讨论、活动、竞赛、发布等提供开放、智能的沙龙空间，会议洽谈区为技术交流、远程协商洽谈等提供智能交互、高效协同的会议系统。

国网天津市电力公司发动广大员工开展职工技术创新活动，以具备较强创新能力及组织协作能力的各级劳动模范、"五一"劳动奖章获得者为带头人创建劳模创新工作室，以专业技术人才和技能人才为主体，积极开展技术攻关、发明创造、科技创新、技术培训等活动，围绕专业重点、难点问题开展技术创新、管理创新和服务创新，公司共创建劳模创新工作室63个，覆盖电网业务全领域。2020年，公司创新成果获得专利授权325项，获省部级以上奖项47项。

"黎明牌"配网带电作业机器人升级版实践应用

加强和高校的合作。国网天津市电力公司与清华大学、西安交大、华北电力大学、天津理工大学、天津科技大学进行广泛的合作，双方积极探讨新技术、新工艺、新产品。校企双方实现资源共享、协力研发，使张黎明配网带电作业机器人等数十项科技成果得到孵化转化，大幅提升公司创新成果水平。

加深和外部企业的合作。国网天津市电力公司与深圳市盛弘电气股份有限公司、天津斯特兰能源科技有限公司、天津英诺华微电子有限公司、中电普瑞电力工程有限公司形成未来储能产业联盟，实现信息共享、资源互通的合作模式，研发出多套电网侧储能系统解决方案。国网天津市电力公司联合北京四方、南京南瑞等多家业内知名企业，开展职工技术创新成果产品推介会，给职工创客和设备生产企业创造面对面洽谈机会，使公司创新成果更贴近市场需求。

优化合作模式机制。国网天津市电力公司以"四轮驱动"核心机制指导职工创新活动，从实际生产中找问题、鼓励职工自主研究解决、推动重点项目开展多方联合创新。"四轮驱动"是指：创新协会（联盟）、创新工作室、创匠坊、创新基地等，其中创新协会（联盟）由时代楷模、改革先锋张黎明同志任盟主，起到活动组织、骨干培养、重点攻关、带动激励的作用；创新工作室分布在各基层单位生产一线，起到氛围营造、源头创新、试制试用、团队建设的作用；创匠坊起到线上交流、云端教学、线上展示的作用；创新基地起到联合创新、学习传播、孵化交易的作用。

优化校企合作模式。国网天津市电力公司下属制造公司与天津理工大学电气电子工程学院签订《产学研技术合作协议书》，双方根据需要，每年开展一批合作项目，根据项目情况联合申报研究课题。制造公司邀请高校有关专家参与企业发展规划制订、重难点项目攻关；高校向制造公司传递相关学术领域最新成果信息，每周派技术人员到制造公司开展技术交流，不断提高产品科技含量。

优化科研人才培养方向。国网天津市电力公司主动变革企业内科研人员培养模式，培养科研人才同时具备三种能力：一是精准把握产业发展方向开展研究的能力；二是准确掌握实际生产中遇到的重难点问题并研究解决的能力；三是能够独立领导团队开展研发工作的领导能力。

企业建立产业联盟。国网天津市电力公司积极联系上下游企业，建立产业联盟，多方科研人员建立柔性合作团队，根据企业技术优势领域分工研发，研究成果共建共享。

产学研合作成功案例

超级电容储能装置

"我们研发的超级电容储能装置，融入四大创新技术，实现对传统储能装置的高效安全可靠替代，研发成果销售收入近1亿元，创造税收超500万元。"国网天津检修公司孙沛川介绍了他们的合作研发成果。

由国网天津市电力公司与天津大学联合研制的超级电容储能装置，以电磁储能代替化学储能方式，其主要创新点包括：一是采用防反充电技术，避免超级电容器组之间产生大量电荷交换，提高设备运维安全性，实现直流电源的带电增容；二是冗余输出技术，可缩短充放电时间，提高供电可靠性，实现了操作电源与通信、配电电源的一体化；三是超级电容器组的检测技术，采用1/2检测法进行实时监控，实现电容器异常预警，及时提醒运维人员进行测试和更换；四是实时监控技术，对直流电源内部电流、电压、温度及充放电电流等进行实时监测、记录，遇到异常即发出报警信号。

基于PQ解耦控制的智能电能质量校正装置

"基于PQ解耦控制的智能电能质量校正装置可以进行三相不平衡治理、无功补偿、谐波治理，填补了该领域技术空白。"项目负责人李野介绍了由国网天津市电力公司与西安交通大学联合研制的创新装置，该研究成果实现销售收入2700万元，创造税收超100万元。

基于PQ解耦控制的智能电能质量校正装置具有三相不平衡治理、无功补偿、谐波治理实时在线的功能，补偿精度高且工作时负载不会断电，可将配网台区三相电流不平衡度实时控制在5%以内。此外，该装置还具有电压支撑功能，可改善配网台区末端电压低的问题。

基于动物仿生理论的驱鸟装置

"我们基于动物仿生理论，利用占位器原理和防鸟刺原理，设计开发了一种适用于10kV线路的多功能、可扩展、仿生态占位型驱鸟装置。"国网天津滨海公司张黎明说道。

该驱鸟装置由国网天津市电力公司联合多家相关企业共同研制开发，整体采用全绝缘材料，各部件为标准化、模块化设计，顶端带有仿生态鹰眼。此外，该驱鸟器采用凸轮锁扣方式安装于10kV配电线路上杆塔，可解决传统驱鸟器驱鸟空间小，旋转轴承易锈蚀，带电安装地形等条件受限的问题，减小停电及带电次数，减轻劳动强度，在保护鸟类、不伤害鸟类的同时，有效降低了鸟类活动对电网影响。

国网天津电力公司职工在实际生产中应用创新成果

配电网智能运维管控系统

"全新的配电网智能运维管控系统将供电单位的营业区域划分为若干连续网格区域，实现各区域内全配电网设备的状态监测，实时告警分析，有效降低了配网故障次数，降低运维成本，全面提升了配电网精益化管理水平。"国网天津城南公司闫崇松介绍道。

国网天津市电力公司发挥企业联盟作用，结合能源互联网建设，通过配电网智能运维管控系统实现了对配电网的智能化、精准化运维。

产学研合作探索与实践

国网天津市电力公司在开展产学研合作过程中，始终保持迎难而上的探索精神，在产学研项目合作、产品创新与推广等环节开展创新实践工作。

项目在实验室内研发成功，得到较高的科技评价，但在具体产业化过程中，存在较多的二次研发以及行业的适应性再研发。在这个过程中，不同的研发阶段，不同的研发者对项目也存在着不同的判断，造成项目难以落地推广的问题。为解决项目的实验室高评价与落地推广适应性矛盾问题，国网天津市电力公司建立专家库，从使用者、研发者、创意实现者三种视角，分设计模型、实验室产品两个阶段，研判项目产业化前景，让项目在研发阶段充分吸取实际生产经验，减少二次研发损耗，缩短项目研发周期。

产品创新和市场推广，包含样品试制、小规模试用、市场培育、规模化生产、竞争者参与、竞争领先等多环节。国有企业内的创新活动，往往产品创新和经营成果之间并无必然联系，经营成果出现后，经营成果如何分配，如何评价科技工作者的贡献是一个难题。为解决科技工作者的科技贡献高评价与产品推广利益的关联性矛盾问题，国网天津市电力公司建立了科技项目研发奖励制度，科技成果和市场推广双向关联，使得科技工作者可以共享产品收益。

管理之花　科技之花　人才之花
逐梦碳中和世界

三花控股集团有限公司

三花控股集团总部园区

三花控股集团有限公司（以下简称三花）创业于1984年，以"管理之花，科技之花，人才之花"为内涵，以热泵变频控制与热管理系统设计技术为核心，坚持"专注领先"，追求"创新超越"，已成为全球建筑暖通、家电设备、汽车热管理节能领域的行业领军企业。

三花以技术创新追求全球行业领先优势，设立"三花中央研究院"等行业内世界一流的研发中心，在中国杭州、新昌、慈溪，美国底特律、休斯顿，欧洲法兰克福共设有6个研发中心，拥有研发和工程人才2000多人，其中国千人才3名、省千人才3名、博士60多名，以及1个国家级创新创业团队、1个省级创新创业团队、2个市级创新创业团队。截至2020年12月31日，共申报专利5480项，其中发明3580项，国际专利671项，共获得授权专利2836项，其中发明1364项，国际专利434项。主持起草中国国家标准或行业标准22项，参与起草16项；拥有11家高新技术企业，1个国家级技术中心，1家国家级工程中心，1个国家级工业设计中心，1个中科院院士工作站，1个博士后流动站。旗下子公司浙江三花智能控制股份有限公司于2005年上市；曾荣获"全国'五一'劳动奖状""中国工业大奖表彰奖""全国质量奖""美国2017年度PACE大奖""中国机械工业先进集体"等中国或全球行业顶级荣誉，是全国民营企业500强、中国制造业500强、全国机械百强、浙江省纳税百强。

超前布局的战略经营

当历史的车轮旋转到21世纪初的时候，三花通过二十多年的高歌猛进式发展，已经走过了从"进口替代"到"出口导向"的原始积累阶段：通过成本领先的竞争优势和精细化的管理能力，创造出优质可靠的部件产品，打开了国际市场的大门；产品系列从制冷空调领域的简单机械部件发展到自动控制部件系列，主导产品四通换向阀等全球市场占有率第一。就在这时，全球行业内的巨头美国Ranco公司，也是四通阀这一控制空调系统冷暖切换产品的原创发明者，抵挡不住三花凌厉的市场攻势，愿意向三花主动出售该业务。通过并不算艰难的商务谈判，三花在2007年收购了Ranco公司的全球同类业务，一跃成为这一领域内专利最多、规格最全、产能和销量最大的国际行业领先企业。而非常富有戏剧性的是，就在上溯十年前的1996年，Ranco公司还曾主动登门，要求以十倍溢价即当时3亿元价格，收购三花的同类业务，而那时三花的四通阀业务才刚刚起步。仅仅十年，风水轮转，三花完成了一次经典和完美的反向并购。

但是，也正是在这一被列入国家商务部经典案例的国际并购中，三花人认识到：中国企业以成本优势打天下的时代即将过去，放眼全球竞争的视野，只有技术领先才是国际竞争的制高点。要想赢得未来，必须实现三花从成本领先向技术领先的战略跨越。

三花确定了低碳环保和智能化控制的产品发展方向，确定了以热泵变频控制与热管理系统技术为核心，以冷暖转换和温度控制为产品开发定位，以建筑暖通节能、家电设备和交通运输热管理节能为发展领域，从"机械部品开发"向"电子控制集成的系统技术解决方案开发"升级，为客户提供先进、节能和智能化系统解决方案的发展路线图。

三花在继续保持制冷空调主业持续发展，并向建筑暖通节能和家电设备热管理节能的更广阔领域拓展的同时，抓住全球新能源汽车发展的历史机遇和广阔市场空间，突出战略重点，超前规划对新能源汽车空调与热管理系统及核心控制部件的先期开发，超常规加大投入，作为三花未来10年乃至更长时期的战略增长源泉。

科技为核心的创新之路

企业的持续发展以经营战略为指引，经营战略以科技创新为核心，科技创新以人才引进和培养为基础。而这一切又都在全球化经营的舞台上展开，以全球化竞争水平特别是行业内世界一流企业的竞争能力为参照。这就是三花战略发展和优化升级的基本逻辑。

三花的全球化经营紧紧抓住国际领先市场和行业领先企业的技术标准，与国际强者为伴，不断在竞争中拓展战略视野，提升战略高度，加深行业理解，并确认国际主流客户的未来需求，刺激自身的技术研发灵感。历经十多年的科技创新，三花用自己的执着和投入，结出了累累的发展硕果，实现了企业发展的优化升级。

三花汽零产品

三花制冷产品

新能源汽车空调和热管理系统与控制部件系列：包括电子膨胀阀、电子水泵、板式换热器等产品群，三花走在全球行业先期开发的最前列。车用电子膨胀阀作为汽车空调和热管理系统内实现冷媒流量智能控制和温度管理的关键部件，由于三花产品的技术创新，应用于新能源汽车电池冷却系统，比其他国际行业巨头的解决方案提升30%的能效。

研发能力实现从"模仿创新"向"完全创新"升级，知识产权保护从"规避"向"原创"升级，行业标准从"被动接受"向"主动引领"升级。

打造三花院士专家工作站

三花的产学研合作之路起始于20世纪80年代，在创业初期，公司就依托上海交通大学的教授进行产品开发。后来又与浙江机电学院联合开办在职中专班、大专班，提升了职工文化技术水平。再后来，公司不断壮大，产学研合作的内涵不断深化，公司聘请了一批专家教授担任公司独立董事、顾问，从战略高度帮助三花的发展。目前，三花控股集团已经与数十家全球一流的科研机构和高等院校开展了产学研合作，如中国科学院、清华大学、浙江大学、上海交通大学、西安交通大学、美国的马里兰大学，等等。

三花与中国科学院周远院士合作建立院士专家工作站。经过三年多的实践，院士专家工作站被认定为浙江省优秀院士专家团队，为三花的发展引进了行业顶尖专家团队，着力攻克产业链核心关键技术，为实现企业"技术领先"战略转型升级起到了有效推动作用。

夯实建站基础，壮大团队实力

三花为院士专家工作站提供了4000平方米的办公场地和实验场所，并设立专门的院士专家工作站办公室，制定《院士工作站管理办法》《院士工作站人才培养制度》《研究成果管理办法》《绩效管理制度》等多项配套管理制度。目前，院士专家工作站科研经费达7021万元，其中购置仪器设备费用5500余万元、日常行政与管理费用85万元、人才培养费用34万元等，保障了院士专家工作站的良好运营。

三花借助院士专家团队所拥有的高端科技资源与人脉关系，与多所高校和科研院所建立了长效合作机制，先后引入全球著名的换热器专家黄宁杰博士（"国家千人计划"专家）、制冷空调系统专家王军博士（"浙江省千人计划"专家）、日本专家成相茂、美国汽车专家哈里·尤斯蒂斯、德国技术专家格哈德等。与此同时，三花引进和培养了汽车空调系统、汽车空调部件、换热器、电控系统等相关领域研发带头人10名，技术骨干30名，专业研发人员180余名的院士专家工作站研发团队，其中2名研发人员提升学历并分别获得清华大学和英国胡弗汉顿大学博士学位，1名通过科技创新获得"浙江省'五一'劳动奖章"。

周远院士每年安排两次行程到企业指导科研工作，询问项目进展。他还非常关心员工成长，当他了解到部分青年科技人员不安心从事研发工作后，曾专门组织座谈会，邀请相关人员促膝长谈，分享自己五十多年科研的经验和心得体会，为年轻人的成长释疑解惑，让年轻人能致力于科研工作，为企业奉献自己的力量。

制定发展战略，完善顶层设计

院士专家工作站的建设，一直是三花控股集团高层领导直接管理的重要科研平台，尤其重视发挥顶层设计的战略作用。三花还通过院士专家团队，在较短的时间内帮助企业解决了困惑已久的产业技术主攻目标方向问题，选择在高起点上研发节能高效的热泵型空调。该技术对不同技术方案的电动汽车具有较好的通用性，并且对整车结构的改变很小，是未来电动汽车空调发展的方向。

为加快纯电动汽车空调与热管理系统的研发攻关，周远院士迅速整合中国科学院理化技术研究所引进的制冷低温技术研发团队资源，在三花设立"三花理化所新能源汽车空调系统联合研发中心"，从而推进三花与中国科学院在产业技术等层面上建立战略合作伙伴关系。

推动持续创新，实现飞跃发展

2014年7月24日，三花开发的第一代（G1）纯电动汽车空调系统在浙江省重点企业研究院成果展上首次公开亮相，系统的各项测试数据，获得万向、吉利、众泰、超威等浙江省内电动汽车行业专家的一致好评。目前，院士专家团队进一步集聚更优质的研发资源，聚焦国际领先的技术水平，研发具有我国自主知识产权的节能高效第二代（G2）系统。此外，第三代（G3）纯电动汽车空调与热管理系统的预研工作也已经展开。

基业常青的追求

在三花创始人兼董事局主席张道才和全体三花人的心目中，企业发展和社会发展的目标，本质上是共同和一致的；作为全球行业的领先企业，就必须对地球资源与环境保护负有责任和担当，为人类经济社会发展和生活福利增进做出真正的贡献。如果说过去30年三花以"专注领先"成就了全球暖通制冷领域的行业领导地位的话，那么未来30年三花就要以"创新超越"的更高要求，在绿色节能和智能化控制领域贡献更多的先进产品、技术和服务，追求企业发展的"基业常青，百年三花"，追求绿色、智能社会贡献的持续长远。

而这其实也是三花最近10多年来一直全面推进的战略发展理念和战略规划重心。当前，三花正在制订新一轮的5年发展计划和10年发展规划，即2021—2030战略发展规划，决心更加以绿色发展和智能发展为己任，专注于热泵变频控制和热管理系统技术的开发与应用；以国际行业一流企业为对标对象，把心胸放得更宽，将视野放得更远，将思考做得更深，将步子迈得更快、更实，进一步加大科技创新力度，加大全球研发领军人才的引进使用，加强本土优秀研发人才的培养建设，聚焦于高效节能和智能化控制的新能源汽车热管理系统、热泵变频空调系统及控制部件的开发和系统解决方案的提供，推动全球行业的技术进步，做到每多用一个三花的产品，世界就多降低一份能耗，多减少一份碳排放，持续为客户创造卓越价值，为营造人类绿色家园而做出贡献！

科创基金"三个引导"让科技创新更有价值

北京科技创新投资管理有限公司

北京科技创新投资管理有限公司（以下简称科创公司）成立于2018年4月，目前管理的北京市科技创新基金（以下简称科创基金），是北京市级层面专注科技创新领域投资的母基金，首期规模200亿元。科创公司创新管理模式，以市场化、专业化、国际化运营，在市级层面成立统筹联席会，按照科技成果转化的不同阶段，分原始创新、成果转化、"高精尖"产业三个投资阶段。市科委、中关村管委会和市经济信息化局分别受市政府委托，作为三个投资阶段主责部门。政府派出董事长和财务负责人，通过全球遴选，中金资本中标为科创公司的合作管理机构，派出总经理等共同组建科创公司管理团队。

科创基金以全球视野拓宽创新之路，通过政策设计和创新服务模式，同国内外高校院所等创新源头，以及创业投资、龙头企业等社会资本形成合力，实现"三个引导"。一是引导投向高端"硬技术"创新，避免投向商业模式创新或中低端技术；二是引导投向前端原始创新，及早跟踪并介入原始创新，提高原始创新能力，引导高端科研人才落地北京创新创业；三是引导适合首都定位的高端科研成果落地北京孵化，培育"高精尖"产业，为其发展营造良好环境。科创基金"投硬、投早、投长"，作为耐心资本走进实验室，拥抱科学家，通过引导社会资本共同投入让科技创新更有价值，科创基金支持"2+4+X"重点产业发展：2——新一代信息技术、医药健康；4——新材料、新能源与节能环保、科技服务、高端装备；X——量子通信、区块链、商业航天、氢能及燃料电池等前沿储备产业等领域。科创基金坚持创新驱动，聚焦重点突破，助力北京科技创新中心建设。

为落实北京市委市政府对加强北京国际科技创新中心建设的战略部署，充分发挥市场在资源配置中的决定性作用和更好地发挥政府的引导作用，推动创新链、产业链、资金链深度融合，打造北京经济发展新高地，建设具有全球影响力的科技创新中心，加强北京市科技创新和产业领域基金的统筹，经北京市委市政府批复，2018年10月17日科创公司设立科创基金，成为北京市级层面专注科技创新领域投资的母基金。作为在全国率先提出投资高端硬科技、投资前端原始创新的母基金，科创基金源于科技创新，投资科技创新，服务科技创新，促进政产学研金联动，推动科技创新成果转化。自设立以来,科创基金从无到有、从 0 到 1 成绩斐然,获得了业界的广泛好评。

顺应国家创新战略,定位应势应时

科创基金设立方案明确了定位:科创基金以全球视野拓宽创新之路,通过政策设计和创新服务模式,同国内外高校院所等创新源头,以及创业投资、龙头企业等社会资本形成合力,实现"三个引导"。一是引导投向高端"硬技术"创新,避免投向商业模式创新或中低端技术;二是引导投向前端原始创新,及早跟踪并介入原始创新,提高原始创新能力,引导高端科研人才落地北京创新创业;三是引导适合首都定位的高端科研成果落地北京孵化,培育"高精尖"产业,为其发展营造良好环境。

科创基金"三个引导"顺应全球科技创新与产业变革、国家创新驱动发展战略、北京建设全球影响力的国际科技创新中心之势;顺应政府引导基金深化改革、资本市场亟待耐心资本、科技创投兴起之时。科创基金立足北京人才与创新优势,应势应时而生,精准把握科技创新发展规律,以资本为纽带连接"科技成果转化的三个阶段"投资,全面覆盖科技创新生命周期。

基于创新,形成特色投资范式

科技创新创业有其自身的发展规律,纵观科技成果转化的成功案例,普遍需要"政产学研用"一体协同发展,建立科技成果转化服务体系,为科学家潜心研究、发明创造、技术突破创造良好条件和宽松环境,让企业更好地把握技术创新的市场规律。对于创投机构而言,"硬科技"早期投资的关键在于专业和耐心。专业,体现在需要对科技和产业的发展方向进行双重判断,同时还要在经营管理上为科技企业赋能;耐心,则是由科技创新的指数型增长规律导致的,"硬科技"企业前期投入大、增长慢，但突破成长节点后则会迅速成长，资本的耐性程度就尤为重要。科创基金形成"投硬、投早、投长，重专、重孵、重合"科创独有投资范式，积极践行"让科技创新更有价值"的理念，着力打造"懂科技、爱创新、会服务"的专业投资团队，助力北京科技创新"双发动机"。

优选四类投资组合，全方位覆盖底层创新资产

构建四维一体、触达中国顶级科技创新资产的私募股权组合，即与市场化知名管理机构、创新源头单位、产业龙头企业、垂直科技领域的专业化管理人发起设立的基金。市场化机构联动超3000亿元优质项目，覆盖了一线知名投资机构；打通央企合作，深挖中电科、航天科技、中核、航天科工、中国航发等近一半核心军工央企优质资产；积极投资CVC产业链纵深布局，合作了联想、北方华创等，为被投企业提供全产业、全周期赋能；协同创新源头，覆盖了中国科学院、清华大学、北京大学、北京理工大学、北京航空航天大学等高校院所及科研机构。精耕单一专业科技领域的华盖医疗、雅惠医疗、武岳峰资本、本草资本、晨山资本、安龙、新材智、屹唐资本等。坚持投"长"，做耐心资本，子基金存续期平均7.56年。

穿透投资项目情况

从投资领域来看：围绕"2+4+X"科技领域，投资策略特色凸显，科创基金已出资子基金投资企业100%为科技创新相关行业，按照已投企业的个数和协议投资金额两个角度统计，目前投资主要集中在医药健康、新一代信息技术与智能制造三个领域，新一代信息技术、医药健康、智能制造、人工智能、新材料、软件和信息服务、新能源、通用航空与卫星应用、集成电路等领域。

从投资轮次来看，超过一半的企业投资轮次在种子轮、天使轮、Pre-A轮和A轮，投资项目彰显硬科技属性，亮点纷呈。550家企业累计获得专利10518个，其中发明专利5002个，平均每个企业拥有19.12个专利和9.09个发明专利，远高于国家高新技术企业的相应标准（6个实用新专利或1个发明专利）；所投企业的每万人发明专利数为546个，是北京市万人发明专利132个的4.13倍，而北京是全国平均水平的近8倍（参考《中国知识产权指数报告2019》）。企业研发人员占比高达37.58%，远高于国家高新技术企业认定条件10%的标准；研发投入占收入的比重为43.95%。联想创投投资的华控清交是以多方安全计算理论为基础的隐私计算技术研发领军企业，实现数据"可用不可见"；武岳峰投资的迈高科技是国内唯一的新材料高通量计算设计产业化平台，有望突破国外垄断，解决"卡脖子"挑战。中科创星投资的天科合达，是国内领先的第三代半导体材料碳化硅晶片生产商；联想创投投资的昂瑞微是国内领先、自主可控的射频芯片制造商；华盖医疗和天玑基金投资的丹序生物，利用世界领先的单细胞基因组学技术开发创新型药物；华盖资本和雅惠

医疗基金投资的数坤科技和科亚医疗分别获得了医疗器械三类证，在"AI+医疗影像"赛道目前位居前两席，科亚公司的 FFR-CT 产品取得国内该领域第一张医疗器械三类证，也是国内医疗 AI 领域的第一张三类医疗器械证，填补国内空白，领先同行 12～18 个月，先发优势巨大。新冠肺炎疫情期间，公司研发设计了区分新冠肺炎和一般肺炎 CT 表现的 AI 诊断，该辅助诊断的灵敏度和特异性分别高达 90% 和 96%，具有重大临床价值；小分子 CRO、CDMO 创新企业六合宁远发展势头迅猛受到资本市场其他 PE 机构追捧。

原始创新阶段合作子基金中科创星投资的梦之墨项目围绕中科院及清华大学世界首创的液态金属电子增材制造技术开展应用和产业化；中科物栖自主研发超低功耗、超小尺寸的核心芯片，以超微计算机为新入口，建立和完善云端服务；中科驭数开发了全球领先的软件定义处理器架构，可以将领域专用处理器的开发成本降低数十倍。启航创新基金投资的蓝晶微生物（Bluepha）基于合成生物学技术的化工、医药中间体等方向的产业化平台，是欧阳颀院士成果转化项目；傲天科技的卫星小功率电推进器填补了该领域的空白。创新黑马基金投资的航天驭星自主研发国内领先的地面站设备，为万亿级卫星应用市场提供卫星数据源和应用解决方案。

聚焦创新源头，助力成果转化

密切与创新源头机构合作

成立 3 年来，科创基金结合北京市高校院所众多、顶尖高端科研人才聚集等资源禀赋特点，积极贯彻落实"引导投向前端原始创新，及早跟踪并介入原始创新，提高原始创新能力，引导高端科研人才落地北京创新创业"基金定位，践行"走进实验室、拥抱科学家"，积极与中国科学院、清华大学、北京大学、北京理工大学、北京航空航天大学等创新源头单位合作陆续成立了11支基金。其中与中科院合作设立4支基金，北京中科创星硬科技创业投资合伙企业、北京二期中科创星硬科技创业投资合伙企业、北京国科鼎智股权投资中心三支基金已经完成注册并实际投资，与中国科学院自动化所合作的中自创新人工智能创投基金目前正在设立过程中；与清华大学合作设立3支基金：北京水木领航科技成果转化基金、北京荷塘生命科学原始创新基金完成设立并实际出资、华德城志重科技产业投资基金已经通过投决会；与北京大学合作成立的北京元培科技创新投资中心，是北京大学首次真正地将科技创新深度全面开放给市场化基金机构，全面依托北京大学科技创新项目资源，助力科技成果转化落地；中关村智友科学家基金是北京航空航天大学王田苗教授主导，多位院校教授及科学家共同参与的中国首支"科学家投资基金"。该基金旨在科学家参与基金出资、进行科研评判，零距离为科学家的科研成果进行孵化转化，成为懂科学家的真伙伴，为科学家所信任的、遵循科技创新创业规律的投资基金。

投资高校科研院所科技成果项目

截至2020年12月31日，在338个所投项目中，有149个为高校及科研院所的成果转化项目，占比高达44%。149个项目中，按照领域划分，有42%的项目为医疗健康领域，有37%的项目为新一代信息技术领域，其他项目分布在智能制造、智能汽车、新能源、新材料、节能环保等多个领域；按照阶段划分，有79%的项目在A轮及之前轮次，体现了"引导投向前端原始创新"的政策目标。

众多科技成果成为资本青睐的特色投资项目。北京超星未来科技有限公司（以下简称超星未来）成立于2019年4月，作为清华大学跨学科交叉创新的成果，承载了清华大学汽车与运载学院（杨殿阁教授团队领衔）、车辆智能化及网联化与电子工程系（电子系系主任汪玉教授团队领衔）在软硬件架构领域十余载的深厚积淀，目前超星未来形成了以异构硬件优化、智能驾驶中间件、自动化工具链及点云融合算法等关键技术为核心，覆盖了从硬件到软件再到算法的完整解决方案，为不同场景下智能驾驶的应用和落地进行赋能。超星未来正在解决智能驾驶的世界性难题，是智能驾驶领域最前沿的硬科技公司之一，估值已达到5亿元。北京蓝晶微生物科技有限公司成立于2016年10月，是一家基于合成生物技术从事分子和材料创新的初创公司。公司技术来自于北京大学欧阳颀院士和清华大学陈国强教授的实验室的科研转化成果，创始人李腾博士毕业于清华大学，为《麻省理工技术评论》年度中国科技青年榜入选者；联合创始人张浩千博士毕业于北京大学，为 *Fast Company* "2019年中国商业最具创意人物100"榜单入选者。公司于2021年2月完成近2亿元的B轮融资，创下了国内合成生物学领域初创企业单笔融资的新纪录。

创新管理模式，提高创新服务效能

科创基金创新管理模式，实施市场化、专业化、国际化运营管理结构。由市政府投资引导基金与四家市属国有企业（中关村发展集团股份有限公司、北京首都科技发展集团有限公司、北京国有资本经营管理中心、北京亦庄国际投资发展有限公司）按有限合伙制注册设立科创基金，基金存续期15年。科创基金建立三层管理架构，一是在市级层面建立统筹联席会，把握科创基金宏观发展方向、审议基本运行框架和加强评估管理；二是三个阶段主责部门（市科委、中关村管委会、市经信局）规范管理与服务支撑同步到位；三是上述四家市属国有企业也作为股东同步成立科创公司作为基金管理人，政府派出董事长和财务负责人，通过全球遴选，中金资本运营有限公司（以下简称中金资本）中标为科创公司的合作管理机构，派出总经理、副总经理、投资总监、风控总监等共同组建科创公司管理团队，负责业务推进。

实施智能科学管理，建立信息管理系统

建立业界领先的、基于大数据分析的中后台管理平台。借助信息管理系统搭建的风险监控模型、绩效评估模型、运营管理模型，在各关键节点通过接受外部观察员、聘用专法、质控律师、内部严谨流程管理等方式，实时掌控运营现状，运用大数据技术进行科学管理。信息管理系统获得了11项软件著作权，得到母基金同行的一致肯定，并有多个政府性质和市场化母基金进行调研学习。通过系统将投资子基金的业务数据、财务数据信息化，整合为具有较好展示性的驾驶舱数据系统，为科创基金业务人员和管理层、主责部门领导、子基金管理人等用户提供全生命周期信息的流程管理和多维度、多层次数据分析支撑，强化了有效协同的机制，在落实制度、规范流程、监控风险、提升效率、优化管理、挖掘机会等方面起到了积极作用。

建立严谨、高效的风控体系和制度体系，进行标准化管理

带土移植合作机构中金资本风控合规体系，将风险控制贯穿投资决策始终。聘请专项法律顾问律师事务所和质控律师事务所，严把投资文件签署关，坚持全员参与，做好风险培训，有效提升全员风险意识。每支子基金派驻了观察员或者咨询委员，加强内部控制建设。将党风廉政建设和风控合规工作同部署、同落实，邀请中金资本风控驻场，以合作机构第三方力量监督重点业务，把好重点环节。积极开展内部控制检查，每年开展自查"回头看"，形成内控检查报告，不断健全和完善风险内控机制。

初步建立科创生态，开展投后赋能服务

政府、科研院所、高科技园区、孵化器、金融机构、各类母基金、高端人才、联盟协会建立起科创基金生态，为被投企业提供投后增值服务。建立"创享会""科融

会"活动品牌，集合子基金、行业专家资源，交流真知灼见，把脉挖掘机会；或与投资机构研讨行业趋势，把握行业热点和难点，为政府部门献计献策。同时集合各类资源为子基金、穿透被投企业进行赋能服务，成立不到3年，取得行业众多知名奖项，仅2021年上半年北京科创基金分别获得了清科颁发的"2020年中国政府引导基金30强"称号、"2021中国股权投资基金有限合伙人榜单中国政府引导基金50强"称号；获得投中"2020年度中国最佳有限合伙人TOP30"称号；获得36氪"2021年度中国最受GP关注政府引导基金TOP20"称号；获得融资中国"2020年度中国最佳政府引导基金TOP30"称号。

党建促共建，共建促发展

科创公司注重发挥党建引领作用，以党建促共建，以共建助发展。以党建为统领，助力北京国际科技创新中心建设；以资本为纽带，合力落实"三个引导"政策目标；以合规为立本，不断提升基金内控管理水平；以共建为基础，逐步构建促进发展的共享平台。三年来，与合作子基金管理机构，共享党建资源，共促创新发展，守初心、担使命，筑牢北京科创基金红色基底，积极贯彻国家创新驱动发展战略，为北京国际科技创新中心建设做出应有的贡献！

咬定"创新"不放松
争做国际一流网络安全企业

奇安信科技集团股份有限公司

奇安信科技集团股份有限公司（以下简称奇安信）成立于2014年，成立7年来，奇安信凭借持续的研发创新和以实战攻防为核心的安全能力，发展成为国内领先的基于大数据、人工智能和安全运营技术的网络安全企业。同时，奇安信在2019年成功申请成为奥运会历史上首个网络安全服务与杀毒软件的官方赞助商，为2022年冬奥会和冬残奥会提供专业的网络安全服务，也为成为国际一流的网络安全企业迈出了重要一步。

开拓者：奇安信咬定"创新"不放松

网络安全的本质是技术对抗，技术创新是网络安全产业发展的不竭动力。奇安信自成立以来，以高投入研发下的技术创新为引领，特别针对云计算、大数据、移动互联网、工业互联网、物联网等新技术运用下产生的新业态、新场景，为政府与企业等机构客户提供全面有效的网络安全解决方案，率先提出并成功实践"数据驱动安全""44333""内生安全"等先进的安全理念，推出了"天狗"系列第三代安全引擎、零信任、"天眼"等创新的安全产品，并于2020年发布面向新基建的新一代网络安全框架，此框架下的"十大工程五大任务"，可以适用于各个应用场景，能指导不同的行业输出符合其业务特点的网络安全架构。

提出内生安全框架，推动安全建设系统化

奇安信提出的内生安全框架是基于"系统思维"的重大创新成果，它把网络安全能力内置到业务系统当中，充分感知、响应对业务系统和数据的任何破坏行为，帮助

政企机构摆脱"事后补救"的局部整改建设模式，构建出"事前防控"、深度融合的网络安全协同联动防御体系。

奇安信内生安全框架推出后，迅速得到了党政机构等国家、行业重点单位的认可。2020—2021年，该技术框架被纳入近百家央企及重要行业客户的"十四五"网络安全规划。2020年，奇安信"内生安全框架"获"世界互联网领先科技成果奖"。

发布四大研发平台，推动生产模式创新

网络安全产品的个性化定制一直是困扰行业的难题。一方面，网络安全问题越来越向应用场景集中，不同场景的安全需求差异很大；另一方面，个性化定制开发成本高、周期长、扩展性差，对安全公司是极大的挑战。

为解决不同业务网络安全需求的特殊性和差异性，奇安信采用"乐高化"的战术，把安全能力平台化、模块化，用标准化生产实现个性化定制。乐高积木由大量基础件和少量特殊件组成，拼插出了千变万化的造型。同样地，如果把安全产品和技术都做成乐高块，分成基础件和特殊件，通过搭积木的方式，就能避免新产品研发过程中核心能力的重复研发，降低研发成本，提高生产效率。

组织员工开展党建活动

加快数字化转型，提升组织的创造性

数字化转型是企业提高生产效率、取得高质量发展的必经之路。这几年，奇安信高度重视数字化转型，开发集成了研发管理、服务管理、营销管理、经营管理、生产制造、基础信息六大数字化平台，每天进行跟踪、统计、评估、改进和团队协同。

2020年，奇安信全面推行数字化升级，重点强调通过人的行为、任务、结果数字化，来实现任务管理、过程反馈和结果评价的"三化"：客观化、实时化、竞赛化。

借助数字化手段，把考核的颗粒度变细，公开度变高，覆盖面变广，从而杜绝各种不正之风。数字化转型以来，取得了很好的效果，极大提升了生产效率。

探索者：奇安信探索产学研合作新模式不松劲

企业创新能力的提升，离不开产学研深度融合。近年来，奇安信积极打造产学研用协同技术创新生态，牵头承建多个国家级和省级工程实验室，同国内顶尖高校及研究所共建学术研究中心，与行业龙头单位建设联合研究机构，共同积极推动我国网络安全行业技术创行。

在技术研究方面，公司牵头承建了"工业控制系统安全国家地方联合实验室""工业控制系统安全北京市工程实验室""网络安全监测预警关键技术北京市工程实验室"和"应对新兴威胁的高性能应用层防火墙技术北京市工程实验室"等多个国家级和省级实验室，形成了业界首屈一指的技术研发能力。

在学术研究方面，公司与国内顶尖高校及研究所共建了多个研究机构，包括"清华大学—奇安信网络安全联合研究中心""北大—奇安信区块链安全实验室""中科院信工所—奇安信网络安全联合实验室""中科院软件所—奇安信智能软件安全研究中心""广州大学—奇安信云安全联合实验室""国科大—奇安信联合实验室""天津大学—奇安信网络空间安全研究院""哈工大（深圳）—奇安信数据安全研究院"等机构，共同开展基础理论和前沿技术研究。在行业研究方面，公司与行业龙头单位联合组建了"交通运输大数据系统与安全实验室""清洁能源大数据安全技术研究中心""智慧能源大数据安全研究中心""电力行业大数据安全研究中心""金融科技大数据安全研究中心"和"智造生活大数据安全研究中心"等研究机构，研究具有行业特点的网络安全技术。

联合研究机构合作成果丰硕，其中：与清华大学合作成立的清华大学（网络研究院）—奇安信集团网络安全联合研究中心在国际顶级的网络安全会议上发表十多篇有世界影响力的学术论文，开发了软件安全智能分析平台、大数据安全平台、物联网漏洞挖掘平台等系统，开创性地举办了连续两年的大数据安全分析比赛 Data Con，为国家的战略安全需求培养了大量安全人才；中科院软件所—奇安信软件智能安全联合研究中心在国际顶级网络安全会议 NDSS、ASE 发表了 2 篇学术论文，共同发掘 4 个高危漏洞（Adobe pdf 阅读器的高危漏洞 CVE-2020-3799、CVE-2019-8029、CVE-2019-8030、CVE-2019-8031，多次获得 Adobe 官方致谢），还开发了软件安全智能分析平台、软件供应链安全分析平台等系统，并完成了动态行为规则匹配引擎研发等四项联合课题，成功申报了 2 项专利；山东大学—奇安信集团网络空间安全联合实验室开发了物联网漏洞挖掘平台等系统，基于平台所进行的漏洞研究获得业界同行及国际顶级会议专家的认可。

改革者：奇安信推动管理模式变革不懈怠

为完善企业的技术研发体系，强化产学研用转化的力度，奇安信建立了企业技术中心，从研发投入、人员引进与培养、办公条件优化等多方面不断加大技术创新、产品创新和业务模式创新的力度。

优化管理组织模式，激发企业经营活力

奇安信在企业技术中心的建设中始终贯彻"创新优先"的发展理念，在组织和运行方面遵循"协同优先"，引入创新机制，使之相互关联、相互补充、相互促进、相互协作，实现奇安信产学研环节的高效运作。企业技术中心设置了技术研发实验室、安全服务实验室、运营质量管理中心、供应链中心、人力资源管理中心、行政与IT管理中心、财务管理中心、法务中心等部门。在管理模式上，奇安信建立了相对独立的财务管理制度和规范化的管理体制，坚持"统筹规划、统一标准、系统导向、共同建设"的总体原则，实行"开放、流动、联合、竞争"的管理作用机制。

创新技术组织体系，牵引核心技术研发

公司研发机构包含承担具体研发工作的实体组织和提升公司技术能力的"虚拟"管理组织。

从研发实体组织维度看，为匹配公司的发展战略，研发实体组织分层设置，"上层"是产品和服务组织，包括泛终端、安全网络、数据安全、零信任等研发组织，采用"端到端"、跨团队的产品开发模式，即每项产品的研发均成立综合开发项目组（项目成员来自市场、销售、产品、研发、测试、质量、供应链、交付、服务等多个部门），以保证产品研发的全生命周期得到全方位的支持，不仅让产品能够快速适应市场需求的变化，而且极大地缩短了产品研发到上市的周期。"下层"是技术与平台组织，包括网络平台、可视化平台、大数据平台等，以及支撑各个产品组织的安全能力中心和应用技术研发中心，为"上层"的产品开发团队提供"诺亚基础大数据系统""雷尔可视化开发平台"等基础系统和二次开发所需API、SDK、库等框架工具。研发实体组织的分层设置避免了不同产品共同或通用性的功能或模块的重复开发，极大地提高了研发异步开发效率，从而提高了产品、服务和解决方案的开发质量与效率。

从研发虚拟组织维度看，其建设目标是提升研发管理效率、提升技术准备度，打造与"卓越的研发创新能力，压倒性的技术优势"相匹配的研发管理干部、技术专家队伍及技术管理体系，最终构筑产品及解决方案的市场竞争力与业界技术竞争力。研发虚拟组织结构的管理机构为技术管理委员会，负责整个技术管理体系的建设、预测

把控未来网络安全的技术演进趋势和行业发展方向，由公司资深安全技术专家组成，致力于保持公司持续拥有强大的技术实力。

精简运行机制架构，精准对接市场服务需求

奇安信围绕着以客户需求为中心以及平台化开发的核心思想，构建了结构化的产品及技术开发管理流程，主要分为四个部分。

（1）需求管理流程：采用闭环形式的端到端的需求管理流程，确保客户需求得到有效跟踪和有步骤地实现。

（2）MM（市场管理）流程：运用严格规范的方法分析市场走势、业务要求及需求、创建合理的市场细分规则，对要取得先进地位的细分市场进行选择和优先级排序，从而制订可执行的业务计划，驱动新产品的开发，并以闭环形式进行业务计划管理。

（3）IPD 产品开发流程：按照标准集成产品开发模式进行结构化的产品开发，开发过程中设置检查点，检查点中不仅关注产品的实现情况，也关注市场定位及盈利情况，通过阶段性评审决定新产品开发是否进行。

（4）TPP（技术／平台规划流程）+TPD（技术平台开发流程）：平台化开发需要在产品和技术战略规划阶段就关注客户未来的共同需求，公司基于对这些需求的深入洞察形成产品平台和技术平台规划；并通过结构化的 TPD 流程和 CBB 管理流程构建出能够被多种产品使用的"货架式技术"。

构建全球产学研用创新体系
为消费者创造美好未来生活

广东美的制冷设备有限公司

美的集团总部大楼

广东美的制冷设备有限公司（以下简称美的），隶属于美的集团股份有限公司，是国家火炬计划重点高新技术企业。公司主营空调器、空气净化器、加湿器等家电产品，集家用空调的研发、生产、销售、服务于一体。自1985年第一台空调问世，公司已逐渐形成全球化产业布局：以广东广州南沙、广东佛山顺德、安徽芜湖、湖北武汉、河北邯郸、重庆六大产业基地为基础，辐射全国的国内市场布局。截至2020年末，公司拥有净资产436.20亿元。

依托完整的空调产业链、全球规模领先优势和具国际化的空调研发与制造基地，美的家用空调的销售业绩连续多年稳居国内前两强、外销第一，连续十年保持了出口第一的良好势头。在基础研发投入方面，公司先后获评广东省企业重点实验室、中国轻工业工业设计中心、广东省省级工业设计中心及国家级工业设计中心。

建有基于省重点实验室的技术中心

公司建有独立的企业技术中心，总投入 2 亿多元，总占地面积 40290 平方米，五层高的研发大楼办公面积达 21868 平方米，可容纳近 2000 名研发人员办公。目前拥有高水平的专业人才队伍共计 945 人，涵盖先行研究、性能、结构、电控、工业设计、用户研究等各类专业研究领域，其中外籍技术专家 30 余人，博士 / 博士后 44 人，硕士 383 人，本科及其他 518 人，已形成由博士、硕士和学士为主、比例合理的研发人员队伍。

建有面向全球产学研创新体系

企业结合自身特点，围绕业务主线，聚焦空调器制冷制热、人工智能、变频电控及舒适健康等战略方向，以"科技引领"为目标，建立一整套产学研用开发式创新体系，搭建以创新为根本，借产学研合作，打造企业核心竞争力，致力于促进美的与全球优秀技术资源协同创新，共创共赢，为全球的消费者创造美好未来生活。

为了充分发挥战略合作的网络效应，广东美的制冷设备有限公司搭建了以上海交通大学、西安交通大学、哈尔滨工业大学、重庆大学及华南理工大学等为代表的五大战略合作基地，全面布局产学研创新合作，提升企业创新能力。并搭建了美的全球开放式创新平台，向全球技术资源开放注册，平台整合发布美的对外技术创新、技术合作需求；实现了需求及解决方案快速对接、提升技术创新合作效率。

建有完善的知识产权管理体系

公司拥有完善的知识产权管理体系，通过知识产权助推创新变革，在变频控制、高效节能、智能控制、环保冷媒及舒适健康等领域建立具有核心竞争力的专利池，已成为家电行业最具创新的企业之一；截至 2020 年 12 月，三年累计申请专利 15882 项，授权专利 9705 项，其中发明专利授权 2459 项。近年来，家用空调的专利工作获得各级政府的认可，多次获得"中国外观设计专利金奖""中国专利优秀奖""广东省专利奖"等荣誉。主要起草、参与修订国家标准、行业标准、地方标准共计 128 份，积极采用国际先进标准，取得 5A 级标准化良好行为企业，确保了各项技术标准与国际先进标准同步。

内部创新机制不断完善

企业实施"以技术合作为基础，逐步由外围到核心，强化自主创新，树立技术优势"的技术发展战略，拥有企业博士后科研工作站，具有完备的基础技术研究和产品开发二级开发体系，致力于制冷产品基础、关键、共性技术研究的创新与突破，推动新产品拓展及新产业孵化，三个空调研发中心专注于家用空调器的基础研究、产品设计、技术创新。通过"研究院推动"与"产品开发部门拉动"两种模式并行，建立了完善的研究成果转化机制，已有数十项研究成果在产品事业部转化实施，取得了非常好的应用效果。

校企合作搭建五大战略合作基地

本着"优势互补、资源共享、合作共赢、共同发展"的原则，建立长期、紧密、可持续发展的产学研用战略合作伙伴关系。为了取长补短，通过对外产学研合作，外聘科研院所专家顾问及政府科技特派员等，对外建立合作关系以有效利用外部智力资源、获取国内外最新行业动态和前沿技术信息、缩短新技术研发与应用周期。

立足美的"全价值链"技术战略规划，借助并发挥外部科研院所资源优势，围绕家用空调、商用多联机、家用电器等领域，布局家电核心技术和未来家电新的技术方向，在技术理论研究、技术成果转化及人才培养等开展深度合作。希望经双方长期深入合作，将联合研发中心建成企业创新发展引擎，并成为高校与民营企业在高科技领域的合作典范。为充分发挥战略合作的网络效应，广东美的制冷设备有限公司搭建了以上海交通大学、西安交通大学、哈尔滨工业大学、重庆大学、华南理工大学东南西北中为代表的五大战略合作基地，提升企业创新能力。

鼓励与高校的技术合作，以此进行技术攻关及战略技术储备，加强与战略供应商的合作，通过产学研的协同，拉动上下游产业链实现协同发展，2019年美的对外技术合作项目经费高达5800万元，同比2018年提升50%以上。

通过联合实验室，院士工作站，博士后工作站及战略合作协议等形式，加强产学研沟通交流，推动技术成果转化。

最大限度提高合作转化率及产业化水平

为使产学研合作能有序开展，成立战略合作领导小组，负责制订全方位战略合作具体内容和各年度合作计划，并协调合作过程中出现的问题。对于具有发展前景的新领域，协调双方共同进行人力和财力的预投入，共同开拓新的研究领域。每年至少召开一次工作会议，共同评估年度合作的成绩和存在的问题，提出改进的方向和措施。

在具体合作项目开展全过程中，必须坚持自主创新为前提，加强知识产权与标准意识，并围绕各技术点，主动进行专利、行业标准、团体标准、国家标准以及国际标准的布局，争取形成标准必要专利。

合作双方将根据人才培养战略为校方优秀学生提供实习机会和就业岗位，同时校方也要优先为企业在人才培养与招聘上提供资源与方便，为企业培养、输送更多优质人才。并制定产学研用创新激励机制，围绕前瞻性技术课题，建立"揭榜挂帅"寻源平台，谁优势谁承接的模式，最大限度提高合作转化率及产业化水平。

加强人才梯队建设攻坚科研难题

企业瞄准国内外节能环保行业的前沿技术，向制冷、智能、健康、环保等方向发展，不断运用创新理念和手段，研制和开发能耗低、环保、技术含量高、附加值高，市场竞争力强的绿色节能产品，将企业建设成为具备相当规模和实力的国际领先水平的科研基地。通过产学研合作承接国家"十三五"科技计划项目、省部级重大专项，在技术上借助国家科研力量发展企业技术短板，在人才培养上进一步提高思想觉悟，团队成员游斌、李金波同志先后获评全国劳模。科研人员在党建上积极向党组织靠拢，通过"学习强国"等平台，提高思想水平的同时，也扩大了技术知识面的积累。

美的空调产学研合作结硕果

众所周知，美的空调非常注重产学研合作，多年来一直与高校、科研院所保持着良好的合作关系，并取得了丰硕成果。与中山大学、生态环境部对外合作与交流中心合作"绿色环保 R290 房间空调器关键技术研究及产业化"项目，与西安交通大学、重庆大学、中国家用电器研究院合作"房间空调器宽温域均流送风关键技术研究及产业化"项目，与西交利物浦大学、武汉高德红外股份有限公司合作"房间空调器人体感知与交互关键技术研究及产业化"项目等。

广东美的制冷设备有限公司通过产学研合作形式，先后与中山大学、西安交通大学及生态环境部对外合作与交流中心进行合作，项目以自然冷媒 R290 在房间空调器上应用的关键技术作为研究内容，攻克了 R290 空调器制冷剂充注量严重不足及安全防护要求严苛等难题，实现了环保、高效房间空调器的产业化突破。

该项目对空调行业履行国际公约、落实国家碳中和战略、实现行业可持续发展起到重要推动和引领作用。项目关键技术经鉴定，处于国际领先水平；所开发 R290 变频房间空调器季节能效（APF）达到 6.61，为同类产品最高；两款 R290 空调是全球唯一获得德国环保署"蓝天使"认证的空调产品。产品销往欧洲、亚洲及非洲等全球多个地区，其中近三年空调器销售 167 万台/套，压缩机销售 395 万台，实现总销售收入 24.06 亿元，

德国环保署"蓝天使"认证

利税 3.23 亿元，具有显著的经济和社会效益。项目获得中国轻工业联合会"2019 年度科学技术进步一等奖"。

美的先后委托或联合"西交利物浦"大学、重庆大学围绕房间空调器舒适性方面进行研究开发，合作项目在空调器宽温域高能力制冷系统、快速制冷制热控制系统和均流智控送风系统三方面取得重大创新与突破，实现产品系统集成创新并产业化，解决了空调器运行范围窄和制冷制热速度慢的行业难题，营造更舒适的室内环境。

经全球权威检验鉴定机构 SGS 认证，产品稳定运行温度拓展到高达 67℃；经美国 AHRI 认证，SEER 达北美最高水平；项目产品经中国标准化研究院实验中心评测，舒适性综合评价高达 5 星级。经鉴定，项目技术达到国际领先水平。产品销售 695.12 万套，销售收入 314.59 亿元。项目获得中国轻工业联合会"2018 年度科学技术进步一等奖"。

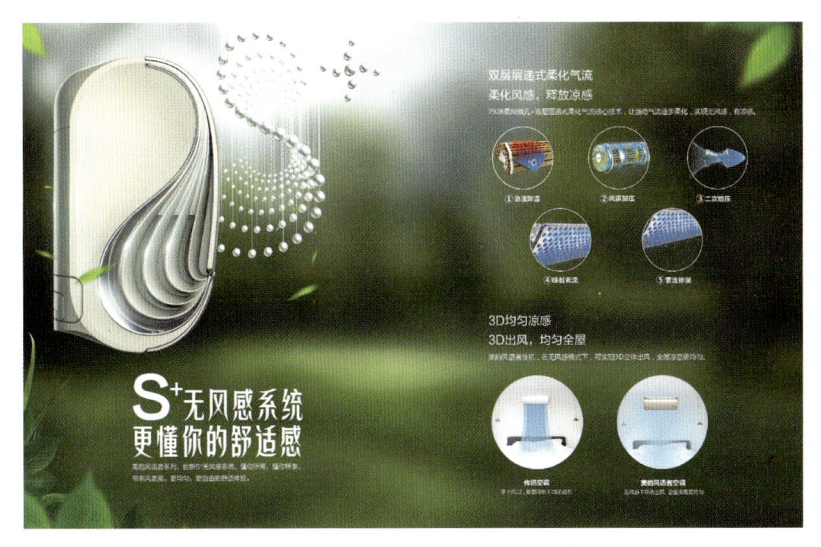

房间空调器宽温域均流送风关键技术

美的通过产学研合作形式，先后委托武汉高德红外股份有限公司，西交利物浦大学完成相关技术的联合开发，并借助开发成果建立长期合作关系。

美的与武汉高德合作完成人体热舒适度感知及自动无风感控制技术；美的与西交利物浦大学合作完成多模态生物特征识别及远程交互技术；美的自主完成多层次网络安全技术的研究和开发工作。

美的对项目核心技术实现了产业化，已应用到多款空调产品上，截至 2018 年 12 月，合计销量 16.6 万套，销售额 5.24 亿元，实现利税 1.27 亿元。项目技术经中国轻工业联合会专家组鉴定，核心技术处于国际领先水平。项目核心技术申请 84 件，已获授权发明专利 18 件，申请国家 PCT 专利 6 件。

红色基因　历史沉淀
彰显中国制造品质与魅力

徐工集团工程机械有限公司

徐工集团工程机械有限公司（以下简称徐工）是全球工程机械领域极具竞争力和影响力的国际化企业。起源于1943年八路军鲁南第八兵工厂，于抗战烽火中诞生，拥有光荣的红色基因与厚重的历史积淀。20世纪60年代，徐工就联合研究院所成功研制出了中国第一台汽车起重机和第一台压路机，引领行业开启产学研合作先河，并创造了国产工程机械最早批量走出国门的历史纪录。

徐工正式组建成立于1989年，业务类型涵盖工程机械、矿业机械、环保装备、消防装备和核心零部件等众多产业领域。通过全方位布局全球，构建了覆盖五大洲的营销服务网络，产品已出口至全球187个国家和地区，覆盖"一带一路"沿线97%的国家。13种主机产品市场占有率国内第一，其中压路机市场占有率连续32年保持国内第一，轮式起重机、水平定向钻市场占有率全球第一。

2017年12月12日习近平总书记视察徐工，充分肯定徐工继承红色基因、适应时代发展取得的成绩，殷切勉励徐工着眼世界前沿，努力探索创新发展的好模式、好经验。徐工牢记嘱托，以塑造"全球领导者品牌"为目标，坚定创新驱动发展不动摇，目前位居中国工程机械行业第一位，世界工程机械行业第三位。

创新驱动，打造多平台协同产学研合作模式

作为工程机械行业的"国家队"，徐工始终坚持以市场需求为导向，按照"技术领先、用不毁、做成工艺品"的产品理念，深入践行"创新、创造、奉献、敬业"的企业技术创新文化，深入实施创新驱动。

修炼内功，打造全球协同研发平台

在国内，构建行业领先的研发创新体系。建立以技术创新、标准化、知识产权、质量技术、管理技术为核心的科技创新系统，拥有高端工程机械智能制造国家重点实验室、国家级工业设计中心、国家"CNAS"认可的工程机械整机及其零部件检测中心、国家级博士后科研工作站、院士工作站等国家级研发平台；在海外，建立了徐工美国研发中心、欧洲研发中心、巴西研发中心等海外研发平台，实现不同地域、不同技术方向的研发人员数据互通共享在同一平台协同设计作业，构建了多国家、多组织的异地协同设计制造模式。

携手共进，打造多平台协同产学研合作模式

徐工依托自身雄厚的科研资源与研发实力，通过聚焦产业发展前沿技术、共性技术和基础技术等领域，与清华大学、浙江大学、上海交通大学、同济大学、北京航空航天大学、白俄罗斯国立技术大学、中机生产力促进中心等全球知名高校与科研院所建立了密切合作关系，通过科技资源共享、技术交流合作、开放课题等形式，与众多外部科研单位协同合作，助力公司技术水平持续提升与突破。

校企合作，构建产学研合作同盟军

技术创新需要土壤，需要环境，更需要引才引智。徐工搭建了"四位一体"的人才培养模式，入选了首届"国家级引才引智示范基地"。拥有技术人员6000余人，硕士及以上学历人员2000余人，高级技术职称以上人员400多人，享受国务院特殊津贴专家13人；打造工匠型技能人才队伍，建成国家级技能大师工作室2个，省级技能大师工作室5个，拥有江苏工匠4人，江苏省企业首席技师42人。

为进一步建设培养一批高技术专业化人才队伍，探索产学研合作新机制。徐工与中国矿业大学于2020年携手成立了中国矿大—徐工矿业智能装备技术研究院（简称矿研院）。矿研院是从事矿业智能高端装备领域系统研发创新、汇聚矿业智能高端装备领域优势力量和一流人才、开展矿业智能高端装备领域科技成果转化三位一体、并

相对独立运行的研究机构，旨在建立协同创新体系和协同运行机制，形成协同创新平台。

双方将充分利用现有技术和人才资源优势，构建产学研合作同盟军。在研发端，加强科技交流和产学研合作，共同研讨智能装备制造的关键技术，共同推动智能矿山领域的技术创新和产业落地；在人才端，联合开展高端人才引进和共同培养研究生，实现合作研发过程"帮、传、带"人才培养模式，不断提升公司各层次技术人员能力水平，助力公司顶尖领军人才队伍培养与建设。把矿研院建设成为一流的科技创新基地、人才集聚基地和产学研结合示范基地。

标准引领，抢占国际标准话语权

产学研合作是以企业为技术需求方，通过高等院校或科研院所等外部科研资源引才引智快速提升公司产品、工艺、标准等技术水平，并形成新产品、新工艺、新标准的技术创新活动。

徐工坚持技术创新主战略，全面实施高附加值、高技术含量、高可靠性、大吨位的"三高一大"产品战略，聚焦国家重大科技项目和关键核心技术的攻坚与突破。通过与中国机械设计总院开展"全三维数字化产品与工艺协同设计关键技术研究及应用"产学研合作项目，输出数字样机研制方法和模式，为中国企业全球化发展提供路径；推进数字化规范应用，促进制造业转型升级；指导国产工业软件开发，促进国产设计软件自主可控。

随着新一代信息技术的不断发展与进步，传统工艺设计依据二维图纸、只能靠文字加简图的表达方法，已难以准确表达设计意图，更无法完整表达制造过程所需的工艺信息，特别是核心零部件复杂加工，大型结构件焊接，管路、线缆复杂装配等信息，难以满足甚至会削弱工程机械产品设计实现，严重影响了高端工程机械的研制水平，是我国发展高端装备的"卡脖子"问题。

为了提升高端工程机械产品设计水平，实现关键核心技术的自主可控。徐工在基于大量工程实践的基础上，通过与机械设计"国家队"——中国机械设计总院开展技术交流与合作，充分发挥双方技术资源优势，构建了机加/钣金/焊接/装配工艺知识库、典型工艺库、工艺资源及流程库，并在此基础上进行分析研究；根据完整工艺信息表达需求，提出了基于级进模型的动态工艺设计表达方法，研发了面向工程机械的三维工艺设计系统，实现了基于三维模型的完整工艺信息表达。

通过产学研深度交流与合作，此次项目圆满成功，取得了显著的技术突破与社会效益。在技术突破方面，此次项目变革了工艺设计模式，实现基于动态工艺设计表达的协同并行研发，工艺设计效率提升77%，现场制造过程质量提升了将近2西格玛水平；主持制定国际标准3项，制定国家标准13项，制定企业标准34项，获得软件著作权8件；荣获2017年"中国机械工业科学技术奖一等奖"、2018年"中国标准创新贡献奖一等奖"、2019年"江苏省企业技术创新奖"、2020年"江苏省科技进步奖二等奖"等多项省部级以上科技荣誉。在社会效益方面，首次在全球范围内确定了数字样机的科学内涵和研发模式，主持制定的《ISO 17599：2015 技术产品文件—机械产品数字样机通用要求》国际标准已被德国标准化机构DIN直接采用为工业4.0的核心标准，并被英国、瑞典、荷兰、俄罗斯、波黑5个国家等同采用为国家标准；在国际层面统一了数字样机的概念、术语、内涵、分类和构成，为全球数字样机研发提供了规范性方法，为国际技术合作和经济贸易提供了统一规则，为中国标准"走出去"迈出了重要一步！

走出国门，彰显中国制造品质与魅力

回顾徐工成立32年以来的发展历程，有许多历史节点对徐工触动很大。1989年，徐工组织到德国参观利勃海尔起重机生产基地时，看到先进的制造设备和如艺术品的起重机，便询问是否允许拍照，对方表示"随便照，你们是学不会的"。后来，到美国卡特参观时听到了同样的回答。从那时起，徐工对于"科学技术是第一生产力"的重要论断有了更清醒的认识和更深刻的印象。

1990年，徐工牵头组织浙江大学、同济大学等院校合作完成"八五"国家重点科技攻关项目"160吨特大型全地面起重机"，突破了多轴转向液压系统、可变幅超长臂风洞试验、超大吨位起重机试验标准技术，使该项目一次性试验成功，获得"江苏省科学技术进步一等奖"，1997年获国家高新产品认证。160吨特大型全地面起重机填补了国内超大吨位起重机的空白，达到国际先进水平，为企业单台创利400余万元，为我国此后的产品换代更新设计积累了丰富的经验，也解决了国内工程对大吨位起重机的急需。1994年被朱镕基总理誉为"亚洲第一吊"，该产品至今仍在印度发挥着余光余热。

2012年，徐工联合大连理工大学及中国石化集团推出了全球最大起重力矩8.8万吨米，最大起重能力4000吨的XGC88000履带式起重机，创造了"全球吨位最大、工况覆盖最全、安全可靠性更强、运输效率最优、经济适用性最高"五项纪录，是全球起重装备产业研制的整体式履带起重机设备中能力最大的机型，也是全球第一个成功实现销售的4000吨级履带式起重机产品。该产品是专门为了满足石化、石油、核电、化工行业的整体吊装需求而设计开发的，是产学研用深度结合的重大技术结晶，它的诞生和签约成功预示着中国大型高端起重机的技术实力全面提升到国际领先水平。产品不仅在国内备受青睐，同样蜚声海外，在沙特、阿曼等海外市场助力"一带一路"建设。

如今,从中国到世界的超级工程建设中,到处都有徐工装备逢山开路、遇水架桥的施工身影。以"亚洲第一吊"160吨全地面起重机、"世界第一吊"4000吨履带式起重机、"神州第一挖"700吨矿用挖掘机为代表的一批高精尖产品在世界各地诠释着中国制造的品质与魅力。徐工制造、中国制造已成为全球制造业一道亮丽的风景和一张闪亮的名片!

世界第一吊4000吨履带式起重机在沙特助力"一带一路"建设

加强核心技术攻关,是历史的告诫,更是中国制造迈向中国创造的必然选择。当前,徐工把贯彻落实习近平总书记视察重要指示精神作为首要政治任务,抓住国家建设世界制造强国的历史性机遇,持续做大做强做优中国工程机械行业。徐工人一定会矢志不渝传承产业报国精神,坚守"一根筋、一种激情和一份清醒"的奋斗精神,秉承"担大任、行大道、成大器"的核心价值观,一定会如企业誓言中所说的那样,"铸就徐工'珠峰登顶'伟业,为中华民族伟大复兴的中国梦,继往开来,再立新功"。

通过产学研合作,徐工累计承担国家"863计划"、国家科技支撑计划、国家重点研发计划等国家级项目20余项,攻克关键核心技术600多项,获国家科技进步奖5项,中国专利金奖1项;累计拥有有效授权专利7300多件、发明专利1700多件、PCT国际专利47件;累计参与制修订国际标准7项、国家标准153项。国家发展改革委办公厅公布的最新国家企业技术中心评价结果显示,徐工以综合得分92.2分再次评为优秀,在1538家国家级企业技术中心排名第48位,蝉联工程机械行业首位。

"四个创新"
打造有色行业"三个千亿"集团

洛阳栾川钼业集团股份有限公司

洛阳栾川钼业集团股份有限公司（以下简称洛钼集团）成立于1969年8月，是香港H股＋上海A股两地上市公司，主要从事基本金属、稀有金属采选和矿产品贸易业务，资产遍及亚洲、非洲、南美洲、大洋洲和欧洲五大洲，是全球最大的白钨生产商和第二大钴、铌生产商，全球前五大钼生产商和领先的铜生产商，磷肥产量位居巴西第二位，基本金属贸易业务位居全球前三。目前，拥有职工10850人，拥有资产总额1168.62亿元。2020年成为销售收入、市值、资产超千亿元的"三个千亿"集团。

2019年，位列全球40强矿业上市公司第14位，中国100大跨国公司第34位、中国企业制造业500强第284位。2020年，位列《财富》中国500强第151位，2020年"中国民营企业500强"第110位。

多年来，洛钼集团以合作项目为切入点，紧紧围绕提高产品和科技含量和附加值，把降低成本、保护环境、降低能耗、提高资源利用率为重心，采用"走出去、请进来"等手段，与生产经营紧密结合，取得了可喜的成果，其在技术创新、信息化建设等领域的多项产学研合作成果不仅开创国内先河，有些还填补了国际空白。

建产学研平台，链接合作纽带

俗话说："磨刀不误砍柴工。"洛钼集团积极筹划，组织多方力量，促进产学研合作更好更快地发展。

洛钼集团"技术中心"下设采矿研究室、选矿研究室、冶金研究室、化工研究室和选矿试验厂，各个研究室按照自己的业务和职能分工，分别与西安建筑科技大学、长沙矿山研究院有限责任公司、中南大学、吉林大学、浪潮集团、中铝国际技术发展有限公司、湖南有色金属研究院、中国地质科学院郑州矿产综合利用研究所、昆明理工大学、郑州大学、河南科技大学等高等院校、科研院所开展了一系列产学研合作。

通过搭建一系列不同类型的产学研合作平台，洛钼集团提升了企业的技术创新能力和市场竞争力，加速了技术转移与成果转化，成为集团创新的领头雁。2010年，该中心获批建立"博士后科研工作站"，2012年获批成立"高温难熔金属材料河南省工程实验室"，2013年被河南省科技厅认定为"有色金属共性技术河南省协同创新中心"，2017年该中心获批复先后成立"洛阳市特大型钼钨矿伴生资源综合回收工程技术研究中心"和"河南省钼钨矿伴生资源综合利用工程技术研究中心"，2020年获批成立"绿色选矿与冶金工程技术研究中心"，同年该中心获批升级为"国家级企业技术中心"。

钼精矿

钼铁

以创新促转型，确保高质量发展

洛钼集团一直重视管理创新工作，不断在企业文化、战略、科研、人才、信息化等方面进行全面创新，以此促进公司总体经营管理水平的提升。

集团的管理创新工作主要由以下几个方面展开。

一是战略创新。迈克尔·波特认为，拥有一个清晰的战略对企业的成功意义重大。洛钼集团从企业的发展情况，制定了未来5年（2020—2025年）发展战略，确立了公司发展方向及战略目标，预计到2025年，销售收入突破1500亿元的战略目标。

二是科技创新。"科技创新是我国发展的新引擎，抓住了科技创新就抓住了牵动我国发展全局的牛鼻子。"公司秉承打造国内领先、国际一流的矿业企业的理念，在发展中执行最高行业标准，实现智慧化、智能化、绿色化、低碳环保、清洁生产，硕果累累：全面实现了基于5G通信的露天矿无人驾驶运矿；将三道庄露天矿建成国际一流的绿色、智慧化矿山，并在上房沟露天矿推广应用；全面升级了选矿装备，优化工艺技术，实现了选矿全流程自动化；改造冶炼、冶金，打造一批无人车间和无灯车间；延长钨产业链条，丰富企业经济增长极。

三是人才创新。在"优化人力资源结构"的方针指导下，洛钼集团实施"人才工程"，采取多项措施引进培养各类人才：紧密围绕公司高端发展战略，统筹推进人才队伍建设，坚持高标准、多渠道引进公司发展所需人才，坚持"企业即人、企业靠人、企业塑人、企业为人"的人才理念，实现"职工与企业共成长"；建立层次齐全、内容丰富的人才培训体系，帮助员工实现岗位成才；建立富有竞争力和激励性的薪酬体系，激励员工追求卓越；实施全员绩效考核和岗位诚信考核，确保公司战略落地。

四是信息化创新。信息驱动升级，没有信息化就没有现代化。近年来，洛钼集团不仅升级了移动办公（OA）与智能化决策系统，而且升级GS系统，实现远程指挥和访问，缩短响应时间，提高故障诊断效率。此外，集团还全面推广基于5G通信的露天矿无人驾驶技术、3Dmine、迪曼和尾矿库运行在线监测技术。这些信息化手段提高了公司的组织运行效率和信息化管理水平。

以机制谋发展，因地制宜促产学研无缝对接

每个企业的发展总有这样那样的困难，在遇到困难的时候，不是千人一面，一致要求，而是创新发展，具体问题具体分析。洛钼集团在促进产学研合作过程中，也遇到了不同的困难，但公司因地制宜，终取得显著成效。

一是企业人力资源不足是产学研合作中最大的桎梏和瓶颈。

洛钼集团有 50 多年的生产历史，一线作业人员构成比较复杂，职工文化差异非常大，有本科生、有高中生、有占地工，年龄差别也很大，这就从客观上注定管理的难度较大，同时某些岗位的技术要求也很高，因此产学研合作的难度较大，有些作业人员发现不了问题，应对突发情况的能力更差，因此产学研合作会遇到各种变数，甚至导致有些项目不能如期进行或者达不到预期目的。

鉴于此，洛钼集团建立一套长期的员工培训机制，以"三级培训"为基本手段，年初制订《培训计划》，开展各种"职业培训""专业培训""专项培训"，采用"请进来""走出去"等手段，把培训作为一种长效机制来抓，通过近几年的齐抓共管，员工素质得到大幅度提高，也为产学研合作扫清了障碍，铺平了道路，达到了预期目的。

二是寻求合适的合作方是产学研合作成败的重中之重。

合适的合作方是双方，甚至是多方合作的前提。企业在多年的生产实践中，遇到过成千上万的技术难题，有些可以自主解决，但鉴于企业实际情况，大多数需要借助高等院校和科研院所的力量，但是由于各方面的原因，尤其是信息不对称等因素的制约，企业苦于找不到能够解决关键问题的合作方，致使问题得不到及时解决，有些影响了技术指标，有些影响了产品质量，有些导致停产甚至事故，最终影响了经济效益的发挥。

鉴于这些实际情况，洛钼集团采取了多种形式的方法，比如与河南科技大学共同建立"有色金属共性技术河南省协同创新中心"，利用这个平台进行学术研讨，共同承担学术课题和研发项目，做到了信息共享和优势互补；积极参加学术会议，了解行业最前沿、最新的技术，并为我所用；积极参与行业协会、钼网站等活动，捕获各种有价值信息，建立合作方数据库和专家库，做到有的放矢，事半功倍。

三是高校科研成果的成功转化是产学研合作中的难点之一。

高校和科研院所始终处于社会发展的最前沿，是引领社会前进的主力军，其科研成果的转化率和转化效果是检验社会科技进步的重要指标，但由于各种因素的制约，其研究成果大多都束之高阁，造成资源浪费，有些成果不切实际，没有应用价值。造成这种现象的最根本原因在于沟通不顺畅、不对称，高校和科研院所不了解企业的真正需求。

鉴于此，洛钼集团采取了非常灵活的沟通机制，与国内大多数从事有色金属的高校和科研院所都建立了沟通管道，相互学习，通过电话、传真、互联网等手段诚恳交流，了解彼此的优势和需求，做到了无缝对接，较好地解决了产学研合作中的这个难点，近几年累计完成产学研合作项目 60 多项，取得了丰硕的成果。

此外，在产学研合作过程中，洛钼集团与地方各级政府保持着良好的接触，经常与有关部门一起讨论、探索、探讨解决问题的方法，从而保证了各个产学研项目的顺利实施。

文化鼓舞士气，凝心聚力斗志

文化是团队的灵魂，一个团队只有有了自己的文化，才具有了真正的核心竞争力，否则，就是一团散沙。

洛钼集团在党建工作、企业家精神、企业文化、创新人物、工匠精神等方面凝聚了广大职工的斗志，大家一心为企业的发展，形成了良好的氛围。

一是以主题活动为载体，确保党建与生产经营深度融合。洛钼集团以高质量党建推进企业高质量发展：利用"不忘初心，牢记使命"主题活动，把贯彻集团预算会议精神、开展降本增效等中心工作紧密融合；组织参观红色教育基地，坚定党员干部职工矿业报国的初心和使命；创办《对话洛钼人》新栏目，直面公司焦点热点；开设洛钼大讲堂，为生产经营答疑解惑；推进企业文化建设，举办文体活动，制作《放歌五洲》企业之歌，在机关和矿山打造两个精品文化展厅，重塑洛钼精神，传唱洛钼故事，提振员工士气，凝聚员工斗志。

二是不遗余力推进企业文化建设。洛钼集团不断加强集团公司企业文化，进一步解放思想、转变观念，切实增强广大员工对公司的认同感和归属感，提升公司的凝聚力、向心力和战斗力。开展企业文化提升年活动；利用"洛钼大讲堂"、《洛阳钼业》、OA办公平台、公司网站等文化载体和宣传阵地，开展企业文化征文大赛；深入开展"用心做事，服务基层"深化年活动，倾听职工心声；组织开展形式多样的文体活动，丰富职工文化生活；举办功勋员工先进事迹报告会，刻制学习光盘，弘扬功勋员工精神。

三是树立楷模，弘扬工匠精神。艰苦奋斗、勇于创新、爱岗敬业，甘于奉献，是洛钼人所秉承和弘扬的劳模精神、工匠理念，在洛钼精神的滋养下，2017—2020年，产生了28名市劳动模范和"河洛工匠"及许许多多的先锋模范人物。并通过报纸、杂志、微信公众号等平台和媒介弘扬"工匠"精神，传播正能量，在全公司形成了积极向上、崇尚楷模的良好氛围，极大地提高了全员的创新积极性。

突破新型绿色肥料关键技术
打造中国农业产业领军企业

史丹利农业集团股份有限公司

史丹利高塔复合肥生产基地

史丹利农业集团股份有限公司（以下简称公司）成立于1998年，2011年在深交所上市，是专业从事新型肥料研发、生产及销售的国家高新技术企业、国家技术创新示范企业、全国最大的高塔复合肥生产基地。公司拥有国家企业技术中心、国家博士后科研工作站等多个国家级创新平台，"十三五"以来，公司先后承担国家重点研发计划、山东省重点研发计划等省部级科研项目46项；获"国家技术发明奖""国家科技进步奖""山东省科技进步奖""山东省专利奖"等省部级以上科技奖励26项，拥有中国驰名商标3件，授权专利342项。

公司通过技术合作、共建研发机构、战略联盟等形式，广泛开展与国内外科研院校的交流与合作，建立了稳定的产学研合作机制，提升了自身创新能力。

以承担重大科技创新项目模式进行核心技术研究

2016年，公司联合中国农科院作物科学研究所等科研院所研发"高塔螯合培肥产品研发和施用技术"，针对高塔稻田螯合培肥产品技术工艺研发、中微量元素类培肥产品创制及高效施用技术、产品培肥效果研究、示范推广及应用等方面推进产学研合作。

2016 年，与中国科学院沈阳应用生态研究所等单位开展"新型稳定性复混肥料研制与产业化"项目研发，利用抑制剂高温保活技术、塔式熔体造粒技术、氮素双效抑制增效技术创制稳定性复混肥料，按照作物需肥规律创制稳定性掺混肥料产品，实现产业化应用和推广。

2017 年，与山东省农科院、中国农业大学和浙江大学等单位联合承担"氮磷污染负荷削减物理与化学调控技术研发"国家重点研发计划项目，形成了氮磷污染负荷削减物理与化学调控技术，研发出增效肥料产品调控的物理化学调控技术及专用增效肥料产品。

公司还与山东省农科院、中科院南京土壤研究所等农业院校联合承担山东省重大科技创新工程等项目，研发简化施肥新产品、新型专用肥、土壤调理剂及智能施肥技术服务体系，成功搭建了集基础研究、工艺研究、工程化和产业化技术开发、产品应用技术服务于一体的技术研发创新体系。

以共建平台、产业技术联盟模式推进技术产业化

共建实验室

随着国家中长期科技发展规划的制定和逐步实施，建设节约型农业、环保农业，保护土壤耕地，公司积极探索创建研发平台，既可以保障研究的深度，又能满足成果的产业化要求。2015 年，与山东农业大学土肥资源高效利用国家工程实验室在发展功能性生物肥料、测土配方专用肥等新型肥料方面展开了深度合作，依托国家级创新平台，在企业内建设功能性生物肥料开发国家地方联合工程实验室，为促进企业研发新型肥料提供创新平台，公司依托实验室成功开发了生物有机肥、微生物菌剂等新型产品。

2019 年，公司与中国科学院合作日渐成熟，针对我国肥料领域存在的利用率低、配伍技术落后、环境成本高、生产工艺清洁化程度低等问题，组建了中国科学院绿色肥料工程实验室。实验室围绕制约我国肥料高效利用的关键科技问题及共性技术瓶颈，以绿色新材料、新工艺为主攻点，开展绿色肥料的研制与中试孵化规模化生产应用研究，突破一批新型绿色肥料关键技术，建成"研发—中试—应用—推广"四位一体的技术研发和转化平台，打造国内领先、国际一流的绿色肥料研制、技术孵化和输出基地。这一平台的创建为肥料企业提供了坚实的科技支撑。

共建联盟

通过参与农业产业联盟建设，丰富新型肥料产品结构，创新产品应用模式。与陈

温福院士团队共建中国生物炭产业技术创新战略联盟，为公司研发生物炭基肥料产品奠定基础；与华中农业大学等科研院所高等院校共建中微肥创新联盟，丰富了公司中微肥产品结构；与新疆农垦科学院共建中国农垦节水农业产业技术联盟，为公司水溶肥产品应用提供技术支持；与中国农科院西部农业研究中心构建西部果业创新战略联盟等创新平台，实现公司生物有机肥及果树专用肥产品的研发与推广。公司以技术创新和模式创新实现优质资源的有效整合，促进肥料和施用技术服务模式的相互支撑发展，形成独具的产品特色和优势。

以社会化服务组织模式推进产学研合作

2017年，公司与美国农业综合检测的领先者AgSource联合建立蚯蚓测土实验室，引进诺贝尔奖获得者Oene Oenema教授为首的荷兰瓦格宁根大学研究院专家团、以Raanan Katzir教授为首的以色列农业部农业专家团等国际知名专家，配备先进的土壤检测技术及软硬件设备，致力于为我国耕地提供土壤检测、土壤分析、植物组织分析、水质检测等农业综合检测服务，目前实验室已获得CMA和CNAS认证。

AgSource专家在测土实验室指导称量土壤样品

随着测土配方施肥带来的农业生产效益和社会反响，国家对测土配方施肥日趋重视，公司联合中国农业科学院农业资源与农业区划研究所共同开展"蚯蚓测土，整村推进"5年行动计划，创建山东省农业社会化服务组织，利用蚯蚓测土实验室批量化测土条件，研究新型批量化土壤快速检测技术并面向全国提供服务，填补了测土环节的缺失。为农民提供优质快速的土壤和植物检测服务，指导农民科学用肥，助力乡村振兴，引领植物营养领域从粗放走向精准，以世界先进技术服务中国农业，让高产与高效更科学更便捷。

以高层次人才引进模式转移技术

企业的持续发展靠人才，近年来，公司引进院士、泰山产业领军人才等高层次人才，探索新型肥料增产增效技术，推动了史丹利科学技术创新走在同行业的前列。

人才	单位	合作内容	合作成果
袁隆平院士	国家杂交水稻工程研究中心	良种良肥良法技术	水稻缓释专用肥
金涌院士	清华大学	新型包膜材料技术	缓释掺混肥料
陈温福院士	沈阳农业大学	生物炭基肥料技术	生物炭基肥料
李天来院士	沈阳农业大学	设施蔬菜精准施肥技术	设施蔬菜水溶肥
武志杰研究员（泰山产业领军人才）	中科院沈阳应用生态研究所	复合增效肥料技术	聚谷氨酸增效肥料
刘兆辉研究员（泰山产业领军人才）	山东省农业科学院	经济作物一次性施肥技术	花生、大豆、棉花、茶叶专用缓释肥
施卫明研究员（重点区域紧缺人才）	中科院南京土壤研究所	植物源氮素增效剂技术	抑制剂增效肥料
陈明良教授（重点区域紧缺人才）	上海化工研究院	高塔熔体造粒技术	高塔高浓度复合肥

国际产学研合作模式

公司作为"国际肥料协会会员单位""国际锌协会会员单位"，积极开展国际研发布局，在欧美国家和地区设立海外研发机构，主要负责跟踪国内外先进技术、整合专家资源，为技术中心提供智囊服务。与美国 Thornton Laboratories 签订战略合作协议，借助国外先进的检测技术与模式，提升了公司肥料产品检测精确度；与荷兰瓦格宁根大学缔结战略合作联盟，共同探讨现代农业发展方向，加强中微量元素肥料方面的科学研究，推广微量元素平衡土壤营养技术，提高精准施肥技术，研发更高效、更高产、环境友好的新型肥料，打造更全面科学的现代农业服务模式，开启农业全产业链综合服务新篇章。

共建标准，提升行业地位

公司研发创新紧跟国内、国际前沿技术发展，加强工艺技术研究、开发和应用，逐步形成了生产技术优势。以引领行业健康发展为出发点，积极承担复合肥团体标准、企业标准、行业标准、国家标准和国际标准起草工作。2020年3月，国际标准化组织（ISO）任命集团副总裁刘刚为"肥料、土壤调理剂与有益物质"标准化技术委员会新一任主席，将持续加强我国标准在国际上的话语权，代表中国助推"中国制造"向"中国标准"转型而做出更多的贡献。

目前已参与制定国际标准1项、国家标准3项、行业标准2项、团体标准2项，正在制定国际标准 3 项、行业标准 1 项。通过参与国际标准制定、国外技术合作、召开国际会议等形式提升行业地位。

近五年，公司实现产品总收入 282.09 亿元，科技创新产品实现销售收入 183.36 亿元，新产品产值率为 65%。科技创新成果为我国现代高效农业技术推广及指导，提升现代农业产业的精准化、标准化、绿色化程度，对促进农业资源高效持续利用，增加农民收入，保护生态环境具有重要的意义。部分产学研合作业绩如下所示。

获奖项目	奖项名称	获得时间	授奖部门（或机构）
基于高塔熔体造粒关键技术的生产体系构建与新型肥料产品创制	国家技术发明二等奖	2016 年 12 月 21 日	中华人民共和国国务院
花生抗逆高产关键技术创新与应用	国家科技进步二等奖	2019 年 12 月 18 日	中华人民共和国国务院
我国主要粮食作物一次性施肥关键技术与应用	山东省科技进步一等奖	2019 年 02 月 22 日	山东省人民政府
花生连作障碍消减和高产增效关键技术创建及应用	山东省科技进步二等奖	2020 年 12 月 31 日	山东省人民政府

打造矿山输送装备行业 "力博样本"

力博重工科技股份有限公司

力博重工科技股份有限公司（以下简称力博科技）是我国矿山输送装备行业领军企业、国家高新技术企业、国家绿色工厂，由双博士、双教授、双国家万人计划专家、双科技部"科技创新创业人才"周满山、张媛（2020年国家百千万人才工程有突出贡献专家）于2005年创办，总部位于泰山脚下。公司主营智能矿山输送相关产品，产品技术达到国际领先水平，国内市场占有率61%，并出口几十个国家和地区，在"一带一路"沿线国家完成多项典范工程，是我国带式输送机领域的标杆。

印度国家煤炭公司阿迪亚拉长臂矿井输送机项目已经稳定运行了近7年，这是世界上单机驱动装置数量最多的带式输送系统，先进的安全逆止技术和中间驱动技术的运用，确保了设备的可靠性，让印方非常满意。这一技术的提供者来自中国矿山输送装备行业领军企业、中国产学研合作创新示范企业——力博重工科技股份有限公司。

心无旁骛做主业，在带式输送机及其核心产品研制领域坚守了近20年，并占据了高端输送机国内市场61%的份额之后，力博科技的创始人将视野瞄准了广阔的国际市场，在俄罗斯、巴基斯坦、越南、刚果（金）……在"一带一路"沿线几十个国家和地区，力博科技提供的方案成为"中国创造"的代言人，并屡屡被当地人奉为"典范"。

力博科技的核心竞争力是什么？这家企业有何特色？其成长动力是什么？这就在于力博科技多年来积极吸纳高校、科研院所的技术资源向企业聚集，大力实施协同创新，在行业重大难题攻关、成果转化及产业化、技术咨询、技术转移、重大项目联合研发、重大平台共建、人才培养等方面均开展了卓有成效的合作。某种程度上，力博科技是产学研合作的产物，后者为前者提供了长久动力；而力博科技的创业者们也乐于深耕产学研，并持续探索新路子。

"起"于产学研，产学研合作是力博科技的独特DNA

筚路蓝缕，以启山林。创业不易，早在2000年，力博创业者们便破解了技术难题，做好了创办企业的准备。他们吸收坦克传动技术，自主创新，研发了液粘软起动技术，突破国外技术，替代了美国进口的CST装备，解决了带式输送系统重载起动和功率平衡的难题，引领行业技术进步，并推广了5000余套。

现在看来，技术突破和市场认可鼓励着力博科研者的信心与成就着他们的决心。他们需要一个个节点，做成一个个里程碑事件。让我们梳理一下力博科技的成长路径。

2005年4月刚成立时，力博科技面临的是一个良莠不齐的行业，当时国内带式输送机厂家有200多家，但真正做好、做精的很少，多数企业提供的是普通产品，设计制造粗糙、附加值低，不少企业甚至处于破产的边缘。

就在2005年，仅用8个月，力博科技就实现3000万元的合同订单，从而打破了这个行业前三年不能盈利的传统。而2006年产值5800万元；2007年8000万元；2008年9000万元……到了2020年，力博科技的产值已经突破了10亿元。

为什么在一个传统制造业领域中能够出头并迅速的成长？力博科技创始人的答案是"创新的力量"。走近力博科技的创始人，你会发现，他们没有别的爱好，最大的爱好就是专注、专业、专心研制带式输送机。在不断地思考、琢磨、研究中，带式输送机从理论到技术，最后被提升到"行业领先"的位置上。他们以技术为导向，深耕科技创新，咬定有自主核心的自主知识产权产品不放松，如液粘软起动、可控制动装置及自动化控制的一些系统。这些产品的成果转化，非常成功。

除此以外，力博科技瞄准复杂环境下的高端产品，摆脱了低端产品市场的激烈竞争。带式输送机看似简单，"一条皮带两个滚筒"，实则不然。在运输过程中，带式输送机通常面临着复杂的地形环境，如上山过河，跨沟越岭等，如何解决？在同行业聚焦于如何提供"四平八稳"的设备，力博却瞄准了"疑难杂症"，挑战复杂多变的工况，研制成功了长距离带式输送机、大倾角上运带式输送机、大倾角下运带式输送机、线摩擦带式输送机、弯曲带式输送机等开发设计方面具有国内领先水平的产品。这样不仅实现了高端市场的盈利，夯实了发展基础，而且使得力博科技可以更注重产品品质，收获用户欢迎，进而进一步巩固了市场。

回头看去，力博科技的崛起之路，一直坚持走的是自主科技创新和产学研联合创新并举的路子，产学研成果为"科创中国"建设做出突出贡献，直至成为我国产学研深度融合创新发展的创新典范。

"强"于产学研，抱团攻关，内外发力，解决复杂地形下散料输送难题

"复杂地形下长距离大运力带式输送系统"是力博科技产学研联合创新的成功典范。

带式输送是煤炭、金属与非金属等矿山物料运输的主要方式。但传统带式输送系统难以适应复杂地形下的长距离大运力物料输送的要求，多采用接力运输方式，转载次数多、故障点多，污染大；在大坡度大转弯地形条件下甚至采用车辆运输方式，增加了运输距离和道路建设投资，生态环境破坏严重，安全问题频出，不能满足国家发展大型现代化矿山的战略需求。

在此情形下，早在2005年，《国家重大技术装备研制和重大产业技术开发专项规划》便明确提出，要重点研制矿山长距离及大运力带式输送机。但研制矿山长距离及大运力带式输送机谈何容易？其中涉及机械、自动化、电机等多个领域的核心技术。

在更早的2004年，力博科技创始人和同事们已经瞄准行业的散料输送难题，研制并完善了各种长距离、大功率、多点驱动的高难度带式输送系统体系。在此之后15年时间里，与中国矿业大学、华中科技大学、太原理工大学、山东大学、山东科技大学、沈阳工业大学、北京起重运输机械设计研究院、中煤科工上海研究院、澳大利亚纽卡斯尔大学等十几家高等院校和科研机构建立了长期稳定的合作关系，通过共建实验室、研发中心、工程技术中心等形式，累计投入产学研经费2.3亿多元。

通过以上产学研深度合作，力博科技突破了长距离大运力带式输送系统永磁电机直驱、沿线张力控制、空间转弯和安全保障等共性关键技术难题，在大功率永磁电机直驱、沿线张力控制和空间转弯等方面达到国际领先，研制出矿山长距离及大运力带式输送机，实现了我国复杂地形下长距离大运力带式输送系统的跨越式发展，引领了我国带式输送行业的技术进步。

力博科技研制出的带式输送机应用在国内外多项重大工程中，如国家"西电东送"重点工程——华能龙开口和黄登水电站，国家重点建设"千万吨矿井"——斜沟煤矿，以及"一带一路"沿线的俄罗斯、印度、越南等国家的重点工程。

力博科技研制出的带式输送机还取得了重大经济和社会效益。近五年累计销售额20亿元，每年可为用户节省运行维护费用1亿元。"复杂地形下长距离大运力带式输

送系统"斩获"2019年国家科学技术进步二等奖"。从基础理论到工程应用，任何一项重大成果的诞生都不是孤立的，其背后都有"硬核"攻关、模式探索和数不清的科研故事。

力博科技与中国矿业大学的牵手科研，体现在这一项目上算是产学研深度合作的代表。这15年来，中国矿业大学教授朱真才无数次往返于徐州与250千米之外的泰安之间。一方面，力博科技作为教授办企业，自身具有强大的研发能力；另一方面，以中国矿业大学朱真才教授为代表的高校科研者也需要平台、项目，将自己的技术转化出去。初心一致，理念契合，意气相投，共同发力，让他们用15年时间打造出一个国际领先的代表作。后来，这一项目被更多的工程认可，也被专家鉴定为其在大功率永磁电机直驱、沿线张力控制和空间转弯等方面达到国际领先水平。

力博科技25千米长距离转弯输送机用于高寒地区蒙西物流工程项目

在一系列重磅合作之下，力博科技与伙伴们共同开展了14项科研项目合作，承担了3项国家级项目，11项省级项目，取得了140余项新产品、新装备、新工艺，制定了8项国家、行业标准，获得了20余项国家级、省部级科学技术进步奖，合作成果转化实现销售收入20亿元，利税3亿多元。

"扩"于产学研，科技自立，破解两大难题，产学研新型联合体初战告捷

在百年未有之大变局的背景下，高质量科技自立自强尤其紧迫。2021年的政府工作报告指出，坚持创新在我国现代化建设全局中的核心地位，把科技自立自强作为国家发展的战略支撑。

智能输送装备、永磁电机等是煤炭、建材、冶金、码头、电厂、化工等关系国计民生的基础工业领域不可或缺的重大装备和关键驱动部件，是"一带一路"沿线国家基础建设亟须的装备和技术，而我国还未完全掌握智能输送装备和大功率永磁电机核心技术。

素有家国情怀的力博科技的创业者们深知，摆脱"卡脖子"，实现自立自强，需要一些"打破常规"的手段。打破常规的代表作之一，便是新型研发机构力博创新研

究院的成立。

2020年年初，为整合国内外创新资源，加强原始性创新和协同创新、基础研究与应用研究融通发展，解决行业短板、痛点技术，力博科技创业者和志同道合者一同建设"架构多元、需求导向、机制高效"的力博创新研究院。从架构组成看，该研究院以企业为牵头单位，将国内外高校、科研院所、世界500强企业、德国机械设备制造业联合会、金融机构等纳入其中形成"合伙人"。从客户需求开始，该研究院梳理"卡脖子"技术，开放式联合体技术研发，通过某种商业模式，借助资本转移转化；从产品到产业，研究院的雄心指向"建成自主创新体系，支撑国家战略"。从体制机制看，地方政府与金融机构大力扶持，促使技术快速迭代进步。泰安市政府深入实施"企业出题、政府立题、人才破题"的协同机制，引导企业积极发榜、人才踊跃揭榜，逐渐形成"企业出题，能者破题"的良性科技成果转化新机制，打通技术及科技成果资源在供需双方间的隐形壁垒，从企业技术需求推动科技成果转移转化。金融机构创新金融产品，加大对政产学研联盟项目的扶持力度，对关键性技术领域的产学研项目要实行贴息贷款、税收减免、财政补贴，以金融驱动创新链与产业链精准对接。

一年多以来，机制灵活的力博创新研究院不负众望，在人才引进、项目落地、成果转化等方面取得多项不俗成绩，2020年12月，力博工业技术研究院（山东）有限公司被山东省认定为省级新型研发机构。人才引进方面，该创新院成功引进院士8人和寇子明教授、张强教授等省级以上高层次人才10名。获得项目方面，落地智能制造项目1个，获得2020年中央引导地方科技发展资金项目、2020年度山东省自然科学基金重点项目、泰安高新区2020年度加快科技成果转化促进新动能培育计划等项目立项，"产值"超过2120万元。2020年11月在泰山脚下成功举办了"科创中国"国家级高端学术交流活动"中国有色金属矿山绿色开采新技术新装备发展高端论坛"，"中国有色金属学会力博工作站"挂牌。2021年4月23—25日，中国有色金属学会和力博科技在泰安举办了全国"2021智能矿冶加工技术和装备高端论坛"，会上，在中国产学研协会王建华副会长和孙传尧、桂卫华、钱锋、唐立新等院士的见证下，力博科技、力博创新研究院与中南大学、矿冶科技集团有限公司等签署了产学研合作协议，各方就科研项目合作、人才培养、就业实践基地、协同创新平台建设、技术转移转化等方面将开展深度合作，又一批高质量的产学研成果即将问世。

做"专精特新"企业　谱产业发展新篇

北京理工华创电动车技术有限公司

北京理工华创电动车技术有限公司（以下简称理工华创）是北京理工大学电动汽车技术唯一的产业化单位，是国家高新技术企业、第一批国家级专精特新"小巨人"企业，现为A股上市公司"华锋股份"的全资子公司。公司长期致力于新能源汽车电控及驱动系统关键技术的研究和产业化，拥有成熟的整车电控及驱动系统相关技术体系，技术水平处于行业领先地位，成为国内新能源汽车关键技术的引领者。

截至2020年12月，公司已累计为国内新能源汽车整车企业配套超过5万台/套的电控系统或关键零部件，2015—2020年期间的销售收入已累计近10亿元。搭载公司品牌的新能源汽车先后成功服务于上海世博会、广州亚运会、APEC及G20峰会等国家级项目，用户使用反馈优异。

"学以精工"——多样化探索产学研深度融合

学以精工。理工华创坚持以技术创新为引领，通过整合产学研合作和产业链上下游资源，不断实现电控及驱动系统技术和产品的滚动式升级，带动行业技术水平的提升并促进公司业务可持续发展。

政校企合作和产学研融合业绩突出

公司通过与北京理工大学联合申报10余项国家及地方科技项目，承接高校为公司设立的研究课题，联合高校联合进行重大科技攻关等实现校企合作落地。另外，公司与北京理工大学共同建立了"电动汽车北京市工程研究中心"，共同构筑技术创新平台。

在成果转化与产业化方面，公司于2016年、2019年与北京理工大学联合开展过两次大规模技术成果转化与产业化项目攻关，分别对电动商用车高压集成控制技术产业化和新能源汽车智能网联车辆控制技术产业化进行落地工作，效果显著，实现了后续近5亿元的产业化成果。

产学研运行模式创新

公司与北京理工大学开展了多样化的产学研合作模式探索。一是技术转移模式，通过签订技术转移合同，受让北京理工大学相对成熟的技术成果，包括高校新技术、新产品等专利权、专利申请权等。二是技术开发模式，通过与北京理工大学合作开发、联合攻关或委托高校开发新技术、新产品，充分利用北京理工大学的人力资源和西山实验室实验设施，攻克技术难关。三是共建实验室或研发机构模式，公司选择技术、人才、科研条件等优势强大的北京理工大学联合成立了电动汽车北京市工程研究中心，依托该中心建立了具有独立法人资格的北京理工新能电动汽车工程研究中心有限公司负责具体运营工作，实现了产学研合作的高级形式落地，互补性强，强强联合。四是联合培养人才，公司成立以来，与北京理工大学联合培养硕士、博士研究生十余人，且培养的大部分毕业生选择留在公司开始自己的职业生涯，社会效益非常显著。

十年征途——电控系统产学研合作硕果累累

2011—2016 年，公司与北京理工大学联合开展了电动商用车高压集成控制技术产业化项目合作。北京理工大学项目团队 2008 年以来在集成式电机驱动控制技术、智能化高压安全控制技术等研究领域取得了重要技术突破，自 2014 年开始将研究成果成功地转化为电动汽车用整车控制器、功率转换集成控制器、高压配电系统、高压维护开关、高压线束及附件等产品形态，批量供应并服务于新能源汽车整车企业，项目已为后续创造产值超过 2 亿元。

2016—2019 年，公司与北京理工大学联合开展了新能源汽车智能网联车辆控制技术产业化项目合作。项目团队在电动车辆科研方面积累了丰富的研究成果，2008 年以来在电动车辆动力学控制技术、整车网络化控制技术、智能网联车辆控制技术等研究领域取得了重要技术突破，自 2016 年开始将研究成果成功地转化为分布式电子控制器、智能网联电动车辆控制系统（iVCU）、iVCU 软件开发和模型系统、iVCU 测

产学研国际合作输出产物：12 米纯电动客车

试系统、iVCU 电动化配件（线束为主）等产品形态，批量供应并服务于新能源汽车整车企业，已为后续创造产值超过 3 亿元。围绕项目重大成果——智能网联电动车辆控制系统，公司在自动驾驶领域与北京理工大学开展合作，签署了电动客车智能化底盘线控关键部件试制及试验委托技术开发合同，由公司具体负责开展自动驾驶电动客车用智能网联车辆控制系统的研制与试验工作，合作研发的智能网联车辆控制系统成功应用于 12 米智能驾驶电动客车，考核指标全部达标。

2017 年开始，公司与北京理工大学开展了密集的新能源汽车电控及驱动系统研发产学研合作，合作成果涵盖新能源汽车全气候电池系统、高压集成控制系统和智能网联整车控制系统。

2017 年 1 月起，公司与北京理工大学联合开展了新能源汽车全气候动力电池系统研发及极寒环境应用科研开发工作。公司与北京理工大学联合开发了与全气候动力电池系统高压输出特性匹配的整车控制器，配合电池管理系统完成放电、充电过程中的动力电池系统自加热的开启、关闭，对全气候动力电池系统可能发生的故障进行了冗余保护。该科技研发成果成功地应用于公司智能网联车辆控制系统产品，使其具备了极寒环境下的整车"一键加热"控制功能，实现了公司智能网联车辆控制系统产品的一次技术升级，产品环境适应性能大大提高。

2017 年 7 月起，公司与北京理工大学联合开展了高性能纯电动大客车动力平台关键技术及整车应用科研开发工作，双方在分布式驱动纯电动大客车动力学控制技术、整车异构网络与智能控制技术等方面展开了联合研发工作。该科技研发工作产生了两项科技成果：第一项为分布式驱动纯电动大客车动力学控制方法，该成果已成功应用于公司分布式电子控制器产品，使其从第一代的集中平均分配式转矩控制提升为以转矩容错控制分配为核心的集成分布式控制，完成了产品升级换代，客户体验良好；第二项为整车异构网络与智能控制方法，该成果成功应用于公司智能网联车辆控制系统产品，使产品的网络架构得到了极大的优化，进而提升了产品的技术指标和工作性能，此项科研合作成果意义重大。

2017 年 11 月起，公司与北京理工大学联合开展了面向冬奥环境的纯电动汽车关键技术开发及示范应用科研开发工作，双方围绕冬奥低温应用环境下的整车系统集成及控制等关键技术方面开展了科研合作，建立了以整车控制器为核心的智能高压安全控制网络，开发了智能安全控制策略，实现了对所有高压零部件进行智能化的监测和控制。该科技研发成果成功地应用于公司智能网联车辆控制系统产品，优化了其整车安全控制策略，进而提升了整车高压安全性能，又一次使公司智能网联车辆控制系统产品得到了技术升级。

冬奥会产学研合作项目研发样车

产学研国际合作——技术成果开创式输出至欧盟

2012 年开始，公司及北京理工大学电动车技术团队与波兰第一大电网公司 TAURON 集团和华沙理工大学合作在波兰建立一个电动公共交通系统，包括纯电动大客车整车、动力电池快换机器人系统、电池充/换电站和应急服务系统等，成立电动汽车联合研究中心，计划在波兰五个城市建立 16 个充换电，运营 780 辆纯电动大巴，同时双方共同推进其系统在其他欧盟成员国和周边邻国的推广实施。

华沙理工大学、波兰第一大电力公司 Tauron Polska Energia S.A. 及北京理工大学于 2012 年 7 月签订了《纯电动客车示范运营战略合作框架协议》，旨在把北京理工大学在电动车的科研成果推向国际，促进国际先进技术的融合。2013 年 2 月 3 日，北京理工大学、理工华创公司和 TAURON 配电公司签署《中波 e-Bus 项目合作协议》，启动电动公交系统合作研究工作，波兰驻华大使、科技部工信部及北京市相关领导出席签约仪式。

此次签约的中国波兰 e-Bus 项目是 TAURON 波兰能源有限公司和理工华创牵头运作的，其目的是通过理工华创公司整合国内先进技术资源，与 TAURON 集团在波兰建立一个电动公共交通系统。主要工作包括从中国进口的搭载北京理工大学客车平台系统大客车整车、动力电池快换机器人系统、电池充/换电站和应急服务系统等，在波兰主要城市开展为期两年的示范运营工作，在完成我国纯电动公交系统与欧盟标准的对接后，双方将通过合资的形式共同推动成果在波兰乃至整个欧洲的规模化应用。

2014 年 8 月 30 日，理工华创公司和 TAURON 配电公司签署协议，其后，中波电动公交车的研制及生产工作全面展开。为协调项目的建设，TAURON 公司和理工华创公司组织了多次互访，分享各自国内相关行业的发展最新动态，共同参与相关国际研讨会，了解国际范围内的该领域的最新技术状态，为了加强彼此间的深入了解，双方一致同意成立电动汽车技术研究中心。车辆运营前夕，公司派驻技术人员访问波兰，与当地技术人员交流，确保车辆能稳定运行。该系统从 2016 年 7 月 21 日开始运营至今，已经稳定运行多年，在欧盟多个城市运行良好。

此次开创式的产学研国际合作技术输出项目，使得我国可以借鉴欧盟方面先进的管理理念和配套体系，进一步提升我国城市公交电动化的技术优势，也为我国在新能源汽车及其能源供应系统项目输出过程中面临的国际标准、政策法规等难题提供成功案例。

产学研合作典范——"为冬奥用车打造抗冻心脏"

2020 年 6 月，公司与北京理工大学联合承担的北京冬奥会新能源汽车重大科技项目顺利通过专家组结题验收，在 2018—2020 年连续 3 年组织开展的项目研发样车的极寒环境试验中，其性能指标国际领先，整车产品已获得生产资质并投入示范应用。

产学研项目团队开展冬奥极寒环境试验

追求卓越　迈向国际
开辟玻璃新材料行业新纪元

中国建材国际工程集团有限公司

"追求卓越，迈向国际"，这是中国建材国际工程集团有限公司（以下简称中建材工程）的愿景。中建材工程由原中国国家建材局直属蚌埠玻璃工业设计研究院改制而成，是一个隶属于国务院国资委下属央企中国建材，具有60多年历史和雄厚技术实力的科技型企业集团。自1991年成立于上海市普陀区，中建材工程以"诚信创新，绿色和谐，健康安全，To Be The Best"为理念，在60年的岁月中不断发展壮大，是中国建材港股的高端技术服务平台和国际化工程公司。

创新是时代的脉搏，中建材工程以创新为发展理念，成为中国平板玻璃技术领域里顶尖的工程公司。它是国家火炬计划重点高新技术企业、国家智能制造系统解决方案供应商、国家智能光伏试点示范企业、国家知识产权示范企业、上海百强企业（77名）、上海服务业百强企业（46名）。公司主业为玻璃新材料、新能源、设施农业和薄膜太阳能的工程技术服务及装备制造，是集研究开发、工程设计、工程承包、加工制造产品生产为一体，以玻璃新材料技术为主导的具有综合实力和国际竞争力的四强四优的科技型集团，拥有国家企业技术中心、上海光电玻璃装备工程技术中心、上海市专家工作站、美国新泽西光电材料研究中心、德国CTF薄膜电池研究中心等创新研发平台。

创新发展——打造完整产业链

公司秉承"善用资源、服务建设"的核心理念，充分利用国家级创新平台优势，紧紧围绕"一带一路"倡议，大力推进"四化"战略和发展"四新"产业，实施"走出去"战略，在结构调整中抢占了先机，在转型发展中力求实现了跨越。

跨越就要追求高速高质量发展。公司紧紧围绕玻璃新材料主业，瞄准国家战略需求和国际前沿，加快技术改造、升级和革新，完成多项世界领先的开发与创造，获得3项国家科技进步奖。引领"浮法二代"技术发展；引领全球光伏盖板玻璃技术发展；承担"十三五"国家重点专项，总包建成国内首条8.5代TFT玻璃生产线，获评国务院国资委2019年十大创新工程；建成投产的100MW碲化镉薄膜电池工业4.0示范线，成功下线世界最大单片面积1.92平方米碲化镉薄膜电池。多项功能玻璃自有技术指标不断迈上新台阶,在信息显示、光伏、汽车、建筑、安全、军工、电子终端产品、节能等领域有效地规避了国际上新的障碍,在国内外市场上拥有了主动发言权。

打造完整的产业链是企业实现创新发展的关键。目前公司已经打通了玻璃上下游产业链,形成了从普通平板玻璃到超薄玻璃基板、触摸屏显示产业链;从中铝玻璃到薄膜电池和组件、电站工程产业链;从太阳能基板玻璃到光伏电池组件、从超白玻璃到现代农业玻璃大棚的全产业链。

产学研合作——创新机制,谋求合作共赢

"欲穷千里目,更上一层楼",紧扣发展的脉搏,走在时代的前沿。近年来,中建材工程不断加强产学研合作,通过共同出资、合作研发、联合实验室、技术入股等多种方式与其他单位开展协同创新并在这一过程中取得突破性的进展。例如,与大连理工大学合作开发的"工业二氧化碳捕集与提纯集成及转化利用技术",拟在中建材(合肥)新能源有限公司进行转化应用,建设"年产 10 万吨级食品级 CO_2 的捕集提纯项目",实现二氧化碳近零排放,为 2030 年实现碳达峰做出应有贡献,成为行业标杆。在取得突破性进展的同时,脚步依然不停,公司还与上海交通大学材料科学与工程学院共建专业学位研究生实践基地,合作培养专业技术研究生等。

一桩桩、一件件,见证着公司的成长历程,实践着产学研带给公司的好处和便利。公司深知充分利用一切的资源,加强产学研合作的重要性,所以在这条路上不断前进着,由于无数人夜以继日的努力。目前,中建材工程拥有 1 个技术中心、3 个设计研究院、6 个业务部门、10 家分公司、18 家控股子公司、3 家参股子公司,通过收购、合资、新建等方式成立相关的环保节能公司、装备制造公司、科研开发公司等,发挥协同效应,提高公司管控能力,强化母公司在战略管理、资本运作、结构调整、财务控制、风险防范等方面的功能,发挥企业整体优势。

一分耕耘一分收获,中建材工程目前与多家国际知名企业开展合作,建立了稳定的互利共赢合作伙伴关系。例如,与奥地利 CERAM、德国 GEA、美国 Spray、德国蒂森克虏伯开展环保技术合作;与日本旭硝子开展玻璃技术合作;与日本三菱开展节能环保技术合作;与德国西门子、冯·阿登纳、意大利保特罗、法国达索开展智能制造合作。合作实现共赢,在合作中谋求发展,在合作中汲取众家之长,做到充分利用资源。

本着对资源合理利用,中建材工程设立了玻璃行业国内首个"一带一路"产业整合基金,有效利用了金融机构、民营企业和资本市场资金,也有效利用了境外机构资金,打造行业发展的平台和"一带一路"的国际化平台,传播中国声音、树立中国品

牌、展示中国形象。用自身的软实力，国际化平台，通过产学研合作，让中国之声在世界各地传扬。

产学研合作——帅才助力重点项目

公司董事长彭寿2019年当选中国工程院院士，是我国硅基新材料领域著名专家。37年来，他一直坚守在玻璃研究、工艺装备开发和产业化第一线，带着时代赋予当今玻璃科研工作者的责任感和使命感，培养出一批又一批优秀的玻璃新材料科技工作者，不断加快技术改造、技术升级和技术革新，勇攀科学高峰，攻克数千项技术难题，不断摘取玻璃王国皇冠上的明珠，开发出高品质浮法玻璃、光伏玻璃、超薄信息显示玻璃等多种新型玻璃材料，支持了我国汽车工业、光伏产业、信息显示行业的快速发展，实现了自主创新与产业报国的重大战略，彻底改变中国玻璃行业的面貌，为我国玻璃行业推进供给侧结构性改革做出了重要贡献。

2016年，中建材工程与浙江大学、武汉理工大学、北京工业大学、中建材蚌埠玻璃工业设计研究院有限公司、洛波集团等16家单位签订合作协议，由彭寿院士作为项目负责人，汇聚了浮法玻璃新技术国家重点实验室、硅酸盐建筑材料国家重点实验室、平板显示玻璃技术和装备国家工程实验室等7个国家级科研基地。由200余名经验丰富、创新意识强的玻璃科技工作者共同组成"产学研用"的创新团队，合作开发"国家重点研发计划：高世代电子玻璃基板和盖板核心技术开发及产业化示范"项目。

该项目按照从基础理论研究，到重大共性关键技术研究，再到系统集成和产业化示范的全系统研发思路和全链条创新设计，设置了5个研究课题共22项研究内容，其中武汉理工大学刘超教授团队负责电子玻璃化学组成、微观结构、理化与工艺性能研究。浙江大学韩高荣教授团队负责电子玻璃热工过程的物理模型及数值模拟，中建材工程负责高世代电子玻璃基板与盖板生产关键技术、装备研究与开发，蚌埠玻璃工业设计研究院负责G8.5电子玻璃基板工程化技术优化集成和生产技术攻关等，项目以世界三大浮法之一的中国"洛阳浮法玻璃工艺"为技术基础，将TFT-LCD玻璃的高效熔化澄清均化技术与超薄浮法成形退火工艺技术相结合，实现中国浮法技术的跨越式提升。项目助力发展，推动技术的变革，符合产业政策和行业技术进步要求，是发展战略性新兴产业、促进国家产业转型升级的必然选择。

该项目得到科技部、财政部的大力支持，给予了4500万元的专项科研经费支持。项目产业化过程中，也得到国家工信部、安徽省经济和信息化厅、蚌埠市委市政府的大力支持。

产学研合作——合作交流解障碍

"国家重点研发计划：高世代电子玻璃基板和盖板核心技术开发及产业化示范"项目实行一体化组织实施和协同推进，制定了3项内部管理制度，成立了专家咨询委员会等内部管理机构，保证了项目的顺利实施。在产学研合作过程中，创新团队分别在北京工业大学、武汉理工大学、浙江大学，以及秦皇岛、济南、蚌埠、上海等地组织召开项目启动会、进展报告会、中期验收会等，全面总结和展示立项以来取得的研究进展情况和阶段性成果，同时为解决课题实施过程中存在的问题与障碍，进行经常性不定期走访与交流。不断前进，才有不断地进步，前进的道路是曲折的，披荆斩棘，终会一览众山小。不定期交流，解决遇到的障碍，排除万难，实现发展和创新。

"高世代电子玻璃"项目2020年度进展报告会

产学研合作——取得阶段性重大成果

功夫不负有心人，经过3年多持续攻关，创新团队取得了一系列阶段性重大成果。通过研究电子基板玻璃网络三维空间结构、化学配比对玻璃关键结构单元配位数和桥氧数影响规律，创新团队提出了符合电子玻璃基板理化性能和工艺性能要求的玻璃基板组成，实现了玻璃结构致密化，形成了具有自主知识产权的料方体系，并在10t/d（吨/每天）熔窑上验证；开发了火焰空间与玻璃液热流耦合的数学模拟软件，模拟研究了窑型结构、加热方法、热负荷分布、搅拌等条件对玻璃液熔化质量的影响规律；设计开发了30t/d（吨／每天）TFT-LCD宽池复合加热熔窑、高效澄清与均化的铂金通道、高粘短料性玻璃的超薄浮法成形锡槽、超薄玻璃基板精密退火窑，形成了G8.5电子玻璃成套核心技术及装备。

我国首片自主研发的 8.5 代 TFT-LCD 玻璃基板

2019年9月18日，由彭寿院士作为项目负责人，由200余名经验丰富、创新意识强的玻璃工作者共同组成"产学研用"的创新团队，自主研发的我国首片8.5代液晶玻璃基板在安徽蚌埠成功下线，开辟了高世代液晶玻璃基板"中国制造"的新纪元，解决了我国信息显示大尺寸玻璃基板的"卡脖子"关键技术难题，实现了科技成果转化，助推了行业高质量发展，使我国成为继美国、日本之后全球少数几个掌握高世代液晶玻璃基板核心技术和关键装备的国家，成果得到国务院副总理刘鹤的亲自批示，获评国务院国资委"2019年十大创新工程"。

不积跬步无以至千里，不积小流无以成江海。阶段性成果的取得是一步一个脚印，坚实走出来的，没有终点，只有不断向前的脚印。

传承精华　守正创新
引领大湾区生物医药产业转型升级

广州医药集团有限公司

广药集团生物医药与健康研发总部（在建）

广州医药集团有限公司（以下简称广药集团）是广州市集科、工、贸于一体的年销售额超千亿元的大型国有企业集团，旗下企业约30家，其中"中一""敬修堂""采芝林""王老吉""星群""奇星""潘高寿""明兴""光华""何济公""陈李济"和"健民连锁"12家企业获得"中华老字号"企业认证。历史最为悠久的陈李济药厂已有400多年历史，获"世界最长寿药厂"的吉尼斯世界纪录认证。广药集团深耕制药领域数百年，拥有星群夏桑菊、白云山大神口炎清、王老吉凉茶、陈李济传统中药文化、潘高寿传统中药文化、中一"保滋堂保婴丹制作技艺"国家级非物质文化遗产6件，在中华中医药的发展史上留有辉煌的成就。经过多年的发展，广药集团连续九年位居中国制药百强榜榜首，2020年位居全国500强企业第155位，荣获"全国'五一'劳动奖状""全国脱贫攻坚先进集体"等多个荣誉称号，入选国企改革"双百企业"，为我国的制药工业发展和人民健康保障做出了突出贡献。

广药集团的创新发展之路

广药集团，拥有百年历史，具有强烈的社会责任感、良好的产品质量和市场信誉度。身为国有企业，既有优良的传承，也面临着沉重的改革负担，在整体推进创新建设上挑战诸多：集团下属企业众多，科技资源分散，科技创新工作亟须在管理模式和创新模式上进行改革和创新，以便好地发挥集团创新优势；缺少重大创新平台支撑，创新深度和广度不足；企业的产品科技含量不够高，无法进一步提升产品价值；高校、科研院所的科研成果与企业需求结合不够紧密，科研成果转化率不高；高水平创新性人才短缺，创新工作难以开展等。

因此广药集团一直迎难而上，开拓创新。近几年，广药集团以打造世界一流企业为目标，瞄准国家战略需求和产业发展关键核心技术，紧紧把握新一轮科技革命和产业变革趋势，从"治未病""治已病"和"未治病"，即预防性手段、治疗性手段和突破性技术研究三个方面着手，立足传统中药优势，全面布局生物医药新兴领域，在疫苗、医疗器械、大健康等方向上培育拓展新领地。坚持合作、创新的发展理念，创新性地提出以对内整合、对外借脑为主线，整合集团内的科技资源，加强与粤港澳三地科研院校的产学研合作，实现创新链—产业链—人才链三链融合，系统构建"官、产、学、研、医、会"六位一体的协同创新网络，形成具有广药集团特色的"136"协同创新模式，建设了一批创新平台和基地，推动科技成果快速转化，引领带动集团实现高质量发展。目前已形成"大南药""大健康""大商业""大医疗"四大独具广药特色的业务板块，发展出"电子商务""资本财务""医疗器械"三大新业态，构建出集合中药、化学药、生物药、大健康产品的全产业链，持续多年 GDP 保持国内制药领域领先，为企业提质增效与创新发展提供了有益的借鉴和参考。

广药集团"中华老字号"品牌

广药集团的创新实践

追求卓越，融合产业链、创新链、人才链实现产学研协同发展

经近 10 年探索，广药集团创造性提出"136"协同创新模式：即一条主线（对内整合对外借脑），三链（人才链，产业链，创新链）融合，"官、产、学、研、医、会"六位一体协同发展。依托"136"协同创新模式，畅通创新要素、联通科技设施、融通创新链条、顺通人才交流，为集团实现高质量发展提供支持。

一是搭建联盟，促成合作，促成全产业链交融。广药集团先后与美国国立卫生研究院（NIH）、中科院广州生物医药与健康研究院、中国医学科学院、中国中医科学院广州呼吸疾病研究所等7家国内外一流科研机构，与澳门大学、北京大学、清华大学、复旦大学等10多家高校，以及德国默克公司、德国西门子公司、古巴生物医药集团等一流企业开展合作，组建了国家名优中成药产业技术创新战略联盟、粤港澳中药和天然药物协同创新中心、广州生物产业联盟、广州名优中成药产学研协同创新联盟、广州药用脂质产学研协同创新联盟、广州创新药物与高端制剂产学研协同创新联盟、广州肿瘤临床营养产学研协同创新联盟、广州特殊医学用途配方食品产学研协同创新联盟等多个产学研技术创新联盟，构建了一个关系广泛、技术力量强大、研发及生产产业链完善的产学研合作体。

二是引进和吸引大批高端人才，促进高质量成果转化。以平台为依托，以项目为基点，以制度为保障，让人才进得来、留得住。全集团现建成两个国家级企业博士后科研工作站，累计出站博士后18人，在站博士后16人。同时，广药集团引进1998年诺贝尔生理医学奖得主、"万艾可"之父、中国科学院外籍院士弗里德·穆拉德博士指导广药集团开展国产"万艾可"——白云山"金戈"（枸橼酸西地那非片）的研发。引进2006年诺贝尔物理学奖得主乔治·斯穆特博士、2013年诺贝尔生理学或医学奖获得者兰迪·谢克曼博士共三位诺贝尔奖得主担任集团首席科学家。聘请刘昌孝、姚开泰、肖培根、唐希灿、陈可冀、廖万清、魏于全、禤国维、周岱翰等13多位国内医药界知名院士、国医大师组成广药集团的"最强大脑"。目前集团已形成诺贝尔奖得主3人、国内院士和国医大师13人、享受国家特殊津贴3人、博士及博士后近100人的强大高层次研发团队，成为进一步引领广药集团发展和转型的强大支撑。

资源汇聚，全面提升企业核心竞争力和自主创新能力

通过实施"136"协同创新模式，广药集团汇聚优势科技资源，持续推动自主创新，全面提升企业的核心竞争力。近年来，集团内部成立了以"广州医药研究总院"为主体的全集团研发中心，并在此基础上搭建了"集团—总院（科研集中归口统一管理平台）—各企业研究院"的三级科研管理体系，有效整合了集团的科技资源。在科研平台搭建上，以建成全国最有竞争力的科技转化应用平台为战略目标，重点打造了一批国家级、省级重大创新平台和基地，共建成国家、省、市三级科研平台超80家。其中，以广州医药研究总院为依托单位建设的"国家犬类实验动物资源库"获得科技部认证，是一家以企业作为载体的国家科技资源共享服务平台，并在2015年取得基因敲除犬技术的重大突破，2020年，攻克了基因编辑A型血友模型犬构建等一系列关键技术，一举解决了我国"卡脖子"式实验用比格犬的战略性资源问题。以白云山汉方公司为依托单位建设的中药提取分离过程现代化国家工程研究中心是国内首个中药领域的国家工程研究中心，已实现中药提取分离技术现代化、质量可控化、系统集成化、过程控制自动化等多个行业共性技术的突破，成功将中药提取分离技术应用于高端制剂原辅料、中药、食品、保健食品、特医食品等方面的研发。研发出注射用蛋黄卵磷脂，成为全国首家取得批文上市的高端药用辅料，一举打破此类高端药用辅料长期被国外公司垄断的状况，目前国内占有率达到50%～70%。以白云山总厂为依托建设的粤港澳大湾区国家技术创新中心聚焦我国新药前端发现过程中存在的痛点难点等"卡脖子"问题，打造新药发现和药物筛选的新一代"技术源点"，推动粤港澳大湾区生物医药产业实现创新驱动转型。

通过集团内外科技资源整合与科研平台建设，广药集团科技创新体制更加完善，应用基础研究和试验开发能力显著增强，产业创新发展能力显著提升，国家级、省部级创新成果不断涌现。近十年，广药集团承担各级政府重大科研项目超400项，荣获国家技术发明二等奖1项，国家科技进步二等奖3项，省部级奖项40余项，有效发明专利超400件。在科技创新的带动下，广药集团一直保持两位数的经济增长，新培育年销售额超亿元的大品种30多个。2020年全集团工商销售收入突破1500亿元，夯实了生物医药领域的龙头骨干企业核心地位。

守正创新，以"硬核"科技实力赋予广"药"新活力

中药为我国具有独立自主知识产权药物，拥有其独有的战略地位。广药集团作为全国最大的中成药生产基地，坚决响应习近平总书记"传承精华，守正创新"的号召指示，聚力中药科研创新、推动中医药成果转化和产业升级。

广药集团牵头成立"名优中成药产业技术创新战略联盟"，是"十二五"国家科技部科技重大专项"重大新药创制"第一批11家技术创新产学研战略联盟中唯一一

家中成药产业技术联盟，该联盟围绕"捍卫名优品种、挖掘潜力品种、培育新优品种、研制高端品种"的中药新药研发思路，全面开展现代中药和天然药物的研发。

广药集团与中国中医科学院中药研究所等科研机构合作出版的《经典名方100首研究精要》，是全国关于经典名方研究十分权威的工具书。

此外，广药集团还与广州呼吸健康研究所合作开展名优中成药抗新冠病毒体外筛选试验，与广东省中医院、南京中医药大学等医疗机构与科研院校的多个中药院内制剂、名医名方洽谈合作转化。目前，共完成中药大品种二次开发等10余项，计划启动恢复休眠品种近百个。

在小分子化药领域，广药集团研发出中国第一个具有自主知识产权的全新化合物头孢嗪脒钠，实现了我国在头孢类抗生素领域"零"的突破；白云山"金戈"（枸橼酸西地那非片）作为男科用药领域著名品牌，不但质量与原研无异，且上市后一年销量超过原研，打破了国外原研长达13年的垄断。在生物药领域，全球首创的1类生物药"治疗型抗HBV-DNA疫苗"已完成IIc临床；冻干人用狂犬病疫苗（Vero细胞）PM株已完成全部临床试验。此外，广药集团在中药、化学药、生物药有10多个1类新药项目在研，涉及抗肿瘤、抗感染、抗病毒、脑科用药等多个领域。

打造同福健康品牌
引领乡村振兴新业态

同福集团有限公司

同福集团股份有限公司（以下简称同福集团）是一家集现代农业产业、健康食品产业、连锁餐饮产业、文旅康养产业四大产业于一体的现代化企业集团，主要从事大型现代化农业建设，粮食及农副产品精深加工，营养粥品、蛋白饮料、果汁饮料生产，千家粥铺、馒头工坊连锁餐饮店建设经营，特供食品、主食产品、学生营养餐、糖尿病食品及其他大健康食品研发、生产和销售。

同福集团集研发、生产、销售、互联网、物流、服务为一体，集第一、第二、第三产业融合为一体，集大型中央厨房、学生营养餐、大型会议餐为一体。同福集团投资50亿元，占地面积100万平方米，员工5000余人，销售渠道覆盖20多个省份，拥有2000多家一级经销商和30万家重点销售网点。目前公司在职员工1200人，本科以上的科技人员有406人、占企业职工总数33.83%；研究开发人员112人，占企业职工总数11.67%。2010—2021年聘请袁隆平院士担任公司的技术顾问，2018年同福集团与河北农业大学建立合作关系，成立学术交流工作站，河北农业大学每年定向输送科研人才。

同福集团作为农业产业化国家重点龙头企业，通过实施同福农业"六位一体"模式，以品牌企业为龙头、科技引领为保障、生态循环为核心、产业联盟为基础、都市田园为抓手、国人厨房为支撑，推动农业现代化进程，助力新时代乡村振兴，致力于成为中国最具影响力的现代农业产业集团。

各方合作构建技术创新体系创新与应用

同福集团在产学研合作过程中，立足自身实际，积极研究、探索其建设、发展规律和高效的管理机制，不断提升产学研合作水平。

建立以企业为主体、市场为导向、产学研相结合的技术创新体系。建成"一站一院、两中心"（院士工作站、中国粥品研究院、企业技术中心、工程技术研究中心），成立技术委员会、专家委员会，实行研发项目合同管理制、首席专家负责制，形成决策咨询、技术研发、科技管理、成果转化为一体的自主创新平台。建立符合市场经济规律的研发投入机制，明确与技术创新体系相配套的科技资金来源渠道。集团强化研发经费的投入，建立了研发投入核算体系，每年度对研发项目按股东会决议、项目编制计划等程序执行，使研发项目有据可依，按计划实施，确保研发项目在时间、人力资源、技术和资金上得到合理保证。同福集团还拨出专项资金专门用于科研活动创新，制定和实施技术人才奖励管理办法，规定凡是在新品开发、工艺创新、科技论文等方面有突出贡献的，均给予不同等级的物质奖励。公司逐年加大了研发资金的投入力度，每年研发资金投入比例均大于销售收入的3%，研发资金的大量投入和管理，为产学研合作提供有力保障。

同福集团拥有一个创新、高效的科研团队，大健康产品主要有同福碗粥、易拉罐粥、冲泡粥、同福精品杂粮、同福蛋白饮品等系列产品。尤其是同福碗粥产品，是公司决策层在对美国、加拿大、日本等国进行了详细的市场考察后，经过国内外多位专家潜心研究，攻克了一个个技术难关，历经三年时间精心研发而成，并获多项国家专利。同福碗粥的上市，开创了粥类产品的新纪元，掀起了快速消费品领域的一场革命，曾被多家媒体、机构联合评选为"中国碗粥行业第一品牌"。2017年，同福集团与中国食品发酵工业研究院共同完成的"胚芽关键技术开发与胚芽碗粥开发"项目，通过中国轻工联合会鉴定，项目达到国际先进水平，建议项目进一步推广应用。

同福集团现拥有授权专利100余件，其中发明专利28件，每年新申请专利近30件，2020年研发项目"功能性原料生物关键技术与精准营养调控应用"获得"2020年度中国轻工业联合会科技进步一等奖"；"低GI富纤果汁饮料的开发及其对脂肪酸体外释放特性的影响"获得"2019年度中国饮料行业科技进步奖三等奖";"杂粮面条生产关键技术及其工程化应用"和"低GI营养粥的缓升糖关键技术及产业化研究"获得安徽省科技成果登记；产品"同福冲泡粥"和"同福阿胶粥"获得安徽省新产品认定。

创建农业产业化"六位一体"管理模式

同福集团创建了农业产业化"六位一体"管理模式，即政府＋科研机构（中国食品发酵工业研究院）＋龙头企业（同福集团）＋基地（农户）＋联合体（同福和农村经济合作组织共同组建）＋国人厨房。该模式以政府扶持为基础、同福集团为主体、科研机构为支撑、原料生产基地为依托、农村经济合作组织和农产品加工运销企业为纽带，构建形成全产业链、全过程可控、质量安全可溯源的食品生产体系，以此提升食品质量和安全性，促进农业产业化龙头企业和农村经济合作组织发展，带动农民持续稳定增收。该模式获得了"第十八届全国企业管理现代化创新成果二等奖"。

为了全面提升企业的管理水平和员工素质。同福集团从2011年起高薪聘请引入北京华夏基石管理咨询有限公司，对公司企业文化建设、价值观追求、行为规范、品牌拓展方面进行系统管理，通过设置首席质量官，导入ISO9001质量管理体系、ISO22000食品安全管理体系、ISO14001环境管理体系、GB/T 28001职业健康安全管理体系、诚信管理体系、知识产权管理体系等体系，在人、机、料、法、环等因素下功夫，系统地提升产品质量保证能力，实现全员、全过程、全方位的优化管理，全面提升质量管理水平。

全面质量管理导入，实现企业管理水平全面提升，同福集团通过培训、考核、再教育强化全员质量意识，建立总经理、部门、车间、班组四级质量管理机构，签订质量管理责任状，严把原辅材料检验、生产过程检验、成品检验三关。为进一步提高质量保证能力，持续改进质量管理体系，公司在三合一认证的基础上，自愿通过了ISO22000食品安全管理体系、诚信管理体系、标准化良好行为AAA级企业、安全生产标准化三级企业。公司在生产过程中严格执行公司《质量手册》《程序文件》和《作业指导书》规定的质量控制流程和控制标准，实行全员全过程质量控制管理，通过定期内部审核和管理评审，持续完善质量控制体系。

2012年同福全面推行6S管理（整理、整顿、清扫、清洁、素养、安全），编写《6S推行手册》，建立看板管理、标识管理等，使生产车间质量现场管理逐步实现了标准化，现场布局合理整洁有序。公司6S管理工作取的很大成效，促进了企业管理和企业文化的全面提升。2013年，同福获得"安徽省卓越绩效奖""繁昌县政府质量奖"等荣誉。

产学研深度融合实现共赢

同福集团注重科技研发创新，产学深度融合，成立有同福健康食品产业技术研究院、院士工作站、博士后工作站。聘请杂交水稻之父、中国工程院院士袁隆平担任公司总顾问。与中国农业大学、河北农业大学、安徽农业大学、中国食品发酵工业研究院、江南大学等十几家国内一流的科研院所建立了紧密的产学研合作关系，并获得"省认定企业技术中心""米制方便食品工程技术研究中心"等称号。合作各方实现共赢共享。

同福集团聘请袁隆平院士为公司的总顾问、与"国家杂交水稻工程技术研究中心"合作共建"米制方便食品工程技术研究中心"和"院士工作站"，双方合作研发"米粥用新品种"实现共赢。

2020年与以中国食品发酵工业研究院的段盛林教授、苑鹏博士、柳嘉博士、韩晓峰博士为主的合作团队合作研发"低GI营养粥"获得安徽省科技成果鉴定，双方从2009年至今合作"八宝粥新产品研发""猪肉高汤及其制备"等多个项目，多次获得省部级科技奖。

2014年与安徽工业大学合作研发"锅炉及空压机节能系统研制"项目为同福集团每年节约能源近百万元；2018年合作开展中央引导地方科技发展专项项目"糖尿病人专用食品生产关键技术及产业化"，2019年合作研发芜湖市科技计划项目"麦芽粥生产关键技术及其产业化"。

产学研合作促进了技术进步，取得累累成果。果蔬碗粥加工关键技术与节能减排项目获得"2012年芜湖市科技进步三等奖"。碗粥生产关键技术研究与开发项目获得"2014年芜湖市科技进步三等奖"；果蔬碗粥加工关键技术与节能减排项目获得"2012年安徽省科技成果鉴定"；碗粥生产关键技术研究与开发项目获得"2013年安徽省科技成果鉴定"；高膳食纤维营养碗粥关键技术的研发及其产业化项目获得"2013年安徽省科技成果鉴定"；碗装粥安全检测及杀菌工艺的研发项目获得"2013年安徽省科技成果鉴定"。

技术研发中心实验室一角

洽洽"新鲜质造"密码

洽洽食品股份有限公司

坚果种植基地

洽洽食品股份有限公司（以下简称洽洽）成立于2001年，总部位于中国合肥，是一家主要生产坚果炒货类、焙烤类休闲食品的企业。2002年，洽洽被认定为中国驰名商标。2011年3月2日在深圳证券交易所登陆A股。2014年，成立坚果派农业公司，布局坚果全产业链。2017年，在泰国建厂，向国际化战略迈出坚实一步。目前，在全球拥有十大工厂，产品远销东南亚、欧美等50多个国家和地区。

20年高速发展之路，正是产学研深度融合之路。2017年，洽洽参与《干坚果贮藏与加工保质关键技术及产业化》荣获国务院颁发的"国家科学技术进步奖"。2017年，荣获原农业部颁发的"国家坚果加工技术研发专业中心"称号。截至目前，洽洽先后获得"农业产业化国家重点龙头企业""全国质量管理先进企业""制造业与互联网融合发展试点示范企业""智能制造试点示范企业"等荣誉称号；连续16年与江南大学、浙江农科院、青岛大学、合肥工业大学、安徽农业大学等高校合作；2019年与中国科学院合肥物质研究科学院成立益生菌研究所；2020年人力资源和社会保障部授予国家级博士后工作站，坚果炒货行业第一家。

产学研深度融合，是深化科技体制改革的一项重要内容，在宏观层面能推动经济增长方式由要素驱动向创新驱动转变，在微观层面能实现企业、高校和科研院所等产学研主体的深度融合，形成创新合力。

洽洽就是这样的一家企业。在充分推动实施产学研的过程当中，展示了企业作为创新主体，在实施国家创新驱动发展战略当中的示范引领作用。

探索&实践

从源头开始新鲜

与一般休闲零食企业轻资产运作不同，作为行业领军者，洽洽坚持全产业链运作，从源头开始新鲜。

在瓜子方面，洽洽在内蒙古自治区、新疆维吾尔自治区、甘肃省及东北地区等向日葵主产区域推行"食葵订单农业"，采用"公司+基地+合作社+农户"的推广模式，为企业的产品提供最优质的原料。

在坚果产业，洽洽与澳大利亚巴旦木基地农场、美国得州碧根果基地农场等多个海外农场产区合作，以确保产品新鲜直采。目前，自营澳大利亚坚果基地3000亩，自营碧根果基地10000亩，合作开发碧根果基地13000亩，是目前国内拥有碧根果农场面积最大的公司之一。同时，公司逐步形成了以澳大利亚坚果、碧根果种植为中心，以种子资源、育苗、采穗圃和品质与加工工艺研究为发展方向的现代化示范基地。

正是因为坚持了全产业链布局的"新鲜质造"战略，洽洽才能够在竞争激烈的市场环境中脱颖而出。中国品牌研究院食品饮料行业研究员朱丹蓬称，相对其他零食企业，洽洽的产业链最为完整，其自建工厂的模式使得其"小黄袋"真正实现了标准化、专业化，保证了其"新鲜质造"战略的落地。

为洽洽"新鲜质造"战略保驾护航的则是其推行的"自主品质+TPM（全员生产维护）精益生产"双管路径管理模式。这一模式致力于OEE（设备综合效率）的提升、损失和成本的降低，来实现零事故、零故障、零缺陷、零浪费的目标。

2015年，洽洽导入"TPM精益生产"管理，2017年再导入"自主品质"管理，经过对不同阶段成果的验收和评估，完成"自主品质+TPM精益生产"的管理体系建设。2020年"自主品质+TPM精益生产"质量管理获得合肥市第一届"质量标杆"荣誉称号，同年还获得"全国轻工业管理现代化创新成果一等奖"。

用技术插上翅膀

近年来，坚果炒货食品产业发展迅猛，在我国休闲食品中名列前位。坚果加工产品会存在过氧化值超标等问题，长期食用存在食品安全隐患，危害消费者健康，严重制约产业的发展。研究干坚果制品的氧化劣变和品质控制技术迫在眉睫。

洽洽率先站了出来，与浙江农科院合作，从原料贮藏入手，建立抗氧化加工工艺，研发高阻隔新型包装材料，有效控制干坚果采后与加工过程的氧化劣变，延长制品货架寿命，使干坚果实际保质期得到延长。此项关键保鲜技术被广泛运用到洽洽旗下的各类产品上，包括小黄袋、益生菌每日坚果等。

不仅如此，洽洽 2017 年参与的《干坚果贮藏与加工保质关键技术及产业化》项目获"国家科技进步奖二等奖"；通过对葵花籽贮存技术的研究，研发出"预干燥联合筒仓贮存技术"，解决了葵花籽在贮存期种子活性降低、发热生霉、平仓库容利用率低、不能自动化管理控制等行业瓶颈问题，该技术被引入团体标准 T/CNFIA 005.10《坚果籽类食品质量等级第十部分：生干瓜子》，本标准水平被鉴定为国内先进水平，同时该技术被列入行业标准 QB/T 5486《坚果与籽类食品贮存技术规范》中。2018 年，被中国食品工业协会坚果炒货专业委员会评定为"全国坚果炒货科学技术进步奖"基础研究进步奖一等奖。

另外，坚果炒货行业里，"百煮入味技术""精准控温烘烤技术""中草药煮制入味"等技术会被频繁提及，但很多人并不知道，这些技术都是洽洽在国内首家采用的。

一直以来，洽洽都致力于坚果与籽类食品加工自动化智能化研究，与国内外先进设备制造商开展合作，实现坚果与籽类食品生产自动化和智能化。例如，与德国布勒公司形成战略合作伙伴，研制出先进的坚果与籽类原料选料、干燥设备；与多个包装设备厂家联合研制出纸塑瓜子产品自动智能化包装成套装置、每日坚果混合包装自动成套设备，2018 年获得工信部认定国家级智能制造试点示范企业。

每日坚果混合包装自动成套设备

洽洽先后成立了国家坚果加工技术研发专业中心、中国坚果营养研究中心、国家级博士后工作站、安徽省洽洽食品设计研究院、安徽省企业技术中心、安徽省休闲食品工程技术研究中心、合肥市坚果炒货工程技术研究中心、合肥市工业设计中心等技术创新研发机构。

目前，共有技术人员约 300 人，硕士研究生及以上约 80 人；研发场地占地约 5000 平方米，研发设备台套数约 200 套，设备原值约 1500 万元。

某种程度上，洽洽已发展成了科技创新型食品企业。2008 年，洽洽获得合肥市首批"科技创新型试点企业"，还先后获得了"国家科技进步奖二等奖""安徽省科技进步二等奖""第五届工业设计大赛食品工业设计专项赛一等奖"等 20 多项科技成果，累计授权 193 项专利，现行有效专利 123 项，其中发明专利 14 项，实用新型专利 41 项，外观设计专利 68 项。

通过研究整个坚果炒货行业的实际情况并总结自身经验，洽洽还主持和参与制定了《坚果炒货通则》《坚果与籽类炒货食品良好生产规范》《食品安全国家标准坚果与籽类食品》《坚果籽类食品贮存技术规范》等国家、行业、团体标准共33项。

产学研融合创新案例

近年来，洽洽响应政府相关号召，积极实施国家"科技兴国""建设创新型国家"政策，努力实施政产学研金用一体化，通过与中国科学院合肥物质科学研究院、江南大学、合肥工业大学、浙江农科院、安徽农业大学、青岛大学等科研院所、高校开展深入的合作研究，共同进行科技攻关及新产品开发。

营销篇

在生活中，有的人心情不好的时候，会有人劝其吃点瓜子调节心情。事实上，这不是玩笑，而是有一定科学依据。

2018—2020年，洽洽与江南大学合作研究了《葵花籽功能活性成分分析及抗抑郁活性研究》，通过动物行为学分析、生化分析（如肝脏、皮层脂质过氧化物、氧化还原指标，血浆炎症因子和皮质酮，海马神经递质，血清游离氨基酸、基因表达分析）、肠道菌群分析以及肠道代谢组分析研究，证明了葵花籽蛋白中含有抗抑郁活性成分，为高附加值功能性葵花籽类产品开发提供理论依据。并在 Food & Function 权威学术杂志上发表 Deoiled sunflower seeds ameliorate depression by promoting the production of monoamine neurotransmitters and inhibiting oxidative stress 文章。

产品研发与销售是一脉相承、相互辅助的。该项研究，也为洽洽的瓜子类产品进行了营销背书，在一定程度上大大提升了销量。

研究篇

中国是世界第二大坚果生产国，但我国坚果原料采收、脱青皮、干制等初加工工序依然高度依赖人工操作，且主要通过自然晾晒为主，原料品质受环境气候变化影响大。据统计，每年大约有2%（15万~20万吨）的原料会因贮存不当而无法使用，造成可食资源浪费。

鉴于此，2020年，洽洽与合肥工业大学联合承担了安徽省科技攻关项目任务：油性坚果产品提质增效产业化关键技术研究及智能化生产应用（项目编号：007270653071），通过对原料产地初加工技术、工业化贮藏保鲜技术、产品加工前处理技术及自动智能化加工技术的研究，建立油性坚果原料高质量控制及高品质产品高效智能化加工技术体系。

洽洽与安徽农业大学进行与检测相关的研究，自2013年以来开展了《洽洽香瓜子生产工艺过程中特征性香气主要成分分析及形成机理研究》《洽洽香瓜子特征香气分析及工艺应用研究》《葵花籽加工及储存过程中氧化指标建立及控制技术研究》《葵花籽种子活性对其贮藏条件及产品品质的影响》系列课题。

2020年，洽洽与青岛大学合作开展了《每日坚果调节小鼠血脂、血糖作用及机制研究》，主要是为了阐明每日坚果混合物的主要营养成分，通过高脂诱导代谢紊乱模型探明每日坚果混合物抑制血脂紊乱和血糖升高的作用，从抵抗氧化应激、调节脂代谢和调节肠道菌群三个方面阐明作用机制，为每日坚果科学配比提供理论依据，助力产品力提升。

合作篇

为更加紧密地实现与高校、科研院所的合作，洽洽分别与白城市农业科学院、合肥工业大学、安徽工程大学、中国科学院合肥物质科学研究院组建了吉林华源农业科技有限公司、安徽省休闲食品工程技术研究中心、合肥坚果炒货工程技术研究中心、益生菌研究所，分别就向日葵品种育种研究和坚果炒货新品种、新技术、新工艺研究及产业化实施进行紧密合作，合办研发机构由洽洽负责提供资金、小试、中试基地和设备，合作方负责技术研究与成果转化，研究成果双方共有。

高校联合实验室负责与高校联合开发项目的实施，并负责国家、省市合作科研项目的申报，联合培养干坚果方面的食品专业研发人才等。

2020年，洽洽推出了首款可以嚼的益生菌每日坚果，迅速引爆行业和终端的热销。而益生菌每日坚果的由来，则可以追溯到一年以前。

当时，益生菌提高免疫力的功效已经被广大消费者熟知，市场火热，而在坚果领域还并没有与益生菌结合的产品，洽洽食品敏锐地捕捉到了商机。2019年，与中国科学院合肥物质研究科学院成立益生菌研究所，寻找优秀菌种，发现了可以热加工的菌株，益生菌坚果由此而来。截至目前，洽洽已经筛选保藏了4株菌株，受理了3篇专利。

与高校的合作模式还包括吸引优秀人才。从2015年开始，洽洽每年都会举办"洽洽杯"创新大赛，让创新走入校园，搭建校企创意平台，形成产学研三位一体，打通创意通道，将学生们的研究成果产业化、专业化。

"从全球领先的瓜子企业迈向全球领先的坚果休闲食品企业"，是洽洽在产学研融合路上的下一个愿景。

自立自强　走高端医疗设备国产化之路

深圳市贝斯达医疗股份有限公司

贝斯达外景

深圳市贝斯达医疗股份有限公司（以下简称贝斯达）成立于2000年，总部位于深圳，是一家集医学影像诊断与放射治疗设备研发、制造、销售和服务为一体的国家高新技术企业。20多年来，贝斯达紧跟基础科学步伐，探索人类健康密码，不断满足临床应用需求，打破垄断，掌握核心，创新、超越，致力于提供高端医学影像与放射治疗设备产品和服务全面解决方案。

贝斯达是我国较早从事医用磁共振研制的技术团队之一，紧密围绕"中国制造2025"战略，突破技术壁垒，掌握关键算法，攻克核心部件，实现系统创新，荣获"国家技术发明二等奖"（磁共振成像领域少有获此殊荣）、"中国机械工业科学技术一等奖""广东省名牌产品""广东省守合同重信用企业""广东省高场磁共振工程技术研究中心""博士后创新实践基地""深圳市高场磁共振成像系统工程技术研发中心""深圳市质量强市骨干企业""深圳市优秀软件企业""深圳市科技创新奖"等多项荣誉，多个科技创新和产业化项目获得国家、省、市立项支持。贝斯达坚持自主创新，持续有效的产、学、研、医合作机制，与北京大学、哈尔滨工业大学、南方医科大学和华南理工大学等单位建立了长期合作关系。现已拥有专利、软件著作权、专有技术等知识产权数百项。

作为国内领先的大型医学影像诊断设备产品与服务提供商，贝斯达秉承"让科技为生命护航"的理念，建立"医学影像，健康体检，远程诊断，肿瘤治疗，医养健康服务"五大中心。打造全影像链、精准治疗、"互联网+"、人工智能为核心的大健康产业体系，成为新时代科技创新的驱动者！

打破核心技术垄断，重新定价核磁共振设备

核磁共振成像诊断功能优越，普通老百姓能用上的机会却并不多。一方面是检测费用高昂，单个部位检测就要上千元，远高于X光等手段；另一方面是设备短缺，患者普遍需要提前预约。这背后的深层原因，在于核磁共振关键设备长期被通用医疗、飞利浦、西门子等少数海外巨头垄断，医院不得不以高昂的定价覆盖昂贵的设备采购价及不菲的维护成本。如今，以贝斯达为代表的中国企业开始逐渐改变这一局面。公司展厅中央陈列着一台极为简陋、铜线圈直接暴露在外的圆柱状设备，这就是产自1990年的我国第一代自主研发的电磁型磁共振设备，是国产磁共振设备的"鼻祖"。这台设备的研发成员，包括陈文波、罗斌斌、张少斌，成为贝斯达的创始团队，一干就是20年。这20年里，国产核磁共振设备不仅打破了外企绝对垄断的局面，还极大地改善了产品性价比。兴业证券报告指出，在进口医学影像设备与国产价格的对比中，核磁共振产品的差距最大，平均每台进口设备的价格约为国产均价的2倍。工作人员介绍，贝斯达目前已有近100个产品型号，其中最便宜的售价还不到100万元。国产设备的崛起一定程度上也倒逼了海外巨头降价，"以永磁型设备为例，2000年还没有国产产品时，外企的售价超过1000万元一台，国产产品的出现，把（他们的）价格逐渐压到两三百万元"。在关键设备国产浪潮的推进下，核磁共振检测费用也进入下行趋势。一些采购国产设备的医院已经可以做到单个部位检测仅需数百元的价格，普通患者也负担得起。

根据中国医学装备协会统计，贝斯达磁共振成像系统产品2017年销量国产品牌市场排名第二位，市场保有量排名国产品牌第二位。其中，公司永磁型MRI设备销量在市场全部品牌中排名第一位。通过长期的技术攻关，贝斯达如今已经掌握一系列核心关键技术，成为国内少数全自主完成研发生产医用磁共振成像设备的公司。但成立之初，要在一个完全被国外巨头垄断的高技术壁垒行业中，打破垄断并非轻松之

举。由于涉及IT技术、传感器技术、生物化学、临床医学、自动化控制、光学、声学、流体力学、核物理学、人体工程学等众多学科和技术领域，自主研发难度极大。据称，公司常务副总经理陈文波在2017年之前就没有度过像样的假期，而被公司内部称为"技术狂"的总工程师罗斌斌，曾几个月没日没夜地扑在一线研发现场。招股书显示，公司是首批"国家高新技术企业""国家火炬计划重点高新技术企业"和"深圳市优秀软件企业"，曾获"2017年度国家技术发明奖二等奖"。被评为广东省名牌产品、广东省最佳自主品牌产品。产品还通过了欧盟CE认证，成功打入发达国家市场。展厅中陈列着包括"0.7T""1.5T""3.0T"等一系列超导磁共振成像产品，"0.7T""1.5T""3.0T"代表磁感应强度的不同，参数越大，成像就越清晰，成像的效率也越高，所对应的产品也越高端。其中，3.0T超导型磁共振是目前已普及的最高场强磁共振设备，这是公司历时五年、攻克多项关键技术难题取得的成果。2018年1月，公司成为国内第二家取得3.0T超导型磁共振成像系统CFDA注册证的企业，标志着在高端产品中占据一席之地。

仪器展示厅

研发核心队伍及领军人物

贝斯达核心团队的专注与稳定是公司持续健康发展的重要基础之一。作为高新技术企业，所处的大型医学影像诊断设备行业为技术密集型行业，不断创新，保持技术的先进性是公司的核心竞争优势之一。公司掌握了磁共振成像系统等大型医学影像设备领域的多项关键核心技术，其人力资源载体为公司核心技术团队。

贝斯达主要核心技术人员曾参与了我国20世纪90年代第一代自主知识产权的电磁型磁共振设备研发，是我国较早从事核磁共振研发的技术团队之一，长期从事大型医学影像诊断设备的研发，基础理论功底扎实，工程实践经验丰富，对大型医学影像诊断设备行业和技术有着深刻的认识。20多年以来，贝斯达核心技术人员长期扎根科研生产第一线，既务实肯干，刻苦钻研，同时亦注重学习国外先进技术，曾多次在北美放射学会、飞利浦、MR Solution、Vanderbilt University医学院等国外机构进行进修学习和交流，对行业技术的最新发展趋势具有敏锐的洞察力，先后参与国家、省、市多个重要科研技术攻关及产业化项目，主导创建了广东省工程技术研究中心、深圳市工程技术研发中心，博士后创新实践基地，并代表公司获得了"国家技术发明奖二等奖""中国机械工业科学技术一等奖"等国家、省部级多项嘉奖。

公司管理团队从事医疗卫生行业20余年，具有丰富的医疗行业管理、营销、生产工作经验，熟悉医疗卫生行业的经营和运作模式，对行业的发展趋势具有敏锐的洞察力，能基于公司的现实情况、行业发展趋势和市场需求，及时有效地制定符合公司实际的发展战略，果断做出正确决策。公司管理团队成员之间沟通顺畅、配合默契，始终坚持"自主创新"的开拓精神，秉承"不断超越、不断创新、以人为本、客户至上"的核心价值观，以"科技为生命护航"为己任，执着地追求为广大用户提供优质的产品和服务，带领公司为大型医疗器械进口替代贡献力量。

医疗器械行业对人才的需求较高，自设立以来发行人一直重视人才队伍的建设。为满足公司发展需要，在发展初期，企业就在人才的引进、培养、晋升等方面进行了规划和实践。随着公司业务规模的增长，通过实施股权激励、员工持股计划等措施，公司核心技术人员和主要管理人员均已成为公司股东。

公司重视人才梯队建设，建立了较完善的人才引进、培养、选拔的机制，涉及研发、生产、质量管理、销售、服务等各个职能部门、各个层次，为员工提供了多种成长途径。

盈利模式独特

众所周知，我国医疗器械行业整体起步较晚、规模小、产品相对单一，大型医学影像诊断设备市场因技术复杂，难度大，以GE医疗、西门子、飞利浦为代表跨国医疗器械巨头，起步早，经过多年的积累，资金实力雄厚，研发投入高，技术先进，长期占据着我国市场主导地位。

与此同时，近年来在分级诊疗、大力发展非公医疗等国家政策不断出台的大背景下，优质医疗资源不断下沉至基层医院，民营医院发展迅猛。根据国家卫健委统计，中国政府鼓励社会办医，民营医院数量持续增加。2015年民营医院数量反超公立医院，此后公立医院同民营医院数量差距拉大，2019年民营医院比公立医院多10494个。2020年上半年公立医院11903家，占比34.3%，民营医院22755家，占比65.7%。与2019年6月底比较，公立医院减少38家，民营医院增加1406家。民营医院比公立医院多10852家。在此背景下，贝斯达结合企业自身实际情况，选择了一条"从民营医院切入市场，不断向公立医院渗透""从基层医院切入市场，不断向高等级医院渗透"的发展道路。根据中国医学装备协会统计，贝斯达磁共振成像系统产品 2017 年销量国产品牌市场排名第二位，市场保有量排名国产品牌第二位，其中永磁型 MRI 设备销量在市场全部品牌中排名第一位。

民营医院拥有灵活高效的决策机制，同时具有较强的成本效益意识。以贝斯达为代表的国产大型医学影像诊断设备供应商，其产品性能优良、质量稳定可靠、技术水平先进，完全能满足日常临床诊断需求，且售后服务优质，综合性价比高，因此深受广大民营医院的欢迎和好评，市场需求旺盛。可以期待的是，随着进口替代进程的纵深化推进，贝斯达在产品结构和客户结构的不断优化下，市场占有率将进一步提高，品牌影响力将进一步提升。

未来战略

20 年来，贝斯达坚持走自主创新发展路线，拥有成熟的磁共振成像系统等大型医疗影像设备领域的核心技术，并不断将核心技术成果进行产业化，产品覆盖超导磁共振、永磁磁共振、核医学、放射治疗、CT、数字化 X 射线、超声、移动医疗、监护、心电和医疗信息化软件十大系列 100 多款产品，其中五大系列产品属于"中国制造 2025"重点攻关领域，产品应用于各级医疗卫生机构的临床诊断。贝斯达立足中国，走向世界，积极拓展海外市场，进行全球布局，将中国智造出口欧洲、美洲、亚洲、非洲 40 多个国家和地区，目前已拥有全球用户 3000 多家。目前公司拥有专利 80 项，计算机软件著作权 48 项，医疗器械产品注册证 41 项，其中三类产品 13 项、二类产品 28 项。公司始终坚持以市场为导向、技术为中心，注重技术成果产业化转化。

未来，公司将持续加强技术创新，加大研发投入力度，遵从从核心算法、关键部件到系统创新，从影像链产品、精确放射治疗产品到"互联网＋"、人工智能 AI 影像的发展路径，从系统整机制造向上游不断延伸至关键部件生产，向下游不断延伸到线下健康体检、"互联网＋"远程诊断、AI 智能诊断等综合服务，不断开展 7.0T 超高磁场磁共振、正电子多模态 PET-CT 及 PET-MR、高能精确放疗设备等新产品、新技术的研发，将公司打造成高性能、多品类、差异化的国际知名、国内领先的大型医学影像诊疗设备及服务提供商。

打造高端智能制造产业新格局

歌尔股份有限公司

歌尔全球研发总部

歌尔股份有限公司（以下简称歌尔）成立于2001年，2008年在深圳证券交易所上市。研发布局全球，在美国、日本、韩国、丹麦等国，以及北京、青岛、深圳、上海、南京、台湾等地分别设立了研发中心，主要从事声学、光学、微电子、精密结构件等精密零组件，虚拟/增强现实、智能耳机、智能穿戴、智能家居等智能硬件，以及高端装备等产品的研发、制造与销售，目前已在多个领域建立了综合竞争力。

党建强企，凝心铸魂

歌尔股份有限公司2002年成立党支部，自2009年党委成立以来，紧紧围绕企业生产经营管理开展党建工作，实现了企业党建与发展的互促共赢。企业党委坚持以党建为抓手，凝聚企业内广大党员、员工，确保公司业务拓展到哪里，党的组织和工作就覆盖到哪里。2012年，歌尔党委被评为山东省齐鲁先锋基层党组织；2016年歌尔股份有限公司党委荣获"全国先进基层党组织"荣誉称号。2018年全国党建研究会《非公有制企业党建》杂志社举办2017年度非公企业出资人评选活动，董事长姜滨荣获"年度出资人贡献奖"。

2020年7月21日，习近平总书记在北京主持召开企业家座谈会，歌尔股份有限公司董事长姜滨应邀参会并发言，向总书记汇报工作，36家参会企业中，7家企业发言，歌尔是两家发言的民营企业之一。2019年5月24日上午，中共中央政治局常委、国务院总理李克强视察了歌尔股份有限公司模具中心，对歌尔专注制造、精益求精的工匠精神以及所取得的技术优势表示了肯定，对歌尔注重研发创新、积极开拓国内外市场的做法表示了赞许。

歌尔一直围绕"一起创造、一起分享、一起成长"的理念，坚守"匠心匠造"的精神，坚持品质与创新的初心，一方面，积极开拓创新，整合全球资源，不断积累研发与制造优势，在MEMS麦克风、微型扬声器、VR/AR等诸多方面确立了行业领先地位；另一方面，踏实履行企业社会责任，树立良好的企业形象。2018年，歌尔荣获省级"厚道鲁商"品牌企业荣誉称号，这是对歌尔的价值体系与企业贡献的高度认可，是对歌尔企业文化扎根落实的价值肯定。

抢抓机遇，创新先行

自歌尔成立以来，秉持为客户创造更大价值的一站式服务理念，深耕高端制造业，积极打通产业价值链上下游，整合产业优势资源，打造高度垂直整合的精密加工与智能制造的平台，形成高端智能制造产业集群，带动传统工业转型升级，助力经济高质量发展。

建立全球新行业中的领军企业

为提高国家制造业创新能力，歌尔作为全球新技术行业中的领军企业，积极推动重点领域突破发展，聚焦新一代信息技术产业，在声学、光学、虚拟现实等领域积累了强大的行业影响力，积极打造以高端装备为基础，以声光电零组件加精密结构件为核心，以四大智能整机为方向的业务模式，建立以高质量创新驱动为核心的品牌影响力。

建立智能制造行业中的领军企业

为积极推动制造业结构调整，歌尔自成立以来，牢牢抓住科技创新，每年研发投入约占营业收入的6%，研究成果成功应用于智能硬件、物联网、人工智能等领域，以创新驱动公司高速发展，完善企业创新体制，聚焦抓重点、补短板、强弱项，深化融合发展，以工业化和信息化深度融合为核心，推进制造业转型升级和新旧动能转换。

建立全球布局的科技创新型企业

作为一家全球布局的科技创新型企业，歌尔研发布局全球，注重自主研发创新，持续走在行业技术最前沿。目前，歌尔已累计申请超过 22000 项专利，专利授权量超过 13000 项，已连续五年获得"中国电子元器件企业百强研发实力第一名"，在微型扬声器/受话器、微型麦克风、MEMS 传感器、中高端虚拟现实产品、智能耳机等领域均处于行业领先地位。

建立专注产品研发制造的实干型企业

作为近 20 年专注声学与产品研发制造的实干型企业，歌尔通过多年声学、材料、结构、算法等底层平台技术的持续研发，目前已形成包含数千项专利的微电声专利群；同时，通过软硬件能力的结合，为客户提供客制化/标准化的高性能产品，致力于提升消费者对手机的音质感受。

在董事长姜滨的鼓舞探索下，2020 年，歌尔凝聚人才创新实力，成功自主研发制造的带有 ECG 心电图检测功能的智能手表，凭借过硬的创新制造水平，位列山东省新一代信息技术产业民营企业 10 强第 1 位。同年，歌尔的成长获得 CCTV、《人民日报》、新华社、《经济日报》等多家中央媒体关注。

开放合作，协同发展

歌尔在践行"政产学研金用"相结合六位一体模式过程中，坚持自主创新，同时深入开展功能与资源优势上的协同与集成化，摸索出一些成功经验和做法，完成校企合作技术创新的对接与耦合，更好地促进产学研合作项目的顺利进行。

加强校企合作，促进技术创新，提高生产转化效率

企业在技术创新全局中的决策者、组织者、投资者地位日益凸显，在集聚产业创新资源、加快产业共性技术研发、推动重大研发成果应用中，必然需要产学研、上中下游、大中小微企业紧密合作，进一步促进产业链深度创新融合，在技术创新决策、研发投入、科研组织实施等各个环节，切实发挥企业主体和市场导向作用。歌尔在全球范围内布局研发，组建了一流的研发队伍，拥有多个国家级研发平台，并通过了 CNAS 认证；近年来，陆续与北京理工大学、长春理工大学等多所国家高校开展产学研合作项目，与高校、地方政府共建长春理工大学—歌尔光学联合实验室等多个战略研发平台，2017 年揭牌"青岛微电子产业高级人才培养基地"，为高校研发与学生就业构建产学研一体的研发平台。2019 年，歌尔获得"山东省科技进步一等奖"，拥有国家企业技术中心、国家地方联合工程实验室、VR/AR 技术及应用国家工程实验室等 8 个省级以上研发平台。通过多个研发平台的合作建设，与国内各高校开展产学研合作道路的共同发展。

目前，在虚拟现实和增强现实方向合作的主要单位是北京理工大学，通过产学研合作模式，发挥北京理工大学在虚拟现实增强现实显示技术方面的领先优势，签订产

学研合作协议，设立产学研合作课题，支持北京理工大学在虚拟现实与增强现实方向的工作，保证了产学研合作双方的利益分配和最大化，也保持双方在虚拟现实增强现实方向的引领地位。同时，歌尔建立自主开发和联合开发相结合的技术创新机制，加大技术创新投入，特别是研究与开发的投入，围绕市场需求，通过产品创新、工艺创新，加快产品的更新换代，开发新产品，培育新的经济增长点。

加强校企协同创新，拓展创新型人才的培养

高质量创新人才培养的关键在于创新实践，企业初期人才培养需要依托高校资源，同时，企业与生产力的直接关系，对高校的创新研发具有极强的激励作用。歌尔鼓励吸纳优秀的高效毕业生，专门筹划"歌尔之翼""精英计划"等多项人才培养计划，与高校联合制订联合培养方案，与北京理工大学建立联合实验室，在学生课程、实习、毕设过程中，融合企业专家的丰富实践经验，形成人才协同培养的企业教师队伍，共建校企人才协同培养基地。

歌尔每年还会多次邀请北京理工大学及其他科研院所的专家教授到公司进行现场调研和指导、并作交流报告，发现技术和生产中存在的问题，确定产学研合作技术课题，定期召开产学研合作单位技术交流会议。

创办虚拟现实与智能硬件专刊，制定虚拟现实行业相关标准

歌尔联合科学出版社、北京理工大学等单位，创办虚拟现实专业学术及技术应用刊物《虚拟现实与智能硬件（中英文）》期刊。该刊于 2019 年 1 月创刊，从第 3 期开始，文章在 Elsevier 的 Science Direct 平台上正式发布。这也是国内唯一由企业举办的虚拟现实为主题的科技期刊，被中国科协怀进鹏书记在国内科技期刊座谈会上表扬为优秀国内企业办刊的代表。

2016 年 9 月，在歌尔的积极推动下，由工信部支持的虚拟现实产业联盟成立。歌尔作为虚拟现实产业联盟副理事长单位，参与了由北京理工大学等单位牵头的《虚拟现实头戴显示设备通用规范》《头盔显示器舒适度测试方法》《头盔显示器安全测试方法》《手势交互系统标准》等虚拟现实行业重要标准的制定工作。

产学研合作，喜结硕果

歌尔始终追求创新的发展步伐，在科研创新、组织创新、合作创新等各个方面实现创新成果的产出，从科研平台、人才培养、成果转化等方面提升企业的科研实力，加速产学研合作创新，与北京理工大学及其他国家级科研院所建立了科研的业务联系，在产学研相结合的道路上，不断增强在虚拟现实领域的科技创新能力。

歌尔股份有限公司与北京理工大学、北京小鸟看看科技有限公司、北京耐德佳显示技术有限公司等企业之间有着多年的产学研合作历史。2012 年开始，与北京理

工大学在虚拟现实方向就产品研发开展密切合作，与北京小鸟看看有限公司合作生产 Pico Goblin 和 Pico NEO 虚拟现实头盔等。历经多年的合作与探索，2021 年 2 月，歌尔助力高通打造轻量级 AR 参考设计全新面世。该参考设计集合了 AR 领域顶尖企业，搭载高通骁龙 TM XR1 平台，参考设计由歌尔股份有限公司助力打造，耐德佳提供定制化光学解决方案，在实现高光效、高显示清晰度、大视场角的同时，大幅降低了功耗，为用户长时间深度应用提供了更舒适、优质的体验。

轻量化 AR 眼镜参考设计

歌尔还委托北京理工大学开发高性能头戴显示光学系统，项目成功研制了多个头戴显示系统，在国内外产生广泛影响。获得授权专利 148 项（132 项发明专利和 16 项外观/实用新型专利）；发表论文 161 篇，其中 SCI 论文 89 篇；出版专著 1 部；制定国家标准 3 项、行业标准 1 项。包括信息领域 5 位院士的鉴定专家组一致认为多个方面取得了突出的创新，"成果达到了国际领先水平"。项目成果获得"2017 年中国光学工程学会创新技术一等奖"，取得的具有完全自主知识产权的头戴显示研究成果具有显著优势，各项主要性能指标超过国外同类产品，已在国内外 100 余家单位推广应用，产生了重大的社会和经济效益，有力地推动了虚拟现实和增强现实行业的发展。

为表彰歌尔在产学研合作中取得的重要创新成果，2019 年歌尔荣获"中国产学研合作创新成果一等奖"，2020 年荣获"发明创业成果一等奖""北京市科学技术一等奖"。未来，歌尔将继续秉承"优秀者死，卓越者生"的信念，专注主业，不断提升行业领导力和创新能力，更好地参与产学研创新模式的发展。

安于育人　恒于树德

杭州安恒信息技术股份有限公司

杭州安恒信息技术股份有限公司（以下简称安恒信息）自2007年成立，以"诚信正直、成就客户，责任至上，开放创新，以人为本，共同成长"的企业价值观，不断提高核心技术创新能力，致力于成为一家具有优秀企业文化和社会责任感的新时代网络信息安全产品和服务提供商。安恒信息始终坚持持续创新的发展战略，采用研发中心和研究院双线创新机制，产品与服务涉及应用安全、大数据安全、云安全、物联网安全、工业控制安全及工业互联网安全等领域。作为国内网络信息安全领域的领导者之一，自2015年起，安恒信息历年均被美国著名网络安全风险投资公司（Cybersecurity Ventures）评选为全球网络安全创新500强，参与了众多国家与行业标准的制定。

功崇惟志，争做数字经济安全基石

没有网络安全，就没有国家安全。网络安全是国家安全的重要组成部分，网络信息安全产业是支撑和保障国家网络信息安全的重要基础，肩负着为国家信息化基础设施和信息系统安全保障提供安全产品及服务的战略任务。安恒信息自成立起，一直专注于网络信息安全领域，凭借强大的研发实力和持续的产品创新，形成覆盖网络信息安全生命全周期的产品体系，提供从安全规划、安全设计、安全建设到安全运营的一站式专业安全服务。

业广惟勤，用真诚回报社会。安恒信息始终积极承担着我国网络信息安全产业发展的社会责任。安恒信息先后负责"国家发改委信息安全专项""工信部电子发展基金项目""科技部火炬计划项目"等国家级、省市级科技计划项目50余项。作为国家级重保核心单位，安恒信息先后参与2008年北京奥运会、广州亚运会、历届世界互联网大会、G20杭州峰会、世界游泳锦标赛、武汉军运会等世界级重大活动的网络安全保障工作，先后签约2020年第六届亚洲沙滩运动会、2021年成都大运会、2022年杭州亚运会，以先进的理念和专业的服务获得一致好评。

人才为本，持续发展靠育人。为响应国家在网信人才培养方面的有关要求和高校育人需求，安恒信息以自身行业资源、产业背景和技术积累为基础，辅之以政府相关政策支持，主动而广泛地开展产学合作，赋能高校网信人才培养、区域人才队伍建设和行业网信人才工程。目前，安恒信息已是工信部重点领域人才能力提升机构、浙江省科普教育基地，设立安恒网络空间安全学院，致力于网络空间安全专业领域人才培养。

与时俱进，探索校企合作新未来

安恒信息校企合作最有发言权要属安恒网络空间安全学院的苗春雨院长。他曾是浙江师范大学的专业课教师，教书育人二十载。在2019年春，他抱着一颗创业的心和满腔的教育情怀，加入了安恒信息。苗院长在校任教时，便已经和安恒信息有着密切的合作，他从2016年教育部等六部委联合印发的《关于加强网络安全学科建设和人才培养的意见》文件中嗅到了网络安全这个行业即将崛起的未来，当下他便决定，要申报网络空间安全专业，在未来到来以前，先做好准备。

彼时，国内设立网络安全专业的高校并不多，因网络安全专业属于伴生性和交叉性较强的学科，对人才的实战技能培养诉求较高，了解这块领域的教师也甚少。各高校开展信息安全和网络空间安全专业建设过程中，实践教学师资、教育资源缺乏等问题也日益凸显。苗院长深刻认识到，要办网络安全专业，就要抛开传统育人模式，让企业进入院校，帮助院校构建实践体系、培养师资队伍，结合企业一线案例，打磨教育资源。而安恒信息扎根在浙江省，是浙江省发展势头迅猛的网络安全企业，无论是产品体系、服务经验和研究成果，都排在国内安全企业前列。双方一拍即合，决定开展校企合作，尝试探索网络安全人才培养。

合作并非一帆风顺。安恒信息在此以前从未涉足人才教育业务，尽管有许多一线案例的积累，却很难转化为教学资料，更遑论设计体系化的协同育人模式。于是双方决定以点带面，先从小的合作点切入，不断优化合作方式。

栉风沐雨，共创人才培养新模式

安恒网络空间安全学院的使命是通过产教融合、协同育人赋能院校网络安全人才培养，依托全生命周期的网络安全从业人员培训与认证服务于国家网络安全人才战略，将教学基础设施、教育内容和演训服务有机结合，内外双向服务公司自身人才需求和社会人才培养责任。

而这其中最紧要的，便是设计人才培养的新模式。在梳理安恒信息各项产业资源之余，苗院长也经常带着安恒网络空间安全学院的团队参与网络安全教指委研讨会，了解高校专业发展情况，从企业和院校两个角度，深入思考双方面临的痛点和难点。团队发现以往的校企合作难以推行，并非企业或院校某一方的问题，整个大环境都缺乏产学研深度融合的机制，于是提出"校、企、政、行多元协同育人模式"，提升产学合作的资源整合和价值输出能力，尝试将地方政府和行业协会等办学主体引入产学合作过程，扩展联合办学的资源输入、提升服务于本地区域经济发展的增值效应。

苗院长及团队抓住各地建设智慧城市、发展数字经济的契机，联合当地相关机关单位、意向合作高校，在"校企政行"多方深度合作、多元融合协同育人模式指导下，参与到高校人才培养计划、课程大纲设计、实践体系建设、实习实训基地建设、专业技能考核等多个方面，让当地网络安全产业需求与人才培养方向能够紧密结合，让学生"一入学，即入职"。

杭州职业技术学院学子访问安恒科普教育基地

专业建设离不开教育教学资源，许多校企合作失败案例都源自有好的模式却没有资源落地。为此，安恒网络空间安全学院组建了30余人的讲师和内容建设队伍，按照职业方向规划课程体系，让内容建设队伍去一线安全服务部门轮岗，带回最新的案例，转化为适用于高校授课的教材。同时，每年开展师资研修班，为高校老师提供挂职锻炼的机会，提升高校老师的实战技能水平、传授实战教学技巧，解决专业授课难题。

有了基础的教学资源，高校仍然缺乏实践条件。网络空间的攻击和防守都需要有"目标环境"，在业内被称之为"靶机"，即一个存在漏洞的系统。要提高学生的实践技能，就要有足够多的靶机供学生们进行练习。网络安全演训产品简单理解就是一个课程和靶机的集合，同时具备教学管理、综合评价等功能。安恒网络空间安全学院在已经研发的演训产品基础上，设计了演训的场景，将简单的靶机平台升级为教学靶场，让学生能够在特定的情景、代入岗位角色展开练习，提升实践的有效性。

在网络安全的教学过程中，常常提倡"以赛带练、以练带学"，通过竞赛能够激发学生学习兴趣、比拼交流、评估水平，各行各业也经常以竞赛成绩来选拔人才和练兵。为此，安恒网络空间安全学院组建了专业的竞赛支撑团队，平均每年组织和支撑近百场竞赛，还自主创办 DASCTF 公益竞赛品牌，每个月提供最新的赛题供爱好者们练习，在每个合作高校中都赢得良好口碑。

高校人才培养的最后一环，便是就业。在校期间的训练，只能称为"模拟环境"，能够提升学生的基础知识和实操能力，面向未来的就业岗位，学生们需要的是在真实复杂的生产环境下积累的实战经验。然而网络安全的用人需求十分分散，鲜有企业能够提供大量网络安全岗位的实习机会，安恒信息作为国家级重保核心单位便有了优势。安恒信息每年支撑的重保项目，都需要大量的人力资源，基于此，安恒网络空间安全学院设计了"恒星计划""2022 亚运班"等育人品牌，连接学校学生实习需求和安恒内部用人需求，实行"集训 + 企业导师带教"模式，让学生在重保项目中夯实基础，快速成长为企业需要的人才。

功夫不负有心人，至 2020 年年末，安恒网络空间安全学院通过努力，与全国 50 多所双一流、地方高校和职业院校取得联系，开展不同层次的合作。依托于校企合作工作，安恒信息获批浙江省首批产教融合试点企业，浙江省首批网络与信息安全管理员职业技能等级认定试点企业，入选中国产学合作促进会理事单位、中国网络空间安全人才教育联盟网安人才标准组副组长企业，信息技术新工科产学研联盟会员单位、工信部重点领域人才能力提升机构，在网安人才培养和评估方面积累了丰富的经验和成果。

其中，安恒信息与浙江师范大学共建的安恒网络安全学院，获批网络空间安全浙江省一流学科和一流专业，联合申报成功浙江省第一个网络空间安全专业，立项浙江省第一个重点建设示范实验中心，取得了一系列校企合作成果，合作共建专业模式也荣获教育部高等学校网络空间安全专业教学指导委员会 2020 年产学合作育人优秀案例一等奖，打造了良好的产教融合、协同育人品牌。

多元协同，实现产学研用深融合

网络安全技术具有伴生性，即随着其他新兴技术的发展而发展，因此科研方向也十分分散。对网络安全企业而言，难以进行各个领域的安全研究，也难以承担大量研究人员的开支成本，势必造成科研及成果产品化进展缓慢。

安恒信息十分重视与高校进行科研合作，2017年，与电子科技大学共建产学研合作平台，聚焦于流量智能检测技术、身份与行为审计技术等科研领域；2018年，与北京航空航天大学共建大数据与人工智能安全实验室，基于大数据安全分析和人工智能应用安全领域开展科研合作，并将合作成果应用于安恒Ailpha大数据事业群系列产品中；2020年，与西安电子科技大学开展数据安全防控和隐私保护技术方面的科研合作，联合申报并获批教育部大数据安全工程研究中心。

科研最终还是要走向应用，安恒信息将自身以应用研究为导向的工程实践需求与高校科研结合，先后与浙江大学联合申报了国家重点研发计划——深度安全机理与体系架构研究子课题；与北京邮电大学联合开展应用安全检测技术方面的科研合作，申报Web安全检测方面技术相关国家专利3项；与海南大学联合申报区块链安全检测方向的海南省科技计划重点研发项目。

对于科研人才培养，安恒信息也是不遗余力。安恒信息依托自身工程技术经验和行业产业资源，与各高校在软件工程专业硕士、网络空间安全学术硕士以及非全日制硕士联合培养方面开展工作，先后20多人次作为实践导师参与西安电子科技大学网络空间安全专业、海南大学计算机科学与技术专业、浙江师范大学软件工程专业、杭州电子科技大学网络空间安全专业等各高校研究生培养工作，科创育人两开花。

"产学研用"是科技创新的发展趋势，但仅仅产学合作不能实现长久的发展，企业也常常受困于科研经费不足等问题。要实现产学研的深度融合，需要建立科学有效的产学研深度融合机制，需要政、校、企、行多方重视，形成多层次、多渠道、多元化的创新投入机制。政府引导创新，给予政策、项目经费支持；高校及研究机构积极配合，与企业多频互动，综合市场需求制订发展方案；企业为创新主体，主动投入资源实现精准对接；行业主动参与，共同制定人才培养及评价标准，解决人才就业。只有这样，产业与教育的成果才能持续增长，形成产学研持续发展生态链。

瞄准世界医疗器械前沿市场
"智"造中国高端自主创新品牌

威高集团有限公司

威高全景

威高集团有限公司（以下简称威高）始建于1988年，以2.5万元税务周转金、从一次性使用输液器开始创业。目前，公司致力于发展医疗器械和医药，拥有80多家子公司及2家上市公司，员工3万多人，拥有输注耗材及设备、血液净化设备及耗材、骨科材料及药品等1000多个品种、15万多个规格。公司深入实施创新驱动发展战略，大力推进产学研合作，提高创新能力和市场竞争力，成为涵盖医疗器械和药业、医疗商业等领域的行业大型领军企业。

威高始终坚持以创新为生命线，加强和完善研发体系，走自主创新之路，尤其是进入"十三五"以来，瞄准国际前沿技术，大力开展产学研合作，加大研发投入，优化产品结构，全面提升了企业创新档次、研发能力和核心竞争力，减轻患者负担，造福国人，推动企业步入了健康发展的快车道。

整合聚集科技资源，奠定科技自主创新的坚实平台

企业要持续发展，必须致力于打造高科技品牌，走自主创新之路，整合聚集科技资源。威高努力打造三个科技平台，建设产品研发基地、成果转化基地和人才培育基地，全力提高自主创新能力，提高公司经济效益和核心竞争力，步入行业制高点。

院校合作谋发展，强强联合共进步。在高科技人才匮乏，自主创新能力不足的情况下，威高放开眼界，创新思维，大量地引智、借智、用智。树立"不求所有、但求所用"和"互利双赢、共同发展"的理念，积极实施技术联盟战略，借脑引智，整合和共享科技资源，与科研院所开展高层次合作。通过共建研发中心和实验室等方式，实行课题招标、项目对接、成果转移，与中科院长春应用化学研究所，大连化物所，沈阳金属研究所，301医院，哈工大，第二、第三、第四军医大学，沈阳药科大学等单位开展产学研合作，建立了30多家研发机构。

2010年4月，与中科院签署了中科院威高高技术研究发展计划，与中科院、省科技厅、市政府每年共同出资3000万元，时间为10年，面向威高的主营业务需求，开发医疗器械、医疗设备、生物医药等领域的高端新产品和新技术，提高自主创新能力。通过中科院威高计划，威高得以与中国最大最优秀的研发机构合作。计划实施10年以来，威高在输注耗材、骨科耗材、血液净化耗材等关键技术领域获得突破，提高产品竞争力，抢占市场份额，获得了几十亿元的经济效益。

2005年威高与中科院大连化物所建立合作关系以来，开发了基因重组蛋白免疫吸附柱，主要用于血液透析或器官移植所产生的排异反应，打破国外垄断。该项目被列入了国家"863"计划，研制成功了用于血浆转换、双重膜血浆分离方面的中空纤维膜血浆分离器和血液透析器，每年可为全国肾透析病人节省600多亿元开支。

专业输液器车间

2015年，威高与天津大学合作成立了"微创手术机器人联合研究中心"，共同进行腹腔手术机器人的技术研发，目前已研制成功具有自主知识产权的第三代微创手术机器人。这是一种全新型的微创手术机器人系统，打破了国外技术垄断局面，填补国内空白，共申请国家专利101项，先后获得"2016年中国优秀工业设计金奖"等，并获得"十二五""十三五"国家重点研发计划项目支持。目前该产品已经完成100多例临床手术，手术效果良好，经济、社会效益显著。

2017年5月，威高与中国医学科学院输血研究所签订了合作协议。双方将在细胞治疗领域共同开发新技术，研发新产品，转化成果。输血产品是威高医疗器械产品的重要组成部分，如何突破发展瓶颈，持续创新发展，是威高急需解决的重要问题。双方合作后，依靠输血研究所雄厚的科研实力，搭建创新平台，必将为威高输血产品加强结构调整，加快转型升级，提供一个新的发展机会。威高将与输血研究所紧密配合，扎扎实实地做好各项工作，确保联合实验室的研发进展顺利。

威高展厅——产品区

2019年5月，威高与中国科技大学在合肥签署战略合作协议，共同设立"中国科大威高联合研发中心""中科大附一院—威高研究院"，在生物医用材料与器械、人工智能、智慧医疗等领域开展联合攻关、研究及产业化工作，将科研成果转化为临床应用。

健全创新体系，打造自身创新平台。资金是持续创新的支撑，威高每年至少将销售收入的5%用于科研，专款专用。坚持外建研发中心，内建科研基地，建立健全创新体系，本地、异地及国外研发机构内外并举、优势互补，提高研发实力。打造国家研发基地，提升了研发能力；在国家人社部的大力支持下，建立了博士后工作站；扩大省级研发平台；建立国内研发中心，使技术与市场无缝衔接；建立国外研发中心，将研发触角延伸到国际，广泛吸收国际先进技术，为威高加快国际合作，融入国际高技术领域创造条件。

通过创新平台支撑，威高拥有专利1356项，其中发明专利400多项，自主知识产权产品900多项，高科技含量和高附加值产品达80%以上，其中120多种产品达到国际先进、国内领先水平，100多种产品打破国外垄断，30种产品列入国家火炬计划、国家"863"计划等国家项目。

瞄准国际前沿技术，奠定转方式调结构的平台

威高较早地认识到必须靠创新推进结构调整，将企业从传统的中低端产品为主的发展模式上转到中高端为主的道路上，并提出"一个中心、三个调整"的发展战略，即以人才为中心，大力调整产业结构、产品结构和体制结构。在这一战略的指导下，在产业结构调整上，坚持以医疗器械产业和药业为主导，稳步发展高附加值的医用耗材为主、高科技含量的机电医疗器械为辅，积极认真涉足生物技术，尤其是药业，不断扩展产业链条，形优化产品结构，扩大市场占有率，打造自主创新品牌，实现企业的重大转型，成产业集群效应、集团化运作、规模化发展，走上了良性发展的轨道。

优化产品结构。过去，威高的产品以中低端耗材为主，竞争力较弱，进入21世纪以来，威高将发展方向定位在高端产品，输注耗材系列向高档产品延伸，先后研发了TPE输液器、高效过滤避光输液器、自毁式安全注射器、机用采血器、血液分离器、去白细胞血袋等产品，重点发展心脏支架及各种心内耗材、留置针及各种异型针、血液净化、骨科材料、可降解手术缝合线及针、人工种植体、生物诊断试剂、机电一体化医疗设备、治疗型大输液、人造血浆及其他药品、非PVC原料等系列。

加强支柱产品基地化建设。先后将心脏支架、留置针及各种异型针、骨科材料、血液净化、缝合线、生物诊断试剂等各系列高端产品进行了分离，以每个系列高端骨干产品建立一个子公司，将资源向这些子公司倾斜，促使迅速扩大规模，做大做强。已开发的心脏支架、留置针、血液净化设备及耗材、骨科材料、预冲式注射器等产品打破国外垄断，成为国内第一品牌，大大降低了产品价格，惠及了国内患者。此外，威高正在研发核磁共振、CT、人工肝、人工肺、人工心脏、人工胰、数码成像X光机、彩超等产品。这些高端产品，推动了威高产品结构的调整，让威高增加了新的增长点，加快了威高的发展步伐。

打造自主品牌产品。威高坚持"满足并努力超越顾客的最大需求"的质量方针，加强自主创新，打造自主品牌，并建立健全质量管理体系，赢得市场认可。心脏支架、骨科材料、血液净化、留置针等产品均打造成为国内第一品牌。

引进国际先进技术，奠定消化吸收再创新的平台

近年来，威高一直坚持"以产品创新为核心，突出引进消化吸收再创新，特别是加强技术、设备、品种引进和再创新"的工作力度，形成一系列具有自主知识产权的新产品、新技术、新设备，支撑了公司经济的快速发展。

设备引进之初就重视技术引进和消化，走引进和自主创新相结合之路。通过引进学习外国先进的技术，参照其技术进行发明创造，形成自主设计、装配、使用和销售

的能力。输液针、注射针自动组装机在引进韩国的设备中，威高发现其输液针尖的正针部分达不到设计要求，经常发生针尖偏位、损伤的问题，通过技术攻关，自制了与其相匹配的正针机。在此基础上，又自制了一批往复式针管研磨机、针管切断机等设备，比国外设备节省资金1000多万元。

2020年6月，威高与赛默飞世尔科技在上海签署战略合作协议，借助赛默飞在生命科学领域先进的产品和技术优势，结合威高丰富的商业经验和市场布局，促进分级诊疗强基层进程，提升高新技术在基层医院的普及，共同推进生命科学产业在中国的发展。

瞄准世界一流技术，提高消化吸收和创新能力，进而提高行业创新能力。威高一直站在行业创新前沿，成功引进国内第一条预冲式注射器生产线，在参照制针自动化设备结构的基础上，用半年时间自主开发出一部预灌封式注射器组装机，大幅降低生产成本并提高生产效率，预灌封注射器产品的国内市场占有率超过70%。新冠肺炎疫情暴发后，为满足疫苗接种需求，公司迅速开展预灌封注射器项目的建设，2020年预灌封注射器产能达到4亿支，占国内总产能的70%以上。

以引进国外先进设备研究设备与产品的最佳结合，进行产品创新。引进国外设备不单是利用其技术生产国外的复制品，而是以设备引进为基础，提高生产线上系列产品的研发能力。威高引进的骨科生产线，刚开始只能生产几种规格产品，设备利用率不高。通过对国外设备进行研究，结合市场需求，威高成功地攻克了国外的生产技术，不但可以仿制国外同种高端骨科产品，而且创新产品，形成自主产权。脊柱内固定项目列入了国家高技术产业化项目，骨质疏松条件下提高脊柱内固定强度的整体解决方案列入国家"863"计划。

创新人才机制，奠定激发内部创新活力的平台

人才是创造力，也是竞争力。威高多措并举引进人才，先后建立了拥有4000多名研发和管理人员的研发团队，提高了公司掌握行业核心技术的能力，为形成由研发、中试到成果转化的良性循环体系提供了有力保障。威高与两院院士建立了长期战略合作关系，面向威高的发展需求，加强医疗器械和生物医药等领域的合作。

未来，威高将瞄准国际一流，强化创新驱动，弘扬工匠精神，推出更多高科技含量、高工艺水平和高附加值的产品，用更多质优价廉安全的产品带动降低医疗耗材的价格，让群众更大受益，为服务国家医疗健康事业发展做出积极贡献。

解码碧水源膜法水处理的"魔法"

北京碧水源科技股份有限公司

北京碧水源科技股份有限公司（以下简称碧水源）由归国学者创办于2001年，是中关村国家自主创新示范区高新技术企业，坚持以自主研发的膜技术解决中国"水脏、水少、饮水不安全"三大问题，为城市生态环境建设提供整体解决方案。2010年在深交所创业板挂牌上市。2020年，中交集团全资子公司中国城乡控股集团有限公司控股碧水源，共同服务国家生态文明发展战略。

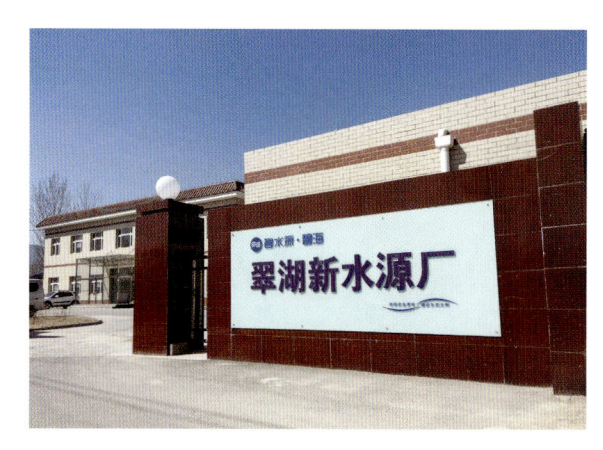

目前，碧水源已发展为世界一流的膜技术企业之一，中国环保行业、水务行业标杆企业，创业板上市公司龙头股之一，中关村自主创新知名品牌，是一家集膜材料研发、膜设备制造、膜工艺应用于一体的高科技环保企业，是全球一流膜设备生产制造商和供应商。碧水源已建成数千项膜法水处理工程，占中国膜法水处理市场份额的70%以上，为治理水环境、开发新水源、保障饮水安全及城市生态环境建设做出积极贡献。

得益于建立了以企业为主体、产学研相融合的创新发展模式，碧水源实现企业、高校和科研院所等产学研主体的深度融合，形成创新合力，最终实现科技成果向市场转化，使科技成果更好惠及人民。

探索&实践

自主研发打破国外垄断

我国水资源总量居世界第六位，但人均水资源量仅为世界平均水平的1/4，为世界上人均水资源相对贫乏的国家之一。水问题已经成为制约我国生态文明建设和社会经济可持续发展的重大战略问题。

目前，我国面临三大水环境问题：水污染严重（水脏）；水资源短缺（水少）；饮用水存在较高风险（水不安全）。从国家的角度看，中国水污染体量巨大，水资源需求也巨大，对水处理技术的要求比其他国家更高，要求技术研究走在国际前沿。

碧水源成立 20 年以来，董事长文剑平强调"技术立本"，他坚信只有技术创新才能从根本上解决中国三大水环境问题。碧水源每年将归属母公司净利润的 10% 投入技术研发，拥有强大的研发团队和研发实力，已获得 600 余项专利技术，填补国内多项空白。目前，碧水源拥有具有完全自主知识产权的膜技术、膜产品和膜工艺全产业链，已发展为全球一流的膜设备生产制造商和供应商之一。

事实上，水处理的核心设备，包括膜材料、核心部件曾经都掌握在国外企业手中，当时我国 95% 的膜材料都从日本进口。外购核心设备的中国企业，不仅让渡了盈利空间，更重要的是，不掌握核心材料，在战略上就处于被动状态。

碧水源决策层认识到，要想不受制于人，必须自己进行技术研发，"要从无到有，再从有到好，一步一步往下走"。于是，碧水源组建了一支由国外聘请专家和国内专业人士组成的研发队伍，成立了自己膜技术研发部门。膜材料是自主研发的关键。为了开发高性能膜，碧水源公司投入当年收入的 1/3 进行膜材料研发。

事非经过不知难。刚开始做膜的成本非常高，开拓市场也非常艰难。在碧水源公司内部有一句口头禅，"手里有技术，心里不发慌"。大家坚信，拥有了核心技术，研发的投入迟早可以收回的，事实也是如此。

转机出现在 2008 年。碧水源投资 1 亿元在北京怀柔雁栖经济开发区建设的亚洲最大的膜生产基地建成投产，结束了我国污水处理用膜依赖进口的历史，同时也使碧水源迈入了全球膜生产三强之列。持续的高强度研发投入，造就了碧水源水处理膜的优异性能，处理效率、稳定性比肩于 GE、三菱等国际知名品牌，而总价格只有进口产品的 2/3，从而使碧水源自主研发的 MBR 膜产品占据了国内 70% 的市场，碧水源已经在全国建立数千个不同规模的 MBR 工程。

创新驱动科技成果转化

针对中国水体复杂、水处理环境复杂、国外技术成本高昂等问题，碧水源敏锐地嗅到市场需求，并结合中国国情进行自主研发。

依据膜上孔的直径大小可以将膜分为四类——微滤、超滤、纳滤、反渗透。当时国际上已经有反渗透技术，但这种技术将水中所有离子全部去除，要求很高的压力，能源消耗极大，不适用于中国国情。碧水源提出，能不能创新自主研发一款压力更低、耗电量更低的膜，能够把有害的离子去掉，而留下对于人体没有影响或者有益的离子。

2009 年起，碧水源开始涉足 DF 膜（超低压选择性纳滤膜）领域，进行技术攻关。从实验室诞生的想法到实现产业化，前后用了 5 年时间。首先在中试线上重复，寻找关键节点和配方调配，再进行产业化尝试，最终推向市场。

创业维艰。即便是在艰难的早期创业阶段，碧水源坚持高水平研发投入，对研发的投入却毫不吝啬。DF 膜研发时使用两条中试线（用于配方研发和产品性能研发），每条每天费用约 6 万元，当时一年 365 天中有 300 天都在运行。从中试线到产业化的阶段也异常艰辛，很多科研机构不具备这个条件。

后来，由碧水源全球首创的 DF 膜产品先后获得了国家科技进步二等奖、"中关村十大创新成果"、中国百强"最酷黑科技"等荣誉，并成功应用于自来水厂与新水源厂。这一技术保留水中对人体无害的离子，能源消耗降低至 1/3，从超高压变为超低压，大大降低运行成本，为污水资源化提供了战略选择，为解决我国缺水问题提供了技术上的突破。

碧水源自主研发之所以能在短期内取得重大突破，也是有章可循。除了结合中国国情，碧水源还注重对标世界一流水平，国外技术专家所积累的丰富的研发经验帮助碧水源迅速了解实验误区，大大减少了摸索试错的时间。

一方面，通过借鉴国际经验、实施标准化研发流程以降低研发风险，做到及时止损；另一方面，研发从来"不以成败论英雄"，对失败保持宽容心态，失败是后续成功的基石。

值得一提的是，在研发布局上，碧水源采取"两条腿"走路——对激进式创新和渐进式创新都非常重视。渐进式创新能够降低成本，适当扩大市场份额；而要满足战略规划中的大幅度提高，则要通过激进式创新推出颠覆性的新产品来实现。

碧水源还通过"全民研发"的方式在生产过程中持续进行渐进式创新，鼓励员工拥有主动创新的意识，对生产线的每个细节都提出改进措施。一线员工的新想法在 4 小时内就能得到迅速反馈。相比较而言，激进式创新的频率则要低得多，碧水源约每季度进行一次技术更新，每年实现一次大型的产业升级。

产学研融合创新案例

融合篇

除了大力投入自主研发外，碧水源还积极保持开放性。这种开放的心态来自对合作共赢的认识。多年来，一直与高校、科研院所、相关企业保持着良好的合作关系，充分构建了以"企业为主体、市场为导向、产学研深度融合"的技术创新体系。

碧水源与清华大学联合成立清华大学（环境系）—碧水源环境膜技术研发中心。该中心的成立为膜生物反应器技术的研究提供了强大的技术支撑，为膜生物反应器技术在国内的应用及普及奠定了基础，共同引领行业技术进步。

此外，碧水源与国际水处理领域的知名研究机构澳大利亚新南威尔士大学、澳大利亚水研究中心积极合作，成立了中澳共建水处理研究中心。该中心在国家重大需求的水处理膜材料、特种分离膜材料领域，共同开展膜污染控制技术等膜技术研究，着力解决膜技术产业化关键技术难题，提升我国膜技术的自主创新核心竞争力和产业竞争力。

碧水源还积极承担国内、国际重大科研攻关项目，解决国内外共同关注的技术难题，为成果的大规模推广提供技术支撑和产业示范。碧水源联合承担的国家科研项目主要包括："十一五"国家科技重大水专项课题、"十二五"国家科技重大水专项课题、国家重点研发计划、"863"计划课题、国家科技支撑计划课题、国家火炬计划课题、国家星火计划项目课题等多项国家重大课题，以及澳大利亚国际联合科研项目等。

与清华大学、中国环境科学研究院、同济大学、中国科学院生态环境研究中心、中国科学院上海高等研究院等23家单位联合发起成立了膜生物反应器（MBR）产业技术创新战略联盟，被评为科技部首批试点联盟。碧水源与天津膜天膜科技股份有限公司、中国环境科学研究院（中国亚太经合组织环境保护中心）、浙江大学等15家单位联合成立的水处理膜材料及装备产业技术创新战略联盟，是国家重大水专项首批8个产业技术创新战略联盟之一，于2014年5月正式获原环境保护部批准建设。

除此之外，碧水源作为主编或参编单位联合行业其他单位积极制定技术和产品规范，对推动技术进步和产业发展，具有重要的作用。目前，碧水源共参与编制国家标准18项、行业标准17项、团体标准14项。2003年，碧水源与中关村环保产业中心合作，制定了我国第一部关于膜生物反应器污水处理技术规程，具有重要意义。

应用篇

为了改善我国重点流域水环境质量，缓解水资源短缺，保障水生态健康和饮水安全，碧水源与中国环境科学研究院、清华大学、中建环能科技股份有限公司和北京科瑞多环保科技有限公司联合承担了国家"十二五"科技重大专项"水专项"——"高品质再生水与水体净化成套装备研发及产业化"课题，针对城镇污水处理厂尾水及重点流域入湖入河劣Ⅴ类水，研发具有自主知识产权的超低压选择性纳滤膜并实现规模化生产，采用以"超/微滤—超低压选择性纳滤"技术为核心的水处理工艺进行深度处理，进一步削减其污染负荷，形成稳定的高品质再生水，找到一条适合我国国情的解决"水脏""水少"问题的重要途径。

该课题研发成果应用于4座示范工程，并在全国范围内推广应用，累积推广产值达14亿元，应用规模超过80万 m^3/d。通过课题实施，实现了将城镇污水厂尾水等劣Ⅴ类水处理至地表Ⅳ类以上水体，为缓解我国重点流域水污染严重和水资源匮乏的双重难题提供一条新的技术路线。

碧水源 DF（超低压选择性纳滤）膜产品

2010 年，碧水源与清华大学、中国科学院生态环境研究中心、浙江双益环保科技发展有限公司、北京城市排水集团有限责任公司合作承担了国家"863"计划项目——"新型膜材料及膜组器的制备和应用关键技术与工程示范"。课题针对 MBR 存在的技术经济瓶颈，研发国产的低成本、高强度、高通量、抗污染的新型 PVDF 膜材料，并形成规模化的生产线；研发低能耗、防堵塞、易于维护管理的高效膜组器，并形成系列产品和规模化生产；开展以膜污染控制为核心的膜材料和膜组器应用研究，建立一套由混合液膜过滤性调控与膜污染的物理和化学清洗相结合的膜污染综合控制技术体系；开展新型膜材料与膜组器在城市污水和工业废水处理与回用中的工程应用示范，形成工艺设计工具包和 MBR 工艺工程设计规范。

课题建成了产能达到 250 万平方米 / 年的膜与膜组器规模化生产线，课题研发的膜产品已广泛应用于我国大型 MBR 市政工程中，如无锡太湖国家旅游度假区污水处理厂三期工程项目（1.75 万立方米 / 天）、石家庄高新技术产业开发区污水处理厂深度处理（一级 A 升级改造）工程（8 万立方米 / 天）及北京清河再生水厂二期工程（15 万立方米 / 天）等。

这一系列的研究成果对于我国污水处理和资源化提供了关键的技术支持，对我国的 MBR 技术的标准化及普及化具有非常重要的意义。

百年学府树建筑设计典范
融合创新铸数字转型先锋

同济大学建筑设计研究院（集团）有限公司

  同济大学建筑设计研究院（集团）有限公司（以下简称同济设计集团）成立于1958年，是全国知名的大型设计咨询集团。依托百年学府同济大学的深厚底蕴，集团已汇聚了5000多名优秀人才，拥有深厚的工程设计实力和强大的技术咨询能力，业务范围涉及建筑行业、公路行业、市政行业、风景园林、环境污染防治、文物保护等领域的咨询、工程设计、项目管理，以及岩土工程、地质勘探等，是目前国内资质涵盖面最广的设计咨询公司之一，在全国各个省、欧洲、非洲、南美洲、亚洲有近万个工程案例。同济设计集团荣列2020年度ENR"全球工程设计公司150强"第65位。

融合创新打造高质量发展格局

  研究与设计并重是高校设计院的特点之一，也是同济设计集团一直所坚持的宗旨。集团充分利用高校设计院的基因，在产学研相互激发和促进下，坚持原创，不断研发新技术，形成了良好的品牌效应。

背靠大学的强大学术支撑

  高校自由开放的学术环境为同济设计集团创造出良好的设计氛围。同济大学在设计相关领域学科齐全、阵容强劲的整体优势，为集团提供了源源不断的专业思想、专业知识与专业人才的支持，是集团得以全面发展的重要技术后盾。

坚持原创设计及多专业集成优势

同济设计集团坚信并贯彻着建筑创作的"先导"价值，整个企业上下形成了重视建筑创作的整体氛围，完成大量具有社会影响力的重要项目。上海中心大厦、援非盟会议中心、2008年北京奥运会乒乓球馆、2010年上海世博会主题馆、北川地震纪念馆、都江堰市"壹街区"安居房灾后重建、上海市公共卫生临床中心应急救治临时医疗用房等项目顺应国家发展策略，助力国家盛会召开，心系社会民生，获得了社会各方的持续关注与积极评价。同时，在发展过程中，集团高效整合内外部资源，延长服务链条，探索全新服务模式，进一步展现集团多专业集成的综合优势。

用一流的研究激发高水平的设计

依托同济大学学科优势及理论技术支持，同济设计集团充分发挥产学研合作平台和企业创新主体作用，以重点项目为载体，开展课题攻关，遵循"从工程中来，到工程中去"的研发模式，不断参与到行业发展与技术创新中。加之2005年成立的教师参与创作实践的集体平台——都市建筑设计院，发挥建筑城规学院与集团双方各自的长处，优势互补、强强联合，共同提高双方在设计领域内的专业地位。

是企业，也是一所"大学"

作为知识密集型和技术密集型企业，5000多名员工是同济设计集团最重要的资源。集团希望与员工共同成长，将先进质量的文化理念、精益求精的工匠精神和追求卓越的创新精神，融入每一位员工的血液中。集团举办了各类设计比赛，包括建筑细部设计竞赛、优秀建筑施工图竞赛、结构创新奖、机电创新奖等；创办企业大学"TJAD培训学院"，推出不同专业的技术课程；定期举办系列"大师讲坛""车库讲堂"，邀请行业大咖讲授政策和技术前沿动态。"十三五"期间，TJAD培训学院共开设课程663门，累计培训近6万人次。工作之余参与各种设计竞赛、打卡集团各类学习平台，成为集团内大多数设计师的生活日常。

多措并举为产学研合作增添动能

设立科研专项基金

同济设计集团每年设立科研专项基金，支持高校和科研院所开展具有前瞻性和良好应用前景的创新技术研究，提供创新源头支撑。目前集团已资助"高密度人居环境生态与节能技术""可持续建筑工程关键技术""结构健康监测技术研发与应用""智能建造和建筑工业化"等方向的研究。

搭建成果转化平台

在上海市政府引导与支持下，高校、科研院所和企业组建创新联合体，打造研发平台，共同推动成果产业化。目前已建成上海建筑数字化建造工程技术研究中心、上海土木工程结构健康监测工程技术研究中心、上海智慧交通安全驾驶工程技术研究中心、国家装配式建筑产业基地、上海市装配式建筑产业基地等国家和省部级研发平台。

重视技术创新与积累

同济设计集团已拥有具有自主知识产权的 20 项核心技术集群。"十三五"期间，集团共申请专利 530 项，获授权专利 249 项，其中发明专利 39 项，实用新型专利 187 项，外观专利 23 项；登记软件著作权 119 项。累计获得各类重要科技奖项 57 项，其中省部级科技奖 24 项、一等奖 9 项。2019 年在加快科创中心建设主题立功竞赛中获评"上海市'五一'劳动奖状"，同年荣获"2019 年度上海市政府质量金奖"。2020 年荣获第 27 批国家企业技术中心认定，入选"科创中国"十大新锐企业榜单和上海企业创新活力指数 50 强榜单。

实行人才双向流动

同济设计集团推荐优秀技术带头人任同济大学兼职导师，与学校联合培养研究生。截至目前，集团已有博士生导师 4 名，硕士生导师 19 名；"十三五"期间培养博士 22 名，硕士 156 名。此外，集团于 2015 年 11 月获批博士后科研工作站，深化发展了以企业为主体，高校为创新动力的合作模式。同济大学与集团的合作，创造了灵活的双向流动机制，搭建了多通道的人才成长路径，推动高端人才引入，校企双聘，实现人才共引、共育、共享。

创新组织机制及激励机制激发成果转化活力

同济设计集团对已立项的产学研合作研发平台，实行企业化管理和市场化运营，由其自主确定内部组织架构和职能，由集团领导层对其进行顶层设计和资源统筹协调；此外，开展目标导向的绩效考核，形成有进有出、优胜劣汰的动态管理机制。在成果转化收益分配方面，按照转化合同额对主要完成人予以奖励，奖励比例最高达合同额的 70%，使科技成果"尽显其值"、主要完成人"尽享其荣"，为成果转化提供"新动力"。

跨界融合，相互赋能

汽车运动与安全研究中心

汽车运动与安全研究中心是同济设计集团直属机构，由全国劳动模范姚启明博士领衔。团队荣获"全国示范性劳模创新工作室"，是国际汽车联合会全球范围内唯一官方许可中国赛道设计机构、授权的道路安全推广机构，长期从事汽车运动与道路安全领域的研究和实践。

近年来，随着全国科技大会提出要建立以企业为主体、市场为导向、产学研相结合的技术创新体系。响应政策号召，中心与同济大学开展的关于安全驾驶领域产学研创新合作意义非凡，成为中心持续发展的核心源动力。

中心与同济大学（交通学院、汽车学院）等单位联合组建"上海智慧交通安全驾驶工程技术研究中心"，并获上海市科委立项。该研发平台以复杂环境下智能化、模块化安全驾驶场景的开发研究为基础，开展安全驾驶行为改善、复杂环境汽车主动安全测试与评估、智能化道路交通基础设施改造等关键技术研究，旨在助力上海超大城市精细化建设和治理，降低道路交通事故。

与中国汽车运动联合会、同济大学共建"安全驾驶教育体验平台"，旨在推动我国驾驶人员对安全驾驶、交通法规、道路安全的认知和尊重，倡导安全驾驶，改善交通环境。平台得到国际汽联、公安部、交通运输部的支持，自主设计符合中国特色、具有独立知识产权的安全驾驶体验产品。

中心还设立了校外培养基地，为同济大学本科生及研究生提供专业实习岗位（每年 6 ~ 8 人次）；设立产学研基地，定期为学校提供"认识实习"场所和经费；中心主任姚启明担任同济大学兼职教授，开展本科生和研究生校企联合培养（每年 1 ~ 2 人次）。研究方向包括：国际未来城市街道赛研究、国际汽车街道赛交通组织设计、智能化安全驾驶教育系统研究等。

工作场景

2020 年，中心策划举办"国际道路安全创新论坛"，参展"中国汽车运动展""上海书展""中国工博会""中国汽摩运动会员代表大会"等国际国内大型活动，为在校学生提供高层次社会实践平台，累计参与学生超 200 人次。

中心从项目经费中划拨公益援助基金，探索与相关企业之间的创新合作模式，累计实施道路安全公益援助项目超 20 项。开展"汽车运动百年纵览与道路安全"系列公益科普，累计完成线上线下科普活动超过 40 场，受众群体超过 35 万人，出版科普图书 1 部，录制科普有声读物 2 辑，获得省部级科技进步三等奖 1 项。

华为 GTS AI 一站点勘测项目

2020 年 2 月 21 日，华为发布了 5G 数字化部署方案。该方案在电信行业首次提出站点数字孪生的理念，将物理站点映射到数字化世界，并在数字化的站点上进行作业，从而改变了传统的作业模式，加速 5G 建设。

AI—站点勘测实现站点从规划、设计、部署到运维的全生命周期的数字化管理。基于站点数字孪生，华为利用摄影测量技术和 AI 技术，提出适用于电信行业数字化建网规范—T-BIM，从而重构电信行业的交付模式。

站点模型

AI—站点勘测项目要追溯到 2014 年，起初 3 年最大的技术难点就是站点数字化问题。如何用数据表达各种建筑环境、形态和空间，设备在空间中的位置信息，以及如何从空间有机关联到设备对象和属性。这决定了数据是否易于理解、使用、查错，也决定了能否避免"空间信息断裂"，能否将站点信息结构化成一颗"有机的树"，还是止步于一堆"散的树叶"。

跨学科深度融合。2017 年，华为与集团数字中心、同济大学经管学院、同济大学电子与信息工程学院一起组建了研发团队。由王广斌教授进行 BIM 数字资产管理指导和顶层设计规划，将 BIM 的思想引入站点信息库建设中。各方的通力合作，将建筑数字化从理论付诸实践，形成了一套从顶层设计到具体实施的方法论。

王广斌教授团队、卫刚教授团队发挥了对国内外标准、文献和前沿科技熟悉的优势，借鉴了以往对建筑业信息化、BIM 软件和数据库的研究成果，同时结合集团团队 BIM 项目丰富的实施经验，最终将数据量大、复杂性高、数据重复使用少、结构化程度低的站点数据库，通过借鉴 BIM 直观性、可管理性、可计算性、可共享性的理念，改造成一个可视化、结构化、覆盖场景广的数据库，辅以智能勘测设备的 AI 勘测能力，成就了一个 AI—站点勘测平台，解决了站点内空间属性和设施设备的几何属性无法结构化的难点和痛点。

标准引领与流程再造。数据质量方面，通过将现有站点信息库进行数据治理，协同业务人员梳理清晰各对象间的逻辑关系，在电信行业引用和剪裁相关标准，对站点对象分类、分层、分级和编码，实现将站点数据结构化、标准化、对象化，建立全球统一而有弹性的数据规范和标准。方案平台方面，通过制定 BIM 构件建模及平台选型方案，规划了站点信息库的整体架构，制定了 BIM 实施的范围和流程，实现了对象 3D 化显示和数据映射。

据统计，本项目实施后站点勘测效率提升了 78.3%，预计节省勘测成本约 6000 万美元。同时利用数字化资产，站点的改造、扩容变得更加高效和快捷，提升了运营商组网的效率和质量，降低了建网的成本，形成华为全球站点的数字孪生，实现免勘、少勘、精准交付、智敏建网。

未来产学研合作深化展望

增加产学研对接渠道

增加企业与高校、科研院所的联络对接渠道（交流促进会、创新大赛、企业进校园等），深入挖掘合作资源，以催生更多产学研联盟，形成产学研创新集群。

建立产学研合作机制

依据"利益平衡、利益共享、利益约定"的原则，建立产学研合作的投入机制、合作机制、激励机制和成果分配机制，将产学研合作规范化、常态化。

优化配置产学研资源

在"产"方面，建立多层次、全方位的产业化基地和创新实践基地；在"学"方面，优化人才政策，着力打造结构合理的科技人才梯队；在"研"方面，推进企业为创新主体的科技攻关模式。

传承创新基因
做无机氟化工产业领头羊

多氟多化工股份有限公司

科学研究是一个坎坷艰辛的过程，多氟多化工股份有限公司（以下简称多氟多）的发展史就是一部科学的实践史。遵循物质不灭定律和能量守恒定律，公司通过对三个元素的研究，逐步发展成为无机氟化工领域的龙头企业，冰晶石、氟化铝、六氟磷酸锂、氢氟酸等多个产品产销量全球第一。大量的实践充分证明，要高度尊重科学，深化产学研用合作。一方面，通过多种形式的合作项目，提升企业员工科学技能素养，强化尊重科学的科研生产意识；另一方面，以具体产业项目为载体，深度参与实施，培养既具备科学理论知识，又有扎实实践经验的复合型人才。

与生俱来的创新基因

20年前，多氟多的诞生，就是源自一项极具战略意义的创新成果。氟硅酸钠法制冰晶石联产优质白炭黑，是从废弃的磷肥废渣里，提炼出电解铝工艺中的重要辅料冰晶石，这一由多氟多公司首创并实施的创新技术，节约了萤石这一重要的战略资源，一举解决了制约铝工业发展的能源难题，实现了磷肥副产品的循环利用。秉承这一创新基因，多氟多走出了一条"技术专利化、专利标准化、标准国际化"创新发展道路，不断发展壮大企业的创新基因。

多氟多对氟、锂、硅三个元素的深入研究取得丰硕成果。冰晶石、氟化铝被用于电解铝生产，节约了资源和能源；全球动力锂电池中，每4块就有1块用的是多氟多生产的六氟磷酸锂；多氟多的超净高纯电子级氢氟酸叩开了半导体产业的大门，多氟多人在自主创新的道路上向纵深推进。

目前，多氟多拥有14家控股子公司和4000余名员工，设立有国家认定企业技术中心、无机氟化学河南省工程技术研究中心、河南省含氟精细化学品工程实验室，承担实施了国家"863"计划、国家火炬计划、国家重点新产品、国家高技术产业化示范工程、战略性新兴产业等10余项国家科研项目，成为一个具有强大创新基因的明星企业。

多氟多开发出一大批拥有自主知识产权的新产品、新工艺和新技术，拥有发明专利704项，授权专利423项，其中发明专利133项，这些专利优势明显且有两个共同特点：一是都有一定的技术含量，能够代表行业发展方向；二是多数都能够进行产业化。主持制、修订100余项国家、行业标准，研制出冰晶石、氟化铝国家标准样品，成为全国化学标准化委员会无机分会氟化盐工作组召集单位、国际ISO/TC 226氟化盐工作组召集单位。

企业是创新的载体，人才是创新的根基。在企业发展过程中，多氟多积极构建人才生态池，通过人才评价胜任力模型，打造多层级人才梯队。多氟多现拥有国务院津贴获得者3人、国家百千万人才专家2人、行业领军人才3人、教授级高工8人、河南省学术技术带头人、技术能手3人。

与时代同行，与强国共振

创新是民族进步的灵魂，是国家兴旺发达的不竭动力。抓住了创新，就抓住了牵动经济社会发展全局的"牛鼻子"。

多氟多把元素周期表左上角最活泼的非金属元素"氟"和右上角最轻的"锂"元素结合起来，研发出六氟磷酸锂。此前六氟磷酸锂技术是由日本企业长期垄断，说起为什么要做六氟磷酸锂，董事长李世江可谓记忆犹新。

2006年，李世江随团出国访问，途中一位老专家对他说，氟这个元素做好了可以按斤卖、按克卖，当时六氟磷酸锂每吨价格高达100多万元，且生产难度高，技术为日本企业垄断，国内企业使用的这种产品全部依靠进口。

老专家的一番话，触动了李世江敏锐的神经。之后，他多次拜访日本厂家寻求合作，但对方既不接受参观学习，也不出售生产技术，落后受制于人的情形激发了李世江的血性。他告诫自己："不管遇到多少困难，付出多大代价，多氟多一定要生产出世界上最好的六氟磷酸锂。不仅要和日本企业竞争，还要把中国的六氟磷酸锂卖到日本去！"

这一干就是8年，凭借在氟化工的技术优势，李世江带领他的团队先后突破了原料提纯、机械密封、低温、强腐蚀、无水无尘等苛刻条件的一道道难关，经过上千次试验，从量的积累到质的飞跃，从点的突破到系统能力的提升，独辟蹊径，首创了以工业无水氢氟酸、工业碳酸锂制备晶体六氟磷酸锂的新型原料路径，实现了从产品工艺到生产设备的全面"自造"，并迅速产业化。目前已形成10000吨高纯晶体六氟磷酸锂的生产能力，产销量居全球第一。

六氟磷酸锂自动化包装线

这项研究成果荣获"国家科技进步二等奖""中国石油和化学工业联合会科技进步一等奖"，被国家科技部和发改委分别列入国家"863"计划和国家战略性新兴产业。

多氟多一小步，中国一大步。多氟多六氟磷酸锂的产业化，不仅打破了国外技术垄断，还开启了全球六氟磷酸锂低价时代。

北京一位老工程师激动地对李世江说："你没做六氟磷酸锂的时候，我每年要到日本3次，给人家说好话，花几倍的高价购买；你的六氟磷酸锂做出来以后，日本人每年来我这里3次，给我说好话，降价让我用他们的产品。你们让中国民族工业挺起了腰杆子！"

做大做强中国电子化学品，助力"中国芯"

2018年，美国停止提供芯片供应事件引起轩然大波，"缺芯少魂"的问题严峻地摆在中国人面前。2019年的日韩贸易摩擦值得警醒，作为半导体芯片清洗、蚀刻用的电子级氢氟酸是本次贸易战"卡脖子"的三大产品之一。

"在关键时刻，中国企业要有民族担当，要在短时间内打破国外套在我们脖子上的枷锁，实现'中国芯'扬眉吐气的愿望。"李世江说。

依靠氟化工领域的突出优势，多氟多电子级氢氟酸取得突破性进展，产品达到国际领先水平的 UP-SSS 级。目前，多氟多已成功切入韩国高端半导体供应链，并且持续批量供应韩国市场。如今，多氟多已具备年产 1 万吨超净高纯电子级氢氟酸（半导体级）的生产规模。同时自主开发了电子级硫酸、电子级氟化铵、电子级双氧水等系列产品……

核心技术是买不来、要不来的，必须掌握在自己手里。大力发展新材料，填补空白，打破技术封锁和市场垄断，是以多氟多为代表的民族企业奋斗的目标，更是时代赋予我们的历史使命。未来，我们要深入研究创新体系，持续探索"政产学研金用一体化"模式，为解决国家关键领域"卡脖子"问题不懈努力。

加强科研合作，促进成果转化

近年来，国家对新能源产业的支持，使多氟多坚定从氟化工向新能源进军的信心。随着互联网发展，新产业、新模式、新业态层出不穷，对企业和院校的人才培养、发展模式等提出了新要求，"深化产教融合、校企合作"成为发展的主流。多氟多不断深化与科研机构"联姻"，成立博士后科研工作站，搭建产学研平台，与清华大学、北京化工大学、厦门大学、中科院等 20 余家科研院在新材料、新能源等领域开展全方位合作，共同构建出了产学研联盟的创新型科研产业体系，实现相互赋能、融创发展、互利共赢，极大地促进了成果转化。

针对动力电池存在能量和功率密度差、安全性较差等问题，2016 年多氟多与中国科学院过程工程研究所签署产学研合作协议，双方共建"氟化工联合研发实验室"，就"高能量密度锂离子动力电池研发及产业化"进行合作，以进一步提高电池的能量、功能密度和安全性。中科院过程所具有技术、人才优势，在离子液体电解液的设计合成、性能研究及规模化制备等方面积累了丰富的经验；而多氟多自主研发的六氟磷酸锂技术工艺获得"国家科技进步二等奖"，产业化经验丰富，并且拥有上市公司这个融资平台，为双方持久合作奠定了基础。该合作项目得到河南省科技厅的大力支持，被列为"河南省科技开放合作项目"，获得财政资金支持 50 万元。2018 年 11 月，项目组研发的基于碳基负极和三元材料正极的高能量密度动力电池实现产业化生产，通过省科技厅的验收。项目实施期间，共申报国家专利七项，其中授权专利 5 项；发表论文 5 篇；培养硕士研究生 8 名，专业技术人员 15 名，实现科技成果转化与人才培养双丰收。

2017 年多氟多新研发的 46AH 电芯能量密度达 235Wh/Kg（瓦时 / 公斤），2019 年 1 月工信部公布的车型目录中，多氟多电池组能量密度 164Wh/Kg（瓦时 / 公斤），名列第一名。"新能源汽车动力电池智能化车间"项目列入国家智能制造专项，并获得国家 2500 万元资金支持。目前，多氟多具备 4GWh（十亿瓦时）锂离子动力电池产能，电池装机量居全国前十，软包动力锂电池装机量全国前三，成功进入奇瑞、上汽通用五菱、广汽等国内知名整车厂新能源汽车电池供应链体系。在储能领域，通过技术受让和美国 KORE Power 公司形成战略合作，产品通过 UN、IEC、UL 等国际认证，并实现批量发货。

多氟多与中科院过程所"高能量密度锂离子动力电池研发及产业化"合作项目，是践行"政产学研金用一体化"理念，把解决国家重点产业发展"卡脖子"问题为目标，以市场需求为导向，以产学研平台为支撑，在资本手段的助推下完成科研成果转化的实践案例，具有重要借鉴意义。

完善产学研协同，多方共筑强国梦

中美贸易摩擦让我们意识到了在某些领域与西方的差距，从短期来看是个严峻挑战，但从长远来看是个机遇，有差距不可怕，认识到差距抓紧迎头赶上，中国的高端产业就能化危为机，实现更快更好地发展。

作为企业家，我们首先要有信心直面挑战、渡过难关，国家也要在政策上大力支持引导，而院校和企业间的同心同德、通力合作也是必不可少。为此李世江建议。

政府层面，一要在国家层面发挥统筹作用，积极做好引导。依托工信部、科技部构建生产应用示范平台，优化和集中国内外"政产学研用金"资源，推动建立协同创新体系建设，以行业龙头企业为依托，以市场化运作为核心，以共性关键技术协同开发和跨行业融合性技术开发为主要任务，重点开展技术联合攻关、试验等工作，增强发展新动能，提升核心竞争力。二是加大政策制度扶持力度，完善国家税费激励机制。增加科研和产业化投入，突破产业瓶颈；加强人才培养与创新团队建设；联合龙头企业、行业协会、高等学校和公共服务平台，通过共同实施重大项目培养一批技术骨干与创新团队。三是还需要鼓励新技术应用，建立容错机制。用创新的思维解决创新企业发展中遇到的问题，鼓励企业在允许的范围内进行试错、创新。

高校与科研院所层面，要转变人才培养方式，面向企业输出实用型对口人才，加大高层次、高水平和高质量人才培养和团队建设。

企业层面，要出台多样化的人才引进、育留政策，吸引和留住国内外高水平、高层次及高精尖领军人才，建立长效的引进机制，形成良好的人才发展环境。

个人比不过团体，团体比不过平台，平台比不过趋势。在社会日益变革的今天，合作已经不仅是商业运营方式，而逐渐成为一种精神，成为一种推动变革的强大力量。

生活从不眷顾因循守旧者，而是将机遇留给勇于创新的人。让创新成为一种习惯和本能，在心灵深处给"不可能"留下空间，是成熟人生、成熟企业的标志！

面向新航海　着眼产学研　致力新发展

哈尔滨哈船导航技术有限公司

哈尔滨哈船导航技术有限公司（以下简称哈船导航）是一家以自主高端产品设计与核心技术研发为基石，以船舶导航、智能航海、智慧海洋为应用领域，以高新技术研发、高新技术产品研制生产、高新技术咨询服务为主营业务的军民融合型高科技企业。

哈船导航成立于2016年1月，由黑龙江省、哈尔滨工程大学、海洋运载器导航设备研究所共同组建，具有先天的结构优势——既有地方政府的政策扶持，又有高校的科研能力支持，还有成果完成人的技术实施保障。

哈船导航主营业务范围广泛，目前公司已自主研发综合船桥系统、电子海图显示与信息系统、雷达显控终端、光纤罗经、卫星罗经、海图标绘仪、海浪监测仪、海面测温仪、气象传真机、船用显控终端等多款产品，在领域内具备较强影响力。

随着全球航运竞争越来越激烈，航运效率及准班准点的要求越来越高，同时自动识别系统（AIS）强制性要求高精度航向信号，对于体积小、精度高、免维护、故障率低、价格便宜的导航罗经的需求越来越迫切。哈尔滨哈船导航技术有限公司项目团队经十余年来的技术积累，研发出了符合当前市场需求的低成本船用光纤罗经，技术和商业化方案均已成熟，已达到中试熟化阶段要求。

产学研合作以自主高端产品设计与核心技术研发为基石

一个公司想要发展，不能仅仅依靠其他地方借鉴而来的技术与经验，还需要核心的科研团队进行核心技术的研发。

哈船导航依托的哈尔滨工程大学"导航、制导与控制"学科是我国船舶导航领域的国家重点学科和首批国防重点学科。入选首批国防科技创新团队、黑龙江省领军人才梯队，建有国家发改委批复的国家地方联合工程研究中心和教育部工程研究中心。团队带头人现为国家地方联合工程研究中心常务副主任，教育部工程研究中心主任。入选国家"万人计划"青年拔尖人才、长江学青年学者，黑龙江省领军人才梯队带头人、龙江科技英才。团队现有成员18人，其中包括千人计划专家2人，国家"万人计划"青年拔尖人才1人，长江学者青年学者1人，团队成员中，15人年龄在40岁以下，16人从事国防科研10年以上，是一支年富力强、结构合理的创新团队。

哈船导航以自主高端产品设计与核心技术研发为基石，以船舶导航、智能航海、智慧海洋为应用领域，以高新技术研发、产品研制、生产制造、维修保障、咨询服务为主营业务。公司配备了优越的办公环境和先进的仪器设备，汇集了一批高素质、富有经验和热情的经营管理、研究开发和生产服务人员，建立了完善的管理、研发、生产、销售和售后服务体系，具备自主研发、设计、生产的能力。

哈船导航长期从事海洋运载器导航理论及工程技术研究工作，瞄准本领域国际前沿，围绕国家、国防重大战略需求，主要在新型惯性器与系统技术研究、舰船综合导航系统理论研究和现代海洋仪器技术究三个方向开展创新性研究工作。

公司特别注重军民两用技术研究及产学研用的结合，研制出我国多种型号新型舰船导航装备，解决了海军导航技术发展的关键性问题，并大量应用于海军舰艇和民用船舶，已经成为我国舰船导航技术领域重要的人才培养基地和技术创新摇篮。

打造面向产业化的产学研用综合创新链条

2016年，在黑龙江省委、省政府的大力支持下，团队带头人作为创始人率先注册成立船海类高新技术学科性公司，该公司以自主高端产品设计与核心技术研发为基石，以船舶导航、智能航海、智慧海洋为应用领域，作为哈船导航工程技术向产品转化承接的主体和市场拓展和需求牵引的主体，希望以此形成前沿基础研发、关键技术攻关、工程产品设计和市场推广服务的产学研用综合创新链条。公司先后通过武器装备质量管理体系认证、武器装备科研生产单位三级保密资格证书、装备承制单位资格证书、武器装备科研生产许可证书、科技创业奖、高新技术企业认证、黑龙江专利优势企业认证、ABS船级社认证、挪威船级社认证、中国船级社认证等资格证书和奖项，并先后取得50余项自主知识产权。2017年，公司荣获"哈尔滨市首届科技创业奖"，并获批黑龙江省工程技术研究中心。

组织、运行、管理、激励四向立体推进产学研合作

在组织模式方面，总经办作为产学研合作活动的归口部门，对产学研的运作进行

监督管理，熟知合作双方需遵守的各项法律法规，按照双方约定开展合作。

公司设立产学研合作活动小组，组长由总经理担任，组员由公司技术研发中心、财务部、客户业务中心、专项办负责人组成。组长每年根据公司研发活动的需要，与小组共同制订公司年度产学研活动的计划、经费预算、人员配置等事项。

在管理制度方面定义产学研合作的目的，明确适用范围及责任与义务和激励机制、成果管理等内容。为产学研合作提供可靠依据。

在运行机制方面，公司研发部提出产学研合作课题（项目）及意向合作单位；公司研发部组织有关部门对产学研合作课题、合作单位进行考察，报公司领导审定；与产学研合作单位签订合作协议。协议内容包括：合作形式、合作双方权利、义务、资金预算、成果管理、薪酬等事项；任用产学研合作课题组负责人、课题组成员，确定课题组工作地点等事宜；资金注入，课题组开始工作。

在激励机制方面建立产学研合作奖励机制，每年按《科技项目奖励规范》奖励在产学研合作工作中做出突出贡献的人员。对确实有发展前景和进度良好的项目，公司将在资金、政策和设备上给予重点保证和倾斜。公司将定期评选产学研合作工作先进集体和个人。具体根据产学研合作考核情况判断，经公司评审、决定后，给予表彰和奖励。

批评反思、收益分配、财政三方"会谈"支持产学研合作创新

首先要制订改革科技成果评价办法和激励机制。一是设计和建立科学规范的科技成果绩效评价制度，定期对高校和科研院所完成的应用性科研项目进行评价。二是在应用性科研项目立项时，要求项目承接单位必须做好切实可行的市场调研和商业化目标规划。三是建立公正、公平的人才评价标准，将科技成果转化业绩作为开发类科技人员晋升技术职务的重要条件，保证从事技术开发与从事基础研究的研究人员具有同等学术待遇。

其次是建立合理的收益分配制度。一是依法保障科技成果完成人的合法权益。二是加快创新人才培养，建立学术界与产业界人员相互进入对方领域的畅通渠道，努力形成教学科研相互促进的良性循环。鼓励高校、科研机构的实验室和科研设施向企业开放，支持企业为高校和科研机构建立学生实习、实训基地。三是推动高校和科研院所走向企业争取更多的科研项目和重大课题，逐步由国家拨款转变为通过市场从需要科研成果的企事业单位中获得。四是建立国家级产学研合作成果奖励机制，对通过产学研合作取得巨大成果的项目和人员要加大奖励力度。

最后是要加强财政金融对产学研合作的支持。一是继续加大研发经费投入力度，尤其增加中试和应用阶段的资金投入，促进科技成果迅速转化为现实生产力。鼓励企业增加科技投入，使企业真正成为科技成果转化的主体和受益者，形成以企业为中心的产学研合作运行机制。二是制定和完善产学研合作项目的税收优惠政策和贴息贷款

政策，有效降低产学研活动的成本。

产学研合作现状：高校合作，名师配备，全面培养

哈船导航从创办之初就将技术创新放在公司战略发展的首位。成立的这几年里，公司不断加强与各高校的合作，建立了专门的名师培养制度，也成为高校研究生的实践基地。

其中与公司合作的高校有哈尔滨工程大学、天津大学及东南大学等工科高校，将产学研合作的精髓进行到底。

在名师方面，公司聘任了哈尔滨工程大学的周卫东教授和卢志忠导师，在惯性导航方面为公司提供技术支持。专家们表示非常高兴加入哈船导航，同时也感受到肩上的责任巨大，在今后的工作和学习中，会以更加专注、严谨的态度将技术产业化做精，为研究型项目及产品提供技术支持，为公司的事业发展贡献出自己的一份力量。此次授聘是双方合作的新开端，在之后的工作中，二位专家发挥技术优势，通过不断的技术创新，为公司创造了更多的价值。

为了让公司能够拥有源源不断的科技创新活力，公司还建立了东南大学研究生实践基地，全面培养前来实践的学生，为工科强校东南大学的研究生提供实践的场所，并以此来为公司的科研团队不断造血。

研发人员讨论惯性器件标定方案

技术创新，合作共赢，这是企业发展的基石，更是哈船导航保持持久生命力的动力之源。随着企业逐渐走向成熟，哈船导航所追求的不是短期的收益，而是长期的可持续发展。哈船导航将继续加强产学研合作推进，与各高校达到最大限度的优势互补，为达到共同的发展愿景，奉献出自己的力量！

一叶红船映初心　乘势而上开新局

东软医疗系统股份有限公司

东软医疗系统股份有限公司产业园区

春回大地，天辽地宁。1998年，东软医疗系统股份有限公司（以下简称东软医疗）在东北这片沃土上应运而生，20余年的历久弥坚之路，铸就了它在医学影像设备领域不可撼动的地位。如今，又凭借其完善的产学研科技创新机制掀起新一轮浪潮，正电子全身骨显像新技术和临床应用转化中心、eStroke国家溶栓取栓影像云平台，以及国家呼吸系统疾病临床医学研究中心暨呼吸影像大数据与人工智能应用联合实验室等一系列与国内顶级医院、科研院所、高等学府、检验机构等开展的产学研合作项目取得了阶段性成果。东软医疗以锐意进取、协同创新的决心，勇做国家产学研一体化进程的排头兵，逐步形成了多元化面向全球开放的产学研合作战略高地，将产学研蓝图真正落到实地，变为实景。

辉煌历程，振兴东北老工业基地的"盛京智慧"

改革开放以后，中央对东北三省进行了重新规划和重要部署，提出了振兴东北老工业基地发展战略。也正是得益于这一规划部署，东软医疗于1998年正式成立。为推动大型医疗影像设备迈向自主可控，经多年发展，东软医疗已成为以影像设备为基础的临床诊断和治疗全面解决方案提供商，拥有数字化医学诊疗设备（CT、MRI、

DSA、GXR、PET/CT、RT、US）、体外诊断设备及试剂、MDaaS（医疗设备和医学影像数据服务）解决方案、设备服务与培训四大业务线。作为一家跨国企业，东软医疗积极融入国际市场，构建了全球化的业务布局。已累计销往全球110余个国家和地区，历史发机量达40000余台，是当之无愧的"盛京智慧"。

良性循环，可持续发展促进科技成果转化

创新是引领发展的第一动力。20余年，东软医疗秉承"创新成就价值"的理念，以"通过持续创新、卓越运营，提供高品质的医疗产品和服务，惠及人类健康"为使命，致力于成为全球医疗服务的最佳价值创造者。作为大健康产业核心业务模块的东软医疗，更是凭借多项自主研发知识产权的创新优势，获得国家认可、行业称赞和客户信赖，引领行业向自主化发展。公司近年先后获得国家数字化医学影像设备工程技术研究中心、国家信息化和工业化深度融合示范企业、国家智能制造试点示范企业、国家服务型制造示范企业、中国产学研合作创新示范企业、国家知识产权示范企业、辽宁省高端医学影像设备技术创新中心等多项荣誉资质。

自主创新只是一个起步，要想促进科技成果的转化，必须要从技术研发、人才引进和质量管理多维度把控，才能保证可持续性发展的良性循环体系。产学研协同创新的意义，就是企业、高校、科研机构以创新资源共享、优势互补为基础，以合作研发、利益共享、风险共担为原则，组合形成一个利益共同体，共同开展科技创新、推进成果转化。这种模式非常适合研发期长、投资巨大、技术水平要求高的医学影像设备的市场化。

以分级全环节管控技术为研发质量提供坚实保障

东软医疗建立了一套从公司级相关技术发展支持平台、事业部级产品研发平台到研究院研发平台自上到下的三级研发体系，按照立项、实施、验证、应用、服务、认证法规、生产工程、质量保证和采购等环节严格管理，确保各环节实施过程的可靠性。同时，对于整个产品生命周期，共分为三个部分、九个阶段，以分级管理模式，高效控制各开发阶段的进度和质量。在每一个阶段的结束，都会对各个阶段的交付成果组织评审，及时调整下阶段工作方向，避免资源和时间上的浪费。

价值管理与文化支撑为人才体系建设保驾护航

东软医疗建立了一套高效的人才吸引、培养、考核、激励的管理机制，包括价值评价、价值分配和培养三大体系，通过能力管理、职位管理、绩效管理、薪酬激励、发展管理等多元化的管理方式，构建了配置合理、高绩效、高素质的员工团队，以支撑公司业务发展。目前，东软医疗已形成了由国内资深专家和一批高学历、能力强的青年组成的一支学习型与创新型的医学影像设备研发团队，所有人员均具有较高的专

业理论水平和丰富的产品化工程经验，具有从零部件到整机、从性能到结构的研究设计能力。

高标准质量管理体系助力完善产品服务与标准引领

东软医疗在医疗业务方面，长期致力于搭建高效的质量管理体系并提供高质量的产品和服务。已建立了同时符合中国、欧盟、美国、加拿大、巴西等区域要求的质量管理体系，通过了第三方认证机构的质量管理体系认证，并根据公司业务发展的需求持续完善和优化质量管理体系。

基于公司管理层对质量管理体系的高度重视及全员参与质量管理活动，东软医疗已取得 EN ISO 9001：2015、EN ISO 13485：2016、YY/T 0287：2017、GB/T 19001：2016 质量管理体系认证。增强了东软医疗在国内和国际市场上的综合竞争能力，为全球越来越多的用户提供安全有效的医疗设备。

强化基础研究，建立产学研深度融合创新体系

产学研合作是推动经济和生产力发展的重要因素。东软医疗在强化基础研究的同时，探索建立一套适合自身发展的产学研深度融合创新体系。

首先，加大研发投入，特别是针对产学研一体化协同创新的经费投入，并在研发、实施、成果转化等阶段加大对合作高校、科研院所的支持力度。

其次，积极探索模块化下的技术创新战略，努力打造性能稳定、结构弹性的模块化产品架构，充分利用产品架构的聚合和纽带功能，以寻找优质的合作伙伴。

最后，通过与国内顶级医院、科研院所、高等学府等开展全面广泛的合作，构建开放多元的"产学研医"协同创新生态，实现优势互补，共同推进技术的创新与推广应用。

跨界操刀，为医学影像界贡献中国智慧

高端医疗设备行业是一个技术密集、人才密集、资金密集的战略领域，政策引导、产业发展、人才培养、学科建设环环相扣。要实现自主可控，产学研医协同创新是重要的抓手，也是必不可少的手段。在这方面，诞生于大学校园的东软医疗有着独特的优势。

钟南山院士团队与东软医疗组建联合实验室

东软医疗主导的产学研合作是一大亮点。与广州医科大学附属第一医院共同成立国家呼吸系统疾病临床医学研究中心暨呼吸影像大数据与人工智能应用联合实验室，实行由临床专家驱动的科学研究、产品开发、平台运营的全链条呼吸疾病专科智能诊断，探索医工深度合作新模式，开展呼吸系统疾病的筛查、诊断及救治方法研究。

呼吸影像联合实验室以其相关研究基础成功申请了国家重点研发计划"呼吸系统疾病临床研究大数据与生物样本库平台"（项目编号：2018YFC1311900），并参与其中子课题"呼吸系统疾病影像数据分析与管理平台"。

同时，深度参与"广州医科大学附属第一医院国家疑难病症诊治能力提升工程信息化建设项目之呼研院部分"的国家级呼吸系统疾病专科影像大数据中心及"云+AI"专科联盟应用的研究任务。

依托云平台推进医疗普惠化发展

东软医疗与北京宣武医院合作建立的"互联网智能医疗与前沿影像技术联合实验室"，负责eStroke国家溶栓取栓影像云平台的建设运营，实现溶栓、取栓多模态影像学精准评价。

依托eStroke国家溶栓取栓影像平台，可通过互联网和人工智能技术实现分级诊疗和医疗资源均等化，让优质医疗资源深入到遥远的山区农村。目前eStroke国家溶栓取栓影像平台已经接入近60家医院，为8000余例患者数据提供了及时有效的分析服务。

未来，东软医疗将持续构建集预防、诊断、治疗、康复于一体的网络体系，全面惠及寻求提升卒中救治能力、规范卒中救治方法的各级医院，指导基层医院临床个体化治疗。

多主体联合打造区域集群性创新合作模式

建立正电子全身骨显像新技术和临床应用转化中心。中华医学会核医学分会于2017年10月委托中国医科大学附属第一医院核医学科联合东软医疗建立正电子全身骨显像新技术建立和临床应用转化中心，就东软医疗PET/CT设备骨显像项目开展临床科研，形成指导行业发展的规范和指南，促进核医学PET/CT新临床应用的发展。

核医学PET/CT临床应用领域科研合作研究。2020年，东软医疗先后与桂林医学院附属医院、湖南省肿瘤医院、济南市第三人民医院及抚顺市第四医院展开核医学PET/CT临床应用领域科研合作研究。包括成立核医学临床应用示范基地，对国产设备进行临床应用性科研研究，申报国家等各级课题；成立核医学影像设备及临床应用研发基地；建立"东软分子影像学院—教学基地"，将合作医院纳入教学基地，进行合作交流和实操培训。

基于疫情场景完善产学研创新合作应急体系

此次新冠肺炎疫情期间，东软医疗依托该实验室，聚合广州医大一附院、吉大一附院、首都医科大学附属北京朝阳医院等数百家机构，专门组建"新冠肺炎智能影像联盟"，携手开展新冠肺炎早期筛查的相关研究，紧急研发出抗疫利器"雷神"方舱CT和新冠肺炎智能辅助筛查科研应用"火眼AI"，将其作为新冠肺炎早期筛查、病灶快速检测、疗效评估和病情进展分析的综合科研应用，在疫情期间免费使用。此外，为进一步帮助重点区域和基层地区防控疫情，东软医疗还组织、供应大批搭载5G技术、火眼AI及NeuMiva智能医学影像云平台等科研应用的车载CT，随国家紧急医学救援队深入医疗资源紧张、诊断经验不足的地区，克服极端环境困难，顺利完成多次救援任务。

东软医疗推出"雷神"方舱CT

东软医疗正在以蓬勃之势迎接高速发展与集聚的产学研创新合作。短短几年内，便与清华大学、厦门大学、北京大学第一医院联合开展国家重点研发计划"数字诊疗装备研发"试点专项；与吉林省公安厅、长春市公安局、吉林大学、吉林大学白求恩第一医院等共同成立虚拟解剖联合实验中心；与中科院苏州医工所在医工结合、人才培养、成果转化与产业化方面全面战略合作。承担多达37项国家、省重点科技研发项目，产品或项目获得包括国家科学技术进步奖二等奖在内的14项国家和省部级科技奖项，为推动国产医疗装备自主可控起到了至关重要的作用。

一叶红船映初心，乘势而上开新局。面向未来，东软医疗将不忘初心，牢记党的使命，始终以促进大型医学诊疗设备的普及应用为己任，秉持理想，锐意创新，大力发展产学研协同创新工作，让高质量的医疗产品、技术和服务，惠及更广泛的区域和人群。

中国"智"造创新之路

珠海天威飞马打印耗材有限公司

珠海南屏的天威科技园

珠海天威飞马打印耗材有限公司（以下简称天威）主要生产打印机色带、墨盒、激光碳粉盒等通用耗材及3D打印设备和材料，是一家完成原材料、零部件、成品整体产业链垂直整合一体化的大型企业，在全球耗材行业具有举足轻重的影响力。

扎根珠海，背依神州，面向世界

天威——全球通用耗材行业的龙头企业和奠基者。

40年前的1981年，天威在中国香港成立；1988年，天威在广东珠海建立国内第一家打印耗材厂，奠定了我国通用耗材产业发展的基础。目前天威生产基地以珠海为中心，辐射全球。在上海、杭州等地建立10余家工厂，占地面积33万平方米，已形成集3D打印、色带、喷墨、激光打印耗材及零部件研发、生产为一体，专业化、全门类、高集成的大型耗材生产基地，涵盖打印耗材领域9大类过万款品种，自有品牌"天威""Print-Rite"等，在国际上享有较高的知名度，产品远销全球150多个国家和地区。

40年发展，天威是我国通用耗材产业成长的缩影。从批发贸易到自建品牌，从简单加工到自主创新，从色带产品到墨盒、硒鼓及配件，再到取代传统印刷、印染技术，应用在纺织、电子、陶瓷等领域的印染墨水、电子墨水、陶瓷墨水、彩色碳粉、陶瓷碳粉、3D打印机及耗材等拥有高附加值、市场前景广阔的创新型产品，以及专业系统的打印服务解决方案和个性化定制方案，天威完成了从单一成品生产到创新型和服务型企业的转型升级。

践行自主创新战略，走可持续发展道路

天威在发展过程中，以"自主创新"为核心竞争力，制定创新发展战略，积极整合创新资源，重视"产学研"合作，探索企业创新路线的制定与实施，形成覆盖企业实施技术创新工程全过程的系统解决方案，包括创新能力、人才队伍、机制、平台和文化五大方面开展建设，致力于提升企业创新的软实力和自主创新能力。

截至目前，天威申请专利总数3021件，公司自主研发的"86T墨盒装置"获第九届中国专利金奖，"处理盒"获第十五届中国专利优秀奖。先后承担完成了科技部"863计划"、国家"电子发展基金"和广东省战略性产业技术攻关、广东省前沿与关键技术创新专项、粤港关键领域重点突破招标等国家、省部级重大专项和珠海重点科技计划项目近20项。凭着在创新领域的执着精神，天威突破重围，不但打破了原装耗材设置的重重技术壁垒，使得全球无数消费者受益，更为中国耗材赢得世界尊重。

"一流企业做标准"，标准既是特殊的知识产权，更是行业不可或缺的话语权。作为通用耗材行业领跑者和负责任的中国企业，天威凭借较强的技术能力和企业实力，积极推进标准化战略，努力推动国际、国内行业标准的制定。截至目前，天威主起草

天威承办2018年度ISO/IEC JTC1/SC28全会及工作组会议

和参与编制 329 项耗材标准，包括国际标准 55 项、国家标准 134 项；其中天威主导起草各类国内标准 64 项，作为共同主起草人或专家起草人的 ISO 国际标准 14 项。

纲举目张，完善创新制度促科技创新

天威十分注重技术创新体系建设工作，坚持以制度创新促科技创新。通过构建技术创新体系促进创新组织之间相互协调和良性互动，建立有利于科技创新的管理体制、运行机制和规章制度，不断提高自身的科技创新能力和创新效率。

公司建立了完善的研发项目立项、验收、成果应用等管理制度。依据市场调研结果、顾客需求，结合战略规划等信息，制定《年度新产品开发计划》，同时严格执行《科研项目管理规定》，确定新产品研发课题，规范研发程序，控制研发风险。公司还建立了《研发费用核算财务管理制度》《企业研发准备金制度》，保障研发投入，并通过规范研发程序、制定 KPI 考核目标，控制新产品研发风险。

加强科研条件建设，搭建自主创新平台

天威是老牌的国家高新技术企业、国家知识产权示范企业、国家加工贸易转型升级示范企业、国家机电产品再制造示范单位。

按照"统筹规划、合理布局、突出创新、协调发展"的原则，天威科学、系统地开展了各类国家、省市级创新平台的建设工作。分别建设有国家工程实验室、院士工作站、博士后科研工作站及省级企业技术中心、工程中心、工业设计中心、工程实验室、博士工作站等高水平的创新平台 10 余个，牵头组建了广东打印耗材产业技术创新联盟、彩色墨粉及配套产业技术创新战略联盟和广东省 3D 打印标准化技术委员会。

构建产学研有机结合的科研开发体系

天威以自主创新为核心竞争力，重视产学研合作，构建产学研有机结合的科研开发体系，形成以项目为纽带，与国内科研院所、大专院校和国际科研机构的横向合作，加快科技创新速度、提高创新效率的有效途径。

2006 年以来，天威分别与吉林大学、装备再制造技术国防科技重点实验室、华中科技大学、华南理工大学、北京理工大学、北京化工大学、香港浸会大学、香港纳米及先进材料研究院等近 20 所科研机构和高校，在技术开发、共建研发机构、联合培养人才、技术咨询和服务等方面开展了合作和交流，从而实现了天威研发、储备、保护一条龙的创新和自有知识产权保护策略。

产学研协同创新案例

自 2006 年以来的 15 年间，天威与高校院所共建研究机构，建立建设院士工作站、科技特派员工作站、博士后科研工作站等创新平台，在联合培养人才、共享科技资源、合作技术开发等方面取得了较好成效。

引进院士专家等高端智力，带动技术进步

2009年12月，天威院士专家企业工作站成立，并分别与再制造技术国家重点实验室徐滨士院士科研团队、高分子物理与化学国家重点实验室沈家骢院士科研团队开展合作，完成科技创新项目6个，研发新产品、新工艺35项，取得了丰硕成果。

天威院士专家企业工作站的建设，为企业增强自主创新能力开辟了有效途径，为天威企业转型升级带来了更多的发展机遇。院士专家及其创新团队与天威的研发人员围绕激光多用途输出设备及输出介质的研发、静电成像显影用新材料和新工艺的开发、生物碳粉和彩色碳粉制备方法、智能芯片开发、打印耗材循环再制造关键技术等重点发展方向中的关键技术难题开展联合攻关。借助院士工作站的高端人才聚集效应，吸引高端创新人才加入，为企业培养高端技术创新人才，培育自主知识产权和自主品牌，促进企业的创新发展和转型升级。

天威博士后科研工作站自2011年开始建设以来，分批次引进了华南理工大学、北京理工大学等高校和科研机构的博士，完成了"高性能电子弥散型导电弹性体的结构与性能研究""3D打印用光敏树脂材料研发""层状纳米材料/聚乳酸复合材料的制备及性能研究""HIPS/植物纤维生物工程塑料的制备及性能研究"等研究课题，已形成创新产品24项，申请专利51件。工作站同时设有专门的培训中心，为公司培养了大量优秀人才，已有10余名技术骨干获珠海市"高层次人才"和"青年优秀人才"评定。

2010年1月，天威科技特派员工作站成立。公司分别从华南理工大学、华南师范大学、吉林大学珠海学院及北京理工大学引进副教授级以上科技特派员4名。完成自主创新项目14项，承担科技计划项目5项，研发新产品30项，申请专利10件，参与编制标准10项，实现新增销售收入1.3亿元，经济和社会效益良好。

建设"粤港澳3D打印产业创新中心"，打造大湾区3D打印产业创新示范点

"科技兴国，教育为本。"天威配合国家教育发展战略，顺应创新教育变革与人工智能战略紧密结合的趋势，响应政府"大众创业、万众创新"的号召，组建专业团队，精心打造"粤港澳3D打印产业创新中心"，从科技引入和再创造方面出发，推动产业升级。

"粤港澳3D打印产业创新中心"是集3D打印、人工智能，机器人技术研发、科普教育及人才培育、企业孵化、产业化发展和服务为一体的专业化实践基地和3D打印产业创新服务载体，较好的融合了"珠海+港澳资源"+"科技创新"+"设计"+"人才"+"载体"+"成果共享"等多重元素，被评为"全国青少年科技辅导员培训基地""粤港澳青年文创实践基地""广东省众创空间""珠海市中小学生研学实践活动基地"等。

中心建设有 3D 打印制模实验室、3D 立体扫描服务中心、3D 金属打印实验室、3D 粉末打印实验室、3D 微内雕打印实验室等资源共享的开放平台及粤港澳 3D 打印创客学院，已形成 3D 打印创客教育一体化解决方案。还分别与北京航空航天大学设立了"3D 打印创新设计实验室"，与上海交通大学设立了"3D 打印创新设计体验馆"，与香港浸会大学设立了"3D 创新开发实验室"，与北理工珠海学院建立了"3D 打印体验中心"，有效整合资源，形成可持续发展的创新机制。截至目前，"中心"入孵企业和项目 24 个，涵盖 3D 打印、生物医疗、新材料运用、艺术设计等领域，其中港澳企业和项目占 30%。

跨越发展，创领未来

40 年的风雨、40 年的成长、40 年的孜孜不倦、40 年的求实创新，在天威的带领下，从中国制造到中国"智"造，绿色打印深入人心。

40 年来，天威以市场为导向，始终把加快自主创新成果的产业化作为首要任务，把推进自主创新作为提升核心竞争力的重要手段。通过体制与机制创新，坚持以企业为主体的"产学研"融合和协同创新，集聚科技创新资源，搭建自主创新平台，研制并开发了一批具有国内外领先水平和自主知识产权的成果，并实现了商品化、产业化和国际化，企业技术开发实力、创新能力和核心竞争能力显著增强，有力促进了企业的跨越式发展。

实践证明，天威转型升级的成功，与政府调整优化产业结构和鼓励企业自主创新，重塑竞争优势，提升社会价值，促进产业转型升级政策相协调；天威凭借对质量的忠诚信仰和不懈坚持，打破了跨国企业长期的行业垄断，实现了民族企业的产业突围与升级，为珠海发展成全球最大的打印耗材及零部件生产基地奠定了基础，带动了我国打印耗材产业集群和办公信息产业链的高速发展。

探索浩瀚太空　星途逐梦苍穹

北京星途探索科技有限公司

2019 年 12 月 25 日，星途探索自主研发的"探索一号·中国科技城之星"
亚轨道商业运载火箭首飞

北京星途探索科技有限公司（以下简称星途探索）成立于 2017 年，专注于提供创新、高效地航天运载器、飞行器设计开发和技术服务，致力于新技术、新机制在航天领域的应用，以"低风险、低成本、快响应"为特色国内一流的商业运载发射服务提供商。

2019 年 12 月 25 日 16 时 50 分，星途探索自主研发的"探索一号·中国科技城之星"亚轨道商业运载火箭，携带国家重点任务载荷在中国酒泉卫星发射中心成功发射。火箭实现全程大范围机动飞行、大动压整流罩抛罩分离等关键技术验证，首次飞行即实现商业订单交付。

2021 年 1 月 21 日 15 时 50 分，星途探索自主研发的 D140 超声速巡航靶标演示试验平台在西北某基地成功首飞。伴随超声速巡航靶标系列的研发与批产工作的推进，数十项专利技术得以快速转化到工程实际应用，填补了市场空白。

奋斗征程路漫漫，不忘初心追九天

从嫦娥奔月的神话到万户飞天的尝试，中国人的航天梦，与中华民族的历史一样悠远。航天是当今世界最具挑战性和广泛带动性的高技术领域之一，是推动国家科技进步的强大引擎。中国航天人自力更生、勇攀高峰的精神，不断演绎着中国精神和中国力量。党的十八大以来，国家科技重大专项相继实施，太空探索永无止境，星途探索不曾停下脚步，深耕商业服务运载领域，积极拓展防务类产品、航天安全性计算等技术类咨询服务项目，依靠明确的战略部署、符合市场需求的丰富产品类型及高水平、高素质的专业科技人才，在各业务条线均取得了重要突破和进展。

产学研用结合创新是推动中国经济从高速增长迈向高质量发展的必然要求，星途探索紧密联系科研单位、高等院校，充分借助其学术研究和技术开发的综合实力，结合自身的行业与产业优势，围绕 XT-1 亚轨道商业运载火箭、D140 超声速巡航靶标试验平台等公司重大项目开展深入研究，成为商业航天产学研用深度融合的优秀代表。

根据行业发展现状和对市场需求的预判，星途探索制订了"商业落地、成熟技术、快速迭代"的战略发展目标，形成了以"固体运载火箭、液体运载火箭研制同步进行，多精英团队合作推动航天器快速商用"为主线业务，以"亚轨道运载火箭、防务产品、航天技术咨询服务"为"造血"业务的差异化战略路线，配以北京研发中心、绵阳智能总装基地、西安动力研发基地的空间战略布局，系统整合全国优质资源，确保公司的稳定研发和可持续发展。

凝聚着全体员工的辛勤努力、执着追求和强烈的爱国航天情怀，星途探索始终牢记敬业爱岗、攻坚克难、砥砺前行的奋斗精神，形成了积极进取的高尚情操和自强不息的职业风貌。公司具备"科研生产许可""国军标质量体系认证"等航天准入资质，并被中国产学研合作促进会认证为"2019 年中国产学研创新示范企业"；近三年，星途探索先后取得"国家高新技术企业""中关村高新技术企业""中国创翼"创新创业大赛二等奖等多项成就和荣誉，蝉联（2018—2020 年）"中国商业航天 30 强"称号，获得了政府、行业相关单位的支持和认可，也得到了业界专家和同人的赞赏与肯定。

深度融合勤实践，品质发展挑重担

产学研深度融合是一项系统工程，需要"产、学、研"多方参与、共同推进。作为一家创新型高科技企业，自成立以来，星途探索已与国内 10 余家科研单位、高等院校进行了广泛、深入的交流合作。在产学研深度融合过程中，星途探索按照利益共享、风险共担及优势互补的原则，与科研单位、高等院校共同开展技术创新活动，聚焦产学研用结合民营航天发展，依靠自主创新提升企业竞争力，加快科研成果向现实生产力转化，创建合作共赢体系，在实际操作中，收获了一些成绩和成果。

发挥各方优势联合攻关，实现科研成果迅速转化

在产学研实际推进过程中，科技成果转化难题由来已久，化解这一尴尬困局，破

解之道源自自身发展的真实需求。星途探索与国内著名高校清华大学开展低速风洞实验室项目时，彼此协作又各尽职责，充分发挥自身特长，圆满完成项目规定任务。项目中，星途探索按照清华大学宇航学院提出的技术要求，完成了包括六分量天平、风洞气流收集装置（结构建模、流体仿真、多轮优化设计）、独立风速测量装置、风洞抗电磁干扰装置等低速风洞实验室的相关要求。通过双方的深入交流，在充分考虑清华大学现有实验室空间的条件下，完成风洞气流收集装置的设计、仿真、现场装配工作。其中，星途探索提出的借助三维曲面优化耦合自动化网格技术及 CFD 算法技术，不仅提高风洞收集管道设计效率，而且大大缩短研发周期；提出的减震环设计思想，借助 CFD 方法研究不同位置形状下对试验段风洞品质的影响，既满足了风洞测量环境的高品质，又不增加额外的场地空间。最终通过多次数字化仿真分析，给出最优方案，项目验收工作圆满完成。

在亚轨道火箭首飞研发阶段，星途探索陆续与航天院所某科研单位、北京某科研单位等多家机构联合开展了火箭气动特性、半实物仿真和整流罩分离等遥测产品的研发，星途探索研发的火箭首飞也同时直接服务于合作伙伴的重点产品飞行试验研究工作，在双方的合作中，实现了科研产品向商业产品的自然转化。

在与高等院校的技术研发合作中，星途探索充分利用技术成果直接服务于运载火箭研制。其中，携手南京某理工类高校教授在飞行控制产品领域开展了长期的多项目合作，分别签订了"某型电器设备及测发控软件开发""某仿真系统开发"等合同，研究成果为公司的火箭和靶标顺利研制提供了强有力的技术支持；借助四川某重点高校教授在防隔热材料领域的研究成果，联合研发了 XT-1 火箭的挡流环产品，有效地实现了火箭羽流对尾舱仪器设备的热影响。

仅 2020 年，星途探索申请"超声速飞行器滚控能力的襟翼舵布局""一种流星雨载荷抛撒机构"等专利 20 余项，所申请的专利均已在产品中使用，实现了专利成果的商业落地。星途探索在产学研技术合作的过程中，营造了科技成果转化的良好科技创新氛围。

构建新型人才共育平台，培育科技创新专业队伍

航天产品的研制是复杂系统的工程，是理论、技术和工程实践完美结合形成的产品。高等院校教学长期以来以理论为主、单机技术为辅，缺少系统的航天工程实践。星途探索通过构建新型人才共育平台，发挥在运载火箭、航天器工程设计、制造、试验等方面的优势，实现科技创新专业队伍的系统培养。

在与多家航天类高等院校联合探索实践教学方法中，星途探索通过联合开展教学用低成本一次性小直径探空火箭和发动机试车台的研制，提升了高等院校学生对火箭设计、试验和发射技术的实践能力。同时，星途探索 CTO 陈景鹏等科研人员多次到

航天类院校进行授课活动、技术交流和课题合作，有效地推动了企业创新工程技术与大学高校理论教育的结合。

在共同建设火箭卫星新技术研究中心项目时，某军事类高等院校主要发挥航天理论、技术创新的优势，项目双方共同推进实验室和试验场建设，双方共享实验条件，既可服务教学，提供参观教学环境，也可服务科研等工作。该项目合作中，已有火箭爆炸对发射场区域危害性分析软件、航天发射业务软件、并行计算服务三个子项目顺利完成，某仿真系统、某实验室配套项目两个子项目在研，另有三个子项目正在论证中。

借助产学研项目，共同培育符合市场需求的专业人员，人才成长路径规划目标明确，既可以满足项目双方需求，也充分激活了科研单位、高等院校在人才培养创新中的骨干作用。星途探索通过引进先进技术、高端人才，增强了自主创新能力，实现民营科技公司人才培养的自我发展需要。另外，新型人才共育平台通过聘请、合作、技术指导、科学咨询等形式，一定程度上鼓励和吸引体制内科技人才和青年专业人才前来创业，在实践磨合中，培养了一批中青年高科技创业专业人才。

打造协同创新工作机制，促进经济效益快速提升

企业、高校、科研院所由于工作习惯、组织形式等因素差别较大，在项目实施过程中容易出现问题，甚至影响最终的成果。星途探索在产学研实践中，通过打造协同创新工作机制，在项目成立之初，就明确合作的最终目的、长远目标，做到目标分解明确、责任分工明晰，采用阶段成果效益分红方法，确保每个参与者的长短期利益。

在超声速巡航靶标的研制过程中，星途探索与航天科工集团某科研单位、湖北某科研单位等多家单位开展共同协作，各合作方在项目成立之初明确了用户采购需求，采用按职责分工，分别攻关、联合竞标的方式，充分利用各自的优势资源，选用全部合作伙伴中费效比最好的供应商，使用费效比最佳的试验平台，整合性价比最优的推广销售渠道等。项目中，星途探索负责靶标总体设计，科研单位负责固体冲压发动机、部分控制单机的研制，各合作方分别承担各自的研制任务，共同参与靶标的招投标工作，实行风险共担，收益按比例共享的工作机制，大大提升了项目各参与方的积极性，促进了项目的顺利推进及经济效益的最大化，同时该型产品填补了我国在该领域的空白。

在某多方合作项目中，各参与方利用可视化网格管理定期召开例会进行进度的协调，确保大家在技术、市场、管理之间可以高效互通，实现快速迭代。星途探索与西部某发射基地签署应急快速发射技术研发协议，明确星途探索负责弹道、轨道、发射窗口最优化算法和程序的开发，分包项目和配合技术支持的及时性管理，无偿为西部某发射基地提供全方位的技术支持；西部某发射基地负责路径规划、任务规划等算法和程序开发，进行整个项目建设进度管理。各方通过采用协同创新工作机制，明确了

目标的一致性，保证了项目在多方共同参与下，也能够实现如期交付，促进经济效益的提升。

根据目标规划，星途探索将不断加大和科研单位、高等院校的持续合作，在已完成的多级固体运载火箭产品的火箭构型和方案的论证、调研及超声速巡航靶标产品型谱上继续完成后续科研任务。星途探索目前论证研制中的中型液体运载火箭和大型运载火箭等产品将极大缓解国内民商用卫星发射需求供给不足的状况，在成为国家航天重要补充力量的同时，推动国内微小卫星组网、空间科学、空间技术应用方面的深度合作，打造战略新兴产业增长极并最终实现公司战略目标的达成。

士不可以不弘毅，任重而道远。

星途探索在产学研深度融合中，努力实现以创新理念为引领，凝聚智慧与力量，实现提质增效、赢得市场。星途探索执着于中国航天这一伟大事业，向世界一流看齐，向强国目标聚焦，始终秉承"探索共进"的企业精神，奋发图强、砥砺奋进，不断刷新高度，助力国家发展。

世界上有两样东西能深深地震撼我们的心灵：一件是我们心中崇高的道德准则；另一件则是我们头顶上的星空。

因为——探索永无止境，共进没有终点！

中国绿色矿山的旗帜

金徽矿业股份有限公司

金徽矿业股份有限公司全貌

金徽矿业股份有限公司（以下简称金徽矿业）是新时代绿色生态发展理念的践行者、绿色矿山的创建者、绿色矿山建设的推动者、绿色生态理念的受益者。金徽矿业股份有限公司位于甘肃省陇南市徽县柳林镇，是一家集铅、锌、银等矿产资源勘查、开采、加工、销售为一体的矿山企业。注册成立于2011年，注册资金8.8亿元，现有员工1000人。投资建成的郭家沟铅锌矿，年生产规模为处理铅锌矿石150万吨，目前生产正常。先后被评为全国首批绿色工厂、国家级绿色矿山、专精特新"小巨人"企业，荣获"首届绿色矿山突出贡献奖""全国绿色矿山科学技术重大工程一等奖"，是有色金属行业绿色发展十大领军企业、自然资源部树立的全国绿色矿山典范企业。

传统的矿山黑压压的，不见绿色，寸草不生，灰尘漫天。

走进金徽矿业，鲜花盛开成堆，草色青翠接云，很难寻觅到传统矿山的踪迹，犹如置身于一个美丽的花园之中。作为被誉为"中国绿色矿山第一矿"的金徽矿业，以超前的理念、一流的科技、精细的管理，探索出了一条诠释绿色高质量发展之路。

探索&实践

践行绿色发展理念

金徽矿业深入贯彻"创新、协调、绿色、开放、共享"的发展理念，认真践行"绿水青山就是金山银山"理论，建成了一座"中国一流、世界领先"的绿色矿山，引起了广泛关注。

牢固树立绿色发展理念，将绿色发展理念贯穿于勘查活动的全过程，是实施绿色勘探工作必尽的义务和责任。2009年开始，金徽矿业与中国地质大学等多所知名院校开展技术合作，先后投资近10亿元，在自有探矿权范围内开展深部风险探矿，累计完成钻探岩芯50余万米，发现了特大型铅锌矿床，取得了近20年来业内铅锌探矿的重大突破。

自探矿伊始，金徽矿业就坚持绿色勘探原则，多措并举实现资源勘查与环境保护一体化，尽最大可能减少资源勘查对环境造成的扰动和伤害。为了减少粉尘、废气对环境及作业人员的影响，在作业现场采用湿法喷水，抑制地面起尘；钻探施工过程中产生的废水在钻探废水泥浆池沉淀后进行重复利用，无废水排放；对施工人员及高噪声施工机械集中点作业人员加强劳动保护，有效减少噪声对人体的危害；钻探岩芯全部实行编号管理，勘探产生的50多万米岩芯完整保存在2个岩芯库中，将固体废物的影响降到了最低；勘查期间充分利用矿区原有道路，严格控制临时占用范围，有效减轻施工场区周围的水土流失；选择荒地或植被稀疏地带开展作业，减少对植被的破坏，及时恢复生态环境，实现一体化管理。科学制订工程勘查计划，地面勘查结束后，勘查工作转入井下开采，与采矿施工无缝对接，实现了人员、信息、设备和资源的共享。

完整保存探矿岩芯的实物地质资料②馆

金徽矿业运营的探矿成果先后荣获"全国十大地质找矿成果奖""第七届中国有色金属地质找矿成果一等奖"、自然资源部"找矿突破战略行动优秀成果"。

中国矿业报曾报道称：金徽矿业以党建为引领，瞄准建设"生态型、环保型、旅游型、安全型、数字化、智能化"矿山目标，将生态矿业理念贯穿于矿产开发和利用全过程，把"绿色发展"理念贯穿到资源开发全过程，统筹规划，科学布局，营造出了生态文明与工业文明交相辉映的美丽画卷，成为中国绿色矿山的一面旗帜。

人与自然和谐共生

本着为了人与自然和谐共生，营造生态文明与工业文明交相辉映，为矿区职工群众创造更多获得感、幸福感、归属感和安全感的初心，金徽矿业按照"高标准一次建成，避免今后打补丁"的一体化原则，坚持理念创新，实现考察学习和绿色设计一体化。

在矿山建设前期，择优选择了兰州有色冶金设计研究院作为主设单位，并组建开发设计团队，历时一年多，先后到日本、加拿大、澳大利亚，以及国内20多家知名矿山和有关设备制造厂家考察学习，充分借鉴世界一流矿山企业的经验，汲取精华，将绿色发展理念融入矿山整体设计中，让资源开发与生态和谐相互统一。

为节约用地，保护环境，金徽矿业在规划设计时，坚持吸收借鉴城市建设新理念和世界最先进的矿山规划，在矿区范围内，合理科学规划工业广场和职工生活区，把矿石的初破处理等工程建设在地下；仅把占矿建工程中20%关乎健康、污染可控的职工公寓、调度、信息中心、科研、水处理等放在地面；矿区地面花开四季，绿树长青，自然林草透迤葱茏，人工绿地错落有致，春季蜂飞蝶舞，秋季果香四溢，松柏依山巍峨，山水就势婉转，登山栈道时隐时现。

在绿色矿山建设中，金徽矿业还注重资源节约与综合利用，依靠新技术、新工艺、新设备，以最少的资源消耗实现最大的经济价值。厂区基本建设低耗环保，工业厂房阶梯布置，实现矿浆自流输送，主要厂房采用门式钢结构，优化窗墙面积比、屋顶透明部分面积比，减少资源消耗和环境影响，照明充分利用自然采光，灯具采用节能型照明灯具。设备采用变频控制，进而达到节能、调速目的，使整个设备和系统更加安全，使用寿命延长。磨机衬板引进国际先进的橡胶复合衬板，使衬板寿命延长2倍，磨机噪声降低15%，运行功率降低20%，也使更换衬板的安全风险大幅度降低。

金徽矿业自觉履行企业主体责任，靠实环境保护责任，像对待生命一样对待生态环境；采用充填的办法，将废石、废渣和尾矿充填采空区，减少了废石和尾矿在地表的排放；建成2套地埋式污水处理设备，工业污水直接循环利用，生活污水处理后用于绿化，实现废水零污染；为了应对暴雨等极端天气状况下尾矿库的污水处理，在下游建设污水处理站和2个4000立方米缓冲池，采用生物制剂协同氧化工艺，处理后达标排放，使尾矿库的安全隐患降到最低。

矿山建设和生态恢复一体化

开发建设之前，矿区为撂荒地，荆棘丛生。金徽矿业在矿山建设中，充分利用地形阶梯优势，整体上根据现场地形、工业过程设计布置了许多台阶，一般10米一个台阶，满足选矿工艺流程需要，做到了少占用土地。

在资源开发的同时开展矿山土地复垦，金徽矿业对易发生地质灾害的边坡开展生态环境保护治理，目前共修建山体护坡4万多立方米，绿化面积80多万平方米，矿区绿化率达到了可绿化面积的100%，有效避免了地表沉陷，边坡崩塌等地质灾害。坚持边开发、边治理，高标准建设尾矿库、井下破碎及环保设施，对易发生地质灾害的边坡采取工程措施、生物措施，开展生态环境保护治理，实施无缝隙绿化美化；高标准建成的樱花大道、迎宾瀑布、劲松迎客、森林栈道等一系列休闲观光景点与实物资料岩芯管、矿业文化展览馆、员工活动中心、网球场等融为一体，形成了地下工厂，地上花园。2018年，被评为国家AAAA级工业旅游景区。

在高标准建设井下"六大系统"、尾矿库在线监测系统的基础上，加大投资力度，建设设备完善、功能齐全的安全防范救护设施。高标准建设集安全监管、生产调度、应急指挥为一体的安全生产调度指挥中心和采矿、选矿生产控制中心，建成生产、生活区域监测点位近万个，形成矿区地上、地下全覆盖的安全监控网络体系。通过严格的入井安检和人员定位，随时准确掌握井下每个人的信息和位置，车辆及人员定位系统实现了全国范围即时跟踪。井下建设高标准的紧急避险硐室，可供上百人百小时的应急生活需求。成立矿山应急救援中心，组建了保安队、消防队、应急救援队，配置应急救援直升机系统，发挥省级非煤矿山应急救援基地作用，保证矿山救护、森林防火等情况的应急处置。

产学研融合创新案例

融合篇

绿色矿山是一个内涵丰富的系统工程，不仅仅要"外表"靓丽好看，更要在高质量发展上下功夫。

金徽矿业坚持生产经营和科技创新一体化发展，重视科技研发和新技术、新工艺、新设备的应用，坚持以科技创新为引领，成立了"金徽矿业研究院"，建立了协同创新基地和甘肃省人才培养基地，先后与中国地质大学（武汉）、兰州大学、昆明理工大学、长安大学等多所知名院校开展技术合作，建立了"产学研基地""地矿人才联合培养基地""实习实训基地"和"博士后科研工作站"，吸引优秀的专家技术人才加入金徽矿业，并建立了完善的"聘人、用人、留人"良好机制，将好的人才留下来，为企业长足发展注入不竭动力。先后有白春礼、王志珍、汤中立、毛景文、袁亚湘等数十位院士专家前来调研和指导工作。

各位院士专家在调查研究的基础上，对金徽矿业绿色矿山建设和探、采、选工艺提出了宝贵的意见和建议，为技术研发工作起到了积极推动作用。

由金徽矿业专家自主研发而取得的数十项科研成果，分别获得国家专利和全国先进适用推广技术，公司专家发表专著、论文等学术报告200多篇，为国家级绿色矿山建设夯实了科研基础。被认定为国家高新技术企业，被授予"中国产学研合作创新示范企业"，被中关村绿色产业联盟授予"2020年度全国绿色矿山高质量发展二十佳"之首。

应用篇

机械化采矿技术是绿色矿山建设的基础要素。

金徽矿业通过推行采掘作业机械化、生产管理一线化、施工队伍小型化、质量管理标准化"四化"管理，摈弃了以"人海战术"为特点的传统采矿模式，采用凿岩台车、撬毛台车、无人驾驶有轨电机车等先进设备，实现了采矿工序的机械化，为采矿技术进一步向数字化、智能化过渡打下了坚实基础。特别是应用先进的三维建模技术模拟矿体形态变化过程后，为探矿和采矿方案的完善提供了依据，显著提高了井巷工程位置设计精确度。

充填采矿技术在绿色矿山建设中具有明显优势。应用全尾砂充填采矿技术，可以有效提高资源利用率、提高采矿安全性，从而避免地面塌陷，减少废渣、尾矿排放对生态造成的破坏。

金徽矿业采用进路式充填采矿回采法，有效降低了损失率及贫化率，提高了矿山回采率，使资源利用最大化，采矿生产指标超设计完成，回采率达到了92.35%，损失率7.65%，贫化率降低至7%左右；采用全尾砂充填技术后，尾矿置换河砂作为主要充填材料，既降低了成本，又大幅减少了尾砂的排放量，延长了尾矿库使用寿命，节约了尾矿库筑坝、扩容施工的巨额投资，降低了尾矿库安全风险和环境风险。

"电位调控"浮选工艺赋能选矿生产实现一流水平。通过专家人员的努力，使铅、锌、银等有价金属最大限度地回收利用，铅、锌回收率分别达到92.04%和95.28%，铅精伴生银的回收率达到87.25%，从而使铅、锌、银综合回收率处于国际领先水平。研发出浮选过程同步净化提高回水水质的新技术，使选矿回水可直接循环利用，解决了国内外浮选回水循环利用率低的难题，具有广泛的推广应用价值。

选矿生产车间

破解节能环保的"产学研"密码

江苏南大环保科技有限公司

江苏南大环保科技有限公司

江苏南大环保科技有限公司（以下简称南大环保）成立于2002年，是由中国工程院院士张全兴及科学家团队领衔，以南京大学和无锡产业发展集团为主要依托，在环保产业内多元发展的高新技术企业，是国家环境保护有机化工废水处理与资源化工程技术中心、国家有机毒物污染控制与资源化工程技术研究中心、江苏省有机毒物污染控制与资源化工程技术研究中心、石油和化工环境保护环境综合治理咨询服务中心等多家平台的依托单位，并设有国家级博士后科研工作站、南京市企业技术中心。南大环保的发展有着清晰的历史脉络，从著名高校、院士专家团队到大型产业集团，再到国家级中心，无一不体现公司产学研的"先天基因"，后来，这样的基因又逐渐融进了公司倾力打造的开放包容的环保产业生态圈，不断塑造着南大环保人勇于创新的精神。

突破"最先一公里"，打通"最后一公里"

构筑科研创新体系，打造环保产业"高地"。目前，南大环保已构建了完整的产学研科技创新体系，对污染控制技术领域的前瞻性、关键共性问题进行攻关、小试成果孵化，加快已有成果的中试、集成化、工程化及产业化，进而推向市场产生巨大的社会效益和经济效益，实现创新工程的完整转化。

多项技术齐头并进，赋能产业高质量发展。南大环保以"创新环保科技，助推绿色发展"为使命，从满足客户需求的角度出发，坚持自主研发和引进—消化—集成并举的技术创新之路。

技术团队围绕新型环保功能材料的开发与生产、高浓度有机工业废水治理与资源化、工业园区综合废水提标升级、生化尾水深度处理与回用、无机污染物深度处理与安全控制等环境保护领域关键共性技术难题，联合南京大学等产学研合作单位，开展技术攻关、成果转化和应用推广，已参与了多项国家重大水专项、科技攻关、国家自然科学基金等科研课题，申请和获得发明专利超百项。先后获得"国家自然科学二等奖""国家科技进步二等奖""国家技术发明二等奖""何梁何利科学与技术创新奖""金桥奖""中国石化联合会科技进步一等奖""中国（行业）创新品牌100强"等众多奖项。相关技术和产品已在全国10余个省份的有机化工、集成电路、电子电镀、医药食品、光伏及市政等多个行业和园区建立了上百项示范工程，运行效果稳定、良好，实现社会效益、经济效益和环境效益的高度统一，为工业水污染治理与节能减排和长江、淮河、太湖等流域水环境安全做出了重要贡献。

逐步"走稳、走快、走宽"产学研之路

解锁平台力量，共推产业发展

2008年，江苏南大环保科技有限公司在环保部、江苏省环保厅和江苏省科技厅的支持和指导下，以南京大学、江苏省环境科学研究院为合作单位，采取企业与高校、科研院所联合创办的形式，联建单位共同投入，联合共建了国家环境保护有机化工废水处理与资源化工程技术中心（以下简称中心）。中心以有机化工废水处理与资源化工程技术的研究、开发、评估、筛选和应用为重点，持续开展技术开发与集成、技术转化与推广、平台团队建设、技术咨询和建议、技术交流与培训、技术服务等工作。"十三五"期间，中心先后开展省级以上科研项目46项，其中国家级科研项目30项；申请国家发明专利144项，获授权国家发明专利57项；申请实用新型专利53项，其中已获授权52项；获得软件著作权24项；开发达到国内领先/国际先进水平的新技术及新工艺20项，形成标准化新产品7项。研究成果荣获"国家科技进步二等奖"2项，"中国专利优秀奖"2项，"日内瓦国际发明展览会金奖"1项，"环境保护科学技术奖"4项，"江苏省科学技术奖"2项；3项成果入选《国家先进污染防治技术目录（水污染防治领域）》，3项成果入选《国家鼓励发展的重大环保技术装备目录》，4项成果入选《江苏省水污染防治技术指导目录》。开展成果工程化示范与应用

推广项目23项；开展环境技术咨询等服务项目百余项，在有效发挥工程技术中心环保技术支撑作用的同时，实现了自身的良性发展。

共建环保产业生态圈，促进科技成果落地生"花"

新时代中国特色社会主义背景下，工业园区是优化产业布局、提高集约化程度的关键载体，既是区域经济发展的新增长点，也是未来生态环境管控的重点。2018年10月，江苏南大环保科技有限公司秉持绿色发展理念，在中国产学研合作促进会的指导下，发起并成立中国工业园区节能环保产业创新平台，搭建节能环保领域全生态链合作平台，提升工业园区综合智慧治理技术和服务水平。现已连续3年举办工业园区节能环保绿色论坛，与政府主管单位、节能环保领域院士、行业专家学者，以及来自全国各省区市的近百家工业园区、50余家研发院所、500余家环保节能智慧产业服务机构和金融服务机构，共同推行工业园区精细化管理与第三方环境治理服务新模式，研讨中国工业园区综合智慧治理和绿色发展。

目前，南大环保已与中国产学研合作促进会、中国石油和化学工业联合会、国家标准化委员会、中国能源研究会等多家协会建立战略合作关系，打破行业圈层壁垒，对行业政策、环保产业发展进行前瞻性、针对性研究，深化产业融合和协同创新发展，促进技术成果转化落地。公司在"综合第三方平台建设"和"特征污染物微量控制与资源化"的两大核心领域拥有核心技术、核心竞争力，在化工废水、高浓度有机废水、硅产业、资源化利用方面树立了行业领先地位。

通过充分识别目前环保市场深度调整局面，南大环保正在深度开发相应的园区，其中，淄博经济开发区、连云港石化产业基地、大丰港石化新材料产业园、安庆经济开发区、泰兴经济开发区、南昌小蓝经开区、马鞍山郑蒲港、湖北宜都高新技术产业园、如东经济开发区、库尔勒经济开发区等园区的经济效益正在快速释放。全国十大化工园区，南大环保已服务3家；二十大化工园区现已服务4家；江苏省内定位的14家化工园区，南大环保已入驻4家，并且推出的环保顾问式技术服务平台近年来得到了服务区域内环保管理部门及企业的一致好评，服务运营的"如东沿海经济开发区环保顾问式服务平台"2017年获得环保部第三方技术服务类企业评比第一名，并作为唯一一家顾问式服务类平台被环境保护部环境保护对外合作中心、中国环境科学研究院、中国循环经济协会联合以"环境污染第三方治理典型案例"面向全国推广。

同时，南大环保在19年的发展过程中，始终坚持用心延伸全流程服务链，创新升级商业模式，汇聚生态圈资源智慧，推动项目落地转化。通过"场景生态化""科技创新化"，南大环保与众多央企、国企及业内外巨头公司建立了良好的合作渠道，打通生态合作新路径，共生共赢，包括中建一局、中建安装、中广核、三峡资本、国电投、中能融合、中环领先、通威集团、诚志股份、三峡建信、三峡智慧能源、江苏省环保集团、江西省华赣环境集团、安徽环境科技集团、水发环境、湖北工建投、湖北江创瑞投、中民新能物联、光大水务等众多生态伙伴，构建了涵盖环境服务、环保工程建设、环境保护产品、综合资源利用等多个领域的环保产业生态圈。

精准对接，畅通产学研融合通道

在合作初期，南大环保就建立了公司与合作院校之间的交流渠道，通过定期交流机制来确保信息对称与信息共享。同时，公司建立了专家库，定期邀请合作院校专家教授来公司举办专题讲座，为企业提供技术指导。南大环保通过借助南京大学国家重点实验室和分析中心丰富的科研资源与分析仪器资源，有效提升了技术研究的分析测试能力，掌握了能够快速高效地获得多层次分析数据的分析技术，为创新成果的研究开发提供了有力支撑。

经过多年实践探索，南大环保根据政、产、学、研、金、用各方的特点和需求，遵循市场经济规律，按合同法等有关法律法规签订合作协议，明确各方的责权利及利益分配，为长效合作机制的建立提供保障。

创新示范，产学研合作落地转化

以树脂吸附为核心的高浓度有机废水资源化处理技术及装备

围绕石油和化工行业废水中典型有机污染物处理与资源化的关键、共性难题，公司技术团队开发了以高选择性吸附分离等资源化技术，在国内最早将树脂吸附技术融合到环境工程领域，并开创了树脂法治理有毒有机工业废水及其资源化的新领域。本技术实现废水或废液中污染物的选择性分离和富集，在有效降低污染的同时，实现有用物质的资源化回收，取得直接经济效益约2亿元，为提高我国相关行业污染控制与资源化技术创新水平、增强产业核心竞争力和发展后劲做出了突出的贡献，为石油和化工行业的绿色健康发展提供了有力保障。

以高效生化为核心的高浓度有机废水能源化处理技术及装备

本技术是南大环保在引进荷兰海卓森厌氧反应器的基础上，进行消化、吸收和再创新，开发出以"外循环颗粒污泥高效厌氧—大回流节能好氧"为核心的废水处理集成工艺及装备，在实现高负荷、高浓度有机废水长期稳定达标处理的同时，实现沼气发电综合利用及颗粒污泥资源化等节能、环保和资源回用目标，提高系统稳定性，降低投资和运行成本。本技术已在江苏省泰兴工业园区建立12000吨/天高浓度有机废水能源化示范工程，在实现高负荷、高浓度有机废水长期稳定达标处理的同时，进行沼气发电综合利用，并于2017年9月实现沼气发电成功并网。

有机废水能源化处理设备

以纳米复合材料强化吸附为核心的无机废水深度处理与回用技术及装备

南大环保联合南京大学技术团队,依托国家环境保护有机化工废水处理与资源化工程技术中心等平台,开发了深度除氟除磷撬装设备,成功解决了纳米材料规模化应用的技术瓶颈。该产品可满足不同场景下的水体应急处理需求,能够很好地解决水处理行业中氟化物和磷酸盐的深度去除难题。与传统除氟/磷技术相比,该产品覆盖领域更宽、范围更广、降本增效成果显著,为半导体行业、高端电子行业及矿井水、饮用水等相关行业的健康发展和太湖流域水环境改善提供技术支持。

以高级氧化为核心的低浓度废水深度处理与回用技术及装备

南大环保联合南京大学技术团队研究开发出的新型多金属氧化物复合臭氧催化剂,克服了常规臭氧催化剂易钝化失活的问题,并在此基础上,依托国家环境保护有机化工废水处理与资源化工程技术中心的产学研平台,自主开发出多级臭氧催化氧化装置,显著提高了装备臭氧利用率,对化工电镀、焦化、印染等行业的生化尾水提标和脱毒,提升园区(企业)环境污染控制水平,促进相关行业的可持续发展具有重要意义。

凭技术变革未来

和利时科技集团有限公司

和利时大厦

和利时科技集团有限公司（以下简称和利时）始创于1993年，是中国领先的自动化与信息技术解决方案供应商，业务集中在工业自动化、交通自动化和医疗大健康三大领域。目前，和利时员工3800余人，业务遍及海内外。其总部位于北京，在杭州、宁波、慈溪、西安等地区和新加坡、印度、马来西亚、印度尼西亚、意大利等国家设有研发、生产或服务办公基地，并在全国各地设有数十处服务机构。和利时主要从事自动控制系统产品的研发、制造和服务，自创立以来，坚持自主研发可靠、先进、易用的技术和产品，并提供一体化的解决方案和全生命周期服务，广泛应用于核电、火电、热电、新能源、石化、化工、轻工、油气管道、干线铁路、城市轨道交通等领域，在各个领域和行业累计为超过20000家客户成功实施35000多个控制系统项目。

28 年拼搏，圆产业报国梦想

"天时不如地利，地利不如人和"蕴含着中国人的智慧，也是"和利时"名称的由来，而之所以倒序，是因天地既定，人应为先。

1991 年，怀揣着产业报国的情怀和赤子之心，和利时创始人王常力博士，带着 13 名课题人员，仅用了一年时间，花费 70 万元经费完成了一套 DCS 样机（当时国外公司成功开发一套 DCS 需要几千万甚至上亿美元），基本实现了当时 DCS 的主要功能，并且实现了网络、计算机主板、全部输入输出处理模板等关键技术全部自主设计和工业化实现。这一技术成果奠定了和利时后续技术研发升级的基础，完成了当时所有人都认为不可能完成的任务。

"许多时候，不是我们没有跨越的潜力，而是缺乏创新的胆识；许多事情，不是我们没有突破的可能，而是缺乏必胜的决心。"

1993 年，和利时打破国外公司垄断中国 DCS 市场的局面，将国产 DCS 系统推向市场，并在之后逐渐发展成为现今 3800 余人规模的集团企业。如今，和利时已成为中国领先的自动化与信息技术解决方案供应商，其产品在国内外工业、交通、医疗等多个领域和行业得到广泛应用。

作为目前国内工业控制系统产品线最为完整的企业之一，和利时自创立以来，每年投入营收的 10% 左右用于技术创新，并坚持产学研一体化发展，对新技术不断探索应用，自主开发的 DCS、PLC、SCADA 等高性能、高可靠嵌入式控制系统产品已达国际一流技术水平。

28 年务实奋进，和利时已经成为国家级企业技术中心、国家创新型企业、国家技术创新示范企业、国家首批智能制造试点示范企业、国家两化融合管理体系贯标咨询服务机构、国家工业企业质量标杆、国家规划布局重点软件企业、国家一条龙应用计划示范企业。是首批入选国家智能制造系统解决方案供应商推荐目录的企业，是北京市重点实验室、北京市工程技术研究中心、北京市智能制造标杆企业，具有信息系统集成及服务一级资质、工程设计与施工一级资质，是国家高技术研究发展计划成果产业化基地，是国内唯一被国际权威市场研究机构 ARC 列入全球 50 强的自动化产品供应商。

28 年积极探索，和利时承担了数十项国家级的重大科研攻关专项、高科技产业化专项和工业强基项目。获得国家发改委颁发的"国家高技术产业化十年成就奖"。通过了 ISO9001 质量管理体系认证，通过国军标质量管理体系认证、信息安全管理体系、信息技术服务管理体系认证，获得国际铁路行业标准 IRIS 认证，软件模型成熟度 CMMI 认证，安全级产品全部通过 SIL 等级认证。

28年创新建设，和利时建立了硬、软件试验室，配备3518台（套）开发用仪器设备及自制试验台，配备8个大类310多套软件开发工具，进行各种性能试验。建立了火电、核电、石化、建材、轨道交通等仿真实验室、安全级控制系统产品验证与确认实验室。

28年积累沉淀，和利时目前拥有博士22人、高级职称122人、中级职称364人、研发人员959人，拥有自主产品开发专利及软件著作权800余件，参与并主持多项国家标准的制定，并研发出完全摆脱国外零部件的DCS系统，替代进口垄断，创造了多个国内第一，确保国家产业安全。

深入融合，全方位推动产学研发展

随着传统工业智能化转型，工业信息安全已经上升为国家战略问题。深耕工业控制行业28年，和利时拥有丰富的工业现场经验及强大的产品能力，可以将信息安全与工业更好地结合、应用，落到实处。且和利时所涉及业务，都是关键基础设施及关系生命健康的事业，所以，和利时义不容辞地开展对信息安全技术的探索。

如何事半功倍地开展对工业信息安全研发呢？和利时的答案是：产、学、研、用融合。2018年12月，和利时与中国工程院院士沈昌祥签署合作协议，共同展开可信体系与工业控制系统融合的技术合作。如今，和利时已经以"内生安全"为核心，构建工业信息安全技术体系和自主化系列产品，可以为各行业提供"业务+安全"的完整解决方案。

如上所述，产学研用融合，是和利时创新技术研发的重要途径。

积极合作，推进产学研协同创新。和利时与大连理工大学共同开展国家重点研发计划"网络协同制造和智能工厂"重点专项"基于边缘计算的智能控制器及其开发工具项目"，针对智能工厂内多类型智能装备多机动态协作控制方面的需求，拟解决分布式异构条件下的虚拟控制系统架构，模型仿真、验证和控制软件代码自动生成技术，智能算法模型在工业中的应用，及边缘计算资源管理方面的重大科学技术问题。项目完成后将推动工业控制技术向智能化方向的发展，助力智能工厂实施；并通过关键技术突破，明确基于边缘计算的智能控制系统的技术路线和发展方向。

与中国科学院沈阳自动化研究所共同开展国家高技术研究发展计划（"863"计划）"可编程嵌入式电子设备的安全防护技术及开发工具"，实现了可编程嵌入式电子装备信息安全核心技术的创新和突破，并在可信计算、基于国密芯片和算法的硬件加解密通信、工业协议深度解析及访问控制、虚拟化隔离、身份鉴别和认证、节点状态监控、多融合联动等方面实现了多项自主创新，系统信息安全技术水平达到国际领先水平。

人才培养，推出列控中心实训平台。和利时每年都联合高校举办"产学研相结合"系列活动，通过实习基地建设、产学研项目合作等方式，积极深化校企合作，在中南大学、北京交通大学、北京化工大学等设立奖学金，为培养自动化人才出力。和利时还自主设计研发列控中心实训平台，完整展现列控中心及所控设备的所有功能，满足铁路信号设备维护单位、院校信号专业理论教学和设备实操训练考核的需求，已成功应用于沈阳局技能比武中，并在武汉高速铁路职业技能训练段等地部署，取得了专业用户的一致好评，为高铁人才培养做出贡献。

和利时列控中心实训平台

产业联盟，共推国家转型发展。近年来和利时作为发起单位、理事单位成立或加入了多个国家级联盟协会。和利时是智能制造系统解决方案供应商联盟理事长单位、工业互联网产业联盟理事单位、边缘计算产业联盟理事单位、中国自动化学会常务理事单位、中国仪器仪表行业协会理事单位、中国软件行业协会理事单位等，涉及智能制造、工业互联网、大数据、软件等多个行业和领域。作为国产工业控制软件的领军企业，和利时一直以促进国家稳定转型为己任，为中国社会、行业、企业更好的发展贡献一份力量。

产学研用，三大业务结出硕果累累

2019年，和利时提出"智能控制、智慧管理、自主可控、安全可信"战略方针，旨在以"自主可控、安全可信"的业务特点，实现技术和供应链的自主可控，以及产品和服务的安全可信，围绕"智能控制、智慧管理"的业务核心，积极打造控制的智能化和生产管理的智慧化，赋能三大业务高质量发展。

依托先进的战略理念和技术产品，以及产学研用融合的实践成果，和利时在各领域保持着较高的市场占有率。

工业领域，打造自动化、数字化、信息化、智能化的新型工厂。和利时提供以自主产品为基础的智能化整体解决方案，在火电、核电、石化、化工等方面业绩卓著，填补了多项国内重大工程项目国产化空白。其中，电力控制系统产品国内市场占有率领先，核电产品在近 10 年新增核电控制市场容量的机组中占有率达 55%。和利时还是中石油、中石化、中海油、巴斯夫等大企业的自动化解决方案主要供应商，通过技术赋能，成功参建酒泉卫星发射中心、中安联合煤化一体化项目、弘润石化芳烃联合装置项目等。

交通领域，实现更高效、更安全、更便捷、更舒适的科技出行。干线铁路方面，和利时提供自主开发的 350km/h 高铁列车和 250km/h 客运专线动车两类安全控制系统，所有产品均通过 SIL4 级安全认证。广泛应用于郑州—西安、广州—深圳—香港、北京—张家口等数十条中国高铁和客运专线。城市轨道交通方面，和利时提供自主开发的地铁列车及车站安全控制、运行监控和全自动化驾驶解决方案，在全球 15 座城市的 52 条地铁线路中投入运行。

医疗领域，创造更精准、更有效、更环保、更健康的现代医疗。和利时推出中药调剂自动化设备、包装自动化设备、全自动核酸提取仪等一系列医疗自动化产品，并为客户提供完整的医疗自动化解决方案。目前，已为国内外超过 7000 家医疗机构提供产品和服务。2020 年新冠肺炎疫情期间，和利时将可以提高病毒基因筛查效率的核酸提取仪不断发往疫区，助力抗疫事业。

自控驱动，拓展智能未来

从 13 人的科研团队到 3800 余人的集团规模，从单一的 DCS 系统到一体化综合解决方案，从国外系统垄断市场的局面到和利时超 35000 个控制系统项目业绩，从专注于工业自动化，到现在工业自动化、交通自动化、医疗大健康三大业务竞相站在国内的领跑地位，和利时在 28 年的奋进中迎来了 2021 年。

2021 年是"十四五"规划开局之年，也是中国共产党建党 100 周年，在这两个重要历史交汇点，和利时也紧跟时代脉搏，积极推进工业互联网、大数据、信息安全等新一代信息技术与各行业技术加速融合，推动各行业用户向数字化转型升级。

下一步，和利时将继续推进产学研用协同合作，实地调研、精准投入、科学、有序、规范地推动中国智能制造进程，保障产业安全。深入开展新技术研究和应用示范，为各行业提供高性价比的技术解决方案。在工业领域，继续开展智能工厂相关产品开发，在电力、石化等行业打造超越行业水平的样板工程。在交通领域，大力发展智慧车站、智慧运维、智慧调度等业务，打造轨道交通智慧发展新前景。在医疗领域，继续对传统中药调剂、煎煮方式进行现代化改进，保证中药在临床使用的"安全、精准、高效、可控"。继续"用自动化改进人们的工作、生活和环境"，拓展智能化的未来。

在中国共产党建党 100 周年之际，和利时将一如既往地肩负起企业的社会责任与使命，为中国产业高质量发展贡献和利时的担当与力量！

追逐"蓝天白云 繁星闪烁"的环保梦想

山东国舜建设集团有限公司

山东国舜建设集团有限公司（以下简称国舜集团）始建于1985年，注册资金1.7156亿元，历经30余年的稳健发展，国舜集团已发展成为拥有年产值40亿元生产能力、国内资质最齐全、规格最高，集研发、设计、制造、施工、运营管理、投资服务于一体的大气污染治理领军环保企业、绿色装配式建筑企业和钢结构国际贸易企业。

国舜集团现下辖6家子公司、5个科技创新平台、5个加工制造中心、2家甲级设计院、1家绿建研究院，职工总数达2100余人。国舜集团与国家冶金工业规划研究院、浙江大学、山东大学、中南大学、山东建筑大学等单位建立了长期的产学研合作关系，开展工业烟气综合治理研究，形成了独立核心知识产权工业烟气脱硫、脱硝、湿式电除尘超低排放技术体系和产品系列。

国舜集团获得授权专利200余项，主编、参编行业标准、地方标准17项，13项科技成果通过鉴定，均达到国际先进或国内领先水平。依托环保、节能、节水、资源循环利用等领域的核心绿色技术，在钢铁、电力等行业率先采用环保BOO（建设—拥有—运营）等商业创新模式，通过为企业提供从解决方案咨询、研发设计，到设备制造安装、集成应用、运营管理、公共服务的集成一体化全链条服务，环保治理领域市场占有率稳居山东第一、全国前三。

自主研发超低排放技术打破国外垄断

"唯创新者进,唯创新者强,唯创新者胜",这是国舜集团的文化理念,也是植根国舜人心中的信念。

创新是企业发展的第一动力。秉持这一理念,国舜集团把环保工程从传统的以环保施工为主,转变为以创新为引领,以精密制造为核心,构建集研发、设计、制造、施工、运营、投资于一体的全产业链条,实现从现场粗放制作到工厂精密加工的绿色发展。

国舜集团绿建智能加工厂

自2009年起,国舜集团组成研发管理团队和顾问团队,在济南、青岛设立技术设计研究院,率先打造工业烟气治理设计、安装施工和运营管理体系。

国舜集团第一台烧结烟气治理设备投入应用的时候,长期依靠设备进口的钢企一度对国产技术信心不足。对此,国舜集团董事长吕和武当场向他们承诺,由其集团自掏腰包建设安装,运行后如果排放不达标,国舜集团负责把设备拆走,不花钢厂一分钱。设备安装后,运行效果显著,排放指标远优于环保标准,而投入仅是进口设备的1/3。至此,企业服了,国舜集团的市场也由此打开了。多年来,国舜集团已完成国内200余家钢铁、火电企业400多台(套)超低排放改造工程,多套装置安全运行超过5年,实现了节能20%、节约投资15%、年稳定运行6500小时以上的优异成绩,打造出了国舜品牌。

从 2012 年开始，国舜集团每年拿出销售收入 5% 以上的资金，投入技术研发和人才引进，先后引进 30 余位高级技术管理人才，以及"长江学者"浙江大学特聘教授高翔教授、"泰山学者"复旦大学特聘教授陈建民教授等 20 余位国内大气治理领域的知名专家，与十几家知名科研院所、高等院校建立了长期产学研合作关系，组建高水平的技术研究团队和顾问团队，为国舜集团技术创新提供持久动力。

以技术创新平台赋能企业高质量发展

国舜集团实施科技创新驱动发展战略，注重科技创新平台打造，实现了科技创新成果转换，核心竞争力不断提升。

目前，国舜集团建有山东省燃煤锅炉烟气污染物低浓度排放工程技术研究中心、山东省企业技术中心、济南市烧结烟气高效脱硫除尘工程技术研究中心、院士专家基层服务工作站和济南市院士专家工作站 5 个科技创新平台。

近年来，国舜集团联合国内外知名院校和科研机构，不断加大与科研院所和高等院校的产学研合作力度，进行技术创新和研发，形成了产学研用相结合的多层次、跨地区的技术创新模式，形成了技术创新、质量标准、人才队伍建设等紧密结合的技术进步机制，吸引了一批国内外一流的高科技人才参与国舜集团顶层设计和创新研发，形成完备可行的研发项目管理方法与技术创新管理流程和顺畅高效的成果转化机制。在产学研合作的工作上国舜集团受益匪浅，取得了很好的效果。

国舜集团与知名高校、科研院所联合承担了 2014 年度山东省自主创新重大关键技术计划——"大气污染防控技术创新及示范"、2019 年度山东省重点研发计划（重大科技创新工程）——"钢铁行业烟气多污染物超低排放智能化高效控制装备研发与应用示范"、2020 年度山东省重点研发计划（重大科技创新工程）——"环境保护与生态修复：大气污染防治技术集成及装备研发"，获得政府专项支持资金近 4000 万元。

通过项目的实施及示范工程的建设，带来显著的经济效益、社会效益和环境效益，不仅积极促进了山东省大气污染物控制行业技术的创新进步，加快污染物脱除设备国产化进度，带动相关产业发展，而且大大推动了我国环保行业技术发展，满足我国钢铁行业烧结烟气污染物协同处理超低排放的要求。还有助于培养环保领域高水平研究及工程应用人才队伍，引导我国环保行业健康发展和提高我国在国际市场上技术竞争优势。带动上下游产业的发展，创造大量就业机会，带来百亿以上新增产值，推动山东省新旧动能转换，助力"碳达峰·碳中和"目标的实现。

产学研用深度融合科研成果丰硕

通过产学研用深度融合，获得授权专利百余项，10多项科技成果通过了省、市级科技成果鉴定，其中"烧结烟气SDPZ脱硫技术研究与应用"和"烧结脱硫湿烟气静电除雾深度净化技术开发与应用"达到行业国际先进水平，其他成果达到行业国内领先水平。与浙江大学共同研发的燃煤机组超低排放技术荣获国家"技术发明一等奖"。自主研发的湿式烧结脱硫烟气深度净化装置荣获中国"专利优秀奖"。其中，"烧结烟气SDPZ脱硫技术""烧结脱硫湿烟气静电除雾深度净化技术开发与应用"达到行业国际先进水平，多项成果达到行业国内领先水平，形成了独具国舜集团特色的成熟、高效脱硝、脱硫、湿式电除尘、脱硫废水治理技术体系。

国舜集团"湿式静电除尘技术及成套设备（实现颗粒物超低排放）"列入《国家鼓励发展的环境保护技术目录》和《国家鼓励发展的重大环保技术装备目录》。"钢铁/火电行业烟气污染物协同处理超低排放技术"荣获首届环保技术国际智汇平台"3iPET2015百强技术"称号。"钢厂/火电厂燃煤烟气污染物超低排放协同治理技术装备"获得"环境友好型技术产品"荣誉称号。国舜集团获得"中国产学研合作创新奖""中国产学研合作创新示范企业""山东省产学研工匠精神奖"等荣誉称号。

以卓越管理能力和创新精神打造环保领军企业

国舜集团董事长吕和武是山东省内环保领域知名创新工作者，荣获多项"山东省科学技术奖""科技进步奖""环境保护科技进步奖"，是全国资源综合利用科技工作先进个人、山东省生态文明建设功勋企业家、影响山东品牌年度人物。

在吕和武董事长的带领下，国舜集团紧跟国家政策，斥资10亿元建设"国舜绿建低碳·和钢智能科技示范产业园"，依托国舜集团6年培育构建的成熟工业化钢结构装配式建筑技术体系，打造集钢结构装配式建筑设计、制造、施工、运营、培训为一体的山东省新型工业化建筑产业标杆，提供工业化钢结构装配式成品建筑设计服务、绿色产业链部品部件供应和EPC+0项目建设服务等。国舜集团正在打造国际和国内一流的"绿色低碳工业化建筑产业特色示范园"，成为山东省首个囊括办公、住宅、厂房、新农居等各类工业化成品建筑样板及相应技术体系展示的"工业化成品住宅特色示范园区"。为响应国家"绿色低碳循环发展经济体系建设"要求，园区采用屋面太阳能光伏发电、小型氢能燃料电池发电、新风地热利用、太阳能热水、太阳能路灯、空气源/地源热泵、绿色照明等技术，构建节能清洁创能体系，助力碳达峰、碳中和目标的实现，建成后对实现节能低碳将有实实在在的借鉴意义和可复制性。通过建设30余亩高效智能现代化屋面设施农业，实现以30亩现代化农业达到170亩传统农业的产值水平，有效解决工业和农业用地的占补指标平衡问题，加快绿色发展。以垃圾分类管理、沼气综合利用技术为基础，打造分布式垃圾分类、污水分级处理体系，促进循环发展，通过新型建筑工业化强力支撑新旧动能转换。

国舜集团在国内首次开创了钢厂烧结烟气 BOO（建设—拥有—运营）一体化的新模式，由国舜集团承担投资、设计、建设、运行的全部责任和风险，避免了钢铁公司的投资风险，把排放企业从环保被动实施者变为主动监管者和监管受益者，成功破解了烧结烟气治理难题和诚信环保难题，以先进的创新商业模式，加速推进环保高端装备产业高质量发展。该模式得到了国家生态环保部专家的充分肯定和高度认可，被生态环保部确定为环保领域的首选模式。

国舜集团实施创新驱动发展战略，通过加强产学研用深度融合，为技术和产品的优化升级及更新换代提供了强有力的支撑，最终形成了具有独立核心自主知识产权并适用于钢铁和电厂末端污染物烟气治理的绿色制造关键工艺超低排放技术（SCR 脱硝＋湿法脱硫＋湿式静电除尘）和成套高端装备，促进了国舜集团高质量发展。

作为工业和信息化部绿色制造系统解决方案供应商，年度服务的项目实现污染物减排 NO_x 48715.35 吨、颗粒物减排 6724.23 吨、SO_2 减排 197747.49 吨，取得了显著的绿色绩效，实现了持续性污染物减排，对打赢蓝天保卫战起到了关键性作用。

铸精品工程、创百年名企。国舜人将继续高举生态文明旗帜，深入实施创新驱动发展战略，加强科技攻关，推进产学研用深度结合，促进科研成果转化，不断激发经济发展新动能，大力推进大气污染综合治理，共同描绘"环境保护与绿色建筑、系统治理与智能制造"协同发展的宏伟蓝图，实现"蓝天白云，繁星闪烁"的生态梦想！

质量安全铸就儿童食品品牌

贝因美股份有限公司

贝因美安达生产基地

贝因美股份有限公司（以下简称贝因美）创建于1992年，总部坐落于有"天堂硅谷"之称的杭州滨江·高新技术开发区。贝因美于2011年4月12日在深交所上市，是国内A股婴童食品第一股。在贝因美创始人谢宏先生的带领下，经营团队砥砺奋进，不断突破创新。贝因美目前已成为国内婴童食品行业的领跑企业，经营范围涵盖儿童食品、营养食品开发、销售，并提供相关咨询等服务。

贝因美作为一家具有高度使命感、社会责任意识和产业报国情怀的企业，自创始之日起，就始终秉持"因爱而美"的经营理念和美好信念，聚焦于婴童产业和母婴生态经济圈的打造与创新，致力于通过持续投入和产学研综合平台体系的构建，制造科学、安全、国际标准的亲子产品，在打造国产奶粉民族品牌的同时，帮助亲子家庭成就健康幸福，努力践行社会责任与企业使命。

坚守初心，打造品牌高质量发展之路

贝因美将质量品质作为企业经营的核心要务，将高质量发展作为产学研工作的最终导向。28年来，公司紧紧围绕"国际品质、华人配方"的理念，将提升产品品质作为企业可持续发展的核心竞争力。通过构建强大的智能制造和国际标准体系来推动品质战略的实施，实现了从源头牧草种植、规模化奶牛饲养到生产加工、物流仓储、渠道管控及售后服务各个环节的全程可控和全产业链打造，保障和实现了产学研成果的最佳转化。

建立完善的全球产业链，从源头出发来保障产品品质标准

贝因美建立了完善的全球奶源供应链，精选位于南北纬45°的黄金奶源带建立了六大奶源基地，包括新西兰、爱尔兰、瑞士、芬兰、澳大利亚等国家和黑龙江安达地区，并与新西兰恒天然集团、爱尔兰KERRY集团等知名跨国企业建立长期战略合作关系，为中国妈妈、中国宝宝提供最优质的品质奶源和国际先进标准的母婴营养产品。其中，安达基地位于北纬45°这一全球公认的黄金奶源带上，是全球仅有的两家拥有年产10万吨专业生产婴幼儿配方奶粉的单体工厂之一

信息化追溯系统打造先进"智造"体系

产品从源头到终端始终如一的领先和优质，离不开贝因美独特的"智"造方程式，即"科学配方＋国际化标准体系＋全球领先的智造技术"的研发和质量安全生产理念。

2010年开始，贝因美就在行业内率先进行全程追踪追溯系统建设，建立了以ERP为核心的数字化后台管理体系和以MES为核心的数字化智能工厂。2013年11月，在杭州召开的浙江省企业信息化促进会主持的专家评审会上，"全程可视化追踪追溯系统项目"通过了中国工程院、工业和信息化部专家组的严格评审，荣获"企业信息化创新奖"。"快消品供应链全程溯源与质量控制关键技术及应用"项目于2015年4月荣获浙江省"2014年度科学技术进步二等奖"。

基于强大的智造体系和系统集成能力，贝因美在行业内率先实现了从原料采购到产品销售整个过程的信息化、自动化、智能化的追踪追溯，既方便公司全程双向追溯，又方便消费者用手机快捷查询产品的相关质量信息。贝因美所生产的每罐产品背后存在60道核心工艺、284道检测指标、2690个控制参数、8000多项（批）生产记录数据和160多张连续可查单据，95%以上的数据都是通过系统自动采集，并确保数据及时、完整保存和不可篡改，实现从源头出发来杜绝质量安全问题发生纰漏的可能性，真正做到让消费者用得放心。

专注创新，奋进奶业振兴新篇章

创新是奶业振兴的不变主题。贝因美于1998年创立贝因美研究所，创始人谢宏先生亲自担任贝因美首席科学家。基于贝因美业务发展和战略布局需要，构建了完整的产学研合作平台与模式，以推动贝因美产品可持续竞争力和科研创新能力的持续提升。

在产品研发上，贝因美研发团队目前已从基础、技术、产品三大模块研究出发，共涉足母婴营养、工艺、配方奶粉等13大领域的研究，共建有6000多平方米的独立研究用房和32个研发实验室，拥有50余项国内专利和20余项省部级及行业科技大奖。

产学研合作构建强大创新体系

产学研合作创新是贝因美创新体系建设的重要组成部分。在其研究的专业领域，与学科强势高校、科研机构展开联系。通过项目研究、平台建设、教育实践基地建设、联合培养研究生和博士后等与高校及科研机构展开合作，通过聘请长期顾问、短期咨询方式与专家进行交流。在项目中，根据国家规定设立间接经费用于科研人员绩效激励，并设立专门制度，鼓励、激励开放式创新体系建设。近年来，贝因美在产学研合作方面已累计投入5000余万元。

强强联合打造产学研全方位合作平台

2007年贝因美成立中国首家由企业主导创办的母乳研究机构"贝因美母乳研究中心"，并依托该中心，与上海交通大学医学院附属新华医院、上海交通大学医学院附属上海儿童医学中心、上海市儿科医学研究所等展开紧密合作，进行母乳糖巨肽、母乳低聚糖、褪黑素等成分研究，研究成果获"上海医学科技奖"三等奖、"上海市科学技术奖"二等奖。

2016年，与中国科学院上海健康研究院联合成立"中国科学院上海健康研究院—贝因美基因与营养联合实验室"。该实验室以打造适合中国人特点的幼儿配方奶粉、母婴营养品配方作为研发重点，合作开展"华人配方"系列营养健康产品（包括并不局限于婴幼儿配方奶粉）的研发及论证。

贝因美研发实验室

依托于贝因美国家级博士后工作站，2017年与浙江大学联合招收2名博士后研究人员，2019年与浙江工业大学联合引进博士后研究人员1名，联合开展博士后科技攻关项目"湿法婴幼儿配方奶粉速溶性影响因素及改善研究""乳脂乳蛋白纳米载体对儿茶素生物利用度的影响研究"等，预期在基础研究、技术应用等层面取得高水平成果。

项目合作取得丰硕成果

2006年，与浙江科技学院共同开展省重大专项"功能乳清蛋白肽应用于婴幼儿配方奶粉关键技术的研究"，项目顺利在贝因美产业化应用，并获2013年浙江省"科技进步奖"三等奖。

2007年、2008年、2010年分别承担杭州市产学研合作项目"生物技术应用于婴幼儿谷基配方食品的工艺及产业化研究""抗蛋白过敏婴幼儿配方奶粉及产业化研究""α-乳白蛋白的生物功能及应用于婴幼儿配方奶粉的产业化研究"，相继获得"中国食品协会科学技术奖"一等奖、杭州市"优秀新产品新技术奖"三等奖。

2010年，与浙江科技学院、杭州市质量技术监督检测院等合作开展"母乳微营养及婴幼儿配方奶粉母乳共性关键技术"研究。通过3年研究，在浙江省重大科技专项计划的支持下，开展母乳中微营养成分研究，优化和完善配方，进一步创新工艺，建立离心除菌、真空配料、高纯蒸汽瞬时直接喷射等技术，提高产品营养和安全性能。研制的产品通过临床验证表明有助于促进婴儿的造血能力，且具有预防和改善缺铁性贫血的效果，相继获得杭州市"科技进步奖"、省"科技进步奖"（2014年食品生产加工领域唯一的获奖项目）。2015年，又揽收乳品专业行业协会中国乳制品工业协会技术进步最高奖项"特等奖"。2016年，再次获"中国轻工联合会科学技术奖"二等奖。

2014年，与浙江大学等联合开展"冠军宝贝系列婴幼儿奶粉关键技术及产业化研究"，经专家鉴定，一致认为该项目在婴幼儿配方奶粉的配方、工艺及质量安全控制技术方面处于国内领先水平，其中部分技术达到了国际先进水平，项目的研制成功对促进婴幼儿配方奶粉行业产品的转型升级和促进婴幼儿健康成长具有重大意义，因此荣获了省级"优秀工业新产品新技术奖"，并得到食品界两大学会、协会的肯定，获"中国食品科学技术学会科技创新奖""中国食品工业协会科学技术奖"。

2016年，与中国发酵工业研究院、中国疾病预防控制中心等共同承担国家重点研发计划项目"营养功能性食品制造关键技术研究与新产品创制"；2017年，与中国疾病预防控制中心、浙江大学等共同承担国家重点研发计划项目"基于我国母乳组分的特需乳制品创新及共性关键技术研究"；2019年，与浙江大学、长三角两家农业科学院合作，与法国农业科学院等国外研究机构共同推进"中国—欧盟科技创新合作旗舰项目"申报并成功立项，为国际化产学研合作开拓了道路。

成果转化打造产品核心竞争力

依靠持续开展项目合作与研发创新所奠定的成果和基础，贝因美积极响应奶粉配方注册制，拿下了婴幼儿奶粉配方注册、国产特配食品配方注册、生产许可三个"0001"号，完成了婴幼儿配方奶粉国内外工厂17个系列51个配方的注册，相关奶粉产品均已顺利上市。其中，贝因美爱加幼儿配方乳粉获"国食注字YP20170001"批文，所依托的研发项目"贝因美爱加系列婴幼儿配方奶粉关键技术及产业化研究"荣获中国乳制品工业协会第二十五次年会暨2019年中国（国际）乳业技术博览会"技术进步奖"最高奖"特等奖"。

因爱而美，用行动践行企业价值观

贝因美将积极履行社会责任并融入公司核心经营理念和组织运营中，于2008年发布了中国婴童行业首部企业社会责任（CSR）绿皮书，主张"生命因爱而生，世界因爱而美"，将"帮助宝宝健康成长、帮助妈妈成就母爱、帮助家庭幸福和谐、帮助合伙人成就梦想"作为贝因美的使命。依托谢宏先生独创的成功生养教理论体系，积极开展"爱婴""育婴""亲母"三大社会公益工程活动，从生育、养育、教育多个层面为中国宝宝的健康成长、亲子文化的塑造传播提供服务。

多年来，贝因美通过中国红十字总会、红十字基金会、中国儿童基金会设立"博爱基金""幸福天使基金""母婴关爱基金"，以及谢宏公益基金会等形式持续推动和开展公益事业，长期资助贫困和灾区母婴、多胞胎家庭。自1993年以来，贝因美累计公益捐赠总值达10亿元。因此，荣获民政部"中华慈善奖——最具爱心企业""中国儿童慈善奖·突出贡献奖"等多个荣誉称号，还多次获得中国扶贫基金会颁发的"扶贫爱心奖"。

结语

今天，贝因美已服务数以千万计的母婴家庭，未来将继续深耕婴童产业，坚守品质和创新，不断完善产学研平台体系，用"爱的责任"这份初心去赢得消费者的信任，在护航母婴家庭健康幸福的道路上奋发前行。同时，贝因美也将继续致力于成为践行中国奶业质量安全和企业创新的优秀典范，以打造奶粉民族品牌为己任，在帮助中国妈妈、中国宝宝共同成长的过程中来成就共同的事业和理想。

数字医生让医疗更精准 更便捷 更普惠

数坤（北京）网络科技有限公司

数坤（北京）网络科技有限公司（以下简称数坤科技），是医疗 AI 高科技公司，是国家高新技术企业和中关村高新技术企业。

数坤科技自主研发了全球最领先的医学 AI 神经网络，围绕"数字人体"的核心技术战略，已经成功推出"数字心""数字脑""数字胸""数字腹""数字肌骨"等数字医生产品，为心脏病、脑卒中、癌症等人类首要危急重慢病提供智能筛查、精准诊断和治疗方案。目前，积累服务的病人已超过一亿人次。

数坤科技聚集优秀的人工智能科学家和资深医疗专家团队，注重核心原创技术研发，目前已累计申报核心发明专利 100 余项，科研论文发表在 Nature 子刊等世界学术权威期刊。目前，已取得 7 张二类医疗器械注册证，心血管 AI 已正式获批 NMPA 医疗器械三类证。

数坤科技产品服务于全国 700 多家医院，包括上海瑞金医院、北京协和医院、北京安贞医院、北京宣武医院等著名临床医院。凭借突出的临床效果，获卫健委统计信息中心颁发的"2019 年度医疗健康人工智能应用落地最佳案例"。

新冠肺炎疫情期间，数坤科技深度参与到新冠肺炎诊断和救治中，极大缓解当时急需。作为科技企业代表出席北京市政府新冠肺炎疫情防控工作新闻发布会，汇报科技抗疫成果，后又获得工业和信息化部表彰。

数坤科技作为医疗影像 AI 的领头羊，目前已获得超过 10 亿元的融资，是该赛道融资规模最大的科创企业。未来数坤科技将致力于以数字人体为核心，推动全院诊疗工作的智能化和平台化，进而探索更多的交叉应用，为临床科研打基础，满足未来精准医学的需求。

与医院合作首创全球心脏 AI

北京大学第一医院（以下简称北大医院）是数坤科技的一个福地，从某种意义上说，也是数坤科技诞生的摇篮。在这里，北大医院影像科室的王霄英主任与数坤科技团队建立起最早的合作研发环境。在前辈的建议下，数坤科技创始人马春娥和团队用深度学习算法做了一系列的相关实验，所得成果颇受好评。技术的验证点燃了他们最初的信心。

数坤科技 AI 与平谷区卫健委共建京津冀基层医学影像人工智能中心签约仪式

2017 年入秋，数坤科技团队和王霄英主任正式签订了科研合作。心血管的难度在于没有公开数据，之所以如此，首先是该数据标注困难：动脉、静脉不规则，血管细小，标注难度大，医生们经常是单单标注冠脉就要花费两三个小时。此外，从数据集的构建到整个诊断过程的人工智能化，包括全流程，心血管需要把一整套东西做下来，其中涉及数十个算法，既包括传统算法，也包括深度学习的算法。相对肺结节，不在一个量级上，它是从病灶到一个疾病的过程。经过 4 个月打磨，第一个模型制成。

相比已经广泛应用的初期影像 AI 产品，动辄成百上千张的冠脉 CTA 图像对算法要求更高，识别起来更加困难、耗费时间更多。而这些困难，却是人工智能的强势点。为此，数坤科技与不同医院合作，构建了能够处理不同设备，不同扫描标准下影像的深度神经网络模型，并基于此全面打造了数坤心血管 AI 系统。能够应用于绝大多数冠脉 CTA 影像，完成标准化、精细化血管重建，同时给出相应的诊断报告。

2017 年 12 月，为进一步验证和迭代产品，数坤科技开始与北京友谊医院展开合作。然而，数坤科技选择的技术硬核模式，很快遇到了阻力。在将产品原型拿到友谊医院后，他们收到一个需求，医生希望在影像中能够把 1.5 毫米的血管也识别出来。然而，面对这个需求，算法同事的反馈是："技术上不可能实现"。最直接的解决办法就是技术人才的引进。从那以后，首席科学家和新引进的人才，从技术路线上做了很大的调整，重新设计了一个新的技术方案。

数坤科技挺过了困境，立春前后，迎来转机。与两家大三甲医院成功进行的科研合作，让其迎来了一连串始料未及的软着陆。安贞医院、郑州大学第一附属医院、武汉中心医院等十几家医院纷至沓来。这些试点，给了数坤科技绝佳的临床验证环境。

他们既能借助多个机构来进行数据训练，实现更客观的结果，又能吸取医生们对产品的建议。数坤科技有一个在线平台，会把新的结果发上去请医生们指导。每个星期也会请医生来讲课，讲冠脉的一些基础知识和诊断。同时，还提供平台给医生们演示，让他们用，医生们提供出越来越多的迭代建议。

通过产学研医不断的打磨迭代，数坤科技的冠脉 CTA 产品最终能够满足优效性的要求。其人工智能能够对冠脉CTA三维重建、判读、评估、审核报告等流程进行自动化处理，将过去30～40分钟的医生手动影像后处理过程缩短至无须人工介入的数分钟内，数倍提升影像科效率。

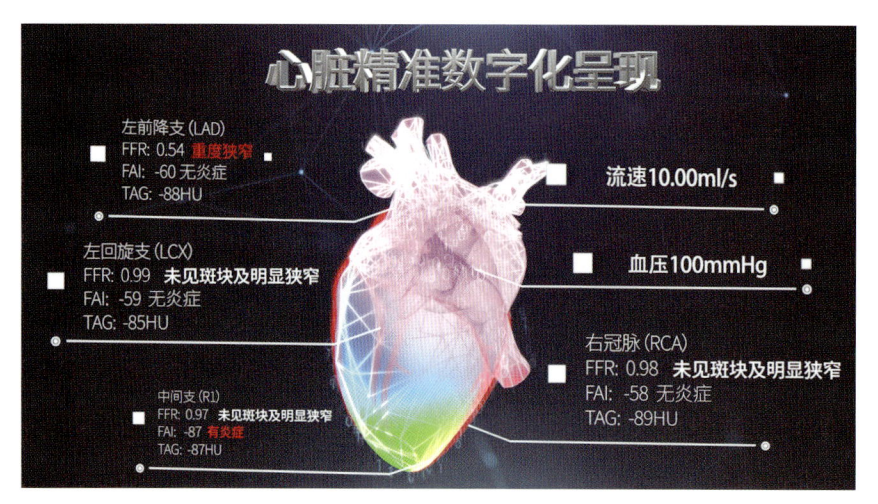

数坤科技心脏AI诊断数据数字化呈现

不断更新换代打造数字人体

在数坤科技的第一代AI产品出炉时，该AI只能测量血管的狭窄程度，进行相应的后处理。而到了第二代AI，钙化积分、斑块分析等功能学评估逐渐加入其中，数坤科技能够给予医生更为全面的数据参考。接下来的第三代AI，数坤科技尝试将AI的作用延伸向手术导航、耗材选型，完成人工智能从"诊断"到"诊治"的跨越。

数坤科技一方面开始顺着新冠肺炎疫情的需求开发肺炎诊断系统，另一方面它的研发方向由原有的心血管向心脑血管扩充，希望能够真正解决困扰中国居民的脑卒中筛查问题。

数坤科技随后研发了头颈CTA智能辅助诊断系统、CT脑灌注智能分析系统，通过场景扩充以探寻更为精准的诊断。至今为止，除了已有的智能血流储备分数CT-FFR测量系统、主动脉智能辅助诊断系统，数坤科技开发了头颈CT智能辅助诊断系统，将AI范畴由心血管转向全系血管。

2020年10月，首都医科大学宣武医院卢洁教授团队与数坤科技合作的头颈CTA重建研究被*Nature*子刊收录。该研究使用了18259例头颈CTA数据集，对超过一亿血管区域进行了AI勾画与分割。结果显示AI在独立测试集重建准确率达到了93.1%。而与152例手动重建数据进行对比，AI重建的合格率达到92.1%，此外，AI重建VR图像的血管边界比手动重建更光滑，最大密度投影重建（MIP）图像的去骨效果更佳。

在效率提升上，AI 同样发挥出优异的表现。该系统应用于宣武医院后，该院影像平均后处理时间由 14.22 ± 3.64 分钟减至 4.94 ± 0.36 分钟，时间缩短到原来的 1/3。同时，技师的点击操作次数也因为 AI 的介入而飞速下降，由 115.87 ± 25.9 下减至 4 下。

数坤科技的科研成果并不局限于 CTA 的延伸，在产品的丰度上，其也取得了长足的进展。

区域智慧医疗影像云平台是数坤科技助力中国主动预防型公共卫生防控体系变革的重要产品。对于区域居民，无须大小病初诊都前往中心医院，就近就医也能享受到"专家级别的医疗服务"。

在癌症发病率最高的肺癌领域，数坤科技也秉承原创和差异化产品理念，"数字胸"实现肺 + 心脏功能的一站式评估检查，不仅实现了全方位胸部影像智能化辅助诊断，还可为数亿家庭提供快速便捷的健康管理服务。

新冠肺炎疫情防控期间，数坤科技第一时间联系湖北的医院，组织精锐研发力量，经过 10 余天的艰苦努力，成功研发新冠肺炎智能影像分析系统。系统上线后，医生用此系统可实现新冠肺炎的精准诊断，极大地提升诊断效率，降低疑似病例筛查过程中交叉感染的可能性。该产品取得了医疗器械二类注册证。

在新冠肺炎疫情防控关键时期，北京市科委协调了市卫生健康委、市医管中心等单位，推动数坤科技新冠肺炎 AI 在北京地坛医院、北京佑安医院、北京小汤山医院等多家定点医院部署上线。数坤科技深度参与到新冠肺炎诊断和救治中，极大缓解当时急需，协助医生完成随访检查数十万人次。

依据"健康中国 2030"建设需求，数坤科技从"数字心"突破，已构建包括"数字脑""数字胸""数字腹""数字肌骨"等在内的"数字人体"智慧影像智能平台，迅速提升各级医疗供给能力，全面覆盖中国居民日常诊疗需求。

让人工智能成为医生的同行者

对于工程师和医生来说，彼此行业知识是互不精通的，人工智能算法的研究则需要两个领域知识的配合。为此，数坤科技的工程师们在"开工"前，都要经过"住院"这一关，让他们更好地理解医疗场景及如何与医生保持更好地沟通。

与传统设备不同，人工智能的研发，医生的参与感更强，每一个细微的成长都倾注了数坤科技和医生的心血。也是在这个过程中，双方有了不同的成长，在他们看来，人工智能并不是医生的助手，而是医生工作中的同行者。

在这种认知下，医生的内心已经从使用者上升到了创造者，无论是在数据的标准上，还是在产品的应用上，全部都会严格要求，从而做出让自己认可的产品。

这种理念必然会反馈到算法的优化上。现在的人工智能已经可以识别到 4 毫米以上的肺小结节，这已经是非常了不起的成绩。但是，对于患者来说，病灶越早检测出来越好，4 毫米依然不能满足医生和算法双方的共同诉求。为此，双方形成了一种全新的工作模式，首先，专家负责第一批数据的标注；其次，数坤科技发挥 AI 优势，通过首批数据研发出基础算法辅助进行更大量的数据标注；最后，年轻医生在高年资专家指导培训下完成规模性的质检和确认，并且给出反馈。这套全新的流程，既能保证医生能力利用最大化，又可以促进年轻医师和 AI 的共同成长。

2020 年，数坤科技推出了"数坤学院"，在线上为众多年轻医生提供了人工智能的理解和使用的宝贵经验，希望通过这种共赢的方式，可以让人工智能更好的完成临床应用。

我国影像医生极度稀缺。数据表明，目前我国医学影像数据的年增长率约 30%，而医师的增长率只有 4.1%。以此推论，2019 年放射科医师也仅增至 17.8 万人，而 2019 年全年总就诊人次高达 87 亿人，医学影像数据比 2016 年增长了 120%，影像科医生则只比 2016 年增长 12.66%，其繁忙程度可想而知。一方面是大三甲医院放射科医师每天疲于巨量的影像检查工作，另一方面则是基层放射科医生难以获得专业的指导培训，大型医院与基层医院之间的医疗技术水平差距也逐渐拉大。

每个数字背后都是一个生命和一个家庭，需要更加严谨，并且产品的推广也离不开专家和大医院的背书。

而医疗 AI 行业的跨越式发展，为解决基层患者就诊难、基层医疗发展难的情况找到了一条可行道路。医学影像 AI 产品可以成为医生的超级助手，减轻临床医生的负担，弥补基层医疗医生短缺的情况，提升医疗诊断效率。

在数坤科技人工智能算法的推广过程中采用由上到下的推广模式，是最适合医疗行业的新途径。在数坤科技的成长和发展过程中，无处不在地伴随着数坤科技研发团队与医生们的无缝配合，数坤科技产品的研发迭代，全部源自医生和研发团队们在使用 AI 过程中的使用经验和深度学习，这也使数坤科技从诞生到成长都一直处在产学研创新前沿，不断与医生们共同谱写精准医学的重大突破和新篇章。

科技创新推动百年矿山再创辉煌

安徽马钢矿业资源集团姑山矿业有限公司

安徽马钢矿业资源集团姑山矿业有限公司（以下简称姑山矿业）是一家以铁矿石矿产资源开发为主的百年矿山企业。一直以来，公司以打造最具竞争力的冶金矿山企业为目标，不断进取，其中在科学采矿、高效磨选方面先后获得国家、省行业协会科技进步、科技成果奖项14项，授权专利68项；在矿山生态复垦治理领域荣获"国家级绿色矿山""清洁矿山"等国家、省级荣誉称号，成为全国行业的标杆。

企业素描

作为百年矿山企业，马钢集团重要的铁矿石原料基地，姑山矿业始终秉持科技创新、生态绿色发展理念，推动企业高质量发展。姑山矿业规模已由过去的2座露天矿山（已闭坑），逐步发展成为拥有2座井下生产矿山、2座在建井下后备矿山的公司。产品由原来的高炉块矿、赤铁精矿2个品种，增加1个受市场欢迎的磁铁精矿品种。目前，姑山矿业年产铁矿石310万吨/年，其中白象山铁矿采选能力200万吨/年，和睦山铁矿生产能力110万吨/年（处于减产期），钟九铁矿设计生产能力200万吨/年，姑山铁矿（露转井）设计生产能力70万吨/年，2020年产成品矿148万吨，销售额达13.1亿元。随着产能的逐年攀升，预计到"十四五"末，姑山矿业铁矿石资源占有量将超5亿吨，形成年产成品矿350万吨的大型矿山企业，成为国内重要的铁矿石生产基地。

一路走来，姑山矿业持之以恒用科技创新推动企业发展，成功走出一条产学研结合的奋进之路。公司以行业先进技术为目标，积极引进和采用先进技术和标准，通过加大研发投入、联合科研院所开展科研攻关项目，保障公司的研发能力、工艺水平和产品品质不断提升，缩短与行业先进企业的差距。近3年来，在坚持自主创新的同时，公司先后与中南大学、安徽工业大学、中国矿业大学、北京科技大学、中钢集团马鞍山矿山研究院有限公司等多家国内科研院校广泛开展了产学研合作关系，并不断完善技术研发组织管理水平和创新机制，拓展与高校科研院所的合作范围，加大产学研合作力度，加强技术攻关和新产品研发，在新技术、新材料的应用，以及提升产品性能上做文章，对增强企业的技术创新能力取得了较好的成效。

持续完善产学研技术创新体系

姑山矿业成立了姑山矿业有限公司技术中心，共有研发人员157人，不断完善以企业为主体、市场为导向、产学研相结合的技术创新体系建设，增加科技投入，加强知识产权管理，科技成果不断涌现；有效促进产学研结合，在重要课题上推动建立和形成一批以技术骨干为主体、产学研有机结合的攻关队伍；引导激励增强知识产权意识，努力创造、应用知识产权；加强人才队伍建设，着力培养具有创新意识的人才，壮大科技人才队伍，激发广大公司职工的创新热情和创造能力。技术中心主要负责制订姑山矿业中期科技创新规划及年度科技工作计划，参与制订公司长期科技创新规划，负责公司新技术、新材料、新工艺、新设备的调研、引进、创新及推广应用工作，做好公司科研项目和技术攻关课题的申报、研发及成果转化工作。近年来开展研发与攻关项目近百项，包括和睦山铁矿塌陷区预治理与生态恢复技术研究、铁矿石（贫磁铁矿石）高压辊磨串联—塔磨细磨高效节能磨选创新新工艺关键技术与选矿工艺研究、白象山选矿厂细—微粒磁铁矿高效回收技术研究、姑山露天采场坑底防渗加固技术研究等项目，为矿山高质量可持续发展提供了支撑。开展了白象山选厂集中控制系统智能监测平台创新改造技术研究、"一键充填"技术研究等项目，促进了数字化智能化矿山建设。

姑山矿业选矿工匠基地是全国冶金矿山工匠实训示范基地，也是北京科技大学、西安建筑科技大学、安徽理工大学、中南大学、中国矿业大学等7所大学实践教学基地，作为现场难题的攻关站，基地以"引领、创新、互联、共享"为发展理念，大力弘扬劳模精神和工匠精神，充分发挥选矿工匠和技能骨干的带头作用，鼓励一线职工围绕重难点工作开展技术攻关和创新创效，进一步推进优质铁矿石原料基地建设，助推矿山绿色可持续发展。

姑山矿业创新工作室深化"六位一体"经济技术活动，发挥示范引领作用，在采矿、防治水、选矿等专业攻坚克难，创新创效。其中，一工作室被冶金工业质量联盟授予"全国冶金行业优秀职工创新工作室"称号，工作室领头人也被授予"安徽省劳动模范"荣誉称号。

校企合作不断攻克生产技术难题

姑山矿业拥有白象山铁矿、和睦山铁矿、姑山铁矿、钟九铁矿4座大型矿山，因所处区域靠近当涂县城，环境优美，资源开发不能破坏当地生态环境，资源开发与环境保护融合发展压力大；矿岩节理裂隙发育，稳固性差，支护成本高，安全生产压力大；地表水系纵横，地下水丰富，部分矿山矿体本身即为含水层，防治水难度大；矿石嵌布粒度细，赤铁矿、磁铁矿、混合矿混杂，精细化选择困难。如何攻克难采难选技术问题，绿色、高效开发铁矿资源成为关键。

姑山矿业与中南大学、长沙矿山研究院有限责任公司、中国矿业大学和中国恩菲工程技术有限公司等国内知名高等院校和科研院所单位合作，借助技术创新和产学研平台，经过多年努力，通过含水矿床疏堵避一体化综合防治水技术研究、富水软破矿床安全高效回采技术研究、超细全尾砂精细化充填技术研究、软破矿床开采地压显现规律与地压监测和支护技术研究、难选铁矿石高效分选技术研究，成功破解了姑山区域铁矿难采选资源绿色、安全、高效开发利用中存在的重大技术难题，并取得一系列技术创新与突破。一是开发了适用于大水矿床的疏堵避三位一体综合防治水技术，突破了强含水断层破碎带传统注浆堵水工艺瓶颈，确保了矿山防治水效果。二是开发出预控顶上向进路充填采矿法和小分段空场嗣后充填法，实现了普通进路充填采矿技术再创新，生产效率提高25%以上，支护成本降低30%以上；发明了采场进路密封装置，研发出季节自适应精细化充填技术，改善了充填体强度均质性，降低充填成本18元/平方米以上。三是研发了粗碎中碎—高压辊磨全流程预选抛尾工艺，发明了带水湿料控制给料装置及其制造方法、高压辊磨机辊面柱齿断齿修补方法和新型有压调浆均流分料箱，提高了入磨品位，降低了选矿能耗。

项目研发过程中，获得发明专利5项、实用新型专利31项、出版专著教材1部、发表学术论文16篇，形成企业标准1项。该项目已在白象山铁矿、和睦山铁矿全面应用，并推广应用于其他矿山。实现新增产值约2.41亿元，新增利税约3.25亿元，增收总额共约5.66亿元，实现了经济效益、社会效益和环境效益的优质平衡，达成了"既要金山银山，又要绿水青山"的绿色矿山建设目标。该项目成果2020年荣获"安徽省科学技术进步三等奖"。

和睦山铁矿是宁芜系铁矿床的细粒嵌布磁铁矿代表之一，国内类似资源丰富。现有工艺为：三段一闭路破碎—大块干抛—高压辊磨开路—三段阶磨阶选（-200目90%）—细筛分级—磁选柱选别工艺。该工艺磨前产品因为粒级范围宽且矿石潮湿含泥问题无法进行预选抛尾；磁铁矿嵌布粒度细且不均匀，现有磁选工艺分选精度不高，难以有效去除贫连生体和夹杂。为保证持续地向炼铁提供高质量铁精矿和绿色矿山建设要求，迫切需要开发出合理、高效、环保的创新工艺和磁选装备。

和睦山磁铁矿提质增效选矿工艺技术集成研究开发了磨前宽粒级（20～0毫米）磁铁矿湿式预选—分级磨矿新工艺，采用ZCLA选矿机，ZCLA选矿机湿式预选具有处理物料粒度宽、浓度大特点，解决了和睦山磁铁矿潮湿、含泥、粒度20～0毫米粒级范围较粗宽矿石预选难题，实现了磨前宽粒级抛尾，入磨品位31.84%提高了39.01%，提升了7.17个百分点，降低磨选成本。发明了绞笼式双层脱水分级筛，具有体积小、无振动、效率高等优点，解决了大体积量预选尾矿分级、输送的难题，实现了12.08%的3～20毫米粗粒尾矿作为建材综合利用，14.6%的0～3毫米细粒尾矿改善了总尾矿粒级分布，从源头提高了充填体强度和尾矿库安全性。开发了阶段磁选—串联淘洗精选新工艺，解决了传统的磁铁矿多次弱磁筒式磁选工艺存在分选精度低的难题，磨矿细度由-0.075毫米的90%降低到-0.075毫米的85%，精矿TFe品位由64.82%提高到66.44%，实现了精矿品位大幅提高。

磨前宽粒级磁铁矿湿式预选—分级磨矿新工艺

项目获得授权专利3项，其中发明专利1项目，实用新型专利2项，公开发明专利3项。攻克了20～0毫米磁铁矿石无法宽粒级湿式预先抛尾问题，以及传统磁选工艺效率低的问题。经安徽省金属协会科技成果评价，达到国际先进水平。本项目成果对和睦山宁芜式磁铁矿石选矿厂提质增效、节能降耗方面具有重大推广应用意义，丰富了磁铁矿选矿工艺和理论实践。和睦山磁铁矿提质增效选矿工艺技术在资源利用率、选矿效率、运行成本和建设投资等方面具有明显的优势，具有一定的推广前景。目前，该工艺已在白象山选厂、凹山选厂、龙桥选厂开展工艺优化可行性研究与应用。该项目成果于2020年荣获"中国金属学会冶金科学技术二等奖"。

近年来国家进一步加大环境保护力度，制定了一系列政策，倒逼产业结构调整，产业提速，政策的实施力度（环保督察）加强，督查成为常态化，一系列的趋势表明对矿山的管理要求越来越严格，要求绿色发展的压力也越来越大，2020年姑山矿业生产原矿入选总量为290万吨，成品矿148万吨，非矿资源58万吨。尾矿库全年排尾量为40万吨。尾矿如何处理，怎么实现无尾绿色矿山，怎样推动企业的可持续绿色发展，是姑山矿业迫切需要解决的问题。未来，姑山矿业将秉持科技创新、绿色发展的理念，坚持问题导向、目标导向，走企业可持续发展之路。

质量铸魂　信誉立业
构筑全产业链食品加工生态圈

荣成泰祥食品股份有限公司

荣成泰祥食品股份有限公司（以下简称泰祥）成立于1994年，是一家以农副产品为主要原料进行精深加工的国家级农业产业化龙头企业和高新技术企业，是山东省内最大、国内第二的以海洋生物为主要原料进行精深加工的冷冻调理食品加工企业。公司先后荣获"中国名牌产品""全国农产品加工业出口示范企业""中国产学研示范企业"等荣誉称号，公司商标被认定为中国驰名商标。公司拥有国家地方联合工程实验室、博士后科研工作站、国家级工程实践教育中心、山东省认定企业技术中心、农业部冷冻调理海洋食品加工重点实验室等一系列国家级、省级科技研发平台，先后参与国家科技项目13项，省部级科技项目32项，参与制定、修订国家标准3项、行业标准13项、团体标准2项，获得授权发明专利30项，实用新型专利52项，发表科研论文152篇，其研究成果在2017年获"国家科技进步二等奖"1项，省部级科技奖励6项，市级科学技术奖励7项。

近年来，泰祥积极践行新发展理念，扎实推进"卓越工程师教育培养计划"，腾挪空间、创新布局，探索创建高校和行业企业联合培养人才的新机制，加强工程实践教育，培养适应行业企业需求的工程人才，为推动科研水平提升和企业高质量发展打开新通道。

建立产学研战略联盟，为科技创新"开路搭桥"

泰祥始终秉承"质量是泰祥人的饭碗，信誉是泰祥人的存款"经营理念，弘扬"食品事业功德无量，食品安全天经地义"的立业精神，坚持科技发展，走产学研结合之路，培养组建人才队伍，先后投入近6000万元，聘请高校科研院所专家教授深入企业研发创新，积极与各高校携手共建、强强联合，巧借外力促企业发展，发挥企业和学校各自的优势，共同培养社会与市场需要的人才。公司先后和中国海洋大学、浙江大学、江南大学、渤海大学、山东大学（威海）、哈尔滨工业大学（威海）、青岛大学、日本东京海洋大学、中科院黄海研究所等多家院校建立合作伙伴关系，共同参与了国家、省市的多项科技项目的研发及产品标准的制定，公司为科研院所的各类项目研发、课程教学等提供器材设施。在此后的几年里，公司产学研合作的各类成果层出不穷，这其中，由泰祥与中国海洋大学的合作成果《即食虾》行业标准、公司与渤海大学共同承担的"鱿鱼贮藏加工与质量安全控制关键技术及应用"项目及公司参与的"海洋低值蛋白高值化重组利用关键技术集成与产业化"项目便是其中的代表。

2012年7月，中国海洋大学—泰祥集团国家级工程实践教育中心正式挂牌成立，该中心是由公司与中国海洋大学联合开展工程人才培养的综合性教育平台，是教育部等23部委批准成立首批66个国家级工程实践教育中心之一。中心成立不久，双方产学研合作最重要的成果之一——《即食虾》行业标准就"呱呱坠地"。该标准提高了我国即食虾的质量安全水平，为行业正确采用原料、合理调整生产工艺、完善检测手段提供了合法遵循，进一步规范了产品市场，切实保证了消费者的食品安全及身体健康，提高了消费者对产品的信任度。同时，该标准也为国家及行业主管部门对生产企业监管、对市场及产品质量监督提供了参考，为相关法律的制定提供了依据。

公司与渤海大学共同承担的"鱿鱼贮藏加工与质量安全控制关键技术及应用"项目则历经了13年攻关才得以完成，期间得到12项国家级和省部级项目的持续支持。项目实现了国内同行业领域内的两个"首次"，即首次阐明鱿鱼内源性甲醛的产生机制，首次探索出鱿鱼内源性甲醛控制技术和鱿鱼船上超低温保鲜技术，看似简单的技术革新，却是行业发展的一次飞跃，这一技术可以有效控制鱿鱼产品的甲醛含量，延长保鲜时间，实现了鱿鱼原料保鲜和品质改良。该项目中的鱿鱼鱼糜和新型休闲调理制品加工技术，实现了副产品的高值化利用，在国内多家大型鱿鱼加工企业转化应用，近3年累计新增销售额60多亿元，产生了显著的经济和社会效益，提升了我国鱿鱼贮藏加工技术水平和产品质量安全水平，推动了我国鱿鱼加工产业升级和远洋渔业的持续健康发展。项目于2017年获得"国家科技进步二等奖"，获省部级"科技进步奖特等奖"1项，成果已授权发明专利40余项，发表论文200余篇，带动制定了相关行业标准2个、地方企业联盟标准1个。

泰祥参与的"海洋低值蛋白高值化重组利用关键技术集成与产业化"项目是其最引以为傲的产学研合作成果之一。项目领军人才为渤海大学励建荣教授，核心团队成员分别是上海海洋大学、中国海洋大学等水产品加工行业知名院校的专业科研团队学术带头人。2015年，"海洋低值蛋白高值化重组利用关键技术集成与产业化"项目被评为泰山学者蓝色产业领军人才团队支撑计划项目。该项目成果实现了海洋低值蛋白的高值化利用，改善了低值海水鱼凝胶特性，提高了鱼糜产品的钙含

公司产品

量，提供了更好的口感和营养物质，开发改造鱼糜制品鱼丸（244.031mg/kg）、鱼豆腐（245.104mg/kg）2种，使鱼糜制品在-2℃不冻贮存状态下保质期达45天以上。项目成果在泰祥进行转化，年产低值海水鱼糜3800吨，冰温高钙鱼糜制品4000吨，冰温鱼糜制品6000吨，生产高钙鱼骨酱800吨以上，产品质量符合国家食品安全标准及日本进口食品安全标准规定。项目的实施使公司的鱼糜制品在国内市场占领先地位。该项目累计申请4项发明专利，获得3项科学技术奖励。

创新产学研合作体系，全面激发人才创新欲望

在产学研合作过程中，泰祥深刻地认识到，企业创新必须有一支高素质的人才队伍，才能通过产学研结合的形式结交一批高水平的相关科技学科带头人，从而立足于国际、国内先进水平的科研前沿阵地，拥有国内行业领先水平的优势，才能真正实现技术和产品创新的突破，促进企业快速健康的发展，以提高企业效益，带动行业进步。为此，公司根据市场的需求和自身的发展，制定和完善了产学研管理制度。

公司设有技术中心，为产学研合作活动的主管单位，对产学研的运作进行监督管理，技术中心建立了由管理层、决策层、执行层组成的"三层"创新管理体系。技术中心实行主任负责制，中心主任主持中心工作，综合管理部协助中心主任开展中心管理工作，做好中心各项工作的下达及考核工作。研发委员会和专家委员会组成技术创

新体系的决策层，技术委员会负责审定企业的项目创新工作规划和年度计划，研究并决策企业的研发方向及投资预算、工作成效及重大决策问题；专家委员会对研发中心的研发方向、重大技术问题和项目进展情况进行咨询与评估，参与项目研发工作的技术攻关工作，积极推动技术中心工作的开展。研发部、工程产业部等部门是技术中心的执行层，依据研发中心工作安排，积极履行各自职责，确保研发中心各项工作顺利开展。

将与高校和科研院所进行产学研合作作为公司技术中心技术创新的重要补充。为更好地借助高校及科研院所人才技术优势，目前公司与中国海洋大学、浙江大学、江南大学、黄海水产研究所等多家高校和科研院所建立了长效合作机制，中心为高校提供实验和实践基地，为科技成果转化提供条件，高校专家、教授定期来实验室开展学术讲座，同时为科研人员提供技术培训。这种合作机制为企业的技术发展和人才的快速成长提供了保障，对于快速提升企业自主创新能力，增强地方经济和社会发展的能力具有积极作用。

在推行产学研合作的同时，泰祥创新绩效管理机制，不断加强产学研创新绩效评价和激励制度建设，创建规范有序的技术创新竞争机制与宽松和谐的创新环境，对创新人员进行有效激励以保证项目成功实施和取得良好成效，对研发人员实施相应的绩效考核，考核分为项目激励、人才激励、员工薪酬管理三大板块，针对科研人员和公司员工取得的不同的成绩给予奖励。

项目激励主要鼓励科技人员进行自主创新，制定了绩效考核奖励规定、关于产品（方案）创新的奖励规定考核办法，以对做出突出贡献的人员给予奖励。在此基础上，公司制定了技术人员等级评定制度，对突出贡献人员提前晋升，同时设置"项目科技攻关奖"、重大科技项目津贴、"专利奖""技术创新推进奖"等。与此同时，公司形成技术创新人才培养、使用、评价、激励的机制，不仅为优秀人才创造崭露头角、脱颖而出的成长环境和展示舞台，让对技术创新做出贡献的科研人员和工作都可以获得实实在在的奖励。同时，逐步探索技术参与分配的政策和做法，贯彻分配靠贡献的原则，把企业员工智慧劳动所创造的价值量化到个人。企业技术中心人员职工人均工资是企业人均职工工资的2倍，此外根据创新业绩表现，进行年度、半年度的经济奖励。

打造高端陶瓷新材料领域的新高地

山东国瓷功能材料股份有限公司

　　山东国瓷功能材料股份有限公司（以下简称山东国瓷）是一家专业从事功能陶瓷材料研发和生产的高新技术企业，创办于2005年4月，总部位于黄河入海口——山东东营，2012年1月在创业板上市。主要产品包括纳米级钛酸钡及配方粉、纳米级复合氧化锆、高纯超细氧化铝、氮化铝、蜂窝陶瓷、喷墨打印用陶瓷墨水、陶瓷球及陶瓷轴承等，产品被广泛应用在电子信息和5G通信、生物医疗、汽车及工业催化等领域，主要供应韩国三星、日本京瓷、潍柴动力、比亚迪、风华高科等国内外著名企业。拥有江苏国瓷泓源光电科技有限公司、东莞市国瓷戍普电子科技有限公司、宜兴王子制陶有限公司、江西国瓷博晶新材料科技有限公司、江苏国瓷金盛科技有限公司、辽宁爱尔创数字口腔技术有限公司、深圳爱尔创科技有限公司、上海国瓷新材料技术有限公司、国瓷（美国）科技公司9家全资子公司，并控股长沙国瓷新材料有限公司、山东国瓷康立泰新材料科技有限公司、江苏国瓷新材料科技股份有限公司3家子公司，在东营本地拥有3个产品事业部、分布于6个工业园区，初步完成了在高端陶瓷新材料领域的产业布局和区域布局。

自创立之始，山东国瓷就将技术创新作为公司战略发展的核心竞争力之一，始终坚持以材料为核心的战略定位，秉承"创新驱动未来"的核心价值观，以深入研究行业规则为依据，以市场为驱动，以客户为中心，以应用为基础，协同产学研创新，持续以未来产业作为组织输出的解决方案，加快科技成果转化。公司于2019年入选工业和信息化部第四批制造业单项冠军示范企业、山东省新材料领军企业50强、山东省5G产业方向试点示范企业等名单。2020年，公司入选工业和信息化部知识产权工业运用试点企业、山东省新材料产业民营企业10强、山东省"十强"产业（新材料产业）集群领军企业等名单，获得"山东省勇于创新奖先进集体"的荣誉称号。2021年公司被中国产学研合作促进会评选为"中国电子材料与元器件产学研协同创新平台共创单位"。

打造平台型企业研发与成果转化体系

山东国瓷立足材料领域，始终坚持"24小时研发，创造新价值"的科技发展理念，依托山东省电子陶瓷材料工程技术研究中心、山东省电子陶瓷材料工程实验室、山东省企业技术中心、山东省博士后创新实践基地等科研创新平台，协同高校与科研院所、产业链企业建立了完整的技术开发创新体系，有效开展了研发、专利和标准联动创新机制，打造了平台型的企业研发与成果转化体系。

董事长张曦率领核心管理团队，为打破国外垄断、替代高端功能陶瓷材料的进口，不遗余力加强核心技术研发，聚焦被国外垄断的高端电子元器件陶瓷材料"钛酸钡"生产技术，协同山东大学进行技术孵化，历时5年自主研发成功实现产业化，与国外技术相比，实现了综合性能提升20%，颗粒纳米化缩小70%，并实现成本降低50%，最终产能提高200倍，国内市场占有率达85%的目标。目前，山东国瓷已拥有7项核心技术、9项核心产品，先后获得"国家科技进步奖二等奖"1项、"中国发明专利金奖"1项、国家战略性创新产品1项等国家级以上科技奖励10余项，通过搭建创新平台，突破了一系列"卡脖子"核心技术难题，形成了一批具有国际领先水平的科技成果，占领了功能陶瓷材料行业的制高点。

汽车尾气排放是造成PM2.5污染的一个重要原因，能消除机动车产生的CO、HC、NO_x和PM等有毒有害的气体或者颗粒物的汽车用蜂窝陶瓷载体市场由外资品牌主导。山东国瓷紧跟国家环保政策，努力为国家的蓝天保卫战贡献力量，于2019

年开发出了汽车用蜂窝陶瓷颗粒捕捉器 GPF 和 DPF 等产品，关键性能指标孔径分布接近竞品，为了突破稀土催化材料技术在行业应用中的"卡脖子"问题，打破国外的专利垄断和技术封锁，占领未来产业技术制高点，为实施科技强国战略作支撑，与研究院加速形成了产业互补，围绕国家战略需求、结合国家重点新材料研发及应用重大项目，将共同在移动源尾气净化、固定源废气治理、新能源催化等方面重点布局。

检测中心

山东国瓷还持续与山东大学签署长期的产学研合作协议，同时从清华大学、天津大学、北京航空航天大学等国内高校聘请了多位行业内知名教授、专家作为公司的技术顾问，对公司重大项目或发展方向提出建议和必要的技术支持，指导产业化生产试验进行，形成优势互补、协同创新的发展模式，保证了公司产品在应用方面的持续创新。

建设高质量创新人才队伍

山东国瓷践行"以客户为中心、最佳团队制胜、创新驱动未来、改善永无止境"的企业价值观，持续创新人才工作机制。为了能够建设高质量的创新人才队伍，公司秉承"通过悉心的培养、严格的选拔，帮助员工从优秀到卓越"的人才发展理念，打造独具特色的人才引育机制，有计划、有步骤地开展了在职管理、研发人员的专项培训培养工作、高端人才引进工作。近年来成功合作高端人才 30 余人，包括欧美生物陶瓷专家，日本应用检测和设备、电子浆料专家等，通过在上海建立"人才飞地"，成功招引了 10 余名博士，建立了企业核心技术的基础研究体系。

山东国瓷注重并采用高端顾问专家聘用机制，倡导"人不为我所有，但人可为我所用"的用人机制，采用"柔性合作＋全职引进"的人才模式聘用行业核心人才、专家顾问团队，并通过项目申报、技术攻关、人才培养等方式与高校及科研院所合作，近年来已与山东大学合作获得"国家科技进步二等奖""山东省科学进步一等奖"，与中国计量科学院共建计量溯源研发体系，与济南大学联合培养博士后，并获得"山东省博士后创新二等奖"。

山东国瓷不断推进人才培养模式改革，积极开展基于产教深度融合、校企双主体协同育人的人才培养模式。2020年，公司与东营职业学院合作共建"国瓷新材料学院"，投资200多万元为学校购置了粉体材料连续生产性实训装置、化工单元操作装置和分析检测仪器等设备，设立了实验实训室，建立"企业新型学徒制"的培训模式，充分发挥双方资源优势，为公司持续培养高素质创新人才和技术技能人才，这也是目前东营市唯一一家新材料行业集生产、教学、实训、培训、研发、创新创业功能于一体的校企产学研用实习实训基地。

为了激励核心技术人才和管理人才，山东国瓷制定实施了"研发人员绩效考核管理制度"，对科技创新人才实行科研成果与经济效益挂钩、高酬重奖，每年对员工的研发创新成果、技术改造建议等进行综合考核，建立1500万元的重点项目奖金池，给予激励与奖励。为提高员工讲学习、比创新、作贡献的积极性与创造性，公司每年组织技术创新研讨会，依据创新项目进行"技术之星""专利之星""技能之星""金牌师傅"等的评选、表彰与激励，带动更多的员工钻研技术、参与创新。

多年来，山东国瓷打造了"特殊材料人"党建品牌，筑牢党建管理平台，在技术研发、产品开发、干部管理、员工管理上开拓创新，党支部积极实行"发展骨干为党员，培养党员为骨干"的理念，对优秀的骨干员工着重进行培养，让党建工作在生产管理活动中落地、见效。在新产品的研发和新技术的攻关中，党员宋锡滨同志领军以青年党员为主体的研发团队坚持"24小时研发"，打破了日本、美国企业在功能陶瓷材料领域的技术垄断。在生产一线，充分发挥党员的先锋模范作用，在关键工序上设立了"党员责任岗"，让党员在工作岗位上亮出身份、做出表率，以标兵示范带动组织建设，以扎实的党建工作引领企业科学发展。2021年，公司催化材料事业部下属的研发部被评为"山东省工人先锋号"。

全力推进产学研合作项目建设

山东国瓷将依托国家级平台、高端领军人才，不断加强基础研究、应用研究，着力打造"产业链、创新链和人才链"的创新平台链，从技术创新、知识产权、人才引育、成果转化等方面全面强化创新能力，加速产学研项目落地建设。2021年，计划投资3亿元建设"新型功能材料国家创新平台建设项目"，购置200余套高端研发设备，改扩建实验和试验平台10000平方米及学术报告厅3000平方米，新建中试和产业化车间20000平方米，最终建成3～5个产业化示范基地，超微型MLCC试验平台、毫米波量测平台、生物陶瓷结构件检测及天线模块检测平台等5个以上高端应用检测平台。新招引国内外高端人才及学术带头人30余人，并配套人才公寓及生活设施35000平方米。实现集人才培养、研发、中试、实验、检测、产业化、知识产权、创新联盟及开放服务等全链条的创新平台转化，通过 2～3 年的建设期，形成 5G 关键材料研发及产业化、超微型片式 MLCC 研发与产业化、稀土功能陶瓷材料、5000 万升汽车尾气净化用蜂窝陶瓷、新型陶瓷墨水改扩建等 10 余个重点产业化项目，创造产值 50 余亿元，助力开发区及东营市在"十四五"期间打造千亿级新材料产业集群。

实现产学研精准对接的需求与建议

面临国外的技术、产品垄断，需强化顶层设计，要积极发挥规划引导、组织协调和政策激励作用，重点完善以产品为中心、项目为载体、需求与问题为起点的工作协作机制，打通新材料技术—产品—应用产业链，在技术创新与市场应用之间架起互动的桥梁。

具体建议，一是实施特色集群壮大工程，政府主导整合人才、资金、技术、信息、服务、公用工程等资源，建设若干各具特色的新材料聚集区，充分发挥平台集聚资源、促进不同产业主体互动的中心作用，提高新材料产业聚集度，促进彼此系统融合，提高园区整体创新能力和综合竞争力。二是加快实施领军企业培育工程，培育一批科技含量高、自主品牌响、市场竞争力强、综合效益好的领军企业，建设以领军企业为核心的协同发展生态圈，鼓励行业龙头通过资本运作进行兼并重组，充分发挥市场在资源配置中的决定性作用，强化企业在产业创新发展的主体地位，激发企业活力和创造力。三是加强与世界新材料著名企业的合作，下大力培育、发展新材料研究机构，强化"政产学研用金"合作，协同开展关键技术攻关，释放技术的推动力量。四是通过加强要素保障，完善投融资机制加大新材料产业投资额度，在资金投入、园区建设、招才引智、招商引资方面给予政策助力。

预制桩技术行业领衔者

浙江兆弟控股有限公司

浙江兆弟控股有限公司生产基地

浙江兆弟控股有限公司创建于1993年，总部位于浙江杭州。一直专注于建筑与水泥制品研发与生产，致力于为现代城市建设提供高质量的水泥制品一体化解决方案，经过近30年的发展，已是一家综合性国家高新建材公司。公司秉承"坚持科学发展观"，坚持不懈研发一代、推广一代、应用一代，先后荣获"中国建材200强""中国民营建材100强""中国最具成长性建材企业100强"单位，在中国预应力混凝土预制桩行业排名第三位。

公司员工3000余名，研发人员300余名，固定资产20亿元，厂区面积3000余亩。在环渤海湾、长三角、珠三角三大区域拥有下属和加盟企业28家，基地分布浙江、江苏、上海、辽宁、天津、河北、山东、福建、湖北等地区，研发新技术已获得国家发明专利680项，实用新型专利760项，共1400余项，完成国家和地方工程技术研究课题20多项，编制国家和地方工程技术标准50多项。

国际领先的预制桩技术缔造者

从创立伊始，浙江兆弟控股有限公司就将技术创新的重点放在机械连接预应力混凝土异型桩。2001年，公司研发出第一代无端板预应力混凝土管桩，历经8年时间，一代代优化改进，于2008年研制出第九代预应力混凝土竹节桩。公司以预应力混凝土竹节桩为基础继续进行技术创新，于2019年试制成功螺锁式连接预应力混凝异型方桩。目前，螺锁式连接预应力混凝异型方桩已应用在房屋建筑、公路、桥梁等大型建筑，经大量实验证明，其各项力学性能指标突出，抗压抗拔承载力均提高

10%～30%以上，施工时间节省了50%，可大幅度节约工程项目的桩基础建设费用，特别是"螺锁式深搅种植桩一体桩"与钻孔灌注桩相比，没有泥与软土产生，大大提高了绿色建筑和装备制造标准，经济效益显著，为我国的经济建设和社会发展做出了巨大贡献。

公司核心两项研究成果"螺锁式机械连接件"和"异型预制桩"，具有连接安全、经济、可靠、施工快捷等优点，技术成果均经院士领衔专家组鉴定为"成果总体达到国际先进水平，其中管桩螺锁式机械连接装置和异型桩达到国际领先水平"。异型管桩与普通管桩相比，每米可节约成本60元。据不完全统计，2019年全国预制混凝土桩年产量3.2亿米，如果全部采用异型管桩成套技术，每年可节约工程造价192亿元，可减少二氧化碳排放量约1.4亿吨。截至目前，已为建设工程节省造价100多亿元，经济、社会和环境效益显著。

螺锁式连接异型桩现场试点

经过数十年的潜心研究，公司已经获得国家外观、实用、发明等专利1400余项，主参编《先张法预应力离心混凝土异型桩》（GB 31039—2014）、《预应力混凝土异型预制桩技术规程》（JGJ/T 405—2017）等国家、行业、地方标准、图集共50余项，已成为预制混凝土桩及装配式混凝土结构的行业领衔者。

凭借行业领先的技术实力和创新能力，公司也成为预应力混凝土异型桩国家标准起草单位及住房和城乡建设部行业标准主编单位，工业和信息化部中国绿色建材产业发展联盟装配式建筑专委会会长单位，中国混凝土与水泥制品行业协会副会长单位，中国产学研合作创新示范试点单位，浙江省装配式混凝土工业化建筑工程技术研究中心生产示范基地。公司核心产品预制异型管桩第13代，被列为2008年全国建设行业科技成果推广项目，已纳入国家标准《先张法预应力离心混凝土异型桩》、行业标准《预应力混凝土异型预制桩技术规程》，新产品累计纳入国家、行业及地方标准58项，获得国家级、省级工法7项，获得"华夏科技奖""中国产学研创新成果奖"等省部级科技类一等奖4项。近8年来该成套技术已在全国沿海14省市各类工程领域2000余个重大型工程得到广泛应用，为推动国家基础建设发展和地方经济发展提供了有力保障，社会效益、经济效益特别显著，为客户提供更安全、经济、绿色、高效的服务。

产学研合作开展情况

浙江兆弟控股有限公司与多家高校及科研机构合作进行技术研发和科学研究,走出了一条适合企业现状的产学研合作之路。通过共建技术研究中心、组建产业联盟、设置单项技术攻关课题等多种组织模式,与浙江大学、浙江理工大学、同济大学、浙江建筑设计研究院、浙江省工程物探勘察设计院有限公司等科研院校、机构进行产学研合作研究。设立了产学研合作管理委员会对产学研进行监督管理,建立了"分工明确的组织机制""企业自有资金、政府资助资金、市场化运作资金等多渠道融资机制""风险与利益共担的制度"等运行机制。目前,开展了"增强型预应力混凝土离心桩的成套技术开发及在沿海软土地区的应用研究""深厚软土地基基桩工程应用中的相关问题研究"等方面的研究,产学研合作项目已累计投入420万元资金。

随着产学研合作的深入进行,一批研究成果应运而生,这些研究成果也创造了可观的经济效益,以产学研研究成果为核心的产品年销售额已达50亿元。

多层次、多形式的组织模式

在与高校及科研机构产学研合作过程中,公司根据技术需求的紧迫性、技术发展水平、合作机构研究实力等多因素,制订了不同的产学研组织模式。

在与浙江大学、同济大学进行产学研合作过程中,根据浙江大学、同济大学专项科技水平比较强的特点,采取设置单项技术攻关课题的组织模式,使课题研究更具深度;在与浙江建筑设计研究院、浙江省工程物探勘察设计院有限公司等单位的合作过程中,则采取组建产业联盟的组织模式,使产学研合作覆盖桩基工程产业链的上、中、下游,既有技术上的合作,又能扩大产品销售覆盖面;在与浙江理工大学产学研合作过程中,采取了共建研究中心的组织模式,推动了公司新产品的研发。实践证明,这些组织模式具有很强的灵活性、适应性,也催生了一批新技术的出现,具有良好的效果。

共建、共管的管理制度

初期,企业仍然采取了"只管出资"的模式进行产学研合作。这一模式存在了很多弊端:课题的设置没有前瞻性,"头疼医头、脚痛医脚",在行业发展日益快速多变的形式下,技术的研发跟不上时代的发展,也不符合企业"研发一代、储备一代、应用一代"的战略;不利于企业人才建设和技术发展的持续性。

为了解决上述问题,公司创新性地提出了新的管理制度,企业专门设立了产学研合作管理委员会,各产学研合作机构具体实施相应课题的研究。

风险共担、成果共享

在融资机制方面也大胆创新,为了给产学研合作更大的资金支持,公司建立了企业自有资金、政府资助资金、市场化运作资金等多渠道融资机制。建立了明确的分工和协调机制，提高产学研合作的效率和科研成果的经济价值。依据"风险共担、成果共享"的原则建立风险与利益共担的制度；在产学研合作中，减少先期技术转让费预付的金额，实行提成、技术入股、技术持股等多种分配形式，并将技术转让费用与企业收益相挂钩。例如，在与浙江理工大学进行专利技术转让合作过程中，除了支付相关研究团队必要的研发费用外，还根据专利技术为企业创造的经济效益对研究团队进行为期10年的年度技术奖励。

以技术经济价值为核心的激励机制

为了更好地激励产学研合作"多出成果，出好成果"，公司建立了以技术经济价值为核心的激励机制，对有推广价值的原创技术成果按比例分配知识产权收益，激励各方研发具有市场价值的科研成果。对于目前尚无推广价值，但具有重大理论突破、学术影响的研究成果，专门设立激励基金。

产学研合作成功案例

案例一

高性能异型预制桩与水陆两用施工装备成套技术研发

浙江兆弟控股有限公司联合安徽省建筑科技研究院、浙江大学、浙江理工大学、安徽省金田建筑设计咨询有限责任公司、安徽恒坤地基基础工程有限公司等多家单位针对高性能异型预制桩与水陆两用施工装备方面进行科技攻关。

本项目在国家自然科学基金、安徽省建设行业科学技术计划项目、杭州市社会发展科研专项等10余项科研项目的资助下，历时11年，在新桩型研发、设计理论及施工装备方面形成了成套技术，填补了国内外空白。项目成果已获授权发明专利10项、实用新型专利9项，登记软件著作权1项；获批国家级工法1项、省级工法6项；主编国家行业标准1部、地方标准图集9部，参编国家标准1部；在国内外权威期刊发表学术论文90余篇，其中SCI检索20余篇、EI检索50余篇；出版专著1部。

由龚晓南院士为组长的鉴定委员会对项目成果的鉴定意见为：该项目成果总体达

高性能异型桩试验研究

到国际先进水平，其中敞口管型桩设计理论、异型桩生产工艺达到国际领先水平；该成果具有重要的应用前景，建议进一步推广应用。

该产学研合作项目的研究成果，获得"2020年华夏建设科技奖一等奖"。

案例二

增强型预应力混凝土离心桩生产及其应用成套技术研发

针对传统管桩制作工艺和工程应用的技术缺陷进行科技攻关，对增强型预应力混凝土离心桩生产及其应用成套生产工艺进行研发。2012年，公司下属企业浙江天海建设有限公司（浙江兆弟集团有限公司前身）与浙江大学宁波理工学院联合申请宁波市重大科技专项项目，并获得成功立项。项目实施过程中，获宁波市资金支持60万元，公司自筹120万元用于技术研究。通过3年的技术研发，项目顺利实施，取得了众多研究成果。

该项目的实施对管桩截面形状进行优化设计，将普通管桩演变为有纵向肋和环向肋的凹凸型管桩，解决了增强型预应力混凝土离心桩生产制作过程中的核心难题，取得了以下研究成果：一是开发一套新型的、可靠的、施工快速的管桩机械连接装置，连接装置主要由大小连接套、插杆、卡片、卡簧、中间螺帽、垫片组成，桩端面螺丝孔的间距误差控制在0.2mm范围内。同时，开发一种新型的端面安放密封材料，对接头起到防腐蚀作用。管桩机械连接接头的开发能保证上下桩的垂直连接为一体，无须电焊焊接，可做到无污染，保证接头质量，有利于上下节桩在沉桩施工时力的直接传递。二是在传统管桩生产制作模具的基础上，对模具进行改进，形成无端板螺旋形预应力混凝土离心桩成套生产工艺。从桩的编笼、装笼、混凝土配制、混凝土喂料、合模、张拉、离心成型、蒸汽养护和放张等主要制作环节入手，优化生产线，开发一套质量控制设备，并提出成套增强型预应力混凝土离心桩生产技术标准。三是通过现场竖向受压与抗拔静载荷试验，研究增强型预应力混凝土离心桩和传统管桩在竖向荷载作用下的承载特性；通过数值分析，研究增强型预应力混凝土离心桩的一些参数，如环状凸肋间距、桩土模量比、桩顶加载历程等因素对增强型预应力混凝土离心桩承载性状的影响，提出最优的环状凸肋间距；在理论分析和现场试验研究的基础上，提出沿海软土地区增强型预应力混凝土离心桩受压承载力计算公式。

该项目的研究成果通过了由王复明院士领衔的专家组鉴定，专家组鉴定结论为："该项目提出的螺锁式无端板预应力混凝土异型管桩具有承载力高、连接可靠、耐久性好、施工快捷和节能环保等特点，应用前景广阔。成果总体达到国际先进水平，其中管桩螺锁式机械连接装置达到国际领先水平。"同时该项目荣获"2018年宁波市科技进步一等奖。"

昂首挺进"深蓝" 擘画海油蓝图

中海油安全技术服务有限公司

在复杂海洋环境里,海洋石油的开发是公认的世界级难题,源于其对安全保障技术的要求十分苛刻。中海油安全技术服务有限公司(以下简称中海油安技服)依托产学研深度融合,一次又一次成功攻关国家重点科研项目,以行业领先者的姿态不断"挺进深蓝"。

国家高新技术企业中海油安技服,是中海油能源发展股份有限公司的控股子公司,成立于 2008 年,总部位于天津滨海新区,在北京、上海、深圳、湛江、重庆等 10 余个地区设有分支机构,是目前国内最大的 QHSE 产业集团。

安全咨询与培训、安全工程一体化、质量和职业健康四项核心业务,使中海油安技服形成了安全应急产业完整产业链,为社会各行业提供优质的全生命周期 QHSE 一体化解决方案。

中海油安技服具备海洋石油安全评价机构资质(甲级)、职业卫生评价资质(甲级)等 50 余项专业资质。2019 年,公司获得中国化学品安全协会认可,行业技术水平国内领先。2020 年,获批新建院士专家工作站、博士后科研工作分站。

产学研融合创新案例

攻关国家重点科技专项

作为安全行业的领军者,中海油安技服集中优势资源,与高等科研院所合作,联合申请国家重点科技项目,开展科技攻关,打造具有中海油安技服特色的 QHSE 产业核心竞争力。

2017 年,中海油安技服与中国石油大学(华东)合作,承担国家重点研发计划"海洋石油天然气开采事故防控技术研究及工程示范"的子课题 3 中的任务 5 "海洋油气开采工艺设施安全及完整性状态评估技术及系统",获得了海洋油气开采工艺设施安全及完整性状态监测与评估系统成果,受理发明专利 1 项,授权实用新型专利 1 项,录用论文 2 篇,参与起草行业标准 1 项。

为深化技术成果,2020 年首次承担"政府间国际科技创新合作"重点专项,并且"水下生产系统数字化自主型预测与生产优化技术研究及应用示范"获得国家科技部重点研发计划专项立项。

经此一役，中海油安技服在深水油气井安全科研工作上又成功迈出一大步，深水安全技术业务服务能力的持续提升迎来了良好契机。在未来全球油气深水开发的舞台上，造就了中海油安技服油气生产安全核心技术研发不凡实力的底蕴。

敢接"烫手山芋"

通过产学研合作，中海油安技服依托中国海洋石油集团有限公司（省部级）科技项目，海洋大数据应用研究所成功申请"海上油气田防台辅助支持关键技术研究"项目，自主创新开发首个针对海上油气田防台减灾的热带气旋胚胎期预报与油气田影响评估系统，可以提前3～5天预报热带气旋的生成，预报模型空间分辨率9km，实现了台风"发现早、预报快、结果准"，有效解决了现有预报技术主要针对登岸台风、与海上油气田生产作业防台需求相脱节的问题。

作业现场安全监督

在"黑格比"台风应对中，中海油安技服的热带气旋预报预警技术这一"利器"初试锋芒，为相关企业提供了台风生成与影响的可靠情报，取得了防台战役的主动权，台风尚在萌芽时，经过提前部署，有针对性地安排分批撤台行动，并做好完善的防台措施，一次性节省了数万防台费用。

中海油安技服以"热带气旋预报预警技术"为突破口，与自然资源部第一海洋研究所联合，获批国家重点研发计划"海洋环境安全保障"专项课题4：海洋环境预报数据释用分析及产品制作。共同负责海洋环境信息数据的军民应用场景及需求分析，逐步建立应对灾害天气的海洋环境应急保障体系，保证海洋环境预报产品在海上丝路沿线国家推广应用。

产品价值链日臻完善

冲破深水开发的"瓶颈制约"，中海油安技服通过自立公司科技项目，自主创新，获得自有知识产权安全产品，擘画海油发展"十四五"宏大蓝图。

2017年，中海油安技服自立科技项目"管道完整性管理与工具研发"，与东北石油大学合作，通过产学研合作，获取了在线管道完整性管理工具和离线管道完整性评价软件，登记软件著作权2项。成果成功在天津市经济技术开发区的油气管道保护第三方服务中应用，拓展了公司在数字化服务方面的业务。基于上述成果及项目经验，2020年又成功中标连云港市发展和改革委员会的油气输送管道保护智能化系统建设项目，实现了政府服务业务体系的数字化转型，为下一步跨越奠定了基础。

2017—2019年，公司承担科技项目"石墨烯对劳保鞋、防静电工服性能改良的应用性研究"，与北京石油化工学院合作，形成了石墨烯在劳保鞋、防静电工服中添加工艺及耐磨、抗撕裂、耐水解、透气性较好的新型劳保鞋成果，参展"第九届中国国际安全生产及职业健康展览会"，受理发明专利1项。

2018至今，公司承担中海油能源发展股份有限公司项目"海上在役井完整性管理技术研究与应用"，利用西南石油大学试验室优势，结合中海油安技服井完整性团队现场实践基础，初步建立了公司具有自主知识产权的井完整性技术体系。

2019年至今，公司承担海油发展项目"气井井完整性检测及评估关键技术研究与应用"。与西南石油大学合作，完成风险等级、泄露概率和危害后果的优化，受理发明专利1项；通过产学研的科研模式，帮助公司实现了油气井作业与风险管控相结合，在作业成本与风险控制上取得了平衡；提高了油气井利用率，为降本增效及增产上储做出贡献；治理了多项重大高风险井，保障了油气井底线安全。"油气井完整性监测管理系统"获得2019年"中国科技创新发明优秀成果奖"。

联合培训专业人才

随着"天津市高技能人才培训基地建设项目"的获批，中海油安技服的高质量职业技能培训又掀开了新的篇章。

以天津市经济社会发展需求为依据，坚持"以服务地方经济为宗旨，以适应市场需求为导向"的办学与培训宗旨，中海油安技服逐步实现培训对象普惠化、培训资源市场化、培训载体多元化、培训方式多样化、培训管理规范化，目前已基本满足劳动者培训需要，培养造就规模宏大的高技能人才队伍和高素质劳动者。其中，围绕焊工、防爆电气两个专业（职业），在培训

海洋石油培训

模式、课程设置、教材开发、师资建设、培训装备和能力评价方面逐步构建起完备的培训体系。抓住政策优势，拓宽培训基地与企业的合作模式，结合自身特色，使培训形式更加多样化，增强规模化、系统化培训能力，高技能人才年培训量达10000人次以上。逐步探索适应天津市加快经济发展方式转变，推动产业结构优化升级所需要的高技能人才培训的规律，提炼出工作经验，为推动全国高技能人才培训基地建设和规模化培训高技能人才奠定基础。

2018—2019年，中国石油大学（华东）、西南石油大学、东北石油大学、长江大学等各大石油院校到培训中心进行实习生培训，通过校企合作，学校充分了解了企业需求，及时调整人才培养方案，使高校人才培养目标与企业实际需求相吻合；企业培养学生过硬的职业技能和良好的职业意识，在较短时间内通过具体的实践方法高效率提高学生的能力，为后续专业课程的学习和进入海洋石油行业打下基础。

2019年，中海油安技服受中国海洋石油集团有限公司委托，与中国石油大学（华东）、深圳职业技术学院合作，为了不断创新专家后备人才选拔培养机制、充分挖掘绩优高潜人才，建立专家后备人才库，开展"2019年高技能人才专业培训班暨海洋油气操作工培训和仪表维修工培训"。通过产教融合、校企合作，充分发挥学校专业师资优势，与中国海洋石油集团有限公司专家屡次研讨和现场调研，确定培养方案。通过系统的讲授、实训及参观体验，将"看、讲、练、考、研"等混合式培训方式得以全方位应用。

此项培训开拓了公司高技能人才的工作思路，促使高技能人才掌握本工种的前沿技术，提升核心操作、维修技能和生产问题的解决思路，提升技能专家后备人才队伍能力素质，开创技能人才为公司创新创效的新局面。

创意光影　精彩出圈

良业科技集团股份有限公司

良业科技集团股份有限公司（以下简称良业科技集团）成立于1996年，是央企中交集团成员单位，国内领先的光科技服务商，国家高新技术企业。该公司专注于光科技产品及解决方案在智慧城市、智慧景区、智慧家居领域的应用，以投资、建设、运营一体化商业模式，致力于促进中国夜经济和新基建的发展与繁荣，帮助政府和景区系统打造夜间经济业态，激活夜间消费，是行业内第一家成功转型夜间文化和旅游的企业。

以光为主题的科技馆

良业科技集团曾多次助力国家重大活动，参与过G20杭州峰会、北京APEC峰会、北京"一带一路"峰会、国庆七十周年庆典的服务保障工作。良业科技集团拥有冬奥速滑馆、奥运核心区、国家大剧院、中国尊、深圳平安金融中心等在内的600多项经典光影案例，公司打造的《延安颂》《瓯江夜游》《塘河夜画》《夜上黄鹤楼》《大地》实景电影、黄果树夜游等项目均成为国内夜间经济示范项目。2019年获"国家科技进步一等奖"，2020年11月13日成为北京2022年冬奥会和冬残奥会官方创意光影秀服务独家供应商。

注重创新，开展产学研合作

良业科技集团作为国家高新技术企业，长期以来重视技术研发及产学研合作。公司有近百人的技术创新研发团队，近3年研发投入均超过1亿元。同时与多家高校、科研院所保持长期合作，共同开发科研成果，并在成果转化的过程中起到了重要的带头示范作用。

2018年12月，良业科技集团与"半导体照明联合创新国家重点实验室"联合组成战略合作单位；与清华同衡设计院合作，协同在照明设计创造新的亮点，完成了"2019年北京市朝阳区CBD核心区（中国尊）夜景照明工程""2018年国家大剧院室外景观照明系统升级改造""2019年奥运重点区域夜景照明及灯光秀"等多项国家级项目。

基于长期的产学研合作，良业科技集团积累了丰富的科研成果和实践基础，在2018年投资建设了全球首家光科技馆，用于产学研合作成果的展示与应用。光科技馆的定位是具有国际水平的光科技创新研发基地、科普及展示平台。光科技馆分为三期，分别代表三个不同的研发和应用方向，第一期为光基础研究和展示。第二期重点研究、展示光与生活的关系，包括光在康养医疗、教育等领域的最新研究成果。第三期重点研究光与经济发展、文化旅游、社会消费等方面的关系。光科技馆是良业科技集团产学研合作的空间载体，同时积累的大量数据也为产学研各项研究展开提供重要支持。

良业科技集团目前合作的高校及科研院所有：清华大学、中国科学院自动化研究所科学艺术研究中心、同济大学、中国传媒大学、杭州电子科技大学、中国建筑科学研究院有限公司上海大学、北京师范大学、中国建筑科学研究院、大连海事大学、中央美术学院视觉艺术高精尖创新中心、同济大学、中国传媒大学、北京大学、江南大学、中国建筑科学研究院、中国科学院自动化研究所科学艺术研究中心、天津市市政工程设计研究院、北京建工建筑设计研究院、温州市勘查测绘研究院、浙江省建筑设计研究院、中国旅游研究院、中国艺术研究院、中广电广播电影电视设计研究院、北京工业职业技术学院、中国建筑科学研究院、北京市市政工程设计研究总院、北京清华同衡规划设计研究院、延安市工程地质勘测院等。

良业科技集团设有技术创新联合委员会，统筹管理公司所有科研创新，经过历年发展，逐步形成以技术创新带动产业发展为核心价值的管理部门，成为数字光影科技的研发创新中心、标准研制中心和文旅产业化辐射中心，旨在解决新兴产业发展急需的共性关键技术和工程化技术。

同时，技术创新联合委员会也负责监管所有良业科技集团与高校、科研院所的合作项目，实现了高效整合全国创新资源，围绕产业链打通了上下游产业创新链，同时公司拥有行业的专业性、中立性、开放性，以及体系化、结构化的服务能力，通识型、多元化的专业团队等，为公司产学研合作体制机制的创新尝试提供了平台和基础。

良业科技集团非常注重机制创新。一是激励机制，产学研合作的科研成果转化的项目利润的50%投入新项目研发，其余50%奖励合作团队，成果与个人的收益挂钩，充分发挥技术人员创新积极性；二是评估机制，对人员的考核侧重专利、标准及转化收益，直接与个人收益挂钩。

良业科技集团大力开展国际合作。一是整合全球智力资源，形成技术和产业思想库；二是除良业科技集团自主研发的成果外，面向世界的高校及科研院所征集创新成果，提供技术、资本和市场一站式服务，实现立足全球的集成创新和创新成果的转化孵化。

良业科技集团认为，通过产学研用融合协同，集聚创新资源，促进创新要素合理流动和优化配置，有利于打开科技与经济转移转化的通道，加快科技成果转化为现实生产力，激发全社会的创新创业活力，提升各方面的自主创新能力。

良业科技集团以开放、联合创新的理念，搭建跨领域、跨行业集成创新平台，突破了基础前沿性技术的部分核心专利，解决产业在光、电、机械、5G、AI、光影等技术在文旅产业等共性技术上的关键问题，培养一批战略性创新人才和团队。带动了行业对基础前沿技术的关注，实现了市场导向、企业主体、产学研用紧密合作的协同创新的局面，为科技体制改革和构建产学研开放共享的创新模式提供了经验。

合作共赢，产学研开花结果

创新和共赢是良业科技集团在行业内持续领跑的两个关键要素，也是企业文化的核心理念。

创新是良业科技集团发展的第一核心竞争力。公司始终坚持认为，大创新大发展、小创新小发展、不创新就会停滞不前。创新存在于工作中的每一个角落，每一个部门和员工。每一个人都要有创新的意识、使命和行动。共赢是要与客户、战略合作伙伴共同创造市场，打造"蛋糕"。用共赢的态度，谋求城市经济文化发展。

经过多年来的努力，良业科技集团与多家高校和科研机构精诚合作，取得了令人瞩目的产学研成果。

2019年，良业科技集团与中国科学院半导体研究所等多家单位联合设计研发的"高光效长寿命半导体照明关键技术与产业化"项目获得"国家科技进步一等奖"，是迄今为止行业内第一家获得此项殊荣的企业。该项成果已在人民大会堂、APEC会议室等国家重要办公场所、"十城万盏"节能改造、北京奥运会、哈尔滨冰雪大世界等多场景照明应用中率先开展了大规模推广。

推进产学研深度融合是一项系统工程，需要政、产、学、研、金全社会多方参与，共同推进。推动产学研深度融合，需更好遵循市场规律，优化创新资源配置，推动创新要素集聚，提升企业的创新能力和市场竞争力。未来，良业科技集团希望与地方政府、高校合作成立专业技术研发中心或是技术转化中心，共同解决技术应用场景问题与企业发展需求。

2021年是中国共产党成立100周年，也是"十四五"开局之年。站在新的历史起点上，良业科技集团将不负厚望，继续开拓创新，为文旅产业深度融合发展做出更大的贡献。

产学研合作成功案例

案例一

夜上黄鹤楼

2020年国庆黄金周期间，国家5A级景区、武汉城市地标黄鹤楼正式开放夜间体验，良业科技集团出品的《夜上黄鹤楼》行浸式光影演艺开演即成爆款。《夜上黄鹤楼》采用"光影+演艺"的方式，打造出辛氏沽酒、崔李题诗、岳飞点兵、仙子起舞及黄鹤楼变迁等沉浸式故事场景。游客既可深入体验黄鹤楼文化，在多个场景中拍照"打卡"，又可登楼赏月或纵览长江灯光秀，从全新的视角体验"大江、大湖、大武汉"的雄奇隽美。2020年12月，《夜上黄鹤楼》荣获"2020全国文化和旅游融合发展十大创新项目"。

案例二

塘河夜画

良业科技集团为温州打造的《塘河夜画》，是中国首部城市记忆主题行进式夜游演出，它结合繁华城市的风貌，集游船、情景小剧、科技化秀场于一体，让繁华与意境相融。《塘河夜画》保留了塘河两岸人家从古自有的质朴与简约，同时又采用了很多极具温州地方特色的民间传统元素，光影交错中，舞者们以塘河千年的民间传说和诗词歌赋为主轴，演绎流光溢彩的塘河人文故事，通过讲述"郭璞筑城""韦庸治水""温州人闯世界"等一个个关于温州人奋斗拼搏的小故事，古今交汇，传达瓯越千百年来塘河儿女奋斗拼搏、眷恋家乡的情感。在此之上增加的很多现代科技元素，更是给观众带来前所未

行进式水上夜游演出——温州塘河夜画

有的丰富视觉、听觉等感受，堪称"艺术与科技融合，梦幻与现实兼容，神奇与秀美共赏，文化与历史同辉"的实景表演精品。

产学研用紧密结合
新疆天山矿业成果遍地开花

徐州矿务（集团）新疆天山矿业有限责任公司

徐矿天山矿业外景

徐州矿务（集团）新疆天山矿业有限责任公司（以下简称徐矿天山矿业）成立于2001年，是徐矿集团积极响应党中央西部大开发和江苏省委产业援疆号召，最早在新疆库车组建的大型国有全资子公司。公司注册资本9亿元，现有职工1516人，其中技术人员310人，高级工程师25人。公司主要从事煤矿开采、洗选、销售等业务，设计年产能90万吨。经过20年发展，矿井装备水平和现代化程度得到很大提高，于2015年2月通过400万吨/年改扩建工程竣工验收，2019年2月通过新疆750万吨/年产能核增批复，是目前新疆最大的生产井工矿井。2020年实现营业收入20.57亿元、利税13.55亿元。

实现矿业公司的健康可持续发展，离不开高素质的团队和管理人才，更离不开创新的科学技术。徐州矿务（集团）新疆天山矿业有限责任公司深刻领会创新发展的要义，20年来，产学研联合创新一直伴随企业发展的全过程。勇当企业创新的开路先锋，敢解一线存在的现实难题，敢啃技术前沿的硬骨头，徐州矿务（集团）新疆天山矿业有限责任公司持续收获产学研带来的硕果，近5年就联合完成36项科研成果，累计为企业创效8.56亿元。

公司荣获国家"特级安全高效矿井"、自治区"安全文化建设示范企业"、库车市"民族团结进步示范企业",以及"2020年度煤矿安全生产先进单位"等荣誉称号,成功入选国家"首批智能化建设示范矿井"行列。

自主研发为主,联合研发为辅,培养壮大科研团队

"抓创新就是抓发展,谋创新就是谋未来"。徐州矿务(集团)新疆天山矿业有限责任公司深刻领会创新发展的要义,勇当企业创新的开路先锋,敢解一线存在的现实难题,敢啃技术前沿的硬骨头,产学研联合创新一直伴随企业发展的全过程。其组织模式是以自主研发为主,联合研发为辅,积极培养壮大科研团队。积极与中国矿大、新疆煤炭设计院、西安煤炭设计院、武汉煤炭设计院、中煤科工集团各研究所等科研院所合作研究,进行科研攻关。

各路专家的加入,对企业科技研发起到领航作用。目前,企业有自治区层面的科技专家6人,分别是采矿专家陈创举、唐宇、张斌、石开进,通防专家王克军,地质防治水专家沙依提。同时,组织研发实体产改管理办公室,下辖"一地、三室、五团队"技术创新实施机构:"一地"是产业工人实训基地,人员实训操作培训、科研及技术革新在该基地完成,不需要到井下现场,因而就不影响井下有序的采矿生产;"三室"是吕清胜大师创新工作室、石开进青年创新工作室、位玉红劳模创新工作室,这三个工作室是企业科技研发、自主创新的主阵地,也是对外联合科技攻关的窗口;"五团队"是采煤、掘进、机电、通防、防治水等专业学习创新团队,根据井下现场实际需求,定期拟定研究课题进行研究攻关。

建立和拓展工作室,突出工作室"育人"功能。创新工作室骨干成员均为一线高技能职工,对生产一线情况瞄得准、看得清,能够发挥培养一线新人的优势,工作室持续推进导师带徒、与青工结对子等传统且具特色的项目,逐渐形成劳模引路、工匠示教、青工赶超的良好态势。每年工作室培养出的各专业技能骨干和工匠30多人。通过广泛开展合理化建议、技术革新、技术攻关、发明创造、QC质量管理小组等多种形式的群众性经济技术活动,并运用多层次、多渠道、多形式创新学习手段,激活员工全员参与,为一线解难题、想办法、谋出路,每年工作室通过科研创新,为企业创效2000多万元。

制定中长期规划和激励机制,科技转化率在71.5%以上

坚持产学研合作,坚持科技创新,要有与之相配套的管理机制。为此,企业制订了产学研创新中长期规划,首先明确了科研宗旨:弘扬劳模工匠精神,积极围绕企业生产实际与发展方向,以提高经济效益和社会效益为目标进行创新,推动企业核心竞

争力的增强，引领全体员工立足岗位，乐于奉献，力争在技术创新、管理创新方面起到示范作用。

其次，明确了产学研工作目标，如5年内至少完成30项技术专利，并获得国家专利局授权；每年至少完成10项科研成果，并通过中国煤炭工业协会科研成果鉴定；每年完成"五小"创新或发明100项以上，给企业创效不少于2000万元。为此，还制定了相关联的保障措施和制度，探索科学的"四步创新工作法"，并且从资金上给予支持。

科技创新成果奖励能激发更多的职工积极参与科技创新工作的热情。公司每半年组织一次对基层单位或个人自主研究的发明创造、小改小革、合理化建议评审会议，对给公司创造经济效益或节约开支、降低成本的给予相应奖励。原则上按项目经济效益金额的10%予以奖励，也可根据项目创造性大小、水平高低、难易程度和对安全生产、经营贡献大小给予客观、公正的评奖。公司每年组织一次科技成果发布会，对本年度实施完成的科研项目、创效明显的创新成果、发表的科技论文、授权的技术专利、优秀技术创新工作者、创新创效先进个人、科技进步先进个人等进行表彰奖励。凡涉及与高校、科研院所合作实施的科研项目，解决难题及获得各级别的成果奖励，均与各方签订商谈协议，明确各方的应得利益。

科技成果转化率是衡量科技创新成果转化为商业开发产品的指数。目前，我国的科技成果转化率仅为15%左右，仍需加强。再好的科技成果，如果不能转化为现实的生产力，就是一张废纸。为此，徐矿天山矿业创新工作室多措并举大力实施科技成果转化工作，通过选人育人、培养劳模工匠科技带头人、四步创新工作法、激励政策等措施，对一些好的建议、设计、改进等切实地落到实处，近3年来创新成果的转化率始终保持在71.5%以上。

技术创新激发活力，产学研成果遍地开花

产学研联合创新以需求为导向，使企业科技和安全亮点多多。

徐矿天山矿业积极顺应煤矿"四化"建设的时代发展趋势，努力推动机械化换人、自动化减人、信息化少人、智能化无人，建成新疆首个智能化综放工作面，实现一键启停智能化开采；建成新疆最长的一部4000米长距离皮带运输系统，简化了系统；建成新疆最大的综采库房和大型环型车场，进一步规范了材料设备管理；建成新疆最大的5煤绞车提升机，极大地提高了辅助运输能力；建成矿井万兆环网、4G通信系统、筛分集中控制系统、无极绳绞车视频监控系统，实现综合信息网络化、过程控制自动化、生产管理集约化；实现了监控系统、应急扩播系统、人员定位系统和通信系统"四网"融合；下一步将智能化建设由采煤向掘进、向系统、向地面延伸，建

设智慧化矿井。

构建了"五个一"安全宣教体系，即井下主要巷道安全宣教"一条龙"，井口建成"安全文化长廊"，人行车机道广播"安全宣教 16 分"；采掘头面安全宣教"一条线"，通过图牌板可以清楚了解现场各种参数及存在的安全隐患；区队安全宣教"一园地"，制作职工"全家福"和"安全嘱托"，用亲情的力量增强主动安全观；智能安全宣教"一平台"，率先引进"天山安全人"学习 APP，建成南疆首套 VR 虚拟培训系统，通过情景再现，让职工"重返现场""亲历事故"；创业发展"一展室"，将建矿以来的创业艰辛、成功经验、辉煌业绩进行开放展出，鞭策职工不忘创业初心、牢记安全使命。同时，培育特色的安全文化，坚持"生命至上、职工至上"的安全发展理念，构建特色的安监模式，真正把职工当成家人对待，把职工当成家人来呵护。

多年的产学研投入获得丰硕成果。据统计，徐矿天山矿业产学研联合创新最近 5 年的资金投入分别为：2016 年 3516.3 万元、2017 年 4035.2 万元、2018 年 4022.6 万元、2019 年 4133.2 万元、2020 年 4345.5 万元。产学研联合创新资金充足，完全能满足科研工作需要。

近 5 年来与中国矿业大学、中煤科工集团、新疆煤炭设计院等多家科研院所及高校合作完成的科研项目有："低纬度缓倾斜地层条件下烧变岩积水范围探测技术""基于产能提升与市场需求变化的储装运系统优化研究与实施""俄霍布拉克煤矿生产系统技术改造研究""复杂水文地质条件下矿井涌水清污分流及水仓清淤系统的研究与应用""侏罗系厚煤层快速开采工作面水害防技术研究""一种化学高效水炮泥""富水极松软断层影响区域水害解危与巷道围岩稳定控制技术"等 36 项科研成果。

另外，在行业协会获得"技术创新成果奖"6 项，在徐矿集团获得"技术创新奖"31 项，取得国家发明专利 6 项，实用新型专利 34 项，累计为企业创效 8.56 亿元。

小创新激发大活力，在创新工作室的积极组织带领下，共计完成的"五小"创新项目 352 项，累计创效 9665 万元。团队充

攻关"综放工作面智能化开采"项目

分发挥身在基层、面向现场的优势，成为矿井"小改小革"主角。井下装、卸、转

运轨道，常因在抬、架轨道过程中发生挤手碰脚的现象，自制的类似卡子样的"搬运架轨器"应运而生，杜绝了此类现象再次发生；回收复用的压风、防尘用钢管，上井后的除锈打磨、去喷浆料非常困难，过去都是人工刮、剐方法，一根 6 米的 4 时钢管一人至少需用 2 小时，经过反复试验自制成功的"脉冲水射流钢管自动除锈机"5 分钟就能搞定，方便、实用，而且无环境污染和伤害。类似这样集中职工智慧的小革新、小发明，每年在徐矿天山矿业多达百余项。

俄霍布拉克煤矿生产系统技术改造研究项目是一个产学研合作的典型案例。2002 年，新疆当地政府招商引进独资开发俄霍布拉克煤矿，2015 年 4 月投入正常生产。根据南疆区域能源需求和自治区发改委安排，2017 年矿井产能核增至 750 万吨 / 年。但矿井在现有基础上要求生产能力的发挥和采掘接续工作进一步加快，现装备的通风系统和辅助运输系统，以及生产系统局部关键环节等都无法满足下一步规划开拓需求。

通过徐矿天山矿业的科技介入，此次创新改造投入总资金 35445 万元，俄霍布拉克煤矿华丽变身。通风系统改造完成后，每年累计创效 8.65 亿元；辅助运输系统改造后，每年创造效益 0.5 亿元；生产系统改造完成后，每年累计创效 1.62 亿元，合计 10.77 亿元。矿井每年实际增效 10.77-3.5445=7.2255 亿元。

2021 年是"十四五"开局之年。期间，徐矿天山矿业创新工作室还将与各高校和科研院所联合攻关以下项目：徐矿天山矿业井下水害防治操作清单，综采工作面智能化开采成熟性管理模式，煤矿井下职能化斜巷安全管理，胶带机机尾转动部位防卷人控制装置，煤层群动压对采场的扰动规律，综采工作面采煤机帷幕降尘技术研究等。在"五小"技术创新方面，2021 年公司下达项目 100 项、创效 2500 万元的工作目标，已在稳步推进过程中。

搭建合作平台，汇集各类人才，打造一流创新团队。徐矿天山矿业将继续全方位加大产学研合作力度，力争将企业打造成名副其实的产学研合作示范企业，大力推动科技创新体系和科技创新能力现代化，以走在行业前列的科技创新水平，描绘"创新徐矿"宏伟蓝图。

创显赋能产教融合　科技支撑智慧生活

广州创显科教股份有限公司

广州创显科教股份有限公司（以下简称创显科教）成立于2010年，是一家以智能显示设备研发与生产制造为基础，应用物联网、大数据、AI、智能显示、AR/VR等前沿技术，为智慧教育、智慧零售、智慧政务等领域提供个性化全案式运维解决方案的科创企业。近年来，企业开展物联网芯片研发及创新，掌控超高频RFID芯片核心技术，已达到欧美同类产品水准，正全力推动该技术广泛应用于智慧零售、智慧物流、智能交通、食药品智慧管理等应用场景。目前，创显科教在"一带一路"沿线国家积极开拓业务，已在马来西亚、菲律宾、肯尼亚、乌兹别克斯坦等国家开设办事处，与当地高校开展产学研合作，推进智慧教育业务落地。

党建创新，活用"互联网+"思维赋能党企发展

作为广州市非公企业的一面旗帜，创显科教紧紧围绕党中央抓好非公企业党组织覆盖和贯彻落实党建工作的要求，积极响应国务院"互联网+"行动计划，推动移动互联网、云计算、大数据、物联网等与教育信息化行业深度融合。自2018年以来，创显科教党支部通过创新化、多元化的党建载体，初步探索出一条独具特色的智慧党企融合之路。

稳打稳扎，用"互联网+"思维巩固宣传思想文化阵地

互联网是思想文化集散地和社会舆论放大器，创显科教党支部积极抢占网络文化阵地制高点。一是"互联网+媒体融合"，打造思想传播矩阵。利用新媒体互联互通的特点，打造"一体共生"的媒体矩阵，实现党建文化内容"一次采集、多种生成、多元传播"的优势局面。二是"互联网+阵地建设"，推动信息技术与党建高度融合，实现党建质量、党员群众影响"双提升"，增强了思想文化传播的深度。三是"互联网+党员教育"，凝聚区域发展合力。创显科教坚持"开放生态"走出去，实现"跨界融合"。党支部遵循"共商、共建、共享"原则，联合兄弟单位打造区域阵地"红心志愿""红联读书""红联微党课""新时代云讲习所"等共建特色品牌，借助互联网开放平台整合资源，打造区域党群"同心圆"，提高思想文化传播的温度。

完善机制，推进党企融合发展

在党企融合方面，创显科教坚持确保各项措施不偏不虚不空、落细落小落实，做

到非公党建、业务融合"一张皮"。一是加快技术创新，寻找党企融合突破口。2018年，创显科教向市场推出《智慧党建文化解决方案》，经过两年多的推广发展，"智慧党建"业务获得市场落地和热烈反响。公司为各级基层党委提供服务，党建业务促进产业技术创新。公司的党建业务契合基层党组织的需求，继而让公司不断进行技术革新，逐步完善"智慧党建文化"业务生态建设。二是注重管理创新。创显科教以项目制方式整合资源，开发党建文化云平台，统一内容输出口径，实现项目的统一策划、统一部署和统一落实。

创显科教打造"学习强国"线下体验空间

协同创新，以产教融合助力教育生态发展

"协同教育是未来教育的主流。"在中国电化教育奠基人南国农先生的指引下，2006年李运林教授承担全国教育信息技术研究"十一五"研究课题"利用现代信息技术加强学校家庭社会协同教育研究"。2010年10月，广州市协同教育科学技术研究院在广州隆重揭幕，教育部基教司、中央电教馆、广东省教育厅领导到场参加揭幕仪式。研究院以产学研合作模式，由专家、高校和企业资源三结合组建。第一任院长由率先创建电化教育专业的华南师范大学李运林教授出任。协同教育研究院的成立，目标在协同教育的理论研究与实践上发挥专业性与权威性的引领示范作用，标志着我国的协同教育研究事业迈入全新的发展阶段。

理论引领、实践并进，赋能教育新生态

在"十二五"期间，李运林院长作为首席专家承担了全国教育信息技术重大研究课题"在信息技术环境下协同教育研究"和全国社会科学规划课题"信息化教育新理

论、新媒体、新模式研究"的研究工作。2013年，在课题研究中期，为了促进产学研深度融合，李运林教授提出由协同教育研究院与创显科教、华南师范大学教育信息技术学院、中央电教馆联合开展"教育信息化九大联合行动计划"。该计划集合了教育信息化中的"管、产、学、研"四大环节和资源，既研究"产—学—研"结合的协同创新机制，同时也研究协同教育和信息化教育的理论与实践问题。"协同"作为方法、理论、实践的核心词，联合了各方的力量和资源，创造了电化教育事业的多个"第一"。

经过10年的长足发展，研究院将在"教育信息化九大联合行动计划"的基础上，站得更高，看得更远。新一任院长、创显科教董事长张瑜将接过李运林教授的衣钵，提出未来10年的"十大行动计划"，开启"协同育人，创新发展"的新征程。

平台创新，借力信息化重构教育新模式

创显科教的发展过程，每一步都打上教育行业改革前行的印记，串联起中国教育信息化的过去、现在和未来。创显科教创始人张瑜毕业于率先创办电化教育专业的华南师范大学，毕业后留校任教开展教育技术的产学研实践，1995年开始下海创业从事教育信息化装备和软件开发，致力于实现进口产品替代与应用创新。创业之路的艰难探索为创显科教的产学研发展模式奠定了坚实基础。

缘起教育初心，持续创新驱动，创显科教始终将自我定位为一家服务教育、赋能生态的企业。2015年5月，华南师范大学、创显科教联合国内优秀高校和企业，在广州共同发起成立中国教育信息化产业技术创新战略联盟，创显科教董事长张瑜出任联盟秘书长。经过5年发展，联盟现更名为中国教育信息化产业创新平台。

平台成立5年来，积极推进融合我国教育信息化科研和成果产业转化，始终秉承"智慧融合，协同创新"的理念宗旨，以"政产学研媒金"六位一体为发展思路，由政府平台搭台，骨干企业牵头，通过创新创业和投资资本推动，不断推动教育信息化产业生态整合，实现了三大创新。

技术创新，借力科技赋能生态。2016年，平台正式发布了"智慧校园建设规范V1.0、微课技术标准V1.0、数字校园文化建设标准与评价指南V1.0"三项行业团体标准。同年，平台首届"教育信息化创新创业大奖"在会议上颁发，全国9所高校荣获"高校产学研示范奖"、21家企业荣获"技术应用创新奖"、20名高校大学生的创业项目荣获"创新创业奖"等，各项教育信息化创新大奖的颁发让教育界为之瞩目。

2018年，通过平台理事长单位、秘书长单位发起，联合平台优质企业参与组建广州华创芯技术创新中心有限责任公司，通过股份制、市场化的方式运作平台的共性技术研发平台，目标建设成为国际水平的大湾区智能教育技术创新中心。

融合创新，智慧教育服务发展。技术主导，服务创优。平台通过深层次应用信

息技术，创新优质资源共建共享的方法、手段和模式，规划和搭建符合区域教育教学特定的区域智慧教育云服务体系。广州孵化基地为校企提供综合解决方案，经营规模超过15亿元，并摸索出以龙头企业建设教育产业基地的经验。赋能教育，服务转型。平台在全国创新布局34个智慧教育5S服务中心，形成集展示、培训、市场销售、售后运维、活动组织于一体的综合性建设服务平台。同时，平台与广东文化产业投资管理公司合作建立产业基金，联合国内的投融资机构，目标服务平台100家行业企业，目标产值超过200亿元，深化应用，融合创新。2018年，平台在华中区、华南区、西南区建立了五大平台产业孵化基地，吸纳当地教育信息化龙头企业加入平台，构建区域性产学研平台，扩大平台在研发、制造和产能各方面的影响力。2019年1月，平台秘书长单位荣获联合国教科文组织高等教育创新中心授予的"合作伙伴杰出贡献奖"。

第五届教育信息化产业创新驱动研讨会暨2020年"iTeach"全国大学生数字化教育应用创新大赛

创新平台在支持创新创业教育，培育人才梯队方面始终不遗余力。2017年5月，秘书长单位创显科教建立中国第一个智慧教育主题专业孵化器和众创空间，第一期32家产业创新平台企业入驻。此外，创显科教还瞄准了产学研合作层次提升，积极构建"政产学研媒金"六位一体的创新体系。为了进一步盘活创新平台成员单位，真正做到资源与信息的共通共享，创显科教多次主办企业创新创业特训营、投融资金融对接活动。同时，平均每月接待50批次参观团队，让教育信息化理念真正地走进政府、走进学校、走近学生。创显科教计划在华东区、华中区、西南区、华北区建立10个以上的创新平台的产业孵化基地，推进区域产业的产学研平台建设、技术创新能力提升和应用推广的有效融合。

合作创新，构建开放教育新格局。2019年，平台积极对外交流，为发展中国教育信息化拓展思维，多次组织盟员企业与商务部主办的研修培训班开展国际交流活动，与60多个来自不同国家的当地政府官员、信息技术部、数据分析、软件工程等部门进行深入交流合作，了解国外教育技术发展动态，展示国内先进的教育信息化创新理念、新型技术和产品。平台还积极响应、认真落实教育部关于产学合作协同育人项目的号召，平台秘书长单位及副理事长单位与国内17所高校超100名专家合作获批21个协同育人项目，通过项目，推动校企产学合作协同育人，促进高校人才培养和专业综合改革，充分发挥项目成果的经济效益和社会效益，为我国教育事业、教育信息化事业贡献力量。

未来，平台将继续以推进中国教育信息化产业事业发展为工作重点，贯彻国家创新驱动发展战略，积极协调推进"三个创新"战略布局，以产学研深度融合为旗帜，着力推进协同创新、科技创新，以崭新的面貌与雄厚的实力领航教育信息化行业的发展潮流。

砥砺奋进，教育生态欣欣向荣

2020年，创显科教与华南师范大学教育信息技术学院联合承办"iTeach"全国大学生数字化教育应用创新大赛。本次大赛面向全国教育技术领域在校本科生和研究生征集四类参赛作品，大赛共吸引来自全国125所高等院校的2522个团队参加，总参与人数过万，创历届新高。

赛事期间，广东电视台《创新广东》栏目进行了大赛采访报道。广州创显科教股份有限公司副总经理，中国教育信息化产业创新平台常务副秘书长李伟在采访中从3个方面评价本次大赛，首先通过本次大赛中国教育信息化产业技术创新平台服务于产业发展，其次为科研单位进行赋能，最后为整个教育信息化产业发展做出了贡献。在回答《创新广东》栏目记者"站在主办方的角度，企业为什么举办这次大赛？"的问题时，李伟表示创显科教是一个有教育基因，并从事教育信息化26年的公司，持续注重培育产教融合生态发展。教育需要以人为本，希望通过本次大赛，通过人才梯队建设与培养，进而推动整个产业发展。

产教融合创新发展，教育初心历久弥坚。创显科教对深耕20余载的教育行业充满理想与情怀，中国已经成为全球最大的智慧教育市场。创显科教将致力成为国际高等教育创新合作先行者、国家服务标准推动者、产教融合生态培育者！勇立潮头，智取未来！

做中国建筑空气安全领域开拓者

重庆海润节能技术股份有限公司

重庆海润节能技术股份有限公司（以下简称海润）成立于1999年，是专注于室内空气环境与绿色可再生能源利用的国家重点"双高""双软"企业、国家级节能服务公司。是保障民生健康及空气安全的产学研一体化企业，是中国医院专业通风系统行业开拓者、中国绿色医院建筑标准编制者、中国抗击新冠肺炎疫情物资重要保障者。

海润目前已形成五大主营业务：医院专业正负压通风系统、衡温衡湿衡氧智慧环境系统、医疗安全方舱、绿色新能源、绿色医院解决方案。

作为典型的产、学、研、用一体的集团化企业，海润下设有独立研究院、国家级产学研协同创新平台、市级新型高端研发机构、博士后工作站、工程技术研究中心、企业技术中心，拥有11家分子公司和3个产品生产基地，获得200余项国家专利等自主知识产权，起草编制19项国家及行业规范标准。

截至目前，海润已为火神山医院、雷神山医院、解放军301医院、302医院、北大国际医院、华西医院、天坛医院、地坛医院、第二军医大学、第三军医大学、第四军医大学、人民日报、奥运会青岛场馆、希尔顿酒店、深圳地铁、保利地产、重庆市委、重庆两江新区等420余家医院及500余家公共建筑提供服务。

17年磨一剑，从保障抗击非典到驰援"两神山"

2003年抗击非典时期，国内医院负压病房非常欠缺，"海润立即投入到医院通风系统的研发当中。"当时已在建筑通风系统领域摸爬滚打了几个年头的海润董事长郭金成果断做了决定。面对国内尚无经验借鉴的困境，海润立马组织精干力量对法国、日本、澳大利亚等国外建筑通风理念和技术展开深入研究。根据当时医院现状，提出了一套室内空气环境解决方案，并对传染病医院建筑室内空气安全及负压病房通风系统研究和推广应用，成为全国唯一专业负压病房智能通风系统全服务型企业。

到抗击非典后期，海润成为国家标准《传染病医院建筑设计规范》讨论稿的参与者之一，参与到采暖通风与空气调节、负压隔离病房等重点标准制定中，当时承担了50余家传染病医院的通风系统工程。

2007年，海润提出了智能化、节能化的理念，开发出了可以对全院通风系统进行远程控制的集中控制平台，该系统能根据房屋内的空气质量进行自动调节。

2010年，海润自主研发的"医院智能通风系统"获得住房和城乡建设部科技成果推广示范项目，并在全国范围推广应用。郭金成介绍："医院智能通风产品通过独立的动力分布式送/排风系统及分体式能量热回收技术，不但很好地解决了负压隔离病房室内空气从清洁区至缓冲区再到污染区梯级压差的问题，还使新风和排风不接触，避免交叉感染，实现能源节约。"从研发平台的搭建到可靠产品的有效实现，海润逐步确立了国内医用通风系统领跑者的行业地位。

此后，结合海润医用级智能通风系统产品在400多家医院负压病房、传染病房、普通病房和其他医疗用房的应用经验，海润持续升级、优化智能通风产品，并率先在行业里提出"通风优先"的室内环境建设理念，得到普遍认同。如今，海润医用级智能通风系统从设想到付诸实践应用，再到市场洗礼后升级换代，历时10余年，已成为国内最高技术标准下中央通风系统的杰出代表，其相关节能、智能产品，正在全国各省市医疗、教育、办公、商业、家庭等众多类型的建筑中持续运转。

2020年年初，武汉全面进入新冠肺炎疫情防控状态。同日及次日，火神山医院、雷神山医院的建设纳入计划并开始付诸实施。

"当时湖北省两家设计院负责'两山'医院的设计工作，但他们对于负压病房的通风系统建设完全没有头绪，只能辗转联系上了当年负责小汤山医院的中国中元，中国中元表示，目前，海润能够胜任设计负压病房的通风系统。"海润董事长郭金成说。

有 17 年建筑通风系统行业的技术与经验积累，使公司的力量在需要时得以快速爆发。很快，海润接到了为"两神山"医院提供负压隔离病房的成套通风系统产品和空气安全品质设计、施工一站式解决方案服务的任务。

"5 天内必须完成！"郭金成向员工们下达了死命令。虽然正值春节假期，但在郭金成的带领下，员工们都义无反顾返回岗位，在后方忘我工作。刚开始的那几天，因为新冠肺炎疫情防控需要，餐馆关门买不到热菜热饭，大家饿了就三下两下吃碗泡面，随后继续赶工生产。

面对各地应急负压隔离病房严重不足的情况，海润在执行火神山医院方案的同时成立"海润模块化负压隔离病房通风系统"研发攻关团队，边研发、边探讨、边应用，海润模块化动力分布式负压隔离病房通风系统技术理念率先在武汉火神山和雷神山医院项目中应用。"原来至少 7 天，现在 2～5 个小时成品，更重要的是，传统的是系统工程，70% 靠现场组合拼装，如今模块化、工厂化生产，免调试，快速应用，工程实施时间至少节约 50%。且系统设备调节范围广，自动适应不同风压，调整转速维持风量恒定，能够满足不同功能房间及'平''疫'等多种工况运行需要。这样快速可调试的一套通风系统，也得到了市场高度认可和大量推广。"郭金成介绍。

2020 年 1 月 29 日，所有成套产品全部生产完成并通过严格检验，火速装车驰援火神山医院。

2020 年 1 月 31 日，第二批负压隔离病房成套通风系统再次从生产基地运出，驰援雷神山医院。

海润驰援武汉火神山物资发货

截至 2020 年 7 月，海润先后为武汉火神山医院、雷神山医院、华西医院、深圳坪山医院等 120 家新冠肺炎定点收治医院提供了负压隔离病房服务，涵盖 PCR 实验室、发热门诊、传染病区、军工保障等。

"从至少 7 天到 2～5 个小时，海润努力了 17 年，我们的科研团队，有力量也有能力，快速研发出新产品，应对各种疫情形势的变化。"郭金成表示。

72 天研发，靠创新拿下 10 大科技抗疫产品

17 年间，海润变的是技术与实力的跨越式增长，不变的是每一次应对突发事件的态度——从抗击非典时期的"边战疫边学习"，到抗击新冠肺炎时期"边战疫边研发"，海润正是通过不间断地学习研究，不断巩固作为中国建筑智能通风系统创始者和领先者的市场地位。

"针对此次疫情，一手抓抗疫防疫，一手抓科技研发。"郭金成介绍，针对空气健康和抗疫防疫需求的大幅增长，作为全国产学研示范企业，海润充分发挥自主创新优势，展示了海润在医疗通风和空气安全领域的实力。

从 2020 年 1 月 25 日起，在 72 天内快速研制出模块化负压病房智能通风环境系统、核酸采样安全方舱、可移动式传染病应急防护一体化智慧方舱、平疫结合型衡温衡湿衡氧安全空调环境等适用于各场景的 2 大系列、10 大科技抗疫产品，获得了发明专利，并陆续投入抗疫一线应用，得到市场高度认可。

其中，海润正负压智能通风环境系统、正负压方舱和密闭空间环境营造系统等技术产品已经被广泛应用到医疗、国防、公建和住宅等建设项目中，将助力我们室内空气环境品质升级，打造安全健康科技建筑。

产学研深度融合，"智慧健康"硕果累累

日前，中国产学研合作促进会公布"2020 年中国产学研合作创新示范企业名单"和"2020 年中国产学研合作促进会产学研合作创新与促进奖"获奖通知，海润凭借其在产学研深度融合、创新成果和科研实力方面的优势脱颖而出，被评为"2020 年中国产学研合作创新示范企业"，海润董事长郭金成荣膺"2020 年产学研工匠精神奖"。

作为产、学、研、用一体的集团化企业典型、中国产学研合作创新示范企业、重庆产学研合作试点企业、重庆市新型高端研发机构，海润始终以创新为驱动，以技术促发展，在建筑节能、新能源利用和建筑室内环境系统等领域展开多元化经营，形成以研发、制造、推广应用和整体解决方案服务等板块链条式发展体系。海润创办的重庆海润节能研究院已与多家科研院所、设计院、高校建立了合作关系，形成了高起点的产、学、研一体化平台，在推动企业科技进步、加快研究院和高等院校的科研市场

化步伐方面，发挥了积极作用。

当前，海润已与重庆大学、清华大学、重庆科技学院建立行业技术研究所，建立了国家级博士后工作站、国家级企业技术中心等；与重庆大学城市科技学院合作建立人才培养示范基地，与重庆交通大学完成了"建筑室内环境调控技术研究与应用"项目；与重庆大学完成了"大数据驱动下智能新风系统远程运维云服务平台开发应用示范""基于物联网技术的智慧节能型动力分布式通风系统研究""智能一体化三衡机组研发及产业化"等多个项目。海润将进一步加大与其他企业、高校、科研院所等的合作力度，依托现有产业链创新、产学研高度合作关系，形成成熟的成果转化链。

此外，海润同步承担了《医疗建筑平疫结合通风设计标准》主编工作，该标准是关于平疫结合通风的团体标准，是在当前新冠肺炎疫情背景下，面对新的空气安全保障工程技术问题而提出的，是落实建设平战结合的重大疫情防控救治体系的重要专业技术举措。作为该标准的主编单位，海润充分发挥行业龙头和领导作用，将为中国医疗建筑、平疫结合型医院绿色发展提供强有力的支持和保障。新冠肺炎疫情期间，海润还参与了10余项行业标准编制，包括《综合医院感染性疾病门诊建设指南》《传染病医院建设指南》等，受到有关方面的高度评价和充分肯定，对防控疫情标准建设起到了重要作用。

海润始终重视科技的力量，除了承担和建设中国健康通风产业协同创新平台、博士后工作站、企业技术研发中心等研发平台，还围绕"医院通风"配置多个专业实验室，每年拿出产值的8%～10%持续投入研发。海润已获得200余国家专利和软件著作权等自主知识产权，主编和参编了包括《绿色医院建筑评价标准》《综合医院通风设计规范》等19项国家及地方规范标准。

目前，海润正在与广州呼吸疾病研究所就建筑与医学领域展开合作，共商空气安全领域问题。

建筑室内空气安全是值得坚守和奋斗一生的事业。郭金成介绍，未来海润将以"绿色、科技、智能"为发展方向，加强产学研深度融合，创新研发出更多"智慧健康"产品，把健康空气带向更多的行业领域，不断满足群众日益增长的呼吸健康需求，切实增强百姓的幸福感和获得感。

产教融合　　创领未来

中教未来国际教育科技（北京）有限公司

中教未来国际教育科技（北京）有限公司（以下简称中教未来）成立于2006年，系杭州日报报业集团旗下主板上市公司浙江华媒控股股份有限公司的控股子公司。中教未来以"让平凡者成功，让成功者卓越"为使命，以专业化、优质化、集团化领航发展各种类型教育业务，坚持"学历+技能+素质"三位一体的办学理念，本着"合作、共赢"原则，致力于优化整合优质教育资源、品牌资源、政府资源和媒体资源，举办职业教育、国际教育、IT教育、在线教育、艺术教育、基础教育、就业培训等合作办学项目，全方位输出招生、教学、实训、就业等综合教育服务，为国家和社会培养高素质应用型人才，为实现"创中国教育品牌，做未来教育先锋"教育愿景而努力奋斗，现已发展成为集产、教、学、研于一体，贯穿学前教育到高等教育完整教育产业链，拥有专职教职员工1600余人、全日制学生30000余人、软件著作权53项的国家高新技术企业。

党建引领，打造先进企业文化

春风化雨育桃李。中教未来着眼于中国职业教育和高等教育的未来，始终以党建活动为引领，全面贯彻落实习近平新时代中国特色社会主义思想和党的十九大会议精神，紧紧围绕党和国家教育工作方针政策总体要求，牢牢把握立德树人根本任务，把理想信念教育摆在首要位置，立足党建中心工作，全方位加强党支部建设，充分发挥

在西柏坡开展主题党日活动

基层党支部战斗堡垒和党员先锋模范带头作用，为推动公司高质量发展提供坚强的思想、政治和组织保证，中教未来秉承传统文化育人智慧，融合现代先进教育理念，通过举办爱国主义教育、中国优秀传统文化课堂、制订百日成长计划、实施经典诵读工程等形式开展公司企业文化建设，打造具有核心竞争力的学习型组织，逐步实现员工的自我管理、自我约束和自我超越，改善开放包容的心智模式，开发心中无尽的宝藏，创新突破、系统思考、团队学习、共同进步、快乐工作、幸福生活，培养公司员工的高尚品德、敬业精神、创新精神、工匠精神、责任意识、家国情怀和奋斗精神，利益他人，造福社会，"让每一个从我们身边经过的年轻人，成为未来之星"。

多方参与，协同构建校企合作实训基地

百般红紫共芳菲。中教未来与中国产学研合作促进会、中关村软件园共同发起成立中国校企协同产学研创新联盟（China University-enterprise Collaboration Innovation Alliance，简称CUEC），CUEC是由从事校企协同创新的企事业单位、高校和相关机构，本着平等、自愿、互利原则，组建的以企业、院校为主体，市场为导向的产学研用相结合的创新型组织，是联盟成员各方合作共赢的协同创新平台。CUEC成功构建了集资源共享、实践教学、社会培训、运营管理、企业真实生产和社会技术服务于一体的高水平校企合作实训基地，开发职业教育和高等教育产业价值链终端就业环节的管理与服务，并设立中关村软件园工程实践教育发展中心和职业能力实训工程实验

中教未来董事长、中国校企协同产学研创新联盟秘书长吴井军主持论坛

室，创建富有专业特色的"校企合作、项目育人"人才培养模式，为辐射区域内社会公众、合作职业院校在校生取得职业技能等级证书和企业提升人力资源水平提供有力支撑。

2016 年 CUEC 成功举办"高校创新创业实践体系研讨会"，2017 年 CUEC 成功举办"校企合作协同创新高峰论坛"，2018 年 CUEC 成功联合举办"教育部产学合作协同育人项目第五次对接会"，会上第十二届全国政协教科文卫体委员会副主任、中国产学研合作促进会副会长、上海交通大学原党委书记、中国校企协同产学研创新联盟理事长马德秀在致辞中表示，其始终关注产学合作协同育人，实践证明，校企双方互相支持、互相渗透、双向介入、优势互补、资源互用、利益共享，是实现产学合作协同育人不可或缺的途径。来自高校和企业的嘉宾围绕"产学协同推进教育与产业发展"在圆桌论坛上进行了交流和对话。

整体部署，完善产学研金用保障激励机制

九州生气恃风雷。为有效推动产学研金用协同创新，实现项目管理水平的提高，中教未来构建了科学的保障机制。一是构建"政产学研金用"六位一体协同育人模式的科研创新平台。统筹各方资源，协调各方行动，建立企业与政府、高校、科研院所和金融机构之间的合作，建立产学研合作专业实践教学基地，统一规划"政产学研金用"协同育人关键问题，提高决策科学化、民主化水平，建立健全协同育人管理制度，推动产学研项目的顺利开展，提升产学研合作人才培养质量。二是完善产学研协同创新的激励机制。逐步实现专业与产业、职业岗位对接，专业课程内容与职业标准对接，教学过程与生产过程对接，学历证书与职业资格证书对接，职业教育与终身学习对接，不断优化产学研合作体系，构建有效的激励体系，为推动产学研项目发展创造优良条件。三是完善合理的评价机制。考核评价体系是"政产学研金用"协同育人模式的重要组成部分，中教未来健全"政产学研金用"协同育人的考核评价体系，确定产学研协同创新的目标，变革传统的主要指标考评体系，构建合理的评价机制，增大科技成果转化在科研工作者工作绩效考评中所占的比例。对做出卓越贡献的技术人员，予以经济与精神上的褒奖，激发科研人员进行创新研究的主观能动性。从协同育人环境、协同育人投入、协同育人产出、运行过程和育人效果 5 个方面考虑，协同育人环境考评指标主要包括协同育人法律法规、政府扶持政策、协同育人联盟数量和中介服务能力等；协同育人投入考评指标主要包括协同育人资金的来源及数量、创新创业导师数量及结构和育人基地建设等；协同育人产出考评指标主要包括创业率、创新创业成功率和竞赛获奖数量；运行过程考评指标主要包括资源共享情况、育人方案的执行情况等；协同育人效果考评指标主要包括人才创新创业意识、创新创业能力和创

办企业生存时间及盈利情况等。

创新机制，助力"双创"发展战略

梅花香自苦寒来。中教未来教育集团在董事长吴井军的带领下，团结一致，攻坚克难，始终坚守"对得起学生的青春年华，对得起家长的血汗钱，对得起教育工作者的良知"的初心，从教育者的良知出发，先后成功与数十家高校、中关村软件园等机构联合开展教育项目，发挥创新人才培养经验，充分调动企业、高校、政府三方力量，构建校企协同产学研合作平台，以全新的机制、灵活的模式、多元的要素、专业的服务，助力"双创"发展战略，促进院校与企业共同建立创新创业人才发展体系，助力科技成果转化与产业转型升级，从校企协同育人、产业生态融合、孵化资源联动、校企地深度融合等多维度推进"双创"建设。

2017年度总结表彰暨2018年业务启动大会

中教未来与贵州民族大学、昆明学院等高校合作，共同成立"双创学院"，协同中关村大信息类产业集群，聚焦前沿技术领域，组织政府、高校、企业等多方资源，为高校优质创业团队提供包括专创融合课程、"互联网+"大赛辅导、创业项目孵化加速、科技金融等一系列全生态服务，从而改善高校双创教育与专业教育分离的一系列问题，建设集人才培养、成果转化为一体的服务体系，助力人才、项目从高校到产业基地的加速发展，实现协同育人、协同创新，打造创业生态，服务人才创新，助推产业升级。

中教未来与中关村软件园联合开展人工智能、大数据、云计算、软件开发、互联网营销等IT领域的专业技术人才培养，依托其旺盛的人才需求和高新企业聚集优势，举办"互联网+"大学生创新创业大赛，负责建设并运营大赛展示交流中心，对参赛项目引领投资孵化、产业对接、国际交流和双创研究，有效推动大赛成果产业化。中国"互联网+"大学生创新创业大赛由教育部牵头、联合十二部委主办，是全国级别最高的创新创业大赛。

"互联网+教育"集群，建设产学研用新生态

百花齐放春满园。为顺应国家"互联网+"战略部署，融合知名高校优质师资资源，着力打造产学研金用一体化的新生态，中教未来建成了全国教师培训网、北京市快递行业在线培训系统等"互联网+教育"在线服务集群，涵盖教师培训、学校服务、快递培训等各类行业技术培训。

全国教师培训网由中教未来自主开发，是全国中小学教师继续教育和基础教育学校服务平台，平台专家资源丰富，课程体系完善，服务团队专业，致力于为地方政府、教育行政主管部门、各级各类中小学校，以及教师、校长、教育干部等教育工作者，提供专业的理论指导与强大的实践支持，为地方基础教育改革和发展提供全方位支持和优质服务。目前，已有"国培计划（2017）——陕西乡村中小学校长管理能力提升培训""国培计划（2018）"——西藏自治区中小学数学工作坊研修、乡村教师访名校项目等多个省市的国培、省培、市培项目的成功案例。

2018年9月，中教未来国培项目组及项目专家赴拉萨市开展了"国培计划（2018）"——西藏自治区中小学数学教师工作坊研修项目工作坊主持人第一期集中培训。项目分别于2018年9月、11月、12月分三期组织实施了共计7天的工作坊主持人集中培训，于2018年9—12月开展全员工作坊网络研修。项目依据学科、学段共分设18个工作坊，每坊约50名坊员，共计900名学员参训。培训期间，项目组工作人员与专家们克服高原反应、水土不服、语言障碍、工学矛盾等现实问题，三次赴藏开展工作坊主持人研修能力提升培训，培养坊主策划指导与组织管理培训的能力，促使其在远程培训工作中能够更好地发挥引领、示范和辐射作用，帮助坊员聚焦个人专业发展和学科重难点问题，转变教育教学理念，优化课堂教学模式。

为融合创新，促进行业资源共享，中教未来与北京市快递协会合作建设的北京市快递行业在线培训系统，支持北京市近10万快递从业人员的交通安全、行业安全、行业服务标准等专业在线培训，生成快递从业人员管理卡，为近6万辆电动三轮车车牌号增加二维码标识和定位装置，解决电动三轮车人车实名认证问题和实时定位需求。

"十四五"规划已开局，2035年远景目标也在不远的前方。奋斗正当时，中教未来将借着国家"建设社会主义现代化教育强国"的春风，针对高校、科研院所、创新企业在产学研转化过程中遇到的问题，深化产教融合、校企合作，紧密结合校企协作的痛点和难点提供服务，统筹各方优质资源，协调推进产学研结合工作，选择若干重点领域和重大产业技术创新项目，探索应用开发类科研机构建设的新机制和共性技术研发提供的新形式，为产学研有效精准对接奠定基础，为推动产学研一体化和深度融合进程贡献力量。

争做节能环保领域排头兵

北京华源泰盟节能设备有限公司

华源泰盟保定生产基地

北京华源泰盟节能设备有限公司（以下简称华源泰盟）是由烟台冰轮控股的高新技术企业，作为节能环保领域的设备制造商与技术服务商，始终专注于工业余热利用以及城市集中供热领域，为客户提供一系列个性化、专业化、系统化的全面解决方案，技术领先，应用案例遍布各供热地区，节能和环保成效显著，已成为基于吸收式换热的热电联产集中供热领域的开拓者、倡导者和领跑者。

华源泰盟以清华大学、中国科学院强大的科研实力为支撑，深入、持久地开展产学研合作，结合我国城市能源系统的特点，研发出一系列集中供热节能减排和天然气高效利用关键技术及解决方案，获得国家发明专利20余项，形成了4大系列专利技术，并在此基础上成功研发并生产销售10大系列专利产品。为"打赢蓝天保卫战"做出重要贡献。

以产学研合作为基础，建立联合技术创新体制

华源泰盟成立之初，就确定了以产学研合作为基础，实施技术创新引领的发展方向。公司与清华大学、中国科学院等大学和科研院所建立了深度融合的长期合作关系，形成了一套行之有效的合作创新路线。首先，为加快产学研成果的转化，双方明

确分工。科研院所进行理论研究、系统研究，并为研发成果提供应用方向及路线；公司负责关键设备研发，进行系列化设计和产业化，并通过示范工程建设，进行技术展示，快速培育市场。其次，双方互相促进，扩大了研究技术的应用范围，促进了产品更广泛的应用。研发的主要产品进行市场培育后，公司通过自身对市场需求的深刻理解，进一步拓展了关键产品的应用场景，提高了设备的适用范围；同时，在出现关键产品与应用场景不适应的情况时，科研院所通过自身强大的理论知识，协助完善产品细节，保证技术应用效果。最后，双方共同承担重大科研项目，分工明确，保证科研课题成果可以快速转化。

公司成立了科技成果转化办公室，专门负责与科研院所的联系、协调，并与公司内部的研发、设计、电控等技术部门建立了紧密的工作联络渠道，使产学研项目一体化，协调科研院所和公司内部技术部门共同推进项目进度，保证科技成果能够快速有效地研发和应用，缩短产学研项目的周期。

科技成果转化办公室（以下简称成果办）建立了产学研项目完整的管理制度和运行机制，对项目进行全周期的管理。从立项开始，就制定了项目周期表，并分解工作，各部门（包括科研院所）各司其职，共同推进。建立了"周会"和"月会"制度，周会由当周主要工作部门的负责人参加，了解项目进展；月会制度由项目所有部门的主要研发人员参加，共同听取项目进展汇报，对于研究开发过程中出现的问题，共同制订下一步计划，随后继续各司其职进行开发攻关。此外，在示范项目实施阶段，成果办对工程进度进行全面跟踪，保证项目进展；在调试及试运行阶段，随时将出现的问题进行总结，并在周会、月会或临时会议上进行探讨，进一步优化技术。公司通过一系列的研发及示范工程建设的工作制度，保证产学研项目成果可以快速落地，并进入产业化、推广阶段。

公司制定了研发奖励制度，并由成果办负责落地实施。奖励制度包括专利申报奖励制度、新技术研发奖励制度、产品优化奖励制度、成果落地奖励制度等，保证产学研过程中从小到大的优化工作均可得到适当的激励。

以产学研合作为支撑，致力于研发整体解决方案

华源泰盟虽然是一家供热节能设备生产制造企业，但其核心竞争力是为用户、为地方政府提供整体性、系统性的节能低碳供热解决方案，并付诸实施。换言之，华源泰盟并不是一家单纯生产、销售供热设备的企业。

第一，作为以产学研融合为创新基础的企业，华源泰盟根据用户的实际情况和要求，为用户研发、设计、提供集中供热节能减排的解决方案，这个对于用户的前期研究设计过程没有收费，所以很多人以为华源泰盟和其他同行一样只是生产制造、销售

设备和产品。第二，华源泰盟坚持问题导向和目标导向，立足于用户的立场和需要，综合实际情况采用最优秀的技术、最适合的方式、最合理的方法提供并实施整体性解决方案，无论是能效水平还是环保指数，以及用户的综合收益都居于国内前列。

华源泰盟以产学研合作技术创新为立业之本，发展之基，成立了市级企业技术中心，聘请高校、科研院所教授和研究员等外部专家20多人，参与研发项目近30项。为了给用户提供最佳的解决方案，在前进的道路上不回避难题，敢攻别人绕开走的堡垒，敢啃别人不敢啃的硬骨头，沿着经济性、可靠性、环保性三位一体的目标，不断创造新的业绩。从对山西大同市的集中供热系统整体改造，使大同市供热期间空气质量由长期位居全国"黑三甲"一跃变为"北方三亚"的奇迹，到成功采用直接换热技术应用于燃气锅炉烟气余热回收，实现中国锅炉集中供热换热技术升级进入新的一代；从华源泰盟的国家科技支撑计划示范项目——首例燃气电厂烟气余热回收项目在巴黎气候大会上作为自主研发技术案例展示，到在黑河地区极寒气候供热条件成功实现"消白"，让当地提前两年实现黑龙江省环境改善目标。许许多多的应用案例充分说明，华源泰盟是一家以提供集中供热节能减排整体方案为已任的企业，是竭尽全力研发和提供以经济性、可靠性、环保性三位一体最优化方案为目标的企业。

华源泰盟以不断升级的基于吸收式换热的热电联产集中供热、烟气余热深度回收和工业余热回收三大核心技术、八大系列产品为技术基础，牢牢地站在了吸收式换热的热电联产集中供热领域的最前沿。

以产学研合作为平台，实现科技成果转化落地

华源泰盟积极承担起产学研合作成果转化平台的功能，不但每年投入产值8%以上的经费进行合作研发，还投入巨资建立了国家级标准的实验室和实验平台，为研发成果转化奠定了技术和实验基础。

科研院所根据公司对用户市场及地方政府需求的深入了解，确定方向，进行理论研究、系统研究，公司负责关键设备的研发，进行系列化设计和产业化，并通过示范

实验室和实验平台

工程建设快速培育市场，推动研发成果落地，满足城市集中供热节能低碳的需要。

公司立足产学研合作成果，在细分行业内始终处于引领和领先地位，先后实施了"大同市城市级大温差改造及余热暖民项目""太原市长输供热项目"等重大节能减排项目，以及"燃气电厂烟气余热回收技术""燃煤电厂烟气余热回收技术"等示范项目，荣获多项高级别权威性奖项。正因为华源泰盟在清洁供热领域节能减碳的巨大贡献，被中国节能协会评为"热电行业节能环保杰出贡献单位"和"中国节能减排企业贡献奖一等奖"。2019年被评为"中国产学研合作创新示范企业"。

以产学研合作为驱动，始终保持行业领先地位

以产学研融合创新为驱动，华源泰盟始终保持行业领先地位。公司与清华大学、中科院等大学和科研院所共同承担了国家科技支撑项目"城市供热系统能效提升装备关键技术研究与示范""低碳城镇能效提升关键技术集成研究与示范""基于吸收式换热的热电联产集中供热技术集成与示范"、国家国际合作项目"基于吸收式换热的余热利用高效回收利用技术合作研究与示范"、北京市科技计划"喷淋式燃气锅炉烟气余热回收利用一体化设备研究与示范"等课题，获得发明专利7项，实用新型专利20项，软件著作权19项，参与制定国家标准两项，行业标准1项。

华源泰盟公司自2011年成立，始终保持着旺盛的产学研合作的动力。首先，公司成立的基础技术，即产学研合作的产物，属于国际首创产品；其次，根据市场的需求，公司与相关科研院所继续合作，持续推出了一系列新的技术和产品，大大丰富了公司的产品线，为公司可持续发展创造条件；最后，公司在技术推广过程中始终进行优化，保证在行业内的领先地位，并促进新技术、新产品的研发。目前，公司销售额中95%以上来自产学研技术。

基于吸收式换热的热电联产集中供热技术是比较典型的产学研合作成果，通过与清华大学合作，该技术获得了"国家技术发明奖二等奖""北京市科学技术奖一等奖"等荣誉。该技术是公司成立的基石，核心产品包括吸收式换热机组、电厂余热回收机组两种。公司实施了首例城市级大温差供热改造项目——大同市集中供热改造项目，通过对市内300多座换热站的大温差改造以及对周边4座电厂的余热回收，实现余热供热2400万平方米以上，完全取缔了大同市内的燃煤锅炉房，节能降碳效果明显，实现了大同市空气质量质的改变，经济效益和社会效益明显。该项目获得了国家节能中心"重点节能技术典型应用案例"的荣誉。

大温差长输供热技术是基于吸收式换热的热电联产集中供热技术的拓展技术，与清华大学联合研发，在实现大温差供热的前提下，可以将城市周边较远的电厂的热量输送到城市中来，彻底解决城市的管网瓶颈问题和热源不足的问题，并实现了节能降

碳的目标。该技术的核心产品均根据城市改造需要研发，该技术成功应用到太原市长输供热项目（全国首例）、银川市长输供热项目（长输距离最长）等项目中，此外，包括济南、呼和浩特等城市均在筹备实施长输供热，市场前景广阔。

产学研合作是一项系统工程，需要持续融通创新。2011年，随着北京市"煤改气"工程的快速推进，公司与清华大学联合研发针对燃气烟气的烟气余热深度回收技术，可节省燃气消耗10%左右，并对烟气进行二次减排。2012年，该技术在两座燃气锅炉房进行示范应用，并得到北京市科委、北京市发展改革委的推荐。2013—2014年，该技术在北京未来热电进行应用，这是目前国内唯一已实施的燃气电厂烟气余热回收技术。2015年，该技术在巴黎气候大会上对外展示。随着各地"煤改气"的实施，该技术的接受度逐渐加快，推广迅速，目前在北京、天津、济南等多地有实施项目。该技术也获得了"北京市科学技术奖一等奖"等荣誉。2015年，公司将该技术向条件更恶劣的燃煤烟气余热回收方向推广，并进行了有针对性的研发，在节能的基础上实现了降碳、减排、节水、消白等效果，将节能和环保有机结合起来。该技术的研发进一步提升了适应性，大幅度扩大了市场，在山东、河北、天津等地有了大规模的应用，并获得了"中国节能协会节能减排科技进步奖一等奖"等荣誉。

习近平高度重视产学研合作，在党的十九大报告中明确提出，要"建立以企业为主体、市场为导向、产学研深度融合的技术创新体系"。在2020年10月16日中共中央政治局集体学习时再次强调"要促进产学研协同创新"。

实行产学研深度融合永无止境，进行产学研协同创新潜力无限。从合作机制到研发体系，从成果转化方式到各种环境工况的应用，从生产制造基地到实验技术中心，从高成熟度的技术储备到创新型的企业文化，华源泰盟已经建立起了雄厚、扎实、可持续发展的产学研融合创新基础。

面对"十四五"，华源泰盟将继续坚定地走产学研合作之路，不断提升协同创新水平，为实现碳达峰、碳中和目标不断创造新的业绩。

艰苦奋斗 铸就不锈久立

浙江久立特材科技股份有限公司

浙江久立特材科技股份有限公司全景

浙江久立特材科技股份有限公司（简称久立特材）创建于1987年，位于最具活力的"长三角"太湖南岸——湖州市，是一家专业致力于工业用耐蚀耐温耐压不锈钢及特种合金管材、棒材、线材、双金属复合管材、管配件及锻件等管道系列产品研发与生产的上市企业，2009年在深交所挂牌上市。

从久立不锈钢管的创世到久立产品的国际化，从集体经济到民营经济的华丽转身……久立人用执着的信念、坚定的初心、勤劳的双手铸就了不锈钢管产业的领先地位，不断创造凤凰涅槃的神话，引领核电高端管材国产化，先后获得"全国制造业单项冠军示范企业""中国产学研创新示范企业""中国民营制造500强企业""浙江省高端装备制造业龙头企业"等荣誉称号。

久立——为全球工业提供高性能材料

久立特材始终致力于为全球工业提供高性能材料，公司生产规格覆盖几乎所有工业用无缝钢管和焊接钢管两大系列，以及管配件和法兰等近千个品种，尺寸多样、规格齐全，年生产能力达12.5万吨。无缝钢管生产采用世界先进的热挤压工艺，并结合热穿孔+冷轧/冷拔工艺联合成型技术，一跃成为世界上为数不多的采用先进挤压工艺生产不锈钢无缝钢管的企业之一。目前，公司产品材料覆盖（超级）奥氏体、（超级）双相钢、镍基合金、（超纯）铁素体、马氏体、钛、锆等，广泛应用于航空航天、核能、电力、化工、环保、海洋工程等高端领域及其装备制造业。公司拥有国际一流的技术装备水平，拥有国内最先进、最齐全的特殊合金管材制造装备——4200吨全自动热挤压机组、长行程高速数控冷轧管机、FFX柔性成型数控全自动连续焊管机组、纯氢保护热处理炉、高真空热处理炉、组合式高精度数控弯管机等各类国际先进装备300余台套，建有多条专业化生产线，以及SAP、MES为核心的信息管理平台。

公司一直以来重视科研创新，加大科技投入，引领行业发展，科技成果层出不穷，产品质量稳步提升，攻克一批国家重大工程急需的"卡脖子"产品技术，形成了几大关键成果。

核电关键设备用高性能不锈钢和耐蚀合金管材及结构材料。自2010年开始，久立联合国内各大科研院所，自筹资金、自主设计、自主建设多条核电用管专业生产线，同步开展第三代、第四代核电关键设备用高性能不锈钢和耐蚀合金管材及结构材料研制和国产化工作，开发了一套核电用高性能、高精度管材制造工艺，产品成功替代进口，实现了国产化。由于综合性能先进，公司产品已广泛应用于国家重大核电工程项目，摆脱了关键领域核心技术受制于人的被动局面，保障我国能源安全。其中，第三代核电站蒸汽发生器用690及800镍基合金U形传热管、核聚变实验堆（ITER）用PF/TF导管等产品，获得国家级、省部级各类荣誉10余次。

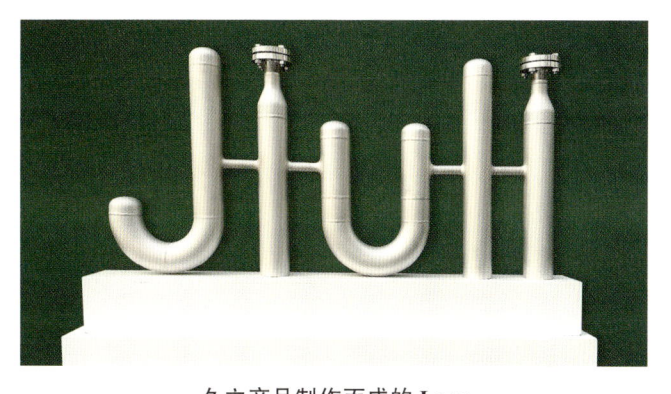

久立产品制作而成的Logo

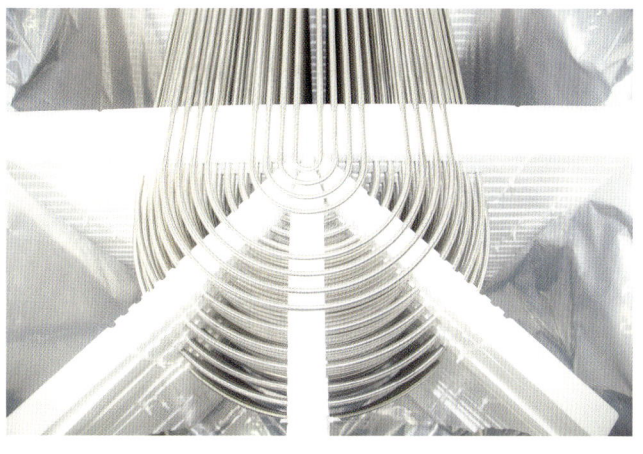

镍基合金核电蒸汽发生器用U形传热管

超深复杂油气井用耐蚀合金油井管。随着世界对油气资源需求的日益增长，油气田的开发逐渐向纵深发展，促使一些 7600 米（25000 英尺）甚至超深超高压井不断涌现。但在超深超高压井的苛刻腐蚀环境中，如高温、CO_2、H_2S、Cl^- 等腐蚀介质的共同作用下，油气井管柱极易发生失效。但长期以来，耐蚀合金管材的核心制造技术被国外钢管生产公司所垄断。为此，公司与国外某高校及国内相关专业科研院所展开产学研合作，对超高温超深井用耐蚀合金油井管的核心制造技术进行研究，突破关键技术壁垒，开发出了马氏体不锈钢、双相不锈钢以及镍基合金等多种耐蚀合金油井管产品，摆脱油井管材受制国外的局面。

700 ℃ 先进超超临界电站核心部件用高温合金无缝管。材料一直是我国 700 ℃ 超超临界机组自主研发的制约因素，久立特材通过联合国内各大知名高校和科研院所进行产学研合作的方式，对多种适用于先进超超临界的 Ni-Cr-Co 高温合金无缝管进行了研发生产。产品具有高的组织稳定性及良好的高温持久性能，通过了省级工业新产品（新技术）鉴定，相关技术处于国际先进水平，为我国先进超超临界机组的建立提供了有力支持。

此外，经过 30 多年发展，公司已陆续成功完成开发"油气用 LNG 输送管、特殊合金传热管、精密仪表管"等 16 项具有自主知识产权的高端特殊合金管材产品，实现了国产化，在援外核电项目、华龙一号核电项目、福清核电项目等一批国内、国际重大工程中得到应用，并出口到欧美、中东、亚洲 70 多个国家和地区。

"产、学、研、用"——创新发展的强大基石

公司一直坚信产品、材料的研发和创新是核心竞争力水平提升的关键，以"智能制造、绿色制造"为手段，持续提升创新能力和研发实力，推动转型升级，为高质量、高水平发展提供强有力的支撑。

协同发展的产学研创新平台。公司积极开展技术创新，围绕特殊合金管材（耐蚀合金、高温合金等）发展急需解决的重大瓶颈和技术难题，编制技术路线图，开展重大技术攻关项目研发，走整合资源、合作开发之路，充分利用现有生产能力和技术资源，积极与上海核工程研究设计院、中国核动力研究设计院、深圳中广核工程设计有限公司、钢铁研究总院、中科院金属所、上海交大、上海大学、浙江大学、西安摩尔等设计院、高校和科研院所合作建立产学研用机制，建立多种形式的产学研联合体或项目课题合作，开展多领域、多形式的合作。

同时，公司拥有国家认定企业技术中心、国家 CNAS 认可实验室、省级高新技术研发中心、浙江省重点企业研究院、省级重点院士专家工作站（国家示范院士专家工作站）、博士后科研工作站等科研平台。建立院士工作站，引进国内外两院院士，建立院士工作团队，积极承担国家、省市或企业重大科技攻关项目，开展高性能高温

合金、耐蚀合金、不锈钢的制造技术、应用技术等共性关键技术研究。

此外，为迎合高端领域管材开发的需要，公司与英国利兹大学开展了国际技术合作，并在利兹大学建立了首个海外研发机构——"久立腐蚀与完整性中心"。此外，公司还与钢铁研究总院、永兴特钢以及湖州久立永兴特种合金材料有限公司联合成立了特种不锈钢及合金材料技术创新中心，提升自主创新能力和水平，加快创新成果的投入、转化与应用。

前沿的研究和试验能力。目前公司研发技术中心投资引进了扫描电子显微镜、高温蠕变持久试验机等高端科研设备，设有金相与显微分析室、力学性能测试等检验检测室，拥有大、中型设备100多套。

为全面提升产品品质、优化产品结构，公司结合钢铁行业的可持续发展，后期将对研发中心进行扩建升级，通过产、学、研、用相结合的方式，充分发挥研究中心的优势，打造国际一流的材料开发、材料加工、材料评价技术的创新和工程化（检）试验创新平台，提升企业技术水平和品牌国际竞争力。

不断创新的高附加值产品及成果。公司不断调整、优化产品结构，使产品类别遵循"长特优、高精尖"的战略指导思想并不断规划，进一步推动公司高附加值产品稳步协调发展。公司通过自主研发，不断增强自身研发能力、关键技术重点攻关以及促进产业化发展，生产出的不锈钢管及配套产品在核电、油气、海洋工程、航空航天等国家重大工程项目中得到广泛应用，为我国工业的多元化发展提供了重要保障。

公司承担并完成了国家级各类专项9项，省级各类专项7项（其中省重大科技计划专项3项），成功开发了100多项新产品、新技术，其中有40余项新产品通过省、部级鉴定。自1996年以来，公司成功研发的"工业用中大口径不锈钢焊接管""LNG用中大口径厚壁管""超（超）临界电站锅炉用无缝钢管""核聚变PF、TF导体铠甲（称为'磁笼'的'人造太阳'核心部件）"等优质产品，达到国际先进水平。自主研发的核电站蒸汽发生器用800合金U形传热管实现核电出口关键部件的国产化；CAP1400首台核电蒸汽发生器用690合金传热管，标志着公司研制的蒸汽发生器U形传热管全面进入核电市场。

一流的人才、优秀的团队。公司拥有一支高素质的技术队伍，聚集了享受国务院特殊津贴等国内一流的耐蚀合金、高温合金、不锈钢材料技术专家，具有很强的自主研发能力和对国外先进技术的消化吸收能力以及科技成果转化能力。公司目前拥有研发队伍370余人，其中高级职称专家及博士40余人、中级职称200余人、享受国务院津贴专家3人、浙江省"万人计划"人才5人、浙江省创新团队1个、院士专家工作站引进院士2名、配套技术人员40余人。

健全的质保体系。公司现建有完善的质保体系，已获得国家市场监督管理总局颁发的《特种设备制造许可证》、美国机械工程师协会 ASME（NPT 钢印）认证、美国石油学会（API）认证、PED 97/23/EC 欧盟承压设备指令认证、CCS 中国船级社、GL 德国劳氏船级社、DNV 挪威船级社、BV 法国船级社、LR 英国劳氏船级社、ABS 美国船级社等多项认可证书。同时，公司已获得国家核安全局颁发的《民用核安全机械设备制造许可证》，具备生产核 1、2、3 级无缝管道管及传热管、核 2、3 级焊接管道管生产资质，并已通过国家知识产权管理体系、ISO 9001：2008、ISO 14001：2004 和 OHSAS 18001：1999 等体系认证。

高效灵活的运行机制。在现有管理制度基础上，公司建立健全分工明确、职权清晰、高效灵活，符合科技发展规律和市场规律的运行机制，制订了内容全面、层次分明、重点突出、透明度高、可操作性强的成果奖励制度，鼓励科研创新，并与相关领域国内外优势单位加强产学研合作，建立战略联盟或利益共同体。

完善的知识产权储备。公司是国家知识产权示范企业，一直以来非常重视自主知识产权的积累和保护。公司现已申请专利 170 余项，其中发明专利 80 余项，有效授权专利近 120 项。值得一提的是，3 项发明专利荣获中国专利优秀奖、1 项发明专利获浙江省专利优秀奖。

公司在大力发展主导产业的同时，不忘规划和完善技术标准、产品标准的体系建设。在保持现有标准体系的基础上，始终与国际先进标准体系保持一致，甚至高于国际标准。目前，由公司主持/参与制、修订的国家、行业、团体标准共计 50 余项，其中国家标准 36 项、行业标准 9 项、团体标准 7 项、外文版国家标准 3 项。同时，在各大期刊、杂志上共计发表论文 140 余项。

公司始终紧跟国家发展战略及政策，以促进核心关键技术产业化、发展先进节能环保技术和工艺为目标，紧紧围绕核电、航空航天、新能源、油气、海洋等领域不断提升的市场需求，积极承担国家、省、市重大科学、技术与工程项目任务，开展重大技术和重要产品研发，形成持续创新的运营能力。

智慧强弱电一体化
助力"碳达峰、碳中和"

盛隆电气集团有限公司

盛隆电气集团有限公司（以下简称盛隆电气）成立于1979年，是我国智能电网及智慧能源管理领域的领先企业，致力于为用户提供智慧能源系统规划设计、智能输配电设备制造、电力及能源互联网工程总包、运维服务一体化的行业整体解决方案，帮助用户提高电力及能源系统的安全可靠性及智能化水平，并提高能源使用效率，减少碳排放量。盛隆电气拥有35个子公司和工厂，两个研究院，业务遍布全球50多个国家，在全球30多个国家有销售与服务网络，2013年当选亚洲品牌500强。

在距离中国9000多千米以外、毗邻"生命禁区"撒哈拉大沙漠的尼日尔，一个名为伊斯兰大学女子学院的项目，在2021年年初完成建造。夜幕降临，校园里灯火璀璨，在这片一年中有数月气温高达50摄氏度的土地上，电能就像摩西用权杖敲出的清泉，开拓出一片小小的"绿洲"。

该项目所使用的 300 套供电设备，由盛隆电气集团生产，之后漂洋过海运输至尼日尔。在这些供电设备里，最亮眼的是盛隆电气自主研发的王牌产品——iPanel 互联网智能低压柜。它集数据采集与处理、数据显示与存储、综合分析与逻辑控制等功能于一体，能够对配电网进行集中监控和管理，可提供配电自动化、电力参数异常预报警、设备寿命预报警、环境异常预报警、报表参数自动记录、事故记录及分析等综合运维服务，并替代现场人工值守。

技术含量高、性能优越、质量可靠、节能环保效果明显，将这些优点集于一身的 iPanel，在 2017 年一经推出，便打破了国际一线品牌在高端市场的垄断。如今它作为国内唯一具有自主知识产权的智能配电柜，已成为盛隆电气的"拳头产品"，被广泛应用于海内外重点项目中。

iPanel 极高的市场认同和优秀的用户体验背后，是 50 项专利和软件版权的支撑。它们是盛隆电气在智能电网领域多年深耕，坚定走产学研合作之路、持续开拓创新的结果。

在智能电网领域，盛隆电气已与近十所高校开展合作，获得 200 多项国家专利和软件著作权，业务遍布全球 50 多个国家和地区。2013 年，盛隆电气当选亚洲品牌 500 强；自 2016 年起，连续 5 年入选湖北省百强企业。

回看盛隆电气 42 年的发展历程，它的成功有两大基石：一是独创的群体老板制，不断拓展市场及培养新的人才，为公司持续发展源源不断地输送新动能；二是始终加强产学研合作，用好科研外脑资源，坚持走高科技发展路线，保证了产品在市场上的竞争力，为公司提升品牌价值提供了有力支撑。

接触外脑，走上高科技发展之路

一切要从董事长谢元德脑海中的一朵灵感火花讲起。

1978 年年末，党的十一届三中全会在北京举行。远在 1100 千米外的湖北枣阳，谢元德在了解到会议内容后，敏锐地意识到国家的政策将要发生重大变化。

次年 5 月 13 日，29 岁的谢元德与其他 6 位年轻人一起，在枣阳市王城镇西门外的一块空地上，搭建起一个简陋的草棚，挂起了全省第一家农村联合体企业——"513 公司"的招牌，从事水泥瓦、五金构件、预制板、电线杆等五花八门的生意，这就是盛隆电气的发端。

1984 年，谢元德提出目标：打进枣阳城。通过与交通运输部长江航运管理局合资，在枣阳创办了鄂北电气遥控设备厂（后更名为枣阳开关厂）。盛隆电气的业务范围从建筑材料拓展到电气开关，从此与电结缘。但由于公司当时在枣阳的条件太差，长江航运管理局在与其合作一年后，便解除了合资协议。1986 年，由于国家工商总局规定地方企业不允许用数字命名，公司就取王城镇附近的圣龙山的谐音，更名为"盛隆"。

为了能把公司继续办下去，盛隆电气逐步成为改革开放后进入中国市场的ABB、施耐德、西门子等国际巨头的授权生产商，并根据不同客户的需求进行差异化设计，满足本地市场需求；自1988年起，盛隆电气前往武汉和北京寻求发展的机会。

1993年，盛隆电气落户关东科技工业园首批建成的两栋大楼，成为东湖高新区第一个工业园的第一家投产企业。盛隆电气正式进驻武汉。2020年，东湖高新区成为全国169个国家高新区中，首家被教育部认定的高等学校科技成果转化和技术转移基地，区内林立着武汉大学等58所高等院校。盛隆电气凭借近水楼台先得月的优势，与其中多所建立了合作关系。

2015年，盛隆电气进驻北京，同时成立北京枣开电气设备研究所，中国工程院院士、国家著名电力专家顾国彪院士任所长。

此后，盛隆电气主动剥离了五金加工和建筑、运输等外围产业，潜心聚焦电气制造业，将业务领域延伸至供电系统，取得了电力工程资质。2015年，盛隆电气获得国家工信部一级服务商资格，并参与了国家标准的制定。

随着国家"一带一路"倡议的提出，盛隆电气凭借多年来在智能用电领域的深耕挖掘，不仅成功参与了京沪高铁、南水北调、首都机场等多个国内重大工程项目，还成为越南国家电网、苏丹新港、斯里兰卡汉班托塔国际机场等海外重大项目的设备供应商。

南水北调项目　　北京大兴国际机场项目　　斯里兰卡汉班托塔国际机场项目　安哥拉社会住房项目

"我们要做中国民族电气的第一名，做中国的ABB，让武汉光谷成为中国的电气之都。"谢元德信心满满。

嫁接外脑，盛隆办起了盛创院

不论是研发高精尖产品，还是拓展公司业务，都离不开人才。而人才的培养，一方面来自学校的教育，另一方面来自企业的培养。

1988年，盛隆成立九周年时，在枣阳注册成立盛隆科技咨询协会。中科院电工研究所、中国电力科学研究院、武汉高压研究所等单位多位专家加入协会并出席成立大会，引起当地政府的高度重视。自那时起，盛隆电气便长期坚持聘请行业专家来公司，为青年员工提供指导和培训。

随着公司发展，盛隆电气逐步形成像办学校一样办企业的自我定位。

2015年5月13日，在湖北省相关部门的支持和推动下，盛创院正式成立。

"作为政企共建的非学历类创业机构，盛创院不属于学历教育，有别于一般意义上的学校，秉承'立人己立，达人己达'的校训，以落实'两个第一'为战略目标，以关注青年的成长、成才、成功为目的。"谢元德说。

秉持开放共赢的理念，盛创院与各大高校展开广泛合作、互为补充，创造性地打造了多种新型无边界的合作模式。此后，盛创院还在天津、广州、北京、巴黎等地成立了盛创院分院，开设"双创研修班"，面向全社会招收优秀创业者。

自主研发的iPanel智能配电柜在盛博会上受到关注

未来，谢元德计划在100个城市逐步设立100个盛创院分院，与当地高校展开合作，开展产学研合作。

联合外脑，成为智能用电领导者

盛隆电气能发展到今天这样的规模，取得今天这样的成就，与其所实施的"群体老板241"战略分不开。

"群体老板241"战略涉及文化、人才、品牌、市场、产学研合作等各个方面，其中，"2"指的是"两个第一"，即"建设中国电气开关行业现代化的第一车间，打造盛创院培养现代企业人才第一课堂"；"4"指的是"四百战略"，即"网通百城、携手百企、链接百校、创建百团"；"1"指的是"一个新商品"，即"盛隆电气智能用电保证20年"。

可以说，这是盛隆电气在推进产学研合作领域的创新和总结。其中，"四百战略"的意思是：到百个城市去，通过合作、收购等方式，与百家同行企业开展合作，为百个城市的电力智能化带来进步；链接百校，就是与高校合作，为大学生提供学习锻炼、就业创业的机会；并通过整合百个城市、企业、学校的资源，创建百个实力强大的团队，相当于在百个城市创建百家全新的企业。

通过"四百战略"，盛隆电气结合其独创的"群体老板"制度，目前已与西安交通大学、华中科技大学、武汉大学、武汉纺织大学、文华学院等高校建立校企合作关系，与乐山晟嘉电气股份有限公司等同行企业建立合作关系。

而"一个新商品"——"盛隆电气智能用电保证 20 年"，则代表着盛隆电气积极推动从配用电"功能化"时代向配用电"智能化"时代转型升级。

2015 年前后，盛隆电气创建湖北省用户端智能配电自动化工程技术研究中心，从湖北工业大学、武汉科技大学等高校引进多位专家学者，在智能配用电领域的数十个重大科技项目中，与盛隆电气研发团队开展合作。经过多年努力，合作共获得发明专利 7 项，实用新型专利 8 项，外观设计专利 1 项，计算机软件著作权 13 项。并开发出了一系列颠覆性创新高新产品，如新产品包括互联网智能低压柜 iPanel、数据中心智能列头柜；新系统服务包括互联网智能配电管理系统 iOVE、电气安全智慧云平台、智能配电大数据分析系统等。

此外，集团全资子公司武汉光谷电气有限公司和清华大学智中能源互联网研究院合资成立北京国网光谷科技有限公司。在国家能源局首批发布的 55 个能源互联网示范项目中，其中 8 个由清华大学智中能源互联网研究院（北京国网光谷科技有限公司为股东）主导和参与。

2017 年，盛隆电气举办第一届盛隆电气智能用电博览会（以下简称盛博会）。施耐德、ABB、西门子等近百家企业参展，2000 余家合作伙伴参会，签约 90 多个项目，订单总额高达 756 亿元。它成为盛隆电气从功能用电迈向智能用电时代的一个重要里程碑。

此后每年盛隆电气都会举办一届盛博会。如今，盛博会已成为具有全国影响力的行业盛会，它既是集新技术、新产品展示、新产品交易，高峰论坛、学术交流、合作洽谈于一体的盛会，也是"政产学研用"合作交流会。

2021 年，经过多年开展产学研合作，坚定发展"高科技"，盛隆电气已从昔日草棚中的"经济联合体"，成长为优秀的智能用电系统服务商，产品和服务在某些方面，特别是智能用电方面，已经反超国际品牌。

目前，盛隆电气在国内智能用电市场占有率上长期处于领先地位，并获得了国际同行的高度认可。

冲上高空机械吊篮行业之巅

申锡机械集团有限公司

申锡机械集团

江苏无锡美丽的太湖之滨，在被誉为"创业热土、创新沃土"的锡山国家级经济技术开发区内，坐落着一家享誉世界的高空机械吊篮行业领军企业——申锡机械集团有限公司（以下简称申锡机械）。申锡机械成立于1988年，现在是江苏省高空机械吊篮协会会长单位和中国高空机械与吊篮产业联盟理事长单位。该公司在30多年的发展历程中，从一家厂房简陋、设备陈旧的小厂，逐渐成长为世界同行中的巨无霸式企业。尤其从2008年起，申锡机械通过维护自身知识产权和核心技术，成功打败美国、德国等国的同类企业发起的跨国官司，为中国高空机械吊篮行业赢得了崇高的尊严和地位。"申锡"之品牌，成为全国行业的标杆。

30多年中，该公司始终心无旁骛地专注于高空建筑机械的研发、生产和销售，主要产品包括高空作业吊篮、升降机和施工平台等。目前，该公司产品行销80多个国家和地区，其规模、生产能力、市场占有率均在我国高空吊篮行业排名第一。2020年，面对新冠肺炎疫情所带来的严峻考验和市场冲击，该公司仍攻坚克难一往无前，销售业绩逆势飘红，同比增长30%；特别是外贸销售额仍同比增长22%，连续15年位居国内同行之首。

申锡机械之所以取得让人刮目相看的成就，奥妙在于持之以恒的科技创新。而支撑起"创新"这棵参天大树的，就是该公司与国内高校院所的紧密"攀亲"。这种以不同主体投资、多样化模式组建，以市场需求为导向，以企业化模式运作的产学研合作方式，几乎伴随着这家企业一路成长、发展壮大。通过产学研领域的携手创新，申锡机械源源不断地开发出领先同行的新产品、新技术，并加快推进这些科技成果的成功转化，使之实现产业化。申锡机械不仅令自身始终站在行业科技之巅，而且成就了世界建筑之美。

主动寻找机遇，打开产学研合作之门

任何一家企业尤其是传统制造业企业的发展，最关键的因素无非是主动依托科技创新的力量，及时研发受市场所欢迎的产品。特别是在巨大的市场压力下，传统行业转型升级刻不容缓。申锡机械在创建之初，由于缺少科技元素，缺乏核心技术，走了一段非常尴尬的弯路。是摸着石头过河，继续蹚水前行？还是借助梯子上楼，与同行甩开距离？对于申锡机械创始人吴仁山来说，此时必须做出明智而果断的抉择。

一个偶然的机会，在国内建筑业巨擘——上海建工集团的提议和引荐下，吴仁山分别走访了中国建筑科学院建筑机械化研究分院、南京航空航天大学、沈阳建筑大学、合肥工业大学等国内 10 多所相关科研院所和大学。当时，这些科研院所和大学中不少科技成果或被束之高阁，或急切找婆家待"嫁"，对于申锡机械的"上门求亲"，可谓举双臂欢迎；而对于申锡机械来说，这也似同"烧香拜对佛"求之不得，心中无比惊喜。吴仁山认为："我们公司与科研院所的产学研合作，是双方有共同需求的结果，这种需求是互补的；合作双方各有所需，合作才能紧密，利益才能实现。"在此情形之下，双方自然一拍即合结成"亲家"，产学研合作、携手创新的大门便由此打开，并越开越大。

2008 年 9 月，适逢申锡机械建厂 20 年之际，在多家科研院所 20 多名专家的加盟下，该公司决定正式成立工程技术研究中心，并立志做成国内同行中最高水平的科研机构之一。翌年，该中心被江苏省科技厅认定为"江苏省高空施工机械工程技术研究中心"，中心下设技术研发部、质量检测部、生产试制部、综合管理部。中心主要采用产学研紧密结合的机构模式，目的是便于将研究、开发和生产经营活动高度统一起来。为确保该中心运作顺畅，取得实实在在的合作成果，申锡机械在该中心专门设立既精通技术又善于管理还熟悉市场的一名"全能主任"，全面负责研究中心的规划和管理，统一领导中心的研究开发、成果评审、项目转化推广、对外技术服务等各项工作。同时，为强化公司在技术创新中的主体地位，该中心逐步建立了以企业为主体、市场为导向，产学研相结合的技术创新体系，以此构建有效的基于产学研合作的动力机制，确保产学研结合的技术创新体系长期有效运行。此外，为充分调动产学研三方的创新积极性，该中心采取以下多项实际举措：密切结合并充分利用企业优势，使科技成果尽快转变为生产力；坚持市场化取向，建立扎实的产学研合作项目载体；建立职责明确的风险共担机制，明确各方的责任权利和义务，让研发者最大限度地降低研发风险。如此责、权、利分工明确的做法，无疑让产学研三方吃下了"定心丸"，最大限度地激发了科研人员的创新积极性。

截至2020年年底，申锡机械工程技术研究中心拥有科技人员32人，涉及机电一体化、电子科学与技术、机械设计与制造、数控技术、环境管理等专业，是国内同行中公认的专业层次最齐全、研发能力最强的企业科研机构之一。迄今为止，在公司的支持下，该中心累计获得120多项专利，数量居国内同行企业之首。

创新合作模式，三方优势充分互补

申锡公司十分注重将产学研合作与企业的发展实际、与行业未来的发展趋势结合起来，与时俱进创新合作模式，在产学研合作过程中充分实现优势互补，相得益彰。

申锡机械所走的产学研合作之路，并非像有的企业那样浅尝辄止，而是突出围绕企业科研项目的需求，开展多种形式、多种层面的合作。在产学研合作过程中，主动推行紧密型的合作形式，使科研院所与企业结成命运共同体，双方在资金、技术、设施、人力以及管理等方面也逐渐有序结合为一个整体。公司充分利用各方在技术、资金生产、营销等方面的优势，实现共同的发展目标和利益追求，这样既增强了合作的紧密度，有效提高了项目或产品研发的成功率，又进一步拓展了产学研合作空间。而在科研院所领导和专家看来，这样的合作既为企业破解了创新瓶颈，又令科研院所自身壮大了实力，于是争相与企业"联姻"，并几乎做到"出人又出力"，甚至还出钱——成为申锡机械工程技术研究中心的股东。

如何充分发挥产学研三方的职能与作用，使之在具体工作中不虚与委蛇。在经过多年的探索和实践后，申锡机械对产学研合作实施评价管理。公司组织产学研可行性专门小组，注重对知识或技术进步、技术转移、教育影响等的评价。一方面，从直接或间接的工艺改进、技术创新和获得奖项等指标上，力促公司具有明显的技术进步；另一方面，对于与技术转移相关的指标，一般考虑采用后续资金支持方式、购买专利和实施产品商业化等方式，解决产学研合作中的科研院所的后顾之忧。"通过这些指标的调查，及时帮助我们衡量出其对评价对象的支持效果，从而对项目和成果进行有效筛选。"申锡机械的二代"掌门人"吴杰解释。

与此同时，申锡机械对产学研合作的组织模式进行创新，按照三方自愿组合的组织形式，以某项科技成果的转让或研制为基础，以经济合同为纽带，在自愿结合的技术协作关系基础上建立利益共享、风险共担机制。"这样的组织方式不仅能够较好地适应市场需要，而且能迅速开发出适销对路的产品，从而使合作各方获益。"吴杰说。对于合作中的信息共享和人才培养，公司规定：相关高校接受企业委托，根据企业需求培养企业所需要的专门人才；企业则支付学校相应的费用并提出专门的实习条件，学员毕业后直接到企业就业。由于这种人才培养制度目标明确、针对性强，特别是产学研各方所联合制订的教学计划和课程切实可行，令学员学习积极性高。近20年来，申锡机械新老员工中已有220多人次参加这种形式的学习和培训。如今，申锡机械相继与沈阳建筑大学、安徽工业大学签订了厂校共建实习基地的协议，为两所高校毕业生提供实习场所或就业岗位；与无锡太湖学院、江阴职业技术学院分别签订了校企合作的协议，由两校为公司培养专门技能人才。

在此基础上，申锡机械还通过制定产学研三方合作的统筹协调机制，力求使各方真诚守信，不辱使命，从而体现公平合理，最终按劳取酬。"在合作过程中，不管遇到什么困难和挫折，各方都能以共同达成的协议和基本原则为准则，做到及时沟通、消除分歧，一起坚定不移地把产学研合作作为共同的事业做大做好，真正达到多赢的目的。"吴杰意味深长地说。

实现精准对接，创新成果层出不穷

这些年，由于受原材料价格上涨、劳动力成本抬升、外部市场变化莫测等因素影响，国内高空建筑机械行业利润呈下滑趋势，再加上产品同质化较严重，整个行业进入转型升级的关口。在此形势下，申锡机械用实实在在的科技创新来锻造核心竞争力，不断开拓新市场。以风力发电塔筒内的升降机设备为例，申锡机械主要采用轻质合金和精巧设计，使设备整体重量下降了50%。同时，公司还在该设备上安装了全新的超载保护装置，以确保操作人员的安全。而这个产品就是通过产学研三方精准对接，才成功推向市场的。

如今，这样的科技成果在申锡机械可谓比比皆是：与中国科学院自动化研究所合作研发了ZLP系列高处作业吊篮自动控制器；与中国建筑科学院建筑机械化研究分院合作研发了高处作业圆弧复式烟囱、井道施工吊篮等项目，并共同完成了装修机械产品项目规划咨询和新产品综合技术服务的课题；与南京航空航天大学、沈阳建筑大学合作完成了"物联网技术应用于擦窗机远程监测系统的开发与研究"的博士后科研项目课题。在多家科研院所共同推动下，申锡机械承担了风电塔筒检修吊篮的研究项目，其作为"十二五"科技支撑重点项目课题《超高建筑用施工平台关键技术研发与产业化》的组成部分，属于工程机械设备中的高处悬挂作业机械。这些项目与课题，或填补国内空白，或实现技术突破。尤其值得一提的是，申锡机械与沈阳建筑大学的合作成果颇为丰硕。双方通过以技术突破为目标的产学研合作，为产学研参与人员提供积极对话的场所，加强支撑产学研合作的组织并培养相应的人才，使该校成为企业技术人员研修和技术咨询的快捷平台。由双方共同成立的研究生培养基地，不仅为该校培养 30 多名研究生，而且共同研发新项目；一起跟踪国外同行前沿技术，共同开发新材料、新技术和新工艺等，逐渐形成公司自身的核心技术，2020 年，双方合作研发的超高建筑用施工平台关键技术与产业化项目，获得华夏建设科学技术奖励委员会颁发的"华夏建设科学技术奖三等奖"。此外，双方共同承担了国家"十一五"科技支撑计划"U 形工作平台关键技术研究"的重点课题，并参与子课题"圆弧形工作平台关键技术研究"和"圆弧形、U 形、L 形结构强度、刚度及振动分析研究"等课题项目，这些创新成果为申锡机械成为行业龙头企业打下了坚实的基础。

经过 30 多年的创新研发，申锡机械的产品形成了四大系列的多元化发展格局。在众所周知的亚洲第一

自主研发升降平台（江苏镇江施工现场）

高塔——广州新电视塔、曾经的世界第一高楼——阿联酋迪拜塔、无比壮观的跨海大桥——杭州湾跨海大桥等这些代表当时及当今世界先进水平的建筑上，申锡机械充分展示出科技创新的独特魅力和崭新风姿。

协同创新
填补大型潜水电泵研发制造空白

合肥恒大江海泵业股份有限公司

    合肥恒大江海泵业股份有限公司（以下简称恒大江海）始建于1956年，坐落于综合性国家科学中心——合肥，由原机械部合肥电机厂改制组建而来，具有潜水电机50余年、潜水电泵40余年的生产历史，是大型潜水电泵机组高端装备的专业制造商和安全高效排水系统整体解决方案的综合技术服务商。多年来致力于为市政、水利、矿山、水环境综合治理等领域提供安全高效的排水系统整体解决方案，集潜水电机、潜水泵、电控设备、自动化为一体，形成轴（混）流潜水电泵、贯流潜水电泵、矿用隔爆型潜水泵、智慧泵站等高端装备系列产品，在潜水电泵大型化、集成化、智能化等方面的开发和应用居国内领先、国际先进水平。多年来与中国科学技术大学、合肥通用机械研究院、合肥工业大学、安徽大学、安徽理工大学、江苏大学、扬州大学等高校、科研院所广泛开展产学研合作，取得多项科研成果。

    产学研合作技术开发成果有：1962年中国首台军用鱼雷电动机问世；1978年中国首台大型高压矿用潜水泵研制成功，替代进口；2005年研制成功带行星齿轮特大型智能潜水泵机组；2010年国际首台扬程1700m、功率4000kW矿用潜水电泵问世；2011年世界首台叶轮直径2650mm、单机流量24.5m³/s带行星齿轮减速特大型潜水贯流泵机组成功应用；2018年"2800QGLN湿定子潜水贯流泵"通过安徽省首台（套）重大技术装备认定并成功应用等。在广泛务实的产学研合作基础上，恒大江海荣获"安徽省科学技术一等奖""中国产学研合作创新成果一等奖""大禹水利科学技术奖二等奖""中国机械工业科学技术二等奖"等多个奖项。

4000kW矿用潜水电泵

恒大江海是国家高新技术企业、国家技术创新示范企业、工信部专精特新"小巨人"企业、AAA级重合同守信用企业。在国内有5家分公司，15个销售办事处，3家外资ODM合作伙伴，同时拥有"一站、一院、一室、多中心"，即国家级博士后工作站、安徽省院士研究院、大型潜水电泵及装备安徽省重点实验室、安徽省智能流体输送装备工程研究中心、安徽省企业技术中心、安徽省大型潜水电泵工程技术研究中心、安徽省工业设计中心。拥有工程技术人员100余人，其中享受国务院政府特殊津贴的突出贡献专家3人。

公司按照"需求导向、自主创新、高效协同"的原则，紧紧围绕公司"开放严谨、诚信务实、和谐统一"的核心价值观，互利共赢，协作发展，促进研发和成果转化，推动产学研深度融合，为区域高质量发展注入强劲动力。目前，公司拥有国家专利167项，其中发明专利31项，软件著作权39项；主持（参与）制定国家标准7项，主持（参与）起草行业标准17项；矿用潜水电泵系列产品具有MA认证证书。水工试验室具有大型潜水电泵机组100%真机试验能力，测试精度为国标Ⅰ级。建有智慧泵站控制中心，可以在线监测全国1000多座泵站的系统实时运行情况。

共创共享，引领大型潜水电泵发展

恒大江海积极对接市场需求，开展自主创新研发工作。十多年来，针对大型潜水电泵的发展难题，恒大江海与中国科学技术大学、合肥工业大学等多家科研单位和大专院校进行深入产学研合作，合作采用聘用独立董事、特聘工程师、特聘研究员和兼职研究生导师，以及共建实验室、实习基地等方式，形成了紧密的产学研联合体。通过理论研究、实验验证、产品研制、性能测试、典型示范和应用推广等途径，取得理论上的创新和重大技术突破，一定程度上促进了行业的科技进步，引领了大型潜水电泵的发展。

2004年年底开始，恒大江海与合肥工业大学针对大型潜水电泵市场需求，联合开展技术攻关，在设计、结构、工艺、制造和生产协调等方面寻求提升大型潜水电泵装备技术的创新方法，探索和积累了大型潜水电泵的技术和制造经验。在2011—2013年分别获得了安徽省科技计划项目"全工况无过载多级离心式潜水电泵技术研究"、安徽省科技攻关计划项目"大型高效上机下泵新型矿潜泵技术及装备"和安徽省重大科技专项"大型装备（潜水电泵机组）远程服务系统"的支持。在此基础上于2013年获得了国家科技支撑计划"矿用大型主排水泵电机系统节能技术研究与应用"的部分支持和国家自然科学基金项目"大型潜水电机复杂气隙偏心的基础理论及实验研究"等项目的进一步支持。2019年，恒大江海与中国科学技术大学、合肥工业大学合作的"大型潜水电泵关键技术及产业化应用"获得"中国产学研合作创新成果奖一等奖"。

创新管理，建设高新技术人才队伍

恒大江海认识到，产学研引导并支持行业核心技术和关键技术研发，要以科研单位和大专院校为主要依托，充分调动各方面力量，围绕支柱产业、优势产业，整合资源，组建具有国家一流水平的研究团队，加强应用基础和高新技术研究，为科技创新提供技术源；跟踪世界先进水平，对传统潜水电泵大型化、可靠性等开展核心技术研究和集成创新，引领和推动产业整体优化升级，提升产品的行业竞争优势。

公司重点培育和发展各类技术要素市场，加强对科技成果的认定和管理，依照国家规定的评估标准和办法对科技成果进行客观公正、科学的评价，对于技术先进、市场前景广阔、效益好的科技成果要优先促其转化。在组织模式方面，实行矩阵式管理和扁平化管理相结合的模式，各项目设立项目小组，小组成员是由各相关部门专业人员兼职组成的，项目小组对项目具有绝对的话语权，明确了各环节责任人与责任目标，减少跨部门之间的信息交流障碍和部门矛盾，大大提高了项目推进效率。

在管理制度方面，细化岗位说明书，明确主体责任，对用人制度进行更新与细化，实行严格的制度化人事分工和管理，建立了一套能吸引多方面人才，让优秀人才脱颖而出的激励、淘汰机制。建立了专业技术人员在非管理方面的晋升渠道，有效提高专业技术人员的工作热情。

为了追求卓越绩效，增强公司可持续发展能力，激励和保留优秀技术人才，采取以德治厂和以法治厂相结合的方法，做到"感情留人，事业留人，待遇留人"。同时在聘用、晋职、加薪、培训、调配和奖惩等方面做出相应规定，充分体现技术人员相互合作和不断进取的团队精神。

恒大江海的董事长朱庆龙是第十届全国人大代表、享受国务院特殊津贴专家、2018年安徽制造业十佳优秀企业家、大型潜水电泵及装备安徽省重点实验室主任、合肥工业大学教授、中国科学技术大学硕士、安徽省自动化学科带头人、安徽省软件协会副理事长。他秉承创新精神，推动研发产品的研制与上线、新的管理模式的开展、新市场的开拓等。公司建立了先进的组织制度，推动革新和进步；建立了奖惩制度，奖励提出创新举措的员工；组织创新技能评比，鼓励员工提高技能；坚持帮扶公司困难职工，多次带头捐款数十万元，帮助患病员工渡过难关；一对一帮扶慰问区域内困难县、困难户。汛期，公司积极捐赠爱心物资，捐献排灌机械设备，毅然扛起社会责任，抓紧生产抢险排涝泵，用实际行动彰显公司的使命与担当。

产学研合作成功的典型案例

案例一

填补我国大型潜水电泵研发制造空白

大型潜水电泵广泛应用于矿山防治水、跨流域调水、城乡防洪排涝等领域，是国家安全防治水的高端制造装备。在国家科技支撑计划等多个项目的支持下，合肥恒大江海泵业股份有限公司、合肥工业大学、中国科学技术大学和合肥通用机械研究院有限公司开展产学研合作研究，解决了大型潜水电泵在推力轴承承载能力不足、灯泡比大和生产效率低等方面的关键技术难题。研制出世界上口径最大、扬程最高和功率最大的大型潜水电泵并投入使用，填补了我国大型潜水电泵高端制造的空白。产品在南水北调、国家能源集团和中煤集团等重大建设项目，各大矿山、国家救援基地和深圳机场等大型工程中得到了广泛的应用，并出口到国外。

案例二

完成"矿山用大型主排水泵电机系统节能技术的研究与应用"课题

恒大江海与合肥通用机械研究院、上海电机系统节能工程技术研究中心、安徽大学、华东理工大学联合承担的"十二五"国家科技支撑计划课题"矿山用大型主排水泵电机系统节能技术的研究与应用",在课题组长单位组织下,围绕课题总体目标和主要任务,开展了相关理论分析、数值模拟、样机制造、试验测试分析工作。各单位发挥自身特长并充分交流,上海电机系统节能工程技术研究中心、安徽大学开展电机高效节能方向的理论及模拟技术研究,合肥通用机械研究院、华东理工大学联合开展泵高效水力模型技术研究,恒大江海开展样机制造与试验方面的技术研究,成功完成了该课题的目标。项目获得"中国机械工业科学技术二等奖"。研制产品获得科学技术部国家重点新产品证书,成功运用于矿山排水救援现场,申请了二十余项专利,起草行业标准一项。

经安徽省煤监局在淮南潘一矿−530米泵房的1号泵机组的实际检测证实,单泵机组系统能耗降低15%以上,吨水百米电耗降低到0.39 kW·h。

案例三

承担"十三五"重点研发计划项目

恒大江海承担了"十三五"重点研发计划项目课题七,作为课题承担单位,与江苏大学和河南矿山抢险救灾中心开展产学研合作,共同研制高效高可靠性大流量抢险排水技术与装备,由恒大江海最终形成样机并通过了第三方检测机构的测试,各项性能指标均达到设计要求,项目所采用的技术应用在公司其他产品上,在山东济宁霄云矿抢险作业中发挥了重要作用,连续无故障运行排水时长高达2000小时,顺利完成了排水复矿任务。

多产业协同推动交通强国建设

北京万集科技股份有限公司

万集科技集团总部

北京万集科技股份有限公司（以下简称万集科技）成立于1994年11月2日，于2016年10月21日在深圳证券交易所创业板上市，公司上市代码为300552。万集科技是专业从事智慧交通系统（ITS）技术研发、产品制造、技术服务的国家高新技术企业。历经二十余载的研发积累和实践经验，在车联网、大数据、云平台、边缘计算及自动驾驶等多个领域积累了大量自主创新技术，开发了车路两端激光雷达、V2X车路协同、ETC、动态称重等多系列产品，为智慧高速、智慧城市提供全方面综合的解决方案、系统、产品及服务。

万集科技是2019年度交通运输部认定的"自动驾驶技术研发方向"交通运输行业研发中心的重要参与单位，是北京市科委认定的2019年首都提升计划工业设计领军机构、北京市设计创新中心、北京市级企业科技研究开发机构、北京市经信局认定的北京市企业技术中心、北京市高精尖产业设计中心。也是北京市专利示范单位、国家专利审查员北京实践基地、北京市工业企业知识产权运用示范企业、企业知识产权管理标准化单位、中关村国家自主创新示范区标准化试点单位。公司拥有质量管理体系认证、ISO/TS16949管理体系认证、产品研发体系CMMI5认证等。获得过"北京市科学技术奖""北京公路学会科学技术奖""中国智慧交通协会科学技术奖"、中关村"十百千工程企业""北京市软件和信息服务业四个一批工程企业"等多项荣誉。公司还通过了实验室CNAS的权威认证，获得了中国合格评定国家认可委员会实验室认可证书，是率先在智慧交通领域拥有此项认证的民营企业。

万集科技在北京、武汉、深圳和苏州建立了四大研发中心，在北京顺义区建设了42500平方米的现代化科研生产基地，拥有CNAS认证实验室和产品测试中心。公司在全国设立六大分子公司、事业部和32个地市级技术服务中心，凭借覆盖全国的营销服务网络体系、紧密支撑的研发生产机构，为客户提供实时、全面、高效、优质的服务。

同心多元，以自主创新引领智慧交通发展

近年来，万集科技以市场为导向，面向国家车联网产业，面向智慧交通建设，围绕通信技术、环境感知技术、大数据技术、高精度地图技术、动态交互处理技术、智慧决策技术等关键技术学科群，与制造高精度地图、传感器、芯片模组的知名企业及国内外高校、院所的上游单位紧密合作，致力于构建行业内一个集车辆自动化、网络互联化和系统集成化三维于一体的产业集群，通过科研—中试—制造的一条龙，及时将科研成果转化为生产力。

公司技术创新战略由两部分组成：一是自主创新战略，以自有的技术核心能力为基础，自主研制开发新技术、新产品，进一步提高公司的技术核心能力；二是合作创新战略，根据公司所需技术或产品，选择合适的国内高校合作伙伴，联合攻关，共同开发新产品新工艺，以有效地实现公司的技术进步和知识积累。目前，公司已形成了良好的技术创新机制，能够使创新活动在正确决策下得以持续不断地高质量、高效率运行。

万集科技作为智慧交通行业领军企业之一，始终围绕智慧交通领域规划和发展，明确在"路"生态和"车"生态两个方面布局业务及产品，以面对未来自动驾驶行业的来临。为此，万集科技成立了北京研究院，布局"车生态"产品体系，在已有基础上，重点自主开发V2X通信技术和自动驾驶的核心传感器车载激光雷达，实现感知技术与通信技术的充分融合，借助通信的手段，充分扩展传感器感知信息的使用范围，实现传感器数据共享和深度信息融合，为自动驾驶提供一条崭新的发展路径。

在专用短程通信领域，公司积累了数据采集与处理技术、多车道自由流调度算法、OBU定位技术、射频与信号处理技术等核心技术。

在激光雷达领域，万集科技基于多年激光传感器设计生产经验，开发出了自主知识产权的三维激光雷达，处于国内先进地位。在智慧网联领域，公司是国内最早进行V2X终端产品和应用技术研究的企业之一。公司确定了LTE-V通信模组选型，完成基本符合汽车电子车规级要求的车载通信终端硬件产品设计、软件系统构建和软硬件测试。通过了由中国信息通信研究院和IMT-2020（5G）推进组C-V2X工作组组

织的 LTE-V2X 网络层、应用层和 PC5 安全层互操作及一致性测试，取得了由国家无线电监测中心检测中心授予的实验室射频性能、通信性能一致性、抗干扰性能、实验室通信性能和外场通信性能等测试报告；与北汽、广汽、奇瑞组队参加了 LTE-V2X 安全示范验证活动（四跨），完成了 LTE-V2X 通信安全验证示范，通过了中国电信 LTE-V2X 互通测试，V2X 车载通信终端通过了 30 余项车规级测试，V2X 路侧通信终端通过了 IP67 和环境可靠性等测试认证。同时，公司围绕路侧感知系统，深入开发路侧感知—计算—传输节点的产品组合方案，充分发挥 V2X 产品与激光雷达组合优势。

针对车路协同中的智慧路侧系统，万集科技开发出集多源感知、人工智慧边缘计算和 V2X 通信于一体的路侧智慧基站系统。路侧感知设备包括激光雷达、摄像机和毫米波雷达，能以"上帝视角"全方位精确地获取道路交通参与者的实时动态信息，并利用 V2X 将信息传递给周边车辆，助力高度自动驾驶快速落地。目前已完成整套系统的样机开发和路侧全天候场景的数据集搭建工作，并参与制定国家标准和行业标准多项。

万集科技自主研发的车载终端 V2X 通信设备，开发道路安全类、效率类和服务类等多种应用场景，可以获取传统传感器感知不到的盲区信息，同时 V2X 通信设备与北斗高精度定位相结合，使车辆达到厘米级的定位，大幅提升场景的成功率。万集科技智慧网联的集控大数据平台包括多种应用模块，可以根据实际应用进行配置。其中车路协同模块的核心技术为环境三维建模、道路高精地图、视频检测算法、点云检测算法、视频点云融合算法、路—云实时通信、车—云实时通信、车路位置匹配等。

产学研合作，登上行业技术制高点

万集科技非常注重产学研结合，积极与清华大学、长安大学、北京理工大学、北京航空航天大学、中科院半导体所进行技术交流与合作。公司分别向长安大学、北京理工大学、北京科技大学提供长达 10 年的助学金，与长安大学建立博士后工作站，与中科院半导体所成立光子集成芯片联合实验室。公司长期聘请行业顶级专家及院士等，为企业技术战略、技术创新提供支持和指导。

万集科技与北京理工大学于 2011 年开始进行了"激光扫描测距系统"的合作开发，其核心技术在 2015 年获得教育部技术鉴定为国内领先、国际先进水平，2016 年获得北京市科学技术奖。

2017 年 3 月，万集科技与中国汽车工程研究院股份有限公司合作，项目双方根据各自的优势，充分利用对方的设施和资源优势，共同开展基于 V2X 和专用短程通信 DSRC 的智慧网联汽车应用研发和试验示范工作。目前完成了 DSRC 通信性能联合测试，参与了工信部无线电管理委员会的 LTE-V 频率和兼容性试验外场测试。

2017 年 3 月，万集科技与北京航空航天大学进行了基于在线学习的粗称重标定及估值技术的研究合作，合作内容是在现有的动态称重系统上，使用基于机器学习的方法，由精称重数据训练标定粗称重系统，并利用粗称重系统和精称重系统进行联合称重，提高系统精度对车辆通行的适应性，降低行驶方式对称重精度的影响。

2018 年，万集科技检测中心联合南京容向测试设备有限公司、机械工业仪器仪表综合技术经济研究所、北京奥德科汽车电子产品测试有限公司对万集科技 8L-LIDAR 激光雷达、V2X 车载终端产品进行了车规级测试验证。这代表着万集科技相关产品达到了整车厂对于汽车电子零部件的采购标准，即将实现在车端的商业化应用。

2017—2022 年与中国科学院半导体研究所开展"光子集成芯片项目"技术委托开发，研究激光器、MMI 等无源器件，探索新原理和新材料。

参与行业标准建设，打造学习进取型企业

万集科技广泛参与行业标准体系的建设，根据国家车联网产业建设指南中的"标准体系框架"和"标准制定计划"，参与包括智慧交通（自动驾驶与车辆协同）、电子产品与服务、信息通信、智慧网联汽车、车辆智慧管理 5 个方向的"预研标准和正在起草标准"，协助研发深度参与行业标委会、联盟协会的标准工作，建立标准生态圈，占领行业制高点。

公司的主要研发投入集中在 V2X、激光雷达、新一代 ETC、大数据平台等新产品，以及人工智慧、边缘计算、智慧网联等新技术上，一支高素养的研发团队为公司可持续发展提供了坚实的创新保障，公司通过建设学习型企业，打造学习型组织，使万集科技在竞争中具有更加深厚的发展动能。

万集科技每年都投入大量的研发经费，用于设计研发团队的支出，其中为研发人员打造适合于自身发展的学习环境便是其中之一。企业通过增加内外部培训、创新成果奖项设置、提供高级别学术交流活动、主持和担任前沿核心技术项目等机会，形成了良好的学习氛围。

目前公司研发人员数量达 800 人以上，拥有多名智慧网联行业领军人才，高级工程师 30 余人。研发人员专业涉及了光学工程、通信工程、软件工程、机械电子工程、电子信息工程、模式识别与智慧系统、检测技术与自动化装置等相关专业。核心团队具有较强的分析、规划能力，同时也具备很强的系统编码、测试能力。团队成员在公司中从事一线科研、产业创新工作。潜心基础研究，发表多篇专业论文。揭示新一代信息技术在交通行业的发展规律，能够提供新知识、新原理、新方法，促进理论原始

创新，对公司乃至社会交通领域的发展具有重要的推动作用。

以技术带动产品，以品牌带动市场

万集科技实施核心技术带动新产品，新产品带动新市场，品牌工程带动市场战略。万集科技的技术与产品联动的营销机制将"自主核心技术、创优质工程"的经营理念融入智慧交通领域，凭借多年的专业技术积累和项目实施经验，为交通管理部门提供专业的技术解决方案，保证公司在国内外同行业中的领先、领导地位。通过客户的积极反馈，持续优化产品性能。

万集科技与北京理工大学、中科院半导体所、长安大学等大学和科研院所开展产学研合作，在激光点云三位重建及识别技术、光学系统设计及装调技术、三维雷达成像技术、ETC 技术、动态称重等核心技术方面实现进一步突破，并以此组建了光学实验室、电磁学实验室、环境实验室等，并在 2017 年通过 CNAS 认证。

万集科技在北京市顺义区北小营镇建设了产业化基地及各类研发实验室，包含了万级无尘空间实验室、EMC 电磁兼容实验室、微波实验室、高低温环境实验室、振动实验室和多个外场试验车道，可以满足产品的技术和检测要求。依托顺义智慧网联汽车创新生态示范区的人才和产业优势，万集科技深度参与北京市顺义区北小营智慧网联汽车特色小镇的项目建设，获得了社会各界的高度评价。

万级无尘空间实验室

产学研发力　让中国核电"走出去"

上海电气核电设备有限公司

上海电气核电设备有限公司全景

　　上海电气核电设备有限公司（以下简称上核公司）位于中国（上海）自由贸易试验区临港新片区，隶属上海电气集团股份有限公司，是国内最早从事核岛主设备研制的公司之一，起步于秦山一期的"728"工程，经过几十年的技术突破及跨越式发展，已发展成为中国核电"走出去"的核岛主设备出口供应商，先后获得上海科技进步一、二等奖，中国核能行业协会科学技术一、二、三等奖，中国产学研合作创新与促进奖等多个奖项。

　　上核公司是我国首批取得 ASME N、NPT 和 NS 钢印和证书的企业，产品技术能级覆盖三十万、六十万到百万千瓦压水堆全系列和二十万千瓦高温气冷堆系列，核电技术路线涵盖了压水堆二代及改进型 CNP300、CNP600、CPR1000，三代 AP1000/CAP1000、CAP1400、EPR1700 以及高温气冷堆 HTR200 等核电机型的核岛主设备。公司拥有 CNAS 实验室、上海核电装备焊接及检测工程技术研究中心和各类产学研联合试验平台，是上海市服务国家能源战略、振兴国家装备制造业的开拓先锋。

　　上核公司积极开展科技创新技术体系建设，先后获得国家级企业技术中心认定、上海市高新技术企业、上海市专利工作示范企业、上海市质量金奖企业、中国产学研合作创新示范企业以及中国质量奖提名奖企业称号。2014 年，上核公司启动上海市核电装备焊接及检测工程技术研究中心的建设工作，并创造了成功研制国内首台自主设计和制造的二代加百万千瓦级核岛蒸汽发生器、全球首台三代AP1000核岛稳压器、全球首台三代AP1000核岛堆芯补水箱、上海电气首台百万千瓦级核岛反应堆压力容器、全球首台高温气冷堆压力容器等优秀业绩。上核公司抓住国家"一带一路"的发展契机，以拥有自主知识产权的产品开拓国际市场。2015年3月17日，与法国阿海珐签约，成功获得南非核电站项目6台蒸发器的分包合同，是我国第一家在核岛主设备制造领域走出国门的企业，为我国战略性新能源产业发展，促进国家能源结构的持续优化做出了贡献，同时在国际市场上打出了响亮的市场口碑，向世界展示了"中国制造"的实力。

公司技术中心拥有2800平方米独立研发试验基地，拥有近千台高端焊接及检测设备，建立了条线式创新制度：主线"立项申报、过程管理与跟踪、后评估验收"；辅线"原材料采购、外协生产调配、产学研合作、经费管理与核算、激励与考核"。

为积极响应国家长三角一体发展规划，公司发挥核电制造头部企业的集聚优势，扩展上下游供应链，与上海核工院、清华大学、中国科学院金属所、上海交通大学等四十余家高校及科研院所加强研发合作，共同实施大型先进压水堆及高温气冷堆核电站国家重大专项课题等二十余项重大科研专项；下游推进长三角江苏银环、浙江恒锋等百余家公司开展核电制造关键材料国产化"卡脖子"问题的研究，并建立长期供货关系。

不仅如此，公司还设有欧阳予、潘际銮/叶奇蓁院士工作站、博士后工作站，外聘16位行业知名专家，并积极参与国家、行业标准的制定，近三年参与行业标准制定12项，获得百余件国内专利授权，并申请8国国际专利保护。

产学研合作，提升技术水平

为提升企业技术水平、增强技术创新，公司建立了以产品制造技术应用、基础技术研究、原材料和关键零部件研制、标准研究和设备设计技术预研等核电产业技术为对象的产学研合作网络，通过产学研合作，纵向整合产业链上下游，横向整合各类资源单位，显著增强了企业的技术攻关、资源调配能力和综合竞争力。

秉持产学研创新机制战略高度，公司本着"以产定研、以研促产"的产学研创新方针，遵循"自主创新、集聚辐射、开放促进、持续发展"的原则，按照"走出去、请进来"的产学研项目运作方法，不断加强与国内外知名高校、行业内科研院所及企业的合作，建立"资源互补、合作共赢"的模式。

在科研创新活动开展过程中，公司采取较为完善的科技创新管理体系创新管理手段。在学习国家重大专项管理规定的基础上，建立和完善了覆盖项目立项申报、过程跟踪、项目验收评估等制度体系，初步形成了科研项目的过程管控机制，有效促进课题任务完成。

作为国家高新技术企业，公司长期以来秉持和践行"科技是第一生产力"路线，积极重视科技投入，每年年初会制定全年科技投入预算，并在年中根据上半年科研进展情况对年初预算进行调整，并在年底对全年科技投入进行决算，公司近三年科技研发投入情况良好，每年科技投入均超 4000 万元，每年科研预算执行率均在 100%～105% 之间，每年科技投入占比当年销售收入均大于 3%。

公司以"能动全球工业，智创美好生活"为使命，以"打造国内领先、受行业尊敬的具备核岛集成供货和综合服务能力的核电装备制造集团和核安全文化示范基地"为愿景，始终坚持自主开发和自主创新，利用合理的组织机构、高端的人才配置、充分的科技投入、良好的运行机制和"不断提升"的思想氛围等为科技创新提供沃土，与国外先进核电技术的碰撞更为企业的科技攻关带来大量营养。

联合攻关，取得丰硕成果

上核公司与中国科学院西安光学精密机械研究所合作的"三代核电蒸汽发生器关键检测技术研究及应用"项目，主要针对我国引进美国西屋公司 AP1000、国产"华龙一号"和 CAP1400 等三代核电蒸汽发生器在制造、安装和检测过程中存在的传统测量方法精度和稳定性不足、操作烦琐等重大工程瓶颈技术问题，创新融合显微摄影测量技术、光纤耦合准直技术等多项前沿科技，提出了四种新的检测技术和方法，在核电主设备制造中首次应用，解决了核电设备在加工、装配、检测过程中的技术难题，提高了我国第三代核电主设备国产化能力和制造技术的整体水平。

2016 年 4 月，上核公司与中国科学院西安光学精密机械研究所（以下简称西光所）联合组成科研攻关团队，签订深度合作协议，双方共建"核电装备检测联合实验室"。2019 年 1 月，双方签订"战略合作协议"，进一步扩大了双方在核电装备领域

的科技合作。双方就核电蒸汽发生器安装制造过程中遇到的"卡脖子"和影响生产周期进度的技术问题加强产学研合作，取得丰硕成果。

上核公司和西光所以联合实验室为纽带、以国家重大需求为导向，积极开展多形式、多层次的科技合作、项目合作与交流，共享研究成果，共建信息平台，共同培养核电装备研发人才，联合申请和完成地方及国家的重大科研项目。

双方不定期开展学术交流活动，每年举行一次学术年会，组织联合实验室学术委员会成员及双方科研人员就相关领域前瞻性问题进行战略研讨，实验室主任和项目负责人汇报年度工作总结和项目研究成果。

自主创新，解决技术难题

上核公司针对引进美国西屋公司 AP1000、国产"华龙一号"和 CAP1400 等三代核电蒸汽发生器在制造、安装中的核心技术难题，提出了四种新的检测技术和方法，发明研制了"蒸发器支撑板安装测量系统""蒸发器支撑板异形孔位推扫测量系统""蒸发器管板深孔测量系统""蒸发器 Wanding 测量系统"四项关键检测设备和分析软件。

蒸发器支撑板安装测量系统。三代核电蒸汽发生器支撑板装配制造过程当中，需要将 10 块支撑板按约每 1 米间隔对中安装在内套筒内，穿管精度要求高，制造安装周期要求短。传统采用准直望远镜人工测量的方式，测量效率极低，人为误差极大，设备稳定性差。科研团队根据激光直线传播原理，提出了采用三束高精度半导体光纤准直激光作为安装测量基准，成功解决了激光光轴时空飘移、安装定位稳定性等关键问题。

蒸发器支撑板异形孔位推扫测量系统。三代核电蒸汽发生器支撑板设计加工有 20000 多个三叶草形异形孔，测量难度大。科研团队采用非接触、连续推扫的光电显微摄影在线测量技术，全量化、高效率、高精度实时在线获取支撑板复杂异形孔的几何形位参数及轮廓参数，测量精度高，单孔测量时间短，解决了传统激光跟踪仪人工逐孔测量位置度的方法中测量效率低、人为误差大、测量数据不稳定、测量范围有局限性等问题，为支撑板异形孔位检测提供了新的技术方法和手段。

蒸发器管板深孔测量系统。蒸汽发生器管板（直径 3～4m）、深孔（厚度 500～800mm）经深孔钻加工后需要在线测量 20000 多个深孔（直径 ϕ17.83mm）的位置度和垂直度，科研团队采用光电显微变焦成像 CCD 亚像素细分技术、棱镜扫描技术及在线推扫测量技术，提高大型、昂贵进口深孔钻机的使用效率，缩短了管板加工周期，解决了传统激光跟踪仪多次转站测量方式数据稳定性差、效率极低等严重影响加工进度及检测效率的技术瓶颈问题。

蒸发器 Wanding 测量系统。流量分配板（直径 3～4m）的安装是蒸汽发生器支撑板的安装过程中最为关键的环节，国内无相关测量和调整技术。科研团队采用激光准直原理，在管板深孔内建立激光同轴准直测量轴线，采用最优数学算法和测量方法在线实时指导安装作业，提高了流量分配板的测量精度，实现了流量分配板的高精度、高效率安装。

项目成果已经成功应用于世界首台 AP1000、国产首台"华龙一号"和具有我国自主知识产权的 CAP1400 核电蒸汽发生器的制造安装中。目前已经成功应用在我国 50 多台套二代＋、三代核电蒸发器以及××核反应堆蒸发器的安装制造，形成了一整套规范、完整的工艺检测体系，完成的 50 多台套核电蒸汽发生器已成功安装在浙江三门、山东石道湾、福建宁德、太平岭、山东海阳、福清、防城港以及向南非出口的核电项目等数十处核电机组。

公司发明研制的"蒸发器支撑板安装测量系统"等四项关键检测设备和分析软件，解决了多项核电装配制造检测过程的关键技术问题，填补了国内在该领域内的技术空白，成功应用于世界首台 AP1000、国产首台"华龙一号"和具有我国自主知识产权的 CAP1400 核电蒸汽发生器的制造安装。

通过在上海电气核电设备有限公司的广泛推广应用，与传统的检测器具相比，检测精度和检测效率大幅度提高，完成一台蒸汽发生器的检测指标平均可节省成本 20 万元，产生直接经济效益超过 4000 多万元，同时为企业节省了 3000 多万元的大型三坐标设备采购费用，应用完成的核电蒸汽发生器总产值 50 多亿元，经济、社会效益十分显著。

做创新链枢纽　破"卡脖子"难题

上海化工研究院有限公司

上海化工研究院有限公司外景

作为一家以化工技术为基础、集多学科为一体的综合性应用型科研院所，上海化工研究院有限公司（以下简称上化院）从诞生第一天起，就肩负着助力产业创新的使命。上化院创建于1956年，是我国首批重点化学工业研究院。2016年12月，上化院实施公司制改制，正式更名为"上海化工研究院有限公司"。

上化院始终立足服务国家战略、行业发展和社会需求，发挥创新链枢纽作用，着力打造产学研深度融合的技术创新体系，破解产业"卡脖子"难题，在先进材料、公共安全、生物医药、节能环保等主营业务领域取得了一批丰硕的成果。

精准定位：做产业升级和发展的孵化基地

60多年的耕耘，上化院已经建设成为集多学科为一体、优势突出、国内领先的国家重点高新技术企业，先后获得"国家火炬计划重点高新技术企业""国家创新型试点企业""国家技术创新示范企业""国家技术转移示范机构""中国产学研合作创新示范企业""上海市产学研合作示范基地"等荣誉和资质，拥有国家和行业工程技术中心、重点实验室、标准化委员会等20个，是国际标准化组织TC134组的召集人单位，是国家化肥和土壤调理剂标准化委员会技术归口单位，拥有专业技术服务平台3个，产业联盟、平台、产学研合作、联合研究所等15个。

60多年的创新，上化院日益形成了鲜明的自身特色：既是科研机构，攻坚重大产业科技难题；又是创新平台，整合资源联手推动行业进步；也是人才摇篮，为产业源源不断地输送创新人才。

服务国家战略，解决"卡脖子"难题。上化院始终立足服务国家战略、行业发展和社会需求，瞄准关键核心技术，全力打造"聚烯烃催化技术与高性能材料国家重点实验室"，突破了聚烯烃催化"卡脖子"技术，填补国内空白，支持国民经济基础材料产业发展；建立国家同位素工程技术研究中心上海分中心，攻克O-18同位素制备关键技术，为我国肿瘤精准诊断提供了"中国元素"；开发导航激光陀螺关键材料Ne同位素，打破国外禁运封锁，有力支持我国国防事业发展。

提供优质技术服务，培育产业创新人才。上化院拥有国家中小企业服务示范平台、国家化学品及制品安全质量监督检验中心、国家化肥质量监督检验中心、生物医药检测中心等国家、行业技术中心和多个CNAS、CMA第三方认证实验室，向石化、新材料、生物、医药、农业、环保、物流、政府机构等众多领域的客户提供优质技术服务，推动行业创新发展。同时，上化院充分发挥本院工程应用技术力量雄厚、产业放大技术经验丰富，借力高等院校基础教育资源雄厚、理论知识体系教学完备的优势，通过与高校共建化工学院、人才培养基地和互聘高级专家等方式，共同培养兼具理论和实践能力的产业创新人才。

创新模式：政产学研用一体化

产业创新是系统工程，既需要精准聚焦，更需要高效联动，只有这样才能形成创新合力。多年不断探索和迭代，围绕如何实现产学研合作链条的良性循环，上化院在坚持问题导向、目标导向和结果导向的基础上，逐步构建了自己特有的模式和方法——"四个结合""三个一体化"和"两个对接"。

实现"四个结合"。一是通过"政研结合"，把握国家发展战略和政策导向，助力政府制定和实施产业战略规划，以科技创新推动战略新兴产业的发展；二是通过"学研结合"，实现基础研究与原创技术转化为应用型研究成果；三是通过"研用结合"，实现应用性研究转化为工业化产品技术；四是通过"产研结合"，解决持续性的科技开发问题，实现产品迭代和产业升级换代。

建立"三个一体化"。一是通过"标准一体化"实现产学研之间技术转化和产品推广的无缝衔接。二是通过"成套服务一体化"，以解决产业问题和需求为纽带，实现产学研之间紧密的链式关系。三是通过"股权一体化"，实现"科技+金融资本"的结合，更加快速有效地利用金融资本助力成果转化，保障产学研利益机制的一致性。

打通"两个对接"。一方面，上游对接高等院校的机理研究；另一方面，下游对接大型企业集团的技术应用与集成，从而实现创新技术转移转化。

依托"四个结合""三个一体化"和"两个对接"，上化院成功探索了多种形式的政产学研用合作，多头并进、百花齐放。

在与政府的合作方面，上化院与上海市科委共建新型科研院所，得到了上海市国资委等六部委的支持；积极加入张江国家高新区，努力对接张江政策，大力推进激励机制和创新机制的改革。在央地合作方面，上化院先后与中石化集团、中石油集团、原神华集团等合作开展聚烯烃催化技术及高性能树脂的开发应用；与中广核集团、中盐集团合作推进生物医药高端检测试剂的产业化；与中车集团合作进行轨道交通专用材料的开发；与中海油集团在分离工程和化肥技术领域开展合作。在与高校和科研机构合作方面，上化院与华东理工大学、上海交通大学、东华大学、应用技术大学、中科院化学所等知名院校，在工程技术研究中心、项目合作、开放课题、人才培养等多方面建立多种形式的协同创新机制。与行业企业联合开发的 UHMWPE 纤维应用于高端防弹衣、防弹头盔、防弹装甲等，保障国防安全。与仪征化纤等合作开发的海洋缆绳应用于"港珠澳大桥"合拢吊装，助力国家重大工程。与山东金达合作开发的高抗冲、耐紫外线管材，应用于严寒、高紫外线等极端环境。

如果说项目式的合作是集中攻关，那么搭建机制化的平台则能为创新持续赋能。近些年来，上化院因地制宜整合政产学研用产业链资源，陆续构建了多种产学研创新融合平台，一是建设高新技术产业园区，通过产研结合探索创新成果转化机制；二是组建联合研究所，探索"科技＋资本"的产研结合机制，实现持续创新；三是发展公共技术服务平台，探索"科技＋服务"的第三方技术服务机制，实现产学研合作的深化；四是创建科技园区，探索建立开放式科研创新平台的创新服务机制；五是探索"科技＋金融"发展新模式，发挥园区投融资机制创新的积极作用；六是建设研究生实训基地，探索产学研结合的高端科技人才培养机制，建设创新人才高地；七是共建研发平台、产业联盟，坚持与高校、科研院所、企业集团建立长期的、广泛的、紧密的产学研合作关系，达到双赢和共赢的发展目标。

成果丰硕：突破一批"卡脖子"技术

搭建平台，融合创新，助力产业。多年来，上化院依托搭建的各类产学研融合创新平台，在先进材料、生物医药领域打响"上海制造"品牌，在检测服务、技术支撑方面打响"上海服务"品牌，在各主业领域都形成了具有国际影响力或国内领先水平的技术与产品，结出一批丰硕成果。

产研融合，突破先进聚烯烃"卡脖子"关键技术。聚烯烃工业是我国石油化工的支柱产业，年产值超过 5000 亿元，但国内高端产品自给率只有 50% 左右，制约产业的一个最大因素便是聚烯烃催化技术一直以来被国外垄断。为此，2000 年，上化院与中石化联合组建"中石化上海有机化工联合研究所"，共同出资成立催化剂产业化公司。经过 20 年的不间断攻关，成功掌握国际聚烯烃催化主流工艺四大系列 40 多个牌号的产品技术，国际首创"气液流化床"聚乙烯工艺成套技术在天津石化应用成功，国内首创的新型铬系催化剂、三元共聚系列催化剂以及可在冷凝态下生产 HDPE 产品的铬系催化剂等先后在上海赛科石化、大庆石化和广州石化等大型石化企业成功完成工业化应用，替代美、英公司同类产品，有力支撑了我国聚烯烃材料产业不再受制于国外技术垄断。建成国际一流的聚乙烯催化剂生产基地，成功跻身具有国际知名度的聚烯烃催化剂产业公司行列，40% 催化剂产品出口到韩国、印尼、捷克、美国等国家和地区，在国际市场占有一席之地。

与聚烯烃类似，超高分子量聚乙烯（UHMWPE）材料是国家战略需求的关键新材料，但长期以来，高端 UHMWPE 树脂及先进加工技术受制于国外。面对产业发展"拦路虎"，上化院牵头，集结江苏九九久、仪征化纤、中车时代新材、东华大学、中科院化学所等上下游单位于 2015 年成立了全国"超高分子量聚乙烯材料产业技术创新战略联盟"并获中国石化联合会授牌，于 2017 年组建中国石化联合会"超高分子量聚乙烯材料产业技术创新中心"，多方联合攻关，成功突破了高效催化、聚合、加工技术，开发了纤维级、注塑级、管材级、板材级、隔膜级等 30 多个牌号专用树脂及配套加工关键技术，实现系列高端 UHMWPE 树脂及制品全产业链的国产化，一举打破国外的产品与技术垄断，努力实现 UHMWPE 领域的"跟跑—并跑—领跑"。

UHMWPE 纤维缆绳用于港珠澳大桥 6000 吨沉管隧道吊装

政研结合，全力支撑国家危化品重大事故防控基地建设。上化院是国内极少能够从事所有九类危险化学品分类鉴定的综合性检查机构，是中国民航局、中国铁路总公司、生态环境部、上海海事局授权鉴定单位。作为国家应急管理部危险化学品重大事故防控技术支撑基地建设项目在上海的唯一承担单位，上化院在应急管理部指导下积极建设"化学品危害识别与监控分基地"，为国家实现危化品安全生产形势持续稳定好转提供有力的技术支撑。为应急管理部、农业农村部、生态环境部等多个国家部委提供技术支持，协助国家部门开展不明危险化学品的鉴定和突发事件应急救援工作，服务于响水"3·21"爆炸案、"3·31"昆山工厂燃爆事故、"5·23"上海某公司爆炸事故、2014年腾格里沙漠污染事件等重大事故调查。

产学融合，突破系列稳定性同位素产品制备关键技术。稳定性同位素研发制造属于产业竞争前沿。为突破这一前沿技术，上化院充分展现了创新链枢纽的重要作用，与中国原子能科学研究院合作，成立国家稳定同位素工程技术研究中心上海分中心，聘请院士担任中心的专家咨询委员会主任和副主任；与上海交通大学合作开发稳定性同位素 C-13 低温精馏技术；与国家中药工程中心开展低氘水的生物功效性和安全性的研究；与华山医院、瑞金医院就 PET 检测机 O-18 水以及 C-13 呼吸诊断试剂的应用研究开展合作。通过与高校、研究机构的通力合作，上化院开发了填补国内空白的 H、O、N、C、Ne 五大系列 120 多种同位素及标记物产品，总体技术水平国际先进。成为国际上少有的同时掌握化学交换法、水精馏法、低温精馏法、热扩散法等稳定性同位素分离技术的科技型企业，建成国内领先的综合性、稳定性同位素研发制造机构，基础同位素产品市场占有率国内领先。

当前，我国迎来了世界新一轮科技革命和产业变革同我国转变发展方式的历史性交汇期，上海具有全球影响力的科技创新中心建设已从形成基本框架体系进入加快提升科技创新策源功能的新阶段，对上化院而言，是机遇更是挑战。展望未来，上化院将持续发挥创新链枢纽作用，集结全产业链创新资源，聚焦关键技术和"卡脖子"技术，勇于担当，求真务实，努力探索高质量发展新路径，为建成"国内一流的高新技术企业、国际知名的新型科研院所"而奋勇前行！

填补国内空白
走现代化产学研之路

上海阿波罗机械股份有限公司

上海阿波罗全景

　　上海阿波罗机械股份有限公司（简称阿波罗）于2001年注册成立，注册资金141675570元，主要从事各类高端核电用泵系统以及核燃料循环、后处理相关设备的集成研发、设计、生产制造、供应链管理以及延伸服务等。主要产品为核电用泵（各类核级泵及重要非核级泵）和核电相关后处理设备。阿波罗建有两个厂区，分别位于上海市奉贤区八字桥路1818号以及上海市奉贤区亿松路555号，总占地面积120余亩，拥有各类高精尖数控加工设备、焊接设备及检验检测设备百余套，现有员工450余人，研发人员占比30%以上，其中研究生学历将近30余人，博士1人。阿波罗是高新技术企业、上海市院士工作站、上海市企业技术中心、上海市知识产权优势企业、上海市"专精特新"中小企业、上海市绿色工厂、国家AAA级资信企业等。阿波罗自2006年起积极参与核电国产化建设，投入巨资致力于各类高端核电用泵系统以及核燃料循环、后处理相关设备。2009年2月，获得了国家安全局颁发的核3级泵设计/制造资格许可证书，2013年获得了核2级泵设计/制造资格许可的扩证证书。

研发成果显著，行业内认可度高

　　目前阿波罗建有四支专业化技术团队，包括以核泵行业领军人物为代表的核泵开发、设计、制造团队；核电非标设备（包括燃料循环相关设备）开发、设计、制造团队；高端石油、石化、LNG泵开发、设计、制造团队；基于云计算和大数据的转动设备智能诊断方案团队。公司院士工作站每年组织院士专家参与公司重大项目的技术评审活动，组织公司科研人员攻克技术难关，取得了一系列的科研成果。同时，阿波罗与多家大学院校和科研院所开展产学研合作。截至2020年年底，拥有发明专利30项、实用新型专利144项、高新技术成果转化8项、国家重点新产品3项、上海市重点新产品4项，具有很高的专利成果转化度并取得丰富的业绩。核电站前端招标关键设备25项中，泵类设备占12项，阿波罗自行研制开发完成了11项并通过国家级鉴定，其中完全拥有100%自主知识产权产品有5项，目前正在开展第四代核电主泵的研制工作，并且已经取得了突破性的进展，第四代钠冷快堆主泵已经完成样机试验。阿波罗主要产品"核电站混凝土蜗壳海水循环泵"获得上海市科学技术进步三等奖；"CVP混凝土蜗壳海水循环泵"获得上海市高新技术成果转化项目自主创新十强，市场占有率75%以上；"百万千瓦级压水堆核电站主给水泵国产化研制"获得上海市科学技术奖，已承接34台套；"核电站辅助给水系统集成优化设备"入围国家能源局第一批能源领域首台（套）重大技术装备项目，该产品目前国内仅阿波罗一家供应商，市场占有率100%；"核电站用辅助给水电动泵的关键

汽动辅助给水泵

技术开发及企业体制机制创新"获得上海市科学技术进步三等奖，是国家"核电走出去"不可或缺的核心战略供应商之一。

阿波罗核电业务占比98.8%，目前国内在建和在运行的63个核电机组，阿波罗均提供了产品及服务，其稳定的质量、优异的性能获得了用户的一致好评，已经成为中国核电工程有限公司、中广核工程有限公司、国核工程有限公司及中国中原对外工程有限公司四家核电工程公司的合格供应商。

完善技术创新体系，优化科技进步环境

阿波罗以NASA创新体系为基础，通过引进、消化、吸收、再创新的模式，在引进国外核心技术的基础上，结合自主研发，经过良好实践，不断迭代，历时10年

初步建成 IPD 集成研发体系，确立技术成熟度评价体系，最终完成研制，实现零的突破，打破国外的技术垄断。

建立合理的研发项目立项程序，阿波罗立项以市场需求为导向，以效益为中心，充分利用社会科技资源，通过政产学研用的方式，与上海交通大学、江苏大学、兰州理工大学、中国原子能科学研究院等高等院校和科研院所加强合作交流。积极聘请行业内知名专家加入企业创新工作，对企业科技研究发展方向、重大技术问题及项目进展情况进行咨询和评估，完善科技开发与技术创新体系。

紧跟时代发展，探索产学研创新发展之路

阿波罗紧跟时代发展，抓住国家规划发展核电的需求，勇敢承担国家交给企业的任务，积极与上海交通大学、中国原子能科学研究院等高校及研究机构合作，坚持科技是企业的核心竞争力，求创新、谋发展。

在组织管理上，阿波罗紧跟时代发展，坚持技术自主开发，积极开发、引进、消化、吸收、再创新，使用先进技术，提高公司技术创新能力。建立科研经费供给机制，利用 OKR 敏捷管理平台开展科技项目管理活动，健全项目经理负责制，完善技术创新分配激励机制，创新奖励与成果利润提成并举，调动技术创新人员的积极性和创造性；重视后备人才培养，定期举行技术讲座和专题技术培训，组织申报科技专项，争取国家支持；每年编制《年度科研立项计划》，在安排上统筹兼顾，做到长期的项目合理布局。

公司响应国家号召，深入实施质量提升行动，促进产业链上下游标准有效衔接，弘扬工匠精神，以精工细作提升中国制造品质。阿波罗坚持社会主义核心价值观的基本要求，专注于研究高端核电用泵方面的技术，不断与行业内专家、学者交流学习，不断精雕细琢、精益求精，力争行业内的"领头羊"。阿波罗坚持科技创新，坚持"生产一代、开发一代、预研一代"的开发体系，建立以产业为核心，与高校和科研机构深度合作的研发环境，促进产业的发展，加强产学研合作。

核能是一种新能源，有序稳妥推进核电建设仍然是我国的基本战略，安全有效发展核电是全面进入清洁能源时代的必然选择。世界上从诞生核电站至今不过百年，但世界核电站的发展历程已经经过了四个时代。第一代核电站发展的时间是 20 世纪 50 年代至 60 年代初，苏联、美国等建造的第一批单机容量 300MWe 左右的核电站。第一代核电站属于原型堆核电站，主要目的是通过试验示范形式验证其核电在工程实施上的可行性。第二代核电站是 20 世纪 60 年代末至 70 年代为了实现商业化、标准化、系列化、批量化，为了提高经济性建造的核电站，目前世界上运行机组大部分运用的都是第二代核电站的技术。第三代核电站是在世界上发生三里岛和切尔诺贝利核

电站事故之后，为了提高核电站的安全性和经济性建造的核电站，我国引进的美国AP1000核电站以及法国EPR核电站都属于第三代核电站。第四代核电站在1999年6月美国核学会的年会首次提出，并于其后，美国等发达国家组建了"第四代核能系统国际论坛"（Generation IV International Forum）。

我国核电站起步较晚。1978年，党的十一届三中全会批准了秦山核电站和大亚湾核电站的建设，当时我国核电设备主要依赖进口，这导致核电站投资造价居高不下；同时，国家重大技术装备长期依赖国外进口，直接影响我国的核能源安全。为此，国家在积极发展核电的同时一直强调核电设备的制造自主化。大力推进核电设备国产化工作不仅是国家对核电发展的一个基本要求，也是核电得以大规模发展的重要前提。党中央在《核电中长期发展规划（2005—2020年）》指出："在设备采购方式上，对于国内已经基本掌握制造技术的设备，原则上均在国内厂家中招标采购。在国家核电自主化工作领导小组的统一组织下，国内制造企业协调一致，分工合作，引入竞争，提高效率，要以秦山二期扩建和岭澳核电二期、辽宁红沿河等核电项目为依托，不断提高设备制造自主化的比例，最大限度地掌握制造技术，努力实现核电设备制造业的战略升级。"

为了响应国家的号召，阿波罗于2006年进入核电领域，从无到有，一步步成长。当时，我国在第四代核电技术方面还是刚刚起步的状态，关键核心设备依靠进口，为了填补国内空白，突破国外技术封锁，中科院2007年向国务院呈送了《二十一世纪上半叶我国能源可持续发展体系战略研究》报告建议："设立以快中子堆的研究开发与产业化列入国家重大专项。"

二回路主循环钠泵是目前世界上最先进的第四代核电中钠冷快中子反应堆的核心装备之一，目前国际上发达国家已建成了钠冷快堆主循环钠泵，但国内对于二回路主循环钠泵的设计制造和可靠性研究尚属空白。为了实现二回路主循环钠泵的国产化，突破先进核反应堆技术难题，掌握二回路主循环钠泵的设计、制造和试验验证技术，缩小与其他国家的差距，阿波罗在2010年开始与中国原子能科学研究院（简称原子能院）联合研发快堆主循环钠泵，并在研发过程中先后承担了"钠机械泵关键部件设计、制造和试验研究""示范快堆二回路主循环钠泵原型样机研发服务合同""示范快堆二回路主循环钠泵第二阶段（工程样机）研发服务合同"等863项子课题。

研发初期，二回路主循环钠泵研制的主要难点如下：泵全寿期工况设计与分析；泵轴（包括焊接接头）全寿期变形控制设计与分析；静压轴承设计与分析技术；钠、水介质工况下性能差异分析；振动与噪声分析；泵轴的焊接变形控制工艺；静压轴承轴心轨迹测量系统开发；泵组转子部件惰转设计与测试。阿波罗技术人员与中国原子能研究院研发人员就相关问题的难点展开深入探讨，运用理论与实践相结合的同时邀请国内知名院校（上海交通大学、东南大学、西安交通大学等）的专家共同参与技术攻关，成果最终通过了国家级鉴定。阿波罗快堆主循环钠泵的设计研发及制造，使我国掌握了国外"卡脖子"技术，为我国快堆建设贡献力量。

阿波罗研制成果的主要技术创新之处有：满足了二回路主循环钠泵性能工况点的要求，选用优秀水力模型，再经过先进软件进行优化设计，确保其性能满足工况点的要求；据核电厂和二回路系统的运行与试验工况分析二回路主循环钠运行工况A、B、C、D四类；建立二回路主循环钠泵工况谱；由于泵轴的使用环境为高温，且使用寿命为40年，对泵轴的要求苛刻，对此结合泵正常运行工况和瞬态工况（温度、压力）进行全面分析，确定轴在服役期内的使用寿命和最大变形量；静压轴承堆焊及自调心设计；钠、水介质工况性能差异性分析；静压轴承轴心轨迹测量。

二回路主循环钠泵的设计研发是示范快堆工程建设的难题之一，是我国核能战略"三步走"的关键环节，被认为是新时代、新形势下中国核工业发展的标志性工程，将开启我国核能发展的新篇章。该项目已获得4项专利，其中1项发明专利，3项实用新型专利。上海阿波罗对于二回路主循环钠泵研制达到国内外先进水平。

"微纳光制造"领域开拓者

苏州苏大维格科技集团股份有限公司

苏州苏大维格科技集团股份有限公司（以下简称苏大维格）成立于2001年10月，是"微纳光制造"领域开拓者，致力于微纳光学与柔性制造基础方法与高端装备、材料与器件研究，是我国最早从事全息数字化、微纳结构功能化与工程研究的公司，坚持基础研究与工程应用协同发展，经过20年的勤耕不辍，已在微纳光制造领域取得了丰硕的成果，2012年成为我国微纳制造领域首家创业板上市企业，已发展成为1总部+1研发中心+7个控股子公司，拥有18万平方米厂房，占地600余亩的集团企业。

苏大维格自2001年成立以来，逐步从一个高校的课题组发展成为具有自主创新能力的高新技术企业，逐步建立了以企业为创新主体、市场需求为牵引、产学研相结合的运行机制，从基础研究、技术创新、装备自主研发到产业应用，实现了一体化设计与创新，该创新模式与原创成果应用得到了高度的社会评价并产生了良好的社会影响。

产学研合作成果获得国家、省、市表彰与科技奖励40余项，其中国家科技进步二等奖2项，江苏省科技一等奖4项，教育部优秀科技成果奖（技术发明、科技进步）、中国专利优秀奖4项。苏大维格荣获首届"江苏省企业技术创新奖""优秀民营科技企业奖""国家印刷示范企业""国家知识产权示范企业""苏州市质量奖"称号，拥有发明专利360余项。

产学研合作取得的多项成果起到自主创新的示范作用。为此，央视、《新华日报》、江苏电视台、各政府门户网站等相继对苏州大学与苏大维格集团产学研创新发展之路进行了报道。2016年"大幅面纳米制造关键技术与系统集成"作为国家"863计划"先进制造领域的标志性成果，相继参加了"十二五"国家科技创新成就展（2016）、中华文明与科技创新展（2017）和第四届军民融合发展高技术装备成果展（2018）。

公司组建了"模块化、知识密集、可升级和快速配置"微纳柔性制造的创新平台。在大面积微纳3D光刻、纳米光刻、纳米压印、纳米结构功能化、功能材料的数字设计等方面，形成显著特色和优势。系统提出并实现微纳制造领域原创基础技术、先进算法和重大工艺装备，打破对外依赖，有力提升相关产业的核心创新能力，为我国大面积平面光电子创新与变革性应用开辟了新途径。公司以微纳光制造为基础，以产业应用成功为目的，解决产业的连续性短板，构建未来产业（光计算、3D显示和新材料的战略长板）；以国家和市场需求为目标，以重大创新任务为牵引，整合多方资源，创建协同创新中心和产业示范基地等平台，改变以往个体化和单一团队的工作模式，集企业和高校之人才优势，建立以行业关键共性问题为主线，功能互补、特色鲜明的校企协同创新团队，形成产学研融合创新的新机制；围绕产业链布局，打造创新链，探索中国特色的创新之路。

产学研深度融合初探索

从高校课题组到高新技术企业

科技报国守初心。创新是当今世界引领发展的第一动力。然而，我国在相当多的行业领域，关键技术仍有很高的对外依存度，中国需要打破国外的技术垄断，就必须提升自主创新的能力。2001年，凭借十几年大学教学和科研经历所打下的坚实的理论与技术基础，陈林森研究员带领苏州大学光电学院一批以青年人才为主的科技创新团队，组建了苏大维格，从一个高校的课题组，逐步发展成为具有自主创新能力的高新技术企业。

资源整合促发展。公司创立的起初三年非常困难，在陈林森研究员的带领下，通过机制体制创新，与国内一流高校进行密切的产学研合作，逐步走上了快速发展之路。2012年，苏大维格在A股创业板正式挂牌上市。彰显了企业通过产学研合作进行资源整合的水平和能力，经过近20年的发展，现已建立了"技术+资本+产业"的合作模式，通过行业合作应用、与国内外领头企业开展前瞻科技合作、创建新型研究院，形成了技术辐射，探索了产业创新的新途径。

资源共建，成果共享，推动学科平台建设

高校提供学科人才、研发试验条件、分析检测设施和信息、项目管理的支持，以

项目实施和基础研发平台建设为重点；企业利用自身的研发条件和优势，在运行机制、场地、资金、研发人员、中试条件等各方面提供强有力的研发与应用支撑。通过双方资源的共享，合作产生了一系列的重大成果，为人才培养提供了更大空间和更多的资源，进一步推动着产学研深度融合，形成了"1+1>2"的良性循环。

服务国家需求，产出重大成果

苏大维格和国内一流高校始终密切关注国家社会经济发展动向与需求，围绕市场需求来选定和开展科研课题和研究计划，使科技发展为社会服务真正落到实处。通过多年发展，共同承担国家重大仪器设备专项、国家"863计划"重大项目、科技部国际科技合作专项、国家自然科学基金等项目，成功推动重大成果产业化，取得重大经济和社会效益。

培育创新人才，助推科研人员成长

在企业平台上建立了多元化的绩效评价体系。以重大任务实施进展和成效为考核目标，注重创新的细节和过程，不同分工人员的工作性质不同，评价的方式也不同，要看是否取得实质性进展，是否做出了实际贡献，是否对未来产生影响，解决了哪些实质难题和取得哪些进展。同时鼓励探索、容许失败。

多元化的用人机制培养创新团队型人才。苏大维格利用企业的机制和资金优势，以事业部模式，聘任高校优秀青年科研人员担任重大任务团队负责人，承担重大任务，以原创性技术创新、重要器件和重大装备研发应用为重点，在项目开展、成员聘用、绩效考核、经费使用等方面充分放权，推进团队合作的协同工作。

创新研究生培养模式。苏大维格与高校合作建设了江苏省联合培养研究生产学研示范基地和企业博士后工作站，为硕士、博士研究生提供良好的生活待遇和研发工作环境，促进了复合型人才的培养，扩大研究生的研发工作视野，创新能力显著提高。

党建护航新时代新发展

共建校企协同党建基地，引领护航产学研深度融合。2019年苏大维格与苏州大学光电学院党委共建了"苏大光电—苏大维格"校企协同党建基地，双方将进一步整合资源，着力构建"资源共享、优势互补、共驻共建"的党建新格局，紧密合作，搭建起长效、深入的党建合作桥梁和纽带，促进产学研深度融合，推动更多高水平成果产生，促进国家和社会创新发展。

发挥支部的战斗堡垒作用，促进党建业务双提升。发挥党组织的优势作用，着力构建"资源共享、优势互补、共驻共建"的党建新格局，促进各项工作再上新台阶。发挥校企党建合作平台的作用力，凝练工作特色，创新活动品牌，推动更多高水平成果产生，促进国家和社会创新发展。

发挥先锋模范作用，营造创新创业氛围。苏大维格董事长陈林森研究员（荣获全国留学回国人员成就奖、全国先进工作者称号、江苏省创新创业人才奖、首届江苏省专利发明人奖、"当代发明家"、第四届"杰出工程师"、庆祝中华人民共和国成立70周年纪念奖章等荣誉称号）充分发挥在产学研合作过程中的先锋模范作用，营造协同创新的良好氛围，带动更多青年科研人员投身科研创新、人才培养和社会服务中。

产学研深度融合显成效

为微纳光学与柔性制造技术体系构建，做出创造性贡献：超表面数字设计、海量数据处理和像素级光场调控方法，取得突破。提出多维（4～6维）超表面设计方法，攻克高性能光子器件设计与高效制备的重大瓶颈，解决"纳米单元结构"3维变量不足获得完美超表面的难题；原创紫外三维直写光刻技术，实现从平面光刻向三维计算光刻的重要跨越。发明位相—空间联合调制数字光场飞行叠加曝光方法，解决大面积微结构光刻的精密化、三维化和高速化难题，系列光刻机及软件在产业和高等院所逾百家单位应用；卷对卷纳米压印/转印技术，引领柔性光电子绿色制造并全球应用。主持卷对卷纳米压印技术研发，攻克大面积微纳结构模具、压印系统、材料和工艺四大难题。在国际上率先实现卷对卷纳米压印技术工业化，成果在产业中广泛应用，形成国内外广泛影响。

大型紫外3D直写光刻设备iGrapher3000

建立大面积微纳光学工程研究平台和产线，推进原创成果转化与再创新：构建纳米3D印刷技术体系，建立国际首条立体图像微纳转印产线。攻克印刷业国际百年难题，突破高保真微纳结构转移工艺与无塑化材料瓶颈，材料可降解，光学3D印材在国内外主流品牌规模应用，引领产业技术进步和转型升级；自主研制并建立双面纳米热压产线，产品全球应用，推动产业绿色技术变革。提出微结构提供性能的解决方案，超薄导光板光效提升使笔记本电脑待机延长10%，形成行业技术迭代；建立柔性微纳增材制造产线，大尺寸透明电路的性能与绿色制造，处于国际领跑地位。发明了透明电路微纳制造方法，摒弃数十年来电路蚀刻制程，为国内外主流智慧屏等终端全面应用，拉开了智能交互终端产业变革的大幕。

"立体图像光学印材"纳米压印产线

服务国家战略与产业需求，多项成果在国家重大工程应用：二代身份证物理防伪，保障公共安全。创造性地提出"L/H/L介质纳米光栅介质薄膜结构"光子晶体模型，攻克大面积纳米光栅压印模具及工程应用难题。2004年起在二代身份证等法律证卡应用，形成巨大的经济、社会效益；米级口径的衍射光学元件，解决"卡脖子"技术。2002年起，推动大口径衍射光学元件条件建设与工程研究，解决米级全息干涉曝光系统纳米级稳定性等"卡脖子"难题。在国家重大工程应用，为微纳光学领域标志性工作；全息数字制版系统与产业化。发明像素干涉光学头，奠定全息图数字化的基础，研制数码全息制版系统，推动我国全息产业的形成并处于国际前列。

未来，苏大维格将建设成果转化和工程落地的创新联合体。从产业端需求出发，解决高校成果转化过程中最关键的工程验证环节，提升转化成效，同时通过资本的融合功能，将技术方与应用方深度对接，推进成果产业化，形成成果培育和高效转化的长期运行机制。在前沿研究、关键技术与工程科技创新、成果产业化、自主可控的微纳光学与柔性平台技术体系建设、产学研合作协同创新等方面，为提升我国相关领域核心竞争力、锻长板和补短板，做出突出贡献。

面向新基建
构筑"三有一体"产学研体系

中亿丰建设集团股份有限公司

中亿丰未来建筑研发中心

中亿丰建设集团股份有限公司（以下简称中亿丰建设）是总部位于江苏省苏州市、面向全国及全球化发展的大型建筑企业。公司前身创立于1952年，2003年整体改制为苏州二建建筑集团有限公司，2013年更名为中亿丰建设集团股份有限公司，是江苏省首家获得建筑工程和市政公用施工总承包特级资质及市政行业甲级、建筑设计甲级、岩土工程（勘察、设计）甲级的"双特三甲"民营企业，拥有特、一、二级资质20余项，资质结构齐全。公司拥有投融资、规划设计、技术研发、装备制造、数字建造技术咨询等完整的建筑产品产业链条。公司连续多年跻身中国民营企业500强，被评为全国建筑业竞争力百强企业、ENR中国承包商80强、江苏省建筑业综合竞争力百强企业5强。2009年，公司获批江苏省首批建筑企业技术中心，现在已经发展成为涵盖绿色建筑、工业化建筑、数字建筑和地下空间开发等专业齐全的研究机构。如今，公司拥有院士工作站、省级企业研究生工作站、省级工程研究中心、博士后工作站和重点实验室等多方位研发平台，并在2020年获批江苏省第一批产教融合性试点企业（JS00041-2020）、苏州市产学研合作示范企业、中国产学研合作创新示范企业。

近年来，中亿丰建设坚持以技术中心为阵地，以"服务经营，支撑发展，引领未来"为宗旨，以提高效率和效益为中心任务，以技术集成应用为主要研究方向，充分发挥校企双方的优势，努力构建"有用科技，有效科技，有源科技"三有一体的产学研深度融合体系，通过与东南大学、同济大学、华中科技大学、南京航空航天大学、南京工业大学、苏州科技大学等高校开展产学研合作，逐步建立以国家企业技术中心为核心载体的技术研发体系，提高了企业技术创新能力，推动了集团的产业结构优化和产业转型升级，实现了企业健康可持续高质量发展。

产学研合作模式及经验

产学研合作情况概述

中亿丰建设在创新发展过程中，始终持续坚持校企合作和产学研深度融合，通过导入"产学研政用金介"全要素、全产业链的科技协同创新模式，大力引进创新资源，不断完善合作体制机制、创新合作模式、丰富合作内容，促进了技术创新与市场导向深度融合，全面提升企业的科技核心竞争力和市场竞争能力，有力促进了全产业链协调发展。

一是以平台为载体汇资源。中亿丰与东南大学联合成立了"东大—中亿丰校企联合研发中心"，与南航合作成立"南航—中亿丰智能成形制造技术与装备联合实验室"，与东南大学、华中科技大学合作成立了"苏州市产业技术研究院融合基建技术研究所"等研发平台，依托这些平台开展工程博士培养、博士后进站，引进了多名博士领军人才，联合开展多项科技项目，参与编制《住建部"十四五"科技发展规划》，并成功举办了第一届全国基础设施智慧建造与运维学术论坛。

二是以产业为导向创效益。中亿丰与高校主要面向集团的产业发展需求开展校企合作，取得了显著的成效。中亿丰与东南大学合作研发形成 DTCLOUD 数据中台、智慧工地等关键技术产品，支撑了中亿丰数字产业公司的跨越发展；合作开发了装配式组合结构体系，成功打造了国内首例新型建筑工业化零能耗绿色建筑苏州城亿绿建科技示范工程和中亿丰未来研发中心；与同济大学开展产学研合作，获批"江苏省双创人才"，研发形成的创新成果在东汇公园下穿通道、苏州市域轨道交通 S1 线等项目上进行转化，为公司带来巨大的生产效益。

三是以需求为导向出成果。通过各类工程项目、科研项目和产业项目合作，提升了中亿丰建设的科技创新和产业创新能力。2020 年，中亿丰建设与东南大学合作开展的科研项目获批江苏省重点研发计划项目（产业前瞻与关键核心技术）。截至 2020 年年底，共研发形成发明专利 21 项，实用新型专利 147 项，软件著作权 14 项，国家级工法 8 项，省级工法 100 余项；主参编国家/行业标准 13 项；发表核心期刊论文

100余篇，培养了大量的技术管理人才。公司注重科技研发对企业发展的支撑，荣获华夏建设科学技术奖一等奖、中国土木工程詹天佑奖、江苏省科学技术奖等省部级科技奖和行业协会科技奖共计40余项。

产学研人才引进及投入

中亿丰建设始终坚持人才强企的发展战略，人才是推动科技创新的第一资源，公司通过院士工作站、博士后工作站、研究所工作站等各类平台不断从合作高校引入和培养各类科研人才，以充实自身的人才资源和科技攻关力量。另外，为了充分释放人才优势，在政府人才政策的基础上，中亿丰建设也出台了适合企业的高层次人才奖励办法，以加强对高校人才的吸引力，对于认定的各类高层次人才，给予集团副总裁及以上级别待遇。截至目前，中亿丰的研发人员超过200名，其中江苏省"333"工程人才3人，江苏省双创人才1人，姑苏创新领军人才2人，相城区科技领军人才2人，姑苏重点产业紧缺人才7人，相城区重点产业紧缺人才4人。

近年来中亿丰建设不断提高科技和产学研投入，为了提高科技管理效率和技术研发能力，公司建立健全从集团、板块、分公司到项目部的四级科技体系；建立健全推动实现"集团引领、板块跟进"科技创新局面的投入与考核机制，横向建立针对科技中心、工程研究院灵活性的结果导向型考核激励机制，纵向将对各板块、分公司和项目部的科技指标纳入考核指标中；建立健全内外协同的资金投入机制，公司至今投入产学研合作资金数百万元，并争取一定比例的各级财政资金投入，形成科技中心、工程研究院、孵化公司"分工明确，协同创新，产研联动"的科技运行体系。雄厚的人才资源与资金投入为中亿丰建设的产学研合作提供了有力支撑，是中亿丰建设进行科技创新和转型升级的信心所在。

产学研合作成功案例

开展全面合作，推动数字化转型升级

中亿丰建设与东南大学校企合作多年，已建立良好的沟通机制和合作模式。近年来，双方通过技术委托、技术转让、合作开发、人才培养等模式开展了全面而深入的产学研合作，实现了真正意义上的优势互补，强强联合。

东南大学是建筑行业著名高校，在装配式前沿技术研发方面具有深厚的技术积累。中亿丰建设集团紧跟建筑产业现代化的趋势，与东南大学在2019年年初共同成立"装配式建筑研究应用基地"，研发出"新型装配式组合框架结构体系"。依托该技术开展成果转化，已经在城亿绿建办公楼等项目上得到应用，获批国家装配式建筑产业基地，并在业内形成了较强的科技引领示范效应。

中亿丰装配式建筑研究应用基地揭牌

在数字建造领域，面向国家大力发展新基建、建筑业数字化转型升级以及区域发展数字经济先导产业的重大需求，公司建设成立了"苏州市数字建筑工程技术研究中心"，依托该平台与东南大学积极开展建筑数字化领域的产学研合作，研发形成基于BIM的建筑云平台及建筑工程施工安全智能管控关键技术，荣获第十届"创新杯"建筑信息模型（BIM）应用大赛，2018全球工程建设业卓越BIM大赛，2019全球工程建设业卓越BIM大赛等奖励荣誉。创新成果在长三角研发社区、苏河湾和星光耀等苏州市重点工程项目进行了示范应用，实现了三维数字孪生工地的整体管理，全过程数字化建造和运维，提升建筑工程安全、质量，并为业主创造了可观的经济效益，引领了行业数字化转型升级。

在产业孵化方面，中亿丰建设集团积极开展数字建造技术的产业孵化，于2019年7月注册成立中恒数字建造技术（苏州）有限公司，该公司以集团和东南大学的产学研合作成果为基础，提供智慧建筑、数字城市成套解决方案，该公司是苏州市人工智能和大数据应用示范企业和科技中小企业，2020年产值超过2000万元，发展态势良好。

为解决城市地下空间建造过程中的各种技术难题，中亿丰建设集团与东南大学合作成立了"江苏省城市地下空间智能化建造工程研究中心"，研发形成"地下空间基坑监测智能管理平台""紧邻深大基坑群的交叉地铁隧道风险控制与安全保障关键技术体系"等关键成果，实现地铁隧道的mm级变形控制，最终提出苏州地区地铁沿线建筑施工风险控制技术建议。该产学研合作支撑了集团重点项目开发，项目已申请4项专利，荣获江苏省地下空间学会科学技术奖一等奖，获批江苏省城市地下空间智能建造工程研究中心。相关技术成果在苏州仓街仁恒项目、劳动路龙湖项目等工程中得以实践应用，为长三角区域地铁安全运营和地下空间工程开发利用提供技术支撑，具有重大的社会和经济效益。

聚焦精准合作，加快关键技术科技创新

中亿丰建设集团致力于成为一流城市建设服务商，打造在市政、城市轨道交通等传统基础设施专业领域的技术优势，进一步提升差异化竞争能力。为此，公司引进李向红博士与同济大学开展产学研合作，研发形成"城区复杂环境智能化微扰动穿障关键技术及装备""地铁隧道联络通道关键装备"等关键技术。该技术为城市轨道交通建设提供环保的、对城市环境友好的、智能的、微扰动非开挖技术及装备，使在城市复杂环境中以前各种难以穿越的或不容许穿越但需要穿越的通道的实施成为可能，其整体水平达到国际先进，为苏州古城区以及城市CBD区域的轨道交通地铁站之间的各种联络通道的穿越施工提供了技术支撑，推动苏州市城市建设，服务地方经济社会发展。

依托该技术，公司的轨道交通领域竞争能力得到了大幅提升，并于2020年7月底中标了总造价8.55亿元的苏州轨道交通8号线，为集团开展"两新一重"（新型基础设施建设，新型城镇化建设，交通、水利等重大工程建设）奠定了坚实的基础。

结语

成立近70年来，中亿丰建设始终秉持科技创新的发展战略，并且与多所院校、科研单位开展产学研合作，通过校企合作实现资源共享、跨界研发，不断助力企业进行科技创新和人才培养。未来中亿丰建设将以更为开放的胸怀和态度，加大校企合作力度，联合搭建人才培养和科技创新的大平台，通过科研平台创新研究，打破技术瓶颈，补足行业短板，构建产学研深度融合的创新联合体和共同体，进一步推动企业的技术转型升级和高质量发展！

定义 Mini/Micro LED
助推"视听"领域产业化进程

利亚德光电股份有限公司

利亚德光电股份有限公司（以下简称利亚德）为利亚德集团的母公司，成立于1995年，2012年在深交所上市。2019年，公司销售收入超过90亿元，总资产达153亿元。目前，集团拥有员工近5000人，9大生产基地及7大国际营销中心遍布全球。

集团业务布局覆盖智能显示、城市光环境、文旅新业态及虚拟现实技术四大板块，曾先后服务于国庆50、60、70周年庆典，2008年北京奥运会开、闭幕式，2019年军运会开、闭幕式等重大国事活动；参与完成百余座城市的景观亮化，在茅台、成都、蓬莱、西安等城市落地文化演艺及文旅项目。利亚德先后被授予国家技术创新示范企业、中国电子信息百强企业、中国软件与信息服务百强企业、国家文化和科技融合示范基地（单体排名第一）、北京市民营企业百强、工信部制造业单项冠军产品等多项荣誉。

以技术创新为根本，凸显"利亚德"品牌价值

利亚德将创新视为企业发展的根，公司以智能显示为核心，凭借全球领先的技术、丰富的产品、优质的服务，充分整合集团资源，使各业务板块相互促进、协同发

展，凸显强大的"利亚德"品牌价值。公司在产品技术、知识产权、专业资质等方面具有巨大的优势。

技术优势

2010年利亚德全球首发LED小间距产品，目前仍处于全球领先地位。该技术使利亚德LED小间距显示产品具备真正无缝拼接、超轻超薄、超静音、亮度高可调节、高效节能、视角广、多画面任意缩放、使用寿命长、可立体显示、超高刷新速率、无闪烁、无灼伤12大特点。利亚德LED小间距技术引领了全球LED产业的发展，代表了当时LED显示行业最前沿的技术水平。

根据美国权威市场调查机构——Futuresource发布的全球显示行业市场调查报告：利亚德连续4年蝉联全球LED显示市占率第一（小间距LED、户内LED、固定安装LED市占率第一）。

2020年，利亚德率先推进Micro LED技术和产品创新，发布行业首份《Micro LED显示技术与应用白皮书》，重新定义Mini/Micro LED，领创产业化进程。

知识产权优势

公司国内外研发人员700余人，致力于自主研发，持续创新，且重视知识产品的保护。截至目前，公司已申请和授权的国内外专利超1500项，软件著作权超250项，注册商标超400项，主持和参与了近20项国家标准、行业标准的制、修订工作，增加了企业软实力，支持了企业持续发展，提升了企业核心竞争力。

资质优势

公司在智能显示、景观照明、文化旅游等业务板块拥有大量的专业资质，为公司成为业内领先的LED应用整体解决方案提供商奠定了重要基础。如，集团旗下的照明企业，多数具备"照明工程设计专项甲级"和"城市及道路照明工程专业承包壹级"双资质。其中，一家同时拥有建筑智能化行业"电子与智能化工程专业承包壹级资质，建筑智能化系统设计专项甲级资质"及照明行业"城市及道路照明工程专业承包壹级资质，照明工程设计专项甲级资质"，行业内称为"双双甲"资质，为公司承接大型项目提供绝对的竞争优势。

品牌优势

"利亚德，利益亚于品德"是利亚德在市场上立于不败之地的金字招牌。品德至上，利亚德以做"全球视听科技领创者"为目标，秉承"高品质、有服务、重诚信、尽职责，服务一切让客户满意"的经营理念，持续推动行业的发展，持续为客户提供优质产品，用品牌赢得了市场的广泛尊重。如今利亚德的产品已远销世界各国，形成了国际化的业务布局，为公司业务规模的进一步扩大和在全球范围内提高品牌知名度奠定了良好的基础。

近年来，利亚德通过品牌战略持续提升品牌价值与市场影响力，同时也将利亚德的民族品牌形象推向新的高度。由人民日报社主办的第六届中国品牌论坛上发布的 2020 年度中国品牌案例，利亚德荣获"2020 年度中国品牌创新案例奖"。

以产学研合作为依托，服务企业创新发展

坚持以科技服务国家重大政治文化活动

作为中国重大政治文化活动的视效服务商，利亚德坚持以科技力量，践行"强国、兴业、惠民"的企业社会责任，让世界共享科技创新成果，先后为国庆 50、60、70 周年庆典，2008 年北京奥运会、2010 年上海世博会、2014 年 APEC 峰会、2016 年 G20 杭州峰会、2017 年厦门金砖国家峰会、2018 年上海合作组织青岛峰会、2019 年第七届世界军人运动会，以及央视春晚等国内外重大活动、赛事提供视效服务和整体解决方案。通过承建和参与重大活动，利亚德过硬的技术和产品经受了考验，还依靠优质服务赢得了品牌与市场。

坚持创新驱动引领行业发展

作为国家技术创新示范企业，利亚德一直高度重视科技创新，专注智能显示领域的技术研发，不断完善研发体系。目前，公司拥有专利超 1500 项，其中发明专利近半，国际专利约占四成。建设有博士后科研工作站，还有国家 CNAS 认证的中心实验室 2 个、北京市工程实验室、北京市技术创新中心、北京市企业技术中心、北京市设计创新中心、北京市国际科技合作基地、智慧广电重点实验室等多个国家级、市级重点实验室。

利亚德坚持创新驱动发展，不断突破技术壁垒，实现产品创新，以满足客户的更高需求，推动行业发展；始终坚持全球化发展，推动开放合作，实现互利共赢。2020 年 3 月，利亚德与晶元光电合资成立利晶微电子，并第一时间建设无锡生产工厂，加速研发和生产以倒装封装、巨量转移为主要生产工艺的 Mini LED 背光显示、Mini/Micro 自发光显示产品，打造首个运用巨量转移技术实现最小尺寸 Micro LED 显示产品大规模量产的产业基地。为了全面推进 Micro LED 的技术研究，利亚德、晶元光电、利晶三方联合成立 Micro LED 研究院，旨在结构化整合三方资源，实现优势互补，协同开发，共享研究成果。

坚持文化和科技融合创新发展

利亚德始终坚持科技、文化融合发展，以科技赋能文化产业，围绕打造极致视听文化体验的核心理念，在文化产业大发展的时代背景下，努力探索文化体验方式与文化消费业态的创新，稳步推进夜游经济与文旅业务融合发展的战略，通过搭建文化、科技融合发展平台，打造出更多具有全球影响力的文化和科技融合精品。

从北京奥运会开、闭幕式上打造的"梦幻五环""巨型 LED 地屏画卷"等艺术场景呈现，到北戴河全域旅游规划及核心景区的业态植入、江安河水韵天府都市公园情景式消费的活态展览体验、大庸古城文化改造，再到成功打造出全球首个大型新媒体沉浸式空间体验秀《天酿》，每一个项目都是利亚德在文化与科技融合发展中不断努力的结果。2019 年，凭借对文化旅游、文化演艺的改革成果，以及对产业上下游产业链的示范作用，利亚德和旗下公司——励丰文化从全国近百家单位企业中脱颖而出，被认定为国家文化和融合示范基地。

坚持金融投资创新助力企业腾飞

2012 年，利亚德在创业板挂牌上市后，2013 年开始，公司走上了内涵增长与外延并购发展之路。利亚德先后收购了互联亿达 100% 股权、金达照明 100% 股权、君泽照明 100% 股权、万科时代 100% 股权、合道智能 85% 股权等 10 多家公司部分或全部股权。其中，规模较大的并购是两笔国际并购，一是 2016 年年底耗资 8.64 亿元收购 NP 公司 100% 股权及 NP 公司相关不动产，拥有了全球领先的光学动作捕捉技术，开始全面布局虚拟现实业务；另外一笔并购发生在 2015 年 10 月，公司耗资 10.04 亿元收购 PLANAR 公司 100% 股权，强化公司智能显示业务。通过金融投资的创新，产业布局日趋完善，利亚德的资产规模也急剧扩大。2012 年年底，公司总资产 9.54 亿元，2019 年年底，总资产 153.78 亿元，7 年增长逾 15 倍。

以企业文化、机制创新，激发企业创新活力

企业文化，成就新格局

"利益亚于品德"是利亚德名字的由来，"分享"则是利亚德企业文化的灵魂。利亚德将其融入企业的使命、愿景、价值观等核心理念中，坚持"平等、尊重、信任、合作、共赢"，成为公司 25 年来不断前进与发展的动力源泉和团结凝聚的制胜法宝。

利亚德始终秉持"积极承担社会责任，关注民生回报社会"的慈善理念，不忘回报社会持续投入公益事业，成立繁星教育基金，长期致力于贫困地区的教育、文化公益事业。利亚德党员带头做好公益，不定期开展扶贫主题的党日活动，积极响应国家精准扶贫的号召，将温暖和关怀送到最需要的地方、送给最需要的人。

管理机制，铸就"生态圈"

利亚德通过组织架构和激励机制的创新加速企业发展。为维护股东、员工、客户等利益相关方的合法权益，保持高标准的企业治理水平，利亚德根据《中华人民共和国公司法》《中华人民共和国证券法》《上市公司章程指引》等相关法律法规要求，不断优化内部控制体系，促进规范化运作。集团工作由董事局指导，经营管理层负责具体经营管理，下设 5 大职能管理体系，实现 5 大事业群的高效运营与管理。为进一步

规范企业管理，提高运营效率，目前所有成员公司均完成了 SAP 与 OA 的部署。

在员工激励方面，利亚德最值得骄傲的就是激励机制创新。利亚德致力于实现全公司的共同富裕，通过原始股权、期权、员工持股计划的推行，公司基本实现主要员工持股。股权激励机制的建立使企业凝聚力特别强，团队稳定性、执行力和战斗力也不断增强。

在产业发展将从数字经济中吸取新动能的背景下，利亚德建设数字平台，进行数字化管理，以数字化提升对行业变化的洞察，提升对顾客需求的响应，提升配套服务的品质等多个方面。与此同时，利亚德以数字平台帮助企业构建强大的"生态圈"，助力于企业的快速发展，赋能新业务，助力传统企业成功突围，实现企业数字化转型。保障了公司更好更快地享受到数字经济的发展红利，通过进一步提升企业的决策能力、运营效率、创新能力，为客户创造更好的体验，助力企业实现更好增长。

产学研合作成功案例

利亚德依托全球领先的技术，把握国际市场技术趋势，广泛与耶鲁大学、北京航空航天大学、北京邮电大学、北京理工大学、北京大学等高校开展合作交流。

在立体显示领域，积极与国内外大学、公司开展裸眼 3D 显示领域的合作。与北京航空航天大学合作开展裸眼立体显示 LED 屏幕技术的研究，推出首款 108 寸 LED 裸眼 3D 电视，经过权威机构的检测，并在北京市落地应用。与北京邮电大学成立北邮—利亚德联合实验室，以信息光电子学、基于 LED 的新型 3D 显示、VR/AR 显示领域的相关研究作为工作重点开展研究工作，联合开发 3D 智能显示系统。

与北京理工大学签订合作协议，就色彩光学领域展开深入合作研究，显示技术内容包括视觉图像技术。在原有三基色的显示技术基础上，扩展到六基色技术，具有大色域、易调控、视觉色彩保真、还原度高等技术优势，领先于国外水平，将基于多通道、多影响因子颜色机理的新技术在显示领域得到了广泛的应用。此外，利亚德与其合作完成的"新光学密度国家基准的视觉成像技术研究与应用"项目荣获北京市科学技术进步奖二等奖。

在国际上，与美国耶鲁大学教授合作，和 Saphlux 签订"Saphlux—利亚德联合实验室"合作协议，双方旨在 Mini LED、Micro LED 和高亮度激光投影领域开展深入合作。Saphlux 拥有全球领先的半极性 GaN 及相关技术，可解决 LED 晶圆的波长一致性和峰移的问题，对于提升 LED 光源质量、减少工艺成本具有相当积极的作用。

践行大科研运作模式
做高端环保装备领军企业

青岛达能环保设备股份有限公司

占地面积：13.7万平方米
建筑面积：5.84万平方米

青岛达能环保设备股份有限公司厂区

青岛达能环保设备股份有限公司（以下简称青达环保）成立于2006年10月，主营"锅炉及其辅助设备、烟气污染物减排及余热利用设备、环境污染防治专用设备、蓄热设备、清洁供暖系统、化工专用设备"等业务，曾先后获得"国家知识产权优势企业""高新技术企业""国家环保装备制造行业规范条件企业""省技术创新示范企业""省专家服务基地""省高端装备制造业领军企业""省创新转型优胜企业""省首批战略新兴产业重点企业""省节能环保100强企业"等荣誉，主导产品达到"国际领先/先进水平"，企业综合实力位居行业前列。

政产学研金用一体化成功经验和做法

企业"挑大梁"，院校"贴身伴"，形成以企业为主体、市场为导向、产学研深度融合的技术创新体系，在新旧动能转换工作中走在前列。

联合产业上、中、下游企业和山东大学、西安交通大学、机械研究总院青岛分院、全国各大电力研究院等国内一流大学、科研院所，建立长期稳定的产学研合作关系，协同建立起开放型、高层次与多元化的创新平台。

通过产业链垂直整合和创新资源优化组合，形成涵盖技术、人才、平台及国际合作高度融合的协同创新系统和完善的技术开发产业链,打造成跨界协同的创新生态系统,推动产学研用一体化和行业科技进步。

依托平台,壮大人才队伍。通过现场探访、电话、信函、邮件等,企业第一时间和专家取得联系、寻求帮助。通过专题讲座、学术研讨会、技术交流培训、外出学习等方式,利用合作项目研发过程中的传、帮、带,企业科研团队得以"零距离"承接专家的科研思路、理念、方法、模式,进而培养了一大批留得住、用得上的企业创新人才。

通过企业和专家"结对子"联合攻关、"连亲戚"转化成果,企业成为科技成果转化的"高仓",专家成为企业转型发展的"高参"。

此外,还筑巢引凤先后与山东大学马春元专家团队、机械研究总院青岛研究院专家团队、中国石油大学专家团队、华为专家团队、京东专家团队、全国各大电力研究院专家团队建立了密切的产学研合作关系,实现了"引来一个人才,带动一个项目,吸引一个团队,催生一个产业"的发展新格局。

产学研合作制度、机制创新

建立健全各项管理制度,制定较为完善的各项管理办法和运行制度,包括"研发机构章程、产学研合作管理办法、科技发展薪酬激励制度、科技激励表彰制度、科研项目立项和成果管理制度、开放服务管理办法、研发投入核算财务管理制度、研发人员绩效考核奖励制度、知识产权管理制度、信息管理制度"等,为企业研发机构规范运行提供制度保障。

坚持国际合作和对外开放的运行机制,通过"项目开放、人才开放、资金开放、成果开放"方式,建立"协同创新运行机制、共建共享机制、多元化投入机制、人才激励机制、市场化服务机制、成果转化与商业化机制、成果共享机制"等运行机制,充分利用社会科技资源,构建紧密合作的创新网络。

实施储备、培养和引进相结合的人才战略。在人才培养、引进与使用上,采取一系列措施发挥高级人才的作用和优势,比如:为高级人才创造良好的工作、生活环境,并为其提供充足的科研经费;提高工资待遇,高级技术人才年薪单独制定;鼓励并安排中心人员进修和短期学习,中心报销费用;通过股权、分红权、奖励等多种形式,充分调动科技人员创新和创业的积极性。对于有能力、做出成绩的技术人员,不仅提高其工资待遇,给予其荣誉和表彰,还不拘一格予以提拔重用,做到人尽其才。

重要成果和突出业绩

采用"科技研发、成果应用与产业化发展"相结合的大科研运作模式,资源共享、优势互补,充分发挥多专业、多学科的整体优势,提高了企业的技术创新能力,实现了以企业为主体的技术创新，研发出一批具有首创性、引领性、颠覆性，突破行业技术瓶颈的新技术，使企业的研发水平始终处于行业领先地位，而"烟气、炉渣、废水"三废处理等一系列高水平科研成果的应用，带动了行业企业的科技创新和产业发展，提高了行业核心竞争力和可持续发展能力。

在研发方面，先后承担了国家科技支撑计划、国家重点研发计划、省自主创新专项、省重点研发计划、单列市科技支撑计划等重大科研项目，主持或参与行业标准制定4项，研发成果获授权专利100余项，主要新技术新产品达到"国际先进或领先水平"，先后获国家科技进步二等奖、国家金桥奖、国家重点新产品、省科技进步一等奖、省首台套技术装备/高端装备、单列市科技进步二等奖等一系列奖项。

成功案例

从2009年开始，国家加大了对节能减排市场的政策支持，烟气节能减排的市场发展也迎来绝佳机会，而对于青达环保而言，烟气节能减排却是一个崭新的领域，由于缺乏技术领军人才，单靠自己的力量可能会错失良机，产品转型升级迫在眉睫。

为此，公司董事长王勇开始寻求外援，主动联系国内众多知名大学的专家学者，跑再多腿，吃再多苦，他都甘之如饴。功夫不负有心人，他和西安交通大学赵钦新教授一拍即合，双方强强联手拉开双方全面合作的序幕。赵钦新教授和陵县的专家团队通过"产品技术发展战略咨询、定期现场指导、技术难题答疑及协同创新"，发挥其"站位高、思路宽、视野远"的独特优势，瞄准行业发展制高点，把握行业热点和前沿，双方共同攻破"气液固凝并吸收抑制低温腐蚀的烟气深度冷却技术及应用"项目科技难题，从理论上解决了低温腐蚀的问题。

西安交通大学赵钦新教授现场指导

作为企业来讲，把技术转化成生产力是必需的过程。技术只是第一步，要想做出产品，如何把技术转化成生产力也是不可或缺的一部分。从实验室到生产线，后者的工作量占据了总工作量的 70% 以上，当然也就伴随着更高的风险。任何一个环节出了纰漏，前期的工作都会功亏一篑。一般企业都不愿意冒这个风险，但王勇不怕，在他眼里，只要是脑子思想不滑坡，办法总比困难多。再艰难的事，不迈出第一步，永远也不会出现转机。通过双方不懈的努力，该技术产品最终研制成功。

但问题来了，理想再怎么饱满，遇见现实也有难以跨过的坎。产品研制成功，本是件高兴事，可产品在市场推广过程中出了问题，客户不认可。但是，王勇董事长没有一蹶不振，而是咬紧牙关，克服困难。他先是踏踏实实把产品示范工程做好，然后通过覆盖全球的营销管理和售后服务网络系统，以传统行业的品牌和口碑作为突破口，积极利用以往良好的客户关系群、品牌形象、产品质量及品牌市场影响力，打造创新营销模式竞争优势，树立青达环保在新兴市场的品牌地位，达到品牌延伸战略的目的。准确的市场定位，提高市场竞争优势。经过一年多的坚持和努力，公司订单业绩逐年上升，实现了新的技术经济增长点。

该技术产品平均一度电可节约 1～3 克标准煤，设备使用寿命大幅度提升，优于国外同类产品，总体技术达到"国际先进水平"，获得"国家科技进步二等奖""国家金桥奖""国际高新技术成果交易会优秀产品奖""省科技进步一等奖"等荣誉。每年可以为一台发电机组节约几千吨燃煤，减少几千吨碳排放，年销售收入达到 2 亿～5 亿元，成为企业新的经济增长点，实现了企业跨越式发展。同时，也有效推进了节能减排技术和产业的发展，在烟气节能减排技术领域起到了示范、引领作用。借力合作，实现"弯道超车"。

总之，"创新驱动"正成为"聚力推进转型升级发展的第一动力"，推动产业结构调整，加快新旧动能转换，促进经济转型升级提质增效。利用品牌延伸战略，打造营销创新竞争优势，经营绩效逆势增长，体现创新驱动带来的品牌价值增值，实现企业跨越式发展，对行业和地区经济建设和社会发展做出了突出贡献。

践行绿色发展新理念
争当行业科技创新领头雁

中煤地质集团有限公司

中煤地质集团有限公司（以下简称中煤地质）隶属于中国煤炭地质总局，是国务院国资委下辖的一家二级央企，注册资金10亿元，各类专业子、分、控股公司20余家，服务区域遍及国内20多个省（市、区）和境外10多个国家（地区）；拥有地质勘查、地质灾害治理、地基与基础施工、市政公用工程总承包等36项甲级及壹级施工类资质以及生产医疗器械Ⅲ类许可。

中煤地质自1994年国务院经济贸易办公室批准成立以来，依靠自身努力不断创造辉煌。尽管企业相对年轻，但其卓越的表现，已经在业界树立起自己独特的形象。曾先后荣获"全国文明单位""全国地质勘查行业先进集体""全国模范地勘单位""AAA级信用企业""全国煤炭行业优秀施工企业""全国工程建设优秀施工企业""全国建筑业质量管理优秀企业"等百余项荣誉称号。在"煤铀兼探"和"矿山应急救援"领域处于国内、国际领先地位。现在，中煤地质集团正在朝着打造具有行业领先的资源勘查开发和生态文明建设企业集团的目标不断前进。

多层次创新助力冲向行业领先高地

"十三五"期间，中煤地质紧紧围绕改革发展总体思路，深刻领会新发展阶段地勘经济的内涵，积极践行绿色发展理念，致力于"打造行业领先的资源勘查开发与生态文明建设企业集团"这一战略目标，以创新驱动、产融结合为抓手，促进资源向核心产业聚集，优化提升传统产业，开拓布局新兴产业，精心培育核心竞争力，逐步形成了"地质勘查与矿业开发、生态修复与环境治理、地下技术与工程建设、金融地质与产业运营、生物材料研发与制造"五大主业板块，取得巨大成绩，成为行业发展的引领者。

所以能成为行业发展引领者，离不开中煤地质坚持以企业为主体，以市场为导向，大力推进"产学研用"相结合，构建了多层次"产学研"创新体系。

在集团内部，设立创新发展研究中心，专门负责集团牵头的产学研用合作研发工作。通过成立专责机构，引进行业和高校领军人才，打造中煤地质集团新领域、新业态方面的高层次科研团队，加大和高校与科研院所合作深度，大大提高了产学研合作的针对性和有效性，取得了良好效果。

在与外部合作方面，中煤地质设有专门的产学研合作机构——院士专家工作站，与张铁岗等院士在前期合作基础上，在煤矿安全、新能源开发等领域开展深入合作，实现科技成果转化。目前正在牵头联合中国地质大学（北京）组建应急管理部钻井救援技术重点实验室，双方发挥各自优势，共建共管，打造国内一流的以大口径钻井技术为核心的矿山应急救援体系。

此外，中煤地质还与中国地质大学（北京）、成都理工大学、中国矿业大学（北京）、中国科学院等多家高校、科研院所签订合作协议，成立战略联盟，开展灵活多样、覆盖面广的产学研用合作，并取得了一系列重要成果和突出业绩。

创新找矿理论，矿产资源勘查领域迈上新台阶。"十三五"期间共提交报告91份，提交煤炭资源量105448万吨，发现了大营、陆海、恩格日音和喀木斯特等大型砂岩型铀矿床，实施的贵州六盘水杨煤参1井创下西南地区煤层气直井单井日产量新高和稳产日产气量新高。

创新技术能力，勘查安全与救援领域实现新跨越。以一流的定向技术为引导，积极引进先进的设备，向煤层气、页岩气多分支水平井开采等地勘延伸领域开拓了新的市场。"重大矿山事故钻孔救援关键技术及配套设备应用研究"获各类科技进步二等奖3项，专利10余项。"大孔径应急救援钻孔施工技术研究项目"研发并掌握了4大核心技术，获得发明专利1项。创新了多尺度顶板导水通道封堵减水材料体系，填补了煤层上覆巨厚含水层矿井减水堵水技术空白和我国多分支水平井地面注浆堵漏技术的空白。"华北型煤田煤层气底板注浆加固技术研究"获得了20余项发明和实用新型专利，堪称科技成果凝练和转化的范例。

核心竞争力提高，科研成果显著。"十三五"期间，中煤地质获得专利111项，发表各类学术论文235篇，正在编制及完成的国家标准1项，行业标准2项，团标3项，企标2项，各类奖项32项。

在深化企业改革发展过程中，中煤地质集团在组织模式、管理制度、运行机制、激励机制等方面大胆创新，激活了企业发展动力。"十三五"期间，完成了两次三项制度改革，逐渐建立与企业实际和市场经济相适应的选人用人机制与激励约束机制，不断激发员工的活力，焕发企业改革发展的生机。

近年来，中煤地质涌现出了一批优秀的科技创新和职业技能领军人才。多名职工获得国务院政府特殊津贴、国家百千万人才工程、全国"最美地质队员"、黄汲清青年地质科技奖、"青年地质科技奖"银锤奖、"野外青年地质贡献奖"金罗盘奖等。

产学研合作大幅提升创新能力

中煤地质大力推动产学研深度融合，积极推动创新要素集聚，使企业的创新能力和市场竞争力得到大幅提升，产学研合作硕果累累，仅以"铀煤兼探"和"抢险救援"为例。

"铀煤兼探"创新绩

中煤地质联合中国地质调查局天津地质调查中心、新疆油田、中国地质科学院、成都理工大学等单位，实现了铀矿找矿、理论方法和人才培养等多方面的成果。承担了含国家级在内的各类铀矿项目11个，发现了新疆喀木斯特、内蒙古二连盆地陆海和恩格日因3个大型或超大型铀岩型铀矿床，铀矿找矿取得了巨大突破，开创了多个第一。

喀木斯特铀矿床的发现，结束了准噶尔大型盆地无大型砂岩型铀矿的历史，落实了该盆地第一个大型砂岩型铀矿床，开创了该区铀矿找矿的新局面。陆海超大型砂岩铀矿床是我国目前发现的资源量最大的古河道型砂岩铀矿床，其规模达到超大型。恩格日音大型砂岩型铀矿的发现，极大地拓展了二连盆地铀矿找矿空间，打破了该盆地马尼特坳陷南缘形不成大矿的传统认识，开创了该区铀矿找矿的新局面。

继采用"煤铀兼探"技术发现了恩格日因大型铀岩型铀矿床后，中煤地质发现土壤氡气测量方法在该区具有明显的找矿作用，创立了"煤铀兼探+测氡"的铀矿找矿新技术，采用该方法，发现了陆海超大型砂岩型铀矿床，结束了"煤铀兼探"原位验证勘查的历史，开启了通过新技术、新方法铀矿找矿的新阶段，该方法已由自然资源部中国地质调查局推广到全国铀矿找矿当中。

与此同时，依托项目创建了煤铀兼探科技创新团队，培养了一批包括"百千万人才国家级人选"在内的一批铀矿专业人才队伍，可承担砂岩型铀矿从地质勘查到选冶生产全产业链的系列工作。团队成员已发表文章30余篇（其中EI检索文章5篇），申请专利 5 项，为地质集团品牌建设做出了重要贡献。

"抢险救援"体系、能力建设不断完善

构建钻孔救援技术体系，全面提升钻孔救援能力。与高等院校和企业建立科技创新合作联盟，走产学研合作的道路，开展了一系列钻井救援关键技术攻关和重点技术创新的救援实践，构建了一套涵盖救援钻孔准确定位技术、快速钻进技术、定向钻进技术、大孔径救援孔钻进技术等为主的"五大关键技术"和"十二项工艺"的完整钻孔救援核心技术体系，获批各类专利 10 余项。利用该技术，先后为矿山、公路隧道、铁路建设企业打通五十多条救援通道，成功救助遇险人员 300 余人，成功营救被困人员 191 人，挽回事故企业和国家上百亿元的经济损失，其中山东笏山金矿事故救援中成功升井 11 人就是典型范例。

山东笏山金矿事故救援成功升井现场

打造国家钻孔救援创新技术平台。2020 年，牵头联合中国地质大学（北京）申报建设钻井救援技术应急管理部重点实验室，开展钻井救援理论、钻井救援技术与装备、救援钻井护壁堵漏技术和救援钻井侦测技术等方面的研究，将进一步加强与矿山企业、隧道及城市建设单位的科技研发与合作。

培养钻孔救援人才队伍。吸收中国矿业大学、山东科技大学、勘探技术研究所等高校及科研院所有关创新型科技人才，共同组建了一支中国煤炭地质总局矿山（隧道）抢险救援及安全生产保障科技创新团队。

延伸救援钻井技术服务范围，努力构建矿山灾害预防技术体系。先后与中国矿业大学、河南理工大学、中煤科工西安研究院有限公司、冀中能源公司、淄博矿业集团等学校、研究机构和企业合作联合开展技术攻关和现场试验，形成了煤矿区水害致灾

隐患高效探测与治理技术体系、煤矿石门揭煤中地面钻井消突技术研究、地面定向一井多孔井上下双系统瓦斯抽采技术、大孔径钻孔快速施工技术等一系列科研成果，初步形成了以灾前预防、灾中抢险、灾害治理为一体的矿山灾害抢险与灾害治理技术体系。

实现产学研精准对接的需求与建议

尽管中煤地质集团在科技创新领域取得了骄人业绩，一些关键技术得到了国家有关部门和社会的高度认可，但也存在一些短板。

从创新水平来看，地球系统科学理论研究短板突出，深地、深海探测前沿理论和技术鲜有涉及，核心技术和关键技术掌握不够，对"卡脖子"工程技术研发能力、经费、可持续性等方面欠缺。

从创新体制机制来看，各项科技创新政策还未完全落地，留住、吸引优秀科技人才的措施还不够硬，依靠科技创新解决重大问题的意识和氛围还不浓厚，科技创新的环境还不够宽松，促进科技创新的体制机制尚需进一步完善。

从创新团队来看，研发人员相对较少，由于地质行业的特殊性，对科技人才的吸引力相对较低，集团缺乏高层次的科技人才，特别是领军型科技带头人更加缺乏。

要解决上述问题，首先要积极推动制度建设落实落地。围绕"两利四率"要求，不断完善和健全管理制度，优化管理流程，激发团队活力。

其次，要做好"十四五"产业重点攻关方向、关键核心技术攻关规划。围绕中煤地质集团五大主业有序推进技术攻关、科研课题的立项、实施和管理，大力推进科技创新团队和科技人才队伍的建设。

此外，要加大科技产业研发布局。在高质量发展的导向下，在科技创新及产业落地发展的过程中，使研发经费投入强度与提高经营效率、高新技术企业维护达到高度融合。

与此同时，要搭建多维科技研发平台，推进产学研用一体化，推动集团科技创新能力良性发展。

产学研医协同创新　引领医疗 AI 前行

上海联影智能医疗科技有限公司

上海联影智能医疗科技有限公司（以下简称联影智能）是联影医疗技术集团旗下的人工智能公司，2017 年年底成立于上海，是联影集团在人工智能领域中的重要战略布局。依托联影集团高性能的软硬件技术平台与资源优势，联影智能已成为全球少数能够提供贯穿成像、筛查、随访、诊断、治疗、评估全流程，覆盖全病种，全栈全谱智能解决方案的医疗 AI 企业，为医生、医疗设备赋能提效，与用户、合作伙伴携手共赢，让 AI 成为用户的最佳伙伴。

截至目前，联影智能已完成 20 余款 AI 应用研发，获 NMPA、欧盟 CE、美国 FDA 等多项国内外"市场准入证"，产品落地全国 500 多家医院，贯穿六大诊疗环节，赋能设备、临床及科研三大场景。此外，联影智能已与近 20 家顶级医院和国内双一流大学建立战略合作或联合实验室，助力科研成果转化；承担、参与国家、省市及地方各类科技项目共计 30 余项；累计发表科研论文近 80 篇，包括 30 余篇期刊文章。其中，近 10 篇文章在影响因子超过 10 分的期刊上发表，10 余篇文章在顶尖国际会议上发表。

加速创新，全力投入抗"疫"

2020 年，被一场意外侵袭的病毒按下了"暂停键"。作为医疗同行者，联影智能尽 AI 所能，分医生之忧患，与前线抗疫勇士同战"疫"。联影智能积极响应，联合各界加速产品创新，全栈助力抗"疫"，以 AI 保护医生，阻隔病毒，助医生高效阅片。

研发 uAI 新冠肺炎智能辅助分析系统，助力百家医院抗击疫情

疫情拉响警报，全国陆续启动一级响应，去医院检查的患者数量也呈井喷式增长。尤其是武汉放射科医生，他们连续工作十个小时以上，连续做 100 多个 CT 才勉强得空坐下来喘口气，这也成为抗疫一线医院放射科的常态。而确诊病人 1 次检查需 400 幅 CT 图像，这意味着放射科医生一天至少需读 4 万张 CT 图像。

为减少新冠肺炎误诊、漏诊，并助力精确分诊确诊患者、疑似患者、无肺炎患者。联影智能研发出业界首款综合肺炎整体与局部影像特征、对肺炎影像精确分诊的 AI 全流程解决方案，助力医生有效甄别疑似、分流患者、进行治疗辅助决策。

春节期间，联影智能团队驻扎抗"疫"一线，收集临床需求，倾听医生意见，着手研发。用时5天，联影智能完成新冠肺炎AI系统研发，火速上线上海市公共卫生临床中心和武汉火神山医院，成为首个入驻火神山医院的新冠肺炎AI系统。

基于独创分割算法，该系统可秒级完成肺、肺叶、肺段以及病灶的分割，自动标记病灶，对新冠病毒感染病灶勾画重合率超91%，全肺感染百分比量化误差小于1%，可将5～10分钟的CT阅片缩短至1分钟以内。此外，该系统可全自动匹配治疗前后影像检查的肺炎病灶，实现前后影像同步阅片。

截至目前，联影智能uAI新冠肺炎智能辅助分析系统陆续在全国100余家抗疫一线医院上线，助力完成数万例新冠肺炎患者的筛查与辅助诊断。该系统还驰援海外，在东南亚、美欧和非洲多个国家启动了试用。

AI算法搭载CT设备，实现无接触扫描

新冠肺炎疫情期间，在放射科，医生每天都要与患者直接接触——帮助患者摆体位、确定扫描范围、与患者沟通流程等，为防止感染，CT室技师检查时都要穿上密不透风的防护服。而疫情期间，防护衣、口罩等防护物资紧缺，为了节约防护服，经常有技师主动延长自己的工作时间，不敢喝水、不敢饮食、不敢如厕，一工作就是十几个小时。而患者也可能因长时间等待CT检查产生交叉感染，或产生害怕、焦虑等不良情绪。

为保护医务人员及患者免受交叉感染，同时保证高质高效的CT检查。联影智能自主研发支持隔室扫描的"天眼AI平台"，并搭载于联影全线CT。患者无须脱下口罩，即可识别人脸及全身位置信息，实现智能定位和摆位；医生无须进入扫描间，设备就可以自动、精准地完成患者摆位和扫描等流程，大大降低交叉感染风险。联影智能与CT设备"珠联璧合"，为抗疫一线提供智能精准的扫描解决方案，并在武汉雷神山医院、火神山医院、华中科技大学同济医学院附属协和医院、上海交通大学医学院附属瑞金医院、上海市第四人民医院，以及武汉数十个方舱医院移动CT上投入使用。

联合多所医院、高校推动AI用于新冠肺炎方面的研究

从新冠肺炎临床痛点出发，联影智能联合10家医院和8所高校，组成了多个科研突击队，对新冠肺炎科研进行全力支持，从成像、筛查、随访等环节展开研究，多篇论文被各影像AI顶级期刊收录，部分研究成果也已应用于全国多家医院。比如联影智能以第一作者发表的论文 *Towards Contactless Patient Positioning* 被 *IEEE Transactions on Medical Imaging*（影像AI顶级杂志，影响因子：7.816）收录。该文中介绍了扫描设备全新一代的无接触定位系统，该系统运用独创的AI算法快速重建患者三维模型，实时摆位并监测患者运动状态，在床单覆盖、口罩遮掩等情况下，可

对任何摆位的病人实现自动定位，使医生仅在操作间即可远程操控完成扫描。

再如由联影智能与天津大学、华中科技大学同济医学院附属同济医院、上海交通大学医学院附属瑞金医院、吉林大学中日联谊医院合作发表的论文 Diagnosis of Coronavirus Disease 2019（COVID-19）with Structured Latent Multi-View Representation Learning 入选 IEEE Transactions on Medical Imaging。提出了一种利用完备性和结构化的多视图学习方法进行新冠肺炎的鉴别诊断，在五折交叉验证的结果表明，诊断精准度、灵敏度和特异度分别达 95.5%、96.6% 和 93.2%。这也意味着基于该方法开发的 AI 系统可辅助诊断新冠肺炎，并帮助在疫情严重、医疗系统超负荷的国家和地区，快速鉴别诊断新冠肺炎，助力全球抗疫。

还有如联影智能与上海交通大学医学院附属瑞金医院、温州市中心医院、温州医科大学附属乐清医院合作在国际权威杂志发表的通过多尺度卷积神经网络的定量方法，对新冠肺炎感染程度进行更为精准的评估，大幅降低人工评估的主观性。

通过图像配准技术将 1294 个肺炎病人的数据进行空间结构归一化与统计分析，形成新冠肺炎在全治疗过程中的图谱结构，一目了然地看到疾病进展与治疗过程中的变化结果等成果。

2020 年 7 月，在 2020 世界人工智能大会云端峰会开幕式上，联影智能"uAI 新冠肺炎医学影像智能化诊断全栈解决方案"凭借抗疫的杰出表现和第三方权威机构大规模独立测评中的优异成绩，斩获大会最高荣誉——SAIL 奖（Super AI Leader，卓越人工智能引领者奖）。这不仅印证了联影智能仁心担当的精神和厚积薄发的实力，更印证了医疗 AI 不可估量的价值。

牵头国家重点研发计划首个医学影像 AI 重点专项

2019 年 4 月，"十三五"国家重点研发计划"数字诊疗装备研发"重点专项——"基于影像云平台的全数据链智能医疗新型服务模式"项目启动会在上海张江隆重举行。这是数字诊疗装备研发专项下第一个以医疗影像 AI 为核心征集的项目，联影智能联合各大高校院所、三甲医院牵头搭建智能医学影像云大数

联影智能医疗新型服务模式——国家重点研发计划项目启动仪式

据平台，打造智能筛查、辅助诊断的全新服务模式。

什么是"医学影像云大数据平台"？在它之上又能实现怎样的创想？

联影智能将建立多个覆盖面广、高性能的智能影像云大数据平台，开发并实现新一代人工智能诊断模块化应用，初步形成由 AI 诊断模块组成的智能医疗生态系统，并且在脑卒中、肺癌筛查、骨关节智能评估等方面谋求突破，力争在这一领域领跑国际同行业 AI 疾病诊断研究。

脑卒中俗称"中风"，作为人类第二大死亡原因、第一大致残原因的"健康杀手"，它具有高发生率、高致残率、高致死率、高复发率四大特点。每 21 秒就有一人死于这种来势凶猛的脑血管疾病。如何在三小时黄金时间内完成快

国内首家医学影像 AI 合作培育研究中心成立——研讨会现场

速精准诊断，并确立有效的治疗预后方案是医学界的一大难题，也是本次重大专项的课题方向之一。联影智能与四川大学华西医院、中国人民解放军总医院、吉林大学第一医院共同打造脑卒中智能检测与诊断系统，贯穿诊断、治疗、预后全流程，满足急性脑出血、急性脑缺血及慢性脑卒中不同病征的需求。

中国是"肺癌第一大国"，发病率、死亡率双双高居世界首位。联影智能与上海长征医院、河北医科大学第四医院一起，打造一款肺癌自动化智能筛查 AI 系统，将临床痛点逐一击破。这款应用的诞生，将减轻医生面临的事务性烦琐，全面提升肺癌筛查效率与精确度。

骨关节炎是常见的肌骨关节疾病，我国约 10% 的人口面临不同种类的骨关节炎问题，病症往往缠绵难愈，每年消耗大量的医疗资源。联影智能与上海市第六人民医院、北京大学第三医院携手开发多模态骨关节炎智能影像分析系统，发挥 AI 与大数据的优势，助力骨关节炎诊疗与研究。

产学研合作成功的典型案例

集团协同创新——ACS 磁共振百秒成像临床验证刷新世界纪录

1977 年，第一幅人体磁共振图像诞生，扫描耗时 4 小时 45 分钟；40 年来，磁共振扫描速度飞速发展，单部位扫描时间缩短至半小时左右。但随着临床需求累增，多

数医院即便所有磁共振满负荷运转，仍供不应求，患者预约难、排队久，困境如何破解？

联影携手华中科技大学同济医学院附属同济医院，在光谷院区举办了一场"挑战"磁共振成像速度极限的临床验证活动。运用搭载全球首款秒级 MR 加速技术——ACS 智能光梭成像的联影探索 3.0T 磁共振，15 小时内顺利完成了 268 人次扫描，覆盖全身十余个部位的完整序列，每次扫描净用时百秒左右，单日扫描量为普通放射科的 4～5 倍。

这一重大突破的背后，是联影磁共振两张"王牌"的强强联手——以深度学习为基础的人工智能技术，融合各代磁共振加速成像技术（压缩感知、并行成像、半傅里叶等）于一体的光梭成像技术。针对当日扫描的 268 例检查结果，同济医院放射科 4 位副主任医师从"图像质量、病灶显示、图像伪影"三大维度进行了严苛的"测评打分"。结果显示，全部图像的三项指标均获得优异成绩，完全满足临床诊断需求。

从水平层面的跨模态、跨器官、跨疾病的核心算法，到垂直层面直击医疗行业的痛点、真正被医生接受和欣赏的 AI 应用，联影智能始终致力于构建全栈全谱的医疗 AI 生态。结合联影集团的基因，联影智能当前处于 1.0 阶段：聚焦医疗影像和放射科的成像、临床和科研三方面；3 年至 5 年内将发展至 2.0 阶段，将走出影像科，全面走入多个临床科室，走进手术室，将 AI 的影响力扩大、应用场景拓宽，从数据源到决策的层级上进行拓展、提高；5 年至 10 年内达到 3.0 阶段，将走出医院，走进康复中心，走进千家万户，赋能智能化的可穿戴设备，应用 AI 的监护、康复、预警方案等，为患者及广大家庭带来更多益处。

联影智能创新不已，行深至远，满怀激情，始终勇于寻求突破和创新。作为高新科技企业，作为医疗人工智能的"国家队"，深知高科技企业所应肩负的社会责任，并身体力行，积极解决社会痼疾与难题，让科技向善，造福于人。

联影智能将继续行稳致远，最终建成一个可持续、可复制、可推广的创新服务模式，为健康中国事业做出贡献。

创造智慧育人新境界

讯飞幻境（北京）科技有限公司

讯飞幻境（北京）科技有限公司（以下简称讯飞幻境）是一家将虚拟现实与人工智能深度融合应用的企业，是视觉人工智能领域首批国家级高新技术企业，是5G互联时代被广泛认可的3D（AR/VR）在线教育平台之一。公司主营业务是虚拟现实和人工智能技术创新驱动的市区级产业互联网顶层规划和建设，重点是5G典型应用的三大产业方向，是5G+XR技术模式新基建项目的解决方案供应商。

目前公司已发布教育产业互联网多项产品，例如AR智能课桌、AI智慧屏等数款技术创新产品。公司现基于"基础技术＋应用技术"的科研模式，研发总投入过亿元，应用在各民生工程重要赛道，如智慧教育、智慧医疗、智慧文旅、智慧农业。

在智慧教育行业，基于AR课桌的AR IOT实验平台，在党的十九大献礼期间，向党和国家领导人进行汇报，在《新闻联播》"教育强国"板块进行报道，并在发展改革委致教育部正式感谢信中获得点名表扬。讯飞幻境目前获得206项综合知识产权、40项发明专利、95项软件著作权，已经成为国内虚拟现实领域的行业领袖之一，是重要的产业互联网的先行者。

讯飞幻境在2020中国VR 50强企业名单中排名第四，教育产业排名第一，荣登2020年中国潜在独角兽企业榜单，在中关村5G创新应用大赛中，讯飞幻境获"最具科技成果奖"，幻境AR智能课桌荣获世界VR产业大会VR/AR创新奖。

融合创新，助力智慧教育高质量发展

教育是国之大计、党之大计。2019年2月23日，中共中央、国务院印发了《中国教育现代化2035》，将加快信息化时代教育变革列为十大战略任务之一。

讯飞幻境独有的以视觉人工智能为主的,"云、管、端"的技术产品体系和 AR/VR 引擎等技术构建了技术壁垒,以及以 AR IOT 为引擎,AI 终端为基础的产品、技术、内容、服务平台。讯飞幻境目前已经形成了 AVR 内容体系、智能硬件、软件平台及整体解决方案,致力于智慧教育、人才培养等创新应用和建设。讯飞幻境全系列产品及内容在教育行业中已经规模化落地,全国分设多个业务子公司,已帮助 600 多家学校和 60 万师生提升学习效率。

讯飞幻境面对传统教学中实验室建设成本高、做实验效率低、实验室管理难、做实验体验差的难点,打造除了以实验为基础的"学科教育＋素质教育",覆盖多学段教学,四大阶段教学场景。通过把各类实验器材浓缩成卡牌、将功能性实验室整合进一台"课桌",再用 VR+AI 技术将抽象的知识呈现出来,学生们根据 AI 自发声语音导引扭转卡牌,4 分钟就可以自主完成一个实验,大大提升了课堂效率和教学效果。

潜心研发,教育与技术深度融合

2019 年 9 月 23 日,"伟大历程辉煌成就——庆祝中华人民共和国成立 70 周年大型成就展"开幕式在北京展览馆举行,党和国家领导人参观展览。在改革开放展区里,模拟的 1977 年恢复高考场景成了名副其实的"人气王"。参展观众在指定位置稍待片刻就能生成属于自己的"北京市 1977 年高等学校招生准考证"。通过手机扫码的方式,还能将印有自己头像的 1977 年高考"准考证"分享或保存。互动屏幕旁便是 1977 年北京市高考考场的实景复原,参观者仿佛与奋笔疾书的"考生们"一同感受紧张氛围。而这里人气爆棚的体验产品正是由讯飞幻境提供的核心技术支持与硬件支持。

讯飞幻境潜心打造的体验产品,生动形象地向观众展示了社会主义现代化教育变迁的奋斗历程。自 2017 年起,讯飞幻境就与各项国家级展览活动结下了不解之缘。在 2017 "砥砺奋进的五年"大型成就展当中,讯飞幻境就曾以 AR 技术展现的"升国旗体验"、可视化互动实验教学产品、语音全息助教系统三款产品大放异彩。

创新应用,让"学教管"一步到位

智慧互动教育是"互联网＋教育"背景下的产物,是将教育信息化技术与教学互动有机融合的智慧型应用。现实情况会出现"学校硬件"不到位、"教师软件"跟不上、"学生主体"不配合、整体出现"不适应"现象。讯飞幻境秉承"初心为爱,赋能教育"的初心,针对学校、教师、学生出现的不同痛点,采取有针对性的措施,自主研发出"云、管、端"创新平台,力求打造和谐智慧课程管理系统。

"云"是指除本地部署外,讯飞幻境配套的所有课程包、教学中产生的数据都可以进行云端存储，这就大大降低了对硬件本身运行的要求，以及部署时的工作量。针对教学使用的教学资源，讯飞幻境会不断更新，老师也可以随时从云端下载，随时使用，让老师们更自主、更轻便地规划自己的课堂内容。

"管"是指讯飞幻境自主研发打造的多终端融合使用客户端，随着社会的进步，有必要采取虚拟现实技术与现今的软件开发技术相结合，改变现有的教育方式。很多教室都已经引进了智屏和智能课桌等设备，统一管理这些设备的使用便成为教育使用者的心声，BingoGo客户端为此而生。所有的终端都能实现受一个教师端管控，即一个教师账号可以管控所有学生设备，且支持跨设备管控，不受终端不同的影响。管控的功能有：打开和关闭课程（支持有差别的操作）、锁定键盘和鼠标、关机等操作。

"端"是指智能课桌、智屏、轻沉浸一体机、pc电脑等多终端的使用，每个终端都有独特的功能，智能课桌的图形图像识别能实现卡牌交互，智屏端触控可以实现触摸操作课程，轻沉浸一体机串口对接能实现自动切换2D和3D，相同的课程放在不同的终端上能实现不同的教学用途和效果，结合管理软件的使用，能够最大化地提升教学效果和教室人效。

云南省东风小学AVR实验室落地效果

"云、管、端"把智慧教育各个环节打通，改进了学生、教师的学习、教学方式，对中国教育产生了重要的影响。

随着技术发展和创新形态演变，知识社会环境下的创新2.0形态正发生转变。讯飞幻境将深耕智慧教育，关注职业学校和企业在人才培养、技术创新、就业创业、社会服务、文化传承等方面的创新结合，积极开展多种形式合作，促进资源共享、优势互补，共同发展，合力打造智慧教育新境界！

产学研合作成功的典型案例

协助胡锦超职业学校建立完善的教学课程体系

胡锦超职业技术学校作为国家级重点职校，坚持教科研兴校的办学思想，以教科研工作来带动管理、教学、德育等工作，《双主体互动式教育模式的研究》等三个课题被批准为全国教育科学"十五"规划重点课题子课题，成效显著，其中《双主体互动式教学模式的研究》被评为顺德区教研成果二等奖。

胡锦超职业技术学校为践行"注重实践，强化技能"的教学理念，开设了虚拟现实专业。因为是一门新兴的专业，这 背景下带来的是学校相关实际设计项目少，人员相对经验不足，涉及教育与社会、企业的需求、发展相脱节且缺少交流，学生接触不到实际的设计项目等一系列问题。且传统教学手段下的毕业生一旦进入企业，接触实际项目时往往无所适从。

讯飞幻境得知此需求后，协助胡锦超职业学校建立起了完善的教学课程体系，包含虚拟现实实训开发需要掌握 Unity3D 引擎的初、中、高级课程，其中初级课程 15 课时，中级课程 17 课时，高级课程 20 课时。高级课程完毕后即可自己动手做一个 AR 产品（同时掌握脚本开发，Shader 开发，动态加载、后期画面处理、跨平台发布、AR 技术等知识点）。

校企项目协作是本次方案的亮点建设内容，讯飞幻境凭借着 AVR 教育领域以及虚拟现实内容建设领域拥有的巨大资源优势和专业的内容建设实力，磨合出一套完整的交流体系，并可将此模式复制与各大企业进行校企合作，丰富学校的教学内容。胡锦超职业学校也经此在毕业生实习、就业推荐工作方面取得成果，连续多年毕业生供不应求，办学规模不断扩大，办学效益日益提高，走出了一条多元化的办学新路子。

联合东北大学打造虚拟现实实训室

讯飞幻境联合东北大学打造虚拟现实专业方向的虚拟现实实训室，本着双方共同发展进步的原则，为学校、教师、学生建立快捷教学通道，本着互利共赢的校企共筑原则，为学校打造新的专业方向（AVR 虚拟仿真技术）提供动力，让学校借助实训室的建设实现"弯道超车"，从而提升自身在 AVR 教育中的影响力，在地区以及业内竖立实训成果标杆。

讯飞幻境将 AVR 教育教学作为重点，结合东北大学培养学校计算机专业 -AVR 方向的技术人才（AVR 动画师，AVR 编程员）的目标，设计了"N+1"实验室——

"N"代表普适性多学科，"1"代表特色学科。在打造通用的 AVR 教室的基础上，根据学校特色教学增加符合相应学科的 VR 定制化教学，保证了高校的 VR 教学手段，相当于升级增值服务。

为重庆合川区数字经济及信息技术提供支撑

5G 赋能，智创未来，2020 年 12 月《5G 产业融合发展论坛》在重庆召开，由重庆市合川区人民政府主办、讯飞幻境（重庆）人工智能科技有限公司及中国移动通信集团重庆有限公司共同承办。来自中国信通院、中国移动、华为、科大讯飞、讯飞幻境的众多行业代表，与现场 300 多位观众共同就 5G 赋能下的产业融合发展及在各个场景中的落地应用展开深入探讨。作为中国三家基础电信企业同时开展中国首批 5G 规模组网试点城市，重庆将以网络建设为基础，以产业培育为主线，以赋能行业为方向，培育发展 5G 新产业、新业态、新模式。

讯飞幻境落户于重庆信息安全产业城，未来将主要从事 AR/VR 内容研发、生产和应用，智慧教育产品生产和应用，促进智能科技与教育融合应用的同时，进一步提升区域教育教学质量，助力打造重庆教育品牌，更将为合川区扩大数字经济及信息技术产业影响力提供强力支撑。

冶金高温运输领域的"独角兽"

长沙凯瑞重工机械有限公司

长沙凯瑞重工机械有限公司（以下简称凯瑞重工）于2000年伴随着新世纪的到来而诞生，20余年来坚持以市场需求为导向，依托产学研合作发挥的力量，走出一条自主创新发展的道路，产品从最初单一的拖挂式的铁水包车扩大到渣罐运输车、液压平板车、低速牵引车和专用汽车四大产品系列；市场已涉足黑色/有色冶金及造船、港口运输等领域，拥有冶金物流、传动与控制、冶金环保三大业务板块以及高温运输、连续运输和清洁生产三种技术方案；市场从国内拓展到国外，产品远销美国、韩国、印度、马来西亚、埃及、越南等多个国家。凯瑞重工已成为国内极端工况条件下的工程机械制造典范企业、冶金行业高温运输领域的领军企业，目前正致力于成为国际化的冶金行业高端制造和服务企业。

引领我国冶金特种运输装备技术加速前行

成为国内冶金高温运输领域的"独角兽"。凯瑞重工是拥有冶金物流装备工业园的国家高新技术企业，与同处长沙市麓谷高新技术开发区内的中联重科等重点企业共同构成了我国重要的工程机械研发、生产和营销中心，而凯瑞重工相对其他企业则剑走偏锋，自主开发的抱罐车和铁水车产品屡创国内产品大吨位纪录，是我国冶金物流装备领域的单项冠军，两大主导产品技术水平达到亚洲第一，其中抱罐车的国内市场占有率保持在90%以上。

产学研创新发展协作平台助力凯瑞重工飞速发展。凯瑞重工作为国内的无轨物流方案提供商，致力于冶金企业无轨物流设备的研发、制造、销售及服务，已经形成了集研发，生产，销售抱罐车、液压平板运输车、低速牵引车、电解铝专用车辆等装备于一体的，在国内乃至亚洲覆盖系列最全、产品吨位最大的冶金物流装备产品系列，并采取提供绿色高温物流运输服务的产品+服务的双核驱动模式，是冶金行业内唯一集产品和运维服务于一体的高温物流解决方案提供商。

向国际化冶金行业高端服务企业迈进。凯瑞重工多年来积极投身于电传动、无人驾驶、新能源应用等前沿技术的研发，为业界提供高效、节能、智能化技术及产品；并与国内外知名学府及科研机构合作，研发工业及城市固体废弃物处理、渣粒化热回收等新技术，推进城市和工厂的可持续发展。

产学研深度融合是创新发展的不竭动力

政产学研金合作推动冶金特种运输装备技术创新

借助政府搭建的平台，提升企业创新能力。凯瑞重工借助政府搭建的平台，促进政产学研金一体化，为企业发展注入了无尽能量。例如，得到湖南省国资委下属的湘投高科技创业投资有限公司（以下简称湘控股高创投）加盟，获得国企雄厚的资本优势支持；取得金融机构支持，特别是在新冠肺炎疫情期间，当地政府举办金融支持企业复工促产银企对接活动，解决复工复产资金困难；被纳入长沙市协同创新平台，当年即申请专利8项，6项实现成果转化，两项产品技术水平达到亚洲第一；曾获得国家科技部中小企业技术创新基金支持，主导产品抱罐车被列为国家重点新产品计划立项项目；包含大吨位高温液态铁水包运输车项目在内的多个创新项目获得科技进步奖；多次被评为优秀技术创新示范企业，并被认定为工业和信息化类小巨人企业；目前成为长沙市高新区15家创新试点单位之一，已正式进入上市挂牌前的准备阶段。

以市场为导向，主导产品技术和服务创新方向。凯瑞重工高度重视国内外市场的维护与开发，紧紧围绕着市场需求主导开展产学研联合研发，量体裁衣地为海内外冶金企业用户精心制造，用产品技术和服务的自主创新占领和开拓新的市场需求。如针对钢铁企业高温铁水运输问题，研究制订国内领先的无轨物流解决方案，开创了国内钢铁企业铁水包车运输市场，并推动产品和服务的升级换代；再如为开拓美国重型牵引车市场，发挥产学研深度融合形成的先进发展理念、科学规范的管理、领先行业的技术等方面的优势，完全按照美国 ANS 标准设计和制作了低速大扭矩超重型牵引车和配套超重型半挂车，居世界级重型牵引车领先水平，将"中国智造"推向世界。

产学研深度融合，形成推动技术创新合力。凯瑞重工主导构建起以动态互补、立体联合为特点的产学研创新发展协作体系，以此全力打造湖南省凯瑞工程技术中心和北京协同创新研究院凯瑞创新中心，其中凯瑞工程技术中心下设的车辆所、工艺所、智能所未来将逐步发展整合为装备所、软件所、环境所，支撑凯瑞重工构建从设备制造到工艺技术研发，再到工厂环境解决的全产业链服务体系；北京协同创新研究院凯瑞创新中心汇集了北京高校等资源，在高温物流过程中的能量管理、工艺流程的优化以及高温冶炼废弃物的利用等环境工程方面展开深入的基础与应用研究，助力凯瑞重工环境板块业务的发展；通过与中南大学、湖南大学、长沙理工大学、俄罗斯钢铁及合金学院等众多知名科研院校及专家开展多方面、多领域合作，针对技术难题开展联合研发，推动企业技术创新。如与中南大学及宝信软件联合研发出我国首台具备自动作业、视频监控、无线遥控、自学习等功能于一体的智能装载机，大幅提升了我国在此领域的技术水平；与中南大学联合研发的电传动液压平板车实验平台并顺利搭建；与中南大学联合研发的重载操作装备实验样机完成设计与制作，该项目隶属于国家 973 项目"巨型重载操作装备的基础科学问题"，填补了国内空白。

引领和推动我国冶金特种运输装备技术快速突破。在铁水运输车方面，凯瑞重工从 2002 年研制出我国首台铁水运输车产品开始，到目前已研制出亚洲最大吨位的铁水运输车、国内首台自主创新的浮挂式铁水包车和国内首台无轨高温物流领域的无人驾驶铁水运输平台车；在抱罐车方面，国内之前使用的抱罐车基本都是进口的，凯瑞重工打破了国外垄断，致使 2003 年后国外产品基本从国内消失；在铝业方面，研制成功国内首台氟化盐加料车、国内首台自装卸铝水包运输车、国内首台电解铝行业专用氟化盐加料车、国内首台电解铝行业专用自卸式铝水抬包车、国内首台电解铝行业专用全自动出铝车，研制成功并交付我国首台用于有色冶金领域的渣罐运输车。到目前为止凯瑞重工共获得国家发明专利 18 项、实用新型专利 29 项、外观设计专利 5 项，拥有一所长沙市级企业技术中心；通过了 ISO9001 质量管理体系、ISO14001 环境管理体系认证；是我国商务部认定的进出口加工贸易企业，主力产品均通过 CE 认证。

目前为止，凯瑞重工已为 70 家国内外客户研发并交付了 480 台冶金特种设备，与"中国排名第一"的宝武集团和"全球最大的钢铁制造商之一"的韩国浦项钢铁建立了合作关系，先后提供了 51 台抱罐车供宝武集团使用，向韩国市场提供 12 台，凯瑞重工从产品的生产制造到服务均得到了客户的肯定。

革新体制机制，构建全新产业链服务体系

超前的混合所有制改革，发挥法人治理结构的高效性。早在2008年就引入湖南省国资委下属的湘控股高创投加盟，这一超前的混合所有制改革，把国企的资本雄厚优势和民企的机制灵活优势集中到一起，充分发挥混合所有制经济法人治理结构的高效性，为凯瑞重工的发展注入了无尽能量。

创新激励机制，推动人才建设和产学研合作。凯瑞重工创新激励机制在企业内形成了"每个人都有任务，但每个人都有收获"的良好氛围，建立健全科学合理的选人、用人、育人机制；激励机制是推动产学研合作的动力和维系产学研合作良性运转的重要纽带，在合作中采取了"共担风险、成果共享、利润分成"的利益分配模式，从项目产生的利润中进行利益分配。如与科研院所共同开发的抱罐车无人驾驶项目中，在利益分配上采取项目获得利润后，每年进行分红的方式开展合作。

推动校企合作，培养合格的职业人。通过与长沙理工大学、中南大学签订人才培养协议，保证了凯瑞重工的人才需求，也提高了高校人才教育质量。包括共建实训基地，成为师生接触社会、了解企业的重要阵地，培养学生的职业素质、动手能力和创新精神，企业在基地也可优先选到优秀人才，达到"双赢"的效果；成立专业教学指导委员会，明确专业人才的培养目标，根据企业用工要求及时调整学校的专业计划和实训计划；举办校企联谊会及企业家报告会，使学生了解企业的需要，尽早为就业做好心理和技能准备；"订单"培养，通过定向委培班、企业冠名班、企业订单班等形式，确保学生培养目标与企业需求"零"距离对接；工学交替，学生在校上理论课，到企业接受职业、工作技能训练，使理论更贴近实际；生产见习，师生到企业对生产、操作流程等工作过程进行现场观摩并实地参与相关工作，掌握企业技术研发、经营理念、管理制度、企业文化、职业道德和劳动纪律教育等情况，有效增强了学生社会适应能力；顶岗实习，学生完成全部课程后，采用学校推荐与学生、企业"双选"的形式，进行顶岗实习，专业课教师利用假期进行顶岗实习，使学生成为用人单位所需的合格职业人，教师的教学水平也在实践中有了较大提升。

产学研合作成功的典型案例

案例一

冶金业内第一台电动节能型抱罐车

抱罐车，别称渣罐车、渣包车，是液态钢渣处理的专用设备，主要用于处理高温约达1300度的渣滓、钢水或其他固态物体。20世纪90年代初，宝钢引进了国外数台抱罐车产品，我国经历了从仿制到自制再到创新的过程。

作为国内首家从事抱罐车生产制造和出口的企业，凯瑞重工进行了一系列的具有自主知识产权的技术创新，在结构设计动力系统布置、翻罐方式、安全防护措施、传动系统、加装动称量系统和遥控装置以及将运输设备与冶金管理系统结合等方面，实现了创新。其中运输设备与冶金管理系统结合技术属于全球同行业首创。

研发冶金业内的第一台电动节能型抱罐车。从2008年开始，凯瑞重工与中南大学共同研究车辆电传动技术。经过10年的技术积累，通过与长沙冶金设计研究院合作，到2019年成功研发冶金行业内第一台BGCU75-E型绿色节能环保型电驱抱罐车，用于中铜东南铜业有限公司渣包转运、处理作业。

首台电动节能型抱罐车由整车控制器、电储能装置、驱动装置、连接装置以及变速器等部件组成，不仅能降低整车能耗、排放和噪声，还能通过自主设计的连接装置提高驱动装置寿命，解决了多年来阻碍电驱动技术在渣罐运输车上应用的技术难题。

BGCU75-E型电动抱罐车作业现场

案例二

国内最大吨位QT160型升降式鞍座牵引拖挂车

该车由牵引车和半挂车组成，是用于钢铁企业废钢料篮运输的专用车辆，实现了一系列的技术创新。通过与湖南大学、中南大学在快速脱挂机构、无线充电、自适应调平上联合研发，成功研制的牵引车集世界重型牵引车关键先进技术之所长，是面向海内外钢铁企业、自主研发的与国际技术水平接轨、具有自主品牌和自主知识产权的、国内最先进、最高档的新一代重型牵引车。

QT160型升降式鞍座牵引拖挂车相关技术已申请国家实用新型专利两项。该车即将远渡重洋发往美国，标志着"凯瑞智造"走向世界。

逐梦前行盘龙人　合作共赢促发展

陕西盘龙药业集团股份有限公司

陕西盘龙药业集团股份有限公司（以下简称盘龙药业）成立于1997年，是集药材GAP种植，药品生产、研发、销售和医药物流为核心产业的现代高新技术企业。2016年进入"陕西百强企业"，2017年11月在深交所A股挂牌上市。

公司有盘龙七片、金茵利胆胶囊、复方醋酸棉酚片、克比热提片、小儿麦枣咀嚼片等主导品种，已形成年产值达10多亿元的生产经营规模，产品营销网络覆盖全国，产品深受广大医生、专家、患者的信赖和好评。同时，盘龙药业注重与高等院校、科研机构的产学研合作和交流，已形成面向未来全方位、多层次发展的新趋势。

随着人类对健康的不断追求，盘龙药业这支医药行业的生力军，将继续以"树立盘龙品牌，关爱人类健康"为企业宗旨，秉承"稳健经营，质量优先，以人为本，信誉久远"的企业经营理念，以"打造中华风湿骨伤药物领导品牌，做中国骨科专家"和"实现百年盘龙梦想"为愿景目标，为祖国的中医药事业和人类健康谱写更精美的篇章！

盘龙药业特色和亮点

盘龙药业始终坚持中国共产党的领导，以党建引领推动发展，创新服务载体、丰富活动形式，把员工团结在党的周围；把党建工作融入企业生产经营、企业文化和职工生活中，激活企业发展活力；以党组织为核心，引领企业增强社会责任感，更好地融入地方经济社会发展，为盘龙药业高质量跨越式发展贡献力量。

盘龙药业以党的十九大精神为指导，以习近平新时代中国特色社会主义思想为引领，以推动高质量发展为根本要求，积极响应国家大健康战略，围绕公司"一体两翼"建设，以药品（中成药、中药饮片、保健品、保健用品、中药最细粉、中药配方颗粒）生产为主体，以实体壮大左翼（药品配送、王家成大药房）增体量，以资本运作为右翼（医康养大健康产业）目标，紧紧把握国家医改新动态，增强创新发展意识，不断完善公司产业布局，强化公司在风湿骨伤领域的行业地位，成为中成药领域具有核心竞争力优势的标杆企业。

盘龙药业拥有先后五次通过国家GMP认证的现代化标准厂房和先进的生产、检测、科研设施设备。现有片剂、胶囊剂、散剂、颗粒剂、原料药等15条生产线、9个剂型、74个药品批准文号，以风湿骨伤类为主，涵盖肝胆类、心脑血管类、妇科类、抗肿瘤类等九大功能类别的100多个品种规格的强大产品阵容。

公司生产的盘龙七片、盘龙七药酒、三七伤药片和金茵利胆胶囊等也多次获得"陕西省名牌产品"称号；自2001年起，"盘龙"牌商标连续被认定为"陕西省著名商标"。

盘龙药业依据ISO9001质量管理体系、ISO45001职业健康安全管理体系、ISO14001环境管理体系、GMP规范建立四级质量管理体系，全面贯彻"客户在我心中，质量在我手中，全程参与，规范操作，持续改进"的质量方针，凭借盘龙七片等产品稳定的质量和确切的疗效，在全国范围内拥有较高的知名度。公司自成立以来，先后被国家发改委评为"国家企业技术中心"；被国务院扶贫办评为"国家扶贫龙头企业"；被评为全国"万企帮万村"先进民营企业；被国家市场监督管理总局命名为"全国重合同守信用单位"；荣获"2019年中国中药研发实力五十强""中国医药工业中药百强企业"；被陕西省委、省政府评为"陕西省优秀民营企业""陕西省先进集体""五一劳动奖章""优秀民营企业"等；被省级有关部门评为"陕西省诚信企业""陕西省农业产业化龙头企业""陕西省创新型企业""高新技术企业""技术创新示范企业""模范纳税户""秦药优势品种""首批定制药园""陕西工业精品"等，荣获100多项殊荣，多次受到表彰奖励。

政产学研用金一体化

合作创新，成果突出

公司长期以来以"政产学研协同创新平台"为基础，并且与西安国联质量检测技术股份有限公司、陕西中医药大学、西安医学院等高等院校、西咸新区国睿泰元检测技术服务有限公司、西安交大一附院等签订了战略合作协议，建立了长期稳定的合作关系。与陕西师范大学、陕西科技大学、陕西中医药大学建立了硕士研究生培养基地；与西安交通大学建立了博士研究生培养基地；与西北大学建立了博士后联合培养基地；分别与西北大学生命科学与健康研究院、陕西省营养与健康食品创新中心建立了盘龙研发基地。

通过与这些研究机构和研究单位、高校院所的深度合作，展开了专利、质量控制、药品研发、人才培养、基地共建等全方位、多角度的支持协作，建立公共平台，形成以共享关键技术为目的技术运行机制。公司在2019年曾荣获"中国产学研创新示范企业"称号，建立博士后流动工作站，搭建了陕西古代经典名方开发与应用共享平台、医疗机构制剂配置中心，建立省级、国家级企业技术中心。

西安医学院刘岭书记莅临盘龙药业调研

现有在开发化学药仿制项目5项，中药六类项目3项、一类1项，主要以风湿骨伤类、心脑血管疾病用药为主，同时在中药大品种循证医学、配方颗粒研究、医疗机构制剂、中药大健康产业、中药国际化等方面也做出了成绩。自2003年至今已研究开发68个品种，其中获批40个，待批28个，享有自主知识产权10个，完成技术攻关项目15个，承担国家级、省级重大专项课题8项，多次荣获省市科技进步奖，推动科技成果转化应用12项，目前拥有有效专利共43件、发明专利19件，其中包含美国专利3件，外观专利24件。获得省市科技成果的转化应用，为提高产品市场竞争力、壮大公司实力，发挥了不可或缺的重要作用。

优化机制模式，激发创新动力

盘龙药业以国家级、省级企业技术中心为载体，通过研究院联系"政、产、学、研、用、金"各界，开展合作，积极整合各项资源，搭建各种平台、协会、专业型组织，进行优势互补。目前已建成基本覆盖企业所有生产、经营活动的"政、产、学、研、用、金"一体化的技术创新体系。

（1）建立和完善各项制度。

制度建设工作是任何事业发展的关键和基础，具有根本性、全局性、稳定性和长期性。自2009年10月技术中心成立后，一直在不断进行制度的建立和完善工作，目前建立和完善了技术中心的专项制度，如产品研发管理制度、研发经费管理办法、项目工作计划和管理程序、研发人员绩效考核管理办法、生产管理制度、工艺技术管理制度、安全管理制度、采购供应管理制度、技术保密制度、职工培训制度等，使工作得到进一步的规范化、制度化，有章可循、持续发展。

（2）研发费用的保障及投入。

公司注重科技创新，充分认识科技创新工作是实现企业可持续发展的基础，是开展市场竞争的基石。根据技术创新形势发展的需要，公司明确将不低于销售总收入的3%用作科研经费的投入，增加技术中心硬件、软件建设和改造，以及新产品的研究开发、知识产权事务、科学技术攻关等工作。

（3）人才培养和激励机制。

盘龙药业的发展离不开人才的支撑，科技竞争力的核心是人才的竞争。公司采用高薪招聘、大学委培、联办函授、创造环境、贡献奖励的办法招聘人才、培养人才、留住人才。同时，还十分注重高端技术人才的培养和引进，加强技术中心的基础设施建设。

公司建立了完善的绩效评价体系，结合企业实际与马斯洛需求层次理论，灵活应用"奖励基金、技术创新奖励、晋升制度、股权激励"等多方位人才激励政策，确保人才队伍稳定。通过制订科学、合理的薪酬体系，既稳定了企业战略发展，又提高了各级员工的工作效率。

（4）内外部合作机制。

在内外部合作方面，公司已经建成几乎覆盖公司生产、研发、销售、产品应用等活动的国内协同创新网络平台，形成了"政、产、学、研、用"一体化的协同创新网络平台。

开展西安市重点实验室、博士后工作站、院士工作站，最终把盘龙药业企业技术中心建成产品业务发展的助推器、新产品孵化平台及人才培养、能力提升的基地，紧密对接全国专业学会、协会，借脑、借智、借力，围绕集团产品战略、营销和市场需求，持续医学研究、产品研发、技术攻关、知识产权服务、成果转化与推广及科研项目建设等工作。

践行盘龙初心，积极回报社会

盘龙药业始终秉承"产业兴企，回报社会"的盘龙初心，认真学习领会习近平总书记来陕考察讲话指示精神和总书记关于精准扶贫重要论述。盘龙药业依托产业优势，多措并举推进产业扶贫、技术扶贫、就业扶贫、公益扶贫等，在深入开展"万企帮万村"行动中，构建扶贫攻坚新模式，因地制宜，因户施策，采取发展大健康产业与实施中药材产业扶贫行动计划相结合，项目投资与在贫困地区建设药源基地相结合，发挥中药产业链长、关联度高、带动性强、经济社会和生态效益好的优势，激活贫困人口的"造血功能"，使更多贫困群体共享产业扶贫发展带来的红利，带领大家走上脱贫致富道路，为实现乡村振兴奠定基础。

盘龙药业以"打造中华风湿骨伤药物领导品牌，做中国骨科专家"的愿景为向导，始终不忘"让百姓吃上放心药，让员工过上好日子"的公司使命，率先垂范践行"友善、尽责、勤奋、高效，把公司建设成为受员工爱戴、客户支持、同行尊敬、社会推崇的一流现代化企业"的企业核心价值观。在管理过程中积极推动企业文化建设，打造具有盘龙特色的企业"家"文化、"信"文化、"学"文化。盘龙药业通过多种形式宣传企业文化，使每一个员工对公司企业文化内涵"入眼、入耳、入脑、入心"，提升自身综合素质并传递给公司的各相关方。

产学研精准对接的需求

公司建立了以国家级和省级企业技术中心、陕西省风湿与肿瘤制剂研究工程中心和盘龙知识产权服务中心为主体的产学研技术创新体系，收集、跟踪行业数据信息，分析当前国内外同行业的技术发展状况和趋势，运用对比分析等方法评估公司现有技术与标杆企业的差距，为公司制订发展战略提供参考和依据。与行业先进企业及主要竞争对手的产品，在质量、性能及成本等方面进行全方位的对比，建立定期抽检计划，构建行业领先指标体系，通过"对标"找出自己的不足，不断对产学研合作提出新的更高要求，具体如下。

一是深化"产学研"平台建设。在原有校企合作的基础上，进一步联系上海交通大学、西北农林科技大学、中国中医科学院等国内"985"高校、科研院所，开展高质量合作。

二是加快推进科研合作"走出去"、人才技术"引进来"的创新发展模式。积极拓展合作，促进成果转化，实现仪器设备共享及人才的交流和培养。

总之，盘龙药业企业技术中心的协同创新网络平台建设在公司的知识产权管理和协同创新方面起到了良好的推进作用，形成了政策引导（政府）监督、整合行业（产业）、联动科研院所、协同高校、推动企业、服务社会（患者）的良好局面，实现了政策、人力资源、科研成果、科研机构、知识的有机整合和高效利用、转化，以及服务社会、文化传承发展等职能的有效发挥，为区域经济、社会发展贡献自身力量，在促进地方发展的过程中实现自身内涵式发展。

在虚拟现实技术创新中畅游数字世界

北京众绘虚拟现实技术研究院有限公司

北京众绘虚拟现实技术研究院有限公司（以下简称众绘科技）成立于2016年9月，位于北京中关村顺义园，是一家专注于虚拟现实医学教育和临床辅助产品研发的国家级高新技术企业和中国产学研合作创新示范企业。公司核心技术和核心团队来源于我国唯一的虚拟现实国家重点实验室和国家工程实验室，公司致力于在医学教育信息化、医学手术仿真系统、智慧型医学技能中心建设等方面提供软硬件产品和综合解决方案。企业因产学研合作业绩突出，先后获得"2018中国产学研合作创新奖""2018中国首届虚拟现实创新创业大赛全国总冠军""2019世界VR产业大会中国VR50强和VR/AR创新金奖""2020中国电子学会科技进步一等奖"，"虚拟手术关键技术"入列2020年"科创中国"先导技术榜单（电子信息领域全国仅10项）及"转化医学国家重大科技基础设施"。企业还建有院士工作站，获批北京市企业科技研究开发机构（省部级），成为引领中国虚拟现实技术成果产学研落地转化的示范企业和领军企业。

解决医疗手术训练、规划、预演手段匮乏难题

现行医疗手术技能训练、方案规划和预演优选高度依赖实体模型、动物标本、尸体和志愿者。令人遗憾的是，在国防军事、航空航天、装备制造等领域普遍采用的虚拟仿真训练和预演手段，在人命关天的医疗手术领域却很少使用。即使在科技发达的欧美国家，手术事故同样层出不穷，患者的安全得不到充足保障。针对这一全球卫生健康领域共同面对的问题，众绘科技依托高水平产学研合作，踏上了拼搏奋进的征程，为全国乃至全球医疗事前规划和预演贡献自己的智慧。

众绘科技成立之初就设立了以口腔数字化虚拟仿真培训、方案规划和预演优选为主要业务的发展方向，但由于当时技术体系还不够成熟，公司在高逼真、多通道、可交互虚拟人体和虚拟手术技术上遇到挑战。资金周转困难，技术难题无法攻克，公司发展陷入困境。但在郝爱民董事长的带领下，初创时仅有的16名青年员工夜以继日，不懈努力，为公司谋求到了新的发展路径，通过与我国虚拟现实领域的国家重点实验室和工程实验室进行深度合作，公司技术人员与国家重点实验室研究人员携手，共同攻克了多项技术难题，公司的口腔模拟器项目步入正轨，公司发展迈上新台阶。

在企业壮大的同时，众绘科技坚持"政产学研用金"六位一体，和虚拟现实技术与国家重点实验室的产学研合作不断深化，先后和虚拟现实技术与系统国家重点实验室（北航），虚拟现实/增强现实技术及应用国家工程实验室（北航），口腔疾病研究国家重点实验室（四川大学），口腔数字化医疗技术和材料国家工程实验室（北京大学），北京协和医院，北京大学口腔医院，四川大学华西口腔医院等多家优势单位协同创新，持续推进虚拟现实+医疗领域高端科技成果落地转化应用，全力服务区域经济发展，于2018年被评为"国家级高新技术企业和中国产学研合作创新示范企业"。

同时，众绘科技并没有单纯采用技术转让和委托开发的松耦合合作模式，而是采用了合作开发、共建研发机构的合作方式，使技术持有人作为股东持续参与产学研合作研究与成果产业化推广应用的全过程，开创了新的产学研合作模式。目前，我国虚拟现实领域著名的领军人物赵沁平教授担任公司监事，VR/AR技术及应用国家工程实验室（北航）主任郝爱民教授为公司董事长。公司股东包括北航虚拟现实国家重点实验室的多名教授和研究员，以及虚拟现实研发和管理经验超过10年以上的企业专职总经理和副总经理。这样的新型产学研合作模式保证了高端人员和工程人员的充足投入，助力产学研成果转化。

目前，众绘科技已获批国家发明专利6项、软件著作权43项，正致力于将虚拟现实与人工智能有机结合，构建全要素的智能虚拟人体，并开展高精度的虚拟手术和精确量化考核评估，推动医学临床操作技能训练迈向数字化、网络化、智能化的新时代。

致力于虚拟人体和虚拟手术成果落地转化

公司始终专注于医疗行业虚拟现实技术的应用与推广，充分进行市场调研，以医院和医学院中的医护人员操作技能实训和手术能力提升等需求为导向，提供基于虚拟现实技术的系列手术模拟器软硬件产品、综合解决方案和基于互联网的增值服务。核心产品包括口腔数字化仿真培训系统、腹腔镜手术仿真训练系统、血管介入手术仿真系统及医学模拟训练信息化管理综合平台。

众绘企业 2020 年户外拓展

其中，血管介入手术仿真系统不仅率先实现了个性化病体手术方案的预演优选，而且仿真精度、力反馈等性能指标处于国际前列。口腔数字化仿真培训系统是我国自主研制的首台视觉—力觉—听觉融合一致的多功能多科室虚拟现实口腔手术模拟设备，是首批国家级虚拟仿真实验教学项目之一。主要用于医学院学生和医院医务人员的口腔基础教学，以及牙周/种植/牙体/修复/正畸/口腔外科等多个科室的手术技能训练和手术操作考核，在实时逼真三维手术环境模拟、多点稳定高精度实时力反馈、多科室多功能业务训练和评估考核等方面处于国际前列，已经在北京大学口腔医学院、华西口腔医学院、上海交通大学第九人民医院等多家单位投入实际使用，正逐步推动产品服务于口腔教学。

为医院、医学院开展先进医学教育提供支撑

产学研合作多方开展了全方位多层次的成果推广应用工作，为医学院师生及医院医务人员开展先进医学教育、临床手术方案规划、全过程预演优选、职业医师操作技能考核等提供了有效技术支撑。

公司的相关产品在疫情期间为"停课不停教、停课不停学"提供了新方式。

在 2020 年疫情期间，高校纷纷延期开学，许多高校学生在家隔离，无法到校进行实践课程学习。为方便高校学生学习，众绘科技、北航虚拟现实国家重点实验室和重庆医科大学产学研合作研发成功的"口腔医学技术专业客观结构化实践技能教考系统"，设置了"口腔素描""卡环设计""铸造工艺""口腔摄影""牙体雕刻"和"模型检查"六大模块，将"教师教学、学生自由练习和模块化技能考试"三大功能融为一体。教师直接使用系统授课，学生可反复练习、自测与纠正，考试后可返回学习模块进行疑难点回顾，教考合一。

口腔医学技术专业客观结构化实践技能教考系统于2019年8月正式上线，已完成2轮相关课程教学任务。通过校内入口和"实验空间虚拟仿真实验教学课程共享平台"一共浏览量达20512人次（实验空间浏览量达到18613次），实验通过率56.3%。为保证教学质量，不断优化教学资源，该课程大大增强了学生的自主学习时长，仅卡环设计模块，学生课后自主学习的时长达到了课堂时长的16倍，项目考核平均分从81.32提升到94.17，极大激发了学生的学习热情，培育了学生自我管理、自主创新的理念。该课程获批"2020年度国家级虚拟仿真实验教学一流课程"。

该项目依托实验空间—国家虚拟仿真实验教学项目共享平台，持续对外免费开放，被浙江大学、丽水学院、大连医科大学等多家学校的师生使用，丰富翔实的资源、人性化的界面设计与互动体验，获得兄弟院校的广泛好评，完全达到了预期教学目标。

创新机制提升产学研合作效能

众绘科技与虚拟现实国家重点实验室产学研合作，为"成果发明团队主导实施科技成果转化"模式提供了新的成功案例。在产学研合作中，合作多方在坚持"利益共享、风险共担、资源互补、功能互动、平台互通"原则的基础上，通过充分发挥企业在产学研合作中的产品转化主导地位、院校与医院的科技支撑作用，以及政府、科技中介机构和金融机构的协调功能，建立产学研协同创新的实体组织，构建多方位的合作保障体系，以制度创新和组织创新激发各方创新潜能，营造了有利于协同创新的制度和环境，大大降低了产学研合作的成本和风险，实现创新资源的最优配置，提升多方产学研合作的效能。

合作多方在产学研合作机制方面进行了创新，在产学研协作过程中明确界定了各方的利益范围、责任边界、合作动力、协作关系、融资手段等内容，建立和完善了相应的配套政策和措施，保护合作各方的利益，从而激发多方协同创新的动力。

合作多方采用了创新的产学研合作模式，并没有单纯采用技术转让和委托开发的松耦合合作模式，而是采用了合作开发、共建研发机构的合作方式，使成果持有人或团队主要人员作为股东持续参与产学研合作研究与成果产业化推广应用的全过程。该方式加深了多方产学研合作关系，保证了合作各方利益共享、风险共担，以积极的态度来完成合作项目，使产学研合作关系更牢固。高水平、深度融合的产学研合作，助推众绘科技走在我国虚拟现实创新创业的第一阵列，取得了丰硕成果。

打造中国生物"芯" 为人民生命健康保驾护航

北京博奥晶典生物技术有限公司

北京博奥晶典生物技术有限公司（以下简称博奥晶典）是博奥生物集团有限公司暨生物芯片北京国家工程研究中心成果转化的产业化平台，是清华大学布局生命健康领域的核心企业，在北京经济技术开发区、上海国际医药园、成都国际医学城、重庆两江新区、东莞松山湖和美国圣地亚哥等地，拥有生物芯片和仪器设备的生产、研发基地，以及营销、运营中心和第三方独立医学检测实验室，总办公面积超过15万平方米。公司始终坚持自主创新和成果转化，立足新一代生物检测技术，并响应国家关于"预防为主"的健康方针，将现代医学与中国传统医学紧密结合，打造出集健康产品、健康管理、医疗康复和大数据于一体的大健康产业板块，形成了科技研发、成果转化、产品生产、国内营销、国际营销、运营管理和资本运作的完整产业链和事业集群。

企业特色和亮点

在党和国家的关怀下，博奥晶典基于雄厚研发实力及产业转化能力，陆续获批为国家高新技术企业、北京市级企业科技研究开发机构、北京市企业技术中心、国家卫生计生委认定的个体化医学检测试点单位、国家基因检测技术应用示范中心等，先后获得国内外专利授权430余项，专利转化率为50.8%，成功开发出生物芯片及相关试剂耗材、仪器设备、临床检验服务、健康管理等系列数十项具有自主知识产权的产品和服务，获得CFDA、CE、GS、CB等国内外各类认证证书120余项。主要包括以下内容。

感染性疾病检测系统。涉及新冠病毒核酸检测、人乳头瘤病毒基因分型检测、呼吸道病原体检测、细菌耐药检测、肿瘤相关病原体检测、CCID广谱病原微生物芯片快速检测、MAPMI®超广谱病原微生物高通量测序等服务，可快速、精准响应国家在传染性疾病方面的各类检测需求。特别是全集成芯片实验室系统，可在45分钟内一步实现"样本进—结果出"式全自动、高灵敏的快速检测，大大降低交叉污染的几率，为现场快速检测提供"芯"利器。基于此系统开发出国内首款车载新冠检测移动实验室，使用220V民用电或自带发电机即可工作，通过咽拭子采样机器人和人工两种方式采样，最大程度降低对专业采样人员的依赖，已成为基层疫情、边境口岸、重大任务、会议活动防疫安保等场景下灵活机动的抗疫"轻骑兵"。

全集成芯片实验室和新冠病毒核酸检测移动实验室

遗传与遗传相关性疾病检测系统。涉及遗传性耳聋基因检测、无创产前基因检测、新生儿遗传代谢病筛查、叶酸利用能力基因检测、流产胎儿染色体异常检测、染色体核型分型、促甲状腺素定量检测、植入前胚胎遗传学筛查、Y染色体微缺失检测等。其中，全球首张遗传性耳聋基因检测芯片对预防和减少耳聋残疾发挥重要作用，推动我国开展了迄今为止全世界规模最大的遗传性耳聋基因筛查工作。

肿瘤检测系统。涉及遗传性肿瘤检测、肿瘤超早期预警、个体化靶向用药指导、个体化化疗用药指导、肿瘤监控及预后评估等检测服务，还可结合具有自主知识产权的仪器、数据库等平台资源,提供肿瘤精准整体解决方案。

科研服务系统。在科研服务方面,博奥晶典致力于为生命科学、农业育种、食品安全与动物疫病检测等领域开发和提供创新性产品和服务,涉及单细胞测序、分子组学、多组学联合应用等,协助客户累计发表论文超过1800篇。

中医现代化系统。基于传统中医目诊理论,结合人工智能、无影成像、大数据分析等现代高新技术研发出世界上首款中医目诊诊断仪器——眼象健康成像仪,创新性地集中医、数字化成像、图像识别软件算法等各种技术于一体,在专病筛查应用上有巨大的应用潜力。先后获"北京市新技术新产品""2019年中国智慧健康医疗优秀成果""2018年适宜技术国际推广合作共同体推广项目""2017年中国医药生物技术十大进展""2016年中国工业设计红星奖"等多项殊荣。

企业创新人物

程京院士,中国工程院院士,清华大学医学院讲习教授,生物芯片北京国家工程研究中心主任,博奥生物集团董事长、总裁,北京博奥晶典生物技术有限公司董事长,在生物芯片研究中有重要建树和创新。回国前他关于"芯片实验室"的研究成果发表在1998年的 *Nature Biotechnology* 上,并以标题 "*Lab on a chip*" 成为该期封面故事,被当年 Science 评出的世界科技十大突破 Biochip 一项所引用。回国后他主持建立了国内急需的疾病预防、诊断和预后分子分型芯片技术体系,领导研制了基因、蛋白和细胞分析所需的多种生物芯片,实现了生物芯片所需全线配套仪器的国产化,并打造了以中医现代化为核心的大健康管理平台;主持研制了生物芯片类产品及配套仪器共70余项,获国内外发明专利共280余项,获中国医疗器械注册证58个、欧盟CE证书42个,负责起草了8项用于临床诊断的生物芯片行业标准和14项国家生物芯片标准,主编中英文著作8部,在 *Nature Biotechnology*、*Nature Communications* 等杂志发表 SCI 论文160余篇,曾两次以第一完成人获"国家技术发明奖二等奖"(2007年、2018年),获"留学回国人员成就奖"(2003年)、"求是杰出青年成果转化奖"(2004年)、"中国青年科技奖"(2004年)、"何梁何利科学与技术创新奖"(2008年)、"谈家桢生命科学创新奖"(2008年)、"中国科学年度新闻人物"(2014年)等奖励和荣誉。

邢婉丽教授,清华大学医学院研究员、博士生导师,生物芯片北京国家工程研究中心常务副主任,博奥生物集团有限公司高级副总裁,北京博奥晶典生物技术有限公司首席执行官。作为生物芯片北京国家工程研究中心创始团队主要成员,邢婉丽教授在生物芯片表面化学、微流控芯片、微阵列芯片系统等方面取得了许多创新性成果。2013年入选国家"万人计划"科技创新领军人才,2012年入选国家中青年科技创新领军人才；曾任全国生物芯片标准化技术委员会秘书长，第七届国家临床检验标准专业委员会委员。获国内外生物芯片相关专利授权160余项，获国际专利26件、中国专利91件，其中，发明专利52件、实用新型专利33件、外观专利6件；发表研究论文90余篇，主编出版生物芯片论著4部（英文2部、中文2部），组织起草了9项国家标准并已获颁布。作为负责人，邢婉丽教授主持并完成多项生物芯片相关的国家863计划、国家科技重大专项等研究课题，组织起草了21项国家标准并已获颁布，获"国家技术发明奖""三八红旗奖章"、中组部"万人计划"科技创新领军人才等荣誉20余项。

产学研合作情况

博奥晶典充分发挥源自清华的优势，依托清华大学和生物芯片北京国家工程研究中心雄厚的研发实力，结合自身在自主研发、集成创新、成果转化、技术转移、产业化推广等方面的丰富积累，积极推动政产学研用一体化。主要做法包括以下几点。

以战略合作为抓手。先后与数百家三甲医院、高校、科研院所、公安和司法机构建立了战略合作，包括与哈尔滨市、昆明市、威海市、济南市章丘区等地方政府签订合作协议，促进地方发展高新技术产业，提高当地医疗健康水平，培养高新技术人才；与首都医科大学附属北京地坛医院、中山大学附属肿瘤医院、中国人民解放军陆军总医院等知名医疗机构签订合作协议，以此发挥各自优势、整合优质资源，开展全方位、多角度的战略合作和协同创新；与赛默飞世尔、罗氏等国际生命科学和医学诊断领域跨国公司签订合作协议，共同开发产品技术，共建协作中心。

以项目合作为纽带。与多家知名产学研用单位共同承担了数十项国家重点研发计划、科技重大专项、北京市科技计划等政府课题，包括与中国人民解放军总医院合作常见单基因病的无创产前诊断技术及配套试剂和遗传代谢病基因筛查诊断一体化解决方案、与首都医科大学联合开展阿尔兹海默病（AD）早期标志物的检测、与广州禾信仪器股份有限公司开展临床生物标志物检测及方法验证、与南京市妇幼保健院开展常见遗传病的孕前和产前筛查与诊断一体化防控研究、与郑州大学第一附属医院合作精准医疗数据集成技术研究与大数据分析系统建设等，通过项目合作，培养人才、产出成果。

以学术交流为桥梁。每年都组织或参加数十场展会及培训会议，并且从2010年开始，每年作为主要合作单位参与由中国工程院医药卫生学部、清华大学、生物芯片北京国家工程研究中心联合举办的中国分子诊断技术大会，至今已连续参与主办十届。每届都齐聚国内外生物芯片等相关领域的专家学者、行业精英、企业代表，大家互动交流，共同分享各自取得的最新成果。

以公益推广为契机。携手上海交通大学附属第六人民医院、重庆医科大学附属第一人民医院、重庆两江新区第一人民医院、两江新区第二人民医院共同推进慢病健康管理公益项目，并基于此示范推广于辽宁省阜新市、云南省昆明市等多地糖尿病筛查工作中，现已完成13万常住居民的糖尿病筛查与健康管理，并同步建立了糖尿病全程管理的"医防融合"综合服务体系。检测数据汇总至健康大数据平台，整合成个人健康档案并进行多维度评估，可大幅度增加新发现糖尿病人及糖尿病高危人群的概率。糖尿病患者将通过绿色就医通道，进入"医院—社区一体化"分级诊疗体系就诊，医院定期开展糖尿病并发症筛查及随访工作。同时，可指导糖尿病高危人群从膳食、运动、中医调理等方面开展个性化的健康管理，从而有效地提高社区糖尿病知晓率、血糖达标率和并发症筛查率。

产学研成功案例

博奥晶典参与的新冠肺炎疫情阻击战是一场"政产学研用协同攻关"的成功典范。在清华师生和博奥团队通力合作、群策群力、集思广益下，六项呼吸道病毒核酸检测芯片试剂盒和全集成新品实验室系统得以快速实现了从研发到获得注册证的全流程。全集成芯片实验室系统的成功开发，使全国首款由轻型客车装载的移动实验室得以问世。全集成新冠病毒核酸检测移动实验室由清华大学、生物芯片北京国家工程研究中心和北京博奥晶典生物技术有限公司共同研发，可以更灵活地开赴各种应用场景，如重大会议活动的防疫安全保障，社区、村庄、山区、口岸站点等基层地区核酸就地即时检测，以及疫情期间手术急救、脑卒中、心梗、口腔治疗等紧急医疗服务需求等，为疫情防控提供强有力的技术支撑和快速、灵活、便捷的服务保障，用科技实力助力打通疫情防控最后一公里。

探索现代产业学院校企合作新模式

北京金蓝无忧国际教育科技有限公司

北京金蓝无忧国际教育科技有限公司（以下简称金蓝无忧）创立于 2015 年 11 月，是中国高等教育和新职业教育领域领军企业。金蓝无忧在高等教育领域为高校提供现代产业学院共建、专业共建、实验室、课程、教师培训、国际合作办学等不同形态的教育解决方案，是教育部"中美产教融合＋高水平应用型高校建设项目"（以下简称中美产教融合项目）唯一指定实施执行单位，并纳入《首轮中美社会和人文对话行动计划》具体成果。

自成立以来，金蓝无忧坚持以习近平新时代中国特色社会主义思想为指导，认真贯彻落实国家教育部门、工业和信息化部门教育工作会议、教育规划纲要的主要精神，围绕企业人才、技术需求，协同高校共同打造产教融合校企合作生态链。金蓝无忧建设并依托中国现代产业学院协同创新平台，充分发挥平台的功能和资源共享，通过贯彻落实国家产教融合、现代产业建设领域相关政策，开展现代产业学院理论研究和相关模式、经验、方法和案例的探索，为国家相关部门制定和实施现代产业学院的决策、法规制定提供咨询、建议及可行性研究；探索和制定现代产业学院创新模式和标准，组织、协调企业深度参与高校现代产业学院建设，引导、支持和规范高校开展现代产业学院建设；创建产业人才新型供给平台，组织、协调高校为企业输送人才，提供可持续人才培养支持，引导、支持企业参与探索产业学院人才培养模式创新；组织高校、企业共同开展培训、课题研究，共同开展技术攻关、科研成果转化；促进企业科技创新、技术创新，扩大和提升企业的社会影响力和品牌影响力；实施开展人才质量认证，建立专业认证体系，开展专业认证和大学生就业能力认证等服务，帮助平台内高校优化专业设置，提升办学质量，帮助平台内企业建立企业员工能力标准和培养体系；组织平台内的高校、企业、组织与国际接轨，开展和探索面向国际的产学研合作模式，帮助平台内的成员"走出去"，服务国家"一带一路"倡议等六个方面，开展与中国产学研合作促进会下属各二级平台有效对接，协同企业、高校，开展举办各类会议、培训、课题、项目等活动，实现产学研精准对接。

经过多年发展与沉淀，金蓝无忧凭借自身强大的实力，成为高教领域校企合作办学专业共建服务的提供商，高校产业学院运营商，高校课程服务和国际化建设服务的提供商，中国产学研合作促进会中国现代产业学院协同创新平台发起单位和秘书长单位。

建设现代产业学院协同创新平台

金蓝无忧凭借十余年的应用教育经验，整合了国际众多高校、教育机构、行业组织和企业的多方面资源，经过10所院校的试点工作，在充分引进、消化、吸收、借鉴国际学院建设与管理、专业建设与管理、课程建设与评价、教学过程与评价、学生成就管理与评价的基础上，形成了自己的变革式学习理论及教育资源研发能力、教育项目交付能力、服务能力和教育资源整合能力、集成能力等创新办学能力。

其中，包括230门由美国专家教授开发的通识课、专业课、师资培训课程在内的国际课程；200套自编教材；就业服务系统；在线学习系统和院校交流系统等。同时，企业高度重视师资力量的引进与合作，现引进国际专家和教师资源350多人、中国院校资源300多家、中国专家和教师资源200多人。这些资源和能力将助力中国地方本科或高职院校全面提升地方院校的竞争力，培养出国际标准的创新型、应用型、高水平人才队伍，助力地方经济可持续发展。

在校企合作、校企共建、校地合作方面，企业根据市场发展需求，采用"平台对平台""高校＋教育公司＋企业"的合作模式，建设现代产业学院，实现精准对接国家战略的深度合作和协同共享；帮助院校建设有竞争力的学科专业集群超级平台和现代产业学院。以现代产业学院建设为依托推动学校系统化的改革，全面激发学校改革创新的活力，更好地服务于区域经济发展。

与此同时，企业还专注于建设中国现代产业学院协同创新平台，通过发挥中美产教融合＋高水平应用型高校建设项目国际校企研资源的优势，从"协同发展共享资源

完善的人力资源的全周期管理与服务"等入手，在人才培养方案、课程体系建设、师资队伍建设、教学模式、评估评价体系、实验实训基地建设、终身教育体系等方面，加快院校国际化建设进程，培养国际化、双师型师资队伍和具备国际标准、国际视野的应用型人才。

充分发挥合作各方优势

金蓝无忧在现代产业学院建设中，以产业链各龙头企业相互协作、相互交流、相互助力，提升整个产业在国际上的竞争力，形成平台效应，探索出一条全新的产教融合校企合作办学的新模式，并且积极探索和引进国际经验，引入国际资源，进行本土化改造，形成一批新型的学校＋教育服务运营机构＋企业三位一体共建共享的产业学院。

在全新的模式中，企业提出产业人才需求，高校联合有经验、有资质的教育服务运营企业，把企业需求转化成人才培养目标，结合岗位具体要求，转化成教材、课程、实验实训设计，企业派出人力资源团队、工程师团队与教育企业紧密合作，把企业文化培训资源、企业技能培训资源、企业技术培训资源转化为高校教材、课程，并且双方协作共同开发行业级技术资格证书、岗位证书体系。

教育服务机构派驻团队与高校实行深度融合，共同制订产业学院发展战略、人才培养方案，以及课程、教学、实习实训就业、考核等体系；联合招生，共同管理学生和双方的教师；联合研发和授课，共同为学院的发展、专业的建设负责。

企业则作为用人单位，把人才需求的变化及时反馈给产业学院合作团队，不断优化人才培养方案。企业可以持续不断地获得优质人才，并且不断地在研发和技术攻关问题上获得学校研究团队的支持。

校企合作全新模式的运用，为产业链各龙头企业相互协作发展、人才的高质量培养画下了浓墨重彩的一笔。截至目前，金蓝无忧与中国产学研促进会、教育部学校规划建设发展中心、国家教育行政学院、美国加州高校联盟、美国德州高校联盟、美国思科、百度、国家电网、紫光集团、国电投、蜂巢能源等多家事业单位、行业组织，国内外知名企业深度合作，以产教融合整体解决方案赋能陕西师范大学、贵州民族大学、枣庄学院、宜宾学院、重庆三峡学院等国内几十所合作院校，并深得合作院校的一致认可和好评。

搭建协同共享人才培养平台

在中国产学研合作促进会和教育部学校规划建设发展中心"大平台＋战略"的指导下，金蓝无忧着重建设中美产教融合平台和中国现代产业学院协同创新平台，基于中美产教融合平台和中国现代产业学院协同创新平台,全面推进协同共享。经过近三年的资源积累,中美产教融合项目全面升级,打造了国际绿色产业学院共建模式,帮助高校建设产业学院,主要聚焦在能源(储能)、集成电路、人工智能、化工、供应链、大健康等方向,联合国内各行业龙头企业、中美行业顶尖专家和产业、金融等资源,与高校共建产业学院、产业技术研究院,培养高层次的国际化人才。通过建设现代产业学院,聚焦绿色产业,集中整合绿色产业行业、企业、专家资源,搭建全国绿色产业人才培养大平台,同时,在各高校建设有针对性的产业学院小平台,聚合地方政府、企业等资源,进行有针对性的资源输入,帮助院校在培养产业人才的同时,开展产业技术研究、成果转化,从而形成全国绿色产业人才培养大平台、高校产业人才培养小平台的局面。

金蓝无忧携手紫光集团与南昌职业大学签订电子信息产业学院共建协议

产学研合作成功的典型案例

河北民族师范学院"中美产教融合+高水平高校建设项目"2019年部分活动

河北民族师范学院是中美产教融合+高水平应用型高校建设项目第一个试点院校,双方共建新能源科学与工程、环境生态工程两个专业。项目开展以来,学校在人才培养模式探索、学科专业集群建设、人才培养方案修订、课程建设、教学资源建设、课堂教学模式变革、师资队伍建设、实习实践平台建设等方面,取得了可喜成绩,在全校学科专业评比中名列前茅。在建设中心发布的"大平台+"战略指导下,结合承德市的发展定位和产业需求,建设国际绿色公共实习实训基地和国际绿色产业学院，金蓝无忧引入国内外绿色产业相关企业和专家学者资源，建设国内一流的绿色产业学院，目前已引入远景能源、金峰科技等新能源领域龙头企业，同时引入河北工业大学王华君教授团队，全面支持河北民族师范学院国际绿色工业产业学院建设。

宜宾学院"中美产教融合+高水平高校建设项目"

宜宾学院在2016年入选教育部中美产教融合+高水平应用型高校建设项目首批试点院校后，于2017年成立了宜宾学院"中美应用技术学院"，把六个试点建设专业纳入新组建的"中美应用技术学院"中进行统一试点建设管理。2019年12月，宜宾学院对"中美应用技术学院"进行了实体化改革，实现了真正意义上的国际学院，在原来专业共建的基础上，进一步加强国际化建设，全面深入与金蓝无忧合作举办国际课程班、国际合办办学、师生的国际交流等项目。

面对新冠肺炎疫情，金蓝无忧在中美高等教育互通平台的基础上，建立国际远程在线教学云平台，将在线教学与线上课程学习融为一体，实现中外远程教学与线上学习的统一。

除了上述成功案例外，产学研合作项目在校地合作、校企合作中也发挥了重要作用——辽宁科技学院结合国家振兴东北战略，成立中美双百学院，通过"双百计划"完成向应用型综合大学的转型，为本地培养出更多创新型应用技术人才；北部湾大学立足自身地理位置，服务国家"一带一路"倡议和北部湾区域发展战略，根据市政府提出的智能化和信息化发展政策，通过项目为区域发展提供人才保障；枣庄学院从煤炭等粗放型产业环境中跳出，转型建设绿色化工、生物制药和食品等绿色专业；重庆三峡学院立足三峡水库区的绿色优势，致力于建设国际化绿色校园、生态校园；广东石油化工学院依据自身与石油化工企业的对接体系，力争做产教融合发展的典范等。

铸就工业互联网"根"技术
实现工业智能进化的关键跨越

北京东土科技股份有限公司

北京东土科技股份有限公司（以下简称东土科技）成立于2000年，2012年创业板上市。公司致力于工业互联网行业，深耕工业互联网"根"技术，近些年强力聚焦"技术创新＋国产化"，在工业互联网底层控制、边缘计算技术领域拥有系列主打的拳头产品，是目前工业互联网行业唯一实现操作系统、芯片，到工业网络通信设备、边缘通用控制器，完全自主可控、完全国产化的公司。

如同一枚硬币的两面。

从"一无所有"到门类最齐全，中国已经连续11年位居世界第一制造业大国，是全球唯一拥有全产业链工业体系的国家。

全世界遍布"中国制造"的身影，但难掩这样的现实：每年海量进口核心元器件，核心工业软件多为外资品牌，工业互联网操作系统更是难觅踪迹。

工业"肌肉"强壮了，"骨骼"壮大了，但"心脏"和"脑子"还要跟上！在数字浪潮下，让工业互联网为制造业转型升级赋能，正是东土科技的突围之路。

致力于成为中国工业互联网创新技术的引领者

世界海拔最高铁路——青藏铁路集中监控系统、中国首条时速350km/h的高铁——京津高铁轨旁列控系统、我国首个百亿方页岩气田——涪陵页岩气田SCADA

东土科技产品应用于青藏铁路集中监控系统

及安防的网络系统、世界最长跨海大桥——杭州湾大桥集中环境监控系统、北京奥运会31个主场馆电力配电管理系统……东土科技的"根技术"解决方案，为国家重点项目持续稳定运行保驾护航。

争做国际工业控制技术的变革者

美国堪萨斯州威奇塔市ITS系统、中俄东线天然气管道综合系统、80座乌拉圭智能变电站集成自动化系统……东土科技200万余台设备不断在全球工业版图中绽放异彩。

国际范：软件定义控制走向世界舞台

工业互联网正在赋能千行百业的数字化转型，推动我国数字经济进入全面发展的新时代。在新时代的浪潮中，人与机器、机器与机器之间如何高效协同工作，是全球制造厂商一直以来的核心话题。

2019年4月1日至5日，主题为"产业集成——工业智能"的汉诺威工业博览会盛大开幕，作为工业领域的奥斯卡，这场展览吸引来自全球75个国家和地区的6500家参展商竞相关注。

在英特尔展台，东土科技与英特尔联合展出全球第一款由软件定义控制的边缘服务器——NewPre，方案搭载NewPre、INTEWELL工业级网络操作系统、MaVIEW工业编程平台、视觉软件等组件，利用5G和现场工业网络提供数据通道。在展示现场，东土科技一台边缘服务器虚拟出20个实时系统，完成AI视觉识别下的运动控制，成为划时代之作。

该产品体现了东土科技在工业互联网领域洞见与实践的全新内涵：通过软件定义技术，横向融合边缘计算、过程控制、工业视觉、运动控制、协议转换等实时和非实时控制系统，纵向打通端边网云的平台，就人与机器、机器与机器之间在下一阶段数字化转型中如何协同工作提出深刻见解，助力客户完成以"敏捷和智能化"为核心的智能工业转型，为人工智能在工业领域的深度应用奠定坚实基础。

如今，很多领军企业利用自己在特定行业里累积的深厚经验和专业能力，结合创新技术打造平台型企业，进而把平台共享给同行业内的其他公司。东土科技基于创新的现场总线技术及软件定义工业控制（SDC）和软件定义工业流程（SDP）技术相结合的核心能力，联合合作伙伴共同构建工业互联网平台，向上与应用对接，向下连接硬件与数据，帮助企业加速实现 IT 与 OT 的融合、技术与商业的融合，与客户和伙伴共同实现商业成功。

东土科技走向世界舞台的脚步不止于此。2019 年 9 月，在科技部、国家标准委等部门的持续支持下，东土科技联合仪综所等科研单位制定的 AUTBUS 国际标准成功立项。该技术是 2011 年以来中国工业控制领域唯一获得 IEC 组织申请成功的国际标准，标志着我国在工业通信领域已步入技术领先的国家行列。

从 AUTBUS 现场总线、全国产化工业网络通信设备、软件定义控制的边缘控制器，再到工业级网络操作系统，东土科技用多个"首创"逐渐证明中国的工业互联网企业在某些领域拥有国际话语权。

换赛道：深耕工业互联网"根"技术

一个优秀企业的创新发展，道阻且长，但紧要处往往就是那几步。

时间倒退至 2004 年。互联网和通信赛道已经开始拥堵，在通信领域，已经产生华为、中兴、大唐等领军企业，但同质化竞争明显。彼时，互联网巨头企业已经开始萌芽，工业互联网在市场上还是空白，但一群怀揣梦想者有了模糊的意识。

在创业者李平看来，人类智慧在机器世界的延伸是大势所趋，"人要重视这种不确定性的思想和冲动，正是这种不确定性推动了人类社会的进步。"于是，他发力要进军工业互联网。

自成立起，东土科技就一直在工业互联网的赛道上前行。在近 20 年的爬坡过坎的拼搏中，东土科技曾多次遭遇十字路口的关键抉择：2007—2009 年，公司面临被收购的境地；2009 年，东土科技申报上市；2014—2015 年，着手布局工业互联网的底层技术芯片和操作系统；2020 年，遭遇新冠肺炎疫情及关键技术领域的打压……

东土科技团队做好了与工业互联网做持久战的准备。尤其这几年，工业互联网的发展势头很猛，当 IT 企业和 OT 企业蜂拥而上，企业董事长李平越来越意识到，过分重视云端层的"弄潮儿"会忽略根基的重要性。对于工业互联网而言，工业操作系统、工业基础软件、工业芯片是中国工业亟待突破的三大"根"技术，这些"根"技术是中国发展的短板。

如果供应链的"命门"掌握在别人手里，那就好比在别人的墙基上砌房子，再大、再漂亮也可能经不起风雨，甚至会不堪一击。

就如同在消费领域华为要去发展"鸿蒙"，一举改变Android和iOS系统争霸的格局一般，在工业领域，东土科技必须与巨头掰手腕，为全球工业互联网的技术创新贡献中国力量。

在工业互联网的金字塔中，"软件定义"是非常重要的一环。它就像是工业互联网平台建设和应用的"播种机"，在金字塔的各个层级的领地中，将基础硬件数字化、虚拟化，和应用软件的管理可编程、平台化进行广泛播种。

综观全球工业互联网的发展，德国工业4.0、美国的工业互联网计划都在尽可能地保留之前的技术底层，中国有机会从上到下创造出一个全新的体系。在这个全新的金字塔体系里，网络是基础、平台是核心、安全是保障，它是工业互联网体系里的"三驾马车"。

经过多年发展，东土科技现已拥有包括全国产化网络交换芯片、两线制宽带实时总线、有线/无线工业通信网络产品、边缘通用控制器等一系列完整的工业互联网技术、产品及行业解决方案，广泛应用于制造业垂直领域。

芯片是工业互联网的"心脏"。没有自主芯片，我国工业互联网发展难上大台阶。从2014年开始，东土科技的核心研发团队就坚决"锚定"自主可控、全国产化目标，开启了自主研发网络交换芯片和网络设备的艰难历程。

在东土科技中央研究院核心骨干的带领下，东土芯片团队本着"以最快速度推出自主研发芯片，设计流片风险降到最低，快速抢占自主可控市场"的原则，仅用两年多时间就完成了从芯片研发到流片投产的全过程。

如果说芯片是工业互联网的"心"，那么操作系统就是它的"魂"。2017年乌镇世界互联网大会期间，东土科技发布了"INTEWELL工业级网络操作系统"，历经20年迭代研发，广泛用于智慧工业、智慧城市、智慧防务等领域，成为中国工业控制技术实现全球领先、构建中国自主工业控制体系的保证，对提升我国工业控制技术整体实力和支撑我国工业制造体系健康、可持续发展意义重大。

抓痛点：深耕产学研 打通工业互联网"最后一公里"

工业互联网作为推动数字经济与实体经济深度融合的关键路径，现已成为全球主要经济体促进经济高质量发展的共同选择。

美国、德国、日本分别成立工业互联网联盟、工业4.0委员会、工业价值链促进会，并分别提出先进制造业领导战略、工业4.0战略、互联工业战略。我国工业互联网的发展与美、德、日等发达国家基本同步启动，互存优势、各具特色。

2020年，我国工业互联网产业经济增加值规模约为3.1万亿元，占GDP比重为2.9%，工业互联网融合带动的经济影响规模约为2.5万亿元。工业互联网细分领域众多、标准化难度大，工业互联网的发展不仅需要新的思路，还需要更多细分领域企业的支持。

东土科技的研发团队认为，目前很难有一家企业能够覆盖整个工业互联网的范围，东土科技将深耕自己擅长的细分市场，打造协同生态。生产、供应、仓储、物流及产融结合，在互联网的联动下将带来新商业模式和新业态。

创新也有路径依赖。"如果都不愿意做原始创新，不愿意花力气筑牢地基，整个产业就会像是在沙滩上建高楼。"在董事长李平看来，在大数据时代的背景下，工业互联网是一种行业的系统解决方案，需要相关产业、技术同步创新，还涉及市场、经营、政府等方面。

要争做工业互联网"根"技术的领军企业，具备核心竞争力，协同创新是关键。东土科技深耕产学研合作，以企业自筹资金为主要资金来源，持续以每年固定的营业收入比例投入技术研发和产学研合作中，实现工业互联网核心"根"技术的自主可控及创新引领。

目前，东土科技已成为中国第一家工业互联网产业联盟——中关村工业互联网产业联盟的理事长单位，并持续、有效地促进生态链合作；发起成立了北京国科工业互联网研究院，以其为运营实体，将科技创新成果转化为商用产品落地，该研究院被北京市科委立项成为软件定义工业控制技术创新中心；2021年4月，全国首个工业互联网领域底层技术信创工作组在京成立，东土科技成为首任组长单位。

东土科技通过建立产学研联合项目群，链接多方位工业应用，开展了多个项目群的合作，包括以下内容：

与东北大学流程工业国家重点实验室、工信部中国电子技术标准化研究院、工信部仪综所、中钢集团等产学研机构开展工业互联网控制系统、工业互联网架构方面的合作研发与产业化；

与清华大学、西安邮电大学、中国联通、中兴通信等开展5G在工业互联网领域应用的研发合作；

与仪综所、中国石油、和利时等开展工业现场宽带总线及IEC国际标准的合作；

与中国科学院沈阳自动化研究所、重庆邮电大学、交控科技等开展TSN时间敏感网络应用的研发合作；

与北方工业大学、重庆大学、南方电网、北京新能源汽车技术创新中心等开展在智能交通、智能电力、新能源汽车等行业工业互联网架构下关键技术和产品的研发合作。

近二十年的努力，化作沉甸甸的荣誉：2019年，工信部主办中国首届工业互联网大赛，东土科技中央研究院智能制造团队从1009个方案中脱颖而出，凭借"基于软件定义控制和流程的工业互联网解决方案"摘获一等奖；在世界人工智能大会组委会与福布斯联合在中国举办的首届全球工业智能领域"湛卢奖"评选活动中，东土科技获得"湛卢奖"技术创新奖。

虽有荣誉加持，却没有让东土科技变得"张扬"，东土科技秉承科学创新的精神和态度，只为沉心静气、脚踏实地地做一件事——为中国工业互联网贡献自己的力量。

东土科技在创新实践中始终坚信：工业互联网姓"工"，制造类企业需要聚焦解决工业现场和工业生产过程中的关键问题，打破传统工业互联网的壁垒，在新型的解决方案下，让大量的工业企业解决各种各样现场应用的问题，利用智能化改造使企业真正感受到工业互联网带来的价值。

创新向来是九死一生的。工业互联网的生态建设也是个从量变到质变的过程，中国需要更多的"东土科技"勇往直前。

做中国电子测绘仪器的开创者

广州南方测绘科技股份有限公司

广州南方测绘科技股份有限公司（以下简称南方测绘）于1989年创立于广州，是一家集研发、制造、销售和技术服务为一体的测绘地理信息产业集团，业务范围涵盖测绘装备、精密测量系统、精准位置服务、数据工程、地理信息软件系统及智慧城市应用。

南方测绘现拥有遍布全国的30家省级分公司、100余家地市级分公司、9家海外销售机构，拥有分别专注于卫星导航定位、高速铁路精密测量、无人机航测、移动扫描测量、精准位置服务、地理信息软件系统的多个子公司，并拥有位于北京、武汉、常州和广州的全球大规模测绘装备研发制造基地。集团主要产品国内市场综合占有率达60%以上，产品出口全球100多个国家和地区。

探索&实践

深耕测绘地理信息行业

历经多年发展，南方测绘形成了低空摄影测量、三维激光扫描系统、光电测绘仪器、高精度GNSS解决方案、地理信息软件系统、高铁精密测量、室内定位和导航七大产品体系，从产品到系统集成，从测绘仪器到GNSS、GIS专业级系统解决方案，从室外到室内，具备信息化测绘完整产业链研发和生产能力。

一直以来，南方测绘专注于测绘地理信息行业，以振兴民族产业为己任，坚持自主创新，陆续实现了测距仪、电子经纬仪、全站仪、GNSS等一系列测绘仪器的国产化，取得了一系列拥有自主知识产权的技术成果，成为中国电子测绘仪器的开创者与领导者。南方测绘电子经纬仪、全站仪及RTK产销量均位居世界第一，北斗地基增强系统（CORS）建站数全国第一，测绘成图软件市场占有率超过90%。经国家测绘地理信息局组织的专家鉴定，南方测绘的产品和综合技术达到世界先进水平，跻身行业世界四强。

南方测绘致力于推动中国测绘地理信息产业的发展，努力成为世界级测量装备和地理信息应用提供商。目前，南方测绘已与超过50家高校、科研院所建立了广泛联系和合作，取得国家专利29项，与高校合作成立实践基地近60个，合作开发新产品、新技术，承担省级以上科技项目21个。

构建业务新体系

南方测绘凭借多年来产学研合作经验的优势，构建产学研业务新体系，形成业绩的新驱动。南方测绘切实根据自己的现实需求，结合合作单位的科技优势，经过一系列的集团内外部资源的整合，在产学研融合中形成了一整套可落地、可复制、不断创新的解决方案。

在产学研联合中，现已形成《产学研合作管理制度》，促使产学研合作项目规章化、制度化，以求协调好各方的资本、人力和技术资源，最大限度实现软硬资源优化配置和高效利用。在组织框架中明确研发中心为产学研合作活动的主管单位，对产学研的运作进行监督管理，按照规章开展活动。研发中心建立产学研合作奖励机制，每年按科研量化考核办法规定奖励在产学研合作工作中做出突出贡献的人员。

南方测绘提出了"以人才为根本，以坚持科研为出发点，以企业长远发展考虑"的企业产学研思维方式指导公司的发展，并有专人负责与相关高校及科研机构进行沟通，使产学研合作工作得以制度化、规范化、经常化，在资金安排、人才流动、协调服务、与高校科研单位开展合作等各方面为产学研联合提供有力保障。

早在 2006 年，南方测绘便有计划、有步骤地展开产学研合作工作，近年来对产学研创新发展更是加大支持力度。例如，2018 年 5 月，南方测绘与湖南理工职业技术学院共建无人机教学基地，在实践教学、人才培养、科学研究、校企协同创新等方面取得合作成果；同年 6 月，南方测绘与成都工业职业技术学院共建轨道交通三维 BIM 及室内导航研究中心。

2019 年 6 月，南方测绘旗下南方高铁与湖南高速铁路职业技术学院共同成立南方高铁精测学院。智慧化高铁工程施工和维护新技术培训中心、湖南省轨道交通枢纽室内定位导航工程中心，成为全国专业服务产业的示范；同年 7 月，南方高铁与柳州铁道职业技术学院共同成立南方高铁产业学院，为培养专业型人才奠定基础；12 月，南方测绘和辽宁工程技术大学测绘与地理科学学院签署了共建协同精密定位与位置服务工程研究中心合作协议。

2020 年 1 月，南方测绘荣获"2019 中国产学研合作创新奖"，南方测绘作为测绘地理信息领域唯一企业获得奖项。

促进产学研联合

近年来，南方测绘以"百亿企业、百年品牌"为新时期发展目标，逐渐形成全面业务发展、全面壮大的业务格局，形成了以"南方测绘教育实训研究院""南方学院"为支撑的体系性的工作模式，在产学研合作模式中更注重全面的、深度的一体化合作方式，从教材编写、师资培训、课程建设、实训室搭建，到设立奖学金、协助资格证书考取、举办行业技能竞赛、学生实习应聘等全方位深度合作，建立产学研深度合作标准方案，其余合作模式由该标准进行简化，如有创新性的新合作方式，根据资源情况，整合入标准方案内，形成一种可持续性发展的产学研推动机制。

南方测绘基于自身过硬实力成立南方学院——全国首个测绘地理信息类教育培训与校企合作平台。同时，在多个院校建立实体，联合办学：与广西师范学院合作建成的南方地理信息学院入选国家级"新工科与实践项目"；在与各高校合作中把科技成果、经验成果转化为实用性高、质量优的教学内容。通过实训中心、产业学院的建立，促进了产学研深度融合，形成虚实一体的学科特色创新型、个性化的学习环境。

第四届"南方高铁杯"全国职业院校高速铁路精测精调技能竞赛在柳州举办

职业技能培训和竞赛是我国新时期职业教育改革和发展的重要助推器。南方测绘自建立之初起就一直以发展、培育"地理信息"应用技术人才为己任，与各院校合作组织省级高校赛事及校级高校赛事。据不完全统计，南方测绘已举办了5000多场次"测绘杯"比赛，受到了国家自然资源部、国家测绘地理信息局、各省市政府的高度重视，为学校和社会选拔了众多优秀人才。

驱动技术创新

产学研联合是技术创新的加速器，是企业开展技术创新活动的有效途径。

南方测绘通过与高校、科研机构合作，实施了科技部科技人员服务政府行动的《国土房产政务GIS分布式组件中间件及其关键技术研究与开发》《村镇区域空间规划与集约发展关键技术研究》等项目，实现了技术转型，并走在行业前端。

通过产学研联合，南方测绘多项具有国际国内先进水平的高新技术成果转化为现实生产力，开拓了高层次产业领域。如《高速铁路轨道三维精密检测关键技术研究与系统开发》《高速铁路无砟轨道全几何参数检测系统关键技术研究和装备开发》项目，利用精密测量技术对高速铁路轨道几何形态进行快速测量，大大提高工作效率，为我国高速铁路快速发展贡献力量。

产学研联合推动了以企业为中心的技术创新体系建设，促进企业不断开发创新。目前，南方测绘承担的多个科研项目几乎都与武汉大学、广东工业大学、东南大学等知名高校及科研机构合作完成，新产品的研发也都与上述学研单位有着密切合作，企业通过产学研联合，实现了借脑、借智发展，研究开发出了一批重大技术创新成果。

产学研融合创新案例

科研篇

铁路特别是高速铁路具有安全性好、舒适度高及运行速度快的特点，因此在施工过程中对轨道绝对精度、平顺性具有较高的要求。

目前，主要采用轨道几何状态测量仪对铁路轨道进行测量及静态平顺性检测。传统的轨检车测量时采用的是逐一扣件的数据采集方法，测量时间长，作业效率低。这些因素已经影响了高铁的运营和维护。如何在确保测量精度的前提下提高测量效率，是迫切需要解决的问题。

组合惯导动态系统在黔张常高铁项目中的应用

南方测绘与广州大学联合研发的 GNSS/INS 高速铁路轨道几何状态精密测量系统能在确保测量精度的前提下，大大提高测量速度，有效解决了测量效率问题。系统优势明显：可测出超高、轨距、轨向等静态小车可测的一切数据；是世界上唯一将组合惯导成功用于高铁的系统，填补了世界范围内在这一领域的空白，是我国关于轨道检测方面领先于世界的一项技术；该项目在美国获得了世界惯导协会一等奖；该系统攻破了速度方面的难题，在保证精度的情况下是进口检测系统工作效率的 15 倍，打破进口设备高价低效的壁垒。

融合篇

为进一步促进学校产教融合发展，培养专业技能更加精湛的技术型人才，提升学生专业技能，保障学生就业，2019 年 11 月，南方高铁首个产业学院正式揭牌成立，由广州南方高速铁路测量技术有限公司和柳州铁道职业技术学院共同创办，共同制订人才培养方案，进行师资培训实施教学与实习，共建广州、柳州实训基地。

南方高铁产业学院下设理事会和学院管理机构，实行理事会领导下的院长负责制。组建南方高铁班，阶段性到企业进行教学实习。建立"一人双岗"交流机制，校企"互派、互聘",教研室兼职教师进课堂授课,教研室专任教师下企业锻炼和进行技术服务。

2020年,南方高铁产业学院开展了相关人才培养和师资培训后,南方测绘与学院就"南宁地铁5号线精测精调技术服务"项目达成横向技术服务意向。南方高铁产业学院派遣数名实习生协助完成南方高铁在南宁市轨道交通5号线一期工程11.153公里(单线)的精测精调技术服务。

2020年12月,南方高铁产业学院的教师在校企共建的"轨道交通工程智测实训室"中,用专业的设备和技能拿下了2020年全国职业学校"南方高铁杯"铁路工务作业虚拟仿真技能竞赛轨道精测虚拟仿真赛项一等奖等相关奖项。

应用篇

南方MSMT手机测量软件是南方测绘与广科院建筑工程学院院长覃辉教授通力合作打造,集各种测量及计算功能为一体的Android版便携式手机测量软件。软件可按项目管理设计与测量数据,内含24个测量功能模块,可与市场主流全站仪和数字水准仪蓝牙连接进行测量,实现了从传统建筑与交通施工测量程序计算到移动互联网信息化测量计算的跨越。

南方MSMT手机测量软件是校企深度合作与产教融合的成果。实现移动互联网信息化测量,需要测量仪器厂商的密切配合。2020年3月,广科院建筑工程技术专业与南方高铁合作,开设了54学时的《南方MSMT道路桥梁隧道施工测量》工匠型课程,每年有4个专业班级的学生使用南方MSMT手机软件进行辅助学习。目前,湖南高速铁路职业技术学院、西安铁路职业技术学院、新疆铁道职业技术学院、山东交通职业技术学院等院校的建筑工程技术、工程测量技术、摄影测量与遥感技术、铁路工程测量、工程测量、高速铁路工程技术等专业的大批任课教师正在使用南方MSMT手机测量软件。MSMT手机测量软件可同覃辉教授与南方测绘共同出版的工匠型教材《南方MSMT道路桥梁隧道施工测量》移动互联网信息化测量专著配套使用。

数字时代的教育将面临巨大的改革,作为一个有担当的企业,南方测绘抓住新业态和新技术的发展机遇,通过原有条件,让新技术驱动教学模式转变,形成一批服务产业转型升级和先进技术转移应用的应用技术学院,将不断思考和践行产学研创新融合发展。

从大西北走出的创新环保明星

甘肃一德新能源设备有限公司

科技是第一生产力，创新是一个民族的灵魂。时值"一带一路"历史机遇和大众创业、万众创新的发展机遇，甘肃作为丝绸之路的重要省份，是非常重要的节点区域，甘肃一德新能源设备有限公司（以下简称一德）也迎来了空前的历史机遇。一德2013年成立于白银市白银区高新技术产业孵化基地，是国内领先的CO_2空气源热泵供暖、热水解决方案供应商。公司专注于节能环保产业领域，是西北五省唯一一家CO_2空气源热泵集研发、设计、生产、销售、安装、运维及售后服务为一体的集成化高新技术企业。

公司自创立以来，坚持以科技创新为核心竞争力，以节能环保政策方针为市场驱动，紧紧围绕"十四五规划""煤改电"等产业指导政策，秉持开放合作、融合创新的理念不断进取，在分散式建筑供暖、生活热水等领域，与各大行业设计院、兰州交大、西安交大等科研院所、高校深化合作，通过优化设计和创新方案，为业主提供有竞争力的供暖、热水集成解决方案、产品和服务，并致力于智慧节能、绿色清洁能源的推广。

目前，一德业务遍及全国13个省份，广泛服务于交通运输、企事业单位、能源石化、军民融合等领域。一德生产的CO_2空气源热泵是一种引领市场的节能、高效的热水加热设备，广泛应用于我国寒冷地区、严寒及高海拔地区的冬季供暖、工业高温热水及生活热水的制备，该产品最大的特点是在环境温度为-30摄氏度时能产生80摄氏度高温热水。

探索&实践

兼容并蓄

作为一家高度聚焦环保产业细分领域的制造业企业，从设计方案到零部件集成采购、制造组装、良品率质检，再到仓储运输、安装维护、售中售后服务等过程，其不同环节必须通过流程、价格、信息等一系列生产要素的设置，才能实现产业链的高效运转。

在多年的生产经营实践当中，如何优化企业制造产业链的配置，如何通过价值链、企业链、供需链和空间链的融汇结合提升效率，是一德长期不断探索的课题。

众所周知，在现代制造业产业链当中，物料、能源、设备、工具、资金、技术、信息和人力需按照市场要求配置，缺一不可，制造业企业必须通过对生产过程的优化，对产业链各端资源的不断整合，才能有效降低成本，提升产品质量，并赢得市场。面对资源配置全球化浪潮的趋势，一德不断调整产业链的市场要素，与欧洲先进技术厂家深入合作、对接，确保设备压缩机等核心部件处于同类产品的高精尖地位，有效解决了"卡脖子"难题，保证了产品的高良品率，在市场竞争中处于有利形势。

与此同时，一德广泛与国内科研院所开展创新技术协同合作，在轨道交通、石化资源、市政配套项目等领域强强联手，共同成立很有针对性的项目课题小组，从设计之初就集中进行创新技术公关。在各科研院所的大力支持下，一德产品以市场需求为导向，推陈出新，产品线不断丰富、迭代。目前，已形成以CO_2空气源热泵、CO_2复叠空气源热泵、CO_2燃气热泵为主的三大系列产品。

一德与兰州交大、西安交大等高校的暖通专业院系深化合作，依托院校研发团队在细分领域的研究实力和研发方向，一德遴选出技术骨干，拨付一定研发资金，双方共同成立课题小组，有效融合，使企业的技术研发力量得到了充实，也让高校的科研项目能与企业、市场更加有效、更加精准地对接，促使项目的可行性论证经得起理论和市场的双重验证。

产学研融合

随着技术发展和创新形态演变，科研、教育、生产三者的互相融合越来越深入和广泛。在技术创新领域，产学研的不同分工在功能和资源上需要更加协同与集成，以保证技术创新上、中、下游的对接和耦合。

在传统制造企业向现代制造企业的转型阶段，一德在不断调整、适应新的产业模式，如何与行业科研院所、高校科研院系进行优势互补、互惠互利、共同发展，如何将三者的人才优势、科技开发和生产活动有机结合，激发产学研各资源的内生动力，通过生产实践，一德逐步摸索出一些经验。

以制度作为保障，一德成立了企业研发中心，由董事长牵头任部长，在研发中心内成立多个研发小组，均由在行业内具有较高技术造诣的技术人员任小组组长。公司制定了与高校、研究院所合作完善的产学研管理制度，各小组每年至少提供一份与高校、专业机构合作的产学研计划，经公司领导批准后执行，研发费用由副部长直接落实并签发使用，减少研发费用审批流程，对研发项目快速启动缩短了时间。公司预算每年研发费用不低于当年销售收入的5%，每年对各研发小组免费提供不少于2人的带薪培训，以提高研发人员的技术水平。研发小组每月定期提交研发进展及研发成果，对研发中存在的问题及时提交，并鼓励研发小组聘请行业内知名专家进行交流沟通。对于研发项目形成产品成果的，用当年产品销售收入的1%作为研发小组成员的奖金，有效地激发了研发小组成员的自主创新能力，也为企业的研发注入了新的活力。

一德作为西北五省唯一一家热泵行业制造厂商、西北暖通协会理事会员，在经济发展相对较弱的环境下，主动融入产业发展潮流，每年度参与暖通行业各类学术性研讨会不少于三次；按照业务要求，针对具体项目方案，每年度与设计院所，包括市政、轨道交通等专业设计院所，不定时开展精准方案研讨会，依托科研院所的技术实力，面对面交流沟通，点对点解决项目设计方案的难点、重点。

与此同时，一德返聘已退休的科研院所高级专工为企业技术顾问，为企业在技术创新方面进行长期指导。按照一德公司的战略规划，为了更有效地整合产学研的人才、科技、创新资源，一德将设立专业的研究机构，广泛吸纳行业专业人才、项目，形成资源池，以机制为保障，进一步开拓产学研合作空间、合作项目、合作质量。

一德还积极对接高校就业，大力培养"工程师基石"。

自2015年以来，随着业务体量的爆发式增长，一德对工程类人才的需求激增。为此，公司以业务模式需求制定岗位需求，把引进专业人才作为经营管理的头等大事。由于行业特性，人才需求主要针对暖通专业、给排水专业、机电专业等专业学科，而这些专业的高校毕业生由于专业性非常强，而本地区的这类人才需求又很有限，导致高校毕业生外流的情况很突出。

一德因势利导，在与兰州铁道学院、兰州理工大学、兰州城市学院等院校开展校企项目合作的基础上，积极与各校相关院系建立毕业生就业的机制。在内部机制方面，一德制定了长期的人才计划，在研发设计、制造生产、工程安装、维护维修四大关键部门的人才结构上，不遗余力地培养青年工程师队伍。目前的工程师业务骨干队伍，平均年龄在28岁左右，各部门的工程师队伍接近40余人。青年工程师队伍的迅速成长，已经成为一德发展的主力军，"工程师基石"战略所显现的人才结构优势已经发挥效用，校企合作不仅在项目科研领域生根发芽，更在校企人才就业方面的深入合作开花结果。

产学研融合创新案例

以国家政策为引导，以政府搭建的平台为依托，以科研院所、高校研发为技术抓手，以企业为生产力核心高度融合资本、产业趋势、市场、人才等生产要素，企业创新才是坚实的，才是有活力、有竞争力的，企业的发展才是可持续、有生命力的。

科研篇

2013年，一德与中国铁道科学研究院、兰州铁路局合作完成"CO_2热泵在铁路沿线供暖的应用"项目。该项目截至2020年已在京张高铁、宝兰客专、兰渝铁路、银西铁路、太中银铁路、和诺铁路、库格客专、银兰铁路、沈阳南站、北京丰台枢纽、乌鲁木齐集装箱、呼和枢纽、兰州枢纽等铁路项目中应用，全线共有500多台设备在线运行。该项目的成功研发使铁路系统告别了供暖费用居高不下、污染严重的时代，比铁路系统原有供暖设备年运行费用节约30%以上。

2015年，一德与兰州大学合作完成"CO_2空气源热泵机组及控制项目"，该项目在2015年年底正式投入使用，该控制系统使CO_2空气能热泵机组运行更精准、准确，也提高了采暖系统的智能化。

CO_2空气源热泵项目实景

该项目利用物联网＋技术将原有工业设备空气源供暖机组通过开发云平台终端，减少设备管理和维护人员，真正实现全自动无人值守。通过新设备，将供暖设备故障率有效降低80%以上，使维修成本大大降低的同时，提高了设备维修时间。项目将供暖系统中的热泵主机、循环泵组、控制器、电磁阀、传感器通过不同的端口传输至用户末端，用户可根据不要权限进行操作，随时随地对系统运行不同工况下的参数进行修正，更好地解决了除机械硬件故障之外的所有问题，从而大大降低了系统故障率。

提高设备可用性与降低运营管理成本是运维永恒的主题。针对设备分布广、集中度不高的情况，在中央监控系统之上建立运维系统，通过有效地集成，能够帮助管理者实时得到分布式站点设备的运行情况，对可用性、提高运维效率和降低运维成本发挥着重要的作用。

2018年，一德与西安交通大学合作完成"CO_2复叠热泵低温制热机组"。针对超低气温、气压高的实际难题，经过与院校项目组反复论证、优化技术设计，决定采用复叠技术，经过实践，该项目实际运行稳定、经济，故障率低，大大降低了供暖成本，提升了运行能效。

创新篇

"如何通过聚集创新创业资源，培育具有核心技术能力或新颖商业模式的创业团队和企业，更好地推动企业的科技和商业创新，让一德公司走向世界更广阔的市场，这是一个富有挑战却充满希望的企业发展目标。"一德董事长何铭说。

自2015年起，随着国家双创战略的不断深化，一德迅速响应政策，组织创业创新项目团队，积极参与国家级、省级、地市级的各个双创大赛。双创大赛成了检验一德研发项目的最佳平台，也成为展示一德商业模式和企业竞争力的绝佳舞台。自2015年以来，一德获得来自国家级、省级、市级的双创大赛荣誉十几项，在不断自我完善的过程中获得了广泛认可。

2017年，一德创始人何铭入选为中央组织部"万人计划"中的领军人物。这个殊荣来之不易，既是鼓励，也是鞭策，既是一个阶段的成功，也是另一个阶段的挑战。作为企业的掌舵者，一名致力于中国环保节能产业的企业家，从创业伊始，何铭就坚定了发展方向：以自有知识产权的技术研发为核心竞争力。8年间，一德始终如一地坚持研发先行，走科技创新驱动的企业发展模式，并在与科研院所、校企合作的过程中不断加强研发力度和资金投入力度，形成以CO_2热泵技术路线为基础的产品系列和解决方案。

事实证明，一德的技术路线通过双创得到了认可，一德的产学研成果得到了市场转化，一德的企业发展抓住了国家环保产业的机遇。在全国，一德承接的节能工程近800余项。然而，一德公司深知，科技研发与技术创新是企业生存的命脉，是产业链环节中的重中之重，也是企业的核心竞争力。没有与时俱进、超前意识的研发创新，企业就没有驱动力和发展目标。

融合篇

在融合中求创新、谋发展，是企业未来发展的大势所趋，也是企业的发展诉求。

2021年，一德公司将持续加大力度、加快速度布局节能环保与新能源产业，精细化拓展行业深度、维度。为此，在多年的企业发展积淀的基础之上，充分利用在行业的企业优质信用、技术优势和市场竞争力，以企业数十项自有知识产权保驾护航，融合创新发展模式，加大力度增强自我造血能力，充分开拓能源石化的节能设备改造、余热回收、国防后勤的节能设备改造，大型养殖业环保设备和空气消杀消菌、大型市政建筑节能设备和空气净化、工矿企业采暖节能优化、农村煤改电等领域的市场空间，融合上下游生产要素，形成以电、天然气、太阳能+CO_2热泵技术为清洁能源的综合解决方案，打造创新业务的发展模式。

一德还将进一步联合各行业科研设计机构，以及甘肃、陕西、北京各相关高校院系，不断探索新的、可持续的、互惠共赢的发展模式，充分调动、整合研发机构、高校专业学系的技术资源，在融合中求创新和发展。

随着我国综合国力的提升，制造业的升级已迫在眉睫，对此，一德智造已经付诸行动，未来的一德总部基地生产线将对接工业4.0智造和日本、欧洲的前沿技术，进一步提升一德产品的市场竞争力，力争在不久的将来打破国外核心技术垄断，为我国节能环保事业做出新的贡献。

科技改变养猪业

广西扬翔股份有限公司

广西扬翔股份有限公司总部

广西扬翔股份有限公司（以下简称扬翔）成立于1998年，总部位于中国贵港市，是一家集"料、养、宰、商"于一体的产业互联网科技型农牧企业，业务涵盖饲料、种猪、猪精、肉猪、屠宰、深加工、食品、智能养猪平台、智能养猪设备等领域，是农业产业化国家重点龙头企业，2020年中国养猪巨头10强，2020年中国产学研合作创新示范企业。

扬翔在业内率先总结出"基因遗传、精准营养、环境控制、生产管理、生物安全"五大低成本、高效率科学养猪关键要素，引领低成本养猪。2017年，成功探索实践集群式楼房智能化养猪模式；2018年，成功研发推出FPF未来猪场互联网养猪平台，成为全球第一家成功"把猪搬上互联网"的企业。

成立20多年来，扬翔始终秉承"科技改变养猪业"的理念，顺应新时代"互联网+"的发展趋势，扎根"三农"、服务"三农"，立足养猪业发展之根本，以产学研合作为契机，以科技为导向，以创新为驱动力，实现了从饲料生产到传统养猪、科学养猪、数据养猪再到互联网养猪的跨越。

10多年来不断深化与国内各个高校产学研的合作关系，坚持人才强企发展战略，促进科技成果转化，打造企业内部浓厚的科技创新氛围，先后获得"中国科技创新示范单位""农牧行业十大创新企业""农牧行业十大领军品牌""产学研用一体化""中国智能养猪十大科技创新品牌"等荣誉称号。

探索&实践

作为农业产业化国家重点龙头企业,扬翔坚持"以农为本,以猪为业,以猪富农"的经营发展理念,充分发挥党建引领作用,积极构建"公司+合作社+贫困户"的扶贫带贫机制,探索实施"一十百千万"精准扶贫新模式(即一栋猪栏组建一个合作社,每个合作社吸收10户贫困户,每个合作社流转100亩土地,每个合作社每年最少出栏1000头肉猪,每个入社贫困户至少年增收1万元),助推脱贫攻坚,为脱贫攻坚做出较大贡献。

在人才建设方面,扬翔坚持"一岗双责",由副总裁兼任党委书记,积极探索党企联管、党建联盟、民企联动、人才联用、村企共建的非公党建新模式;同时,重视党员人才建设,成立扬翔博士党支部,通过"人才联用",先后与华中农业大学、中山大学、中国农业大学等多所高等院校长期开展产学研合作,成立了院士工作站、博士后科研工作站。

为加快科技人才队伍建设,提高企业自主创新能力,让科技创新成为企业发展的内生动力,2009年,扬翔与华中农业大学建立校企合作关系。

至今,扬翔已和中山大学、中国农业大学、广西大学等国内多所知名高校及科研机构进行全面而紧密的产学研合作。在产学研合作框架下,由高校派驻专家组到扬翔公司任职,提升扬翔公司科技、管理水平。依靠企业技术研发中心,引进院士团队、华中农业大学专家7人,派驻教授、副教授21人。同时,公司技术骨干走进课堂,实行"企业+高校"双责任导师制度,细化育人职责,联合指导学生实习实践,营造学生、青年教师与企业技术骨干同堂、理论与实践一体化产学研培养模式,逐步发展成为农牧行业校企合作的新典范,吸引了大批农业科技人才加入扬翔。当前,扬翔拥有派驻专家教授21人、博士34人、硕士220人。

近年来,在产学研生态协同、校企高度融合发展的推动下,扬翔以科技项目攻关为抓手,扎实推进扬翔科技养猪事业高速发展,先后被评为生猪良种繁育技术国家地方联合工程研究中心、农业农村部生猪健康养殖重点实验室、广西地方猪繁育工程技术研究中心、院士工作站、博士后科研工作站、自治区级人才小高地等科研平台,为企业、学校科研成果落地转化提供了良好的基础平台。

另外,还成立扬翔创新研究院,主持或参与科技项目24项,其中,国家重点研发计划项目等国家级科技项目5项,广西创新驱动发展专项(科技重大专项)等自治区级科技项目16项;获"全国农牧渔业丰收奖""广西科技进步奖"等国家/自治区/省级科技奖励8项。在养猪行业率先建立了母猪自循环、基因组选择与精准选配的普惠育种模式,打造了500万头生猪的生产繁育体系,通过"垂直生产""铁桶防疫""智能运行"助力生猪稳产保供，实现了土地高效利用、生态环保、企业节本增效新局面。

产学研融合创新案例

应用篇

2015—2017年期间，扬翔开始探索集群式楼房智能化养猪模式，打造高强度生物安全、高标准环境保护、高土地资源节省、高效率运营管理、高动物福利、高工作生活舒适度的新型养殖模式。

扬翔联合华中农业大学首创设计、建设了集群式楼房猪场。建立内循环繁育体系，对养殖工艺技术流程、繁育体系、智能化养殖技术、生物安全防控技术等进行技术创新和集成，先后在广西、沈阳两地建成扬翔桂妃山楼房猪场、天梯山楼房公猪站、沈阳秀博楼房公猪站共6栋楼房猪场。突破解决了养猪业用地难、占地多的重大难题，促进我国养猪业的转型升级，引领我国多层养殖风向标，解决高生物安全、土地节约、节能环保、成本领先的有效模式。

"'互联网+集群式楼房猪场'智慧养殖关键技术的研发与示范应用"项目被广西壮族自治区数字广西建设领导小组入选为第一批数字广西建设标杆引领重点示范项目（大数据与农业深度融合重点示范类），扬翔楼房猪场获评"2019中国畜牧饲料行业十大商业模式创新奖""畜牧业数字智能化转型样板场"。

2019年5月，农业农村部科技发展中心组织专家对"集群式楼房智能化猪场研发与应用"成果进行评价，专家组评价：该成果在楼房养猪的规划设计、新的通风系统、猪的精准饲养与智能管理方面具有自主知识产权与原始创新。在猪场生物安全系统建设、病死猪无害化处理、粪污处理与生物肥研制等方面集成创新成效显著，总体处于国际领先水平，具有极强的推广应用前景。

集群式楼房智能化养猪场——桂妃山种猪场

产业篇

随着互联网技术与畜牧业不断融合发展，近些年来传统养猪业搭乘"互联网高速列车"实现了快速转型升级发展。而民以食为天，通过"互联网+"打通猪业产业链、实现产品可溯源是发展的必然。

坚守"健康、安全、美味、低成本"的使命，扬翔联合华中农业大学专家教授、行业产业科学家及IT工程师的智慧，开创出以智能楼房养猪为核心的产业互联网料、养、宰、商一体化的产业模式，打造高端智能的"造肉工厂"，建立以生猪生产流程为线索的企业内部追溯体系，以及以猪肉产品供应链为线索的外部追溯体系，并实现内外两大追溯体系信息流的无缝融合与透明追溯，达到猪肉产品源头可追溯、流向可跟踪、信息可查询、产品可召回的目的。同时，减少交易环节成本，降低猪周期波动风险，实现精准营养、环境可控、智能生产、在线监管，为公众提供健康、安全、美味、便利的食品。

目前，扬翔在广东、山东均已落地一体化产业集群项目，迈入产业发展的全新阶段，继续为推动中国养猪产业升级贡献自己的力量。

"科技是第一生产力"，扬翔始终坚持改革创新，不断与时俱进，加大转型升级力度，推进了企业的科学养猪进程，引领科技养猪，为我国生猪养殖从传统粗放式养殖向现代化数字科技养猪转型升级做出巨大贡献。

未来，扬翔将始终秉承"科技改变养猪业"的理念，以科技创新为内生动力，驱动互联网养猪事业蓬勃发展，积极扩展拉长上下游产业链，创新推动"料、养、宰、商"一体化发展，为公众提供健康、安全、美味的猪肉，为行业进步发展作贡献，为社会经济发展创造更大价值。

"高端智造"振兴民族工业

江苏银环精密钢管有限公司

银环公司制造车间

江苏银环精密钢管有限公司（以下简称银环公司）前身为宜兴市精密钢管厂，成立于1991年，位于宜兴市经济开发区，是专业从事石油石化、核电、火电、轨道交通、航空航天等重大装备领域用特种管材研制的国家级高新技术企业。

银环公司建有江苏省高性能特种精密钢管工程技术研究中心、先进钢铁材料技术国家工程研究中心银环分中心、博士后科研工作站、研究生工作站等产学研平台，与清华大学、北京科技大学、江苏大学、原子能院等科研院所建立了合作关系。始终以振兴民族工业为己任，自觉对接国家重大专项关键材料课题的研制，坚持自主创新，成功研制了世界首创第四代核电高温气冷堆蒸汽发生器用换热组件、快中子堆蒸汽发生器换热管及钠—钠热交换器用管等高性能特种精密管材，打破了国外长期垄断，保障了我国核电发展的战略安全。

探索&实践

混改引入三大央企股东

银环公司在30年发展历程中，以市场需求为核心，建立明确的目标导向，形成了自己独有的特色和亮点。

在体制改革上敢为人先，率先建立混合所有制，充分发挥体制新优势。2014年，银环公司完成企业资本重组，引入宝钢、中广核、华能三家央企股东资本，充分挖掘和利用股东方资源，集"原料冶炼、管材研制、工程应用、项目一体化"，形成能够自主控制的能源装备产业链，有效融合和发挥出央企和民企各自的体制优势和活力。

银环公司坚持"三高战略"，打造"银环"行业品牌美誉度。长期以来，公司制定了"生产高端产品、占领高端市场、服务高端客户"的"三高"发展战略，重点围绕石化、火电、核电、轨道交通等高端行业领域关键管材，积极服务行业内具有重大影响力和显著性标杆的高端客户，建立了长期稳定的合作关系，现已成为高端行业领域关键设备用管材市场中的龙头企业，在行业内树立起"银环"品牌，并持续提升品牌美誉度和忠诚度。

以振兴民族工业为己任，树立实业报国的重大企业使命，银环公司确立了国产化项目研发发展路线。在公司创始人庄建新的引领下，始终有着浓厚而强烈的家国情怀。树立了"担负起国家高端管材研发和生产的重任，维护国家能源和军工产业用特种管材的战略安全"的企业使命，明确了"坚持自主创新，保持国际领先，打造百年企业，持续改进、稳健发展，建设成国家重大装备关键材料制造基地"的企业愿景，先后研发生产了30余项替代进口的新产品，为国家节约了大量的建设资金。

银环公司拥有卓越领导团队和具有高度自主创新能力的专业研发队伍，打造行业领先研发能力。公司经营班子由央企股东方委派、民企股东方培养及董事会从行业内知名企业引入的优秀职业经理人团队组建而成。同时，组建了以博士、硕士为核心成员的技术团队，打造了行业内领先研发能力。

充分利用产学研平台资源，发挥产学研用一体化优势。银环公司高度重视产学研用一体化合作，建有省级工程技术研究中心、博士后科研工作站、研究生工作站等产学研平台，积极加入快堆联盟等协会组织，并和清华大学、江苏大学、原子能科学研究院等科研院所围绕项目研发、人才培养等开展全方位合作，实现了资源优势互补。

技术创新是核心战略

银环公司秉承以科技为本、以人为先导的理念，着眼企业未来发展，不断加强和完善企业技术中心的建设，不断加大科技投入，增强企业的自主创新能力和整体竞争力。

按照国家科技工作方针和创新驱动发展战略，并结合银环公司实际情况，制定科技发展创新战略及目标任务，以"探索一代→研制一代→生产运用一代"的发展思路，制定有效的科研体系，并确定年度计划。

同时，设立了由公司领导牵头、主要业务部门负责人参与的技术中心委员会，决策公司技术创新战略，以技术中心为科技管理职能部门，负责公司科研管理、科技规划、平台建设、科研成果及奖励管理工作，以及对外技术交流等。

另外，还完善公司科研项目管理，积极支持和参与国家重大专项课题、省市重点科技计划、行业及协会课题等；持续加大科研投入，银环公司通过政府激励政策及专项基金、多渠道筹集资金、公司内部投入等，保证科技投入。银环公司加强资金统筹管理，提高经费使用效率；搭建基础条件平台，持续更新研发装备及实验设备，建立试验基地、共建联合创新中心等；通过新产品开发，固化产品制造工艺及指标，完善技术标准管理体系。

银环公司建立了自主创新体系，开展产学研科技合作，加快企业科技创新和发展核心竞争力。通过与科研院校建立联合开发实验室、引进高科技成果等合作方式，充分利用有关科研院所的研发力量，实行联合研发，培养技术人才。以技术为纽带，以项目为载体，组织和应用国内外的技术和智力资源，开展范围广泛的、多种形式的技术交流与合作。

产学研融合创新案例

经验篇

银环公司始终以实现关键材料国产化和振兴民族工业为己任，致力于打造政产学研金用一体化创新平台，自觉对接国家重大专项关键材料课题，在政产学研金用一体化过程中硕果累累。

重视政府在区域科技创新体系建设中的作用。银环公司根据地方政府出台的促进产学研合作的优惠政策及法律法规，联合高校积极申报及参与省市级科技成果转化专项资金项目、产学研联合创新资金——前瞻性联合研究项目等，共同努力构建优势互补、互利共赢、务实高效、开放灵活的产学研合作新机制。

采取"产学研"联合型合作模式。依据企校各自优势，分工协作，共同实现技术创新，建立企校合作研究专门机构，如公司建有江苏省高性能特种精密钢管工程技术研究中心、先进钢铁材料技术国家工程研究中心银环分中心、国家级博士后科研工作站、研究生工作站等产学研平台，与清华大学、江苏大学、原子能科学研究院等科研院所建立了长期的科研合作关系。鼓励大学生、科研机构的科技人员流向企业，拨专款扶持产学研合作，建立合作专用基金等，从而表现出功能互补的优势。

在充分发挥高校和科研机构基础研究优势的同时，不断向应用研究、科研成果产业化推进，寻求产学研合作的最佳结合点，尽可能使企业和高校、科研机构的合作目标趋向一致。

政产学研金用一体化中的重要成果和突出业绩。"十三五"期间，公司在政产学研金用一体化过程中取得了一系列重要成果和突出业绩：授权专利18项（其中，发明专利 2 项，实用新型专利 16 项），发表科技论文 26 篇，主持和参与国家及行业标准 6 项，如 DL/T1603—2016、GB/T 34107—2017、T/CISA 003—2017、GB/T 24591—2019、GB/T 21833.1—2020、GB/T 21833.2—2020；完成新产品开发 30 项，其中，省部级以上课题 5 项，填补了国内空白。

科研篇

强强联合，优势互补。2017 年 8 月，钢铁研究总院委托银环公司进行示范快堆蒸汽发生器用换热管技术开发项目。通过对热穿孔、冷轧、热处理及防锈工艺的研究，2019 年 4 月，成功研发了示范快堆蒸汽发生器用换热管。该换热管的组织及性能均满足标准要求，通过了原子能科学研究院、东方电气、东方重机、钢铁研究总院的一致认可，形成了适用于工业化生产的管坯内控标准及管材内控标准，并固化制造工艺规范，通过研发，签订采购合同 7500 万元。

高温气冷堆蒸汽发生器用 SA-T22 螺旋盘管

2019 年 9 月，由华能山东石岛湾核电有限公司牵头、银环公司参与的国家科技重大专项课题（大型先进压水堆及高温气冷堆核电站，2019ZX06903025）的子课题——高温气冷堆蒸汽发生器高温材料及焊缝高温长时性能测试任务的合同书得以签订。银环公司主要负责研究高温蠕变试验非标试样蠕变试验的研究，组织开展试验测试并分析试验数据。目前，已完成高温蠕变试验方案设计及评审，产品制造及常规检验，并于 2020 年 6 月开始高温蠕变试验，该项目预计 2022 年 6 月完成。

通过本课题研究，进行 T22 及 Incoloy-800H 传热管高温材料的高温持久、蠕变试验，是对高温气冷堆蒸汽发生器用高温合金高温长时性能的系统性的测试和分析，不但满足了高温气冷堆蒸汽发生器安全和寿命的评估需求，同时可以获得典型的高温材料高温持久、蠕变性能数据，填补了国内相关研发的空白，为后续 600MW 高温气冷堆项目推广及国产高温合金的应用打下基础，同时也为核电高温服役设备的制造积累了一定数据基础。

让建筑生命延展

科顺防水科技股份有限公司

科顺总部大楼

科顺防水科技股份有限公司（以下简称科顺股份）成立于1996年，为A股上市公司，历经20余年的稳健经营和高效发展，现已成长为以提供防水综合解决方案为主业，集工程建材、民用建材、建筑修缮业务板块于一体，业务范围涵盖海内外的综合建材公司。

旗下设有工程防水品牌"CKS科顺"、民用建材品牌"科顺家庭防水"、建筑修缮品牌"科顺修缮"等品牌和业务板块，产品涵盖防水材料、砂浆材料、密封材料、排水材料四大类100多个品种，一站式解决方案被广泛应用于多个国家与城市标志性建筑、市政工程、交通工程、住宅商业地产及特种工程等领域。

科顺股份研发中心是行业三大研发中心之一，近百人的研发团队囊括院士、博士后、博士、硕士等高学历科研人才。公司与中国科学院院士合作建有院士专家工作站、全国博士后科研工作站，另与清华大学、中国科技大学、中国建筑材料科学院苏州研究院等多家高校及研究院所均已签订研发合作协议。目前，公司拥有和正在申请的专利347项，通过省部级鉴定的科研成果20项，参编国家或行业标准36项，参编行业技术规范45项。先后获得国家火炬计划重点高新技术企业、中国建筑防水行业标准化实验室、知识产权管理体系认证等荣誉和认证。

科顺股份拥有专业应用技术人员超过90人，年均提供1000多份专业防水解决方案，为670多个施工现场提供技术咨询和施工指导；拥有工程技术人员超过370人，年均服务项目近3000个。

走产学研合作之路是企业获得最新技术、快速打开市场的重要途径。"技术科顺"是科顺股份三大经营战略之首，背后是科顺股份多年来积极开展与高校产学研合作，借助高校先进知识储备和基础研究理念，结合自身优势，将前沿基础研究实现产业化的不懈努力。

探索&实践

首个百亿战略

2020年，科顺股份发布首个百亿战略，计划将在2022年实现营收百亿元。

科顺股份追求的是高质量与可持续发展，规模的增长是建立在质量增长的前提下的。百亿战略目标不仅是一份对销售收入的预期，更是科顺股份25年高质量发展向未来的呼喊，是科顺股份聚焦建筑防水主航道实现可持续发展的信心。

百亿战略的背后，是在此基础上对公司销售结构、客户结构、产能布局、盈利能力、经营性净现金流量等经营和财务指标的具体要求及应对策略，同时，积极推动公司新一轮的品牌及文化建设、人力资源建设、信息化建设、研发体系建设等，为实现公司中长期战略目标统一思想、夯实基础，确保公司稳健经营、健康发展。

CNAS 实验室场景

20余年来，科顺股份始终不遗余力建设行业领先的研发平台，持续推动企业发展，提高研发技术能力，研制更优质的产品。研发平台持续升级，与上下游合作伙伴共建实验室，与知名高校合作，与中国科学院院士专家共建工作站，并且通过国家CNAS实验室认证。科顺股份在对现有产品不断精进提升的同时，也开发出弥补市场空白的创新产品。2021年，科顺股份陆续推出水性聚氨酯防水涂料、水性抗滑移防水涂料等新品。

重塑特色企业文化

历经20余年发展与成长，科顺股份形成了自己的企业特性与文化，在每一个发展阶段，企业文化所展现出的精神、内容都有着不同的演绎。

"延展建筑生命，守护美好生活"是科顺股份的企业使命，科顺股份始终深耕建筑建材领域，通过技术创新、服务升级、理念引领，持续推动行业进步，以优质的产品、卓越的服务，为维护建筑的安全性、耐久性创造最大价值，让建筑的使用寿命能够得到延长；同时，科顺股份将建筑视作一个生命体，以尊重和敬畏的态度对待每一座建筑，以匠人之心做好产品与服务，让建造者放心，让使用者安心。

"与人类美好建筑共百年"是科顺股份的企业愿景，基业长青是其不懈追求。科顺股份始终以价值创造为根本，坚持稳健经营和可持续发展，坚守正道，勇于创新，长期奋斗，持续提升核心能力和培育优秀文化，不断跨越行业周期与时代变迁，成为与美好建筑相伴共生的百年企业。

"与长期同行者共创共享"是科顺股份的价值观。科顺股份是长期主义的践行者，拒绝一切短视的行为，期待与客户、员工、合作商形成彼此信任、相互认同的关系，成为志同道合的长期同行者。

科顺股份的企业文化理念

在过去20余年中，科顺股份凭借高质量发展，已然成为中国建筑防水行业的领军企业，拥有了更大的品牌、技术、供应、协作优势，与诸多优秀房产企业建立战略合作关系。

产学研融合创新案例

面对市场日益激烈的竞争，科顺股份不断攀登科技高峰，始终处于技术领先地位，确保在市场中的竞争优势。

产学研合作之路是迅速提高企业技术能力的一条捷径。科顺股份一贯坚持与高等院校加强联系进行产学研合作，早已与中科院广州化学有限公司、清华大学、北京科技大学、西安交通大学、西北工业大学、青岛科技大学、华南理工大学、中山大学、中国建筑材料科学研究总院苏州防水研究院、沈阳化工大学等多家高校及研究院建立了产学研战略合作关系，通过产学研合作，多专业、多学科的整体优势得到充分发挥，科研成果档次也得到大幅提高。与万华化学集团股份有限公司共建了防水科技联合实验室等创新平台；与陶氏化学（上海）有限公司签订了战略合作协议；与中山大学、华南理工大学、暨南大学及东南大学等高校及巴斯夫等企业进行过项目上的沟通探讨及交流；与中石油燃料油有限责任公司研究院联合开发沥青卷材专用耐老化性沥青等原材料。在科研创新中心成立了博士后科研工作站和广东省院士专家企业工作站。

同时，通过合作形式，科顺股份投入资金为高校合作科研机构添置设备、更新科研手段。科顺股份对产学研联合项目进行重点倾斜，为重点项目配备年轻有为的技术人员，并给予资金上的大力支持。

科顺股份通过产学研协同创新，实现了创新资源的有效整合与利用，增强了科技创新能力。近年来，企业通过技术创新，获批专利几百项，给企业带来直接经济效益数十亿元，在推动企业快速发展的同时，也促进了国内建筑防水行业的技术发展。

2016年，科顺股份与中山大学联合开发防水材料用阻根剂，经过近三年的潜心研发阻根剂，成为国内第一家拥有阻根剂自主知识产权的防水企业，打破国外大厂多年垄断国内阻根剂市场的现状。

科顺股份在研发方面的成果还包括：2018年"彩色外露型丁基自粘高分子防水卷材的开发"，2014年"喷涂速凝橡胶防水涂料的开发及产业化"，2013年"高抗氯性耐盐碱型聚酯基防水卷材的开发及其产业化"，2011年"无卤阻燃防水卷材关键技术研发"，以上研发成果均已通过验收。

科顺股份研发中心近三年同样取得了重大研究成果，由博士、博士后牵头的研发创新团队，从材料类型、市场需求、应用功能等方面出发，经过12年的不断研发和完善整合，终于在2019年向市场推出涵盖阻隔防水、排水、导流、蓄水、种植、装饰及雨水管理等众多技术的功能型综合性"一次防水"系统。通过从防水设计的系统性、应用性及时效性出发，采用规范的参考图集、先进的防水材料、卓越的防水系统，致力于实现"一次设计、一次施工、一次保险"，为建筑提供持久的防水服务。

科技自立自强
提升我国潜水电泵核心竞争力

亚太泵阀有限公司

亚太泵阀有限公司外景

亚太泵阀有限公司（以下简称亚太泵阀）是专业从事各类水泵、环保系列设备、移动泵站、一体化泵站、消防供水泵车、系列真空泵及远程控制系统的研发生产，并同时提供泵站和环保工程设计、产品研制、设备安装和系统运营全套服务的国家级高新技术企业，拥有机电安装工程专业承包贰级、机电工程施工总承包叁级、市政公用工程施工总承包叁级、环保工程专业承包叁级和环保设计甲级资质。

近年来，亚太泵阀坚持创新驱动、产业融合的经营战略，全面推进企业高质量发展，先后获得"国家级绿色工厂""国家专精特新'小巨人'企业""国家知识产权优势企业""中国产学研合作创新示范企业""国家污水污物潜水电泵技术依托单位"等多项国家级荣誉称号，亚太商标被认定为中国驰名商标，综合实力不断增强。

亚太泵阀近年来与江苏大学、扬州大学大力开展校企合作，联手攻克一系列技术难题；同时，联合开展协同技术创新，在创新成果申报、高新产品鉴定、联合技术攻关方面，充分利用江苏大学国家水泵及系统工程技术研究中心的行业优势，组建大功率潜水电泵产业联盟，推动大功率潜水电泵研发能力和水平全面提升，组建国家水泵及系统工程技术研究中心企业创新基地，全面提升产业发展层次。

探索&实践

联合攻关核心技术

目前，我国生产的大型潜水电泵最大功率通常在 800kW 左右。随着国家对水利及防洪事业的重视，国家重点工程对特大型潜水电泵的需求越发显现。

为了突破这一关键技术，亚太泵阀与江苏大学联手，积极发挥国家泵站及系统工程研究中心的优势，经历了设计、试制、实验、改进、完善的技术研发历程，设计制作了专门的测试装置，获得了第一手性能参数。经过两年多努力，在电机功率、机械密封、远程控制等关键技术上取得重大突破，将潜水电泵功率提高到 1000kW 级，目前最大功率已达 1250kW。

"长期以来，受制造技术限制，国内大面积农业灌溉、防洪排涝、江河截流等大型水利工程所需的特大型潜水电泵只能依赖进口。"亚太泵阀董事长常磊称，针对这一巨大市场需求，企业协调江苏大学将特大型潜水电泵列为首要攻关目标。

为突破相关技术瓶颈，亚太泵阀与江苏大学确立产学研合作关系，成立技术攻关联盟，联合承担江苏省重大成果转化项目——"1000kW 级高效智能型大功率潜水电泵产业化"。同时，与江苏大学合作设立江苏省大功率潜水电泵工程技术研究中心等省级研发平台，吸纳近 20 名行业高端人才加盟。

经过三年多的努力，联合攻关组先后突破电机功率、机械密封、远程控制等三项关键技术，成功研发 1000kW 级特大型潜水电泵，一举填补国内空白，被业内专家誉为"中华潜水第一泵"。从此，国内大面积农业灌溉、防洪排涝、江河截流等大型水利工程依赖进口特大型潜水泵的窘境成为历史。

"我们与江苏大学在特大型水泵的技术攻关上没有止步。"常磊说，通过不断开展前伸后延开发，研制了特大型行星齿轮传动潜水电泵和应急移动泵车等一系列符合市场需求的产品，在盐城淮河入海水道、洞庭湖灌溉区泵站等国家重点工程中得到广泛应用。这一特大型潜水电泵的问世，首创了我国高速电机行星齿轮减速技术，首次将高速潜水电机、齿轮箱与水力部件有机合为一体，并采用带有散热风道的潜水电机技术，集成智能型自动监控与保护系统，获得授权国家专利 5 项，并获得"江苏省科技进步一等奖""中国机械工业科学技术二等奖""江苏省机械工业科学技术一等奖"。作为主持起草单位，牵头修订了《混流式、轴流式潜水电泵》行业标准。

联动开展产业布局

瞄准泵阀技术前沿发展趋势，超前布局前瞻性项目的产业开发，这是亚太泵阀与江苏大学开展深度合作的重要目标。针对环保产业大发展的契机，企业与江苏大学联合将环保设备作为研发重点，采用高强度纤维玻璃钢制造预制筒体，研制出拥有自主知识产权的地埋式截流排污一体化预制泵站。该系列产品采用高性能纤维玻璃钢制造预制筒体，将水泵各配套应用装备一体化置于可移动筒体之内。一体化预制泵站筒体竖立式埋入 8～10 米深的地基，具有对天然雨水、管网污水和江河湖泊各类水体进行收集、传输、排放一体化的功能，不但能大幅度节省土地，节约大量建筑投资，而且节能环保。泵站水量调节智能化运作，自行调节，自动控制，无须三班制人工值班操作。由于预制泵体埋于地下，不但污水污物无异味渗出，可通过在地面种植花草美化环境，广泛适用于城市街道、大型住宅区、工业经济开发园区及工厂、矿山等领域的污水收集、排放，以及江、河、湖泊的大流域调水。产品在山东、江苏、河南、广东等大中城市的市政工程、江河治理中获广泛应用。其中，YTTZB 型玻璃钢一体化预制泵站获"江苏省装备制造业专利新产品金奖"。

"由于高度集成化，泵体土建工程为传统混凝土结构的十分之一，总造价只有传统混凝土结构的三分之一，采用智能型全自动控制，排放根据储水量大小进行高效自动调节。"常磊介绍，该设备被国家有关部门列为我国重大水利、环保科技专项，并被认定为江苏省首台套重大装备和专精特新产品。

产学研融合创新案例

人才篇

推进协同创新，既要用好高校的智慧"大脑"，也要补好企业的人才"短板"。

近年来，亚太泵阀在与高校开展课题研究和项目合作的同时，注重与高校联合培养和引进创新人才，联合江苏大学开展高端人才引进、自有人才培养工程，大力实施人才强企战略，不断创新人才引进方式、管理方式和激励机制。

亚太泵阀积极引进对口成熟人才，通过在江苏大学设立奖学金等形式，定期开展校园招聘会、毕业生供需见面会，引进流体机械、动力工程、机械制造等专业对口的优秀毕业生。同时，积极引进行业高端人才，充分利用高校资源，主动对接行业协会、专业研究所等，创新人才引进方式，先后聘请行业知名度较高的专家 20 余人为公司高级顾问，引进流体机械工程硕士以上等高层次人才共 11 名充实到水泵、环保等研究所，保证每一个高科技含量的产品背后都有一名高层次人才作支撑。

目前，亚太泵阀已拥有机械工程、环境工程、机电一体化、电气、给排水、信息化等 10 多个专业的人才共 120 多名，形成了强大的开发、生产、营销阵容。

在此基础上，亚太泵阀还创新培养方式，大力提高人才素质。定期聘请江苏大学专业老师对技术人员和全体中层以上干部进行 ERP、OA 等现代管理和办公系统的专业培训；同时，公司积极将优秀人才送入高校进行深造，累计有 30 多名员工进入江苏大学、扬州大学、南通大学进行培训，6人取得机械工程、环境工程硕士学位。在通过研究生考试到高校学习期间，公司在发放原岗位工资的基础上，给取得学位证书的人员报销所有学费，并按2万元/人进行奖励。为增强大功率潜水电泵产品引领行业发展优势，发挥人才的作用，企业成立了亚太大功率潜水电泵研究所，由进站博士、江苏大学流体机械博士研究生张德胜领衔进行项目开发、技术攻关和人才培养。目前，该研究所在锥齿软贯流泵、千瓦级大功率潜水电泵、一体化预制泵站等项目的开发上取得重大进展，获得专利授权14项、高新技术产品认定3项、参与编制行业标准1项、承担省重大科技成果转化项目1项。

如今，企业共有5人入选江苏省"六大人才高峰高层次人才培养对象"，2人入选江苏省"333高层次人才培养对象"，2人入选泰兴市"323高层次人才培养对象"，3人成为市级以上中青年专家，2人成为泰州市科技企业家培养对象，与江苏大学联合成立的省级工程技术研究中心被表彰为江苏省优秀人才集体。

科研篇

2012年，省科技厅正式批准由亚太泵阀和江苏大学联合建设江苏省大功率潜水电泵工程技术研究中心，并按照相关项目合同要求开展基础设施建设、科技成果转化、专业人才培养等工作。

批准建设以来，亚太泵阀先后投入2100万元，建设了200平方米的研发办公室、6000平方米的新产品研发试验车间，添置了各类研发及检测设备120多台套，其中，高、精、大设备40多台套；同时，亚太泵阀先后与江苏大学、扬州大学等建立了全面的产学研合作关系，并依托江苏大学国家水泵及系统工程技术研究中心共同进行研发，把大功率潜水电泵校核系统分析、大功率潜水电机、机械密封技术及齿轮传动结构、泵站（群）综合自动化控制系统和远程监控技术作为研究对象，以赶超国际先进水平，提高我国大功率潜水电泵的技术水平和竞争力，以满足水利市场需求为发展方向，进行深入研究。

截至目前，中心先后承担了国家科技部及省级项目6项，完成各类科研成果60多项，产品技术获"中国机械工业科技进步二等奖"2项、"江苏省科技进步二等奖"3项、"国际发明博览会金奖"1项；获得专利授权11项、发明专利2项、软件著作权4项；主持或参与编制国家和行业标准3项。建设期内引进4名流体机械工程博士、8名流体机械工程硕士。另外，采取开放式的对外服务，利用技术优势，积极参与或承担国家省级重大科技计划项目及企业内部科技创新活动，开展联合课题、专项课题研究。

新产品研发试验台

为推动同行企业的技术进步，亚太泵阀以江苏省大功率潜水电泵工程技术研究中心为依托，创新设立国家泵站工程技术研究中心创新示范基地建设，积极接受企业技术咨询，组织或参加学术交流会、专业论坛，加强行业技术交流和信息共享。中心已经成为全国大功率潜水电泵及系统研究开发的科研基地、技术推广的辐射"窗口"、人才建设的培训工厂、信息咨询的科技媒介，综合科研水平达国内行业领先水平。

亚太泵阀副总工程师、江苏省大功率潜水电泵工程技术研究中心主任、江苏大学产业教授蒋文军介绍，亚太泵阀大功率潜水电泵省级工程中心被认定为省重点研发机构，除了在资金、项目、税收等方面享受优惠政策外，还将被优先推荐申报国家级大功率潜水电泵工程技术研究中心，这是对企业技术创新能力建设的肯定，必将推动行业的技术创新、人才队伍建设。下一阶段，企业将按照建设国家级大功率潜水电泵工程技术研究中心的要求，加大研发投入，加快成果转化，加紧人才队伍建设，努力为推动我国水泵行业的发展贡献力量。

"润滑"中国制造

郑州奥特科技有限公司

郑州奥特科技有限公司（以下简称奥特科技）位于河南郑州国家高新技术产业开发区，成立于2005年8月，是一家集研发、生产、销售和服务为一体的创新型高新技术企业，致力于发展具有自主知识产权和核心竞争力的集中润滑系统产品，拥有"省级工程技术研究中心""省级企业技术中心"等多个研发平台，形成具有自主知识产权的"车辆集中润滑产品""工程机械双线润滑系统""风力发电机组轴承自动换脂系统"等近百种型号产品；目前，已经形成大型设备、商用车辆、工程机械、风电设备、钢铁冶金、港口码头、军工产品等多领域集中润滑系统产品。

席卷全球的"工业4.0"革命浪潮和"中国制造2025"战略，对作为"大国重器"的中国制造，特别是集中润滑，赋予了更多的使命和要求。政产学研金用一体化是技术创新的加速器，是企业开展技术创新活动的有效途径，不仅推动了以企业为中心的技术创新体系建设，更重要的是提高了企业的技术创新主体意识，促使企业不断开发创新，将多项技术成果转化为现实生产力，开拓高层次产业领域，推动润滑产业升级发展。

奥特科技在润滑行业提出了致力于"高、精、专"的设备润滑与健康管理全新理念，以产学研协同创新为核心理念，在双创的大潮中，视野更为开阔。

探索&实践

有温度的企业文化

从一个小团队，历经15年，发展成为今天中国润滑领域的知名企业，并在客车市场占有率中名列第一；从技术上的一片空白，到如今累计申请各类专利180余项；从初始的一点销售额，到现在的5年利税1个亿。

以润滑系统为主体的民营企业奥特科技，近年来，在润滑行业中走出了一条成功的发展之路。

作为非公企业，奥特科技十余年来一直坚持自身有温度的企业文化，将党建思想工作和精神文明建设与企业文化紧密结合，为企业的改革、发展、稳定提供了强有力的支撑。公司组建了以党员为先锋的技术研发团队、生产团队、质量团队，充分发挥党员在企业创新发展中的模范带头作用。目前，奥特科技累计申请专利180余项，成为行业的技术创新领军企业。

当看到全身满是油污的维修工人趴在底盘下打黄油时，奥特科技研制出了集中润滑系统；当设备涉水无法运行时，奥特科技突破行业瓶颈研发出集中润滑系统防水装置；当高寒地区的集中润滑系统无法使用时，奥特科技研发出拨板装置解决高寒地区集中润滑应用难题……

每一次突破只为帮助各领域的客户解决实际问题，提升工作效率及设备的运行效率。

产学研全面融合

在工业设备中，约有80%的机器零部件都是因为润滑不良磨损而失效，而50%以上的机械装备的恶性事故都是因为润滑失效和过度磨损造成的，每年由于材料磨损所造成的损失高达千亿美元。在当时，中国工业的短板就是技术方面落后，润滑系统的问题是基础中的基础。

2005年，奥特科技董事长赵大平选定不起眼的润滑系统技术，扎进这个世界性难题。通过15年的研发与突破，奥特科技的集中润滑系统产品已面向商用车、工程机械、风电等众多领域，有效帮助客户降低50%的设备故障，延长润滑部件60%的使用寿命，减少95%的人工润滑时间，降低70%的润滑油脂费用。

奥特科技之所以能够取得如此大的技术突破，能与法国电力集团、三一集团、中车集团、远景风电等世界知名企业成为战略合作伙伴，也离不开对技术创新孜孜不倦的追求。在奥特科技的发展历史上，科技创新伴随着企业壮大和成长的全过程，企业从创立之初，便开始有计划、有步骤地开展产学研活动。通过与相关高校、科研单位的持续合作，挖掘创新思想，积蓄人才资源，结合合作单位的科技优势，全面提升企业的科研能力，形成了多方位、多种操作方式的合作模式。

在人才引进和培养方面，奥特科技引进和聘用高端技术人才和管理人才，同时，与各大院校签订合作协议，以实际操作培养见习生，建立和培育人才储备机制；在研发合作方面，与清华大学、解放军信息工程学院等开展产学研合作，与郑州机械研究所、广州机械科学研究院、河南省轴承创新中心等机构合作，针对轴承润滑相关问题进行技术研发。

奥特科技内部成立了设备健康管理部，由专人负责与相关高校及科研机构进行沟通，使产学研合作工作得以制度化、规范化、经常化。在资金安排、人才流动、协调服务、与高校科研单位开展合作等各方面为产学研联合提供了有力保障。

2005年以来，奥特科技先后与清华大学、解放军信息工程大学、华北水利水电大学、太原理工大学、天津高端装备研究院等高校和院所建立了合作关系。同时，引进吴澄院士、王玉明院士、清华大学宋土吉教授、游科友博士及信息工程大学孙亮、胡长超、李建兵三位高级专家，进一步扩充团队实力；在国家政策的大力支持下，成立"院士工作站""河南省博士后创新实践基地""省级工程技术研究中心"和"省级企业技术中心"，共同进行科技项目的开发研制，建立了以企业为主体、以市场为导向、产学研相结合的科技自主创新体系，攻破了数个行业难题，其中，多项技术经成果评价为国内领先、国际先进水平，极大地提高企业的技术创新实力，带动自身及相关行业技术水平的提高，填补了同类产品多项国内技术空白。

吴澄院士团队赴奥特科技指导工作

产学研融合创新案例

融合篇

目前，奥特科技研发团队达百人，每年的研发投入超过1000万元，远超行业平均水平。依托雄厚的研发中心，奥特科技相继研发成功"拨板技术""气压油箱技术""智能集中润滑系统"和"风力发电机组轴承自动换脂系统"等多种系列技术产品，并以最快的速度实现规模化生产，通过科技创新为企业带来了极大的经济效益。

多年来，奥特科技始终把产学研联合放在重要地位，采取多种形式，推动产学研联合向纵深发展：一是积极参加相关产学研的活动及会议，获取科技信息，把握行业发展动态；二是与深度合作产学研单位进行经常性的活动，开展企业技术难题和人才需求征集，定期到高校科研单位有针对性地开展专题性交流洽谈活动；三是利用机械润滑暨设备健康管理产业技术创新联盟的平台优势，加强联盟成员单位间的交流合作，实现联盟单位的共同发展；四是加强企业内部培训，通过举办国际论坛、组织行业技术交流会、参加产学研论坛讲座等，提高企业技术创新工作者的素质和水平。

2017年，奥特科技以理事长单位的身份联合成立"全国机械润滑暨设备健康管理产业技术创新战略联盟"，每两年邀请国内外与行业相关的知名院士专家、国家级学会协会、科研院所和企事业单位，赴河南郑州召开"机械润滑暨设备健康管理产业链国际论坛"，整合行业上下游资源，推动我国机械润滑暨设备健康管理行业的良性发展。

2020年，奥特科技联合润滑行业上下游资源，与中高自创合作成功搭建产业研究院，聘请行业顶级专家，全面辅导行业企业重大项目合作，以设备健康管理、工业互联网为切入点，开展产业共性关键技术研发、科技成果转化及产业技术服务。

第三届机械润滑暨设备健康管理产业链国际论坛主会场

应用篇

风电机组的机械运作环境恶劣、工作负荷大，设备润滑不及时会造成计划外停机维修，甚至造成昂贵设备的损坏，实现机组良好润滑始终是困扰业界的难题。陆上风机如果主轴或变桨轴承出现故障，每次更换维修成本超过50万元，而海上风机更是在200万元以上。

奥特科技技术团队在内蒙古张北地区调研时发现了一个当时被认为是"正常"的普遍现象：所有风机的轴承都存在或多或少的漏油问题，甚至据技术人员介绍，国外的风机也一样。但奥特科技的董事长赵大平认为，这显然不正常，相对于轴承乃至整个风机来说，润滑设备是非常小的部件，却可能导致关键性故障。漏油说明轴承内腔有压力或是不畅通,这种情况往往是润滑油在运行过程中磨耗了金属部件带下杂质,或自身结板,在润滑系统中会造成堵塞,积累下来将加重轴承磨损、加速设备损坏。

针对这一现象,作为科研带头人,赵大平带领奥特科技技术团队成功突破自动换脂技术及配套的废油收集系统,通过注油与收集废旧油脂,使轴承始终处于合理的润滑状态。之后,经吴澄院士及其团队进行提议、指导,联合解放军信息工程大学、清华大学(自动化系)、清华大学天津高端装备研究院等国内高端院校针对涉及行业难题进行有针对性的科技攻关,借助华北水利水电大学的优质科研资源,最终实现了系统由定时、定量的固化注油方式,升级为由互联网实时监控的可调式自动换脂系统,成功研发风力发电机组轴承自动换脂系统。

同时,得益于政府对科技型企业的扶持,企业借助政府红利,申请了1000万元的科技贷款,成功搭建了基于风力发电机组轴承自动换脂技术验证的可行性试验台架,进一步验证了该系统产品的实用性、可靠性。凭借着优质的产品性能,该系统产品一经问世便迅速占领市场,促进企业营业额的跨越式提升。

基于该技术的系统润滑产品,解决风力发电机组轴承润滑出现的润滑脂污染、润滑脂变质硬化、轴承内腔压力不均、高温改变润滑脂性能等现象的发生,保证风电轴承始终处于良好的润滑工况;实时监测机组轴承运行压力状况,提前发现并处理机组异常隐患,有效规避机组运行事故;降低了50%的设备故障率,延长部件60%的使用寿命,减少95%的人工润滑时间,同时降低了70%的润滑油脂费用。

风力发电机组轴承自动换脂系统

如今,从美国拉斯维加斯到德国汉堡,从南非约翰内斯堡到菲律宾马尼拉,从国内各大风电企业到法国EDF集团,这项技术都得到了用户的认可。

源头创新　变废为宝　做行业领跑者

鑫联环保科技股份有限公司

鑫联环保个旧分公司鸟瞰图

成立21年的鑫联环保科技股份有限公司（以下简称鑫联环保），通过多年自主研发的"火法富集—湿法分离多段耦合集成处理技术"，对钢铁、有色、电镀、化工等行业产生的含重金属固危废进行资源化清洁利用，成功开创了以资源化利用方式从源头消除重金属污染的产业发展途径，是中国含重金属冶金固危废资源化利用领域的技术先导和产业龙头。

截至目前，鑫联环保共有研发技术人员157人，占员工总数比例为11.21%。国际领先技术在旗下多个分子公司得到有效的验证及应用，以云南、江西、河北三个大型综合处理中心为枢纽，辐射多个火法处理基地，拥有十余条挥发回转窑，年处理能力约120万吨。业务范围覆盖京津冀、中西部、长三角、珠三角等地区，并延伸到东南亚、北美等地，为环境保护做出巨大贡献。

产学研协同创新是企业、高校、科研机构以创新资源共享、优势互补为基础，以合作研发、利益共享、风险共担为原则，组合形成一段时期的利益共同体，共同开展科技创新、推进成果转化。受益于此，鑫联环保从几十个人的小公司起步，用了20年发展成了行业全球领跑者。

探索&实践

终成领跑者

鑫联环保的前身为2000年成立的云南红河锌联科技发展有限公司，位于个旧市泗水庄工业园区。

"企业起步的时候只有几十个人，没有资金、缺乏设备，主打产品为活性氧化锌，因为行业门槛低、竞争激烈，一度濒临停产。"回忆起当时老厂长带领大家一起创业的艰难，董事长马黎阳不无感慨。

从几间濒临倒闭的厂房到建立了较完善的技术创新组织体系的大公司，离不开公司上下一致的钻研精神。董事长马黎阳曾表示："对核心技术的研发，我们从来没有动摇过。"

鑫联环保在发展的过程中，曾七次革新自身的技术路线，经过多年研发攻关，围绕其核心技术"火法富集—湿法分离多段耦合集成处理技术"，形成了一系列含重金属固危废处理领域的科研成果。

含重金属固危废资源化综合利用是一个多学科的复杂行业，涉及物理、化学、生物、冶金、环保、能源、安全等多学科知识。鑫联环保的核心技术"钢铁烟尘及有色金属冶炼渣资源化清洁利用新技术"被鉴定为国际先进水平，可处理电炉灰、锌浮渣、铜镉渣、电镀污泥、酸洗污泥、电镀锌灰等多种含重金属固危废；"全产业链途径的稀贵金属可持续利用技术开发与应用研究"，将冶炼固废中的有价金属分离、提取，变废为宝，实现钢铁烟尘及重金属冶炼废弃物的无害化、资源化。

产学研深度融合是党和国家深化科技体制改革的一项重要内容，不仅在宏观层面能推动经济增长方式由要素驱动向创新驱动转变，还能在微观层面实现企业、高校和科研院所等产学研主体的深度融合，形成创新合力。

鑫联环保的产学研融合发展，正是在多次革新自身技术的前提下，以自身过硬的研发实力为基础，与国内高等院校、科研机构共同协作的结果。针对自身的业务特点，鑫联环保形成了以自主研发为基础，产学研合作为纽带的融合发展模式，建立了一套完善的覆盖理论技术研究、实验室研究、小规模试验、中试、工业化试验直至成熟的工业化应用的全套研发与技术创新机制，并基于"成熟一代、研究一代"的技术发展战略，有序地拉开技术迭代批次，不断前进。

摸着石头过河

鑫联环保在积累了一定的研发实力后，也开启了产学研融合发展的探索之路。近些年，鑫联环保与国内多所高校和科研机构开展合作交流，共同研发项目，申报奖项，并与部分高校和机构建立了长期的产学研合作关系，共同推进"技术改善人民幸福指数"这个宗旨。

早在 2015 年，鑫联环保就开始了探索产学研融合发展之路，但在开始的征程上，便遇到不少挫折。

此前，鑫联环保凭借自主研发的全产业链综合处理和回收利用技术，开创了以资源化利用方式从源头消除重金属污染的产业发展途径，变废为宝，通过独创的第六代核心技术将含重金属固危废转化为锌锭、铟锭、还原铁粉等高附加值产品，并将产品返回钢铁企业作为原料，充分实现了钢铁工业的内循环，在创造了高经济效益的同时减少了矿山的开采。

在此基础上，具备了一定实力的鑫联环保与中国科学院过程工程研究所联合开展了"铁粉纯化技术研发与工程示范"及"高盐废水综合利用技术研发与工程示范"项目。

铁粉纯化研发项目是一项全新的工艺，其目的是将低质、低价的一次还原铁粉采用耦合焙烧、物相重构工艺，产出 TFe ≥ 99% 的优质二次还原铁粉，达到二次还原铁粉优等品的标准，新工艺具有较好的稳定性及较广泛的适应性。而高盐废水综合利用项目则是使高盐废水中钾的回收率达到 80% 以上，氟的去除率达到 98% 以上，废水经处理后可回用于生产，最终实现废水的循环利用。

在鑫联环保技术部部长李春林的记忆中，那是产学研合作刚开始的阶段，对于如何将研究院所的研发内容转化为实际的生产，双方进行了非常多的磨合和讨论。"我自己是学冶炼的，对于工作属于专业对口的，但是做废水资源化的思路又是完全不一样的。"

两者的产学研合作，经过思想的碰撞，虽然得出了一些成果，如在高盐废水项目中提取出了以往并未关注过的新元素，但终究产业化还需要其他的条件来配合。摸着石头过河的过程总是痛苦的。一位该项目的参与者说："（项目）流程很难产业化，从开模到找材料都很难。"他坦言产学研合作中的难点是步调的不一致。

产学研融合创新案例

虽然开端的产学结合只有理论成果，并未转化为实际生产力，却为未来鑫联环保对外合作成立联合研究中心埋下了伏笔。

渐入佳境的联合中心

第十二届全国政协副主席王钦敏曾在中国产学研合作创新大会上指出，创新成果从实验室到成熟产品的过程常被称为"死亡之谷"。因为多数研发和出资人都希望能一步到位、一炮打响，他们忽略了成果转化的艰难：一是科技人员并不了解市场和产业对产品的具体需求；二是企业不了解核心技术难点和潜能，二者之间易于结合，但难以融合；三是产业和学研之间因为缺乏专业化的第三方公共支撑与服务来"保驾护航"，"死亡率"高和"离婚率"高在所难免；四是从高新技术成果转化的"成活率"，到成果产业化的市场占有率还有一个艰巨的创业历程。

鑫联环保总结了过往的经验教训，尤其希望能联合高等学府、研究院一起开发基于产业发展实际需求的项目。2019 年，鑫联环保与清华苏州环境创新研究院正式签署战略合作协议，共同成立"清华苏州环境创新研究院—鑫联环保科技股份有限公司危险废物处理技术联合研究中心"。

清华苏州环境创新研究院是以重大科技研发为基础、以成果产业化落地为导向，从事环境类科技创新活动的科技服务机构。鑫联环保从产业的实际需求出发，通过共建研究中心，设立实验室进行测试等方式，加强科技成果转化与协同创新，努力化解在产学研结合的过程中，科研成果难以转化为产业化应用技术的尴尬困局。

该研究中心结合双方对危险废物处理技术开发和业务拓展的需求，主要针对"有机危险废物热化学处理技术"和"含重金属危险废物火法工程技术"，建立起具有分析测试、小试研究及中试验证能力的实验室。

对于共建的危险废物处理技术联合研究中心，双方都投入了极大的热情，共同制定了一系列科研项目管理制度，规范研究中心管理，使科研管理和实验室管理工作更加科学化、规范化。

在实验室建成投入使用的时间里，经历了无数次的实验验证，一个个希望改善人类生活环境的美好愿望都在这里悄悄绽放。

硕果累累的清华缘

功不唐捐，与清华大学联合申报环境技术进步奖并实现产业化落地，就是鑫联环保在产学研道路上那颗亮眼的"明星"。而与清华大学合作的渊源，则不得不从鑫联环保董事长马黎阳说起。

20世纪90年代初，马黎阳以高分考入清华大学汽车工程系，在本科期间还拿下了经济学第二学位，研究生就读于清华经管学院，此后先后在多家大型企业供职。作为一位老清华人，无疑对清华大学有着浓厚的感情，校企的产学合作也在这浓厚的感情中悄悄滋养。

2019年，双方联合向中国环境保护协会申报的《典型有色金属高效回收及污染控制技术》项目便是这浓厚感情滋养出来的产学研硕果。该项目是以有色金属可持续利用为目标，双方开发了以"节能、低排'火法＋湿法'多金属联合回收""多源废物火法协同回收"和"低腐蚀、短程高效湿法回收"为核心的有色金属高效回收技术体系，以及有色金属回收设施、工业生产设施和市政环境基础设施废液和低价值残余物资源化利用技术体系，形成了有色金属废物高效循环利用和重金属污染控制技术模式。最终，该项目在众多竞争者中脱颖而出，荣获"2019年度环境技术进步奖"一等奖。

目前，该获奖的项目成果已在包括鑫联环保分、子公司的十余家公司实现了成果转化及工业化应用，并取得了显著的环境、社会和经济效益，近三年新增销售额40多亿元，新增利润近5亿元。此外，该项目还完成了废物高附加值资源化及回收过程无害化的产业实践，在资源可持续利用的同时，减轻对生态环境的污染风险。

与清华大学的合作仍在继续，不仅董事长马黎阳依旧在清华园继续进行金融专业和环境工程专业两个方向的博士深造，而且鑫联环保还联合清华大学及其他单位完成了诸如钢铁冶炼过程中微金替代+废钢循环的稀有金属减量的生产技术改进、开发钢铁及有色金属冶炼烟尘多金属梯级分选回收系统，解决了一个又一个技术难题，并让成果产业化有了实现的可能。

截至目前，鑫联环保与清华大学合作的项目成果已经形成发明专利16件，实用新型专利11件，发表相关论文31篇（SCI 23篇），综合引用次数高达790次。

声名远播的国际合作

推动产学研深度融合，更需要优化创新资源配置，推动创新要素集聚，提升企业的综合竞争力。而对于鑫联环保来说，联合制定行业的国际导则更能体现其综合竞争力。

2018年11月，巴塞尔公约亚太区域中心曾组织召开"在'一带一路'框架下促进化学品和废物管理的倡议—废物管理区域研讨会"。鑫联环保作为中国的钢铁烟尘处理专家，与来自东南亚多个国家的专家代表一起，针对有效提升亚太区域国家与地区的废物管理能力、促进工业固体废物资源化利用、绿色环保建设等议题，积极商讨应对措施及未来发展方向。*Guidance on the Environmentally Sound Management of Steel Dust*（以下简称《导则》）正是该研讨会的重要成果之一。

东南亚国家的专家代表参观鑫联环保

《导则》中不仅对钢铁烟尘处理的原辅材料、主要生产工艺及生产设备提出了要求，更对资源化利用过程中的环境保护技术和污染物排放限值进行了规定，以期规范含锌钢铁烟尘的资源化清洁处理与综合回收利用，促进行业进一步发展。

该导则最终由巴塞尔公约亚太区域中心批准发布。这不仅意味着鑫联环保的钢铁烟尘资源化清洁利用技术和工艺已得到亚太地区的认可，还将鑫联环保在大规模工业化运行中所积累的技术成果和处理经验推广至亚太国际地区，为更多国家和地区的危险废物处理产业发展赋能。

董事长马黎阳在《导则》发布后表示："帮助国内、'一带一路'沿线国家甚至整个亚太地区从源头消除重金属污染，共同建设绿色未来，是鑫联环保的使命和责任。"

更上一层的深入融合

作为一家创建并立足于云南，发展壮大并走出国门的环保企业，鑫联环保有为当地经济发展做出贡献的社会责任感，而产学研融合的活动也在云南更加深入地铺展开来。

鑫联环保和昆明理工大学共同建立起产学研用为一体的战略合作，即以合作开展技术研发为纽带、以人才培养为支撑，进一步深化关键技术开发、工程研究、成果转化及人才培养等全方位合作。

昆明理工大学大量优秀毕业生加入鑫联环保，并逐步被培养为技术骨干。2019年6月，鑫联环保与昆明理工大学环境科学与工程学院签署了长期战略合作协议，在共同技术研发、联合共建国家级重点实验室、人才实训基地、奖助学金的设立等方面与学校和师生们携手共同努力，为中国乃至世界的环保事业做出贡献。

不仅如此，在个旧市委市政府的支持下，鑫联环保还成为昆明理工大学马克思主义学院的教研基地，双方将围绕思想道德建设，共同加强企业文化教育及高等院校产学研用一体化发展。

在科研项目方面，双方合作开展了"矿浆法烟气脱硫中试项目""次氧化锌粉常压—氧压优化组合高效浸出及赤铁矿法除铁技术项目"等重大课题。前后历经两个多月的研究、探讨、实验、再研究，从若干方案中拿出了一个最为合适的方案付诸实践。

与昆明理工大学的深度合作，不仅充分发挥了校企双方在科研开发、科技成果转化和实用技术应用推广等方面的优势，还加强了教学、科研等资源整合和专业人才培育的合作。未来，双方将进一步践行党和国家关于建设和谐美丽社会的决策部署，为生态文明建设添砖加瓦。

产教融合　打造产学研模具创新中心

宁波华宝智能科技股份有限公司

宁波华宝智能科技股份有限公司（以下简称华宝智能）成立于1992年，历经近30年的发展，现已成为一家多元化的现代化企业，旗下有模具、塑胶、五金、电机、日化用品、智能吸尘、厨电、母婴八大产业，是一家集设计研发、生产制造、品牌营销等完整体系的规模化智能小家电基地。

华宝智能现拥有员工近700人，其中，技术人员120人，拥有一支研发技术精湛、理论水平高超、行业经验丰富的专家团队，以及一批从事新品认证、质量控制、产品检测、模具研制等设计开发工作的各类研发人员。主要生产模具、智能扫地机器人、厨电系列、母婴系列等产品，与海尔、3M、惠尔浦等国内外知名品牌建立了战略合作伙伴关系。公司先后通过ISO9001、IATF16949、ISO14001、OHSAS18001等质量、环境、职业健康安全和食品体系认证，同时，通过了3C、GS+CB、ETL、FDA、LFBG、REACH、ROHS、DGCCRF等产品认证。

产教融合，共建教学工厂

2010年，华宝智能与浙江工商职业技术学院共建"华宝模具教学工厂"，建立了模具与制造类专业课程建设的企业合作平台，模具、数控等专业的实习、实训基地，打造基于真实企业环境的实践教学体系。教学工厂场地约4000平方米，浙江工商职业技术学院每年有近300名在校生在教学工厂参加模具岗位实践训练。在教学工厂，华宝智能的技术人员承担学生实习、实训、顶岗实习的教学指导和管理工作，在校学生既能获得理论知识，也能获得实践经验。

教学工厂将产和学结合到一起，实现了双方各自资源和优势的互补，双方共同开发《塑料模具制造》《模具设计与制造综合实践》《产品逆向造型》《模流分析与实习》等课程，其中，《塑料模具制造》课程为浙江省精品课程。双方共同培养学生，为社会输送了一批又一批技能型人才。期间，培养了诸如陈真、胡涛涛等优秀毕业生，陈真获"全国职业院校模具大赛一等奖"，胡涛涛被上海交通大学轻合金精密成型国家工程中心录用为研究人员。

为更好发挥高职教育为社会、行业、企业服务的功能，为企业培养更多高技能人才，同时，也为学生实习、实训、就业提供更大空间，华宝智能出资1000万元捐赠给浙江工商职业技术学院，作为教育基金专款用于精密模具产学研项目，并购入亚司达加工中心、牧野石墨机、蔡司三坐标等高精度设备，为学生提供更好的实践教学环境。

教学工厂通过多年的建设，形成了独特的实践教学及管理体系。华宝智能聘请了专职的教学秘书进行教学过程管理。教学形式既有轮岗式的认知实践教学，又有"工作过程导向的项目化教学"，还有毕业前期就业导向的岗位精准培养。自2011年起至今，累计接收学生2457人。浙江工商职业技术学院依托华宝模具教学工厂，成功申报浙江省首批模具设计与制造专业现代学徒制试点单位。

华宝模具教学工厂，除校企合作培养浙江工商职业技术学院的学生外，还吸引了其他高职、本科院校的合作。其中，浙江工业大学每年暑期安排30名左右的学生在教学工厂开展为期1个月的实践教学。

协同创新，推进自主研发

在教学工厂的基础上，2011年，华宝智能又以"优势互补、互惠互利、求实高效、共同发展"为原则与浙江工业大学、浙江工商职业技术学院三方合作，建立了以市场为导向、企业为主体、高校为支撑的模具产学研中心。2014年，华宝智能还与上海理工大学建立医疗模具事业部。2015年，成为上海理工大学、浙江工业大学、宁波大学的研究生培养基地。

2015年，华宝智能与浙江工商职业技术学院双方为主体整合国内本科院校、研发机构成立协同创新中心。浙江工商职业技术学院通过校级立项，成功申报宁波市高校协同创新中心，2017年成为浙江省首批应用技术协同创新中心，2019年成为教育部应用技术协同创新中心。

华宝智能通过校企融合组建研发团队，开启自主研发模式，提高产品自主研发能力，在精密模具与智能小家电技术研发高端产品领域得到了重大突破，使精密模具和智能家电技术上水平、性能上档次、企业上规模，提升了精密模具制造区域和智能家电区域的技术水平，带动了宁波市精密模具和家电行业研发水平的发展。

通过整合校企技术人才，华宝智能建成了一支具备从工业设计到研发制造的先进技术研发能力的校企融合研发团队，该团队现有成员21人，其中，高级职称有8人（教授1人，副教授2人，高级模具技师5人），中级工程师职称有3人；拥有博士学历1人，研究生学历5人，本科学历9人，其专业包含机械设计与制造、材料成型及控制工程、工业电气自动化、电子信息工程、电气工程及其自动化、计算机科学与技术、工业设计等。近三年来，研发团队取得专利31件，其中，发明专利9件，另获得软件著作权6件，校企共享专利2件。

科技攻关，引领产品创新

精密模具成型技术创新

IMD复杂曲面深拉伸应用技术（2016年宁波市自然科学资金支持）在国内还处于初级使用阶段，极少数企业能大规模使用该成形工艺，多集中在较浅、曲面简单的IMD制件上。此产品受限于IMD成型技术，被迫拆分为三个产品，IMD膜、上盖塑件、曲面透明塑件三件分体成型，导致产品外观设计受到很大的限制，并多出一副模具成本。

该项目是华宝智能与浙江工业大学、浙江工商职业技术学院展开联合开发，确定研究方向如下。

（1）大深度复杂曲面成型机理。深度超过25mm大拉深曲面和细节结构，在拉深过程中薄膜受力不匀，尤其在玻璃态温度附近，变形机制更是复杂多样，因此，研究成型机理能够从根本上有效解决面向制造的产品设计问题。

（2）复杂图案和纹理变形机理。在拉伸过程中薄膜变形，呈现非线性和粘弹性特征，研究局部薄膜变化不均匀引起的图案、纹理变化规律。

（3）膜材料本构模型。构建材料的拉伸特性本构模型是膜成型技术中的重中之重，各种膜材料本构模型的建立是研发的基础。

（4）经过材料本构模型、材料试验装置、膜成型试验装置的大量实验数据，克服了膜变形的三大难题，实现了曲面包覆深度拉伸，从而达到产品一体成型。

（5）在拉伸成型时，温度控制极为重要。在薄膜拉伸至一定高度，拐角处产生裂纹和起皱，此时，采用圆角过渡，且平滑过渡。

（6）标膜的壁厚分布均匀，以减小内应力和变形；在结构设计上要考虑控制变形的措施，由于工艺原因，膜片是没被压死的，增大压边面积。

（7）在冲裁前，考虑薄膜的准确定位，项目利用产品上的两个孔做定位，公差控制在 ±0.05mm，防止拉伸时移动错位。

（8）项目运用 IMD 技术，可保证商标、图案、字体印刷在膜内层，使用时，手触摸不到油墨，环保安全。

中心突破大曲率高拉伸深度（43.5mm）产品与图案变形控制与补偿技术，领先于日本、韩国的 12mm 深度拉伸技术，达到国际先进水平。

智能小家电产品技术创新

2D/3D 视觉传感器智能扫地机器人（创新挑战赛重大攻关项目）。民用服务机器人的工作场所大多由多个不同的小房间组成，家具电器等障碍物繁多，显著特征庞杂，并且经常移动变化。服务机器人难以按照既定规划路线运行，需要实时感知周围环境，自主规划运动路径。

关键技术如下。

（1）结构光二维信息解析算法研究。

二维信息解析也就是要尽可能多地区分出包含结构光图像或图像组中的特征点。结构光二维信息解析其实就是结构光的编解码过程。结构光的编解码就是为了将摄像机坐标系和投影仪坐标系中相同的点进行匹配，从而通过三维透视原理求出点的三维坐标。相同点的匹配精度取决于结构光的编码和解码方法，研究快速准确的结构光编解码方式是关键。

团队拟开展结构光编码算法研究、结构光解码算法研究。在三维视觉透视模型中，投影仪向场景投射以某种方式编码的结构光。结构光的编码方式按投射光线的几何类型可分为点结构光、线结构光、面结构光。其中，面结构光按编码方式可分为时间编码方式、空间编码方式、直接编码方式。本项目主要研究结构光编码方式及其性能。投影仪向场景投射以某种方式编码的结构光，相机接收经过场景反射回来的结构光，形成相机图像。根据三维结构光透视模型的工作原理，需要对相机图像进行解码，即提取图像中像素点或区域的码字，并在投影仪图像中找到相匹配的像素点或区域，进而提取出深度信息。

（2）研制面向低速移动机器人的 2D/3D 视觉传感器产品。

随着机器人技术的发展及其应用领域的不断拓宽，机器人对视觉方面有了越来越高的要求。特别是对于移动机器人，利用 3D 视觉传感器建立地图的能力直接决定了机器人的智能化程度。然而，由于目前市面上的 3D 视觉传感器大都价格高昂，限制了其在科研、商用和民用等机器人上的广泛应用。本项目拟设计一个面向低速移动机器人应用的 2D/3D 视觉传感器，从而为低速移动机器人提供一个视觉传感器解决方案。

团队拟开展 2D/3D 视觉传感器产品研制。2D/3D 视觉传感器研制工作，主要包括结构设计、硬件电路设计、视觉软件系统开发、产品样机调试等部分。

（3）基于民用化 2D/3D 视觉传感器的扫地机器人产品研制。

扫地机器人搭载本项目研制的 2D/3D 视觉传感器，并融合碰撞传感器、陀螺仪、里程计等等传感器信息，实现基于 2D/3D 视觉传感器的地图构建、定位及导航。对 2D/3D 视觉传感器输出的三维点云数据处理，包括预处理、坐标系转换、数据融合等，是该扫地机产品设计过程中的关键技术。作为一个典型应用案例，本项目将研制的民用化 2D/3D 视觉传感器用于扫地机器人，研制基于 2D/3D 视觉传感器的扫地机器人产品。

团队拟开展典型应用系统开发。作为典型的室内服务机器人，扫地机器人具备两个主动轮、一个从动轮用于低速移动，搭载 2D/3D 视觉传感器、碰撞传感器、陀螺仪、里程计等用于感知环境和运动信息。典型应用开发的研究内容包括环境地图构建、机器人定位、机器人导航及机器人监控软件开发。

主要技术指标如下。

（1）三维传感器深度图像输出分辨率不低于 1920×1080；输出帧速≥ 30fps；室内测量距离范围不小于 0.3～8m；深度测量相对精度优于 1mm。

（2）扫地机器人正常行走速度介于 20～25cm/s；工作面积约 100 平方米时，清扫覆盖率≥ 90%。2D/3D 视觉传感器是机器人信息感知的重要手段，研究 2D/3D 视觉传感器基础理论并开发出具有实际性能的产品，在图像探测、传感、测距等领域具有重要的理论和应用价值。2D/3D 视觉传感器集结构光激光器、传感器和测量工具于一身，可以轻松完成测量过程中的扫描、分析、测量和控制功能。2D/3D 智能传感器集成度高，运行稳定可靠，维护方便、简单，运行和构建成本低廉，在工业自动化汽车制造、道路检测等系统中具有巨大的应用市场，本项目的研发成功将会推动其在以上领域的发展。目前，这部分市场大多被国外公司如基恩士的成熟产品所占有，国内公司的产品在检测精度和稳定性方面还有较大差距，因此，本项目 2D/3D 视觉传感器的关键技术研究，对提高 2D/3D 智能传感器检测精度和检测稳定性有重要的作用。

创新创未来　　酷开酷生活

深圳市酷开网络科技股份有限公司

公司全员大合影

深圳市酷开网络科技股份有限公司（以下简称酷开科技），为国家高新技术企业，是中国智能大屏生态的先行者。基于智能匹配内容分发、深度学习、大数据等先进技术，公司自主研发了全套的大屏智能运营技术与产品，开发了应用于家庭、商用、户外及公共空间场景下的各类带屏硬件及物联网设备，并提供了智能内容运营、大屏精准数字营销等服务，实现了大屏显示设备在不同空间的价值增值。截至2020年12月31日，公司技术与服务在中国覆盖超过6624万激活智能大屏终端，月活用户数超3345万，数字营销服务的品牌客户超过400家，涵盖零售、交通工具和食品饮料等行业，融媒体业务已覆盖328个行政村。目前，公司的市场估值近100亿元，成为OTT行业内第一家估值近百亿元的"独角兽"公司。

多渠道、多方式产学研合作

酷开科技先后与深圳清华大学研究院、北京大学深圳研究生院、中国科学院深圳先进技术研究院、中国传媒大学、深圳职业技术学院、深圳大学等多所高等院校及科研院所开展多种形式的产学研合作，如共建联合实验室，建立高校俱乐部和大学生就业实习基地、横向课题合作等，通过技术创新和企业生产要素的有效组合，积极实施技术成果应用转化和产品产业化发展，并取得了良好的经济效益及社会效益。

组建高校俱乐部，定向进行人才培养

近两年来，酷开科技走访华南理工大学、长沙理工大学、东南大学、桂林电子科技大学、广州工业大学、深圳大学等高校，与高校就俱乐部建设、校外实训基地、共建联合实验室等多方面进行合作沟通。目前，已经建立长沙理工大学 Coocaa Club、东南大学 Coding 俱乐部、华南理工大学创维创新俱乐部等多家高校创新型俱乐部，协助高校学生进行项目开发，定向培养人才。

作为具有酷开特色的高校俱乐部，整体的运作形式是由酷开科技提供资金支持、设备支持、技术支持及企业导师力量等资源，学校提供监管老师、办公场地、设备管理、学生等资源，高校老师与企业技术专家带队，面向全校招募有想法、有创意、懂技术的优秀学生，承接项目开发和项目孵化为主导，辅助开展技术培训、专题讲座等特色活动，组织寒假集训、暑假实习，承担企业项目的研发，为企业培养优秀的人才，争取打造一个设备先进、以产品为核心、技术分工明确、成员积极有活力，且极具创造力的组织。

酷开科技发布会

共建联合实验室，打造智能大屏新生态

2017年9月18日下午，酷开科技与中国传媒大学联合成立的业内首个"智能大屏新生态实验室"在中国传媒大学正式挂牌成立。双方基于对智能大屏生态及行业发展的共识，就广告营销、内容集成运营、业务产品优化、终端优化推广等进行探索、研究和应用，同时带动智能大屏产业链各环节（广告主、代理公司、广电及电信运营商、互联网机构，其他相关机构如游戏CP、农产品行业等）构建良性的商业模式，并最终推动智能大屏领域健康生态的形成。实验室由酷开科技及中国传媒大学广告学院各自的研究团队共同负责，依托中国传媒大学广告学院的专业人才、国家级内容银行重点实验室等资源优势，以酷开电视、酷开系统为重要研究对象，将展开智能大屏行业的一系列项目，如新生态发展行业分析、内容标签体系、用户画像体系、用户行为分析、营销理论体系，以及酷开电视和系统专业评测等。

共同承接政府项目，联合攻关关键核心技术

酷开科技与北京大学深圳研究生院、深圳清华大学研究院等开展新一代数字电视产业链关键技术及产品研发与产业化。此项目经广东省科学技术厅批准，列入2013

年度省部产学研结合创新平台项目立项，2017 年 6 月通过广东省科学技术厅验收。此项目主要由深圳创维 -RGB 电子有限公司牵头，联合深圳广播电影电视集团、北京大学深圳研究生院、深圳清华大学研究院、深圳数字电视国家工程实验室、深圳创维数字技术股份有限公司，以及酷开公司联合实施，通过各方优势互补，达到资源的优势整合。

酷开科技与中国科学院深圳先进技术研究院开展智能电视系统的人机交互技术研究创新平台合作建设。此项目经广东省教育部、科技部批准，列入 2012 年产学研结合科技创新平台建设专项，于 2017 年 6 月通过广东省科学技术厅验收。项目由酷开科技牵头，联合中国科学院深圳先进技术研究院、深圳创维 -RGB 电子有限公司协同实施。

酷开科技与上海交通大学和深圳清华大学研究院联合，承接"数字媒体动态自组织关键技术研究与应用示范"的产业化应用研究项目。针对 863 课题《动态媒体的多元适配与耦合技术研究》在智能媒体传送（Smart Media Transfer，SMT）方面的核心研究内容及相关研究的技术成果进行工程级转化并进行批量化应用。此项目促进了跨区域科研项目合作与科研成果转化，推动高新技术引进、高级人才交流，推动多产业创新与整合，构建跨区域产学研用平台，实现企业跨区域合作、产业技术升级与经济效益提升等多目标统一。

与多所高校建设实习基地，提前培养人才

酷开科技联合各大高校，建立了大学生就业实训基地，每年暑期，各高校大学生到酷开科技进行暑期实习，增加实习生与公司双方的认知和认可程度，积极发现优秀人才并加强入职转化。目前，已经建立华南理工大学大学生就业实习基地、长沙理工大学大学生就业实习基地、桂林电子科技大学大学生就业实习基地。

多方面、多机制创新

为顺应公司外部环境和内部条件的发展变化，营造良好的创新环境氛围，全面提升公司核心竞争力，公司在技术创新、产品和服务创新、商业模式创新、管理创新等方面进行了创新尝试，并形成了"创新·创未来"的创新文化，依托创新，创造"酷"未来。

管理创新，推动企业高质量发展

酷开科技针对管理难度和管理幅度，让经营目标数据化、经营资源数据化、实时进展控制数据化、考核数据化，构建数据指标体系，形成公司独具特色的基于数据驱动下的卓越经营管理模式，并以数据看板方式，调动数据资源，快速发现问题、解决问题，从而实现公司快速拓展。

从战略制定到组织绩效再到项目执行始终围绕数据进行，通过强化数据的作用，决策、方向、目标的制定都依托数据，数据成为公司行事准则中最强有力的依据。数字化指标按照分层体系建设，从经营战略指标向下分解至各业务核心价值指标，围绕公司业务经营主线，输出市场数据、经营数据和质量数据三个独立维度的数据体系，用以从独立的视角看待公司的核心价值。

技术创新，激发内在驱动力

酷开科技注重技术创新，专注于挖掘智能大屏价值，自主研发OTT操作关键环节的核心技术，研发出酷开操作系统，利用大数据的计算能力，积极进行前瞻性布局，不断升级，建设以行业领先的计算引擎为基础框架的智能计算引擎，在AIOT、融媒体系统等关键技术上累积了大量自主可控的核心技术，形成酷开共享屏、融媒体、内容营销、数字营销等具备市场适应性的产品技术体系。

公司连续多年被认定为国家高新技术企业，位列"2020全球独角兽企业500强"第259位，2018年、2019年连续两年入选"深圳市软件业务收入百强企业"，通过了《GB/T 29490—2013企业知识产权管理规范》知识产权管体系认证，被深圳市市场监督管理局评为"2019年度深圳市知识产权优势企业"，并成为OTT行业唯一一家通过工信部"企业上云效果成熟度评估"的企业，"酷开云平台""基于内容图像识别的关联信息推送系统""基于全周期数据治理的精细化智能营销平台"等多项科技成果被鉴定为国内领先。

根据《2018年OTT行业发展趋势分析报告》《2019年OTT行业发展趋势分析报告》《中国智能电视操作系统市场独立市场研究报告》，公司2018年、2019年的市场份额分别保持18.4%、20.1%，位居行业第一。

商业模式创新，引领行业发展

公司开创性地打造了"智能大屏＋互联网内容＋用户服务"模式，实现了传统电视终端向互联网化终端方向发展，构建了智能大屏运营生态，涵盖了影视、购物、教育、游戏及相关应用的功能，推动了产业竞争活力，并吸引小米、华为、OPPO、一加等一批科技公司入局智能大屏领域，从而带动整个彩电行业产业的升级与发展。2014年，酷开科技独立运营，其业务聚焦于智能电视平台运营，并分别于2016年、2017年、2018年先后获得爱奇艺、腾讯及百度共15.05亿元战略投资，获得硬件与内容的双重加持，构建了完整的智慧大屏闭环运营解决方案。此外，公司还完成智能大屏硬件与互联网内容服务的深度绑定，并聚焦智能大屏终端运营，提升了客厅的经济价值，推动了智能电视大屏运营市场的日益升温。

以标准与规范促行业发展

公司作为OTT行业领军企业，携多家厂商成立中国电子视像协会OTT分会，作为会长单位与联盟成员统一步伐、共同挖掘行业价值，赋能 OTT 行业。

为提升互联网行业诚信度、促进 OTT 行业健康良性发展及完善 OTT 市场规范机制，公司携手中国电子视像行业协会网络视听（OTT）分会、海信"聚好看"股份有限公司等公司发布《OTT 流量安全倡议书》，倡议 OTT 优先使用"秒针系统"等具有流量安全认证技术实力的第三方检测公司的服务，以确保 OTT 广告投放质量和效果。

为引领行业健康发展，公司牵头制定《智能电视开机广告服务规范》标准，发布《OTT 流量安全倡议书》等活动，落实对行业发展的责任。

此外，公司还参与起草了《智能电视开机广告服务规范》。为提高用户体验，自 2020 年起就开始对老旧机器系统进行升级，新投入使用的电视机系统全面支持广告一键关闭，做到用户至上，引领行业生态健康发展。

作为头部企业，公司专门成立大数据子公司，开放公司大数据能力，促进行业内数据融合，推动 OTT 行业数字化营销的演进，并率先于 2019 年推出经数据脱敏的"大屏指数"产品，填补了 OTT 行业垂直精细化领域指数产品的空位。

动物疫苗界的领跑者

普莱柯生物工程股份有限公司

普莱柯生物工程股份有限公司

普莱柯生物工程股份有限公司（以下简称普莱柯）是从事动物用生物制品、化学药品及中兽药的研发、生产、销售及相关技术转让的国家战略性新兴产业。公司系上海证券交易所主板上市公司、国家火炬计划重点高新技术企业、国家技术创新示范企业、河南省首批创新龙头企业，并获批国家级科技企业孵化器、兽用生物制品国家专业化众创空间和国家小型微型企业创业创新示范基地，旗下拥有惠中兽药等多家全资子公司，拥有国家兽用药品工程技术研究中心等三个国家级创新平台，2019年被中国上市公司竞争力公信力调查组委会评为"最佳创新上市公司"。

通过人才引进和平台建设实现技术领跑

"公司发展到现在，最大的成功之处在于持续创新。"普莱柯生物工程股份有限公司董事长张许科一语道出了秘诀，他说："如果说创新能力已成为推动一个企业可持续发展的核心竞争力的话，那么，普莱柯公司的成功就是因为把创新做得更彻底、更持久。"

以市场为导向，坚持创新驱动发展。1995年，国内兽药研发刚刚起步，兽药品种、数量与质量均不能满足畜牧业快速发展对疫病防控的需要，张许科把握住了这一市场现状，创办了洛阳惠中兽药有限公司。惠中公司一创办就从中兽药提取做起，经过无数次的探索后，终于成功开发出被国内广大养殖户誉为"神水"的"感康口服液"，畅销大江南北，在国内广大养殖户中建立起良好口碑。此后，张许科团队在研发上连战连捷，先是在国内率先研制成功的盐酸沙拉沙星原料药及制剂打破了国外垄断，接着，利用高新技术研制成功了在当时被用户称为"一针顶七针"的新奇注射液，为后来其进军动物疫苗产业奠定了坚实的基础。2002年，普莱柯公司成立。普莱柯从英语单词"public like"翻译过来，意思是要做"用户满意的产品和服务"。经过中药深加工起步、化学原料药扬名、高新制剂奠定市场基础、生物制品公司实现跨越式发展这四个阶段，目前，普莱柯的综合实力已经位居全行业1800家企业的前五。

高度重视国家级创新平台建设。普莱柯始终将自主创新和集成创新作为企业发展的源动力，目前拥有国家兽用药品工程技术研究中心、国家级企业技术中心、动物传染病诊断试剂与疫苗开发国家地方联合工程实验室三个国家级创新平台，研发场所面积近20000平方米，其中，国家兽用药品工程技术研究中心下设动物疫苗研究所、生物工程研究所、动物药品研究所及动物实验中心、中试放大研究系统等，并先后与中国农科院哈尔滨兽医研究所、中国农科院兰州兽医研究所、中国科学院微生物研究所、军事医学科学院军事兽医研究所、中国农业大学、南京农业大学等科研院所、大学建立了广泛的产学研合作关系。为保持创新优势，普莱柯始终保持高强度的研发投入，其研发费用及其占比连年增长。2020年，普莱柯研发投入高达11484万元，占营业收入的12.4%。

大力实施人才战略，引进和培育创新引领型人才。普莱柯深知深入践行创新驱动实质是人才驱动，因此通过创建国家级创新平台实现其筑巢引凤引进培育高层次创新人才的目标。在省市两级政府实施的各类人才引进计划政策的支持下，普莱柯引进、聘用了世界动物卫生组织猪高致病性蓝耳病首席科学家田克恭研究员任国家中心主任，引进兽医病理方面资深专家遇秀玲博士、行业院士培养及海外归国博士从事技术或研发工作。以博士、硕士为主体200余人的技术研发团队为公司的科技创新与持续发展奠定了坚实的技术人才基础，公司先后被认定为河南省优秀技术创新团队、创新型科技团队和专业技术人才先进集体。

通过平台和人才建设助推科技创新行业领先。普莱柯依托国家级创新平台的高水平运营及高层次创新人才队伍的建设，在科技创新方面坚定奉行以市场需求为导向，通过持续创新先后承担各类重大科技项目近40项，截至2020年年底累计取得国家新兽药注册证书55项，获得认证国家重点新产品4项，取得发明专利授权233项（其中，国际发明专利24项），获国家、省、市科技成果奖20余项。目前，普莱柯已成为国内动物药品行业科技创新领先企业。

通过技术创新领跑助推普莱柯实现高质量发展。近年来，普莱柯在反向遗传技术、原核表达技术、真核细胞表达技术、多联多价疫苗技术、高密度细胞悬浮培养工艺技术、高密度发酵及抗原提取浓缩纯化技术等产业技术方面不断取得重大突破。在此基础上，普莱柯新产品开发实现了快速迭代，其在基因工程疫苗、大环内酯类动物专用抗菌药等产品结构创新方面居国际领先水平。鸡新—支—流（Re-9株）基因工程三联灭活疫苗引领我国H9亚型禽流感疫苗进入基因工程疫苗时代，历时7年成功研发出的国内纯病毒样颗粒猪圆环病毒2型基因工程亚单位疫苗及国内第一个针对猪伪狂犬病流行株的猪伪狂犬病灭活疫苗的上市为普莱柯新一轮跨越式发展提供了强有力的支撑。现今，普莱柯已进入了以技术突破带动产品结构创新的良性循环发展阶段，并实现了产业技术创新能力从并跑到领跑的转型。

广泛开展产学研合作，提升企业集成创新能力

普莱柯在不断强化自主创新能力的同时，注重通过产学研合作提升集成创新能力，通过开展广泛的产学研合作，建立以企业为主体、市场为导向、产学研深度融合的集成创新体系。

不断创新合作路径。普莱柯首先确定了合作研发和引进吸收再创新并用的产学研合作创新路径。近年来，普莱柯先后与中国农科院哈尔滨兽医研究所、中国农科院兰州兽医研究所、中国科学院微生物研究所、军事医学科学院军事兽医研究所、中国农业大学、南京农业大学、乾元浩生物股份有限公司、扬州优邦生物药品有限公司、北京中联康生物科技股份有限公司等国内高校、科研机构、大型央企、中外合资企业、上市企业等多种类型单位开展技术开发（合作）、技术转让等紧密的产学研合作。通过合作研发的方式，普莱柯有效地利用了社会科研资源的优势，提高了技术与产品创新的效率。

拥有成熟的技术成果与产品转让路径。国家农业农村部下属的各个兽医研究所和农业大学兽医院系的研究室具有多年从事兽用药品研发的技术积累，在实验室研究阶段具备较强的技术实力，也在积极推进实验室成果产业化进程，这些院所通常选择技术与综合实力强的企业进行技术成果转化。公司的产业化技术方面的研发实力已得到国内众多科研院所的高度认可，与这些院所在消化吸收其技术体系的基础上进行了技术成果的产业化推广，完善了公司的产品结构。

牵头组建产学研联盟。普莱柯整体已建有成熟的产学研联盟。作为理事长单位，普莱柯牵头组建了河南省兽药产业技术创新战略联盟，联盟单位包括河南农业大学、河南省农业科学院、河南牧翔动物药业有限公司等高等院校、研究机构和大型企业，依托联盟成员拥有的国家和省级技术创新平台，集聚国内外研发人才和力量，开展兽药新产品、新技术研发及产业化研究，建立完善的技术研发、中试示范、产业化推广技术体系，促进创新成果的推广和应用。作为副理事长单位，普莱柯参与组建国家生

猪产业技术创新战略联盟和协同创新河南兴牧科教联盟，通过建立联盟协同创新基地，促进成员间的学习和交流，推进和开展产学研技术创新和资源优化整合。

持续创新助推产品不断升级换代

为保障产学研合作的有效开展，普莱柯通过建立合作机制、协调机制、利益分配机制、信息共享机制、人才培养机制、研发投入保障等一系列机制促进了普莱柯产学研合作的顺利开展。通过合作项目的开展也带动技术创新平台的建设，吸引和培养了一批批行业优秀人才，同时带动了产业产品转型升级和新产品的上市推广。

近年来，普莱柯相继成功开发了用于预防猪、禽、兔等重大疫病的猪圆环病毒2型灭活疫苗、鸭瘟灭活疫苗、鸡新—支—流（H9亚型）三联灭活疫苗、鸡新—支　流（II9亚型，Rc-9株）三联灭活疫苗、猪圆环病毒2型基因工程亚单位疫苗、鸡传染性法氏囊病亚单位系列疫苗、兔病毒性出血症—多杀性巴氏杆菌病—产气荚膜梭菌病（A型）三联灭活疫苗等一系列新兽药。诸多产品创新引领了行业科技创新的趋势及方向，为我国畜禽重要疫病的防控做出了积极的贡献。

案例一

猪圆环病毒2型基因工程亚单位疫苗（大肠杆菌源）

猪圆环病毒病是行业公认的危害养猪业的三大主要疫病之一，2010年9月，历时6年攻关，普莱柯承担的河南省"十一五"重大科技专项课题猪圆环病毒灭活疫苗研制成功并顺利上市，结束了近十年来圆环病毒病防控无国产疫苗可用的历史，为我国养猪业主要疫病防控做出了重要贡献。

猪圆环病毒2型基因工程亚单位疫苗（大肠杆菌源）

在此基础上，普莱柯与新加坡国立大学生物科学系终身教授袁于人博士合作对猪圆环病毒2型基因工程亚单位疫苗进行攻关研究，成功突破"可溶性蛋白的表达、高纯度Cap蛋白获取、病毒样颗粒组装"三大技术难题，研制出的纯病毒样颗粒猪圆环病毒 2 型基因工程亚单位疫苗（大肠杆菌源），使我国在猪用疫苗领域实现了从全病毒疫苗向基因工程疫苗发展的重大产品结构创新。2017 年年底，该产品获得批准文号并发布上市，截至 2020 年年底，该产品已在全国推广销售近 1 亿支。

案例二

鸡传染性法氏囊病亚单位系列疫苗

经过近五年的艰苦攻关，普莱柯成功研发出禽流感（H9）多联疫苗，打一针该疫苗可以同时预防三四种疾病，不仅使用户疫苗使用成本大幅下降，而且省工省时。依靠这一全球领先的创新技术，普莱柯实现了跨越式发展，在两年多的市场独占期内独占市场百分之百的份额。

新—支—流—法（rVP2 蛋白）四联灭活疫苗

此外，普莱柯还组建了大肠杆菌表达系统技术创新平台，成功研制出一系列传染性法氏囊亚单位疫苗和联苗，其中新一流一法（rVP2 蛋白）三联灭活疫苗和新一支一流一法（rVP2 蛋白）四联灭活疫苗已经取得批准文号并进入产业化推广阶段，截至 2020 年年底，其全国推广销售额超过 2 亿元。

合作成林　赢在单丝

南通新帝克单丝科技股份有限公司

新厂区

　　南通新帝克单丝科技股份有限公司是以研发、生产、销售聚合物单丝为主的国家高新技术企业（单丝当量直径为0.05～5.0mm），公司占地面积为9.8万平方米，建筑面积为11.6万平方米，拥有先进的大直径功能熔纺聚合物单丝生产线120条，产品包括聚酯类、聚酰胺类、聚烯烃类、高功能类单丝，40%的产品出口国外。

　　公司坚持科技创新，注重研发投入，其工程中心以成纤聚合物改性、单丝成形及后加工新技术、产品质量升级与应用拓展为研发方向。公司现有研发人员40多名，其中，博士、硕士生11人。

　　迄今，公司已有国家重点新产品4个，江苏省高新技术产品15个，获授权发明专利27件，实用新型专利31件，先后承担国家、省、市级科技项目20多项，参与制定国家标准1项、行业标准6项。

　　俗话说："单丝不成线"。然而，在南通新帝克单丝科技股份有限公司，这句话却被彻底打破了，其生产的聚合物单丝在医疗器材、体育休闲、环保产业、汽车装饰、现代农业、3D打印等诸多领域化丝为线显示出无比神奇的功效。

产学研合作从领头人开始

合作为林，共赢成线，公司取得今天的成就与公司董事长马海燕重视产学研合作有很大的关系。

20世纪90年代，马海燕在苏南的一家民营企业工作，苏南人创新创业精神令他印象深刻。2002年，马海燕回到南通，在南通大学化学化工学院担任高分子材料专业专职教师。由于工作需要，他经常翻阅国外的科技论文，发现"单丝"（Monofilament Yarn）一词在国外化纤专利、文献中出现的频率较高，特别是日本、德国、美国等国家关于单丝的专利、论文很多，而国内关于单丝的研究报道基本处于空白。他敏锐地意识到其中蕴含的商机，便萌生了创业的念头。2005年4月，已是不惑之年的马海燕正式创立了南通新帝克单丝科技股份有限公司。但创业说起来容易做起来难，原料的改性、成型技术、产品性能指标等，这一个个难关都需要攻克。在经历了整整三年的研发、测试、改进过程中，先后亏了170多万元。身为高分子材料教师的马海燕清楚认识到，单丝虽小，科技含量却十足，要想干好这个，必须要有技术支撑，而做企业与高校产学研合作是必经之路。

从教书匠到企业董事长，身份的转变并没有在马海燕身上留下多少商人气息。他获得过很多个人荣誉：江苏省首批"科技企业家培育工程"培育对象、国家创新人才推进计划"科技创新创业人才"、国家"万人计划"科技创业领军人才、南通市"226高层次人才""江苏制造突出贡献奖·技术创新领军人才""南通市第六届优秀科技工作者""2015南通三创人物"。但无论在学校还是公司，他最喜欢听到的称呼还是"马老师"。"马老师"这个称呼也在时刻提醒他企业成功的经验是什么，企业永葆青春的关键是什么。作为企业负责人，他深知，企业要发展，一定要以"创新是引领发展的第一动力"为理念，要做创新发展的探索者、组织者、引领者，勇于推动生产组织创新、技术创新、市场创新，重视技术研发和人力资本投入，有效调动员工的创造力，要通过产学研合作掌握先进技术，让产学研合作成为公司发展的必经之路、长青之路。

项目合作与人才招引齐头并进

与高校的产学研合作一般通过项目合作来完成，这样不仅可以使科研、教育和生产在功能与资源优势上得到集成，而且可以通过协同合作，发挥各自优势，形成强大的研究、开发、生产一体化的先进系统，有效提升公司及产品的竞争力。通过项目合作开展产学研合作的另一个好处是，产学研下的项目合作是一个从原料→生产→应用的全链条设计，合作本身即可以形成一个产业的闭环，极大地提高了成果的转化率。

循着这个思路，公司先后与四川大学、东华大学、江南大学、南通大学等高校进行联合技术攻关，并依托四川大学高分子材料工程国家重点实验室、东华大学纤维材料改性国家重点实验室、江南大学教育部针织技术工程研究中心、南通大学安防复合材料国家地方联合工程中心等国内知名科研机构，与四川大学、南通大学等高校签订产学研横向课题超10项，相关课题研究还获江苏省产学研合作项目立项支持。

产学研合作使公司在聚合物功能改性、成形技术与加工设备提升、工艺优化与结构性能分析等核心技术攻关上取得了较大突破：推动了公司从理论到产品及后道应用的完善，使公司在国内率先开展初生单丝液态冷却理论研究，为制备大直径功能性聚合物单丝的成形奠定了理论基础；大直径功能聚合物单丝成形设计及后加工设备，提高了成形及后加工设备的精度；在单丝领域引入复合纺丝技术，成功制得热熔型皮芯结构聚合物单丝、PVDF/PET复合单丝、复合型导电单丝和抗菌单丝等，实现功能聚合物单丝的功能化和高值化，产品填补国内空白。

在与高校广泛开展产学研合作基础上，公司还借鉴高校科研项目的推进模式，在公司内部成立了8个课题组就相关单丝科研项目进行攻关，主要方向包括弹性单丝、医用单丝、导电单丝、耐高温单丝、生物可降解单丝等，取得成果后申报相关专利。截至目前，公司通过与高校的产学研合作已申请发明专利50件，授权发明专利27件、实用新型专利31件，获得国家重点新产品4个、省高新技术产品15个，在核心期刊发表论文16篇。其中，与南通大学合作的成纤聚合物再生关键技术及其高值化大直径单丝的研发项目首次采用扩链剂与固相增粘组合改性技术路线，解决了成纤聚合物循环利用过程中存在的黏度降大、分子量分布宽、性能与价值低于原生料等问题，以该技术生产的大直径再生聚合物单丝力学不仅性能优良，附加价值高，而且其加工过程无污染，极大地推动了行业科技进步。根据第三方检测，r-PET切片特性黏度为0.88dl/g，大直径r-PET单丝断裂强度为5.74cN/dtex，大直径r-PP单丝断裂强度为5.71cN/dtex，大直径r-PA6单丝断裂强度为6.20cN/dtex。此项突破，相关成果获"2020年度江苏省科学技术奖二等奖""2020年度中国纺织工业联合会科学技术奖二等奖"，申请发明专利8件。

与高校的产学研合作还化解了公司的用工难问题。公司先后与上海东华大学、南通大学、江苏工程职业技术学院等专业对口的学校，通过校企合作构建"产学研"培训基地。通过产学研培训基地，公司可以选择员工到学校进行专业知识的培训，提升员工的专业技能，学校也可以组织学生来企业认识实习，或选送学生到企业实习锻炼，将理论与实践相结合，提高学生的专业素养。此外，公司还通过这种合作与学生签订提前招聘、定向培养协议，为公司延揽人才。这样的产学研合作，不仅可以使企业获得发展所需要的创新技术，也为企业发展提供了源源不断的人才保障。

瞄准市场需求，持续创新产品

以市场为导向开展产学研合作是公司产品持续创新的源泉。

瞄准市场需求，公司与南通大学合作研制出了一种高低熔点复合单丝，其低熔点组份在热熔后可黏合使织物形成强稳定的结构，高熔点芯层结构则保证了材料的强度。此种复合单丝在复合织物中进行热黏合，不仅可以彻底解决传统胶水甲醛含量高的问题，而且可以增加皮层聚合物中抗老化、阻燃、导电、抗菌等功能添加剂的含量，提升聚合物的力学性能。

一根直径仅为2根头发丝粗细的聚酯单丝如何能像弹簧一样保持长期的弹性和支撑力？在床垫产品的研发设计上，全球知名家居品牌慕思寝室利用聚酯单丝作为新型床垫的"芯"，代替弹簧起支撑作用，牢牢占据着市场高端。为此，公司与江南大学教育部针织技术工程研究中心合作，通过对原料特性分析、加工工艺改造、设备档次提升、织物结构设计，使产品最终得到了市场的认可，目前，平均每月向慕思供货达到300吨。

涤纶单丝

单丝中最常见的产品就是钓鱼线，用单丝氟碳线制成的钓鱼线强度从1磅到1700磅不等，且具有不弯曲、不缠绕等特点，同时，它的光折射性和水更接近，也就是说，在水中几乎不易被发现。此外，其稳定的张引力、切线的高感应度和高灵敏度，还能准确传递细微的渔汛。市场上，高端的钓鱼线比金子还贵，每公斤售价超过万元。塑钢托幕线则是一种用来代替钢丝、铁丝的化纤丝，广泛运用于现代农业、深海养殖网、防护网领域。原先种植葡萄所用的架子多为铁丝构造，由于铁丝容易生锈，所以使用寿命也短。但特种聚酯单丝托幕线具有高强度、不生锈、不易断裂、耐气候老化、使用寿命长等优点，好多种植户采用特种聚酯单丝托幕线代替铁丝。除了葡萄种植外，还运用到防虫网上，可以在很大程度上减少农药的喷洒，受到种植户的欢迎。此外，在割草机上也有单丝的身影。为防止发生意外，修剪花草严禁使用带刀片的割草机。新帝克生产出专供割草机使用的割草线，目前90%的割草线远销海外。

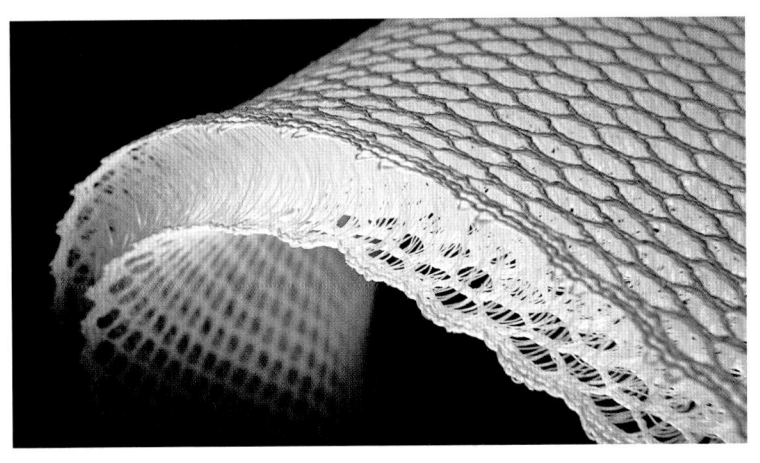

3D 间隔织物

产学研合作以市场为导向，不仅解决了企业的效益问题，还有助于企业产品的持续创新。通过产学研的深入合作，公司有机会从高校了解更多尖端的聚合物材料信息，并通过企业自身的制造及市场营销优势，进一步完善产品架构。目前，公司已建立以基础聚合物单丝为塔底，以 PEEK、PVDF 等系列尖端聚合物新材料为塔尖的低、中、高档的金字塔状产品架构，开发的产品部分填补国内空白，其中，有 4 件产品被评为国家重点新产品，15 件产品被评为江苏省高新技术产品。

公司董事长马海燕表示，下一步，新帝克还将继续全方位加大产学研合作力度，力争将企业打造成名副其实的中小企业产学研合作示范企业，并尽快实现五年内挤入单丝行业全球前三的目标。

构筑全球矿产能源法律服务"网"

北京市雨仁律师事务所

北京市雨仁律师事务所（以下简称雨仁）成立于2006年，总部位于北京，是国内首家"自然资源（矿业）"专业法律机构，开创了"法律+矿业"的特色化、专业化的服务领域和模式。目前，雨仁在深圳、上海、扬州、承德、海南（筹建中）设有五家分所，在多伦多、温哥华、金边、悉尼、卡尔加里、布加勒斯特、华沙、华盛顿、达拉斯等设有联络处；雨仁计划未来三年在全球主要矿产能源国家设立联络处，建立起全球矿产能源的法律服务"网"。

雨仁的法律服务主要体现为以下三大特色：一是具有鲜明的自然资源（矿业）专业服务特色；二是以自然资源法律为核心，形成了从学校、研究机构、律师事务所到企业、行业机构和行政部门，从理论研究到实践的全方位、完整结合，创立了该领域的产学研的有益实践；三是具备在自然资源行业细分领域引领下的团队化运作特点，并因此形成了良好的行业口碑，获得客户好评，亦被评为北京市和西城区的优秀律师事务所。

在雨仁为客户不断创新解决问题的实践中，在专业服务深化和实践与理论的交叉融合中，铸就了雨仁的工匠精神和产学研创新系统化的风格。

与协同创新平台合作形成雨仁特色服务体系

自2008年雨仁确立为以矿产资源为主要业务发展方向开始，就提出"矿产资源全流程法律服务"的理念，后升级为涵盖自然资源全领域、全方位法律服务体系。

在此基础上，雨仁提出构建自然资源法律服务网，办公室及联络处逐年增加。除北京总部和境内已有分所外，国内正在筹建湖北、海南分所，下一步将在重要矿产资源省份和地区筹建服务机构，并且根据中国矿业企业"走出去"和"一带一路"的发展，计划未来三至五年内，在国外主要矿产资源国家设立合作机构或联络处，构建为中国企业提供国内、外矿产资源法律服务的全球服务"网"。

庖丁解牛，细分服务领域。对于原有的自然资源业务部，雨仁创新性的细分为二十余个工作小组，把自然资源业务可能遇到的各种问题，有针对性的研究和应对。比如，目前我们细分业务小组既有与自然资源紧密相关的，如稀缺及战略矿产、油气能源、有色金属、宝玉石、非金属及砂石骨料、钢铁及煤炭、矿业用地、林草资源、海洋海岛及水资源、绿色矿山与生态修复、环保合规、压覆损害与评估、矿业税费等小组，还有相对传统的业务小组，如矿权取得流转（矿法研究中心）、矿业投融资及清收、矿企上市、矿业并购重整、工程与安全、矿业科技与知识产权、国际矿业（国际贸易）、民事诉讼与仲裁组、行政争议、刑事预防与辩护、大案要案和法律顾问组等，而且各个服务小组还将根据企业的实际需求进行动态优化和调整。

雨仁面对各类主体的客户，面对不同区域乃至不同国家、不同客户的不同服务需求，面对涉及诉讼和非诉讼的各种类型的复杂、典型案件，经常需要提出创新性的解决问题的思路和方案。十五年来，雨仁服务的客户不仅有大唐、山金、中金、紫金等大型国有企业和上市公司，也有辰信、华钰、兆丰、建龙等民营企业，还有希尔威、明科矿业、艾芬豪等外资公司，也接受过自然资源部油气资源战略研究中心、国家能源局、农村农业部、北京市规划和自然资源委员会等国家机关和行政机关的委托，并创新性的与行业协会和其他机构创立服务平台，如与中国国土空间资源保护与利用协同创新平台、绿色矿山推进会、北京中矿连公司等合作提供"法律+矿业"的立体服务，更为数以百计的中小型矿业公司提供过法律服务。

在为客户服务的实践过程中，雨仁律师尽职、专业、创新的特质不断得到强化，人员、业绩稳定增长，管理运营体制逐步完善，逾千例案件中均获得客户的满意和好评，锻造了一支专业过硬、高度负责、值得托付和信赖的雨仁服务团队。

中国矿产资源压覆补偿热点难点实务研讨会

产学研融合为雨仁快速发展奠定坚实基础

法律服务作为一份"无形"的服务，最重要的是"人才"的优势。雨仁作为"法律+矿业"的特点，要求我们的人才不仅具有法律的专业素养，还必须同时具备过硬的矿业行业的知识及背景。因此，雨仁发挥产学研深度融合的理念，充分利用北京高校林立的优势，加强与各高校的合作与交流，包括与中国地质大学、北京青年政治学院、北京工商大学法学院等进行合作，把律师引进课堂，把学生带进律所，请专家顾问把关；把律师在具体案件中的实践经验与学生的学习、教授专家的研究深度融合，取得了显著的成效。

雨仁先后与中国地质大学（北京）建立了"法学专业实践教学基地"，与首都经济贸易大学建立了工商管理学院"教学实习基地"，每年均接收一定数量的学生进行实习，通过法律实践活动与学校的教学培养进行有益补充。

雨仁派出律师担任高校的兼职教授和校外导师，促进产学结合。比如，雨仁律师先后担任中国地质大学的校外导师；担任首都经济贸易大学的校外导师；担任中国政法大学的课外导师；与各院校共同举办矿业领域法律服务讲座；担任北京大学原地质系（现北京大学地球与空间科学学院）矿业同学会副会长单位等，提高学生的实践和应用能力；与学校共同培养满足实务需要的法律专业人才。

2018年，雨仁还与中国地质大学合作举办了首届"地大-雨仁矿产能源法治论坛"，深入探讨矿产能源领域的各种理论与实务问题，同时提升学生对"矿业+法律"服务的兴趣、增进对实务的了解；也是法律人对中国矿业法治领域的深入思考。

理论指导实践，实践反哺理论。为更好地解决实务问题，雨仁内部专门组建业务研究中心，并不断推出各项研究成果。雨仁国内矿法研究中心每年推出一版法律汇编和专业文章汇编；雨仁国际矿法编研中心与中国地质调查局全球矿产资源战略研究中心、紫金矿业等进行合作，对多个国家的矿业及运营法律进行梳理研究；雨仁矿业犯罪预防与辩护研究中心、压覆研究中心、矿业税费研究中心等，也都分别推出了相应的法律汇编、法律服务报告等。

雨仁的研究工作也受到了各方面的重视。如雨仁受全国律师协会、北京律师协会等委托，提供对《中华人民共和国矿产资源法》的修订意见；受有关部委及司局委托，参与课题研究、出具课题报告；受境内外各行业协会委托出具相关报告，如受美国自然资源保护协会委托出具汞资源的研究报告等；受客户委托进行专题研究，如中金自然保护区、老旧矿山、明科矿业委托收储项目等。在十五年之际，雨仁将与中国矿业报合作发布年度矿法研究、汇编，国别矿法研发等。

在研究的基础上，雨仁及时整理研究成果，根据研发内容撰写了系列专业书籍并出版，包括《中国矿业并购的十大命门》《矿业犯罪司法适用与判例》《中国矿业全程法律实务指南》《俄罗斯中亚国家矿产资源法》《资本市场与矿业财富》《矿业权抵押担保风险分析与防控》《政府法治建设问题聚焦》《矿业法律顾问》《矿业合同管理》《矿业权转让法律实务》《矿业典型案例评析》《中华人民共和国合同法理论与实务》等数十本相关图书。

从共性问题入手深耕细作助力行业健康发展

"百花齐放才是春"。中国矿业的健康和高质量发展离不开法律的参与，只有大多数企业的健康发展才能带来中国矿业行业的健康发展。因此，雨仁亦致力于普及和宣传各类矿业法律常识。2019年，雨仁参与各类行业协会和机构的线上法律课堂数十场，听众达数十万人。包括参与中国矿产资源与材料应用创新联盟举办的2019中国矿产资源与材料全产业链大会，举办法律实务专场论坛，持续推进矿业企业的法治化；参与中国国土空间资源保护与利用协同创新平台、中国矿产资源与材料应用创新联盟、中国矿业联合会举办的各类线上课堂，向网民、矿业企业讲述矿业领域法律问题；通过雨仁微信公众号，每日推出原创微信文章，普及矿业法律知识等。

雨仁还与行业协会等专业机构合作建立法律服务平台，利用平台为更多矿业企业提供普及法律服务。雨仁目前已经与中国国土空间资源保护与利用协同创新平台并设立法律事务中心；与中国林业与环境促进会绿色矿山推进会合作，成立了绿色矿山法律研究中心；发起成立中国矿产资源与材料应用协同创新平台，举办年度论坛，成立法律研究中心；与中国矿业联合会合作，倡议成立"中国矿业联合会法律专业委员会"，雨仁任理事及执行主任单位；推进中国矿业联合会与深圳国际仲裁院合作，成立矿产能源专业委员会，雨仁创始合伙人栾政明律师担任执行主任。

深入洛钼集团选矿二公司开展法律调研

此外，雨仁本着"前瞻"的理念，对行业共性问题加以研究，为推动矿业行业的健康发展而努力。如雨仁正在对税费、收储、矿权证的办理等问题进行专题研究，拟形成实务报告呈送有关部门；针对当前困扰矿业企业的难点、热点的"矿业权退出"相关问题，进行深入研究，在目前国家没有明确法律依据的情况下，凭借所在单位多年参与矿业企业经营和法律服务的经验，通过网络直播讲座《矿业权无过错停灭损失补偿机制探索》，积极建言献策，并提出若干建议、为矿业企业答疑解惑，同时为政府制定相关法规政策提供参考意见。

未来，雨仁希望，通过与行业机构的合作推进矿业企业的合法合规，助力更多的矿业企业知法、懂法、学法和用法，为企业健康发展提供更好的法律服务保障。

我们希望能够获得更多的行业主管部门、行业协会的支持，与行业机构、代表企业、行政机关进行座谈和调研，以获取更多、更丰富的研究样本，以便对我们的研究内容、方向进行反馈，使我们的研究结果更有普遍性和适用性，通过产学研的结合，提升法律对实务发展的指导意义、提升法律对行业健康发展的保障和促进。

回首十五年来，雨仁得益于"法律＋矿业"的特色之路，借力于产学研的深度融合，为我们的发展奠定了坚实的基础。展望未来，雨仁仍将继续坚持法律与矿业的结合，植根于矿业领域，专注于为中国矿业企业、矿业主管部门、行业协会等各类主体提供专业法律服务；并将结合我们在具体工作中发现的问题，站在中国矿业健康发展的角度进行梳理、汇总和深入研究，并将研究成果及时提交行业主管部门，为中国矿业尽我们所能、贡献一己之力。

共研低碳综合能源服务
共建能源物联网生态圈

北京京东方能源科技有限公司

京东方核心能力大楼

京东方科技集团股份有限公司（BOE）创立于1993年4月，是一家为信息交互和人类健康提供智慧端口产品和专业服务的物联网公司。作为全球半导体显示产业龙头企业，BOE（京东方）十分重视技术的积累和发展，2019年，新增专利申请量9657件，其中发明专利超90%，累计可使用专利超7万件。美国专利服务机构IFI Claims发布数据显示，2019年BOE（京东方）全球排名跃升至第13位，美国专利授权量达2177件，同比增长33%，连续4年在IFI TOP50榜单中实现排名与美国专利授权量双增长；世界知识产权组织（WIPO）发布2019年全球国际专利申请（PCT）情况，BOE（京东方）以1864件PCT申请位列全球第六。

北京京东方能源科技有限公司（以下简称京东方能源科技）作为BOE（京东方）全资子公司成立于2009年8月，注册资本8.5亿元，是中国最早进入新能源应用领域的企业之一。通过承建国家"金太阳"及"光伏扶贫"等项目，公司积累了丰富的建设运营经验。为顺应能源物联网产业发展趋势，2016年7月BOE（京东方）向京东方能源科技增资，全面布局智慧能源事业，公司将自主研发的BSEOS作为低碳综合能源服务赋能平台，在多场景下，为满足客户对能源高效、智慧、安全、稳定等多样化的需求，专注多能供应、能效管理、能源建设、智能运维、低碳服务等细分解决方案，提供"源—网—荷"一体化的低碳综合能源服务。

BSEOS（京东方智慧能源操作系统）

为积极响应国家关于加强学校和企业合作的号召，充分发挥学校与企业双方优势，贯彻科教兴国和人才强国战略。京东方能源科技从2018年起一直在校企合作方面进行深耕，希望以项目为纽带、以联合研发中心为平台、以人才培养质量和产品研发为突破口，使学校成为公司的咨询服务中心、产品研发中心、人才培训中心。公司在获得需要的人才同时将高校的科研成果产业化，使学校的师资队伍接近市场，积累经验，理论得到验证。参与的学生通过现场实习或项目研发掌握技能，接受产教一体化教育，同时了解社会环境，提高市场竞争力，实现了企业、学校、教师、学生四方共赢的结果。

校企融和共发展，携手打造能源物联网生态圈

京东方能源科技投资运营近400MW光伏电站，主要分布于环渤海经济圈、沿长江经济带、粤港澳湾区等经济较发达区域。所运营电站状况良好，收益稳定，连续三年发电量超额完成。这些都得益于智能化的运维，通过自研的营维系统B-iSolar，以及"总部、区域、现场"精益管理模式，提供智能化、少人化运维服务。公司不仅在电站运维上有着独特的管理办法，在光伏和热水建设方面也有丰富的经验，可为客户提供包括项目规划设计、项目管理和工程建设在内的整体解决方案服务。在电改政策推动下，京东方能源科技积极布局京津冀、安徽、苏州、福建、四川等18省市电力交易，2018—2020年售电累计150亿度，年复合增长率150%。同时凭借高端制造业节能管理优势，在北京、合肥、江苏等全国范围内开展节能业务，通过自研能效管理系统B-EMS，助力客户打造"绿色工厂""绿色智慧城市""绿色学校"等。

京东方—华北电力大学能源物联网研究院落地苏州

2020年由京东方能源科技、华北电力大学（华电）和华北电力大学苏州研究院联合成立的"京东方—华北电力大学能源物联网研究院"落地苏州。该研究院充分发挥

了京东方能源科技在新能源行业知名企业的作用和华电多学科基础研究、高端人才密集优势，共同构建企业和高校合作共赢的新模式。重点围绕国家战略需求和京东方"全球领先的能源物联网企业"发展目标，建立代表国家水平的创新联合体，协同开展前沿关键技术研究、高端人才培养、重大发展战略研究等，打造国际一流水平的能源物联网自主创新团队、具有重要影响的高端智库和高水平人才培养基地，为京东方能源科技能源物联网建设和华电"双一流"建设提供人才和科技支撑。

（1）构建国内一流的能源物联网科研创新平台。

研究院以一流科学研究为驱动，培育一支研究方向明确、跨领域、跨学科、跨区域的一流科技创新团队，聚焦能源物联网、新能源电力系统和综合能源系统研究前沿，开展基础理论、关键技术、重大装备和战略规划等前瞻性、基础性研究，形成具有国内引领性的一流研究成果，进一步提升行业科技创新水平。

（2）打造适应能源物联网建设需要的高质量人才培养基地。

研究院下设京东方-华电苏州研究生联合培养工作站，以高水平科研支撑高质量人才培养，依托前瞻性、基础性合作研究与科技攻关，以学科交叉创新需求为牵引，积极推进能源物联网、新能源电力系统、综合能源系统相关领域硕士研究生培养。加强产教融合，组建由三方专家教授和行业知名学者组成的跨学科师资队伍，实施双导师制或导师组联合培养；促进科教协同，依托科研课题，在工程落地和产业实践中强化学生科研训练。

（3）共同推进国家储能技术产教融合创新平台项目建设。

京东方能源科技拟与华电共同推进国家储能技术产教融合创新平台建设，公司在原有业务的基础上，积极布局储能和氢能业务。计划与华电重点研发储能管理系统、智能微网管理系统等，配合国内领先的储能硬件合作产品，打造行业领先的智能微网整体解决方案。聚焦储能及氢能的国家战略和前沿科技方向，展开光—储—氢示范基地建设、氢能零碳建筑等创新型应用研究，打造氢能应用实践基地，共同培养氢能领域应用型人才。共同开展前瞻性和重大共性技术攻关，与华电国家产教融合创新平台共享，共同构建校企合作共赢新模式。

京东方—南信大研究院落地南京

为应对全球气候变化趋势对国家经济、环境、能源、灾害防治等各个方面的影响，响应中国应对气候变化的国家战略，推动气象领域科研成果转化和解决市场实际需求，京东方能源科技与南京信息工程大学共建京东方—南信大研究院。该研究院聚焦低碳综合能源服务、深耕商业气象服务、气象大数据领域，与京东方—华北电力大学能源物联网研究院在不同领域、不同区域为能源物联网生态圈建设贡献科研力量和尖端人才。

国家能源互联网产业及技术创新联盟 - 能源物联网专委会稳定运营

国家能源互联网产业及技术创新联盟（China Energy Internet Alliance，简称CEIA），是在国家能源局能源互联网行动领导小组指导和支持下，清华大学牵头，由从事能源互联网的技术创新、产业发展、设备推广应用、标准制定与检测认证，且有一定规模和行业影响力的相关企业、研究机构、高校、检测认证机构、服务机构及相关社团组织等，按照"自愿、平等、合作"原则结成的全国性、联合性及非营利性社团组织。2020年京东方能源科技升级为CEIA副理事长单位，能源物联网专委会主任单位，全面负责能源物联网专委会运营工作，同年能源物联网专委会被评选为优秀分支机构。

京东方能源科技一直秉承着学习之心、服务之心，在担任能源物联网专委会主任单位期间，不忘联盟建立初衷。在疫情期间，能源物联网专委会与能源数字化专委会联合推出了"CEIA能源互联网大讲堂"直播课程，邀请多位专家学者为行业工程技术人员和管理者提供丰富的能源互联网技术发展及案例等相关课程，发挥了专委会技术引领的作用。截至2021年3月，共开展直播课程52期，累计观超过了20000人次；随着直播课程受欢迎程度不断提高及联盟成员的需求推出"国际视野"栏目，邀请各国专家、学者进行交流分享，共同在能源物联网领域探索，为能源物联网生态圈建设贡献力量。

产研联合新方向，共研碳中和、碳达峰

习近平总书记在2020年9月第七十五届联合国大会上向全世界做出碳达峰·碳中和的庄严承诺后，2021年3月15日在中央财经委员会第九次会议中再次强调"我国力争2030年前实现碳达峰，2060年前实现碳中和，是党中央经过深思熟虑做出的重大战略决策，事关中华民族永续发展和构建人类命运共同体。"实现碳达峰、碳中和是一场硬仗，京东方能源科技作为中国最早进入新能源应用领域的企业之一义不容辞地在这场全民硬仗中做出贡献。

京东方—江苏现代低碳技术研究院联合探索碳达峰路径

京东方能源科技从未停止探索的脚步，与江苏现代低碳技术研究院[①]达成战略合作，在碳核查、碳咨询规划、碳达峰、碳中和等方面进行深耕，共同对省级碳达峰策略和路径进行研究。

---

① 江苏现代低碳技术研究院成立于2010年7月，是由东南大学、南京工业大学、江苏省创新经济发展研究中心、江苏省住建厅科技发展中心、江苏省环保厅环境科学研究院共同参与创建的国内首家低碳技术研究院，是国内最早进入低碳技术研究领域的机构之一。

京东方—中科院大气物理研究所联合研究院即将落地北京

中科院大气物理研究所[①]的碳中和研究中心在碳达峰、碳中和方面的研究与京东方能源科技在碳方面的布局不谋而合，双方拟成立京东方—中科院大气物理研究所联合研究院，同时拟就碳资产管理平台项目、碳达峰能源规划、最优碳中和路径、碳收支评估体系等方面进行深入研讨，为国家乃至全世界的应对气候变化做出贡献。

创新发展赢未来，布局氢能产业新方向

近年来，有着21世纪"终极能源"之称的氢能正在逐步产业化，氢能发展的政策性红利也正在释放。根据国家能源局发布的《关于做好可再生能源发展"十四五"规划编制工作有关事项的通知》，氢能已被列入可再生能源发展"十四五"规划编制重点任务。在国家科技计划和产业技术创新工程的支持下，京东方能源科技依托公司在光伏电站、能效管理等方面的业务积累，规划重点打造光—储—氢示范基地建设，同时在重点省市地区打造氢能零碳建筑，为碳达峰、碳中和提供专业解决方案。同时根据国家政策及科技发展方向，持续投入资金进行氢能领域应用技术研发，包括可再生能源制氢、氢能利用技术等，为中国氢能业务发展贡献力量。

---

① 中科院大气物理研究所是中国现代史上第一个研究气象科学的最高学术机构，目前已发展成为涵盖大气科学领域各分支学科的大气科学综合研究机构。致力于研究和探索地球大气中和大气与周边环境相互作用中的物理、化学、生物、人文过程的新规律；提供天气、气候和环境监测、预测和调控的先进理论、方法和技术；造就本领域的一流人才；服务于经济和社会的可持续发展和国家安全。

探索生命能源银行 为人民健康保驾护航

圣释（北京）生物工程有限公司

圣释（北京）生物工程有限公司（以下简称 SCLnow® 圣释®）成立于 2012 年，是中关村高新技术企业，是国家高新技术企业和干细胞全国产学研合作创新示范基地。

SCLnow® 圣释® 业务体系是由圣释紫飘带公益基金、SCLBank® 圣释生命能源银行、SCLGL® 圣释再生医学空间、SCLIC® 圣释生命能源加油站、SCLPF® 圣释工厂、SCLCC® 圣释再生医学云中心六大部分构成。SCLnow® 圣释® 多年来致力于干细胞转换医学和再生医学的研究与实践，率先发布了脐带多能干细胞质量控制标准专利技术，填补了行业空白，代表国家标准委员会在 ISO/TC276 国际标准生物技术委员会主导制定《生物技术—生物银行—人类间充质干细胞通用要求》和《生物技术—人类间充质干细胞的元数据规范》两项国际标准。

SCLnow® 圣释® 在脐带多能干细胞的临床研究和转化应用领域也是硕果累累，与湘雅医院合作主导了国家重大项目《释胞儿®#19-UT 治疗薄型子宫不孕症安全性和有效性的临床研究》并参与了包括《释胞儿®#19-LC 治疗失代偿期乙型肝炎肝硬化安全性和有效性的临床研究》《释胞儿®#19-CSD 治疗子宫创伤愈合不良安全性和有效性的临床研究》《释胞儿®#19-OA 治疗骨关节炎安全性和有效性的临床研究》《释胞儿®#19-SI 治疗腰椎间盘退行性病变安全性和有效性的临床研究》等多项国家干细胞临床研究项目。

决战生命能源——协同创新从优秀到卓越

SCLnow® 圣释® 创立的生命能源品牌圣胞儿® 的干细胞专利技术从干细胞形态学检测、干细胞活性检测、干细胞分子水平、蛋白水平、基因水平多能性检测、干细胞三系分化潜能检测、干细胞非致瘤性非促瘤性检测等，结合第三方专业的干细胞安全性检测数据，填补了全球干细胞质控量化标准的空白，真正将干细胞从无形量化为有形的质控标准，为缩短我国与发达国家在干细胞研究领域的差距做出了积极贡献。目前，SCLnow® 圣释® 在干细胞生命能源的转化方面已经拥有了存储干细胞核心专利技术和多项发明专利，这些技术和专利是企业品牌的结晶和智慧的所有权，为干细胞产业化创建生命能源品牌奠定了基础。

在规范圣胞儿®干细胞检测流程中,为了在国际干细胞领域中获得同行的认可,SCLnow®圣释®意识到ISO质量管理体系认证的重要性,经过长达两年多的流程梳理和制度建设,建成了职责明确,高效稳定的质量管理系统,早在2014年3月便获得了国家CNAS级别的质量管理体系认证证书。之后确保每周期的复审。

SCLnow®圣释®认真分析专利技术中可形成标准的过程和方法,在技术团队的配合下建立了可核查、能追溯、具有可操作指导意义的企业标准,将圣胞儿®干细胞提取、冷冻技术根据标准化的要求实现了稳定复现的效果,在第四届国际分子与细胞生物学大会发布圣胞儿®干细胞质控专利后震惊世界,填补了同行业中无标准的国际空白。之后SCLnow®圣释®创立的圣胞儿®生命能源品牌登陆纽约路透社大屏,从此走进了"世界的十字路口"。

第四届国际分子与细胞生物学大会、第五届国际DNA和基因活动周
SCLnow®圣释®发布了全球首个"圣胞儿®干细胞专利质控证明"
填补干细胞行业中间充质干细胞无标准的空白

得标准者得天下——创新占领生物经济国际制高点

标准的缺失一直以来都是悬在中国干细胞行业头上的一把利剑。干细胞治疗产品最终会用于人体,所以必须建立质量控制标准和质量保证体系,系统地贯彻到供者筛查、组织采集、细胞分离、培养、冻存、复苏、放行、运输、使用等全过程中,确保产品的安全性、有效性及稳定性。

在欧美发达国家制订的游戏规则里,中国的标准想要走出去,一直很艰难。事实上,这个问题不只是中国,美国和欧盟以外的其他国家也同样如此。在德国标准化协会"抢注"国际标准定义和框架之前,韩国等其他一些国家也曾向国际标准化组织申请过质控标准,但很快就被拒绝,只有德国标准化协会的申请,被迅速批复。

2015年10月30日,在日本东京国立癌症中心,国际标准化组织生物技术委员会(ISO/TC276)年会,随着召集人宣布最后一个提案获得通过,在场的所有圣释人都抑制不住兴奋和泪水，留下激动的眼泪：由圣释生物代表中国提出的《人脐带间充质干细胞作为生物资源》系列 ISO/TC276 国际标准，在这次会议上完成申报并获得提案通过。ISO/TC276 国际标准的主要内容包含《生物技术—生物银行—人类间充质干细胞通用要求》和《生物技术—人类间充质干细胞的元数据规范》两项。至此，圣释生物代表中国产学研干细胞领域的创新先驱开始了长达 6 年之久的国际标准制定之路。

垂直深耕——"紫飘带"助力新一代生物技术成果转化

SCLnow® 圣释® 以国际标准（ISO）定义下的新生命能源——圣胞儿® 干细胞填补全球行业空白，由 SCLnow® 圣释® 开创的"紫飘带项目"以储存新型生物资源（圣胞儿® 脐带多能干细胞）为基础，依靠科研院所、医院、国家重点实验室及生物科技企业等共同搭建干细胞再生医学平台，最大范围地储存宝贵的生物资源，为干细胞转换医学创新、标准化建设、产学研用深度融合等提供综合服务平台，为将来实现精准医疗所要实现的个性化医疗方案奠定了坚实的基础。

圣释生物作为中国干细胞转换医学标准产学研创新平台运营单位，联合了中南大学湘雅医院、首都医科大学宣武医院、北京大学第三医院、吉林大学中日联谊医院、吉林大学、中南大学等，共同推动"紫飘带项目"。项目宗旨"保卫珍贵的脐带资源，守护每一份圣胞儿® 生命的种子，让每一份释胞儿® 创造生命的奇迹！"，计划的实施方式是通过"1+100"（圣胞儿® 干细胞种子获取及守护 & 释胞儿® 干细胞产品临床研究与转化应用）行动展开，旨在更大规模地采集脐带资源，储蓄圣胞儿® 干细胞种子，让释胞儿® 干细胞产品惠及于人。

脐带本是医疗废弃物，但其取舍之间却已经开启了两种截然不同的生活方式。每采集一根脐带，SCLnow® 圣释® 可以分离制备 100 份圣胞儿® 干细胞，可以支持 100 次干细胞临床诊疗使用。SCLCC® 圣释再生医学云中心为临床医生提供数据支持，优化治疗方案，最终达到个性化精准医疗。目前，全球现有 60 亿人口，每年出生 14 亿人口，十年后，如果我们的采集量可以做到全球总人口的 1/60 即 1 亿根脐带，那么 SCLBank® 圣胞儿干细胞生命能源银行中将可达到 100 亿份干细胞生命能源的储量。因此，中国将可为全球提供 100 亿人次的干细胞诊疗服务。

SCLnow® 圣释® 联合各地高校及三级甲等医院的力量建设的 SCLBank® 圣释干细胞生命能源银行，是一个真正属于干细胞的生命银行，将为储存延续人类健康的种子创造科学条件。此外，SCLnow® 圣释® 还与国际数据巨头 IBM 公司合作共同开发云平台，研发了"SCLCC®"圣释再生医学云中心的大数据云管理模式，实现在圣释标准要求下全球统一的干细胞应用和研究平台。

与此同时，SCLnow® 圣释® 还在其所拥有的 9 项智慧所有权的专利基础上，先后在国内外注册了138个干细胞行业专用商标，并掌握了惠及全球再生医学系统大数据云管理平台的所有权及创造性的生物能源系统研发服务的经营机制，以期为全球患者和医生提供智能化发展的支持与保障。

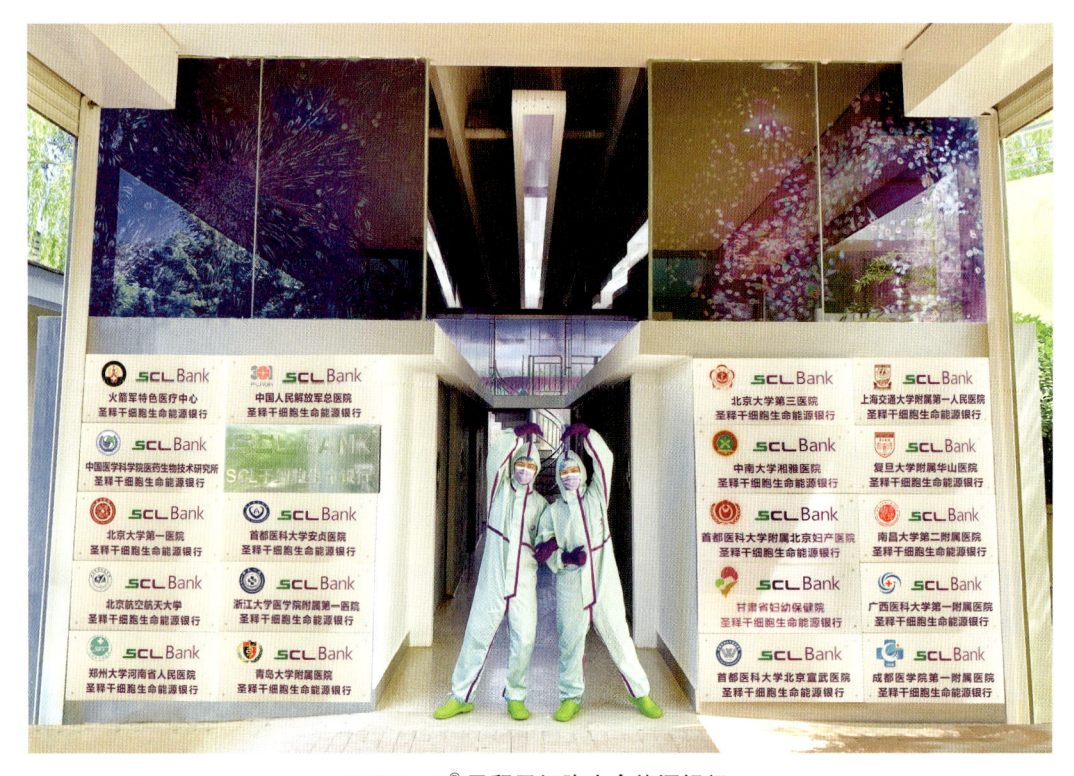

SCLBank® 圣释干细胞生命能源银行

案例一

中南大学湘雅医院携手圣释生物深化干细胞临床研究与应用

2017年7月12日，中南大学湘雅医院参与"紫飘带项目"与圣释生物携手建立"中南大学湘雅医院圣释生命能源银行"，参与中国干细胞转换医学标准产学研创新平台"干细胞临床研究与应用转化标准制定"等工作，双方利用各自资源优势和技术优势，展开规范化、标准化的干细胞临床研究，共同推动干细胞研究和临床应用转化，在助推中国医疗卫生体系科技创新的同时，推出一批具有原创性的临床诊疗新技术，助力"健康中国"，造福更广大的人民群众。

2020年10月21日，由中南大学湘雅医院与圣释生物共建的"干细胞再生医学空间"，为行业树立"干细胞放行检验"标准，解决了干细胞临床研究与转化应用最后一公里的质控把关标准化难题。

湘雅医院和SCLnow®圣释®开展的合作，再次论证了何为"强强联合、优势互补"。双方以推动干细胞及转化医学的发展为目的，在保证合理、合规、合法的前提下，展开规范化、标准化的干细胞临床研究，至今合作的多个干细胞临床研究项目在国家卫健委和食药监局的共同审批下完成了备案，包括《19# 释胞儿®-LC 治疗失代偿期乙型肝炎肝硬化安全性和有效性的临床研究》《19# 释胞儿®-CSD 治疗子宫创伤愈合不良安全性和有效性的临床研究》《19# 释胞儿®-OA 治疗骨关节炎安全性和有效性的临床研究》及一个国家重大项目《19# 释胞儿®-UT 治疗薄型子宫不孕症安全性和有效性的临床研究》。

案例二

北京大学第三医院参与"紫飘带项目"，
实现干细胞转换医学与再生医学的产学研相结合

2017 年 12 月 27 日，北京大学第三医院参与"紫飘带项目"与圣释生物签订采集脐带、储备圣胞儿®干细胞及释胞儿®干细胞临床研究合作协议，携手共建"北京大学第三医院圣释生命能源银行"，双方发挥各自技术优势及平台资源协同作用，借以"紫飘带项目"计划的开展，为更多参与紫飘带的家庭提供了一份真正的健康保障。根据协议，"紫飘带项目"每采集一根脐带，将制备培养出 100 份圣胞儿®干细胞，一份赠予脐带供者及其家庭，一份用来支持北京大学第三医院的干细胞临床研究和转化应用。

传承千年藏医文化　引领现代藏药航标

石家庄藏诺药业股份有限公司

2021年，石家庄藏诺药业股份有限公司（以下简称藏诺）迎来了第十七个发展年头。从最初只有十几名员工、产品生产加工靠外包的小企业，成长为集"藏药材种植、传统藏药生产、组分藏药研发生产、藏医药文化传播"于一体的中国藏药三甲企业，藏诺走过了艰苦创业、锐意进取、荣耀绽放的十七年。作为中国藏药三甲企业，藏诺现已成为中国现代藏药领军品牌，藏诺传承藏医药文化精髓，以藏医三因五源理论为基础，以传统藏药炮制工艺结合现代生物制药技术为依托，传承千年藏医文化，引领现代藏药航标。藏诺以一流的研发团队、高效的营销团队、资深的专家服务团队，充分发挥集团综合优势，使藏诺业务覆盖全国，成为藏医药传承的生力军。

十七年辉煌绽放，发展创新型藏药企业

中国驰名商标企业藏诺药业创办于2004年，总部位于"中国药都"石家庄，融藏医药研发、制造、临床、销售服务于一体，主营业务涵盖现代藏药、经典藏药、藏药健康品及医疗器械等领域，为国家民族医药高新技术企业。公司拥有西藏藏诺药业股份有限公司、石家庄藏诺药业股份有限公司、西藏藏诺藏药科技有限公司、日喀则

市藏诺虫草素药用资源科技有限公司、河北藏诺养正堂健康管理有限公司、石家庄藏诺国医堂医疗管理有限公司、石家庄藏诺医疗器械有限公司、石家庄藏诺养正堂医疗健康管理有限公司及其高新中医（综合）诊所等全资子公司和河北省诺贝尔奖（Erwin Neher）专家工作站、藏诺院士工作站、藏药新型制剂河北省工程实验室、河北省藏药质量技术创新中心、河北省企业技术中心科研机构，同时拥有"中国药都"石家庄、西藏日喀则两大工业旅游基地、藏药材种植基地、康养基地及1000多个社区服务终端"藏诺养正堂"门店，布局现代藏医药全产业生态链。

藏诺现为中国现代藏药产业技术创新平台理事长单位、中国民族医药学会及全国工商联医药业商会常务理事单位，获"2014中国民族医药复兴重大贡献企业""中国产学研合作创新示范企业"荣誉称号，拥有国家医保经典藏药"二十五味珍珠丸""二十五味珊瑚丸""藏诺牌红景天黄芪红花胶囊""雪域甘圣""5A虫草素片"，以及一次性医用外科口罩等医疗器械系列产品。目前主要运营模块分为三大部分：一是生产及销售国家医保藏药；二是运营"藏诺养正堂"全国连锁加盟体系，致力于打造中国社区规模最大的健康养老连锁服务领导品牌，目前拥有终端店面1725家；三是大数据新零售销售系统。在品牌建设方面，以"转山朝圣，醉美西藏"大型西藏游主题活动、中国藏医药健康文化节，以及打造西藏日喀则和"中国药都"石家庄两大藏药制造基地开展寻根藏医药之旅，并迅速从制造业向制造服务业转型！

立足科研创新，引领现代藏药行标

科技是第一生产力，创新是引领发展的第一动力。企业的成长始终离不开"创新"二字。藏诺药业在践行"政产学研用金"相结合六位一体模式过程中，坚持自主创新，同时深入开展功能与资源优势上的协同与集成化，完成了技术创新中上、中、下游的对接与耦合，更好地使产学研的合作项目顺利进行。

董事长王智森作为中国藏医药产业的先行者，始终以科研技术为导向推动企业的发展，形成了以科研技术人才和管理型人才双轨驱动的良性发展模式，自主创新形成了独具民族特色的组分藏药理论、中藏医结合理论和藏医药研发、诊疗及推广体系。在全球范围内首次提出了对藏药进行药效组分研究的理论，将组分分离和多成分质量分析引入藏药的现代化研究中，带领团队不断将藏医药炮制技术与现代生物萃取技术相结合，走出一条产学研用相结合的新路径。藏诺通过持续的技术创新活动，紧密结合市场需求，开展技术创新工作，充分利用社会资源，加强多种形式的产学研合作，做好各项技术标准的编制、制定、申报工作，建立和完善技术创新激励机制，加快技术队伍的建设。

藏诺注重研发团队建设，组建了由国内外权威专家诺贝尔奖获得者 Erwin Neher 教授、中国工程院甄永苏院士、桑吉群佩教授、索朗其美教授、陆付耳教授、刘铁钢教授、张永健教授、林鹏程教授、梁兴杰博士等十五位专家组成的专家顾问团队；以著名藏医药学家措如·才朗教授亲传弟子王智森教授、韩桂茹教授、赵正平教授、吴存虎教授、陈炳磊教授、王凯艺教授等专家组成的藏诺专家团队；还有以高级工程师高飞、泽仁邓珠等为主的一批研发优秀人才，成为藏诺研发团队的中流砥柱，形成国内阵容强大的研发团队，其中拥有博士5名，硕士12名，高学历人才占团队的30%以上。

健全研发管理制度，激发创新热情

藏诺通过多年发展，逐步建立健全了研究开发组织管理制度、研发机构建设体系及人才培养和激励机制等。公司制定了完善的科研项目立项管理制度，用以规范研究开发项目如何立项及实施内容；建立了科研投入财务核算管理制度、研发费用辅助账制度，旨在规范研究开发项目投入费用合理的概预算以及研究开发费用归集等内容。同时积极开展产学研合作的研发活动，有针对性、选择性地利用大中专院校及研究机构的优势，为企业成长提供更优质的服务。

此外，藏诺设立了产学研一体的研发机构，为研究开发及成果落地转化提供了坚实基础保障。科研平台服务于企业创新成果的研究及产业化，通过校企合作的形式，将先进的科研成果与企业科研平台融合在合作沟通交流中实现共赢。

在人才培养方面，公司鼓励吸纳优秀的高效毕业生，并为其提供合适的发展平台，让年轻的血液为公司的发展注入活力，同时建立了详细的人员绩效考核奖励制度，旨在激励全员参与的热情，提高企业的创新能力。为不断提升自主创新能力，提高研发活动效率和质量，公司建立了完整的研发活动管理制度，还包括科技成果转化激励奖励办法、知识产权管理办法、科技人员培养进修管理办法、优秀人才引进管理办法等，并有专人负责管理及维护。

产学研合作创新，促进科技成果转化落地

秉承"传承千年藏医文化，引领现代藏药航标"的核心理念，藏诺药业始终追求科研技术创新，从科研平台、人才培养、成果转化等方面提升企业的科研实力，加速产学研合作创新。

藏药新型制剂河北省工程实验室由藏诺药业与河北医科大学药学院联合共建，是省发改委批准成立的省级科研平台，也是国内首家专业从事民族藏药药物新剂型的科研平台。工程实验室以基础研究为主体，以创新应用开发为目标，在对藏药剂型设计

理论深入研究的基础上，进行新制剂、药物新靶点、药用新辅料和中试转等产业化开发。目前，实验室在藏药新物质挖掘、制备工艺、新型释药及质量控制等方面形成具有一批自主知识产权、突出藏药特色的核心技术，开发出二十五味珍珠丸微丸、独一味缓释片、儿科用药三臣散等八大藏药品种，从而达到增强药物稳定性、延长药物的体内分布特征、提高治疗效果、改善用药的顺应性等，实现安全、有效、稳定、质量可控和用药方便的目的。

河北省藏药质量技术创新中心均由藏诺药业与青海民族大学药学院联合共建，主要围绕藏药材炮制技术研究、藏药质量标准研究、藏药新制剂研究开发、藏药有效性及安全性评价研究，深入开展藏药系列新产品的研究，并建立了各实验室技术协同合作机制，内地藏区优势互补，彻底解决藏药系统研究及可持续利用等共性关键科学技术问题。中心自成立以来，建立藏药材及藏药制剂质量标准 22 项，藏药质控指标和检测方法 30 多项，填补了藏药标准中无含量检测项的空白，科学地阐释了藏药的药效与物质、物质与质量、质量与临床疗效之间的相关性，使质量标准成为临床疗效的标识。通过原始创新与集成创新，中心形成系列藏药科技成果 30 多项，科研成果达到国内同行业领先水平。

此外，藏诺与俄罗斯国家科学院基因与生化研究所、德国杜塞尔多夫大学、澳大利亚新南威尔士大学、德国马克斯普朗克生物物理化学研究所、中国医学科学院及其甄永苏院士团队、国家纳米科学中心、西藏大学医学院、青海民族大学药学院、河北医科大学等国内外多所著名大学、科研院所及权威专家开展合作，签署研发合作协议，形成了多层次、宽领域、全方位的学术交流合作平台。拥有国家发明专利及专有技术 45 项，河北省及西藏自治区国际先进或国内领先科技成果 22 项，荣获省部级科技进步奖 7 项，先后主持了科技部国际科技合作项目等省部级以上课题 6 项及省市科研课题 20 余项。

2014 年，经河北省委组织部、省科技厅、省科协批准，正式设立藏诺院士专家工作站，中国工程院院士、微生物药物学与肿瘤药理学专家甄永苏院士成为公司签约院士。由该站主导开展的"溶栓酶的发酵及提取技术"项目实现了五项自主创新，已获得一项国家发明专利及"河北省科技进步二等奖"，现主要进行国家一类新药虫草素片的临床前研究工作。

2017 年，河北省（厄温·内尔）诺贝尔奖工作站落户藏诺，由诺贝尔奖获得者 Ewin Neher（厄温·内尔）教授担任藏诺药业首席学术顾问及石家庄诺奖工作站主任，双方就国家一类抗肿瘤新药藏诺虫草素利用诺奖技术展开深度开发，并首推具有诺奖技术的第二代高端滋补品 5A 虫草素片和藏诺牌虫草素片进行深层次研究，藏诺药业的科研开始向国际化看齐。

诺贝尔奖获得者 Erwin Neher 教授担任藏诺药业首席学术顾问

2019 年 7 月 11 日，诺贝尔奖获得者 Erwin Neher 教授再次莅临藏诺药业，与公司科研团队深入交流并做了精彩的学术报告。在 Erwin Neher 教授及其科研团队的诺奖技术支持下，藏诺药业对于虫草素的深入研究和应用水平又上了一个新台阶，并且迎来了新一代 5A 虫草素片的正式升级亮相。Erwin Neher 教授表示河北省（厄温·内尔）诺贝尔奖工作站有助于细胞内离子通道技术的深入研究，并提升新药的科研水平，加速新药研发。王智森教授则表示，目前由自己和 Erwin Neher 教授联合研发的藏诺新 5A 虫草素片已经成功取得我国、俄罗斯、德国专利并成功上市。此次 Erwin Neher 教授的到来，加强了藏诺药业科研团队同世界顶尖科学家的联系与交流，把藏诺的新药研发水平拉到一个新的历史高度。藏诺药业将以诺奖技术为依托开发更多产品，努力达到国际顶尖质量水平，加速藏诺药业在大健康产业的全球营销布局。

藏诺将坚持以"科技创新"为根本，以原始创新为目标，发挥自身民族医药优势，由"制造"向"制造服务业"转变，形成以藏药制造业、医疗器械制造业、藏药及健康品文化传播、藏诺养正堂创客中心等四位一体、联动并进的大健康全产业链。日臻成熟的藏诺将以更加稳健的步伐迈向新的征程，永远致力于深耕民族医药与大健康服务事业。

标准引领中国绿色包装产业创新与发展

深圳兴旺环保代塑材料开发有限公司

生产基地——青阳绿能粒子开发有限公司

深圳兴旺环保代塑材料开发有限公司（以下简称兴旺环保）成立于2015年，总部、研发及运营中心位于广东省深圳市，生产基地位于安徽省桐城市和青阳县（桐城绿能粒子开发有限公司、青阳绿能粒子开发有限公司）。作为一家致力于解决塑料污染的高科技企业，与武汉大学、西安理工大学等多所高校及科研院所保持深度合作，拥有良好的产学研创新体系。兴旺环保研制的代塑材料——绿能粒子，其配方、工艺、设备均为原创性技术，公司拥有完全知识产权，已申请多项发明专利与实用新型专利并获得授权。兴旺环保坚持"财道在德"的企业理念，以环保为初心，以减排为目标，以技术创新为核心驱动力，以产业升级为使命，坚持通过技术革新实现环保报国。

作为代塑材料的先行者和领军者，"绿能粒子"产品不仅可替代现有用石油原料制造传统塑料制品，而且具有大幅减少碳排放、无毒无害、可循环、易回收、稳定性高、可降解、性价比高、兼容现有设备等优势，广泛应用于膜袋、包装容器、汽车及家电零部件、建筑材料等领域，在国内乃至全球环保新材料行业中保持领先地位。

以环保为初心，积极投入祖国的环保建设事业

徽商，作为中国历史上三大商帮之一，风云际会，纵横捭阖。作为徽商杰出代表人物——兴旺环保创始人兼董事长程武林先生，来自塑料之乡——安徽桐城，早年从事基建事业，曾经营青藏铁路桩基础工程；并以隧道管棚支护技术起步，逐渐进军隧道及公路桥梁施工、市政公用工程、地基与基础工程、地铁工程、园林工程等。

机缘促成行业大跨越。程武林董事长因在自家别墅取地下水浇花，发现水质污染严重，促使其从建筑工程跨界到环保事业。据报道，目前全国90%的地下水都遭受了不同程度的污染，其中60%污染严重；118个城市地下水连续监测数据显示，严重污染、轻度污染占比达64%、33%，仅3%为基本清洁，造成此类生态问题的罪魁祸首为工业垃圾，如塑料包装。废旧塑料包装物由于难降解，造成长期深层次生态环境问题，包括混在土壤中影响农作物吸收养分和水分、动物误食致死及混入生活垃圾中增加处置难度等。程武林董事长于2015年正式投资环保代塑新材料项目，成立了深圳兴旺环保代塑材料开发有限公司。基于自身积累的资金优势，以产学研合作形式对紧缺技术进行研发攻关，迈出解决白色污染的第一步，也实现了技术成果的转化。面对国家碳达峰·碳中和战略，兴旺环保将继续加大产品研发投入，力争以更快速度攻克市场所反馈的问题，真正实现通过技术革新实现环保报国。

以产学研合作为科研基础，为企业的新技术研发保驾护航

兴旺环保坚持以产学研合作为技术研发创新与企业发展的基础与动力。兴旺环保与多所高校及国家实验室建立深入科研合作关系，为公司保持技术优势提供软支撑，同时研发中心强大的硬件实力为自身及下游客户研发工艺、制造水平持续创新提供硬支持。

以管理创新塑造软支撑体系。依托"产学结合、校企合作"模式，既能发挥学校和企业的各自优势，又能共同培养社会与市场需要的人才，实现高校与企业双赢。通过加强产学研合作，双方互相支持、互相渗透、优势互补、资源互用、利益共享，实现高校教育及企业管理现代化、加快双方人才培养，使教育与生产实现可持续发展。同时，从方法论、技术与业务决策评审以及考核激励制度等方面着手，构建企业高效研发管理体系，提高研发效率，并引入国际化高标准研发管理体系，设立高分子实验室、光学实验室、机械实验室和可靠性实验室。

持续投入增强硬实力建设。兴旺环保始终坚持视研发为业务发展的重中之重，持续保持人、财、物高投入，现已拥有先进的双螺杆、高混机生产设备，并建立可自行检测物理力学性能、热力学性能、阻燃性能、电性能、化学分析等项目的测试中心。

以产学研深度融合为动力，促进科技成果转化落地

兴旺环保在加强产学研合作的同时，始终坚持自主创新。多年来，公司已具备较强的自主研发能力，在新产品开发和新工艺改造方面，拥有世界领先的优秀研发团队和技术及多项国家发明专利。当前公司已形成以下技术优势：

（1）配方优势。

以超微细无机粉体为基材，以高分子聚合物树脂为辅料，生产出来的新型环保新材料无机化聚烯烃相对普通塑料及其他代塑或降解材料具有更高的性价比，且价格仅为目前阶段聚乳酸（PLA）塑料的 1/5～1/3。

（2）工艺优势。

无机化聚烯烃材料采用成熟工艺生产，产品稳定性高且不改变下游客户生产工艺，极大地减少了新型环保材料对下游生产设备和工艺的扰动，社会效益显著。

（3）机械优势。

生产机器全部由公司研发团队自主研发，其特征包括内部装入无机粉体的冷凝式烘干装置、与冷凝式烘干装置连接的是四路对流接枝改性装置、与四路对流接枝改性装置连接的是高温重力型合成装置、与高温重力型合成装置连接的是柔性塑炼装置、与柔性塑炼装置连接的是低温风冷却装置。这种环保塑性体生产机器结构简单、生产效率高；而且成套设备均为自主研发，拥有国家发明专利，具有市场不可复制性，为竞争对手树立较高壁垒，奠定了公司在国内环保新材料行业的领先地位。

以产业升级为奋斗使命，以节能减排为创业目的

兴旺环保研发生产的"绿能粒子"产品，拥有完全自主知识产权，是能够取代传统聚烯烃塑料的新型材料。该产品的问世，给国内传统塑料制品生产型企业的发展注入了新的活力，也为中国塑料行业的转型升级，以及打造中国绿色包装产业链提供了良好的契机。

（1）以创新驱动产业结构优化。

我国传统塑料产业结构性问题突出，特别是低附加值、高消耗、高污染产业的比重偏高。兴旺环保绿能粒子绿色环保、技术含量高、经济附加值高，而且能充分带动上下游产业实现产业升级，减少无效

产品——绿能粒子

和低端供给，扩大有效和中高端供给，推动传统塑料产业实现整体跃升，进而实现"创新、协调、绿色、开放、共享"的发展目标。

（2）以创新产品助力节能减排。

兴旺环保绿能粒子能够取代现有的塑料袋，废弃后可燃烧、可降解，彻底解决"白色污染"问题。据测算，我国2017年塑料制品产量达到7515万吨，消耗石油2.26亿吨。兴旺环保绿能粒子制品1吨制品至少可节约2吨石油，仅此一项，将为我国节约上亿吨石油；同时，每使用1吨绿能粒子相对传统塑料减少1.3吨二氧化碳排放，对我国实现"碳达峰·碳中和"也具有重要的社会意义。

（3）发挥技术创新引领作用。

绿能粒子目前畅售全国，仅桐城市就有一百多家企业在使用此产品。在2020年11月15日深圳召开的第22届中国国际高新技术成果交易会上，成功荣膺"优秀产品奖"。另外，兴旺环保联合中国标准化研究院、广州质量监督检测研究院、国家高分子材料质量监督检验中心（安徽），以及国内多家生产研发的环保型企业，一同制定了"无机化聚烯烃"材料的团体标准，并于2021年2月2日正式发布。

以产学研精准对接需求，拓宽企业发展新格局

科研创新是企业的生命，是企业爬坡过坎、发展壮大的根本。在当前国内、外环境发生深刻变化的大背景下，提高企业创新能力既是改善企业生产经营、增强企业市场竞争力的重要手段，也是加快形成新发展格局的重要举措。

（1）以自主创新应对外部环境波动。

企业是社会主义市场经济的重要主体，处于生产经营的第一线、市场竞争的主战场，直接面对国内、国际市场的各种风险挑战。企业要牢牢把握新一轮科技革命和产业变革大趋势，把增强自主创新能力作为基本素质和实现高质量发展的必修课，努力加强与科研院所基础研究的深度互动与融合，实现对高端技术的深度开发与有效运用，着力提升创新能力和市场竞争力。

（2）以内部流程优化形成创新内驱力。

企业须在选择和广泛运用最新科技成果基础上，积极推动内部生产要素的有效组合与配置，产品生产、产品营销、收入分配、生产经营技术路线、工艺设备的改进与优化，从而积极改善产品供给结构，以更高水平、更高质量的产品供给满足人们日益高端化个性化的消费需求。

兴旺环保建立了完善的新产品研发设计流程，积累了多项核心技术，具有较强的技术应用能力。经过多年发展，公司掌握了光降解、高分子、力学与热学、阻燃、化学分析五大领域相关技术，已在膜袋类包装产品、容器类塑料制品、汽车及家电零部

件制品、建筑类材料产品等领域有深入和广泛的应用。其中，光降解领域的研发成果，可以无缝替换传统塑料原料，显著节约社会投入。

从人类发展的整体利益和长远利益出发，探索经济与社会发展、生态环境保护协同并进，实现经济稳定持续增长、环境资源高效利用，促进人类社会可持续发展。技术沉淀促进企业效益提升。兴旺环保依托多年的研发积累和技术沉淀，专注于光降解等专业领域，2020年以来，已投入2亿元资金，在桐城打造生产基地。目前已初具量产规模，计划至2021年年底，建成180条生产线，年产能约180万吨，完成年销售额约180亿元；争取三年内完成全国布局，实现年产能500万～1000万吨，销售额500亿～1000亿元。

（3）创新科研产品产生多维效益。

兴旺环保的科研产品适应国家和行业的发展需要，契合社会发展的主体潮流。兴旺环保"绿能粒子"产品属创新型光降解材料，其中共聚型光降解塑料因含有大量的无机物，特别是无机物占50%以上的品种，极大减少传统塑料用量；优良的焚烧性能符合我国垃圾处理的实际国情，有利于碳减排及能源安全和粮食安全；优异的性价比拥有显著的社会效益和经济效益。

展望未来，兴旺环保将不负国家期待，以保护自然为初衷，控制环境污染、改善环境质量、减少生态破坏，保持地球生态系统的完整性；以改善和提高国民的生活质量和需求为目的，与社会进步相适应，努力成为创新型民族企业。

科技赋能智慧医疗
智能服务机器人落地应用

深圳中智卫安机器人技术有限公司

中智卫安外景

机器人产业作为衡量一个国家科技创新和高端制造业水平的重要标志，已经被许多国家上升为国家战略。全球服务机器人市场规模保持快速增长，而中国服务机器人市场发展增速高于全球增速。作为全球创新创意之都孕育的服务机器人企业，深圳中智卫安机器人技术有限公司（以下简称中智卫安）是一家服务机器人产业互联网平台的公司，是国内领先的服务机器人研发制造、销售服务企业，是深圳市十大机器人企业之一。

中智卫安依托深厚的安防、安保系统集成及运营服务根基，以及多年的机器人研发技术沉淀，自主研发出智能测温门岗机器人、智能访客机器人、消毒喷雾机器人、配送机器人、迎宾巡更机器人、巡逻巡更机器人、送餐机器人、清扫机器人等多款服务机器人产品。

2020年，中智卫安机器人生产规模突破1.75万台，服务于海内、外各大办公、政务、商超、医疗、酒店、餐饮、影院、教育等"50+"个领域，服务客户"10000+"，服务超15亿人次。2021年，年产规模将达10万台，服务将达100亿人次。

推动产学研深度融合，增强核心竞争力

创新是引领发展的第一动力。随着新时代经济发展质量变革、效率变革、动力变革的持续推进，高校更加重视服务企业研发创新，企业产学研合作意愿明显增强。

中智卫安作为"2020中国产学研合作创新示范企业"，在集聚产业创新资源、加快产业共性技术研发、推动重大研发成果应用中，与产学研、上中下游、大中小微企业紧密合作，进一步促进产业链深度创新融合，在技术创新决策、研发投入、科研组织实施等各个环节，切实发挥企业主体和市场导向作用。中智卫安主要在如下几个方面推进产学研合作。

第一，中智卫安、中山大学附属第八医院共同创立5G人工智能应用联合研发实验室，打造智慧医院。

第二，中智卫安与光明科学城科技创新联合会、深圳市机器人协会三方共建"深圳智能机器人产业光明创新基地"。未来，三方将深度对接、全面协作，多维度整合机器人上下游产业的优势资源，构建集"技术研发＋专业服务＋产业集群"全周期、全要素于一体的机器人智造共享生态链。

第三，中智卫安获颁"中国科普产学研协同创新平台科普基地"，中智卫安董事长钟翔宇受聘为中国科普产学研协同创新平台机器人专委会秘书长。公司联合中国科普平台优质资源，做好机器人科普推广工作，开拓教育创新模式，结合公众实际需求举办多样性的机器人科学普及的活动，增加社会参与度，实现科普产业化，提高国民科学素质。目前，机器人专委会秘书处已制定短、中、长期的工作方案框架。在此工作计划的指导下，机器人专委会在全国多个省市开展机器人线上线下科普教育、机器人实验室建设、学科共建、机器人赛事与论坛举办等相关业务。与此同时，中智卫安、中国科普平台及机器人专委会本着产学研融合发展思路，以深圳科卫的好萝卜网为基础，联手打造国内首家线上机器人科普馆。机器人科普馆是致力于机器人体验及科普教育的线上服务平台。该平台将通过"5G+AR/VR+黑科技"的沉浸式交互体验和机器人线上教育两大主题内容，让机器人爱好者零距离感知世界前沿的机器人产品；以前沿科技为媒介，科普机器人的相关知识与行业动态，培养青少年的科学素养，让机器人科普更直观、有趣、生动地走进人们的生活。

助力"互联网＋医疗健康"的快速落地

紧跟时代需求，以市场为导向

新冠肺炎疫情突袭及持续，5G、人工智能、大数据中心、物联网、机器人等新基建加快推进，当前医院数字化、智能化程度普遍较低、刚性需求大等多种利好因素

共同驱动中国智慧医疗进入行业高景气的黄金五年。2025年中国智慧医疗市场规模将突破5000亿元大关。在利好政策陆续发布、顶层架构逐步完善、创新技术发展等因素联合驱动下，中国智慧医疗的发展涉及患者服务、临床诊疗、医院运营管理、区域医疗协同和家庭健康等多个领域。为全面赋能患者服务、临床诊疗能力、教学科研能力及医院运营管理水平的提升，医院信息化建设发展需要实现数字化、智慧化升级，而智慧医疗解决方案供应商的参与不可或缺。在医院智慧医疗顶层设计及建设布局中，供应商前期参与咨询及战略构建的探讨，并在方案落地执行和后期项目运营中持续给予专业服务支持，即"服务引领、贯穿始终"的理念及合作模式越来越受到医院的推崇。

依托自身优势，找准定位

产学研协同创新，是企业、高校、科研机构以创新资源共享、优势互补为基础，以合作研发、利益共享、风险共担为原则，组合形成的利益共同体，共同开展科技创新、推进成果转化。中智卫安作为企业创新主体，在推进产学研合作方面主要有以下几个优势。

一是技术优势。自2011年起，中智卫安与香港中文大学携手成立"机器人与智慧城市研究中心"。2013年从中科院引进"深圳市国家级领军人才"，被授牌"广东省院士工作站"。中智卫安已申请机器人领域相关专利近300项，成功申报了国家、省、市各级科技项目，在技术层面形成深厚的积累。中智卫安自主研发了人机协作平台、数字化企业管理平台、底盘导航算法及驱动、AI等核心技术，创新性搭建灵机云服务机器人产业互联网平台（统一账号、统一门户、数据互通）。

二是区位人才优势。粤港澳大湾区人工智能与机器人产业发展的最大亮点和优势是高校高度重视人工智能与机器人学科建设和人才培养，高校重点发展的研究领域与方向均包括机器人与人工智能方向，并建成了一批产业相关的重点实验室，如华南理工大学的教育部大数据与机器人智能粤港澳重点实验室、香港中文大学（深圳）机器人与人工智能实验室等。此外，东莞、南沙等地与机器人、人工智能相关的科研院所林立，为人工智能与机器人关键技术研发、技术创新等提供强大的智力支撑。

三是文化优势。中智卫安一直秉持"利他、赋能、通透协助、共赢"的新文化体系，以市场为导向深耕服务机器人的落地应用，努力推动服务机器人产业生态圈发展，全力为传统行业"智能+"转型升级而不断深度赋能。

融合各方优势资源

中智卫安、中山大学附属第八医院共同创立5G人工智能应用联合研发实验室，打造智慧医院。为加速建成智慧医院和提升医护服务水平，中智卫安和中大八院通过以机器人为主的人工智能产品进行多维度的深度合作，联合成立中智—中八5G人工智能应用联合研发实验室，该实验室研发的首批产品将应用于导诊安保、物资配送及消毒清洁等方面。双方将展开深度合作，推进"互联网+医疗"的应用拓展与提升，打造综合性智慧医院的新标杆，充分发挥双方各自优势，实现资源共享，推进智慧医院服务的研发、应用、推广和优化及互联网与医疗产业的融合发展。

中智卫安秉承"产学研协同创新"的理念，即以端到端的服务体系为契机，将其在运营、临床、科研方面的服务实践与实际医疗服务应用需求相融合，通过服务引领，整合智慧医疗解决方案，全方位助力新医改进程和医疗服务升级。在引领医院智慧发展的道路上，产学研协同创新是中智卫安转型成为以解决方案主导的服务机器人互联网平台公司的重要组成因素。中智卫安智慧医疗解决方案，以精细化管理为抓手、提升核心竞争力为目标，促进科技赋能公共医疗的发展。

对医院而言，5G人工智能应用联合研发实验室，是中山大学附属第八医院积极开展新型医疗健康服务模式的一次大胆尝试，旨在打造一个集互联网服务、自助服务与人工智能为一体的"互联网+医疗"服务模式，建立门诊自助测温、无人配送、智能导诊、智能消杀等全新流程，实现更加个性化、人性化、高效便捷的医疗服务，为患者提供温暖的智慧服务体验，推进健康医疗大数据和智能技术应用发展。

依场景需求确定未来研发重点

中智—中八5G人工智能应用联合研发实验室主要着力于根据医院特殊场景的智慧化需求，研发制造医用机器人、开发机器人应用系统，搭建配套的物联网设备，实现相关应用的信息化和智能化。机器人研发方面，中智卫安产品主要包括消杀（消毒喷雾）机器人、医疗物资配送机器人、智能导诊安保机器人、病房管家机器人、医务查岗机器人。以医疗物资配送机器人为例，它主要负责提供医院公共场合物资配送服务，为患者配送药物、餐饮、衣物服务并支持跨楼层配送服务标准和效果检验。

迈入"十四五"时期，要实现高质量发展，离不开产学研的深度融合。加快研发成果转化，推动产学研融合，具有特殊的时代内涵和民生意义。中智卫安十分希望能与高校在机器人产品技术研发、产品落地应用、人才培

中智卫安产品

养等环节开展深入合作，希望有关组织尽快开展国内机器人行业人才需求的调研，开发满足各个细分行业企业需求的教育培训教材，进而为机器人领域输送从研发到应用的高端人才。希望相关部门和组织能有针对性地举行政策宣讲和与专家实地对接活动。

用科技保护生态

武汉中科瑞华生态科技股份有限公司

十年前，5个人的团队，为了一个环保梦想，从金沙江的丽江出发，一路前行，将水生态保护的星星之火播种到我国的大江南北，目前这支队伍已扩大到300多人，由一个站点、一条江拓展到我国七大流域二十余省、区、市，建立了覆盖全国的水生生物保护与修复业务体系。2019年，武汉中科瑞华生态科技股份有限公司（以下简称中科生态）以显著成绩，荣获全国人大环资委、生态环境部、全国政协人资环委等11家部委联合评选授予的第十届"中华环境优秀奖"，是国内唯一一家获得国家生态保护领域最高奖励的优秀民营企业。

党的十八大以来，生态文明建设被摆在了突出位置，科技创新在生态保护中的地位和作用日益凸显，"中科生态"积极践行国家战略，坚守建设美好家园的初心，牢记"用科技保护生态"的使命，持续加大科研投入，以科技创新引领行业发展，成为我国绿色水电生态保护的先行者和开拓者。一路走来，公司专注于水生生物多样性保护领域，建立了从生态科研规划、珍稀野生水生动物救护、水生生物增殖放流、水生生态修复保护，到鱼道和过鱼设施、循环水系统培育、生态监测评价和现代生态产业全过程科技服务体系，已成长为国内领先的水生生物增殖保护科技服务商、国内生态设备研制及应用行业翘楚、国内水生科技领域领航企业，为我国生态保护事业和修复大江大河水生态环境做出了突出贡献。先后获得"中华环境优秀奖""湖北省科学技术进步二等奖""西藏自治区科学技术三等奖""四川省科学技术进步三等奖""武汉科技创新企业领跑者"等多项荣誉，并得到人民日报、中央电视台等多家权威媒体的关注与报道。

坚持产学研深度合作，硕果累累

多年来，中科生态大力培育科技力量，坚持走产学研合作道路。以市场为导向，以技术创新为重点，积极推动科技成果转化，为我国水电行业生态保护与修复提供科技服务。2010年，公司成立伊始，便有计划、有步骤地开展产学研活动。

时至今日，中科生态在产学研领域成果显著，产学研合作已发展到项目合作、人才培养、共建基地、信息交流等全方位、长期性、互动式的协同发展模式。一方面，我们与全国数十所科研院校建立了广泛的合作关系，大家彼此信任、真诚合作，在水生态保护与修复事业中建立了深厚的情意；另一方面，全国多家高校及科研院所对中科生态公司的发展给予充分认可，对公司从事的水生态保护与修复事业青睐有加，并源源不断地为公司输送人才及提供技术支持。中科生态公司与广大的科研院校共同实现了产学研合作带来的经济价值、科技价值、社会价值的高度统一。

整合科教技术资源，为生态保护提供科技服务

中科生态公司积极与中国科学院水生生物研究所、水利部中国科学院水工程生态研究所、中国水产科学研究院长江水产研究所、武汉大学、华中科技大学、华中农业大学等科研院所建立技术合作关系，围绕水电生态保护与修复实际需求，联合开展科研技术攻关，实施了多项科技成果转化应用，取得一批实用专利成果。

公司组织开展生态科研技术专题研究，承担了江河流域珍稀鱼类保护、水生态环保规划、水生态调查监测与评价、涉水工程生态影响评价、水库消落带保护与修复、生态调度监测、河湖库生态修复等数百个专项任务，其中澜沧江集运鱼系统科研设计、华电梨园水电站循环水设计、西藏自治区藏木水电站鱼道监测、长江上游栖息地重建等一批示范项目被环保部门在全国推广。

建立科技创新平台，为生态修复提供科技支撑

多年来，公司贯彻"以科技促应用、以应用促创新"的发展理念，高度重视企业科技创新工作，加快建设完善的自创新科技平台，为生态修复产业提供强大的技术支撑。

2017年，公司作为主要发起人，联合中国水产科学研究院长江水产研究所、湖北工业大学、湖北省发展规划研究院成立了"湖北省长江水生态保护研究院"。该研究院组建了水生态科研规划、水生生物增殖放流、过鱼设施研发设计、生态监测评价、河湖库生态修复、生态大数据近十个科研技术服务团队，承担了长江三峡库消落带修复规划、武汉市两港示范带暨海绵公园水生态构建规划设计、云南滇池生态治理等示范性项目，极大地推动了水生态保护中的产学研用事业发展，助力我国生态保护事业。

湖北省长江水生态保护研究院揭牌

持续加大科技投入，构建企业自主创新体系。公司引进多专业高级专家、博士、硕士人才，组建专业化科技团队；建立了湖北省水生物种保护与修复工程技术研究中心、CMA 水生生物检测多功能实验室；取得国家发明专利技术 9 项，参与行业标准制定 3 项，制定企业标准 1 项，并通过国家知识产权示范企业贯标，在科技创新领域成果斐然。

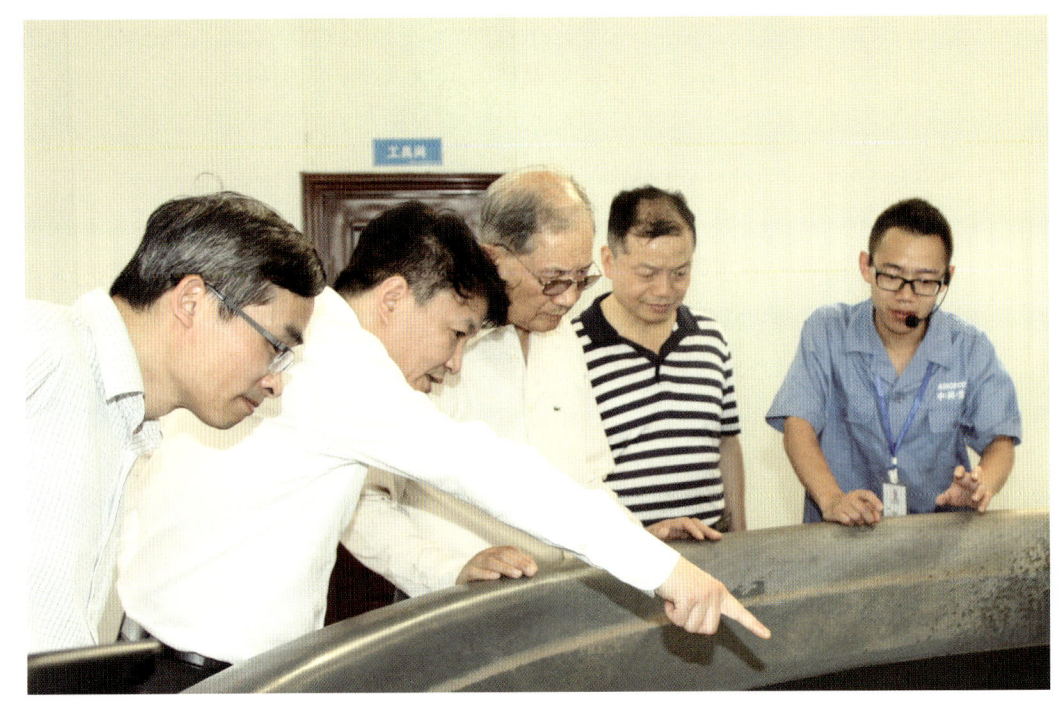

朱作言院士考察水生生物增殖保护工作

创建金沙江流域水生生物救护基地，助力珍稀土著鱼类保护

为保护珍稀物种资源，公司先后组织了近百人次的专家技术团队，深入云、贵、川、藏地区平均海拔 3000 米以上的高原河谷无人区，冒着缺氧和山体滑坡的生命危险，开展物种的采集和保育工作，克服了难以想象的困难，取得了丰硕的资源调查和人工繁育科研成果，目前公司已成功采集和保育近 80 个水生生物物种，为保护珍稀土著鱼类做了大量工作。

中科生态丽江塔城珍稀水生生物保育基地研究员谭德清，在丽江市石鼓长江第一湾河口坚守三年多，为保育金沙江土著鱼类，探究产漂流性卵鱼类的产卵场，他与团队在金沙江中漂流 5 天。几年来，他跑遍了金沙江的每个干流和溪流，寻找濒危特有鱼种，成功繁殖出了短须裂腹鱼、齐口裂腹鱼、四川裂腹鱼、软刺裸裂尻鱼、硬刺松潘裸鲤等长江上游特有鱼类，为云南珍稀土著鱼类保护做出了贡献，得到云南省和丽江市政府部门的表扬。

积极参与生态公益活动，传播生态环保价值理念

中科生态公司自创立伊始，便是阿拉善 SEE 产业联盟会员单位，目前是阿拉善 SEE 生态协会常任理事单位。公司先后参与了"留住长江的微笑""保护诺亚方舟"等多个公益项目，同时，公司积极参与长江江豚保护行动计划和长江大保护宣传活动，累计印发各类宣传资料两万份，增殖站接待行业和社会参观人士 3000 余人，深入当地政府培训讲座 40 余次，倡导参与增殖放流活动的各界群众近 3 万人，对宣传和传播水生生物保护观念，提高公众环保意识和使命感发挥了示范引领作用。

乐于学、乐于实践、乐于创造

案例一

校企实习合作

中科生态全资子公司四川律贝生物科技有限公司长期与塔里木大学、四川水利职业学院、北部湾大学、成都农业科技职业学院、重庆三峡职业学院、西南大学等学校开展校企实习共建工作。近两年，有 14 名毕业于这些学校的学生和公司签署了劳动合同，2021 年，有 12 名即将毕业的学生和公司达成就业意向。

学生主要是到云南、四川的鱼类增殖放流站（金安桥、阿海、梨园、鲁地拉、观音岩）见习，每天项目经理安排实习内容，主要包含：冷水鱼催产繁殖、鱼苗培育；常规鱼药、水质改良剂等药品使用；循环水系统使用及维护保养。项目部人员定期开展养殖现场教学工作，通过仔细的示范讲解，引导学生逐步掌握鱼类增殖放流相关技术。

项目导师定期与大学生沟通在工作中遇到的困难。实习的学生表示，项目部人员是他们的老师，教会了有用的专业技能，从学校走出来，进入养殖站实习，是充实又有趣的事情。

案例二

与外地高校的项目咨询合作

中科生态的全资子公司武汉联渔机械设备有限公司，与大连海洋大学水产与生命学院开展产学研合作。

2017 年，水产与生命学院蒲教授带领 2 名学生在龙开口水电站集运鱼系统原位观测试验网箱设计制作及安装项目中开展工作，主要负责试验关键设施深水网箱的设计制作及安装。龙开口项目存在技术难点：针对电站下游河道水流流速和水位变化幅

度大，集鱼方式效果不理想问题；通过现场调查及设计，师生结合多年水库河流淡水鱼类采捕经验，创新设计制作出一种具有良好集捕效果的深水网箔设施，现场应用效果显著。项目顺利通过委托方验收，并且获得中科生态公司年度优质项目评价。

案例三

与省内高校项目实施合作

2018年，中科生态与三峡大学签订校企战略合作协议，全面建立战略联盟关系，为服务长江生态大保护事业创造校企合作新典范。

2019年，由三峡大学牵头，中科生态公司、中国水利水电科学研究院、水利部中国科学院水工程生态研究所共同参与完成的《基于鱼类行为学和水力学的过鱼设施环境营造技术及应用》科技项目，喜获"湖北省科学技术进步奖二等奖"。获此殊荣，离不开公司、学校、研究院对科技工作孜孜不倦的追求和热情。

公司与三峡大学之间开展长期的项目咨询与技术合作，其中2017年到2018年，公司与三峡大学水利与环境学院开展雅砻江两河口鱼类行为生态学试验项目、西藏扎曲果多水电站集运鱼系统试运行、水电站集运鱼系统深水网箔与底层诱鱼系统3个项目合作。项目带队老师由学院教授、专家及教师组成，按照项目实施进度情况，学院定期分批组织硕士研究生到项目开展技术工作，每批10人左右。

在两河口项目中，学院学生将项目实践中所得知识形成了论文、专利，如许家炜发表《齐口裂腹鱼在低光照度下的趋光行为》、王永猛发表《基于雅砻江两种裂腹鱼游泳能力的鱼道设计》。高校学术在实践中被赋予灵气，为后期项目的实施提供可靠的理论指导价值。

中科生态致力于为客户提供"一站式"生物技术服务，2021年，公司将通过"打通任督二脉，建立四大体系"，建设一个科技引领、保护与开发相得益彰相融共生的新生态。基于此，公司希望将企业发展精神和使命通过产学研合作形式，与人才济济的科研院所互取精华、共同发展，希望在相互合作中建立更深层次的伙伴关系，在未来的合作中实现人才培育与科技创新的多方共赢。

数据改变世界　算力驱动未来

成都勤智云集团有限公司

成都勤智云集团有限公司（以下简称勤智云集团）是一家专注于大数据、人工智能、工业互联网和 5G 等新型基础设施建设及运营、产业投资与创新孵化的高科技企业，致力于以人工智能与数据运营推动经济、社会和人类的发展，自主研发及建立了国内顶级的人工智能深度学习算力中心与数据资产运营平台，面向政务决策、城市治理、医疗健康、智慧社区等众多行业，能够提供专业化的人工智能算力创新应用产品、大数据综合解决方案等一站式整合数据智能服务，并已成为行业领先的 AI 算法算力提供商。

专注数据智能产业的创新领先者

勤智云集团致力于通过城市数据资产运营与新一代信息数字技术研发及应用赋能实体产业，为中国的新型基础设施建设和数字经济发展提供强有力的支撑，不断推动城市数据共享开放与人工智能创新应用，赋能区域数字经济产业发展和政府数字治理深化。目前，勤智云集团已在全国范围内的 20 多个城市开展数据资产运营和算力算法开发应用服务。

在国家与行业标准制定方面，勤智云集团是国家大数据标准总体组组长单位、国家信标委及信安标委成员；在产业生态构建整合方面，作为中国智慧城市大数据创新联盟秘书长单位，所建大数据平台已经整合了近 300 家联盟会员单位，构建了覆盖全国范围、全产业链的大数据生态圈；在技术研发方面，构建了行业顶尖的技术研发团队与专家合作团队，在大数据资产操作系统和人工智能算力领域保持着行业领先优势，建立了涵盖产业链核心技术的完整的数据治理产品体系；在高效精准的实施能力方面，勤智云集团的数据智能产品及解决方案已经广泛服务于数十个行业领域，拥有遍布全国的数千家政府与企业级用户。

海纳百川的产学研一体化合作

立足社会需求，形成政产学研金一体化发展的新模式。企业是社会经济发展的基本单元和主要载体，而高校人才最为集中，通过校企之间开展的产学研深入合作，可以更好地达到理论与实践的高度融合。勤智云集团始终坚持创新的理念，积极与各方共建产学研协同创新共同体，开展核心技术联合攻关和高素质创新人才培养，推动学术研究和行业应用相结合，打造紧密良性的产学研协同创新生态。

勤智云集团携手电子科技大学、香港城市大学等知名高等院校共建产学研一体化运营模式，研究方向涵盖深度学习核心算法、人工智能算力平台、高性能异构计算、大数据分析处理、人工智能深度分析等领域。例如，在医疗健康大数据领域，勤智云集团在传统医疗信息化的基础上，采用大数据的技术与方法对医疗诊断、医保审核、健康管理等全过程产生的相关数据进行深度的挖掘和分析，通过对全量医疗数据的深度分析挖掘，实现从传统的分散式、经验式医疗模式到精细化、个性化数字医疗模式的转变，促进了医疗健康产业的现代化变革。通过遍布全国各大城市的"互联网+智慧医保"与智慧健康管理服务平台的建设与运营，勤智云集团与各级地方政府、产业上下游企业、高等院校、研究机构、金融服务机构等紧密合作，为中国的医疗及医保体系改革、医保监管创新，以及整体医疗健康服务水平的提升提供强有力的数字化支持，并以数据智能赋能中国医疗健康产业的智能化转型与可持续发展。

崇州市数据共享交换平台

在科研项目的开展过程中，勤智云集团与合作机构坚持以市场需求为导向，强化市场机制在产学研协同创新中的作用，有效规避科研和应用相脱节的现象，并且以产业技术创新需求为基础，着力于研发具备产业突破性创新发展的关键技术，在合作过程中持续凝聚研究成果和培育创新人才，加速技术推广应用和产业化发展的进程。此外，勤智云集团与合作机构之间还建立了利益与风险匹配机制，每一个合作项目都设立了明确的专业技术方向和创新目标，通过契约关系建立共同投入、联合开发、利益共享、风险共担的运行激励机制，保障了收益与风险在各主体间的平衡共享，从根本上切实保证了科研与应用创新的长期延续性。

人工智能算力赋能未来

依托算力支撑，推动人工智能的创新与应用。算力、算法和数据是人工智能的三要素，也是国家"新基建"战略布局的基础支撑。算力作为人工智能发展进步的基础保障，其发展进步将对人工智能技术的进步和行业应用起到根本性的作用。从产业和企业发展角度，人工智能是提升数字经济创新能力、振兴实体经济活力的关键性力量，算力则是支撑和推进人工智能发展演进的基础依托。在算力和数据的推动下，人工智能正在加速向各个传统行业的渗透，数以万计的企业也正在不断制订和完善自身的数字化、智能化整体发展战略，以提升自身在研发、制造、营销、服务等方面的竞争力，来应对未来的市场变化和产业转型。

在作为公司核心级业务的人工智能算法、算力领域，勤智云集团与多家国家级重点高校合作共建产学研联合实验室，面向政务决策、城市治理、医疗健康、智慧社区、智能制造等众多行业提供专业化的人工智能算力创新应用产品与解决方案。勤智云集团提供的优质算力服务，一方面可以极大地缓解国内的中小企业创业者的经营压力，降低企业创业初期的数字化建设成本，使得企业可以根据自身的发展按需购买算力，将更多的预算和精力放在业务扩张上，并有效地控制成本的投入；另一方面，高质量、低成本的算力可以帮助企业提升业务的稳定性，让企业根据业务所需实现算力资源的无缝对接，并为企业提供多元化的IT技术服务，解决用户技术更新迭代的难题。

目前，勤智云集团提供的人工智能算力服务已经广泛运用于生命科学、医疗成像、物联网、量化金融、3D设计、工程模拟、资源勘探、环境科学等行业级高性能人工智能应用领域。各个行业的不同企业，可以使用勤智云集团提供的AI算力来提高市场预测的准确率、处理各类非结构化数据，以及采用图算法、知识图谱等进行精确的判断分析，帮助企业的各层级管理者更好地制订科学合理的计划，并且保障和监控计划的准确实施，从而极大地提升了企业从战略制订、技术研发、产品生产到仓储物流、营销推广、客户服务等企业运营管理的全过程运行效率和工作质量。

勤智云集团深知创新是企业的生命，唯有坚定持续的创新之路才能为企业注入源源不断的活力，产学研合作过程中充分发挥高等院校、科研机构在基础研究、底层算法等方面的优势，与企业自身在应用开发、技术实施等领域的特长相结合，自主开发了大规模AI集群算力管理系统，实现了产学研各个领域的优势互补、资源互助、经验互通、知识共享。该系统集合了多种存储后端，针对AI应用特点进行了特定的技术优化，可以支持海量数据的高速存取读写，通过云端实现高速网络互联，为海量级的客户提供强大、安全、快捷、简便的算力能力支持。

大规模AI集群算力管理系统是基于企业级的一站式人工智能机器学习平台，用户仅需提供少量原始数据，经过平台处理后，无须人工干预，只使用更少的计算力，即可自动生成更优质的 AI 算法模型。系统能够根据用户的不同需求，支持私有云、公有云部署，并可满足不同类型用户的大规模机器学习与深度学习应用需求，以及支持对于应用性能的全面分析，为用户提供系统层、硬件层的性能采集与分析，实现资源的统一管理、调度、监控与应用特征分析。此外，还可以针对不同场景化的人工智能应用需要，为用户提供一站式整体人工智能云解决方案，实现数据预处理、模型训练、应用推理等诸多应用。作为基于云端托管的分布式 AI 深度学习与管理平台，大规模 AI 集群算力管理系统能够为机器学习和计算机视觉提供强大的高性能计算体系，为广泛客户的各类人工智能应用在不同场景下的落地提供全方位的可靠算力支撑，从而帮助企业用户显著降低 AI 开发与应用的门槛和成本，加速各个产业的智能化、数字化进程。

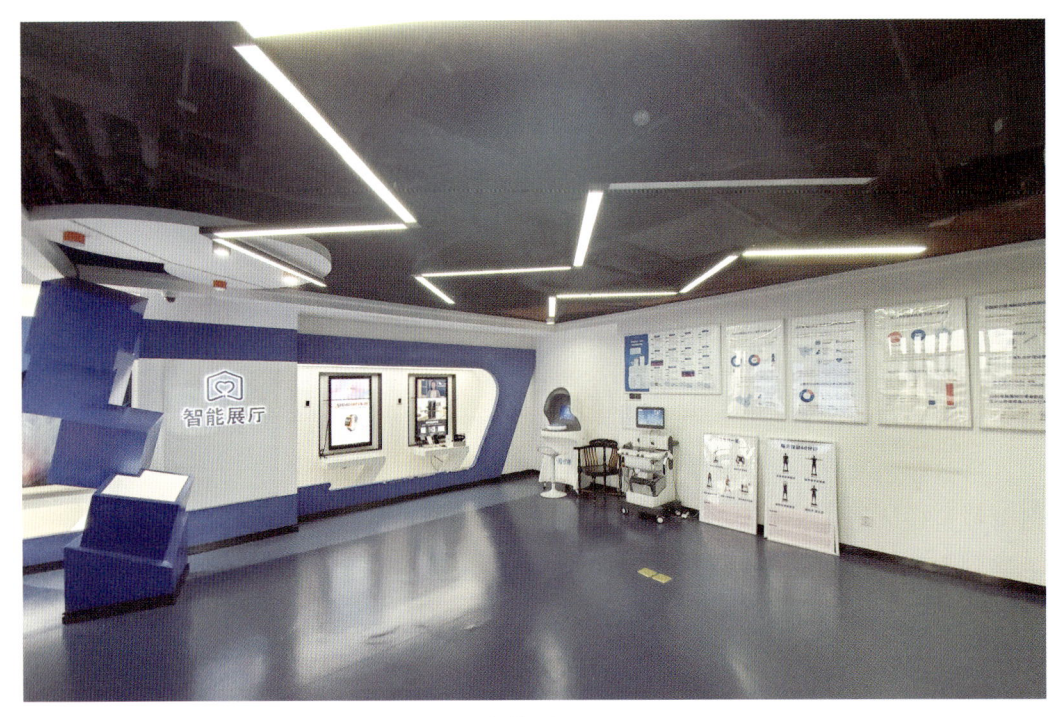

智能展厅

数据智能连结时空、改变世界

打造数联网，赋能数据资产。数字时代下，数据是人类理解世界和改变世界的关键钥匙，数联网则是大数据时代朝着数据融合方向发展的重要标志，通过构建数据集中、分权管理、社会参与的大数据治理机制，以及基于自主可控技术的、从源头到应用的数据安全保障机制，形成国家下一代大数据的基础架构。数联网融合了海量的社会数据资产，把分散的数据孤岛连接成为广阔的数据海洋，帮助人们更好地处理和使用数据，重塑人与信息、机器、万物的关系，从而可以更好地理解世界和改变世界。

作为勤智云集团产学研一体化合作的重要成果，在研究过程中充分发挥了校企合作优势，深入研究了数联网的技术方向、平台架构、应用创新及产业化落地推广等领域的内容，以搭建起高效、安全、可靠、易用的数据与数据相连的互联网，实现在互联网基础上的数据的延伸与数据应用的扩展，其本质是构建一套能够识别每个节点数据及数据服务的协议规范和框架，使得不同类型的广泛用户都可以安全方便地按需获取数据、运用数据进行各种应用创新，是让万物互联成为现实可能的技术基础。

在数联网技术及应用研究成果的指导下，勤智云集团建立起了以大数据集成交换及共享平台为核心的一系列数据资产运营管理及应用产品、行业级解决方案，形成了完整的大数据技术体系和产品阵容，对于公司提高行业市场地位，进行客户业务拓展，提升技术和服务创新能力，培育技术开发及项目实施人才团队等方面，都发挥了不可替代的关键性作用。

加快新型基础设施建设，推进数字经济发展与数字治理深化，算力是核心，数据是关键。作为新一轮科技革命和产业变革的重要驱动力及国家发展的重要战略方向，算力、算法和数据是支撑数字化技术与数字化产业的根基，是最具创新性的核心生产力。未来，勤智云集团将以一如既往的态度和决心，持续致力于数字经济与传统产业的融合创新，以数字化技术与智能化方法为经济、政务和民生等方面不断赋能，助力全社会的繁荣与稳定。

集聚创新势能
做中国装备走出去的"航母"

中国能源建设集团广东省电力设计研究院有限公司

中国能源建设集团广东省电力设计研究院有限公司（以下简称广东院）成立于1958年，是具有国家工程设计综合甲级资质的国际工程公司，拥有"咨询规划、勘察设计、工程总承包、投资运营"四大核心业务，致力在能源和基础设施建设领域为客户提供一站式综合解决方案和全生命周期管理服务。

广东院与50多个国家和地区建立了业务关系，在国家"一带一路"倡议大背景下，带动国内金融资本、高端装备、核心技术和成熟标准"走出去"，打造中国能源建设的国际品牌。2015年1月5日，中共中央政治局常委、国务院总理李克强到广东院考察，寄语广东院"感谢你们为中国装备走出去创造了条件，让中国装备、中国标准在世界上亮出了名片！希望你们成为中国装备走出去的航母！"。

广东院紧紧围绕高质量发展这一中心任务，集众智、汇众力，克服疫情影响等重重困难，公司经营生产指标逆势增长、再创新高。2020年，广东院连续6年获评"年度经营业绩考核A级企业"，并荣获中国能建"2020年度最佳经济效益奖""2020年度科学技术奖""安全生产模范单位"和规划设计集团"2020年度经营工作特别贡献奖""安全生产先进单位""质量工作先进单位"。连续6年上榜ENR中国承包商80强，连续17年位列ENR中国工程设计企业60强。荣获"2020年度中国海上风电工程技术领军企业"。荣获年度"电力行业卓越绩效5A标杆企业"，成为2020年度行业内唯一获此殊荣的企业。

产学研合作开展情况

加强平台建设，推动产学研向高层次发展

广东院借助广东省海上风电大数据中心和中国能建工程研究院海上风电研究所平台，先后与挪威岩土所、挪威科技大学等建立了良好的科研合作关系，助力我院快速掌握漂浮式海上风电、吸力桶基础等海上风电关键技术，为开展深远海业务提前做好了技术储备。广东院充分发挥集团"粤港澳大湾区能源规划与科技创新中心"的平台作用，加强与中山大学、华南理工大学、中科院广州能源所、香港大学、香港理工大学、澳门大学等高校、科研院所的合作，发挥高端研发平台对集团科技创新方面的引领和辐射作用，提升集团自主创新层次和规模。

此外，广东院借助院士工作站和博士后科研工作站的平台和清华大学、浙江大学、上海交通大学、中山大学、天津大学、武汉大学、中国海洋大学、华南理工大学、中科院等国内知名高校和科研机构建立了紧密合作的产学研合作和博士后联合培养机制，利用合作单位在师资、科研力量、科研条件等方面的优势，通过共同申请国家高层次科研项目、共建重点试验室等方式，为工程项目提供先进技术，并形成有市场前景的科技成果；同时，广东院通过邀请、派出专家讲学、共同举办学术活动，加强学术交流与合作。

完善组织模式及运行机制，打通产学研链条

在组织模式方面，广东院组建了技术委员会及各专业委员会，形成了"科技委—专委会—技术中心—技术课题组"的科技创新体系架构，从技术创新的不同层面全力支持科技创新工作。科技信息部是科技创新工作的管理机构，负责科技创新战略、规划的提出、组织和督导，制订和完善科技创新机制。各分子公司及技术中心、课题组是科技创新工作的执行机构，具体实施科技项目开展。

以课题组为单元的核心技术开发与传承体系，及时将科研成果（含高校、科研机构合作研发的科技成果）融入工程项目执行和国内、外市场开拓中，沉淀在企业基层中，使科研成果真正转化为企业的核心竞争力。另一方面，为了更好地探索科技成果市场化工作，广东院从组织结构上也进行了改革尝试，探索在所属分公司层面设立专门的科技创新部，将科技研发与市场开拓的人员和职能相融合，缩短科技成果与市场之间的距离，提升转化效率。

制定管理制度。广东院编制了《科标工作管理规定》《技术开发费管理办法》等一系列科技管理制度，对科技投入、创新决策、科技项目管理、评价考核、成果保护和转化等公司科技管理程序、要求和标准做了详细规定，为产学研合作顺畅提供制度保障和方向指引。

构建运行机制。广东院对科技项目实行分层、分级动态管理，对每一个公司级科技项目都制订切实可行的研究方案、进度计划和明确的研究目标。科技项目负责人与公司签订科技项目任务书，日常考核和年度考核相结合，部门考核与个人绩效相结合，员工岗位资格与承担科技项目业绩挂钩。科技管理部门采用线上月度检查、线下双月例会、科技管理月报、科技信息化平台等管理方法和手段进行管理，确保了科技创新项目，特别是产学研合作能够按计划推进。

建立知识产权管理体系。在产学研合作初期即和合作方（高校、科研机构）就双方合作项目产出的知识产权权属通过合同形式明确，同时针对重点布局领域提前做好知识产权布局规划，知识产权专责及专业律师全程跟进参与项目技术专利化、专利标准化工作，及时申报相关专利、专有技术，为产学研合作保驾护航。

建立科技考核指标体系。广东院通过编制成果管理策划方案，紧密跟踪重大项目和示范工程进展，及时总结和提炼高水平、高层次的创新成果，努力促进科技成果的推广应用及工程化。加强对科技成果、知识产权的奖励，特别是成果转化的奖励力度，将专利技术、专有技术、科研成果作为要素参与技术人员的收入分配。如在2018年海上风电业务总结会上，对87人予以专项表彰奖励。

产学研合作成功案例

一直以来，广东院都践行"技术先导、构建标准、引领市场、形成优势"的以市场为导向的科技战略发展模式，从战略出发，结合市场开拓，通过规划部署，以课题实现，再形成标准和知识产权，从而构筑企业在高端市场的先发技术优势。

广东院结合企业战略发展的需求，组织开展公司"十三五"科技发展规划滚动修编和"十四五"科技发展规划的编制工作，做好科技创新顶层设计和总体谋划。特别是根据企业的转型升级和高质量发展需求，制订好企业年度科技创新研发计划，确定研发方向、选好课题。近年来，广东院紧跟国家产业政策和能源战略步伐，把握住了新能源领域发展的机会，以市场为导向，大力开展科技创新，在传统市场不断萎缩的大环境下，在新能源领域找到企业发展的突破口。

案例一

海上风电业务

以海上风电业务版块为例，广东院通过充分调研、提前谋划，形成海上风电战略选择；通过问题导向、系统梳理，确立海上风电科技创新课题；通过创新商务模式来推动科技创新成果的转化，真正实现科技创新助力企业业务壮大发展。经过十多年的国际合作、技术攻关、核心技术积累，广东院海上风电版块拥有专利专有技术、软件著作权等知识产权近百项，主编国家技术标准 2 项、团体标准 6 项；参编行业标准 2 项，编著"十二五"国家重点图书（《海上风电灌浆连接》《风电场防雷接地》《风功率预测及应用》《风电场台风影响与灾害》和《风电场送出技术与应用》）专著 5 本，基本形成了适合我国沿海独特环境要求的海上风电勘察设计技术体系，占据省内海上风电 90% 以上的市场份额，利用实力雄厚的技术创新成果，敲开了价值千亿的广东省海上风电市场，为企业带来合同收入超过 100 亿元。

广东粤电湛江外罗海上风电场

案例二

博士后科研工作站

广东院博士后科研工作站设立于 2008 年 6 月。设站十多年来，工作站一直坚持"科技引领发展、创新开拓市场"的博士后培养思路，把博士后培养工作和企业的转型发展、市场开拓有机地结合起来，把科研成果转化为推动企业发展的生产力，形成企业的核心竞争力。通过加快培养造就一支"高水平、复合型、战略型"的具有国际化视野的博士后人才队伍，为企业转型发展和提高科研创新能力提供高端引领和智力支撑，推动工作站走上良性发展道路。

博士后研究成果直接转化效益的工程或研究项目超过 40 项，为企业创造了显著的社会效益和经济效益。

毕业于香港理工大学的林敬华博士是我公司招收的首位来自泰晤士世界高校排名前 500 名高校毕业的博士后，他以"海上风力发电机组支撑结构一体化优化设计及极限承载力可靠性分析"为题,开展台风区海上风机支撑结构可靠度评估及一体化设计关键问题的研究。通过近两年的研究,他编制开发了结构可靠度分析软件,建立了海上风机及支撑结构模型,并编写了计算程序,为开展海上风电一体化设计创造了条件。

郭起霖与曹扬博士先后以《智能电网电力无线宽带专网通信关键技术研究》和《面向智能电网高级量测体系的双向通信技术》为题,结合具体项目开展示范应用,为企业开拓智能配电网通信专网市场奠定了坚实的技术基础。经测算,在智能配电网通信专网中,相对于建设光纤通信网络,采用无线专网通信每个节点可节省5万元以上,南方电网范围内预计有20万个配网通信节点,直接经济效益可达到100亿元。其主要技术成果被纳入广东电网"十三五"规划报告,并先后荣获"广东省优秀工程咨询成果二等奖""核工业部级优秀工程咨询成果奖二等奖"。

林海周博士毕业于浙江大学,现为规划设计集团二氧化碳捕集封存技术中心主要技术人员。林海周博士进站后承担了中国博士后科学基金、广东省自然科学基金和广东院院级科标等多个碳捕集技术研究项目,深入开展燃烧后烟气二氧化碳捕集技术研发,授权实用新型专利1项,申请发明专利3项(已受理),其研究成果对亚洲首个碳捕集技术测试平台项目——华润海丰电厂碳捕集技术测试平台的建设提供了技术支撑,该项目已于2019年5月正式投入运行,为企业带来合同收入超过8000万元。

全球已进入万物互联的新时代,仅仅靠个人单打独斗的创新方式已不能满足现今时代的技术发展速度和市场需求,协同创新、产学研合作必将成为今后我国最重要的创新模式,也是企业真正成为国家科技创新主体的关键所在。通过企业博士后科研工作站的建设,把企业和高校、科研机构紧密结合在一起,建立长期稳定的合作互惠、协同共赢的纽带关系,进而形成具有资源集聚优势、知识协作优势和高速成果转化优势的开放式创新网络,可以使企业的创新能力得到大幅度提升,使企业真正步入创新驱动高质量发展的良性发展轨道。

深耕产学研合作
抢占检测设备行业制高点

武汉精测电子集团股份有限公司

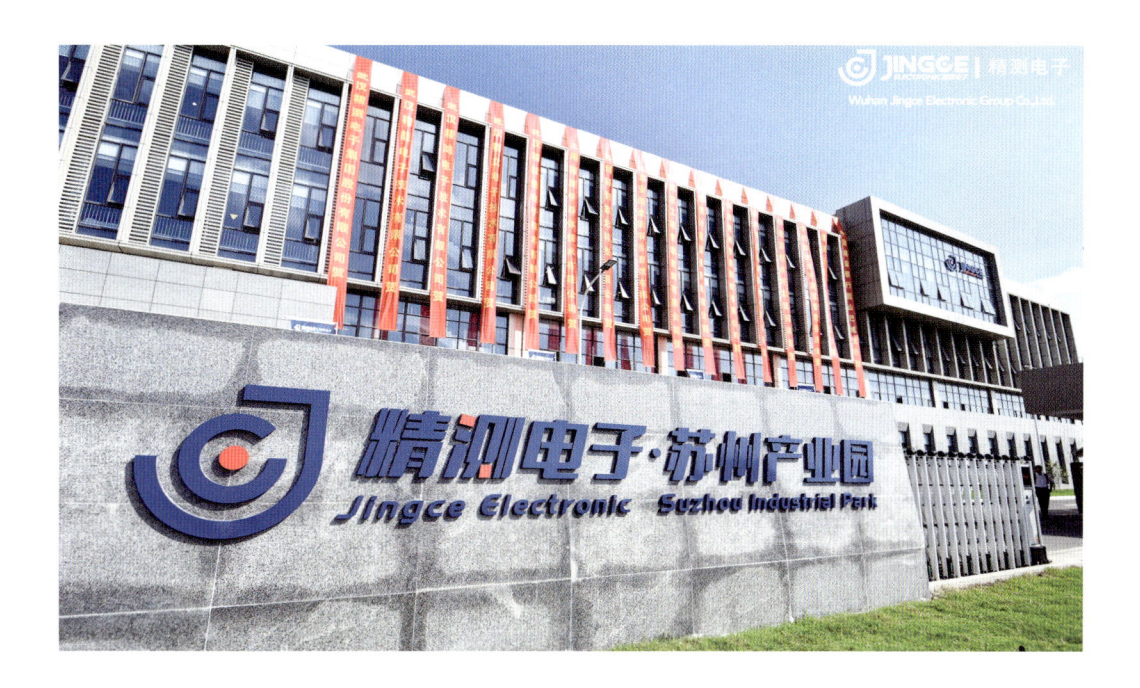

武汉精测电子集团股份有限公司（以下简称精测电子或公司）创立于2006年，是平板显示、半导体及新能源测试领域国家单项冠军示范企业，其中显示面板测试设备行业第一，半导体测试设备国内头部企业，新能源测试设备国内第一梯队。

精测电子与复旦大学、华中科技大学、武汉理工大学、中国地质大学、武汉大学等科研院所建立了联合研发中心，研究方向涉及集成电路、人工智能、新能源等国家战略领域，每年投入超过千万元，成果转化累计经济效益超过3.5亿元。

精测电子研发人员超过总人数的45%，每年研发投入占销售收入比例超过12%，创建了"国家企业技术中心""湖北省工程实验室"等五大省部级创新平台，并获得"中国专利金奖""国家技术创新示范企业""日内瓦发明展金奖"等资质荣誉。

精测电子自成立至今已有15个年头，公司在成立之初，主攻电测检测技术，经过多年的钻研和发展，目前研发的信号发生器已居于国内市场占有率第一，但仅仅依靠一件产品无法促进企业的快速健康发展，如何吸收更多的资源精进研发技术成了摆在精测人面前的一大难题，此时产学研合作的想法逐渐应运而生。

产——联合上下游，构筑精测生态圈

开展合作联合，壮大产业集群

精测电子致力于为客户提供完整的检测解决方案，积极探索延伸产业链，整合上下游资源，创造新的利润增长点。精测电子联合长江存储、华中科技大学共建"武汉集成电路产业集群"，联合华星光电、天马、鼎龙共建"武汉市新型显示器件产业集群"，这些战略性新兴产业集群有效推动了产业链协同发展。精测电子联合显示厂商，突破重重技术壁垒，成功将自主研发 LCD 点灯检查机的技术经验提升并扩大应用至 Mini/Micro LED 大小尺寸背光板与显示屏。精测电子业内首台 ET 机，不仅展现了精测电子的技术实力，也极大提升了精测电子在 Mini/Micro LED 等新型显示领域的竞争优势。

共建创新平台，助力提质增效

湖北实验室是湖北省组织开展跨学科、跨领域协同创新的综合性科研平台，其中江城实验室主要服务国家存储器基地建设，开展集成电路核心技术和未来颠覆性技术的基础研究，围绕新型存储材料器件及机理、三维集成核心关键工艺、新型存储器芯片架构与设计、存储器芯片制造用关键设备及基础材料等方向开展研究，为下一代存储器产业化提供坚实的理论基础和务实的解决方案。

精测电子作为江城实验室主要合作单位，致力于服务国家存储器基地建设，开展集成电路核心技术和未来颠覆性技术的基础研究。参与江城实验室建设将助力公司汇聚行业技术、人才等资源，针对制约产业发展的关键问题进行联合攻关，将创新成果进行辐射和推广，实现"资源共享、抱团发展"，促进我国集成电路产业做强、做大。

聚焦协同创新，推动产学研用

精测电子通过承担国家和相关的重大科研、工程化项目，形成科技攻关、成果转化与市场需求相适应的发展机制，实现技术、人才和经济效益的良性循环。首先，精测电子作为核心装备制造商与京东方、武汉华工激光、合肥欣奕华、电子科技大学等共同完成"第 6 代柔性 AMOLED 生产线智能制造新模式应用项目"，成功提高国内 AMOLED 面板良率；此外，精测还联合武汉天马、武汉华星光电、华中科技大学，共同推进基于 AI 的新型显示检测及修复一体化技术的实施，荣获"湖北省科技进步二等奖"，将人工智能技术成功应用于面板生产线中，提高缺陷检测效率和面板良品率。公司坚持企业主导型产学研协同创新组织模式，依托政府在技术攻关、成果转化的政策支持，与复旦大学、华中科技大学等高校建立合作机制，通过整合学校的优质资源，展开技术难题的攻关和科技成果转化，激发内生动力，挖掘发展潜力，获取可持续的创新优势。

学——企业主体高校支撑，解决"卡脖子"难题

开展高校合作，促进产学研用

公司在显示及半导体开发与应用方面，与华中科技大学共建"纳米光学测量联合研究中心"和"智能检测与工业大数据联合研发中心"，与复旦大学共建半导体联合实验室等，已开展项目研发、人员培养、成果转化等全方位、多层次的合作。针对行业技术需求，瞄准"卡脖子"技术难题，产学研合作在提升公司产品整体技术水平的同时，也助推了行业技术进步和发展。目前合作成果"OLED/Micro LED 检测设备研究""纳米光学测量""适用于面板缺陷检测的深度神经网络研究"技术水平达到国际先进水平，转化成果累计形成销售收入 3.5 亿元，已形成了良好的经济和社会效益。

一直以来，精测电子坚持创新驱动和聚焦提效，聚焦价值客户和核心产品，践行"以自主研发为核心，以产学研合作为两翼"的创新之路。2019 年 7 月，公司与华中科技大学共建"智能检测与工业大数据联合研发中心"，该联合研发中心针对技术中心电子光电检测与人工智能研究方向进行基础技术研究，创新性地将人工智能研究领域的前沿技术引入到新型显示面板缺陷检测和修复应用中，成功研制了各项技术指标都达到国际领先水平的显示面板缺陷检测、修复一体化装备，产学研合作项目实现销售收入超过 1.2 亿元，提升面板厂商良品率达到 3%～5%。公司在人工智能、集成电路等方面已申请高质量专利近 100 件，其中包括发明专利近 80 件，授权发明近 50 件，PCT 专利 5 件。其中"一种用于评估 DeMura 设备亮度测量精度的方法"荣获"日内瓦发明展金奖"，该项技术为 OLED DeMura 设备及技术标准化奠定了重要基础，开创了 OLED 面板良品率提升的技术先河。

高校专利转化，突破关键核心

2019 年，公司与复旦大学共建"校企半导体联合实验室"，与华中科技大学共建"纳米光学测量联合研发中心"，围绕集成电路电子束/离子束成像、光谱分析量测等

技术，提供半导体制程管控优化和良品率提升的解决方案，通过两年的运行，成功填补我国集成电路高端装备领域的空白，提升国内半导体检测装备行业的技术水平。

精测电子以华中科技大学椭圆偏振技术成果为核心，在联合开发1年多时间内形成了具备自主知识产权的膜厚测量以及光学关键尺寸测量系统，并在2020年实现3台来自长江存储的集成式膜厚光学关键尺寸量测仪订单。该项目获得国家、省、市专项支持，并拥有授权发明专利若干项，利用实力雄厚的创新成果，敲开了价值百亿的集成电路量测市场。国产品牌导入集成电路生产线，标志着打破了国际品牌KLA、Nano Metrics等长期垄断量测设备的行业竞争格局，同时也树立了高校成果转化的行业标杆。

健全人才培养，引入高校人才

公司多渠道、广角度、多形式地搭建人才平台，建立"开放、流动、竞争、协同"的用人机制：顺应国家海外高层次留学人才回国工作绿色通道政策，成功将海外高端人才引入精测电子；建立企业与高校联合培养人才机制，与复旦大学、华中科技大学建立硕博联合培养机制；填补教学与工程应用之鸿沟，公司建立校企联合实训基地，培养在校学生实际应用技能；聘请高校、行业协会专家作为企业智能研究院专家，共同推动行业共性技术攻关。多项举措并行，全球范围内广泛吸纳人才，为精测电子的发展打下坚实基石。

研——深耕难点精耕技术，助力国产化替代

攻克核心技术，领跑显示检测

公司将"哪里有面板，哪里就有精测"作为发展宗旨，率先实现面板显示测试设备的国产化，从而抢占了全球市场制高点，扩大在国家创新决策中的话语权。十年前，精测电子在技术、设备、人才均被日韩垄断的严峻形势下，立足自主创新，成功研制具有自主知识产权的面板显示检测系统，且技术性能超越日韩，达到国际第一梯队的先进水平，实现了显示领域检测设备的全国产化。公司创新提出将AI人工智能技术引入到面板产业中，实现AI与智能制造核心装备的深度融合，通过产学研合作，最终形成全球首台（套）"新型显示智能检测与修复一体化装备"，成功实现了行业技术引领。项目获批工信部"首批人工智能揭榜计划"，荣获"2019年度最佳显示组件产品奖金奖"，已成功应用于国内知名的面板制造企业，未来将在我国电子精密制造领域获得更广泛的应用。

聚焦知识产权，提升核心实力

精测电子始终将知识产权战略作为公司发展的重要组成部分，坚持技术创新，积极知识产权布局，专利申请量及有效专利拥有量在同行业中处于绝对领先地位。公司

拥有有效国内专利992项，其中发明专利317项；拥有有效国际专利14项，PCT专利申请39项，软件著作权225项，荣获"中国专利金奖""日内瓦发明展金奖""中国专利优秀奖""湖北省科技进步奖二等奖"。精测电子致力于从多维度保护产学研合作成果，包括利用专利和技术秘密手段协同布局，提前占领市场制高点。

完善内部管理，调动创新积极性

公司每年投入销售收入的12%的资金用于研发，建立了流程化管理方案，并实施了《产学研项目管理规范》《知识产权奖酬及创新考核分配制度》等管理制度，引导产学研项目管理走向规范化、标准化、程序化。

为调动产学研合作的积极性，公司建立多项激励措施。建立共创共享机制，开放技术合作人、股权激励等平台；针对承担的具体项目，实行技术带头人负责制，带头人与成员的绩效奖励与项目完成情况挂钩。通过灵活的体制机制促使研发人员更好地实现自我价值，同时也提高了公司的研发创新活力，顺利推进公司技术创新发展并引导行业发展。

筑牢非公党建工作，践行上市企业责任

精测电子产学研工作能够有序地推进和展开，离不开公司党建引领与文化建设，公司在狠抓经营的同时不忘做好非公党建工作。一是，强化党内政治生活制度的落实。公司认真抓好"三会一课"、民主评议党员、组织生活会等制度的细化完善和落实到位。二是，重任担肩，筑牢疫情防控总防线。公司第一时间成立新冠肺炎疫情应急指挥小组，由公司董事长彭骞亲自担任指挥小组总指挥，负责资源协调、工作计划整体推进与监督、重大事项决策等事宜。三是，危难关头彰显责任担当。在公司董事长彭骞的带头下，仅仅48个小时，共有超过千名精测人向武汉市慈善总会捐款。疫情期间，公司主动提出不减员、不降薪，彰显上市企业的社会责任与担当。公司还关注扶贫事业，购买扶贫产品，并向新洲街定向扶贫。四是，发挥党员技术创新的模范作用。通过党支部发动党员带头钻研专业知识，积极开展知识分享讨论会，充分发挥党员在技术创新的先锋模范作用。

未来，精测电子将继续坚持以自主研发为核心，以产学研合作为两翼的发展战略，持续加强人才培养力度，激发产学研创新能量，促进创新主体，进一步优化人力资源结构，加大对现有人才培养力度，积极创造人才集聚和发挥效能的良好环境；与政府、合作伙伴、高等院校通力协作，推进国产化产业转型升级，破解国产化产业落地应用难题，为国家从制造大国迈向制造强国的征程贡献精测力量。

数字化解决方案领导者

新华三集团有限公司

紫光股份旗下新华三集团有限公司（以下简称新华三）深耕行业30余年，始终以客户需求为导向，提供场景化解决方案，支持运营商、政府、金融、医疗、教育、交通、制造、电力、能源、互联网等百行百业数字化转型实践，产品和解决方案广泛应用于近百个国家和地区。同时，新华三是国内少数可以提供从产品到咨询、设计、建设和运营的全产业链云网设备和服务企业，帮助客户创造更高的价值。

作为数字化解决方案领导者，新华三拥有计算、存储、网络、5G、安全等全方位的数字化基础设施整体能力，提供云计算、大数据、人工智能、工业互联网、信息安全、智能连接、新安防、边缘计算等在内的一站式数字化解决方案，以及端到端的技术服务。同时，新华三也是HPE®服务器、存储和技术服务的中国独家提供商。

探索&实践

"数字大脑"计划

2019年，新华三首次发布"数字大脑"计划，以数字基础设施、业务能力平台、主动安全和统一运维构成的智能数字平台为基础，与生态合作伙伴开展智慧应用领域的创新，为百行百业的客户打造属于他们的"数字大脑"。

2020年，在智能战略引领下，新华三推出"'数字大脑'计划2020"，将原业务能力平台升级为云与智能平台，打造全新的"数字大脑"核心引擎，进一步强化"数字大脑"的智能水平与业务支撑能力，助力百行百业加快智能化时代的数字化转型。

目前，新华三已经为近2000家客户部署了"数字大脑"解决方案，帮助客户建造属于自己的数字化中枢；深耕行业，打造了24个省级政务云、17个国家部委级政务云、300余个地市区县政务云，共实现了超过10000个云实践，助力数字化转型升级。

新华三坚持以技术创新为发展引擎，目前研发人员占比超过50%，专利申请总量超过11000件，其中90%以上是发明专利。未来将持续通过领先的技术能力和智能化的手段，全面践行"智能+"，深入推动智能化在百行百业的应用落地。

2020年与清华大学联合申报《下一代互联网真实源地址验证体系结构、关键技术与规模化应用》项目一举获得了"2020中国电子学会科技奖特等奖"（一等奖24

项，特等奖仅 1 项）。

新华三与鹏城实验室（国家重点实验室）合作开发的超大规模网络靶场方案，已经在鹏城实验室进行了交付。该方案实现了网络靶场与 SDN、云计算、虚拟化技术、大数据技术等结合，是国内第一个也是目前国内唯一支持 10 万以上仿真节点的超大规模网络靶场方案。该方案可以在一个靶场环境下支持 2 万以上虚机，8 万以上容器创建和接入，比传统网络靶场规模提高了一个数量级。

打破国外厂商垄断

受科技部的委托，新华三联合中国科技大学，共同开发基于检测功能虚拟化的可重构高通量智能网络检测仪。该网络检测仪可以提供端口线速覆盖 100M～100G，支持 8K 条流的收、发统计；具有路由协议、接入协议、交换协议、城域网协议、数据中心协议及应用层协议仿真测试能力。

经泰尔实验室的检测，单机的 TCP 新建能力达 500 万 / 秒，TCP 并发能力达 2000 万 / 秒，完全达到国外网络测试仪能力水平，当前已在网络产品的研发中投入使用，打破国外 Spirent、Ixia 等少数国际仪器公司对现有网络检测仪市场的垄断。另外，该项目引入测试功能虚拟化的特性，对云网络提供了端到端的测试解决方案，在云网测试领域领先国外厂商一步。

另外，新华三与中科大密切合作，建设了以合肥为中心辐射 8 个城市的 13 个网络试验站点和包含 5000 个网络接入节点的合肥边缘网络试验站点，为网络智能化的研究与验证提供全过程的集成试验环境和生态系统。中科大未来网络创新性地提出了感知、计算、存储一体化网络（SCSN）体系架构。中科大未来网络试验设施可以实现小时级网络重构、分钟级的计算、存储和传输资源配置、秒级的智能网络内容与安全识别，为未来网络技术创新和试验提供开放的、灵活的、可定制的并行网络试验环境，支持未来网络试验快速部署、真实应用和全生命周期管理等。

中科大未来网络试验设施提升了我国网络技术和业务模式创新能力，促进了我国未来网络技术超前标准化和产业化。

产学研一体化

产学研合作的开展在技术中心的技术创新方面发挥着重要作用。

2018 年起，新华三申请成为国家级博士后工作站，进一步成为创新人才的培养、实践基地，以及创新技术、项目的孵化平台。专门成立了产学研业务部加强与高校、科研院所在新技术领域方面的联合探索，积极完成科技部的重大科技课题的研发和交付（目前科技部课题主导 6 个项目，参与 7 个项目）。

新华三校企合作始终坚持"专业务实、学以致用"的理念，通过与高校、科研院所的强强联合，打造产学研用优势互补项目团队，促进高等院校数字化人才培养创新，为政府、行业、企业、院校提供高效联动平台，促进产业升级和地方新经济发展。

同时，通过如鹏城实验室、之江实验室等多个联合实验室的建立，积极探索和推动5G、区块链、人工智能等前沿技术的研发应用，令新华三在业内的技术领导力更见锋芒。

新华三的创新投入和重心始终围绕核心业务，为创造价值而创新。对于处于业界领先的领域，同样坚持聚焦投入，通过市场洞察和趋势分析明确创新方向，寻求新技术突破，从而持续推动对应领域技术的升级和业务发展。如通过切实可行的激励制度，对组织和个人的创新动力形成有效牵引。

新华三设立了由奖金、限制性股票、调薪等多重措施联合实施、兼顾长期和短期的综合性激励机制。尤其会重视高端人才的长期激励，对持续贡献的高端人才及核心岗位员工授予限制性股票，激励周期及额度根据公司业务战略和管理决策确定。

为了鼓励员工进行技术创新，新华三还设立了公司级年度技术大奖，奖金为10万元，每年会奖励在技术创新上表现突出的团队或个人，为各类公司级评选中奖金最高的奖项。

互联网态势感知技术与应用研讨

新华三于2019年实施了新的《专利专利管理办法》，对原有的专利奖励办法进行了优化，更加侧重对优质专利的奖励以鼓励公司员工进行高价值的技术创新。优质专利的激励奖金最高可达17000元/项，形成了全员创新的良好氛围，推动了公司技术的进步。

产学研融合创新案例

联手清华大学13年

SAVA（Source Address Validation Architecture）源地址验证体系架构，由清华大

学提出，主要实现计算机网络中真实源地址验证、阻断，真实身份溯源，从而实现网络用户可信。SAVA 网络技术体系由接入、域内、域间三个场景及管理体系组成，实现端到端网络可信。SAVA 体系解决了互联网体系架构中的关键的源地址的安全可信问题，在互联网产业化方面很有价值。

新华三从 2008 年开始参与清华承接的发改委"真实 IPv6 源地址验证标准体系"项目，有 13 年合作历史，在项目合作框架下，完善了接入、域内、域间等多种场景下的源地址验证方案，共同提出了多项 IETF 网络标准。

2019 年，清华大学牵头联合申请科技部 2019 年项目中的子任务"大规模安全可信的编址路由关键技术和应用示范项目"，新华三主要承担课题三，同时承担课题二、课题四的专用设备和系统研制，实现"一套自主技术体系＋三类专用设备系统＋一个大规模试验验证平台"，目前项目进展一切顺利。

2020 年，新华三与清华大学就 SAVA 技术体系标准创新再次展开合作，共同合作教育网"真实源地址认证"推广项目，在接入的无线场景身份验证、域内多接入场景下非对称路由的同步、域间层次化联盟方案的多路径转发等方面联合进行了研究、开发和产品化落地，并在清华校园网实际部署，有效防止了源地址仿冒问题。

与鹏城实验室深度融合

网络空间对抗形势日趋严峻，网络攻防已成为各国网络攻防对抗的主要内容。世界各国均高度重视网络仿真平台建设，将其作为支撑网络空间安全技术验证、网络攻防对抗演练和网络风险评估的重要手段。

与鹏城实验室进行课题沟通

网络靶场的核心技术网络空间安全仿真平台已成为各国家开展网络空间安全领域的研究、学习、测试、验证、演练等所必需的网络空间安全核心基础设施，是人才培养、网络安全技术及网络新技术测评的重要基础设施，是网络空间安全研究、学习、测试、验证、演练等必不可少的网络空间安全核心基础设施。

新华三作为网络领域、云计算领先厂商，在网络空间安全仿真领域有多年的研究历史，在与鹏城实验室的合作过程中，提供了从网络设备到云平台、虚拟化平台及软件定义网络控制器，并创新地借助成熟的叠加网络仿真实验网络，并扩展云平台和软件定义网络控制器，支持超大规模实验网的仿真，与鹏城实验室进行深入的探讨和交流，在架构整体设计及软件接口对接上密切合作，共同完成开发和相关测试，成功建设起国内领先的大型网络靶场，支持"网络安全人才培养""网络安全技术科学评测"及"新技术验证"等挑战性应用，同时为粤港澳大湾区高新企业创新助力。

共建未来网络试验设施

未来网络试验设施是国家中长期规划的国家重大科技基础设施，将为探索网络模型与演进机理，推动网络技术变革，实现网络系统与业务创新提供研究手段，为突破网络基础理论科学前沿，解决网络信息产业发展和国家网络信息空间安全保障等重大科技问题提供基础平台。

中科大具有强大的科研实力，新华三是网络领域的领先厂商，拥有强大的研发能力，双方密切合作，具体建设了以合肥为中心辐射8个城市的13个网络试验站点和包含5000个网络接入节点的合肥边缘网络试验站点，形成合肥管控中心自治的可靠、稳定、先进的可虚拟化的未来网络试验基础设施，采用虚拟化技术和基于切片的管理模式实现数据，控制双平面的虚拟化，支持网络的快速重构，支持资源的灵活调度和高可用性，管理试验设施的运行和对其运行状态进行实时监控。

在与中科大的合作过程中，新华三提供了从网络设备到云平台、虚拟化平台及软件定义网络控制器等产品。新华三还和中科大联合开发了业界领先的融合了通用X86 CPU和GPU的智能网络业务板卡，即Seer Blade板卡，为网络智能化应用提供了硬件支撑；并合作开发了未来网络试验管理平台，实现了试验资源的统一管理和运维。

推动数字化转型　助力低碳可持续发展

施耐德电气（中国）有限公司

施耐德电气（中国）有限公司

施耐德电气（中国）有限公司（以下简称施耐德电气）作为全球能源管理和自动化领域数字化转型的专家，业务遍及全球100多个国家和地区，为客户提供能源管理和自动化领域的数字化解决方案，以实现高效和可持续发展。施耐德电气推动数字化转型，服务于家居、楼宇、数据中心、工业、基础设施和城市等不断增长的终端市场。我们通过集成世界领先的工艺和能源管理技术，从终端到云端的互联互通产品、控制、软件和服务，贯穿业务全生命周期，实现整合的企业级管理。植根中国35年来，中国已成为施耐德电气全球第二大市场，业务足迹遍布300多个城市。

数字技术全面赋能企业可持续发展

如今，全球气候仍然在朝着气温上升3.5℃的方向发展，要实现《巴黎协定》提出的1.5℃目标仍挑战重重。面对气候变化挑战，施耐德电气以能源变革和数字化这两项颠覆式创新技术，推动构建一个更高效、更可持续的世界。

施耐德电气一直将可持续发展作为企业战略核心，并贯穿于业务经营的方方面面。2005年起，施耐德电气就推出业界首个企业级可持续量化评估体系，以衡量自身在践行可持续发展承诺方面的表现。2021年1月，施耐德电气发布了全新的"可持续发展影响指数（SSI）计划"，推动自身的可持续发展迈入新阶段。新计划包含11个具体目标，旨在推进六项长期承诺，包括积极应对气候变化、高效利用资源、诚实守信、创造平等机会、跨越代际、释放潜能，以及促进本地的发展。六项承诺将最终促进联合国可持续发展目标的实现。

2060 年碳中和目标在前，施耐德电气以本土化优势全面助力中国迈向可持续。一方面，作为最具本土优势的全球企业，施耐德电气秉持多元本土化战略，不断强化包括本土化人才、本土化创新、本土化供应链和本土化朋友圈在内的四大本土能力，以高度的信心和决心持续深耕中国市场，助力中国实现碳中和，迈向可持续。另一方面，秉承着"在中国，为中国；在中国，惠世界"的理念，施耐德电气坚持和深化"中国原创"，并将绿色、低碳的理念融入产品的创新路径，积极助力低碳可持续发展。在产品设计、研发阶段 100% 采用 Eco Design 生态设计方法。近年来，随着施耐德电气不断践行全球研发多极化战略，"全球低压成套设备设计中心"及"全球绿色节能设计中心"在中国相继落地，取得了大量创新成果的同时，不断促进当地产业数字化升级，为实现绿色可持续发展助力。

产学研合作开启企业发展加速度

在为中国市场提供领先技术的同时，施耐德电气深知人才是技术应用的核心力量。因此，基于深厚的行业技术专长和丰富的实践经验，施耐德电气积极培养数字化转型所需的创新型人才。在可持续发展整体战略的指导下，施耐德电气将人的可持续发展作为企业自身发展和赋能社会的重要一环，其中，深入开展产学研校企合作，是施耐德电气可持续发展行动的重要组成部分。

多年来，施耐德电气坚持推行多项企业社会责任举措，带动员工、生态合作伙伴及大众发起了一系列人才相关的可持续发展行动，包括于 2015 年发起的"碧播职业教育计划""施耐德电气 Go Green 全球创新案例挑战赛"，等等。"碧播职业教育计划"旨在帮助有需要的青年人成为工业自动化、智能制造及能源管理等领域的专业人才，迄今为止，我们已经通过"碧播职业教育计划"与 77 所职业院校建立深度合作，获益学生超过 6 万名；成功举办 10 届"施耐德电气 Go Green 全球创新案例挑战赛"，10 年来，大赛共吸引来自 180 多个国家的 8 万多名选手参加，累计收到创意 21000 多个，其中一部分已由提案转化成专利成果；多次举办职业教育技能大赛，为技能型人才展示技术实力、交流学习的平台，也为大众提供了一个了解的机会，帮助提高社会对职业教育的认可度。我们希望借助此项大赛，让更多人有机会走近"技能世界"，刷新对技能人才的认知、理解工匠精神的内涵，并触摸现代工业的发展脉搏，见证"技能成就梦想"带来的无限可能性。

通过各种形式的产学研合作，迄今施耐德电气已经与中国 20 多所重点大学达成合作，共建了覆盖电力、冶金、石油、海事、楼宇等 11 个不同行业的联合实验室。每年有近 10000 名师生在实验室学习或科研。同时，施耐德电气与 10 多所双一流大学开展了广泛的科学研究、工程设计、校园大赛、实习实践、创新创业等合作，对中国"新工科"卓越工程师培养及鼓励大学生创新创业做出了自己的贡献。

施耐德电气的产学研合作还在继续深化。2021年，施耐德电气的校企合作在过去成功的基础上，将继续深化前沿技术的产研合作、优化"项目导向的工程实践"（任务式教学），以及开展"从1到N"的快速复制。2021年1月12日，施耐德电气还和上海交通大学共同举办了合作20周年庆典暨"能源管理与自动化联合实训基地"数字化网络化升级改造竣工仪式，这也标志着施耐德电气在中国的产学研合作成功走过了20周年，硕果累累。

可持续发展是施耐德电气的DNA，开展产学研合作是施耐德电气可持续发展战略的重要组成部分，不管是在集团层面还是在中国，我们建立了专门的组织，配备了资深的专家，投入了必要的资源，联合了众多的生态圈伙伴，确保了"产学合作，协同育人"从战略规划到卓越实践的全方位保障。

产学研合作取得丰硕成果

案例一

"与时俱进，协同育人"——施耐德电气与上海交通大学合作20周年

2021年1月12日，施耐德电气和上海交通大学共同举办了合作20周年庆典。从20年前的"施耐德电气—上海交通大学联合培训中心"，到建立"能源管理与自动化联合实训基地"、从开展"全国大学生节能增效设计大赛"、建立"新材料联合研究中心"、开展"智能工业"校园大赛，到联合开发大学生实训课程和配套教材，以及不定期的技术讲座、参观交流等，施耐德电气一直在实践并丰富着产学研合作的内容，可以说施耐德电气与上海交通大学的合作是国内校企合作的典范。

人才是中国工业"由大转强"的核心，对于如何培养出符合甚至引领工业发展的工程型人才，施耐德电气一直不遗余力。多年来，施耐德电气与上海交通大学共同做了诸多探索：20年前，施耐德电气与上海交通大学联合成立培训中心，双方共建教学体制、共商培训课程、

与上海交通大学合作交流

共享科研成果，实现了强强合作、优势互补。同时，随着技术的迭代和市场环境的变化，双方共同投资兴建联合实验室，并不断引进新的教学设备和实验器材，提升联合办学质量。2020年启动的实验室改造包括自动化最新产品和软件的更新，能源管理硬件与软件的更新，还通过能源管理相关软硬件实现了实训大楼的分户计量、能源监视，能源数据实现了与上海交大能源互联网平台的数据对接。在工业数字化应用领域，我们增加了增强现实 AOA 应用、施耐德电气云平台与工业 APP 的机器顾问、AVEVA 数字孪生 AVEVA Engage、操作员培训仿真系统 OTS 等软件。为了配合场景化实训需要，我们提供了枕式包装机实现自动化与数字化结合应用，实现了教学与工业场景实践的无缝对接，更好实现绿色智能制造相适应的人才培养。

上海交大与施耐德电气还积极鼓励在校师生参与各项科研活动和智能工业大赛，以展示自主创新的成果、发掘培养高科技人才。

案例二

"创新驱动，绿色共享"——施耐德电气与北京大学的合作

2021年是施耐德电气与北京大学工学院开展合作的第10年。面对世界范围内的能源变革和数字化转型趋势，人类面临的诸多挑战需要具备全球视野、跨专业交叉学科能力和创新精神的人才去解决。10年来，施耐德电气支持了工学院"能源系统设计与管理""智能电网需求侧管理能效工程"的科学研究及成果转化。自项目实施以来，取得了多项重大成果。比如在"面向节能与负荷响应的大型楼宇 HVAC 等系统的运行优化研究"中，发表论文若干篇，申请两项专利。

创新是引领发展的第一动力。国家大力实施创新驱动发展战略，推动供给侧结构性改革，我国经济由高速增长阶段转向高质量发展阶段。在这发展的大环境中，施耐德电气通过创新寻找机遇，发挥自身优势，激发创新活力，进而践行科技梦想。从2020年起，施耐德电气赞助了北京大学"创新创业大赛"，在教育部"产学合作，协同育人"平台的引领下，支持工学院开展创新创业课程建设和教学体系研究。施耐德电气的专家也受邀担任校外的"企业导师"，参与到学生实习实践与应用能力的培养。为我国"新工科"卓越工程师的培养贡献了自己的力量。

施耐德电气还通过学生暑期社会实践项目、数字化创新科研项目、奖学金等多种形式，支持北大学子开拓创新，勇攀高峰。

未来，施耐德电气将继续在产教融合、校企合作上持续耕耘，不断投入并探索新模式，助力中国高等教育的发展。

科技创新　赋能电力系统领域综合发展

河南四达电力设备股份有限公司

河南四达电力设备股份有限公司（以下简称四达电力）2014年12月改制设立，位于河南省长葛市，前身是成立于2007年7月的许昌四达电力设备有限公司，2015年9月投资设立全资子公司河南四达检测技术有限公司，四达电力下设研究中心。研究中心是四达电力研究应用体系的技术支撑，专业服务于线路安全，集研、产、检、销为一体的现代化企业。四达电力致力于电力系统相关领域新技术和新产品的研究与开发、科技项目的推广及交付，通过与大学院校、科研机构、电力系统的深度合作，实现新技术成果的开发与应用。

目前，四达电力的主要发展方向包括科技项目、石墨接地（包括石墨基柔性接地带、柔性接地模块、高导拒腐接地毯、石墨接地缆等）、检测服务（包括变电检测服务、配电检测服务、输电检测服务等，具有设备检测精度高、综合检测效果好、胜任多任务急任务、问题诊断准确、满足客户差异化需求等优势）、成果转化以及防松/防盗螺母。四达电力现已经成为石墨接地材料生产行业的翘楚。

四达电力高度重视科研开发，于2013年被评为"许昌市科技型创新企业"，并承担多项国家创新型中小企业科研转化项目。2013年被河南省发改委认定为省级企业技术中心，2014年批准成为国家高新技术企业，四达商标被评为河南省著名商标，2015年认定为河南省工程技术研究中心，2017年经河南省科技厅批准与西安交通大学电气工程学院共同建成行业首家"河南省石墨基柔性接地体工程技术研究院士工作站"。2019年由公司发起，经河南省科技厅批准成立行业首个"河南省新兴接地材料产业技术创新战略联盟"。2019年12月经中国产学研合作促进会批准，联盟升级为"中国石墨接地产业技术创新战略联盟"。四达电力参与编写的《架空输电线路涉鸟故障防治技术导则》国家标准1项，牵头起草的行业标准《石墨接地选型施工技术导则》《高压输电线路X光检测使用技术导则》即将获批发布。公司现有柔性石墨接地、无损检测、防鸟设备、成果转化、科技项目五大产品线，以"石墨基成套接地装置""电缆检测""防鸟防松""X光射线检测服务"为代表的四大系列产品，产品先后被中国电力企业联合会评价认定为"国际领先"2项、"国际先进"2项、"国内领先"2项、"国内先进"1项"。

四达电力的销售网络和服务网络覆盖国家电网、南方电网各省网公司，在柔性石墨接地和无损检测等市场细分领域，四达电力产品已经牢牢占据行业领先地位，实现了从单一的产品制造商向综合服务方案提供商的蜕变。

以企业为主体力促产学研一体化

四达电力是国内外新兴接地材料研究的开拓者和领航者，通过建立国内首家行业院士工作站（石墨基柔性接地体工程技术研究院士工作站）提高自主研发能力，与多所高校达成战略合作关系，以绝对领先的技术和设备走在新兴接地材料行业前沿。自主研发的石墨接地材料生产线被纳入地方重大科技专项，较传统生产线生产效率提高了2倍以上。四达电力产品已覆盖了国内90%以上的地市级电力公司，新兴接地材料市场占有率超过50%，并且被邱爱慈院士为首的专家团队鉴定为"国际领先水平"，获得多项国家电网奖项，取得授权专利共320项。

四达电力的产品生产车间采用全封闭、数字化风控、温控系统，干净、整洁，颗粒物做到定点收集、定时处理，有效改善员工劳动环境。生产线采用智能化柔性生产设计，可实现从原材料加工到成品直接成型的自动化流水作业，各质量控制点和工序控制点均配备有先进生产设备和检测仪器，大大提高生产效率和产品质量，该生产线建成后将成为国内同行业首家实现智能化制造的企业，同时也为省内广大中小企业发展转型起到示范作用，提高企业知名度。

除依托自身科研力量外，积极与西安交通大学、清华大学、郑州大学、国网陕西电力科学研究院等国内外知名高校、科研院所建立深度合作，并先后与中国工程院邱爱慈院士和张铁岗院士签署战略合作协议，共同开发新型产品。

在 2017 年，四达电力就已经与以邱爱慈院士为首的专家团队签署了合作协议，并一直在进行研发课题的合作，主要涉及石墨、电缆检测、防鸟防松、X 光射线检测等领域，在以"用户引领、研发驱动、成果转化、创造感动"为核心的价值观引领下，主导申报成功 4 个省级研究平台，分别是"河南省工程技术研究中心""河南省企业技术中心""河南省石墨基接地体工程技术研究院士工作站""河南省产业技术创新战略联盟"。并成功研制了以"石墨基成套接地装置""电缆检测""防鸟防松""X 光射线检测服务"为代表的四大系列产品。

四达电力十分重视知识产权建设工作，目前已获得发明专利授权数十项，实用新型授权百余项，软件著作权数十项，发表论文三十余篇。参与编写国家标准 1 项，主导申报团体标准 13 项。近年来，四达电力科研人员主持公司级及以上科研项目 20 余项，其中市厅级重大科研项目 2 项。参与申报的项目也先后获得"第九届河南省创新创业大赛成长组三等奖""首届军民科技融合创新创业大赛成长组三等奖""国网青创赛银奖河南省科学技术进步奖三等奖""国网科学技术进步奖二等奖""中国气象服务协会科学技术奖—气象技术发明奖二等奖""中国产学研合作创新奖二等奖"。

新兴接地材料生产编制车间

在研发队伍的建设及管理上，四达电力秉承"重视学历、不唯学历、关键在于打造一支稳定务实具有创新能力的研发队伍"。中心现有专职科研人员 48 名，均为大专以上学历，中、高级职称技术人员 6 人，占专业技术人员的 19.51%。形成了一支专业结构、年龄结构、学历结构合理、多学科交叉、具有可持续创新能力的创新团队。

2020 年 9 月，河南四达电力设备股份有限公司（研发中心）、河南四达检测技术服务有限公司新址在许昌市城乡一体化示范区 5G 创新应用产业园落地。这一工作站是全国首个专业研究石墨基柔性接地材料和技术的院士工作站。院士工作站的研究方向有优化材料的制备和成型技术；不断完善相关国家、行业材料标准；提出应用技术规范和用法用量计算方法；制定材料的分级标准和检测方法；起草石墨基柔性接地材料使用导则。目前项目已与西安交通大学邱爱慈教授共同进行了对电力系统接地技术的开发、试验、标准修订，并与西安交通大学签订了柔性石墨接地技术产学研合作协议，形成了一套完善的研发体系。在技术创新的初始、实施、应用等各阶段均制定有完善的知识产权保护措施和科技成果管理、激励制度。

此外，2019年，四达电力与西安交通大学电气工程学院丁卫东、郭洁、李洪杰老师签署科研项目合作，四达电力投入450万元用于公司产品研制工作，并通过产学研各方合作，取得了丰硕的成功，项目成果先后被中国电力企业联合会评价为"国际领先水平""国际先进水平"。2021年，四达电力与张铁岗院士签署战略合作协议，共同开展《电缆接头故障综合防护装置》的研制与开发工作。

改进健全管理机制激励合作创新

产学研合作是生产要素进行新组合的过程，寻求能够提供实现新组合所需的要素，才能发挥各自应有的作用，搞好产学研结合。互相需要、互相依赖的关系是产学研合作关系能够维持的基础。通过产学研合作，四达电力的整体技术实力和影响力都有较大的提升，产品的销售额取得30%以上的增长率，因此，四达电力设立了一系列产学研合作支撑机构，为产学研合作保驾护航。

四达电力于2013年被评为"许昌市工程技术中心""河南省企业技术中心"，以此为依托和高校老师初步开展产学研合作，聘请高校老师指导四达电力科研方向。2017年和西安交通大学联合设立河南省石墨基柔性接地体工程技术研究院士工作站，依托院士工作站，全面开展产学研合作。并于2019年年初成立专业部门"科技项目中心"管理公司的产学研合作事宜。除此外，计划和西安交通大学电气工程学院合作，由电气工程学院设立研究中心，四达电力全额资金支持，联合开展石墨接地在电力应用方面的基础性研究工作，并为公司培养专业技术人才。

在四达电力进行产学研合作的实践中，企业、科研院所、高等学校各自发挥了自己的优势。科研院所和高等学校的高新技术资源通过合作流向四达电力，与四达电力的工业制造技术结合，实现了技术的新组合；其科技人员与企业的工业设计人员、工程技术人员、经营管理人员、市场营销人员及技术工作等各类人员结合，实现了人才的新组合；产学研各方要素掌握的各种信息，包括国内外最新科技动态、新技术的研制、生产过程、生产供需、政策法规信息等，通过产学研合作汇集到一起，增加了信息渠道，实现了信息的有效组合与有效利用；产学研各方共同建立的新型经济技术实体，为技术创新活动提供了新的组织资源和组织形式，提高了企业组织的整体有效性，保证了创新所需技术、人才、信息等资源的稳定供应和有效组合。

引领技术进步　促进生活美好

南京玻璃纤维研究设计院有限公司

南京玻璃纤维研究设计院有限公司（以下简称南京玻纤院）成立于1964年，隶属中国建材集团，是中材科技高性能纤维业务板块，拥有科研、设计、制造、检测与评价"四位一体"综合能力的转制科研院所。作为全国首批创新型企业、首批国家重点实验室建设单位、首批知识产权试点单位，围绕国家战略需求和国民经济主战场需求，致力于产业发展、创新孵化、行业服务三大平台建设，不断巩固优势核心技术，促进创新发展，主持制修订国际标准13项、国家和行业标准143项，授权有效专利306件，获中国专利金、银奖各1项，获得国家级科技奖励40项、省部级科技奖励155项、部级优秀工程设计奖72项。

坚守立院初心，传承产学研基因

响应"两弹一星"的时代呼唤，诞生之初的南京玻纤院仅由一个研究室、一个设计室、一个玻璃纤维工厂构成，但从一开始就搭建了产学研的雏形，为后续发展播下了产学研基因。历经事业单位、股份合作制改革、转制改企、重组上市等一系列改革历程，南京玻纤院对科研和产业规律有着深刻的领悟，具备在科研成果和产业之间的鸿沟上架起桥梁的优势，成为产学研的全链条实践者。

围绕建设新材料领域具有"一流技术、一流人才、一流品牌、一流机制"的一流转制院所目标，南京玻纤院提炼出"12345"发展思路和"六化"实施路径（科学技术化、技术工程化、工程产业化、产业规模化、规模价值化、价值资本化），创新性系统搭建三大平台，建立"四个六"创新机制和"三线两总"管理机制，努力实现创新价值最大化、加快科技成果产业化；以"技术创新、产业创新、商业模式创新、组织结构创新、品牌创新"五大创新为抓手，不断探索实践创新主体多元化、研究方法数字化、科技管理精细化和激励考核科学化。

建院 57 年来，始终坚持"配套事业不动摇、引领行业技术进步不动摇"，与时代同频共振，致力于成为大国重器关键材料的保障者、卡脖子技术的攻关者、行业技术进步的引领者、蓝天保卫战的贡献者、科技体制机制改革的探索者、创新图强文化的传承者和产业工人队伍建设的改革者。作为特种玻璃纤维及立体织物研制与生产基地，南京玻纤院为我国航空航天和国防事业做出了重要贡献，先后得到三任总书记的关怀，连续两次被中共中央、国务院等多部委联合表彰；作为中国玻璃纤维的技术策源地和辐射源，通过"八五"攻关，攻克了当时国际先进的池窑拉丝工艺技术，荣获"国家科技进步一等奖"和"国家优秀工程设计金奖"。

聚合产学研力量，探索协同创新新模式

南京玻纤院始终以前沿引领技术、关键共性技术、现代工程技术创新为突破口，努力实现关键核心技术自主可控。在党建铸魂、深厚企业文化的引领下，大力弘扬企业家精神，深化产学研协同模式，以推动重大科技项目为抓手，打通产业化"最后一公里"，促进创新链和产业链精准对接，加快科研成果从样品到产品再到商品的转化，把科技成果充分应用到现代化事业中。

近年来，南京玻纤院涌现出一批技术和管理创新骨干人物，在各方面受到表彰，有国家"杰出工程师奖""全国优秀企业家"、全国"'五一'劳动奖章"和"中央企业优秀党务工作者"等获得者，这些骨干潜心科研，积极探索转制院所创新发展之路，总结提炼南京玻纤院发展思路和实施路径，与高校和用户通力合作，带领团队研发出达到国际先进水平的新型覆膜滤料，打破国外技术封锁，并实现产业化；成功组织孵化锂电池隔膜双向同步拉伸制备技术，引领中国建材集团新材料产业发展；组织创新平台建设，推动南京玻纤院在科研、生产领域保持竞争优势，用传承与创新诠释了新一代工程师和科技型企业家的风范。

弘扬企业家精神，推动企业高质量发展。2008 年，南京玻纤院的覆膜滤料成品率一直仅有 5%，而一次实验成本消耗就是几十万！一张薄薄的膜牵动着全院人的

心。为此，院长亲自挂帅，组织两个技术小组相互"PK"，技术攻关的14个月实现最关键的技术突破。

南京玻纤院牵头组织高校、设计和系统集成等单位进行超净排放技术项目攻关，厘清顶层设计问题，确立了"高温高速PTFE薄膜拉伸"方向；向下游寻找敢吃"螃蟹"的企业，把产品放到使用一线去评估性能，获取最精确真实的数据，上下游的协同大大加快了研发的进程。各项卡脖子关键技术逐一得到突破，样品送往美国环境总署检测，性能指标均达到国际领先水平。产品低阻力、效率高等特性大大降低水泥厂的用电和耗能，间接地减少碳排放，为碳中和做出贡献。

系列产品推向市场后，不仅打破了外国公司垄断，还迫使一些国外大公司这一业务大量萎缩，甚至退出了中国市场。如今，覆膜滤料项目已取得了中国乃至世界市场的认可，成长为南京玻纤院销售收入最大的项目。

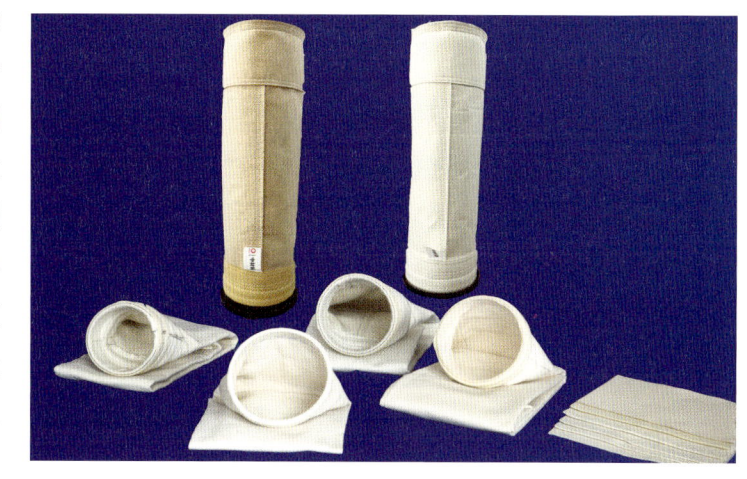

系列高透气量非织造布覆膜滤料

目前，南京玻纤院参与清华大学等23家国内优势科研单位及各行业龙头企业共同建设的烟气多污染物控制技术与装备国家工程实验室，持续协同攻关工业烟气多污染物深度减排难题。

以国家需求为己任，引领行业高质量发展。南京玻纤院坚持创新驱动发展战略，强化顶层设计，构建创新体系。加快创新平台建设，集聚创新要素，建设"南京玻纤院高性能纤维及复合材料产业创新中心""江苏省高性能碳纤维及复合材料制造业创新中心（培育）""江苏省高性能纤维及复合材料产业创新中心（培育）""建材行业高性能纤维及复合材料产业创新中心"，逐步形成"院—省—行业"三级创新中心，构建了良好的创新生态体系。发挥四位一体的综合优势，解决长久以来存量和增量相互制约的问题。开展"双评审"创新项目筛选机制，掌控创新方向；建立"管理线、建设线、监督线"和"总指挥和总工程师"分工负责的"三线两总"管理机制，保障创新实施；在机制上建立创新孵化"六阶段"、投融资"六节点"、收益"六分法""6C创新团队"建设的"四个六"创新模式，贯彻国企"1+N"政策，坚持"以人为本、创新靠人、创新为人"理念，探索项目分红机制和项目收益分享机制，激发创新活力，提高创新效率，为产业链补链、延链、强链，创新动能不断凸显。

加强实践，探索多种产学研协同模式。航空发动机复材预制体团队与多家高校、航发单位以"一个团队、一个目标、一个计划"模式开展深入合作，合作单位共同荣获"中国产学研合作创新成果奖优秀奖"。核电防护团队采取"小核心、大协作"方式与上海核工院、南京林业大学等院内外单位开展"卡脖子"技术联合攻关，获批国家重大专项，通过内外部资源的有效协同和利用，快速突破技术瓶颈并建立中试与评价能力。高性能纤维材料基因团队联合国外顶尖技术人才，开展技术的商业化应用，开启高性能纤维研发的原始创新技术。高性能纤维滤纸创新团队探索联合创新，将基础研究与应用研究紧密结合，通过"联创"模式打通技术链，赋能产业链，构建价值链，将为院内、外产学研深化合作从而跨越行业"达尔文死海"建立可复制的样板。

依托玻璃纤维优势，延展拓宽复合材料检测。构建多维度测试评价协同平台，以改变我国复合材料测试评价体系"能力不足、水平不高、忙闲不均、权威不够"而导致重要领域"有材不好用，好材不敢用，无材可用"的严峻局面。南京玻纤院联合了国内复合材料领域生产企业、应用单位、高校、科研院所等123家上下游单位共建"国家新材料测试评价平台复合材料行业中心"；2020年成立南京玻纤院标准技术研究院，探索国家新材料测试评价平台合作共建模式，初步实现中心、核心层、紧密层、合作层多维度建设局面，打造开放、协同的创新平台，着力解决复合材料等新材料测试评价领域存在测试机构分散、标准不统一、权威性不足等短板问题，突破我国新材料产业测试评价瓶颈，为新材料产业快速健康发展提供支撑。

输出一体化服务，促进区域协同发展。作为国内玻纤行业唯一的甲级研究设计院，南京玻纤院对推进我国玻纤工业的持续发展责无旁贷。2017年与宣汉县政府合作建立了南京玻纤院西南分院，是国内首个微玻纤全产业链示范产业——为宣汉玻纤产业园内的玻纤企业提供技术咨询服务、科技扶贫、教育扶贫，如今微玻纤产业已成为宣汉的主导工业。院地共建打造科技港，支持地方产业集聚发展，协同区域经济发展，并推广至江苏宿迁等地区。

贯彻新发展理念，传承发展创新图强文化

以"1663"工作体系为支撑，搭建起党建品牌的"四梁八柱"，铸魂强脊，对党忠诚。在坚守国家队阵地，以产学研推动行业发展的进程中，南京玻纤院始终对党忠诚、为国分忧，着力培育"铸魂强脊"党建品牌，坚持党的领导、加强党的建设，传承"创新图强"企业文化；强化和支撑创新发展根基，强化和支撑"高精尖"新材料发展，满足国家重大工程需求、推动行业技术进步、促进人类生活美好。

南京玻纤院还沉淀出独特的企业文化。秉承"团结、拼搏、创新、图强"企业精神，遵循"创新、绩效、和谐、责任"核心价值观，遵守"敬畏、感恩、谦恭、得体"行为准则，坚持"奋斗者为本、高绩效导向"人才理念和"协同超越"的创新理念，视创新为企业前行之圭臬，南京玻纤院传承创新基因，发扬企业精神，引领高质量发展。

技术报国，人才先行。在锤炼创新图强文化的历史进程中，南京玻纤院着力构建"院士—专家—工程师—工匠"人才体系，提升核心竞争力。通过"院士—博士—研究生"工作站和外国专家工作室培养与引入高层次人才，开展科研项目合作。持续开展"两总"人才培训班，建设"6C"创新团队；以江苏省产业工人队伍建设改革试点单位为抓手，培养"双师"型复合人才；依托行业技能鉴定站，培养高技能人才；一批双师型青年人才代表荣获"全国建材工匠""江苏省'五一'劳动奖章""江苏省青年岗位能手"等荣誉称号。

以产学研立院，以协同永续发展。展望未来，南京玻纤院愿继续下好"先手棋"，勇做栽树人，产学研协同发力。南京玻纤院将继续通过平台构建提供支撑力、通过技术创新提供驱动力、通过机制创新提供协同力，向着"建设具有核心竞争力、重要影响力、强大凝聚力的新材料领域一流转制院所"的伟大目标迈进。

细分市场的隐形冠军

杭州之江有机硅化工有限公司

杭州之江公司科研大楼和企业总部

杭州之江有机硅化工有限公司（以下简称杭州之江）创办于1996年，是一家专业为建筑幕墙、建筑门窗、工业汽车、轨道交通、电子芯片、集成电路、照明、白色家电、手持终端等行业客户提供密封粘接创新解决方案的国家高新技术企业，2020年实现销售近28亿元。杭州之江坚持"专业化、国际化、可持续"的小而美的发展战略，通过25年的专注发展，在建筑领域替代了美国道康宁、GE等品牌，已经成为国内建筑幕墙、建筑门窗密封胶领域的领头羊企业，并在其他工业细分市场成为密封胶胶粘剂创新解决方案的领先者。

杭州之江在绿色新能源、工业高端装备、电子芯片、集成电路、光学等密封胶领域持续投入研发，力争打破国际垄断，并依靠技术中心平台和国内、外产学研合作驱动创新增长。目前，拥有国家发明专利超过50项，每年申请国家发明专利30项目以上。杭州之江以高质量、高性能优势不断打造细分应用领域品牌，连续8年获得"最佳市场表现奖"和"用户首选品牌"，连续6年获得"中国房地产500强密封胶首选供应商"。

探索&实践

杭州之江在25年的发展历程中，充分整合企业内部资源和能力，形成了自己的核心竞争力。

聚焦密封胶市场，锻造隐形冠军企业。 杭州之江一直专注于密封胶粘接剂领域，通过品牌和技术的深耕，不断深耕细分市场，为建筑幕墙、建筑门窗、建筑内饰、工业汽车、轨道交通、电子电器、白色家电、手持终端、新材料等细分市场客户提供密封粘接创新解决方案。

打造全球网络、贴近客户需求。 杭州之江在全国设立了11个办事处，覆盖了全国省、区、市一百多个一级经销商，并服务和让利于经销商，实现厂商价值一体化。在做好国内市场的同时，在欧洲、北美、东南亚、南美、中东等地设立了子公司和办事处，并聘用当地拥有全球化工作经验的员工进行本土化运营，同时派遣销售工程师和技术人员服务全球客户。通过"海内外并举、直经销共进"的市场策略打造全球营销网络。

提升产品深度，增加价值厚度。 杭州之江拥有一批来自北美、欧洲、日本、韩国等地区和国家的国际化专家团队和一批自己培养的博士、研究生中青年研发团队，沿着客户价值链提升产品深度、增加价值厚度，深度挖掘细分市场产品，在行业里拥有最长的产品深度。同时引进国际最先进的自动化设备提升产品稳定性和品质，通过了欧标、美标等国际认证，为客户提供高附加值的解决方案。

引入数字化、智能化管理，配备先进设施提升系统效率。 花费上千万元在国内同行中率先引进了SAP系统，并引进MES生产系统，打造数字化、智能化工厂，持续引进了德国、瑞士、美国等国家行业领先的自动化系统，提升生产效率。成立了国家CNAS实验室、配备了国内和国际先进的检测设备约300套。承担了"年产2万吨建筑有机硅密封胶高速全自动灌装生产线"等杭州市重点工业投资、技术改造项目，已获与设备更新改造有关的授权实用新型专利12项。

搭建创新平台，开展产学研合作。 杭州之江通过SGS（门禁管理）研发理念和工具，搭建了完善的技术管理体系和获得了一流的技术成果，并进行持续的自主知识产权创新。公司形成了"产学研与公司研发双轮驱动"的开放式研发体系，与中国科学院、浙江大学、中国科学技术大学、南京林业大学等开展产学研合作。

注重员工培养，营造良好的企业文化氛围。 杭州之江营造"尊重知识、尊重人才"的经营氛围，和浙江大学、中国计量大学、浙江财经学院等组建了大学生实践基地和浙江财经大学企业研究生省级创新示范企业，有众多学生留在企业成为人才梯队的后备力量。公司引进博士后工作站博士，出站5位博士均留在企业，同时引进普华永道咨询公司对公司组织架构、人力资源、股权激励等模块进行咨询。为丰富员工的业余生活,加强凝聚力,公司设立了健身房、图书馆、舞蹈室等场所,营造良好的企业文化氛围。

产学研融合创新案例

科研篇

产学研联合创新体系建设是一个"双赢"战略。杭州之江创建产学研联合体系的目的就是以之江公司生产经营实际需求为主,借助高校和科研院所力量,取其所长、补己之短,突破传统意义上的产学研合作,实现优势互补,加快创新步伐。

在研发方面,同浙江大学、南京林业大学、中科院化学所、杭州师范大学等建立了联合研发团队,通过人员和实验室的共享快速将项目产业化;还与浙江大学在有机硅密封胶领域展开了深入的项目合作,特别是与浙江大学高分子材料学院,其学科优势是高分子材料研究、复合材料研究、流变学等领域;与浙江大学在特种低聚物合成及密封胶技术、丙烯酸酯结构胶技术等技术领域开展技术委托开发活动。在产学研过程中,杭州之江和浙江大学联合申报的项目获得了"浙江省科学技术一等奖""浙江省化学工业科技一等奖"。

杭州之江与南京林业大学在反应型聚氨酯热熔胶领域展开技术合作,反应型聚氨酯热熔胶(简称PUR),主要成分包括异氰酸酯封端多元醇、增粘树脂、促粘接剂、催化剂等其他助剂。由于PUR兼具聚氨酯胶粘剂及热塑性胶粘剂的优点,近年来发展迅速,已经在汽车工业、家电、电子、木工、纺织、包装、制鞋及书本装订领域广泛应用,并且有进一步取代其他类型胶粘剂的趋势。聚氨酯热熔胶项目的产学研,在公司已顺利实现产业化。

目前,公司在PUR热熔胶领域,有应用于汽车车灯粘接的PUR700系列聚氨酯热熔胶,有应用于家电市场的PUR800系列,有应用于木工包覆的PUR4700系列和木工平贴的PUR4800系列,有应用于电子器件的PUR900系列等热熔胶产品。

产学研团队讨论方案

杭州之江与中科院化学所在LED工业用封装硅胶展开合作，研制不同折射率的LED透明封装硅胶。LED封装硅胶用于LED芯片封装，具有高透光率和高可靠性，起到保护LED芯片的作用；而国内使用的高端LED封装硅胶长期被进口产品垄断，价格高昂，开发替代产品成为必然的趋势。中科院化学所在LED封装硅胶的前端研究领域积累了大量的经验及成果，杭州之江与中科院化学所展开合作，将中科院在LED封装硅胶方面的部分研究成果转化成LED封装硅胶产品。目前已有多款LED封装硅胶产品进入市场。

杭州之江还与杭州师范大学在硅烷、偶联剂领域展开合作，杭州师范大学有机硅实验室是教育部有机硅工程研究中心，在有机硅技术领域有强大的人才队伍。在新产品开发过程中，技术中心常派出人员赴欧洲、日本、美国、韩国考察，对国外有机硅产品、聚氨酯密封胶、环氧胶黏剂等进行深入的考察，并邀请国外技术专家来访。与陶氏化学、德国瓦克、瑞士西卡、德国赢创、德国巴斯夫等世界知名的化工企业、密封胶企业进行技术交流合作，从上下游的原材料合作、技术合作等方面展开工作，进一步使自己的产品符合国际市场的标准。

人才篇

在管理合作方面，杭州之江和浙江财经大学、中国计量大学进行了深入合作，探索校企合作人才培养创新体系。从2000年开始招收大学毕业生到杭州之江就业。

由于高校的人才培养模式缺乏与市场接轨，而企业招聘的高校毕业生由于缺乏技能，不能直接在岗位上得到有效的使用，从实际的效果来看，大学生进公司的前两年基本是熟悉公司情况和业务，实际的动手能力比较弱。在我国还没有关于企业必须接受学生实习的法律、法规背景下，企业人才需求和高校人才输出之间形成了错位。只有企业有意识地通过校企合作，接受和培养实习生来获得人力资本的储备，才可有效解决这一矛盾。

建筑十大首选密封胶品牌

经过多年探索，杭州之江与浙江财经学院工商管理学院基于校企合作、互惠共赢，围绕着实习生、高校和企业三方的需求，提出了通过校企合作建立企业的人才培养创新体系。该体系以企业对创新人才的需求和人才自身发展诉求相结合为核心，借助浙江财经学院工商管理学院在企业管理、市场营销及人力资源管理方面的教师资源，以校企合作的实习基地为依托，围绕着企业对人才的能力需求，并从学生对实习需求的归属感、成长感和成就感三方面出发，设计人才培养方案，对学生实施系统扎实的训练，达到企业、学生和高校共赢的结果。

在确定了人才培养体系的框架以后，开展有效的人才培养活动是一个关键的问题。杭州之江围绕着人才心理和发展需求设计了人才培养内容和方法：构建完整系统的实习生培训目标和计划；关注心理需求，给予实习生更多的归属感；提供丰富的培训内容，满足实习生的成长感；提供更多的参与机会，给予实习生足够的成就感。

通过坚持共建共享、优势互补、互利互惠、巩固发展的原则，杭州之江与浙江财经学院通过走校企结合之路，达到多赢的局面。尤其是企业在产品研发和企业人才梯队构建、管理提升方面获得了很大的提升。

产学研铸就工业装备新军

大连东方亿鹏设备制造有限公司

大连东方亿鹏设备制造有限公司厂区鸟瞰图

大连东方亿鹏设备制造有限公司（以下简称东方亿鹏）占地面积15.8万平方米，建筑面积6万平方米，先进压力容器制造科技设备280余台套，生产规模在辽宁省内同类企业名列前茅。公司现有员工1028人，其中生产一线技术工人725人、管理人员83人、工程技术人员181人、质控人员26人、售后服务人员2人；拥有授权专利34项，实用专利33项，发明专利1项。公司安全质量管理体系完备，通过ISO9001：2015质量管理体系、ISO45001：2018职业健康安全管理体系、ISO14001：2015环境管理体系认证；拥有三类压力容器设计许可证、三类压力容器制造许可证；具有美国机械工程师协会ASME认证；公司经权威部门评定为AAA级信用企业。

作为中石化、中石油一级网络成员单位，东方亿鹏生产制造的加钒钢锻焊反应器、加氢反应器等设备已经装备中石油、中石化等国内重要炼油、化工企业，它还是中国核电工程总公司A1A2级压力容器常规岛设计制造许可合格生产供应商。东方亿鹏已经成为名副其实的中国高温高压压力容器生产设备研发制造基地，研发和生产能力在同行业名列前茅。

东方亿鹏健全产学研机制，全面助推企业向前发展，并通过创新性思维在大连市旅顺口区率先提出"集中科技优势服务企业、集中资源优势联系科研单位助推科技成果转化、调动集聚生产要素推动区域经济发展"的产学研创建新思路，并应用于企业科技发展实际，取得了丰硕成果。2020年，面对疫情对国内装备制造业整体性影响，东方亿鹏工业产值比2019年平均增长20%，其他各项经济指标均创历史新高。

不断深化和健全产学研联动机制

东方亿鹏是大连市旅顺开发区重点骨干企业，主要是为国内、外石油化工行业生产各种大型压力容器及炼化机械设备的高技术企业。近年来，东方亿鹏不断深化和健全产学研机制平台搭建，依靠企业做"盟主"，科研技术合作实行规范"契约"，科技成果确定明确"目标"的政产学研联动机制，大力加速科技成果转化和应用，提高了企业抗风险能力，增强了企业中长期发展后劲儿。

作为中石油、中石化、中海油一级战略供应商，其产品成功打入全国各地石油化工企业及中东、俄罗斯等国际市场。

2019年，公司董事长邢鹏万介绍引进高级复合型人才王雪静担任总经理。王雪静总经理到任后了解到，随着公司的不断发展壮大，企业与有人才和科研能力的大学和科研院所联系并不紧密，生产与科研"两层皮"：一方面是大学和科研单位的研究成果，不能及时转化为产品走向终端市场；另一方面，企业由于人才储备不足、创新能力薄弱，急需人才和好的科技项目。

为解决上述问题，公司决定，对一些曾经合作过的大学和科研院所进行了"拉练式"走访，梳理名单，锁定人才和科研成果，并加强了除大连市以外的全国相关单位的联系，具体到人和项目确定长期合作目标。为此，公司在原有合作单位的基础上，尝试和这些单位共同创建产学研联盟综合服务平台，通过平台各方的科研和技术要素调动大家的积极性。

为了让产学研合作更加规范，东方亿鹏制定了企业研究开发的组织管理制度，建立了研发投入核算体系、研发项目立项报告制度，编制了研发费用辅助账管理办理，创建并完善了科技成果转化组织实施与激励奖励制度、开放式创新平台等管理制度等一系列规章制度。

正当公司准备大展宏图之际，2020年一场全球蔓延的疫情不期而至，使得公司的研发、生产和经营都受到极大的冲击。

大疫面前，邢鹏万董事长、王雪静总经理等公司领导层，结合大连旅顺经济技术开发区疫情常态化防控，调整和制定了公司新的发展策略。春节期间，公司高层通过网络视讯等通信技术平台，加强了与产学研重要人才和节点的联系，面对疫情听建议并迅速调整决策，为企业复工复产做好各方面准备，将全年生产任务落实做细。

疫情刚刚缓解，企业与产学研合作单位的所有人马全部到位。面对疫情对国内装备制造业的整体影响，企业抢抓机遇、抢占市场、拓宽市场渠道、积极承揽订单，将疫情之危转化为企业发展机遇。一方面，有序推进企业生产高效运行，保质保量完成企业订单生产任务；另一方面，企业领导层率领管理团队，积极采取措施，提前订制、储备生产所需的原材料，迅速摆脱疫情造成"停工待料"问题，保证了合作企业的供货周期，赢得客商和企业的一致好评。

在做好日常疫情防控工作前提下，企业全力以赴，保生产、保订单，生产经营迅速企稳回升，逆势上涨。2020年1至5月产品订单数量达5亿多元，与2019年同期相比增长50%，实现"战疫"复工复产首战告捷。2020年前三个季度，企业工业产值比2019年同期增长20%，其他各项指标均创历史新高。

与此同时，企业还一举拿下广东揭阳项目订单，单笔合同金额高达1.5亿元，实现企业成立以来单笔合同金额最大订单纪录。公司的产学研合作也驶上了快车道。在2019年投入研发资金5202万元的基础上，2020年和2021年继续加大研发及在科技成果转化方面的投入，先后对容器车间、换热器车间进行技术升级改造，并引进数台大型数控平面钻床设备，实现了企业管板加工流水化作业，提高了企业生产效率，保证了产品的加工精度，有效地降低了生产成本，为企业精工制造、提高产品质量、提升产能增加了后劲。

重叠式减压渣油备用换热器

为企业发展搭建产学研桥梁

东方亿鹏把产学研"三大要素"当成企业长期发展的桥梁，公司现有科技研发人员66人，高级职称5人、中级职称16人，专业涵盖机械设计与制造、工业设计自动化、化工机械、焊接技术和自动化、金属材料工程等多个学科。他们依靠产学研这个效率服务平台，与大连理工大学等全国知名院校、科研院所进行广泛合作，建立长期稳定的战略合作伙伴关系，不断拓展产学研领域的深度和宽度。

董事长邢鹏万说："一个公司的科研团队和研发水平，决定这个企业在整个行业的地位和高度。我们公司2021年专门拿出一栋办公楼，作为产学研创新服务基地，筑巢引凤，站在办公室这窗前，推开窗子就能看见蔚蓝的大海。我们之所以要加强与全国各大高校、科研院所的长期合作，不仅是'强强联手'的产学研合作要求，更是为东方亿鹏第二次创业，树立新的发展目标。积极促进企业与学校之间的资源共享，在提高企业运营效率的同时，为高校教师和大学生等人才，提供一个科技发展前沿实践服务行平台，从而打造和形成一支创新能力强、技术水平高、与产学研密切连接的研发团队，持续为企业发展提供动力。"

2021年全国两会刚结束，东方亿鹏领导层密切关注《中华人民共和国国民经济和社会发展第十四个五年规划和2035年远景目标纲要》（以下简称《纲要》）。《纲要》第三篇第十一章第三节在"构建现代能源体系"中提道："建设石油储备重大工程。"并着重提道："辽河储气库等地下储气库建设"，这无疑为东方亿鹏的未来展示出更壮丽的图景。

绕管式换热器产品（目前国内最大的高压大型绕管式换热器）

在这个国家战略规划颁布实施之前，东方亿鹏通过产学研合作进行了前瞻性决定，超前布局和开拓相关市场。其中与大连理工大学"强强联合"，开展产学研合作就是经典例子，这个典型合同订单是为辽河油田储气库所制造的绕管式装备量身打造的。

作为国家保民生战略储备资源项目中的绕管换热器产品，东方亿鹏设计制造的这套装置设备，是中石油同类产品供货规格型号中最大的。这种目前国内碳钢材质最大的高压大型绕管式换热器，因为设计压力高，处理量大，加之多股流换热立式设备卧式制造等因素，对设计制造和科技含量提出了更高要求，有很强的挑战性。设备绕管直径 2.9 米、单根管长 31.5 米、总长 16.1 米、管束长度 11.33 米、换热面积 6159 平方米、总重量 218 吨，各项技术指标均创造了国内同类型产品新纪录。

近年来，东方亿鹏与洛阳工程公司、北京 SEI 石化工程、华东院、环球院、国内八大化工设计院等建立起了良好的合作关系。除了新型绕管换热器、气波机、生产分离器、高效气分离器、涡流管成套备件等研发成果转化方面，在产学研合作过程中取得一系列丰硕成果。

校企合作、院所合作是东方亿鹏产学研合作长期发展的重要战略之一。近两年来，东方亿鹏先后与大连理工大学化工机械学院、大连科技学院机械工程学院、大连科技学院科研产业处签订了产学研合作协议，开展多种形式的产学研合作项目，先后和它们联合开展了气机、分离器等产品科研成果深度融合和转化。此外，公司还主动牵头承担当产学研"盟主"，会同中科院大化所、大连理工大学、大连科技学院、东北大学及科研院所结成产学研协同创新联盟，通过和联盟成员间的产学研合作不断实现自身产品高端化、智能化、标准化，增强自身创新能力，推动自身转型发展。

稳定的产学研合作关系不仅为公司在产品研发、生产、产业化应用提供了良好的技术保证，也为公司培养了一大批中青年研发骨干和人才。

谈及企业的未来发展与产学研合作前景时，邢鹏万董事长表示："企业在未来发展过程中，要高瞻远瞩，考虑未来，走向全国、走向世界。放眼全国，与我们同在一个领域的装备制造企业大大小小有上千家。在当前这种复杂的市场竞争环境下，我们的头脑一定要保持冷静，企业要想稳健发展，没有定型产品、没有高科技装备和产学研等战略技术合作项目，根本无法长远持续地发展。所以，东方亿鹏要坚定不移地走好产学研结合这条创新转型之路，确保公司早日实现再造一个东方亿鹏的奋斗目标。"